A HISTÓRIA DA ÁFRICA

Dados Internacionais de Catalogação na Publicação (CIP)
(Câmara Brasileira do Livro, SP, Brasil)

Asante, Molefi Kete
   A história da África : a busca pela harmonia eterna / Molefi Kete Asante ; tradução de Caesar Souza. – Petrópolis, RJ : Vozes, 2023. – (Coleção África e os Africanos)

   Título original: The history of Africa : the quest for eternal harmony.
   Vários colaboradores.
   Bibliografia.

   1ª reimpressão, 2023.

   ISBN 978-65-5713-866-3

   1. África – Civilização 2. África – História 3. Africanos – História I. Souza, Caesar. II. Título. III. Série.

23-142970   CDD-960

Índices para catálogo sistemático:
1. África : Civilização : História 960

Henrique Ribeiro Soares – Bibliotecário – CRB-8/9314

A HISTÓRIA DA ÁFRICA

A busca pela harmonia eterna

MOLEFI KETE ASANTE

Tradução de Caesar Souza

EDITORA VOZES
Petrópolis

© 2019, Taylor & Francis.
Tradução autorizada da edição em língua inglesa, publicada pela
Routledge, membro do Grupo Taylor & Francis.

Tradução do original em inglês intitulado
The History of Africa – The Quest for Eternal Harmony.

Direitos de publicação em língua portuguesa – Brasil:
2023, Editora Vozes Ltda.
Rua Frei Luís, 100
25689-900 Petrópolis, RJ
www.vozes.com.br
Brasil

Todos os direitos reservados. Nenhuma parte desta obra poderá
ser reproduzida ou transmitida por qualquer forma e/ou quaisquer
meios (eletrônico ou mecânico, incluindo fotocópia e gravação)
ou arquivada em qualquer sistema ou banco de dados
sem permissão escrita da editora.

CONSELHO EDITORIAL

Diretor
Volney J. Berkenbrock

Editores
Aline dos Santos Carneiro
Edrian Josué Pasini
Marilac Loraine Oleniki
Welder Lancieri Marchini

Conselheiros
Elói Dionísio Piva
Francisco Morás
Gilberto Gonçalves Garcia
Ludovico Garmus
Teobaldo Heidemann

Secretário executivo
Leonardo A.R.T. dos Santos

Editoração: Letícia Meirelles
Diagramação: Raquel Nascimento
Revisão gráfica: Nilton Braz da Rocha/Fernando Sergio Olivetti da Rocha
Capa: Editora Vozes
Ilustração de capa: shooting_brooklyn para Wikipedia Loves Art -
Upload a partir do "Wikipedia Loves Art photo pool" no Flickr
Adaptação da ilustração: Editora Vozes

ISBN 978-65-5713-866-3 (Brasil)
ISBN 978-1-138-71038-2 (Reino Unido)

Este livro foi composto e impresso pela Editora Vozes Ltda.

Dedicado aos pais da história africana
Cheikh Anta Diop
Joseph Ki-Zerbo
Kenneth O. Dike
J.F. Ade-Ajayi
Boniface I. Obichere
Albert A. Adu-Boahen
Djibril T. Niane
Mazisi Kunene
Ali Mazrui

Sumário

Agradecimentos, 9

Prefácio, 13

Nota à terceira edição inglesa, 19

Introdução – A história da África, 23

Parte I – O tempo de despertar, 31

1 África e a origem da humanidade, 33

Parte II – A época da alfabetização, 45

2 África e o começo da civilização, 47

3 O surgimento do Kemet/Egito, 74

4 Os elementos do começo da civilização africana, 88

5 O governo e a estabilidade política do Kemet, 106

Parte III – O momento da consciência, 173

6 A emergência dos reinos do Grande Rio, 175

Parte IV – A época da construção, 193

7 A difusão dos impérios e reinos clássicos, 195

8 Os impérios sudaneses, 234

9 Criadores da África tradicional e contemporânea, 278

10 Sociedades de segredos e instituições, 319

Parte V – O tempo do caos, 385

11 Missionários, comerciantes e mercenários árabes e europeus, 387

12 Resistindo aos traficantes de escravizados europeus e árabes, 424

Parte VI – A época da reconstrução, 501

13 A África reconquista a consciência em uma explosão pan--africana, 503

Parte VII – A época da consolidação, 615

14 A África consolida a independência, 617

15 Na direção dos Estados Unidos da África sem concessões, 722

Apêndices, 799

Referências, 857

Índice, 877

AGRADECIMENTOS

É costume agradecer àqueles que inspiraram, criticaram, corrigiram e elogiaram um manuscrito em preparação. Não ignorarei esse costume para esta terceira edição de *A história da África*. Quero expressar minha gratidão a todos os estudiosos africanos que concederam seus comentários ao meu trabalho. Quero exaltar, especialmente, a amizade cordial e o espírito fraternal mostrado pelo prolífico Toyin Falola em seu estudo e respostas eruditas a questões e seus ensaios sobre história africana. Com certeza, nada que eu escreva sobre história e filosofia escapa da severa atenção de meus colegas mais próximos Maulana Karenga, Ama Mazama, Simphiwe Sesanti, Vusi Gumede, Ana Monteiro Ferreira, Michael Tillotson e Lewis Gordon. Beneficiei-me de sua sabedoria, da clareza, da compreensão e da visão afrocêntrica de suas ideias.

A vantagem que tive como professor na Temple University, com o apoio e crítica de alunos perceptivos de pós-graduação em africologia, impactou profundamente meu trabalho. As sessões *Nommo* permitem a todos os escritores e pesquisadores com coragem apresentar suas ideias para serem questionados, por vezes, sem piedade, por um quadro energizado de estudiosos afrocêntricos. Permita-me também expressar gratidão às mais de 125 teses de doutorado que orientei, porque seus autores, meus alunos, contribuíram para meu conhecimento e informação de muitos modos. Aprendi com eles, assim como eles comigo, e sou grato que tenham merecidamente se tornado estudiosos produtivos.

De um modo especial, quero ressaltar o talento e o caráter de meu assistente de pesquisa, Trey "Taharka Adé" Lipscomb, cuja procura inteligente por fontes, informações, dados e mapas adicionais tornaram esta terceira edição muito mais abrangente e útil do que as edições anteriores. Beneficiei-me muito de suas leituras periódicas de seções particulares do texto. Taharka Adé trabalhou com meus editores na Taylor and Francis, Routledge, para manter um programa atual de materiais tecnologicamente acessíveis para auxiliar esta edição. Quero reconhecer o apoio de meus colegas e alunos a quem por vezes pareci preocupado, mas, como sabem e viram, estava sempre disposto a me envolver. A grande alegria que é gostar de trabalhar não pode ser subestimada; desfrutei das discussões sobre história, política, economia, cultura, religião e estratégia universitária com meus colegas: Ama Mazama, Nilgun Anadolu-Okur, Kimani Nehusi, Amari Johnson, Aaron Smith e Sonja Peterson-Lewis, todos profissionais e, como eu, em busca da mesma paz. Quando necessitei deles, vieram, e, quando necessitei encontrar tempo para escrever, eles me permitiram desaparecer.

Estou em dívida principalmente para com o povo africano, cujos tremendos saltos para recentrar suas próprias narrativas no cenário da história humana têm sido notáveis, desde que o fim do *apartheid* da África do Sul mudou as perspectivas continentais. Não apenas Nelson Mandela saiu da prisão de mãos dadas com Winnie Mandela para as funções presidenciais da África do Sul, mas também o povo de todas as nações africanas se alegrou de o continente ter finalmente sido libertado de um racismo insidioso e muitas vezes brutal que distorcia as chances de vida das massas de pessoas. Saúdo os jovens que criaram e estão criando novos caminhos como ousados empreendedores, cientistas, artistas, educadores, construtores e líderes éticos. A África, o continente com a primeira população *Homo sapiens*, agora tem a população mais jovem sobre a Terra, com a média etária da população africana sendo de aproximadamente 19 anos.

Minha família não me deixou só, e isso é uma coisa boa, porque há problemas em família que não podem esperar e temos de estabelecer rapidamente as prioridades. Como podemos escrever por horas sem comer ou beber, passei a apreciar as manifestações de afeto da família, especialmente de minhas netas Jamar, Ayaana, Aion, Nova, Akira e Akila, que têm permissão para me interromper a qualquer hora. Elogio aos seus pais, meus filhos Mario, Eka e M.K., e que saibam que meu amor por eles é incondicional. Saúdo Yenenga, que se esforça ao máximo para me manter organizado, sem ela não seria capaz de prosperar.

Prefácio

Às margens do poderoso Rio Congo vários anos atrás, refleti sobre a vastidão do continente africano. Esse era apenas um dos grandes rios da África, embora merecidamente magnífico; o Congo impactava-me com seu tamanho, volume e com a sugestão da massividade da África.

Na época em que decidi que este livro tinha de ser escrito, subi nas pirâmides de Quéfren e Quéops, entrei nas tumbas dos mortos no Vale dos Reis, caminhei por faixas do quente Saara, observei o Grande Zimbábue do topo da colina e dormi na floresta tropical, enquanto a Terra despejava cântaros de chuva. Mas lá, nas margens verdes férteis do Congo, pude sentir os anos de poder e perceber a imensidão do continente a partir desse ângulo particular. Acho que foi nesse momento que decidi escrever uma história narrativa da África.

Nasci no sul da Georgia, tetraneto de escravizados africanos, de acordo com testes de DNA mitocondriais e de Y-cromossomo, de ancestrais núbios e Iorubas, em meio a altos pinheiros das planícies costeiras, muito distante, fisicamente, do continente africano, mas muito próximo do espírito questionador e da psicologia coletiva da África. Como se um ímã estivesse me puxando, fui atraído ao continente mais de 75 vezes, vivendo e trabalhando no Zimbábue; servindo como examinador externo no Quênia e na Nigéria; sendo consagrado rei (Nana Okru Asante Peasah, Kyidomhene de Tafo) em Gana; consultando presidentes na África do Sul, Zimbábue e Senegal; e relaxando nas praias do Senegal, Gana e Tanzânia. Contudo, mais do que casual ou social, meu interesse pelo continente era acadêmico e intelectual. Apercebi-me de que a maior parte das pessoas que conhecia em universidades e na comunidade geral compreendia muito pouco a África. Senti a necessidade de escrever este livro para aquelas pessoas.

Meu primeiro interesse pelo continente africano foi provocado por vários professores excepcionais na Universidade da Califórnia, Los Angeles, onde estudei para um doutorado em comunicação, com um campo cognato na história. Meus professores foram Gary B. Nash, Ronald Takaki, Terence Ranger e, talvez o mais influente, Boniface Obichere. Também tive a oportunidade de assistir às aulas de Robert Farris Thompson, Mazisi Kunene e Janheinz Jahn. O que caracterizava esses estudiosos era um entusiasmo em relação à história africana ou afro-americana. Herdei muito de seu amor pelo estudo cuidadoso da história. Embora nenhum de meus professores fosse afrocentrista, eram comprometidos com descobrir tanto quanto possível o significado da história africana à luz do que lhes haviam ensinado. Cada um deles contribuiu com os estudos sobre as experiências de africanos na Diáspora ou no continente africano.

Acadêmicos dedicados aos estudos afro-americanos e aos estudos africanos e de história continuaram a escrever livros e artigos explorando certos aspectos da vasta história da África. Certamente, isso significa que havia muitos estudantes ávidos da historiografia africana, buscando estabelecer para si e para outros um lugar no panteão de escritores sobre esse tema. Portanto, temos uma grande quantidade de livros, interpretações, vídeos e outros documentos explicando em detalhes cada aspecto do continente. Há um paradoxo sobre a África: ela permanece um tema que atrai uma atenção considerável, embora jamais tenha havido uma completa apreciação de sua complexidade.

O propósito de *A história da África*, considerando os vários livros já escritos sobre aquele continente, é apresentar um texto direto, ilustrado e factual, narrado a partir da perspectiva dos próprios africanos. É um livro que permite que a atividade africana domine as interpretações e explicações dos fatos onde ocorrem. Desse modo, *A história da África* dará aos leitores um exame cronológico e crítico da extensa história do continente. O objetivo de meu esforço era usar as lentes culturais, sociais, políticas e econômicas da África como instrumentos para explicar as vidas ordinárias dos africanos, no contexto de suas próprias experiências.

Este não é um livro sobre europeus na África nem sobre como os europeus a interpretam. Em vez disso, é a história da África como os próprios africanos a contam e como veem os grandes movimentos e personalidades que constituem a panóplia de heróis que atravessaram essa história. Embora o trabalho baseie-se na pesquisa muito extensa que foi feita por historiadores europeus e americanos, tentei situar os trabalhos de historiadores africanos no centro desta narrativa, reescrevendo e reorientando, assim, a história africana a partir da perspectiva dos africanos como sujeitos.

Não podemos ofuscar as tendências centrais do povo africano a respeito de sua visão de suas próprias nações e líderes. O que a África vê, ou diz que vê, é um tema muito mais interessante para este livro, uma vez que, para mim, é claro que a ênfase esmagadora na literatura e na oratura do continente tem sido em harmonia, equilíbrio e ordem. Esses temas representam a vocação da busca eterna na história africana.

Em um sentido, os objetivos deste livro são modestos: apresentar, da forma mais desafiadora, um livro simples e básico que permita aos estudantes e leitores leigos acessarem os grandes desenvolvimentos, personalidades e eventos do continente africano. Para fazer isso, começo com as origens mais primitivas da humanidade, dedico algum tempo para discutir a pré-história da África, e, então, entro no mundo fascinante do desenvolvimento africano por meio da origem da civilização humana. O que chamou minha atenção em minha pesquisa foi a riqueza de ideias nativas, conceitos africanos e perspectivas tradicionais que escaparam da escrita da história africana no Ocidente. Uma parte excessiva da historiografia tem sido sobre a África para a Europa e não a África para si mesma, como si mesma, a partir de suas próprias perspectivas. Para conhecermos verdadeiramente um continente, devemos estudar, viajar, permitir que os aromas, ritmos, danças e aspectos visuais dominem nosso ser; somente assim, parece-me, podemos realmente fazer as perguntas corretas, buscar pelas melhores respostas e chegar às interpretações mais perceptivas e criativas com base na voz autêntica da própria África. Tentei apresentar aos leitores um livro que expande nossa perspectiva e visão do continente para além das antigas noções convencionais da África como impotente, estagnada ou incapacitada em seu potencial.

No Ocidente, a ignorância sobre a África é palpável, como um monstro que invade nossos cérebros com descrença, engano e desinteresse, e que está em toda parte entre nós. Somos vítimas, provavelmente, das pessoas instruídas mais mal-informadas do mundo sobre o tema da África. Devido às experiências coloniais da Europa, os europeus tendem a lidar com o continente africano de um modo diferente dos americanos. Contudo, o que desejo para este livro é um amplo público leitor nos Estados Unidos, Europa, África e Ásia, com ênfase particular naqueles leitores em escolas e universidades, bem como entre pessoas comuns, a fim de que possam ter uma visão unificada do vasto continente. Os leitores deveriam terminar o livro com uma nova atitude em relação ao continente e ao seu povo. Não é intenção deste trabalho fazer comentários fáceis sem plausibilidade, mas sim argumentar apenas naquelas direções ricas o bastante para produzir vastas quantidades de dados sobre a história do continente que é o lar ancestral de mais de 40 milhões de cidadãos dos Estados Unidos, aproximadamente 70 milhões de brasileiros, outros 50 milhões de sul-americanos, de 5 a 7 milhões que vivem na Europa e no Pacífico, e cerca de 40 milhões de caribenhos, assim como cerca de 1 bilhão de africanos que vivem no continente.

Todos os livros são escritos com dívidas. Tenho uma grande dívida para com numerosos mentores, colaboradores e amigos que, sabendo de meu interesse pelo tema, encorajaram-me a prosseguir com o que esbocei sobre a história africana vários anos atrás, mas não havia encontrado o momento certo de começar. Minha leitura no campo foi extensa, e escrevi e pesquisei sobre a África por muitos anos em inglês, francês e alemão, mas sou também familiarizado com o akan, o ioruba, o suaíli, o árabe e o mdw ntr. Todavia, esta é a primeira vez que inicio um tratamento tão abrangente do continente africano. Tem sido um processo excitante; a África me revelou ainda mais segredos na escrita deste livro. Assim, escrever uma história da África é escrever uma importante parte da história do mundo, uma vez que as contribuições da África à humanidade são fundamentais e extensas. Ofereço este livro como minha contribuição à compreensão humana.

Nota à terceira edição inglesa

Sempre exploramos o infinito labirinto da história africana com os olhos de aprendizes, porque as revelações dançam dentro e fora de nossa mente como as imagens que encontramos em uma casa assombrada mágica na esquina. A surpresa nos previne, e nos diz que o que aprendemos estudando e lendo outros historiadores é somente uma pequena parte das revelações possíveis. Muitas vezes, senti-me como um observador envolvido em um cobertor de conhecimentos dos quais não podia escapar quando abordei a história africana, de modo que relaxei e me diverti examinando os aspectos menores de uma narrativa ou os símbolos maiores de uma cultura.

Nesta terceira edição de *A história da África* contei mais ainda com a abundância de estudiosos e observadores individuais para informações, percepções e interpretações. Felizmente, isso dirigiu esta edição mais para a ideia da atividade africana do que antes. O que os africanos dizem? No que os africanos acreditam? Como esse enigma é resolvido sem a compreensão que vem das próprias pessoas? Tentei permitir que minhas fontes, por vezes, meus colegas em história ou filosofia africana, dissessem-me algo sobre o qual eu só pudesse escrever por meio de textos, primários ou secundários. Desse modo, descobri ângulos, contornos e períodos que não havia percebido estarem diante de mim enquanto estava me desvencilhando do cobertor de conhecimento que fora confeccionado por uma combinação do que havia aprendido em Pepperdine e Ucla e em minhas leituras de materiais arquivais. Tente falar a Bhengu sobre a relação da história Zulu com os egípcios antigos e pense sobre Mubabingi Bilolo e suas reflexões Balubas sobre o que constitui as conexões linguísticas africanas mais antigas, ou a profunda compreensão de Wande Abimbola sobre os fundamentos éticos dos Iorubas, e você se aperceberá de que nunca será capaz de descobrir os caminhos através do labirinto dessa história incrível sem guias, que são simplesmente muito mais do que pessoas que indicam uma direção a você. Esses homens e mulheres que seguraram minha mão enquanto adentrava as águas profundas do que os próprios africanos dizem sobre sua própria narrativa foram os melhores amigos do meu trabalho. Assim, haverá observações, conceitos e perspectivas que são muito mais robustas do que nas edições passadas.

Contudo, tive de reconhecer as situações em transformação no continente da África desde a publicação da segunda edição. Devemos esperar que mudanças ocorram; o que não esperamos é que as mudanças sejam tão dramáticas a ponto de alterarem o modo como pensamos sobre a história africana. Mudanças podem ser fáceis, ou podem ser um caso de reordenamento em uma sociedade. A Guerra Civil sudanesa do Sul, por exemplo, ainda estava em curso na elaboração desta edição. Só com o tempo seria possível saber se Salva Kiir ou Riek Machar cederiam e permitiriam que seu país prosperasse como poderia. Conflitos étnicos substituindo conflitos raciais no continente estão arraigados na busca pelo poder e na urgência pela dominação; nenhuma dessas ações são necessárias para uma sociedade produtiva. Robert Mugabe se aposentou da presidência do Zimbábue, e somente o tempo dirá se o país irá recuperar sua forte posição como um gigante agrícola e minerador regional no sul da África.

A natureza em transformação da África contemporânea, formada basicamente por uma das populações mais jovens de qualquer continente, definirá o futuro na política, economia e cultura. As poderosas mudanças demográficas terão um impacto na arena internacional enquanto nações competem por posições na grande concorrência pelos recursos africanos. O que os historiadores perguntam é "o que propele o continente na direção de uma África Unida, se tanto?" Localmente, entre tecnocratas e a classe dirigente, há um sentimento crescente por Uma África; contudo, os riscos são muito altos para muitos participantes nacionais e regionais que buscam vantagens em contar a narrativa da África. Nesta edição, fiz ajustes reduzindo algumas impressões e permitindo que outras prosperassem um pouco mais. Também dediquei tempo para ouvir as vozes de mais pensadoras e educadoras que sempre foram as formadoras de uma parte importante da história da África. As sacerdotisas e rainhas, muitas vezes chamadas rainhas mães pelos europeus, falaram sobre tudo, de matrilinearidade ao papel dos homens na sociedade. Além disso, historiadores prestaram muito pouca atenção a mulheres como Nana Asma'u bint Shehu Usman dan Fodio, que nasceu em 1793 e viveu até 1864 como uma princesa, professora, poeta e líder regional reverenciada. Seu pai, Usman dan Fodio, fora o fundador do Califado Sokoto, e, como ele, tornou-se uma autora prolífica.

Certamente, uma história é uma narrativa conforme a visão de quem a escreve; não é uma questão da corretude de uma perspectiva, uma vez que a corretude está somente na coleta de fatos e não na interpretação. Contudo, como um africologista, tenho uma perspectiva particular sobre a emergência da filosofia da história africana como um movimento na direção da reconstituição de uma epistemologia abrangente. A fragmentação ocorre, mas a unidade também pode ocorrer. Os leitores perceberão que este é um livro otimista, que consegue tirar vantagem de um afro-futuro que é mais real do que Wakanda.

Molefi Kete Asante
Filadélfia, 2018

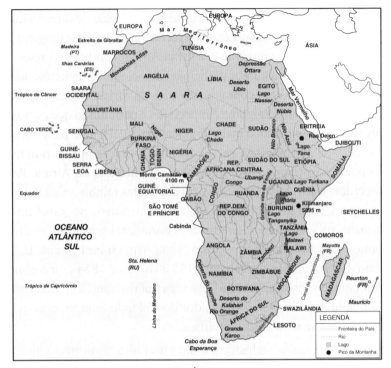

Mapa 0.1 – África moderna

Introdução

A história da África

A introdução a esta nova edição de *A história da África*, a primeira em língua portuguesa, não é diferente das outras introduções em que o objetivo é estabelecer para os leitores o contexto geral e, sobretudo, a razão para escrever história. Fiz isso para as primeiras duas edições, em língua inglesa, e o farei nesta também. Claramente, a busca de uma história africana ocorre dentro de contornos formativos de narrativas que conhecemos e narrativas desconhecidas. Isso significa que os historiadores estão sempre aprendendo sobre alguma outra coisa e essa alguma outra coisa funciona para expor o que não conhecemos ou não compreendemos mesmo que a conhecêssemos.

No verão do Hemisfério Sul de 2018 pediram-me que desse uma das históricas Conferências de Primavera na Universidade de Limpopo na África do Sul. Como um dos quatro conferencistas, fiquei impressionado com a intensidade e o envolvimento estudantil durante a semana da conferência sobre o Renascimento Afrocêntrico da África. Em todas as minhas viagens e conferências na África jamais havia visto tanto entusiasmo pela compreensão e pela interpretação da história africana da perspectiva da própria atividade das pessoas como nas brilhantes apresentações dos participantes. Assim, cheguei à conclusão de que esta terceira edição de *A história da África* deveria introduzir o que acredito que emergirá nos próximos anos como alguns dos mais provocativos discursos na historiografia africana. Fiquei impressionado não apenas com Simphiwe Sesanti, Kwesi Prah e Nomakhosazana Rasana, mas também, literalmente, feliz com o apoio surpreendente que as audiências deram a todos que questionaram as interpretações equivocadas contemporâneas e históricas da cultura africana. Mgomme Masoga, como o líder funcional das Conferências de Primavera, reuniu um quadro revolucionário comprometido com um novo pensar sobre a África.

Duas recentes descobertas na África do Sul mudaram a escrita da história africana e perturbaram as crenças geralmente sustentadas sobre civilizações africanas. O primeiro evento é a descoberta de Johan Heine sobre o que é erroneamente referido como "Calendário de Adão", a respeito do qual Michael Tellinger escreveu o que deve ser considerado a coleção mais magnífica de megálitos encontrada em qualquer parte do mundo. O segundo evento é as nove linhas ocre avermelhadas de 73 mil anos, desenhadas em uma lasca de granito que representa os desenhos mais antigos do *Homo sapiens* de acordo com arqueólogos que estudam a pedra (FLEUR, 2018). Essas descobertas se acrescentam às revisões explanatórias já propostas no campo da história africana, e sugerem que junto às origens humanas no continente da África devemos agora considerar seriamente o impacto do surgimento da consciência cognitiva como vista no desenvolvimento dos megálitos e dos desenhos humanos na lasca de pedra no sul da África.

A província dos megálitos

Essas estruturas megalíticas eram consideradas o lugar sagrado de Inzalo y'Langa, ou seja, "os locais de rituais ancestrais". Soube imediatamente que isso nos levaria de volta às históricas placas desenhadas a respeito da presença da civilização na África. Achados ao longo desse e de outros continentes já apontavam para a emergência da humanidade no continente africano e para a migração, antes do que pensávamos, da África para o resto do mundo. Recentemente, as descobertas nas cavernas abrigadas no Brasil e na Terra do Fogo, no sul do Chile e na Argentina, indicaram a presença física do povo africano na América do Sul antes da chegada dos colonizadores que vieram pela Sibéria e pelo Estreito de Bering.

As estruturas mais antigas feitas por humanos são os 100 mil ou mais megálitos, que são datados de no mínimo 75 mil anos atrás e que se espalharam extensamente ao longo do sul da África a partir de um grupo central de estruturas de pedra encontrado na província de Mpumalanga. A partir de toda a pesquisa contemporânea, concorda-se que esses sítios são as estruturas antigas mais monumentais criadas por entes humanos há tanto tempo. Nosso conhecimento da migração humana ao longo da África e para o resto do mundo combinado às descobertas materiais de crânios, traços de desenhos, pinturas rupestres e fósseis sugerem um passado muito mais ativo do que possamos ter pensado. A identificação de Mpumalanga na África do Sul, logo ao sul da província de Limpopo, próxima ao Zimbábue, como o lugar mais antigo com estruturas feitas por humanos reescreverá a história do sul da África, do continente africano e da arquitetura criativa humana. Os humanos que planejaram e construíram as enormes estruturas de pedra circulares exibiram conhecimento de materiais de pedra, escala, estrutura e ornamentação com pedras preciosas. Assim, as heranças sobre as quais temos escrito tão meticulosamente levam diretamente às esculturas em Grande Zimbábue, Danangombe e Mapungubwe como exemplos de reverência ancestral muito antes de encontrarmos o próspero Complexo do Vale do Nilo.

Estima-se que os sítios construídos por africanos nativos tenham 200 mil anos, período mais próximo ao da presença mais antiga do *Homo sapiens*. Os locais históricos eram inacessíveis ao povo africano durante o período do *apartheid*, quando os brancos se apropriaram de grandes porções da terra sul-africana e comprimiram os africanos em cerca de 15% da terra em reassentamentos nas partes mais pobres do país.

Durante o período do *apartheid*, três homens brancos encarregaram-se de registrar, fotografar e interpretar as antigas ruínas de Inzalo y'Langa: Johann Heine, Cyril Hromnik e Michael Tellinger. Nenhum deles se dirigiu ao povo nativo para determinar a natureza, o significado ou a história dos sítios que haviam sido usados até o surgimento do governo minoritário branco. Heine era o piloto que voou sobre os locais e observou pela primeira vez os círculos incomuns de pedras. Hromnik e Heine foram influenciados e energizados por Erich von Daniken e Zecharia Sitchin, ambos provedores de ideias falsas sobre alienígenas que teriam construído monumentos africanos. Tellinger tornou-se um grande popularizador dos locais escrevendo artigos e livros e dando palestras e entrevistas na televisão e no rádio nos sítios de pedras.

Junto a essas conquistas concretas do povo africano, surgiu uma cultura de descrença sobre as realizações africanas, muitas vezes acompanhada por intérpretes europeus que vêm essas esculturas e esses megálitos da África como extraterrestres.

É o mesmo fenômeno de descrença que vemos nas interpretações de brancos sobre a história africana durante o período da colonização e da escravidão. Eles parecem perguntar: "Como essas pessoas poderiam ter construído essas pirâmides?" O aventureiro e escritor francês, o Conde Constantin Volney (1787), colocou-o bem quando disse: "Imagine só que essa raça de homens negros, hoje nossos escravizados e objetos de nosso escárnio, é a mesma raça à qual devemos nossas artes, nossas ciências e mesmo nosso uso da linguagem". Além disso, Volney pôde ver que a aparência assim chamada mulata do egípcio moderno estava relacionada à mistura com muitos invasores do país. "Em outras palavras, os antigos egípcios eram verdadeiros negros do mesmo tipo que todos os africanos nativos. Sendo assim, podemos ver como seu sangue, misturado por vários séculos com o dos gregos e o dos romanos, deve ter perdido a intensidade de sua cor primeira, embora retendo a impressão de seu molde original" (VOLNEY, 1787).

Há indicações de que rituais ancestrais haviam sido realizados regularmente entre os terraços de pedra e os campos megalíticos até a imposição da doutrina da minoria *apartheid* branca, que impediu os africanos de terem a liberdade de viajar e acessar terras antigas. Agora que os africanos podem de novo viajar em seu próprio território, haverá mais estudos históricos e arqueológicos dessa região, sendo essa potencialmente a chave para revelar a história dos humanos no sul da África.

Esperemos que, na época da próxima edição desta obra, haja pessoas nativas o bastante examinando os lugares para produzir narrativas ainda mais robustas sobre a história de Mpumalanga. Contudo, fiz duas observações gerais:

1. Os sítios desses megálitos representam o maior campo de megálitos do que qualquer parte do mundo.

2. Os megálitos de Mpumalanga são os mais antigos conhecidos do mundo.

Os visitantes dos locais deram-nos fotos, desenhos e registros escritos sobre os megálitos. Suas interpretações oscilaram entre alienígenas, ou seja, não africanos, que criaram os sítios para seus propósitos terrestres, e alguns antigos currais para gado construídos por uma raça de humanos que não mais existe. Talvez o maior atrativo para alguns dos visitantes do lugar seja a possibilidade de que os megálitos representem um calendário, por isso o nome de Calendário de Adão. Nada há indicando que esse seja o caso, exceto a ideia caprichosa de que esses megálitos sejam similares a Stonehenge, os megálitos icônicos britânicos que se tornaram o padrão pelo qual devemos examinar todos os megálitos. Claro, Stonehenge é muito mais recente e é um sítio no Hemisfério Norte. Sítios em Nabta Playa, na África Central, no Zimbábue e agora em regiões sul-africanas deram-nos outros lugares para concentração sobre as conquistas dos africanos.

Desenhando na pedra

Christopher Henshilwood, da Universidade de Bergen, na Noruega, é o principal especialista sobre a descoberta do desenho em pedra mais antigo do *Homo sapiens*. O artefato foi encontrado na Caverna de Blombos no Cabo Oriental em uma área que continha dentes humanos, pontas de lanças, utensílios e contas feitas de conchas do mar. Essa descoberta, em um depósito revelado pela primeira vez em 2011, era feita de uma lasca de pedra de duas polegadas. Uma análise posterior demonstrou que não havia uma pintura sobre a pedra, com um pincel feito de um graveto queimado ou algo assim, e sim que as linhas foram desenhadas com um tipo de lápis de ocre vermelho.

Certamente, temos consciência do fato geralmente aceito de que as pinturas rupestres mais antigas, que remontam a aproximadamente 1 milhão de anos, são encontradas na África, e de que há vários exemplos dessas pinturas ao redor do mundo. Nenhuma, porém, é tão antiga quanto as pinturas na África. Agora, sabemos que os desenhos encontrados nos sítios da Caverna Chauvet na França, da Caverna de El Castillo na Espanha, da Caverna de Maros na Indonésia, ou nos outros sítios africanos, como o da assim chamada Caverna Apollo 11, na Namíbia, são antigos, com aproximadamente 42 mil anos, mas esses desenhos figurativos e abstratos são ao menos 30 mil anos posteriores à nova descoberta da Caverna Blombos na África do Sul. Um desenho em pedra datado de 73 mil anos está mudando a natureza de nossa história.

Um desenho é distinto e diferente de uma pintura. Um requer um instrumento fino que possa ser controlado por um indivíduo que tem um propósito particular de marcar linhas em uma superfície. Pode ser considerado mais refinado do que uma pintura, mas não necessariamente mais significativo. Assim, a descoberta desse desenho, como aquela dos megálitos na parte sul da África, ajuda-nos a recuar à origem da civilização. Meu argumento nesta introdução é que a África revela mais de si a cada dia, e aqueles de nós que estudam o continente sabem que há sempre algo novo emergindo dela.

Molefi Kete Asante
Abidjã

Parte I
O tempo de despertar

Na aurora do universo, Maat era o alimento dos deuses.

Molefi Kete Asante

1

ÁFRICA E A ORIGEM DA HUMANIDADE

Nas décadas de 1950 e 1960, o gênio senegalês Cheikh Anta Diop, cientista, linguista e historiador, propôs a importante tese de que a África era não só o berço da humanidade como também o berço da civilização (DIOP, [1974] 1993). Ele não fora o primeiro a fazer essa sugestão, mas foi o primeiro estudioso africano a defender a tese em vários livros provocativos, incluindo *The african origin of civilization* [A origem africana da civilização] ([1974] 1993) e o importante trabalho antropológico *Civilization or barbarism* [Civilização ou barbarismo] (1991). O trabalho de Diop questionava o núcleo das doutrinas do racismo e os argumentos negativos que haviam sido elaborados contra a África por muitos autores europeus e americanos. A discussão em sua tese de doutorado na Sorbonne Université, na França, era não somente que a África era o lar da humanidade e da civilização como também que a Europa havia "roubado" ou "distorcido" grande parte dos registros africanos. Essa acusação criou uma onda de resistência intelectual que seguiu Diop por grande parte de sua vida, porque ele havia questionado a ideia da superioridade europeia. Seus argumentos conquistaram respeitabilidade enquanto o muro de ignorância estabelecido por décadas de ciência racista terminou desmoronando. Na verdade, um grande número de outros cientistas em campos tão diferentes quanto arqueologia e linguística escreveram livros e artigos que iluminaram os achados de Diop. Autores como Martin Bernal, Théophile Obenga e Basil Davidson mostraram a verdade de sua tese inicial. De fato, a África é o lar de todos os entes humanos vivos. Além disso, é a fonte de muitas das inovações tecnológicas que estabeleceram a fundação das sociedades industriais e informacionais modernas.

Documentação das origens

A África está bem no começo da origem da humanidade. Em nenhum outro continente os cientistas encontraram evidências tão extensas de nossas origens como na África. Se essa fosse sua única distinção, seria o bastante para chamar nossa atenção. O início da evolução humana tem sido tão detalhado nesse continente que não poderíamos escrever uma história completa da humanidade sem explorar a pré-história da África. A palavra "pré-história" é usada para referir o tempo antes de a escrita existir. Há evidências suficientes de ossos fossilizados e utensílios de pedra que permitem aos cientistas recuperar informações que gerarão argumentos plausíveis para a origem africana da humanidade.

Animais ou plantas que morrem e cujos restos são capturados pela formação geológica de rochas transformam-se em fósseis. Posteriormente, quando um ente humano desenterra a rocha, quebra a pedra ou, por acaso, topa com uma rocha quebrada e descobre a matéria fossilizada que pode ter estado dentro da rocha por milhões de anos, temos evidências de como a vida era durante o tempo daquele animal ou daquela planta. A ciência moderna pode estimar a datação desses fósseis com técnicas altamente desenvolvidas, como a de datação de carbono-14.

O carbono-14 pode ser considerado um relógio atômico usado para propósitos de datação, porque é baseado na decomposição radioativa do isótopo carbono-14, que tem uma meia-vida de 5.730 anos. Como o carbono-14 é produzido continuamente na atmosfera superior da Terra pelo bombardeio de nitrogênio por nêutrons dos raios cósmicos, cientistas conhecem muito bem sua existência e suas características. Sabemos isso a partir da ciência: o recém-formado radiocarbono mistura-se ao carbono não radioativo no dióxido de carbono no ar e entra em todas as plantas e em todos os animais vivos. Na verdade, todo carbono em organismos vivos contém uma proporção constante de radiocarbono para carbono não radioativo. Assim, após o organismo morrer, a quantidade de radiocarbono diminui gradualmente à medida que retorna ao nitrogênio-14 por decomposição radioativa. Ao medirmos a quantidade de radioatividade remanescente em materiais orgânicos, a quantidade de carbono-14 pode ser calculada, e o momento da morte pode ser determinado. Portanto, se verificamos que o carbono de uma amostra de planta contém metade de carbono-14 de uma planta viva, a idade estimada da amostra da planta seria de 5.730 anos.

Esse método é bom para a pré-história recente, com menos de 50 mil anos. Por exemplo, se você estiver interessado em estabelecer o período do Rei Tutancamon, poderia usar amostras de materiais, couro e tecido retirados do túmulo dele. Poderia usar carvão, os restos materiais de plantas queimadas, para descobrir a idade de árvores antigas. Poderia usar as amostras coletadas de camadas na Garganta de Olduvai, na África Oriental, que contém os restos fósseis do *Zinjanthropus* e do *Homo habilis*, considerados os precursores dos humanos, para descobrir a idade deles.

Na direção do *hominins* e além

Os humanos modernos pertencem ao que cientistas contemporâneos referiram como a família primata dos *hominins*, um termo biológico que significa criaturas humanas ou semelhantes aos humanos que caminham eretas em duas pernas e têm cérebros ampliados. Conforme a ciência, somos a única espécie de hominídeos remanescentes, embora houvesse outras em um estágio anterior da evolução humana. As evidências sugerem que milhões de anos atrás outros primatas, como o chimpanzé, o bonobo e o gorila, chamados pongídeos (primatas e gibões modernos e seus ancestrais), separaram-se do grupo que se tornou hominínio. Cientistas demonstraram recentemente, por meio de DNA, que partilhamos 99% do DNA de chimpanzés. Tanto humanos anatomicamente modernos como os outros primatas supramencionados pertencem a um grupo de origem conhecido como *hominídeos*.

Está claro que os humanos conhecem somente uma pequena fração do que ocorreu na evolução dos hominídeos, mas sabemos o bastante para dizer que, entre 10 e 4 milhões de anos atrás, os hominídeos moveram-se da floresta para as savanas da África Oriental. Sabemos, a partir de restos fósseis, que ficavam de pé, caminhavam sobre duas pernas (bípedes) e erguiam seus braços acima de suas cabeças.

Há muitas teorias sobre por que e como os hominídeos fizeram o que fizeram. Uma delas é a de que, para sobreviver nas planícies e savanas abertas, necessitavam ficar de pé, de modo que pudessem enxergar longas distâncias e identificar predadores que os caçavam como alimento. Assim, os primeiros hominídeos a ficarem de pé foram os do continente africano. Na verdade, os hominídeos não poderiam ter ficado de pé em qualquer outro lugar, uma vez que esses foram os primeiros.

Desde a década de 1920, estudiosos e cientistas têm investigado os vários vínculos na cadeia da evolução humana, olhando para os registros arqueológicos e biológicos. Em 1925, um sul-africano chamado Raymond Dart fez a primeira descoberta, e faria várias subsequentemente, na África do Sul (WALKER, 1957; JACKSON, 2001, p. 42-44). Em uma caverna de pedra calcária em Taung, África do Sul, ele descobriu o crânio enterrado de uma criatura de 6 anos. Tinha aparência de um primata, mas certas características humanas, como a forma da parte de trás do crânio, que dava uma indicação de como seriam os músculos do pescoço. Na verdade, Dart assumiu, a partir dessa estrutura, que a criatura caminhasse ereta sobre duas pernas e provavelmente tivesse uma inclinação para a frente. Dart nomeou a criatura que havia descoberto na caverna *Australopithecus* (primata do sul). Muitas outras descobertas foram feitas e agregadas à categoria australopitecínea. Essas vieram de outras cavernas da África do Sul. Não demorou muito para que outros cientistas encontrassem australopitecíneos na África Oriental, particularmente na Garganta de Olduvai no norte da Tanzânia, no Vale da Grande Fenda e nas áreas do Lago Turkana do Quênia, bem como no Vale do Rio Omo na Etiópia.

A década de 1970 foi um período muito frutífero para descobertas na África Oriental. Em 1972, Richard Leakey, filho do famoso cientista Louis Leakey, encontrou o crânio 1470 próximo ao Turkana Oriental no Quênia, que parecia muito humano. Esse achado seria superado pela notável descoberta, em 1975, dos restos de um grupo australopitecíneo de 13 adultos e crianças próximo a Hadar, na Etiópia. Depois, em 1976, pegadas humanas foram descobertas perto de um vulcão extinto nas proximidades de Olduvai. Elas foram deixadas no que teria sido cinza vulcânica de 3,25 milhões de anos atrás, quando uma erupção do vulcão deve ter matado as criaturas que deixaram as pegadas.

Informações recentes de várias fontes estenderam nossa compreensão, mas também colocaram a origem dos australopitecíneos muito antes do que jamais imaginávamos ser possível. Na verdade, alguns cientistas dizem que temos de procurar no Oásis de Faium, no Egito, pelos ancestrais mais antigos conhecidos tanto dos hominídeos quanto dos pongídeos. No oeste do Nilo foram encontradas várias espécies de primatas. Um candidato possível para o ancestral mais antigo de hominídeos e pongídeos é chamado *Aegyptopithecus* e data de 30 milhões de anos atrás. Paleontólogos, aqueles que estudam formas de vida fossilizadas, agora, acreditam que a separação de hominídeos e pongídeos pode ter ocorrido cerca de 8 milhões de anos atrás.

Novos candidatos apareciam em cena a cada ano enquanto os cientistas investigavam intensamente as evidências no continente africano. O *Sahelanthropus tchadensis* foi encontrado em 2002, em Chade, e representa o fóssil mais antigo conhecido de um hominídeo. Ele foi datado em 7 milhões de anos atrás. O fóssil mostra sinais de modernidade porque seus dentes são relativamente pequenos e sua face é plana e não se projeta como a de um chimpanzé. Cada vez mais hominídeos têm de ser incorporados à família à medida que cientistas descobrem mais exemplos. Na verdade, antes do achado do *Sahelanthropus tchadensis* no Chade, cientistas pensavam que a Etiópia e o Quênia forneceriam os resultados mais interessantes, uma vez que são os lugares onde o *Ardipithecus ramidus*, datado em 4,5 milhões de anos atrás, foi descoberto na área Awash na Etiópia. Antes disso, foi descoberto o *Australopithecus anamensis* perto do Lago Turkana no Quênia. Talvez o mais proclamado de todos esses achados seja o de Dinknesh, chamado Lucy pelos americanos. Encontrada na região do Hadar da Etiópia por Maurice Taieb e Donald Johanson em 1974, Dinknesh foi um bípede ereto pertencente à espécie *Australopithecus afarensis*, datada em 3 milhões de anos atrás.

Muito recentemente, antropólogos observaram que havia outros hominídeos nos arredores daquela região. O *Australopithecus afarensis* foi encontrado não só na Etiópia, mas também no Chade. Havia alguma mobilidade no modo como essas espécies circulavam pelo continente. Contudo, a famosa Criança de Taung estudada por Ramond Dart pertencia ao ramo do *Australopithecus africanus* da família hominídea e era o exemplar mais antigo. Todavia, havia outros hominídeos, como o *Australopithecus aethiopicus*, o *Australopithecus boisei* e o *Australopithecus robustus*. Acredita-se que tenham sido vegetarianos. A espécie mais recente de hominídeos descoberta foi o *Australopithecus garhi* (*garhi* significa "surpresa" na língua etíope afar, falada pelo povo da região onde os fósseis foram encontrados). Esse grupo data de cerca de 3 milhões de anos atrás. Eles parecem ter se alimentado de carne e vegetais e criado utensílios.

A classificação mais extensamente aceita dos primeiros hominídeos categoriza-os em dois gêneros separados. O primeiro, como discutido, é o *Australopithecus*. O segundo é o *Homo*, e entre os mais familiares estão o *Homo habilis*, o *Homo erectus* e o *Homo sapiens*.

Em 2006, o diretor do Projeto de Pesquisa Paleoantropológica Gona, na Etiópia, Sileshi Semaw, e seus colegas descobriram o crânio de um pequeno ancestral humano em uma área próxima a Gawis, na Etiópia, que poderia ser outra peça do quebra-cabeça dos humanos modernos. Os cientistas encontraram partes de um antigo crânio humano considerado ter entre 500 e 250 mil anos.

Humanos modernos

O próximo passo na linha hominídea é o chamado "*homo*", que significa "homem". O primeiro foi nomeado *Homo habilis*, que é um "homem hábil". Essa forma data de 2 a 3 milhões de anos atrás. O *Homo habilis* tem muitas características que o distinguem do *Australopithecus*. Em primeiro lugar, o crânio é mais redondo e mais alto, e a capacidade craniana é de aproximadamente 700 centímetros cúbicos (cc), comparada com os 1.450cc de humanos modernos e os 400cc dos *Australopithecus*. O *Homo habilis* está associado com a criação de utensílios, embora a espécie pareça ter mantido a habilidade para subir em árvores. Depósitos de ferramentas de pedra foram encontrados em Gona e Hadar na Etiópia, assim como em Senga no Congo. Esses utensílios olduvaienses, como são chamados, poderiam ter sido usados para cortar a carne de animais e também para combater predadores.

Após o *Homo habilis* veio o *Homo erectus*, ou "homem ereto". Essa espécie apareceu cerca de 2,3 milhões de anos atrás, e considera-se que tenha sobrevivido na Ásia até 53 mil anos atrás. Se você visse um *Homo erectus* e apenas olhasse para ele ou ela do pescoço para baixo, a criatura se pareceria exatamente com um humano moderno. Era no tamanho do cérebro que ainda havia uma diferença com relação aos humanos modernos. O do *Homo erectus* tinha cerca de 1.000cc, o que é cerca de 450cc menor do que a capacidade craniana dos humanos modernos.

Agora, entram os humanos modernos. Ainda há um debate, embora a ciência tenha quase posto um fim a ele, sobre se houve uma origem monogenética ou poligenética dos humanos (CA-VALLI-SFORZA, 1991, p. 72-78). O modelo poligenético sugere que os humanos emergiram em diferentes partes do mundo, ou se desenvolveram diretamente do *Homo erectus* em diferentes regiões do mundo. O modelo monogenético argumenta que a evolução dos humanos foi um evento singular que ocorreu na África e que o *Homo sapiens* (os humanos modernos) expandiu-se para fora, impelido pela bomba do Saara durante a Idade do Gelo de Weichsel/Wisconsin/Wurm (que terminou cerca de 10 mil anos atrás), quando populações foram deslocadas.

Muitos estudiosos acreditam agora que o tipo de *Homo neanderthalensis* foi um beco sem saída evolucionário. Esse é um tipo encontrado somente na Europa, mas que até tempos recentes parece não ter descendentes diretos nos humanos modernos. Contudo, houve alguns cientistas que recentemente afirmaram que o DNA neandertálico poderia aparecer em algumas populações de povos europeus. O que sabemos é que alguns traços neandertálicos são evidenciados no DNA de britânicos e outros europeus (DANNEMANN; KELSO, 2017; PRÜFER et al., 2017; WILLIAMS, 2017).

O corredor do noroeste africano revelado

Um artigo na Nature, de 7 de junho de 2017, fez um anúncio surpreendente: "restos de 300 mil anos situam o *Homo sapiens* mais antigo no Marrocos" (CALLAWAY, 2017). Alicia McDermott escreve em Ancient Origins (2017) que

> uma reavaliação dos restos e artefatos humanos antigos do Marrocos recuou o advento do *Homo sapiens* em 100 mil anos. Dois novos trabalhos sugerem que o mais antigo dos fósseis vem de 300 a 350 mil anos atrás. Isso pode levar pesquisadores a repensarem sua busca geral, na área em torno do Vale da Grande Fenda da África Oriental, pela origem da nossa espécie.

O depósito de crânios, dentes e ossos longos de ao menos cinco *Homo sapiens*, junto a utensílios de pedra e ossos de animais, foi encontrado em Jebel Irhoud, Marrocos. Pesquisadores sabiam sobre a área desde 2004. Antes dessa descoberta, cientistas afirmavam que a data mais antiga para restos de *Homo sapiens* parecia ser a dos sítios na Etiópia, em Omo Kibish, de 195 mil anos atrás, e em Herto, de 160 mil anos atrás, explica Sanders (2003, p. 1). O autor escreveu: "os fósseis datam precisamente do tempo em que, segundo previsão de biólogos que usaram genes para mapear a evolução humana, uma 'Eva' genética viveu em algum lugar na África e deu origem a todos os humanos modernos". Além disso, Tim White, paleontólogo e professor de Biologia Integrativa na Universidade da Califórnia, Berkeley, e um colíder do grupo que escavou e analisou a descoberta, disse: "Agora, o registro fóssil harmoniza as evidências moleculares" (SANDERS, 2003, p. 1). Com certeza, as evidências arqueológicas do Marrocos mostram indícios do *Homo sapiens* cruzando o continente. Daniel Richter, do Instituto Max Planck de Antropologia Evolutiva, e seu grupo usaram termoluminescência para ajudar a estabelecer a idade de artefatos de sílex aquecidos no fogo desenterrados no sítio de Irhoud.

Obviamente, o achado no Marrocos sugere que somos capazes de demonstrar a convergência na África das evidências de pedra do *Homo sapiens* com os restos reais de crânios e ossos. Alguns estudiosos já haviam alertado para a presença do *Homo sapiens* durante a Idade da Pedra Média, mas o exemplar fóssil mais antigo de *Homo sapiens* até agora era a descoberta etíope em Omo Kibish. Outras espécies *Homo*, como o *Homo naledi* e o *Homo floresiensis*, também se originaram no continente da África. O último, o *Homo floresiensis*, que existiu cerca de 1 milhão de anos atrás, também foi encontrado na região do Pacífico da Ásia e foi chamado "hobbit indonésio". Contudo, como pesquisadores na Universidade Nacional australiana relataram no Journal of Human Evolution, em um artigo intitulado *The affinities of Homo floresiensis based on phylogenetic analyses of cranial, dental, and postcranial characters* [As afinidades do *Homo floresiensis* baseadas em análises filogenéticas de caracteres cranianos, dentais e pós-cranianos], o

Homo floresiensis estava diretamente relacionado ao *Homo sapiens*, e não ao *Homo erectus*, como se acreditara (ARGUE et al., 2017, p. 107-133).

Assim, embora a história não esteja completa e talvez jamais possa estar, sabemos agora, pela coincidência de evidências biológicas, ou seja, DNA, e pelas evidências de utensílios de pedra e de fósseis, que as origens humanas começaram no Continente Africano.

Descobertas do norte da África na Tunísia

Poucos historiadores africanos deram atenção ao norte da África quando consideraram a história do continente. Todavia, agora está claro que a dispersão do *Homo sapiens* estendeu-se ao longo do continente de Leste a Oeste. Cientistas estão descobrindo rapidamente as datas nas quais o *Homo sapiens* apareceu em várias partes do norte da África. Sabemos que os humanos estiveram no Marrocos cerca de 300 mil anos atrás, de acordo com fósseis recentes em Irhoud. Pesquisadores que escavavam próximo a Tozeur, no sudoeste da Tunísia, encontraram um sítio de cerca de 6 mil metros quadrados onde havia evidências de atividade humana, como utensílios e armas de sílex similares àqueles usados na Etiópia, no Quênia e no Vale da Grande Fenda pelos primeiros *Homo sapiens*.

Aos pesquisadores do Instituto Nacional do Patrimônio da Tunísia e da Universidade de Oxford parece que esses utensílios indicam a presença do *Homo sapiens* durante a Idade da Pedra Média. Ossos de zebras, rinocerontes e outros animais claramente indicam a presença de savana e de água fresca. Usando termoluminescência, os cientistas determinaram que os utensílios têm 92 mil anos. Mesmo que isso não nos faça retroceder tanto quanto as descobertas em Tamara e Irhoud no Marrocos, essa descoberta permite-nos especular sobre os padrões e movimentos migratórios dos primeiros *Homo sapiens*.

Independentemente de quanto certos historiadores tenham tentado tirar o norte da África do continente, vemos claramente agora que é uma parte integral da textura da cronologia, da migração e da história africanas. Heródoto, em 440 AEC, referiu-se em seus escritos ao mito de que o ativo deus Zeus seguiu Io até a África. O que sabemos é que a terra que é agora a Tunísia foi ocupada por africanos muito antes da chegada dos fenícios durante o reinado da Rainha Elissa, por vezes chamada Dido.

Heródoto (2003) disse:

> De acordo com os persas, os mais bem-informados em história, os fenícios começaram a querela. Esses povos, que haviam anteriormente habitado a costa do Mar Eritreu, tendo migrado para o Mediterrâneo e se assentado nas partes em que agora habitam, começaram imediatamente, eles dizem, a se aventurar em longas viagens, carregando suas embarcações com mercadorias do Egito e da Assíria.

Se os fenícios, que chegaram a Khart Haddas (Cartago) vindos de Tiro e Sídon ao longo da costa libanesa, eram originalmente habitantes do Mar Eritreu (Erythraen), então teriam meramente passado pela costa do Líbano alguns anos antes de fazer seu caminho de volta para o seu continente de origem.

Claramente, sabemos agora pelos cientistas que os *Homo sapiens*, muito provavelmente humanos de pele negra, ocuparam a terra muito antes dos fenícios, que provavelmente também eram negros de acordo com sua terra de origem. Acredita-se que tenham aparecido no século XVI AEC no território que hoje é chamado Somália. Certamente, sabemos que Heródoto (2003), muito difamado por suas observações de que os egípcios antigos tinham pele negra. Não há tese que defenda uma origem setentrional para os fenícios, e, como os antigos afirmavam terem vindo da região de Punte, eram indubitavelmente povos de pele negra.

Parte II
A época da alfabetização

Na cidade egípcia de Náucratis havia um antigo deus famoso cujo nome era Thoth. Ele foi o inventor de muitas artes, como a aritmética, o cálculo, a geometria, a astronomia, o jogo de damas e os dados. Mas sua grande descoberta foi o uso das letras.

Sócrates, como registrado por Platão

2

ÁFRICA E O COMEÇO DA CIVILIZAÇÃO

No começo

John Henrik Clarke, outrora chamado o deão dos historiadores afro-americanos, disse que a "civilização emergiu primeiro no continente africano, e todos os outros continentes são os herdeiros desses primeiros humanos que ocuparam a massa de terra africana" (JACKSON, 2001, p. 3). As palavras de Clarke somente ecoam as perspectivas de vários estudiosos, aqueles que estudam especificamente a África, e estabeleceram uma base para a discussão sobre a África e o começo da civilização. Clarke também sustentava que "a maioria dos historiadores ocidentais não estava disposta a admitir que há uma história africana sobre a qual escrever e que essa história antecede a emergência da Europa em milhares de anos" (JACKSON, 2001, p. 3). Como sabemos que os humanos apareceram primeiro no continente africano, de acordo com registros arqueológicos e biológicos, sabemos também que os primeiros humanos a serem capazes de lidar com seus afazeres no ambiente físico no qual viveram eram africanos.

O que foi necessário para que os primeiros africanos pudessem confrontar seu ambiente de vida? Que tipos de coisas tiveram de aprender? Por quais experiências esses primeiros humanos tiveram de passar, dado o fato de que estavam abordando esse ambiente como *neófitos*, ou seja, como novos? Podemos supor, a partir dos dados, que os humanos retiveram conhecimento que acumularam durante a era dos hominídeos. Eles aprenderam o que era e o que não era perigoso. Sabiam que podiam cair de um penhasco e morrer. Sabiam que certos alimentos eram venenosos e podiam matar.

Os primeiros hominídeos viviam nas savanas e caçavam tanto nas savanas quanto nas florestas tropicais. Eles usavam o biface (*hand-axe*), que havia evoluído do uso anterior de cortador de pedra como utensílio. Foram necessários muitos séculos para que os primeiros humanos na África Oriental chegassem ao ponto no qual o biface, com sua característica de dois fios cortantes encontrando-se em uma ponta fina, substituísse o uso do cortador de fio irregular. Contudo, não levou tanto tempo para esses primeiros africanos desenvolverem raspadores e martelos. Embora esses utensílios tenham sido encontrados na África mais cedo do que em qualquer outro lugar, foram originalmente denominados pelos antropólogos europeus como "acheulianos", em alusão ao sítio de tipo europeu na França onde foram encontrados pela primeira vez. Preferi usar o termo "biface kamoa", em alusão ao sítio anterior no Congo onde esses implementos de pedra foram descobertos. Na verdade, a maioria desses sítios existe no continente da África e não na Europa ou na Ásia. Alguns deles podem datar de 1,5 milhão de anos atrás.

Necessidade e invenção

A aparição do *Homo sapiens*, aproximadamente 300 mil anos atrás, significou que os humanos modernos foram capazes, com seus cérebros maiores, de melhorar suas condições de vida, proteger melhor seus jovens, dedicar-se a formas mais habilidosas de capturar presas e desenvolver emoções familiares que os levaram a agir em conjunto diante do perigo nas planícies africanas.

Vamos assumir que uma criança nasceu de uma mulher e um homem. Quais são as necessidades básicas desse grupo? Necessitam de alimento para comer. Necessitam de abrigo para se protegerem do clima. Necessitam de algo para cobrir seus corpos a fim de se manterem aquecidos se a temperatura ficar muito baixa. Necessitam de utensílios e armas para defende-rem suas vidas de animais predadores. No nível fundamental, necessitarão dessas coisas; por isso, dizemos alimento, abrigo, vestimentas e utensílios.

O bebê necessitará ser cuidado enquanto a mãe e o pai cole-tam alimentos. Como a criança será cuidada durante o tempo em que a mãe estiver trabalhando? Há algumas opções ou escolhas. A criança poderia ficar sozinha, ou com um dos pais, ou com amigos, ou poderia ser levada junto ao trabalho. O que vemos na história africana é que a mãe carregava o bebê com ela, muitas vezes envolto firmemente em suas costas (DOVE, 1998).

De qualquer modo, quem é a criança? Como você distingue uma criança de outra? O que deve ser feito para deixar claro que uma criança particular está sendo chamada ou buscada quando os pais têm mais de um filho? Tem de haver um modo de fazer essa distinção. Os humanos conceberam o processo de nomear como uma forma de lidar com distinções.

Há muitas abordagens diferentes para o nomear. Contudo, antes que os nomes possam aparecer, outras explicações e des-crições devem ser feitas. Por exemplo, na Gana contemporânea as crianças são muitas vezes nomeadas pelos dias da semana. Certamente, uma sociedade deve ter desenvolvido um modo de chamar os dias antes que as pessoas nessa sociedade pudessem usar os nomes dos dias. Muito provavelmente, os primeiros humanos na África nomeavam seus filhos pela expressão que haviam atribuído a um ancestral. Aqui, uma vez mais, o ancestral deve ser chamado por algum nome. Muitas pessoas nomeavam seus filhos de acordo com fenômenos naturais, ou seja, uma tempestade, um terremoto ou o movimento das árvores. Alguns davam a seus filhos nomes que refletiam o tipo de pessoa que os pais queriam que a criança se tornasse. Nada disso poderia ter acontecido sem a linguagem.

Todos os sistemas de nomeação tiveram de ser desenvolvidos, e os africanos foram os primeiros a lidar com esse problema. Assim como você não poderia nomear pessoas com os dias da semana até ter estabelecido um calendário, um sistema de dias, semanas, meses e anos, não poderia nomear seus filhos em homenagem a seus ancestrais até que os próprios ancestrais tivessem sido identificados como merecedores. Tudo requeria processo, tempo, desenvolvimento.

Embora nomear não seja uma das quatro necessidades básicas para a sobrevivência humana, é importante para a civilização. Junto a alimento, abrigo, vestimentas e utensílios, nomear constitui uma resposta a uma situação, e o começo de qualquer civilização é exatamente esse. Como respondemos a situações está no centro de como construímos nossa civilização. Nomear foi um passo no processo de ganhar controle sobre uma parte limitada do destino humano. Mesmo que não fosse possível impedir a morte, era possível nomear as pessoas e os processos que existiam entre o nascimento e a morte. A linguagem permitiu que as pessoas falassem sobre coisas, sentimentos, família, vida, morte e nascimento.

Havia dois modos de os africanos obterem alimento. Era coletado de árvores, arbustos e campos existentes; bem no início no desenvolvimento humano, os africanos também desenvolveram formas de capturar peixes, de modo que a pesca se tornou uma parte importante do processo de coletar alimento. É fácil ver que as primeiras formas de obtenção de alimento foram coletar, pescar e caçar. Mais tarde, os africanos acrescentariam a essas possibilidades a agricultura, ou seja, a ideia de que se poderia plantar hoje e colher amanhã. Esse processo ocorreu por meio de comportamento aprendido. No início, os humanos viram o ciclo dos arbustos e árvores que produziam alimentos, e suas experiências lhes ensinaram a importância de se planejar para o próximo ano. Os africanos aprenderam como cultivar seus próprios grãos, domesticar seus próprios animais, construir seu próprio abrigo e fazer seus próprios utensílios em resposta ao ambiente. Estudiosos acreditam que, por volta de 12000 AEC, os africanos haviam aperfeiçoado as técnicas de caça, pesca e coleta. Eles estavam no começo da agricultura (KRZYZANIAK, 1991, p. 518; cf. tb. SCHOENBRUN, 1993, p. 1-31).

Figura 2.1 – Arte rupestre africana, nordeste do Zimbábue

Fonte: Wikimedia Commons/Robert Stewart Burrett

Evidências de cultura microlítica foram encontradas dispersas pelos pastos das savanas da África Central, particularmente na Zâmbia. Na verdade, na escavação das Fontes de Gwisho no Vale Kafue da Zâmbia, arqueólogos encontraram um dos maiores depósitos de tecnologia microlítica. Uma incrível variedade de matéria vegetal, bem como utensílios de pedra e ossos, foi descoberta junto a 30 esqueletos humanos. Esse é um sítio muito recente, datando somente de 2000 AEC. Obviamente não é um caso isolado, e cientistas estão agora descobrindo exemplos dos primeiros assentamentos humanos ao longo dessa região. Algumas evidências, como as pinturas rupestres, recuam a organização de assentamentos e o estabelecimento de vida grupal para aproximadamente 50 mil anos atrás. Grandes áreas da África abrigam pinturas rupestres; por volta de 1965, mais de 100 mil haviam sido encontradas no continente. Cientistas estimam que há mais de 500 mil dessas pinturas em cavernas e bordas de montanhas, constituindo um verdadeiro repositório da arte da Antiguidade. O sul da Argélia sozinho produziu mais de 25 mil pinturas.

Pinturas rupestres pré-históricas são encontradas em toda a área do continente. Na verdade, enormes áreas da África do Sul, do Zimbábue, da Tanzânia, da Etiópia, da Líbia e da Argélia contêm essas marcas de africanos antigos. O que mostram? Elas falam de um povo que acreditava na comunicação e tinha alguma noção de como registrar seus pensamentos, ideias e atividades. De fato, a Caverna de Blombos, um lugar na África do Sul, revela blocos ocres decorados e pontas de lanças polidas que datavam de 40000 AP (antes do presente).

Ter a habilidade para se comunicar e pensar significava que os primeiros africanos podiam conceber o futuro, observar o processo de maturação das crianças, aprender com a gravidez das mulheres e o tempo necessário para um bebê nascer e esperar certas recompensas com base em ações presentes. De fato, a maternidade foi provavelmente o primeiro laboratório científico real para os primeiros humanos. Eles observavam a transformação da mulher e o nascimento de um bebê com admiração.

Um antigo sítio monumental revelador

Nabta Playa é um dos sítios monumentais mais ricos da África. É uma região do tamanho aproximado da França, localizada no canto sudoeste extremo do Egito, próximo à Líbia e ao Sudão no Deserto Núbio. O principal sítio está a aproximadamente 100 quilômetros da cidade de Abu Simbel no Alto Egito. Nabta Playa tem centenas de estelas, túmulos e megálitos antigos criados pelo povo africano que ocupou o que uma vez foi, certamente, uma área fértil.

Claramente, o povo africano estabeleceu um ambiente urbano dinâmico entre 12 e 14 mil anos atrás, o que deixou uma poderosa agregação de pedra e outras evidências de uma comunidade humana vibrante. Além disso, eles construíram suas casas em linhas retas, cavaram poços fundos que continham água para o ano inteiro e domesticaram ou confinaram gado e ovelhas em currais. Estudiosos compararam o sítio a outros sítios antigos e concluíram que Nabta Playa é a região megalítica astronômica mais antiga conhecida. Por exemplo, Stonehenge, que é o sítio mais famoso, foi erigido cerca de 5 mil anos atrás durante o fim do período Neolítico. Além disso, Teotihuacan foi erigido no México cerca de 1.800 anos atrás, sendo muito mais jovem do que o sítio de Nabta Playa.

Evidências parecem indicar que os habitantes de Nabta Playa foram os precursores da civilização do Vale do Nilo, que passou a existir vários milhares de anos mais tarde.

Os primeiros estudiosos modernos a descobrirem Nabta Playa foram liderados por Fred Wendorf, um antropólogo da Universidade Metodista Meridional em Dallas, no Texas. Seu quadro de antropólogos examinou pedras e fragmentos de cerâmica nas areias do deserto. Wendorf visitou o sítio nas décadas de 1970 e 1980, sempre encontrando algo adicional. Finalmente, pesquisadores descobriram uma enorme quantidade de megálitos.

Em 2011, Robert Bauval e Thomas Brophy publicaram o livro *Black genesis: the prehistoric origins of Ancient Egypt* [Gênese negra: as origens pré-históricas do Antigo Egito]. Esse livro levou Nabta Playa à arena popular como uma das maiores narrativas da história africana no século XXI. Bauval e Brophy escreveram eloquentemente sobre o Stonehenge no Saara, embora Stonehenge fosse provavelmente o Nabta Playa de Wiltshire, uma vez que esse último é um sítio muito mais antigo.

Cientistas modernos insistem agora que a mudança climática de cerca de 11 a 12 mil anos atrás provocou um deslocamento para o norte das monções de verão na África. A umidade resultante fez com que a precipitação pluvial aumentasse tanto que a água encheu as *playas* (leitos secos de lagos) com água potável para humanos e animais. Isso representou um aumento na flora e na fauna na região.

Penso que, como Fred Wendorf e Christopher Ehret sugeriram, o povo que viveu nessa área era de nômades pastorais, mas não foram os primeiros pastores africanos. Sempre que ocorreram mudanças climáticas, os entes humanos moveram seus acampamentos de acordo com o clima. Onde houver água haverá fauna e flora, e quando a terra fica sem água, as pessoas se mudam. Contudo, também há evidências de assentamentos de longo prazo em alguns casos. Por exemplo, pesquisadores encontraram restos de vasilhas de cerâmica que parecem estar entre as mais antigas encontradas.

Evidências sugerem que a área de Nabta Playa tenha sido ocupada por entes humanos por milhares de anos, provavelmente quando a área era muito mais habitável do que agora. O ambiente construído demonstra a engenhosidade e a habilidade de um povo muito sintonizado com o céu e a terra (GAFFNEY, 2006, p. 42-43). A área estende-se por quase 3 quilômetros com megálitos, tumbas, colunas de pedras que indicam um círculo e vários outros pedaços de pedras dispersos ao longo de uma área ampla. Acredita-se que Nabta Playa seja o sítio de pedra monumental mais antigo do mundo. Por exemplo, Stonehenge na Inglaterra é datado de cerca de 2500 AEC, enquanto Nabta Playa parece ter mais de 11 mil anos (HOLLOWAY, 2015).

O círculo calendário é o mais importante aspecto de Nabta Playa. É um círculo de pedra criado como um calendário pré-histórico para marcar o solstício de verão associado ao começo das chuvas de verão. O círculo tem duas fileiras de três pedras; dois dos pares ordenam-se em uma linha norte para sul, e os outros dois pares formam uma linha leste para oeste. Calcula-se que esse alinhamento tenha sido feito onde o sol se ergueria 6.500 anos atrás para o solstício de verão (WENDORF; SCHILD, 1998, p. 97-123).

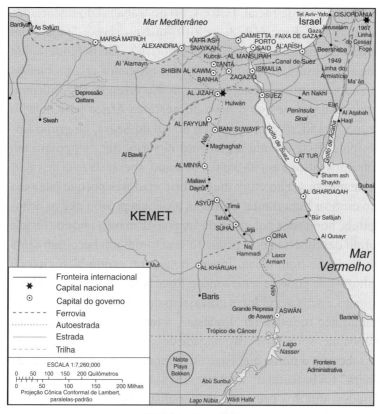

Mapa 2.1 – Nabta Playa

Devemos ser cuidadosos ao fazer tantas especulações sobre dados de milhares de anos atrás. Podemos especular, mas afirmar, como alguns escritores o fizeram, que alienígenas extragalácticos visitaram a Terra e erigiram megálitos ou foram ativos em Nabta Playa parece distorcer os fatos para acomodar a imaginação. Os próprios fatos são suficientes para estimular nossa imaginação sobre as vidas desses primeiros africanos.

Racializando a história africana

Historiadores modernos muitas vezes racializaram a história africana, criando um perfil histórico baseado em ideias de superioridade racial. Isso é visto no trabalho do historiador popular J.D. Fage (1978, p. 5-6), que escreveu: "raça é um tema contencioso, na verdade, emotivo". Ele defende ainda que a negritude como uma marca dos africanos cria problemas quando discutimos história africana. Na verdade, Fage afirmou equivocadamente que o povo do norte da África pertencia ao grupo Neanderthal, enquanto o do sul do Saara, ao grupo Rodesioide. Esse era um argumento ilusório, que se apoiava em conceitos falsos e em ideologia, mas que, apesar da falta de valor, permaneceu aceito entre muitos historiadores porque Fage era um escritor importante. Contudo, a ciência provou que os neandertais, nomeados por causa da área na Alemanha onde os fósseis foram descobertos pela primeira vez, foram um beco sem saída na evolução hominídea. Jamais houve um grupo biológico ou cultural que pudesse ser chamado Rodesioide, embora Cecil John Rhodes e seus seguidores gostassem de relacionar a nomeação hominídeo rodesiano à "Rodésia", o território que se tornou o Zimbábue. Vemos a insensibilidade desse tipo de história quando se sabe que o nome que Fage atribuiu aos africanos "do sul do Saara" foi baseado no nome de um homem branco, Cecil John Rhodes, um dos principais imperialistas britânicos na África. Embora Fage criticasse *Races of Africa* [Raças da África] do historiador racista C.G. Seligman, que chegou ao ponto de falar dos africanos do norte como "europeus", seu trabalho também carece de empatia para com a realidade africana. Embora Fage tenha observado que Seligman usasse essa descrição porque acreditava que "branco" fosse superior a "negro", sua própria discussão sobre raça e África não é isenta de problemas. Para ele, a questão dos africanos do norte é também problemática porque "não há nome geral satisfatório no uso moderno para os homens de origem caucasoide que não vivem na Ásia ou na Europa, como muitos caucasoides, mas que são nativos da África na medida em que residiram lá por milhares de anos" (FAGE, 1978, p. 6).

Antes de 2000 AEC, todos os povos do norte da África eram de cor negra. Além disso, antes do século VII EC, aquela região era povoada principalmente por pessoas negras e por pessoas que haviam migrado da Europa no século IX AEC. Não havia grandes populações de árabes no norte da África antes do surgimento do islamismo e do movimento religioso que deu origem ao fervor de converter outros povos. Na verdade, o povo Amazigh (o assim chamado Berbere) esteve na África muito antes dos árabes, mas certamente não tanto tempo quanto os africanos nativos. Os Amazighs são culturalmente africanos e não se interessavam pela política racial dos europeus que afirmam que eles, devido à cor de sua pele, eram europeus. A questão da raça na África não é a mesma que na América ou na Europa. Uma pessoa cujos ancestrais estiveram na África por milhares de anos é claramente africana em comportamento, atitude e resposta ao ambiente. A negritude é uma cor, mas também é uma experiência cultural e histórica, relacionada à prática social, à língua e às expressões culturais.

No começo do século XXI havia cerca de 3 milhões de Amazighs, o que não é uma população grande se comparada à de aproximadamente 1 bilhão de pessoas no continente africano, todavia é uma população distinta o bastante para se ver como sendo de origem diferente da dos árabes, que chegaram à África em grandes números no século VII EC. Os Amazighs afirmam ter estado no continente por ao menos 1.500 anos antes das invasões árabes. Historiadores que se concentraram nessa população, que vive na Argélia, no Marrocos, na Líbia e na Mauritânia, muitas vezes falharam em entender essa reivindicação africana do grupo, que quer ser identificado como africano. Seus vizinhos mais próximos são os grupos étnicos Hausa, Peul, Mossi e Tamaschek. A miscigenação entre esses grupos ao longo dos anos significou que muitas pessoas chamadas Amazigh são tão cultural e geograficamente africanas – usando amuletos e acreditando em *djinn* (espíritos), comendo os mesmos alimentos que seus vizinhos e cantando e dançando da mesma maneira – que não faz sentido falar deles de outro modo. Como muitos africanos nativos, eles são seguidores nominais do Corão, mas mantêm fortes conexões culturais com seus ancestrais. Uma leitura própria da história africana deve sempre começar com a África como a fonte e a inspiração para feitos realizados no continente. Não necessitamos olhar fora da África para explicar criações, atividades ou fenômenos africanos. Não descobriremos alienígenas de Marte responsáveis pela construção do Grande Zimbábue ou das Grandes Pirâmides. Assim, quaisquer expressões culturais que encontramos entre os Amazighs devem ser vistas como expressões africanas. Eles também não são europeus, como entendemos a Europa, nem asiáticos, mas africanos.

A África teve negada sua própria atividade por muito tempo devido às leituras racializadas dos registros. Muitos historiadores veem a África como o recipiente de tudo, a criadora de nada. Isso não só não é verdade como também distorceu os registros africanos, tanto que uma análise crítica é necessária para remover as pilhas de lixo intelectual sobre a África. Novos artigos e livros sugeriram claramente que a África estava muito mais envolvida em sua própria criação do que se lhe tem creditado devido a leituras racistas (cf. BUTZER, 1976, p. 76-92; HASSAN, 1993, p. 560; O'CONNOR, 1972, cap. 4).

Figura 2.2 – Homem Amazigh, Argélia

Fonte: Foto de Garrondo/Creative Commons license CC-BY-SA-3.0.

Punte surge no Leste

A Somália é um antigo país africano, no qual a habitação humana remonta ao período Paleolítico, durante as culturas doiana e hargeisana. Na verdade, a Somália tem um dos sítios funerários mais antigos registrados no leste da África, datando do século IV AEC. Acredita-se também que os somalis chegaram à sua atual região a partir do Vale do Nilo.

Próximo a Hargeisa há um antigo complexo, muitas vezes referido como o sítio Laas Geel, que data de 5 mil anos, com uma incrível arte rupestre que retrata animais domésticos e selvagens. Esses desenhos e pinturas ornamentados e decorados sugerem que os humanos estiveram envolvidos em estilos de vida tanto de caça quanto sedentário. Similarmente, há outros sinais de vida doméstica nas cavernas em torno do norte de Dhambalin. Nessas cavernas, podemos ver os primeiros exemplos, talvez um dos mais antigos, de um caçador a cavalo (MIRE, 2008, p. 153-168). Um dos sítios mais robustos de pinturas rupestres é encontrado em Karinhegane, que mostra animais, alguns que parecem não naturais (ROBERTSHAW, 1990). Essas pinturas são importantes porque há inscrições abaixo delas. "Elas são datadas em mais de 2.500 anos" (ALBERGE, 2010).

A antiga civilização de Punte surgiu por volta do mesmo período que o Kemet e a Núbia. Punte é rica em pirâmides, ruínas de cidades, muros de pedra e mausoléus complexos para os mortos da realeza. Podemos ainda ver o Muro Wargaade como evidência de uma civilização altamente desenvolvida. De fato, escavações recentes mostram uma vibrante relação comercial entre outras partes da África muito antes da Era Cristã. Também sabemos que o povo de Punte interagiu com os gregos antes da conquista do Egito por Alexandre no século IV AEC. A terra de Punte prosperou com o comércio de especiarias, ébano, ouro, gado, marfim, olíbano e mercadorias em couro, todos para serem comercializados com outros povos. Eles comercializavam com os antigos egípcios, chineses, babilônios e fenícios, que provavelmente se originaram em Punte, assim como com indianos, núbios e romanos (KENRICK, 1855, p. 199). A mais famosa de todas as relações comerciais foi com a antiga expedição egípcia enviada a Punte pela Rainha Hatshepsut do Kemet em 2350 AEC. Essa viagem a Punte está registrada na parede do templo mortuário de Hatshepsut em Deir el-Bahari na época do Rei Parahu e da Rainha Ati, de Punte. Na verdade, essa expedição comercial teve um impacto poderoso no Egito, e as mercadorias trazidas de Puntlândia, incluindo árvores e animais, foram mostradas em detalhes (EL MAHDY, 2005, p. 297).

Punte parece ter domesticado o camelo já no terceiro milênio AEC. De Punte, o camelo foi disseminado para a Núbia e o Egito (RICHARD, 2003, p. 120). Devido ao seu apreço pelo mar e por sua relação histórica com o Mar Vermelho ou o Mar Eritreu, o povo da Somália criou cidades-estados como Opone, Sarapion, Mundus, Mosylon, Essina e Tabae (HUNTINGFORD, 1980, p. 83).

Essas cidades eram polos comerciais para uma vasta rede de transações com o resto do mundo. Um navio chamado Beden era a principal embarcação para os comerciantes somalis. Era um navio rápido, durável, com dois mastros unidos por fibras de coco. O Beden era famoso por seu alto e rígido mastro e por seu leme grande e forte.

Quando os romanos derrotaram os nabateus do norte da Arábia, impediram os indianos de navegar pelo Mar Vermelho, ainda que as evidências sugiram que o comércio entre Somália e Índia tenha prosseguido por vários séculos, com os indianos trazendo canela do Sri Lanka e da Indonésia (WARMINGTON, 1974, p. 185-186).

Os somalis praticavam uma religião similar à dos núbios e egípcios antes da chegada da cultura islâmico-árabe que passou a dominar o triângulo somali. Contudo, penetrar o contexto obscuro do passado histórico e pré-histórico para descobrir a cultura do povo que criou as obras monumentais da antiga Somália parece ser muito difícil, uma vez que grande parte dos registros materiais foi destruída.

A religião do Islã chegou à Somália logo após a Hégira, a fuga de Muhammad de Meca para Medina em 622 EC. Em meados do século VII EC, a cidade portuária de Zeilá pôde ostentar sua própria mesquita. Os governantes islâmicos de Adal tiveram uma sucessão de guerras com a Abissínia, por vezes caracterizadas como batalhas entre exércitos cristãos e muçulmanos (ELFASI; HRBEK, 1988).

Vários sultanatos e reinos islâmicos governaram a Somália antes do estabelecimento do islamismo. Mogadíscio foi a preeminente cidade da costa somali do século XIII e recebeu a denominação de "Capital da terra dos berberes" pelos árabes. Certamente, o nome "berbere", do qual muitos europeus inferiram "bárbaro", foi dado pela primeira vez, de forma equivocada, às pessoas do Marrocos, da Argélia e da Tunísia, que eram de fato Amazigh. É provável que os árabes tenham aplicado o termo ao povo da Somália, embora ele tenha sido usado para distinguir esse povo dos árabes.

Embora tivesse havido longos períodos de paz entre cristãos e muçulmanos, a conquista de Shoa na Etiópia provocou uma competição que foi resolvida durante o período medieval, quando os Solomônidas cristãos derrotaram os Ifatitas muçulmanos durante o reinado do imperador etíope Ámeda-Sion I (1314-1344). Mais tarde, durante o governo do Imperador Davi I ou do Imperador Isaque I, houve várias batalhas entre o reino cristão e o sultanato islâmico. Os muçulmanos foram derrotados ou em 1403 ou em 1415. A data é controversa devido ao que poderia ter sido uma mudança de calendário ou uma data registrada incorretamente. Contudo, é aceito que os líderes militares Imperador Davi I e Imperador Isaque I da Etiópia venceram as batalhas. Muitas medidas opressivas foram tomadas contra o Sultanato de Ada. Finalmente, Davi I capturou o rei muçulmano Sa'ad ad-Din II da Dinastia Walashama em Zeilá, que foi então assassinado pelo Imperador Isaque I, em 1415. Foi após essa guerra que Isaque I teve um poema de louvor escrito em sua honra e que o nome "somali" foi mencionado pela primeira vez. A família de Sa'ad ad-Din fugiu para o Iêmen e planejou seu retorno. Mais tarde, um dos filhos de Isaque construiu uma nova capital ao leste de Zeilá e a chamou Dakkar.

Por volta do século XVI, os exércitos muçulmanos haviam recebido canhões dos turcos otomanos e empreenderam uma *jihad*, uma guerra religiosa, contra seus vizinhos etíopes. Eles marcharam até a Etiópia e o interior. Iman Ahmad ibn Ibrahim al-Ghazi levou destruição às regiões montanhosas. Centenas de igrejas, muitas delas muito antigas, foram incendiadas; manuscritos foram roubados; aldeias também foram queimadas. O uso de armas de fogo dos otomanos pelos Adalitas lhes deu uma vantagem tática sobre os entusiásticos etíopes.

Os Adalitas atingiram a metade do país da Etiópia. Somente a chegada da expedição portuguesa liderada por Cristóvão da Gama, filho do navegador Vasco da Gama, impediu a Etiópia de ser completamente ocupada. Buscando pelo lendário Prester John, o famoso rei-sacerdote que os europeus acreditavam que poderia salvar o cristianismo, os portugueses estiveram na área no século XVI. No entanto, responderam ao pedido de ajuda dos etíopes, mesmo que os africanos tivessem se recusado a assinar um acordo com o embaixador português, Rodrigo de Lima. Estêvão da Gama chegou em Massawa em fevereiro de 1521 com 400 mosqueteiros. Cristóvão da Gama, o irmão mais novo de Estêvão, assumiu o controle dos portugueses, que marcharam para o interior e se juntaram aos soldados etíopes. Eles tiveram uma vitória inicial, mas depois perderam a Batalha de Wofla em 28 de agosto de 1542. Contudo, os etíopes e portugueses reagruparam-se e, em 21 de fevereiro de 1543, derrotaram o exército muçulmano na Batalha de Wayna Daga (AIDID; RUHELA, 1993). O carismático líder muçulmano Imam Ahmad ibn Ibrahim al-Ghazi foi capturado e morto. Seu sobrinho mais tarde invadiria a Etiópia e mataria o imperador.

Vasco da Gama, que havia navegado por Mogadíscio no século XV, escreveu que essa era uma cidade grande, com casas de quatro ou cinco andares (GOODWIN, 2006, p. 48; SUBRAHMANYAM, 1998, p. 121). Duarte Barbosa observou que muitos navios do reino de Cambaia na Índia navegavam para Mogadíscio com tecidos e especiarias e recebiam em troca cera, ouro e marfim. Barbosa também destacou a abundância de carne, trigo, cevada, cavalos e frutas nos mercados costeiros, que geraram uma enorme riqueza para os comerciantes (ADAM; FORD, 1997, p. 226; REGINALD, 1965, p. 38).

A cidade de Mogadíscio era um porto marítimo vital para as transações com os comerciantes suaíli, das cidades africanas Melindi e Mombaça do sul e do leste, mercadores judeus de Hormuz, comerciantes portugueses em Malaca e a Dinastia Ming na China nos séculos XV e XVI. Animais africanos como girafas e zebras, bem como marfim e incenso, eram exportados para a Dinastia Ming da China, que via os comerciantes somalis como vínculos importantes no comércio da Ásia e da África. Viajantes e aventureiros famosos como Zheng He e Ibn Battuta visitaram Mogadíscio e também pararam em Barawa e Zeilá (BLENCH, 2006, p. 143-144). Importa mencionar que havia palavras da língua somali que entraram no léxico comercial da língua chinesa. Para os comerciantes indianos da região de Gujarate e do sudeste africano de Pate os portos somalis de Merca e Barawa eram mais seguros do que Omã. Por isso, o comércio junto ao Mar Vermelho e ao Oceano Índico prosperou por séculos, tornando-o o país com as costas marítimas mais longas da África, muito ativo no comércio com o Oriente.

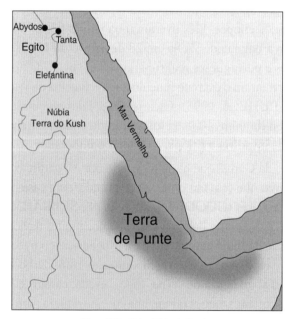

Mapa 2.2 – O território de Punte

História recente da Somália

A Somália iniciou o milênio atual com o que parecia ser um confronto sangrento incontrolável. Em novembro de 2010, o Primeiro-ministro Mohamed Abdullahi Mohamed mudou o gabinete político com a aprovação de vários protagonistas internacionais, enquanto ele se tornava o primeiro americano-somali a assumir a liderança do país. O país reduziu as pastas do gabinete de 39 para 18 postos administrativos. Dois ministros do governo anterior foram apontados, Hussein Abdi Halane, ministro das Finanças, e Dr. Mohamed Abdi Ibraham, que assumiu o ministério do Comércio e Indústria ("All Africa", www.garoweonline.com, acesso: 19 nov. 2010).

O Primeiro-ministro Mohamed se mobilizou rapidamente para modernizar o governo e pagar os soldados. O governo buscou silenciar discussões e disputas apoiadas por clãs que haviam mergulhado a nação em uma crise severa desde o tempo de Siad Barre, líder do Conselho Revolucionário Supremo, em 1969. Barre governou até 1991, tempo durante o qual foram lançadas as sementes para guerras futuras. Houve a Guerra Ogaden, a Guerra da Fronteira Etíope-Somali, e vários outros conflitos, alguns deles baseados em clãs. Consequentemente, após anos de agitação, ações militares, banditismo e pirataria, o povo acolheu a nova doutrina de transparência introduzida com a ideia de que todos os dirigentes teriam de declarar suas afiliações e bens de modo que as massas pudessem ter uma ideia melhor das origens e da natureza de ações financeiras e militares.

O governo também controlava 60% de Mogadíscio, onde 80% da população vivia. Contudo, em 19 de junho de 2011, o Primeiro-ministro Mohamed resignou de seu posto. O presidente, o porta-voz do parlamento e deputados tiveram seus termos estendidos até agosto de 2012. Abdiweli Mohamed Ali, o ex-ministro do Planejamento e Cooperação Internacional, foi nomeado primeiro-ministro permanente. O fato de que a Somália – ou seja, a parte sul da Grande Somália que tecnicamente inclui a Somalilândia, mas, politicamente, devido ao colonialismo britânico e italiano, tem uma consciência diferente – ainda é instável significa que o país ainda não está em uma posição para retomar o papel de âncora oriental da África que há muito sustentou.

Culturas pré-dinásticas do Vale do Nilo

As principais culturas pré-dinásticas do antigo Vale do Nilo parecem ter ao menos três períodos distintos no Alto Egito, onde eram mais proeminentes: as culturas badariana, amraciana e gerzeana, que receberam o nome das aldeias ou áreas onde certos utensílios e materiais pré-históricos foram descobertos. A badariana é a primeira, com uma presença material que mostra manufatura extensa. Iniciou por volta de 5000 AEC. O período amraciano, de 4400 a 3700 AEC, é muitas vezes chamado Naqada I, e o período gerzeano é referido como Naqada II, com datas de 3500 a 3100 AEC. As evidências de culturas materiais mostraram que haviam surgido já em 8000 AEC, na forma das culturas tasiana e merimde, mas as culturas imediatas do período dinástico no Alto Egito foram a badariana, a amratiana Naqada I e a gerzeana Naqada II.

A cultura badariana recebe esse nome porque certos utensílios e evidências materiais foram descobertos em el-Badari, próximo a Asyut. Acredita-se que essa civilização tenha surgido por volta de 5000 AEC e tenha chegado ao Naqada I, o período amraciano. Os produtos da cultura badariana eram mais complexos do que aqueles que foram encontrados em sítios na região de Faium e do Delta do Vale do Nilo antes das descobertas badarianas. Sítios de sepulturas dos Badarianos mostram os mortos enterrados com a cabeça apontada para o sul e a face para o oeste. Arqueólogos descobriram contas, tornozeleiras, pulseiras e colares de esteatita azul vitrificadas. Sabemos também a partir dos sítios funerários que os Badarianos usavam materiais cosméticos feitos de substâncias como a malaquita para pintura de olhos.

Naqada está localizada no lado oeste do Nilo, cerca de 80 quilômetros ao norte da moderna cidade de Luxor. Podemos ver que os costumes funerários dos Badarianos, com os mortos enterrados com alguns de seus objetos materiais, continua entre o povo Naqada. Contudo, há um tipo distinto de cerâmica, uma louça com cobertura preta, que são vasilhas com um anel preto em volta do pescoço e um corpo vermelho. Há também paletas desenhadas como antílopes, hipopótamos, peixes e tartarugas. A partir da energia das culturas badariana e naqada, o povo do Vale do Nilo estava preparado para influenciar a história humana na África para sempre. Uma herança que incluía a agricultura, pesca e caça em uma parte muito fértil e produtiva da Terra foi o bastante para propelir a civilização a maiores alturas.

Agricultura no Vale do Nilo

No Vale do Nilo havia uma concentração de gramíneas de rendimento elevado chamadas *cereais*: cevada e trigo no nordeste da África e sorgo e milheto nas regiões tropicais do sul. Aqui, nas margens férteis do Nilo, entes humanos começaram a proteção intensiva de plantas selvagens onde elas cresciam, e depois começaram a prática de cavar e arar para estimular os grãos especiais impedindo o desenvolvimento das gramíneas que não eram úteis para alimento. Talvez possamos considerar que a agricultura passou a existir quando a seleção de plantas ocorreu, quando uma mulher ou um homem escolheu manter as sementes de plantas fortes, enquanto rejeitava as sementes das fracas. A agricultura, que teve origem no cultivo, coleta e seleção de grãos ao longo das margens do Nilo, deu um grande salto no vale. Com o seu desenvolvimento, vemos um aumento na oferta de alimentos.

Um aumento na oferta de alimentos propiciou famílias maiores, casas mais permanentes e organizações societais mais complexas. As mulheres puderam ter mais filhos e mantê-los em casa sem ter de carregá-los durante campanhas de caça ou coleta. Puderam cultivar a terra ao redor de suas casas. Assim, surgiram comunidades estabelecidas, que necessitavam que pessoas se especializassem em certas atividades. Havia aquelas que se especializavam na pesca, outras se tornaram especialmente qualificadas na reparação de utensílios e equipamentos de agricultores e pescadores, e outras ainda que eram instruídas como guias e líderes de expedições. Essas últimas especialistas tornaram-se extraordinariamente importantes na determinação das melhores terras aráveis e nas melhores áreas de pesca. Uma boa família com membros operando em diferentes funções poderia estender seu campo de atuação muito facilmente. Na verdade, com excedente de alimentos, não havia necessidade de todos estarem envolvidos na sua produção. Isso significava que a igualdade dos arranjos comunitários durante a antiga forma de caça-coleta foi rompida, porque agora algumas pessoas poderiam simplesmente controlar o excedente mantendo-o em depósitos enquanto outras mantinham a produção. Aquelas que não estavam produzindo usualmente ficavam ricas no sentido de possuírem mais alimento do que aquelas que o produziam. Se você não tivesse alimento por alguma razão, sempre poderia obtê-lo por intercâmbio com outros que o tinham estocado.

Pastoreio no Vale

A manutenção e pastoreio de animais domésticos como ovelhas, bodes e gado também levou a vantagens na construção da comunidade. Como os animais são uma grande fonte de proteínas para crianças e adultos e de leite para as crianças, significava que as famílias poderiam se sustentar com seus rebanhos e com suas plantações. Com certeza, necessitavam se mover em busca de novos pastos quando um lugar se tornava sobrepastoreado. Esse não pareceu ser um obstáculo para esses primeiros habitantes ao longo das margens do rio na medida em que havia muitos pastos que jamais haviam sido pastados por animais domesticados. Usando os animais como transporte, podiam se mover longas distâncias por terra. A busca por pastos sazonais se tornou tão comum, regular e habitual que após um período os pastores passaram a esperar para se mudar. Aqui, temos o começo da forma nômade de vida de algumas famílias, que simplesmente reuniam todas as suas esteiras, bastões, garrafas de água e utensílios e se mudavam para outro lugar. De outro lado, aqueles que eram sedentários, ou seja, não pastores, estabeleciam-se em sua rotina de esperar pela próxima estação de plantio. E assim, foi ao longo do Vale do Nilo e seus entornos que os entes humanos começaram a desenvolver os padrões que resultariam nas sociedades complexas que agora conhecemos.

O sítio sagrado núbio no de Ipet-Sut sul

Jebel Barkal, situado na Alta Núbia, era Ipet sul como Waset era Ipet norte. Durante a XVIII Dinastia (por volta de 1504 AEC), quando os Per-aas Amosianos entraram na Núbia, esse lugar famoso era considerado pelos egípcios a fonte do deus Amen. Essa imensa e majestosa coleção de templos foi o lugar de nascimento de Amen, o lendário centro de culto do Deus Mais Elevado e o maior sítio sagrado ao longo do Nilo. Aqui, em Ipet-Sut sul, o surpreendente santuário de Amen cerca de 1.600 quilômetros rio acima de Waset e Karnak, estava a montanha chamada Dju-Wa'ab (Montanha Pura) ou Nesut-Tawy (Tronos das Duas Terras). A grande cidade de Napata, que existia há mais de centenas de anos antes da construção de Ipet-Sut, acolheu o massivo pináculo independente de Jebel Barkal no extremo sul de seu penhasco.

A antiga presença Núbia na área ribeirinha

Os núbios são o povo do Rio Nilo. Eles viveram ao longo do magnífico rio por milhares de anos, a despeito do fato de terem sido cercados por povos que favoreciam o deserto. Galland et al. (2016) colaboraram em um estudo em que examinaram o impacto da agricultura sobre os núbios que haviam anteriormente se dedicado à caça e à coleta. O exame das mandíbulas de humanos que eram chamados núbios mesolíticos, junto a outras populações do Vale do Nilo, visava a rastrear quaisquer mudanças na estrutura da cabeça. A agricultura foi um evento dinâmico na história humana

(BELLWOOD, 2004). Os objetivos desses cientistas eram ver como cinco grupos de núbios se relacionavam com essas mudanças craniofaciais. Eles analisaram 120 espécimes adultos abrangendo os cinco horizontes dos núbios antigos: mesolíticos, do grupo A; do grupo C, faraônicos e meroíticos.

Os cientistas buscavam avaliar a variação de forma e padrões diacrônicos na transição para a agricultura. O estudo mostrou alteração e mudanças biológicas ao longo do período em estudo, indicando que os africanos estavam passando da caça para a agricultura como indicado pelo estudo das mandíbulas e das formas cranianas de diferentes populações durante o holoceno (PUDLO, 1999).

Os cinco grupos formadores ao longo do Nilo

A longa história dos núbios no Vale do Rio Nilo abrange as formações social e econômica de cinco importantes grupos de povos núbios: mesolíticos, do grupo A; do grupo C, faraônicos e meroíticos.

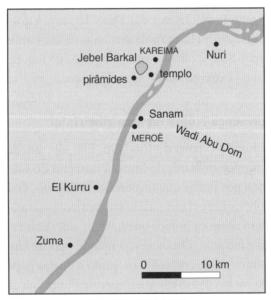

Mapa 2.3 – Jebel Barkal

Os núbios mesolíticos (11000-8000 AEC) representam aqueles que fizeram a transição, durante um momento crucial na história, da coleta para a agricultura. Por isso, eles podem ser os exemplos mais antigos de caçadores e coletores africanos que passaram para a agricultura.

Os núbios do grupo A (3300-2800 AEC) representam uma transição do mesolítico para o neolítico. Eles eram pastores seminômades e agricultores rudimentares com evidências de grãos e animais domesticados, além de pesca, caça e coleta extensivas. São muito provavelmente os descendentes dos primeiros núbios. Evidências arqueológicas sugerem que os núbios do grupo A foram sedentários por milhares de anos. Um problema que confronta os arqueólogos é um grande hiato, de cerca de 5 mil a 8 mil anos, entre o mesolítico e o grupo A, como evidenciado por uma ausência de restos de esqueletos bem preservados no registro arqueológico. Isso poderia ser explicado pela natureza úmida da região de Sahel durante aquele período de tempo. Pesquisas mostraram que o Saara e desertos associados no norte da África nem sempre foram quentes e secos, mas foram por vezes muito úmidos. Desenhos rupestres descrevem animais que são agora encontrados principalmente nos trópicos. Um Saara mais úmido tornaria mais difícil preservar fósseis.

Os núbios do grupo C (2300-1800 AEC) mostram uma continuação direta com os grupos anteriores. Tinham economias mistas, e caçavam e cultivavam seu alimento. A interação com o Kemet nessa época também ofusca nossa visão sobre a natureza da vida entre os núbios durante esse período. Eles eram um povo estreitamente relacionado aos Keméticos e a outras nações e comunidades étnicas em seu entorno.

Os núbios faraônicos, no estudo, dizem respeito às populações que viveram durante a expansão do novo reino egípcio (1550-1070 AEC) da XVIII à XX Dinastia. Essa designação – núbios faraônicos – pode ser equívoca, uma vez que os líderes Keméticos, que criaram o Estado, também eram da Núbia. Na verdade, Menes, que moldou os 42 *sepats*, era Núbio. Contudo, somos capazes de ver que a designação desses núbios como "faraônicos" acrescenta ao debate sobre as evidências arqueológicas que mostram uma mistura de culturas núbia e kemética. Os "egípcios nubianizados" ou "núbios egipcizados" eram provavelmente uma visão comum.

Os núbios meroíticos (100 AEC-350 EC) foram identificados com uma data muito anterior àquela que eu estimaria. De fato, sabemos que Meroe se desenvolveu a partir de 800 AEC, e que, em 430 AEC, o historiador grego Heródoto escreveu sobre a majestade dessa cidade incrustada na África (SHERIF, 1981). Os autores afirmam que existe um hiato núbio devido a uma longa ausência de fósseis observáveis por quase mil anos, que foi ocasionada, eles acreditam, por baixos níveis de água no Nilo. Como as duas civilizações muitas vezes convergiram, é difícil saber se esse foi ou não um período de tal convergência.

Mapa 2.4 – Etiópia e os centros comerciais suaíli de Mogadíscio, Malindi e Mombasa

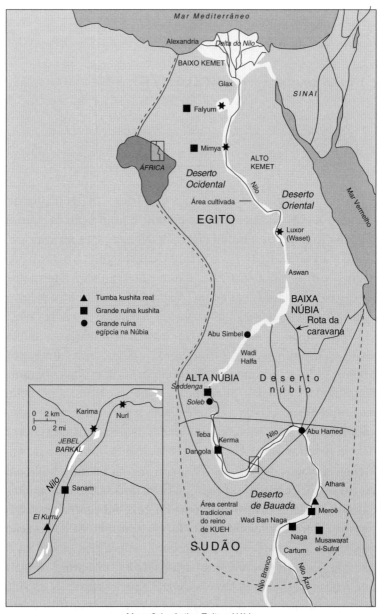

Mapa 2.4 – Antigo Egito e Núbia

3

O SURGIMENTO DO KEMET/EGITO

A primeira grande civilização da África – na verdade, do mundo – a provocar um impacto definitivo na direção da cultura humana foi a do país unido chamado Kemet pelos africanos e, muito mais tarde, Egito pelos gregos. Kemet significa a "terra dos negros" ou "o país negro". Era o nome favorito para a terra que os gregos mais tarde chamaram "Aeguptos", em alusão à palavra egípcia *hikuptah*, que significa coloquialmente as "casas de Ptah". O Kemet encontra-se em um lugar especial em relação a outras civilizações antigas. É o primeiro exemplo de entes humanos organizando-se em uma nação composta de muitas comunidades étnicas e sociais diferentes. Essa é, portanto, a primeira nação na Terra, criada e desenvolvida a partir dos valores do ambiente africano. Havia comunidades de pessoas, cultivadores de várias terras agrícolas, grupos pastorais se mudando de um lugar para outro, mas, pela primeira vez na história humana, com o estabelecimento do Egito, nasceu uma nação com muitas cidades e aldeias controladas por um governo central. Padrões de vida milenares, costumes que foram transmitidos de geração a geração, e crenças no sobrenatural, com todos os nomes e designações correspondentes para deidades, tornaram-se mais que realizações de uma família ou clã; aqueles aspectos da vida eram agora nacionais. Christopher Ehret vê o desenvolvimento de uma cultura egípcia como diretamente relacionada a crenças, costumes, tradições e padrões que tinham "raízes subsaarianas" (EHRET, 2002, p. 93). Para ele, as pessoas que chegaram ao

Vale do Nilo antes de 10000 AEC provavelmente introduziram a ideia de usar gramíneas silvestres como alimento, uma nova religião e deidades de clã (2002, p. 93).

Unificação

A unificação do Kemet durante o governo de Narmer, o *per-aa*, que significa "Casa Grande" (hebraico *faraó*), em 3400 AEC, foi um dos momentos mais notáveis na história. Narmer, que também era chamado Menes, um rei do sul, conquistou outros reinos do Vale do Nilo, unindo grande parte dessa região sob a Coroa Branca do Alto Kemet. Quando subjugou a parte norte do vale, chamada Baixo Kemet, usou a Coroa Vermelha daquela região, combinando assim as Coroas Branca e Vermelha do Kemet como símbolo real supremo de deus na Terra, *per-aa*. Como o Nilo desce em direção ao norte das planícies africanas, de Uganda-Ruanda e Etiópia para o Mediterrâneo, o norte é chamado Baixo Kemet e o sul, Alto Kemet. Narmer, o rei fundador, terminaria unindo sob seu governo todas as áreas, que incluíam os 42 nomes finais, cada um governado por um *nomarch*, e muitas vezes identificados como 42 grupos étnicos ou reinos administrativos diferentes. Inicialmente, havia somente sete nomes pré-dinásticos. Quando os gregos começaram a escrever sobre o antigo Egito, identificaram as unidades administrativas como nomes, significando áreas legais, na medida em que esses *sepats*, a palavra egípcia para as unidades, referiam-se a territórios que eram administrados por um líder. As sete pirâmides construídas durante o reinado de Huni, a III Dinastia, são consideradas como memoriais das capitais originais dos primeiros *sepats*. Assim, Hebenu, Naqada, Abydos, el-Klua, Seila, Edfu e Elefantina têm a distinção de serem os primeiros territórios no sistema sepático. Bubastis, no Norte, é um dos últimos acréscimos ao sistema de *sepats*.

Figura 3.1 – Menino egípcio em Edfu, próximo ao templo Heru

Fonte: © Molefi Kete Asante

Cada *sepat* tinha seu próprio totem. Os *sepats* no Baixo Kemet, mais próximos ao Mediterrâneo, apareceram em um momento posterior aos do Alto Kemet. Parece que apenas os *sepats* no sul do Alto Kemet tinham estandartes, uma personificação do *sepat*, uma vez que muitos egípcios viviam em pequenas aldeias como muitos povos na África hoje. Próximo ao fim do período dinástico havia 22 nomes no Alto Egito (ao sul) e 20 nomes no Baixo Egito (ao norte). Ao submeter todos esses nomes a um soberano supremo, o *per-aa*, os egípcios criaram uma nação multidimensional, enquanto muitas sociedades ainda estavam insistindo em identidades étnicas singulares.

O *per-aa*

O *per-aa* era um soberano divino, um padrão encontrado ao longo da África. Isso significava que era uma encarnação de deus. Como essa era uma ideia africana original, provavelmente derivada do Sul, o soberano kemético seguia uma tradição na qual líderes anteriores haviam sido líderes religiosos, aqueles capazes de fornecer alimento para o povo e explicar os vários eventos naturais que ocorriam em suas vidas. A descendência direta de deus garantia a legitimidade dos líderes. Ninguém estava acima do *per-aa*, e ninguém ousava questioná-lo diretamente, porque estaria questionando a própria presença de deus. Um rei não poderia servir ao povo se não tivesse uma ligação direta com a deidade suprema.

Todos os sacerdotes reconheciam o *per-aa* como filho de deus. De fato, um dos nomes do *per-aa* era *"as Rá"*, que significava "filho de deus". Isso reforçava nas mentes das pessoas que o *per-aa* era divino. Na manutenção do espírito e estabilidade nacionais era essencial que fosse visto como infalível. Nada havia que pudesse salvar um rei que fosse considerado como menos do que divino. Na verdade, a primeira tarefa ao ser empossado era estabelecer seu patrimônio. Tinha de demonstrar ser descendentes de Ausar (Osíris, em grego), com a personalidade de Heru (Horus), aquele que podia manter o povo livre porque havia herdado a marca da divindade.

Origem das regras políticas no Kemet

Jeremy I. Levitt tem questionado a ideia de que o direito internacional tenha começado com o Tratado de Westfalia, em 1648, entre as nações europeias. Em um artigo abrangente e poderoso, *The african origins of international law: myth or reality* [As origens africanas do direito internacional: mito ou realidade], publicado me 2015, Levitt afirma o primado das origens africanas da ideia. Ele começa seu argumento com uma citação de um dos primeiros filósofos da história, Ptah-Hotep, que escreveu:

> Se os professores se deixarem levar por maus princípios, certamente as pessoas que não os entendem falarão em conformidade, e isso dito àqueles que são dóceis, eles agirão de acordo. Então, o mundo os considera mestres e eles inspiram a confiança no público; mas a glória não dura tanto quanto lhes agradaria. Portanto, não retireis palavra alguma dos ensinamentos antigos, e não acrescenteis qualquer outra; não coloqueis uma coisa no lugar de outra; tende cuidado em desvelar as ideias rebeldes que surgem em vós; mas ensinai de acordo com as palavras dos sábios. Prestai atenção, se quiserdes habitar na boca daqueles que prestarão atenção às vossas palavras quando ingressardes no ofício de mestre, que vossas palavras possam estar em nossos lábios... e que possa haver uma cadeira da qual apresentar vossos argumentos (LEVITT, 2015).

Levitt posiciona Ptah-Hotep em seu lugar correto como o primeiro grande filósofo cujos trabalhos sobreviveram, uma vez que não temos quaisquer resquícios dos escritos de Imhotep, embora saibamos que tenha escrito "Canção da colheita".

A Europa, durante a ausência forçada da África do cenário mundial, usurpou a origem de muitas ciências e artes que legitimamente iniciaram na África. Levitt escreve que, com relação ao direito internacional, os europeus, ou seja, Emer de Vattel e Hugo Grotius, que ajudaram a construir as regras para interações entre os estados europeus emergentes, são considerados os pais intelectuais do campo, e não juristas antigos como Ptah-Hotep do Egito ou aqueles advogados da antiguidade que redigiram e negociaram tratados internacionais entre africanos e potências do Oriente próximo (LEVITT, 2015, p. 115).

O que Levitt descobriu foi que o Tratado de Westfalia foi precedido não apenas por ideias da África, mas também pelos Cinco Princípios de Coexistência Pacífica que tiveram origem na cultura chinesa. A busca eurocêntrica por dominação forçou mesmo os chineses a aceitarem as ideias do Tratado de Westfalia. Nesse estudo abrangente, Levitt mostra que, embora o sul da Mesopotâmia tivesse algumas regras sobre interações entre estados, o único Estado, Sumer, não se encontrava no topo de um mundo de nações como Kemet/Egito, onde as relações entre grandes potências nacionais tiveram de ser elaboradas.

As nações do Egito, Núbia, Cartago, Gana, Mali e Songhay apareceram na história africana com regras para relações internacionais. O que fica claro é que o Egito se encontra no começo do que se tornou a jurisprudência ocidental, e foi o fator principal para estabelecer regras e protocolos entre a África e o sudoeste da Ásia. Quando olhamos para os tratados, costumes e princípios gerais do direito, nada antecede a história africana com relação ao seu lugar como a âncora do direito internacional. Levitt faz uma pergunta pungente e oportuna: "o Estado africano moderno poderia se beneficiar do conhecimento e da abordagem de governo, justiça e desenvolvimento da antiga África?" (LEVITT, 2015, p. 117). A resposta parece óbvia, mas nenhuma nação africana contemporânea chegou ao estado de consciência que lhe permitisse sequer explorar a ideia.

Dado o fato de que o Egito tinha de lidar com a Núbia, Kush, Hatti, Mittani, Alashiya, Babilônia e Assíria ao fim do Período do Novo Reino (1570-1040 AEC), era essencial que se criassem princípios, costumes e regras de envolvimento. Uma vez mais, vemos que a voz profética de Cheikh Anta Diop é acurada quando declarou que, ao situar justamente o Egito na África, com certeza muitas coisas novas seriam reveladas na história africana.

As dinastias

Os reis do Kemet são tradicionalmente agrupados em 30 famílias, chamadas dinastias. Cada dinastia representa uma família de reis. Enquanto houver descendentes do primeiro rei da linha, a dinastia estará viva, mas quando o último descendente morre, uma nova dinastia é formada e reina até que seu último herdeiro morra. O Kemet começa com uma primeira dinastia, e, do tempo de sua primeira dinastia até a última, é o mais longo período de qualquer governo na face da Terra. Nenhum reino, nação ou governo existiu por tanto tempo. Durou 3 mil anos! Compare isso com o fato de que, em 2006, os Estados Unidos existiam há 215 anos, enquanto a Nigéria era uma nação de apenas 46 anos.

Como muitas outras nações, o Kemet teve seus problemas, períodos de instabilidade, disputas sobre liderança, tentativas de golpes de Estado e intriga interna. Ainda assim, a presença da pessoa que era considerada o *per-aa* tinha muito a ver com a unidade da nação. Sua presença, predominante em sua importância religiosa e social, exibia-o como divino.

O equilíbrio entre humanidade e divindade era afirmado por rituais. Em muitos casos, os sacerdotes que oficiavam nas cerimônias nacionais o faziam em nome do rei divino, mas serviam como representantes tanto do divino quanto do humano. Eles próprios eram sagrados, mas não divinos. Eram canais humanos para o divino. De manhã, quando cantavam na abertura dos portões dos templos dos deuses, estavam cantando para a eternidade; à noite, quando os fechavam, estavam protegendo tudo que era importante contra a possibilidade do caos humano. O divino *per-aa* continha em sua própria pessoa esse equilíbrio precário entre natureza e espírito, entre harmonia e desarmonia, entre hoje e amanhã. A condição dessas experiências era tão rica e longa que o Kemet é a primeira civilização para a qual temos uma cronologia completa remontando milhares de anos. É por meio de Maneto, o historiador a quem Ptolomeu pediu para escrever uma história, que temos uma ideia geral dos períodos de tempo do Kemet. Há controvérsias, porque existem algumas descrições fragmentadas da cronologia que diferem da narrativa de Maneto, mas seus registros das linhas gerais da história kemética são defendidos pelos estudiosos (ASANTE, 1990, p. 68-72).

A maior parte dos estudiosos reconhecem estas fases importantes da história kemética:

Período Arcaico (3400-2600 AEC)

Império Antigo (2685-2200 AEC)

Primeiro Período Intermediário (2200-2000 AEC)

Império Médio (2040-1785 AEC)

Segundo Período Intermediário (1800-1600 AEC)

Novo Reino (1570-1085 AEC)

Império Ressurgente (750-590 AEC)

A ordem natural do Estado

Dois elementos, o Rio Nilo e o sol eterno, estão no centro do antigo Kemet e de sua história. É impossível falar do Kemet sem falar do onipresente sol e do eterno fluir do Nilo. Ambos estão inscritos no coração do antigo país. De fato, a constância do sol era um fenômeno que tinha muito a ver com a resposta do antigo povo ao natural e ao sobrenatural. Em suas primeiras manifestações como religioso, o sol era identificado com o divino. Do mesmo modo, o Nilo era chamado pelo nome divino de *Hapy*. Assim, o sol, em suas manifestações de Rá, Ptah, Atum ou Amen, era uma deidade, e não poderia ser demovido de sua eterna posição perturbada em seu eterno repouso. Cada pessoa kemética relacionava tudo em sua vida ao fluxo ordenado do Nilo e à regularidade do sol.

A estação das chuvas é quase inaudita no Kemet. Toda água é derivada do Nilo, e, todavia, devido ao sol e ao calor, o deserto invadiu as margens do rio. É fácil falar do Kemet como uma fita de água através de um deserto porque as áreas verdes de vegetação são muito estreitas e abarcam as margens do rio. O crescente Saara espremeu a terra verde ainda mais para fazer uma estreita faixa de veludo verde ao longo das margens do rio.

O vivificante Nilo é alimentado por duas correntes iniciais: o Nilo Branco, que provém das montanhas da Uganda, e o Nilo Azul, chamado *Abay* pelos etíopes. Quando as águas se unem no Sudão, são depois impelidas ao longo do Rio Atbara, que se junta à corrente do Nilo e a empurra para baixo na direção do mar a um ritmo acelerado. Assim como as águas escuras e profundas do Nilo, que vêm do Sul, a civilização, montada nos ombros dos africanos que trouxeram para as terras do norte seus conceitos do divino, de organização social e dedicação ancestral, afluiu interminavelmente para a rica terra do Kemet. Essa era "Ta Mery", a Terra Amada.

Quando o rei conquistador do Sul, Narmer, também chamado Menes ou Aha, uniu os nomes como "Duas Terras", ocorreu um desenvolvimento político de proporção histórica, porque nunca na história um rei assumira uma tarefa burocrática tão grande. Como você mantém uma nação assim unida? O que seria necessário para sustentar uma estrutura política massiva dessas? Como o rei protegeria todas as pessoas na nova nação? Essas eram questões que levariam anos para serem tratadas, mas Menes tinha a experiência de seu próprio império no Sul e a de seus vários predecessores. O Kemet não era inexperiente. Os humanos haviam vivido no Vale do Nilo por milhares de anos antes da aparição do conquistador.

O Kemet era basicamente um país de camponeses, agricultores que tiravam sua subsistência dos alimentos que cultivavam para suas famílias e do pouco que eram capazes de permutar por outros itens de que necessitavam. Funcionários públicos, que eram principalmente escribas e coletores de impostos, serviam à burocracia política ao ponto de tentar determinar o quanto as pessoas deviam ao governo em grãos ou outros produtos. Esses funcionários do *per-aa* supervisionavam a construção de barcos e de canais de irrigação, e registravam a elevação e queda do Nilo. Na verdade, era seu registro do Nilo que lhes dava as informações de que necessitavam para a tributação. Usando o *nilômetro*, um poço especial criado para medir a profundidade do rio, esses funcionários públicos se certificavam de que cada pedaço da Terra Amada fosse registrado para propósitos administrativos. Na supervisão dos vários projetos públicos de construção, incluindo a escavação de canais, o dreno de pântanos e a construção de pirâmides e palácios, estavam escribas e sacerdotes qualificados dedicados à manutenção do império.

Outros funcionários controlavam o tempo. Eram funcionários importantes que cuidavam para que as pessoas estivessem preparadas para as cheias do Nilo e também para a colheita. Observando os céus e o Nilo como faziam, aperfeiçoaram tanto quanto possível, sem instrumentos digitais, a regularização do tempo. Esses sacerdotes africanos foram os primeiros astrônomos e os primeiros inventores de um calendário. Eles subiam ao topo de templos e observavam o céu a noite inteira. No Kemet, isso era fácil, porque dificilmente havia nuvens no céu noturno. Logo descobriram que a aparição de uma estrela que nomearam *Sepdet* (que agora é chamada Sirius) estava associada ao começo das cheias do Nilo.

Eles entenderam que poderiam criar um calendário se houvesse um evento regular que fosse previsível. Nada era mais regular, parecia-lhes, do que o fato de que o Nilo inundava e depois baixava. Na época de nosso junho, as águas subiriam, e o período das cheias (*akhet*) duraria até outubro, cobrindo o vale inteiro com uma lama negra espessa vinda de Uganda, Etiópia e Sudão. A terra, então, estaria preparada para o período de semeação e cultivo (*Peret*). Ao fim de fevereiro começaria a época

da colheita (*Shemu*), e terminaria com a nova cheia (Tabela 3.1).
Esse ciclo definia o ano agrícola previsível. Era possível ter uma
boa ideia sobre o ano agrícola, mas havia um problema de exa-
tidão porque as inundações poderiam ocorrer depois ou antes,
e, portanto, não se tinha a regulação exata. Essa variabilidade
em termos de número de dias de um ano para o outro criava
problemas desconcertantes.

Tabela 3.1 – O ano agrícola

Estação	Mês
"cheia"	Tehuti Phaophi Aithir Choiak
Peret "emergência"	Tobi Mechir Phamenoth Pharmuti
Shemu "plantação"	Pakhonsu Payni Epiphi Mesore

Contudo, os sacerdotes, estudantes de história e dos registros
antigos assim como das estrelas e da Terra, viram uma conexão
entre a aparição de *Sepdet* e o começo das cheias do Nilo. Pensava-se que as inundações fossem provocadas pelas lágrimas der-
ramadas pela Mãe Auset (Ísis) após o assassinato de seu esposo
Ausar (Osíris) por seu irmão Seth. *Sepdet*, portanto, era o retorno
cósmico de Auset.

Sepdet, também chamado *Sothis* e Sirius, teve seu surgimento
helíaco no começo de julho há 3 mil anos, mas devido à oscilação
da Terra em seu eixo é agora algumas semanas mais tarde. Ela
era uma sólida previsão das cheias recorrentes e definia a duração
exata da viagem da Terra em torno do sol. A primeira nova lua em
seguida à reaparição de Sirius após ter desaparecido abaixo da linha

do horizonte por 70 dias era estabelecida como o primeiro dia do novo ano, chamado pelos africanos antigos do Vale do Nilo *wepet senet*, e do período de *akhet* (cheias), mesmo se o Nilo ainda não tivesse começado a inundar (FINCH, 1991).

O trabalho dos sacerdotes não estava pronto simplesmente porque tinham estabelecido o tempo do novo ano. Eles queriam saber como dividir o tempo entre os *wepet senets*. Observaram que havia quatro períodos lunares que se encaixavam em cada uma das três estações, ou, melhor, eles os encaixaram nas três estações porque não eram exatas. O mês lunar tinha 29 dias e meio, resultando em anos curtos ou longos, de 12 ou 13 luas novas. Não se importavam com esse pequeno problema, porque com a aparição de *Sepdet* e do novo ano o calendário retornava ao ponto de partida. O calendário ainda não era acurado o bastante e criava problemas quando se tentava dar a alguém uma data para pagamento de seus impostos. E se há uma coisa que um governo quer, é coletar impostos em dia. Assim, durante o Antigo Império, houve um acordo sacerdotal para se ter um calendário-padrão com 12 meses de 30 dias. Cada mês tinha dezenas iguais a 30 dias. O trabalho ainda não estava completo, porque esse calendário publicamente acordado era curto e não coordenava bem com o calendário agrícola e lunar. Cinco dias extras chamados *heriu renpet* foram acrescentados ao fim do ano e eram celebrados com festividades religiosas. Ao fazer esse tipo de reforma, os africanos antigos no Egito erraram a verdadeira extensão do ano solar em somente um quarto de dia! Isso era ciência espetacular baseada em tentativa, erro, correção e predição. Contudo, por mais brilhante que fosse essa construção, o calendário lunar e o calendário público aumentaram em um dia a cada quatro anos. Assim, em 1461 anos, o calendário deixou escapar um ano inteiro, o que significava que, de acordo com um calendário, poderia ser o tempo da colheita, embora na realidade as cheias estivessem recém-diminuindo!

Os anos eram identificados com o *per-aa*. Por exemplo, uma data efetiva (do assim chamado Calendário de Ebers) aparece como "Ano IX sob a Majestade do Rei do Alto e Baixo Kemet, Djeserkare. O Banquete de Abertura do Ano III Shemu IX. A partida de *Sepdet*". Djeserkare é um dos nomes de Amenhotep I; assim, podemos expressar essa data deste modo: "no ano IX do reino de Amenhotep I, o surgimento helíaco de Sirius ocorreu no terceiro mês de Shemu, dia 9".

A criação do universo

A ideologia política do Kemet tornou-se durável pela intensa preocupação das pessoas com ideias religiosas e morais. Na verdade, podemos dizer que a base para a longevidade da nação foi provavelmente seu compromisso com as ideologias que foram formadas pelos sacerdócios em On (Heliópolis), Hermópolis e Mênfis.

No Kemet, as pessoas usualmente honravam deuses em tríades, de modo que em Waset a tríade consistia de Amen, Mut e Khonsu; em Mênfis, era Ptah, Sekhmet e Nefertem. Essa era a ideia do pai, mãe e filho, modelada com base na tríade original de Ausar, Auset e Heru. Mas sempre havia uma deidade suprema singular cultuada como o deus todo-poderoso pelo povo do Kemet. Essa deidade única era muitas vezes a figura paterna. Por exemplo, em Waset a figura era Amen, e em Mênfis, Ptah.

Não havia deidade suprema mais antiga do que Rá, Atum ou Rá-Atum, a deidade da cidade universitária de On, chamada pelos gregos Heliópolis, a Cidade do Sol. Rá era um deus celestial descrito na forma humana que, considera-se, criou a si mesmo. Ele surgiu das Nun, as águas primordiais. As oito partes de seu corpo, que ele trouxe à existência, foram agrupadas em quatro pares de deidades, duas masculinas e duas femininas. Elas eram Shu, o deus do ar, Tefnut, a deusa da umidade, o deus da Terra Geb, e a deusa dos céus Nut, Set e Nebhet, e Ausar e Auset. Essa era chamada a Doutrina de Heliópolis.

Em Hermópolis, Tehuti, chamado variadamente Thoth e Hermes, cria um conjunto de deuses chamando seus nomes. Eles puseram o ovo do qual o sol foi formado. Esses deuses primevos eram quatro sapos machos e quatro serpentes fêmeas. Eles foram chamados os Oito, ou Ogdoad. Tehuti, o Hermes grego, era identificado com uma íbis e era usualmente retratado com uma pena de escrita em sua mão. De acordo com a tradição kemética, ele era o pai da escrita, da matemática, das línguas, da contabilidade, da magia, do sistema legal e do jogo de damas. Sua esposa era a bibliotecária divina Seshat, que fazia o registro da vida de cada pessoa na Árvore dos Céus. Em essência, essa era uma doutrina diferente daquela ensinada em Heliópolis, e era chamada a Doutrina de Hermópolis.

Uma terceira doutrina emergiu em Mênfis. Foi fundada na crença de que Ptah, o principal deus da área, fosse coevo às águas de Nun, das quais o deus Atum surgiu. Portanto, Ptah era mais velho do que Atum. Afirmava-se que Ptah havia criado Rá-Atum com o pensamento: assim, Ptah era a Mente Universal, autoconcebida e autoexistente. Todos os outros deuses eram vistos como sua projeção, de modo que Tehuti era considerada sua língua e Heru, seu coração. Essa era chamada a Doutrina de Mênfis.

4

Os elementos do começo da civilização africana

Escrita

A escrita surgiu no Kemet em torno da mesma época da I Dinastia. Acredita-se que ela tenha sido inventada por volta de 3400 AEC no Kemet, cerca de 300 anos antes de vermos um sistema cuneiforme de escrita em tabuletas de barro na Mesopotâmia, o Iraque de hoje. No Kemet, a escrita era feita em quase qualquer tipo de superfície, mas a favorita era o papiro, um junco que crescia no Nilo, agora, encontrado no extremo sul do Egito, no Sudão. Imediatamente, a escrita serviu a três propósitos:

1. Registro de eventos históricos;
2. Comunicação entre o rei, sacerdotes e escribas;
3. Escritos literários e instrucionais.

As tradições míticas do Kemet dizem que Tehuti era o pai da escrita. Isso foi repetido tantas vezes no antigo Kemet que se tornou uma explicação aceita para a origem da escrita.

Estudos recentes do arqueólogo alemão Günter Dreyer parecem substanciar a posição adotada por estudiosos afrocentristas desde a década de 1950 de que a escrita seja uma criação africana, e não do sudoeste asiático. Dreyer, diretor do Instituto Alemão de Arqueologia no Cairo, encontrou escrita em um conjunto de pequenas etiquetas de osso ou marfim datando de 3300 a 3200 AEC.

Como consideramos a escrita uma representação simbólica da língua, e não figuras representando objetos concretos, então temos na África a primeira indicação de escrita no mundo. O que Dreyer encontrou foi etiquetas amarradas a sacos de linho e óleo na tumba do Rei Escorpião I no Egito. As etiquetas pareciam indicar a origem das mercadorias. Como os sistemas simbólicos dos pictográficos que precederam a escrita, as inscrições continham símbolos, mas eram mais que pictogramas. Pictogramas não podem ser chamados escrita verdadeira, mas são desenhos que representam palavras ou objetos específicos. Assim, um pictograma de uma perna poderia representar uma perna, e o de um dedo do pé um dedo do pé. Dreyer sustenta que as etiquetas que descobriu e estudou portam inscrições com significação fonética. Isso as tornaria uma representação simbólica da língua ou escrita verdadeira. Dreyer afirma que estudar as etiquetas o ajudou a decifrar inscrições ainda mais antigas em cerâmicas encontradas no mesmo cemitério. Essas inscrições, datando de 2400 a 3300, colocam a escrita egípcia antiga em uma data muito anterior a qualquer coisa que alguém encontrou na Mesopotâmia (DREYER, 1999).

Com certeza, há estudiosos agora que acreditam que é necessário considerar pictogramas como sistemas que contêm todas as possibilidades de armazenamento de informações e, portanto, a origem última da escrita. Nesse caso, uma vez mais, a ideia de usar marcas para armazenar informações ocorria no continente da África antes de qualquer outro lugar. O trabalho interessante realizado por Ayele Bekerie (1997) em seu premiado livro sobre a Etiópia revelou que a discussão sobre a escrita na África é ainda mais complexa do que foi sugerida no trabalho de vários estudiosos.

Figura 4.1 – User-maat-re, Setep-n-Re, o nome heru de Ramsés II, XVIII Dinastia

Fonte: © Molefi Kete Asante

O antigo povo do Kemet atribuía a escrita ao deus Tehuti, que foi o escriba e historiador dos deuses, o guardião do calendário e o inventor da matemática, da arte e da ciência. Essa deidade foi também considerada a responsável pela criação da fala, tendo também o poder de transformar a fala em objetos materiais. Sob alguns aspectos, isso pode se relacionar à crença africana, observada pela primeira vez no Kemet, de que para alguém obter a imortalidade seu nome deveria ser pronunciado ou preservado para sempre.

A língua clássica do Kemet

O povo do Kemet muitas vezes chamava sua língua escrita *mdju netjer* (palavras divinas). Em tempos mais recentes, estudiosos africanos como Mubabinge Bilolo e Molefi Kete Asante usaram o termo "ciKam" (a língua do Kemet) para se referir à língua escrita e à língua falada. *Medju netjer* é visto como a descrição da língua, assim como alguém diria que o zulu é "uma linguagem poética", embora essa descrição não seja o nome da língua. Aqueles que usam ciKam para referir língua estão seguindo uma convenção encontrada entre muitos grupos linguísticos africanos, especialmente nas mil línguas banto, onde um determinado prefixo antes do nome do povo indica a língua.

O antigo teólogo africano Clemente de Alexandria pode ter sido o primeiro a aplicar o *hieros* e o *glypho* gregos para criar o termo "hieróglifos" que significa "inscrições sagradas". Como Clemente viveu de 150 a 215 EC, a língua era antiga quando a encontrou e a chamou, na linguagem grega vigente da época, *hieroglyphos*. De fato, muitas autoridades tendem a aceitar a estimativa de Dreyer de 3400-3300 AEC para idade da língua escrita kemética. Isso é comparável ao uso da escrita cuneiforme, a escrita em cunha sobre barro, na Mesopotâmia, pelos sumérios, que parece ter aparecido em tabuletas de barro dois anos mais tarde. De fato, Ira Spar do Museu Metropolitano de Arte afirma que:

> Somente alguns exemplos de seu uso existem nos primeiros estágios da escrita cuneiforme entre 3200 e 3000 AEC. O uso consistente desse tipo de escrita fonética só se torna aparente após 2600 AEC. Ele constitui o começo de um verdadeiro sistema de escrita caracterizado por uma combinação complexa de signos denominativos e fonogramas – signos para vogais e sílabas – que permitiam aos escribas expressarem ideias (SPAR, 2004).

Consequentemente, podemos falar da emergência da escrita cuneiforme por volta de 2600 AEC, embora possa ter havido figuras de animais e pessoas cunhadas em barro antes dessa época.

A última inscrição em ciKam foi encontrada no pilar do portão de um vasto templo em File em 596 EC. Esse templo dedicado a Auset foi um dos últimos templos a funcionar em um Egito cada vez mais romano e cristão e seu fechamento pelos cristãos encerrou as narrativas viáveis da longa história do Kemet.

A tentativa de eliminar a língua

O imperador bizantino Teodósio I (379-395) emitiu uma série de decretos a partir de 391 EC para tornar a religião egípcia ilegal. Os africanos não tinham permissão para sequer caminhar nas áreas dos templos. O templo em File (*Pa-jrk*, em kemético antigo) era um forte contra os decretos do imperador, pois era distante dos centros populacionais e sua ilha era cercada pelo Rio Nilo. Assediados a partir do século IV EC, os praticantes da religião kemética sofreriam por quase 200 anos em conflitos com os senhores feudais. No território núbio, File deu aos sacerdotes e escribas que ainda conseguiam trabalhar um refúgio contra as perseguições que atingiam muitos outros funcionários de templos. Em um período anterior, mais leniente, Plotino (204-270), um filósofo africano, muitas vezes considerado neoplatônico, foi um pensador original, que conseguiu honrar a história e a cultura de seus ancestrais sem ameaças dos líderes romanos e bizantinos. Contudo, na época de seu discípulo distante Proclo (449-468 EC) que insistiu em reverenciar as deidades antigas, incluindo Auset, o culto nos templos estava se tornando mais perigoso. Todavia, nações africanas mais ao sul, como os blêmios e os nobades, mantiveram a tradição do culto a Auset. Eles também viajavam a File, a jusante, para cultuar a deidade e para caminhar nas áreas sagradas e orar a Ausar nos santuários, pois se acreditava que ele havia sido enterrado em File e em Abydos.

Em 425 EC, cristãos ortodoxos orientais conviviam precaria-mente nos tempos com tradicionalistas egípcios. Diz-se que um bispo cristão reclamou que os Nobades e Blêmios do que hoje é o Sudão transitavam livremente no Templo de Auset. Quando o Imperador Marcião (450-457 EC) chegou ao poder, renegociou com os Blêmios e Nobades para impedi-los de virem ao templo. Acredito que a "negociação" não tenha sido uma simples questão de toma lá dá cá; mas, em vez disso, o modo bizantino de impe-dir fiéis "estrangeiros" de abarrotarem o templo. Os Blêmios e Nobades estavam entre os seguidores mais ardentes de Auset e, em uma ocasião, levaram a imagem de Auset de volta ao seu país por dois anos.

Quando Justiniano I se tornou imperador bizantino, o Templo de Auset, entre 535 e 537 EC, ficou sob enorme pressão. Um general chamado Narses saqueou o templo em vários ataques, prendendo sacerdotes e sacerdotisas e destruindo itens sagrados. O templo foi oficialmente fechado no século VI durante o reinado de Justiniano (527-565 EC). File foi subsequentemente uma sede do cristianismo ortodoxo, e foi dominado por cristãos que queriam torná-lo um exemplo. Ainda podemos ver as ruínas de igrejas dentro do templo de File. Governantes bizantinos criaram áditos, espaços inacessíveis nas áreas sagradas, para impedir o acesso de fiéis a partes antigas do templo. Esses lugares especiais, os mais sagrados dos sagrados, eram usados como capelas para Ausar e Auset, e mais tarde para Jesus.

Há uma história horrível no livro copta do século VI, *Vida de Aarão*, que diz que o primeiro bispo cristão de File, um homem chamado Apa Macedônio, entrou no templo de Auset em File e matou o falcão vivo mantido em reverência pelos africanos. Ele havia visitado a Ilha de File e descoberto que uma minoria cristã vivia em meio aos fiéis de Auset; em seguida, voltou a Alexandria, falou sobre a situação com o Arcebispo Atanásio, e foi imediatamente nomeado bispo de File. Ele retornou à ilha, e o texto diz:

> Eu os vi indo ao templo para cultuar um pássaro que chamavam falcão, um símbolo de Heru, dentro de uma gaiola demoníaca. Depois que passei alguns dias entre eles, ocorreu que o sacerdote deixou a cidade para realizar uma tarefa, e seus dois filhos foram ao templo para o caso de alguém oferecer um sacrifício ao ídolo. Eu, Macedônio, fui até eles decididamente e disse: "Quero oferecer um sacrifício a Deus hoje". Eles disseram: "Vem e o oferece". Após ele entrar, ordenou-lhes que colocassem a madeira sobre o altar e fizessem um fogo debaixo dela. Os dois filhos observaram a madeira até que queimasse. Nosso pai, o Bispo Apa Macedônio, caminhou até o lugar onde estava a

gaiola demoníaca. Tirou dela o falcão, cortou sua cabeça, jogou-a no altar em chamas, deixou o templo e partiu (DIJKSTRA, 2013).

Decifrando a língua africana clássica

Após a queda de File, a língua do Kemet, o ciKam, lentamente perdeu sua influência e logo se recolheria à liturgia da igreja cristã copta, o poder que antes havia criado seu declínio. Contudo, há histórias de dois homens chamados Horapolo. O primeiro, que dizem ter vivido durante o reinado do Imperador Teodósio II (408-450 EC), era um gramático que escreveu o livro *Hieroglyphica*, constituído de duas seções contendo 189 explicações sobre os hieróglifos egípcios. Aparentemente, um Horapolo mais pitoresco apareceu cerca de 50 anos antes do fechamento do Templo de Auset em File, por volta de 565 EC, e tentou preservar o quanto pôde da língua. Um seguidor da religião egípcia e um dos últimos grandes sacerdotes na escola de Menouthis fora de Alexandria, esse Horapolo viveu durante o reinado do imperador bizantino Zeno (474-491 EC). A história diz que ele teve de fugir de sua casa porque fora acusado de conspirar contra os cristãos. Seu templo, dedicado a Auset e Ausar, foi destruído enquanto ele estava ausente. Mais tarde, foi capturado e torturado, vindo depois a se converter ao cristianismo. O nome Horapolo é uma combinação de Horus e Apolo.

Quando os árabes, sob o comando do General El As, entraram no Egito, em 639 EC, depararam-se com o mesmo problema que os gregos e romanos: como entender o ciKam. Nos séculos IX e X, respectivamente, dois historiadores árabes, chamados Dhul-Nun al-Misri e Ibn Wahshiyya, tentaram decifrar a língua. Muito depois, no século XVII, Athanasius Kircher também fez uma investida. Depois dele, houve outras tentativas menores, mas seu fracasso pode ser atribuído à noção equívoca de que os glifos representassem somente ideias e não sons

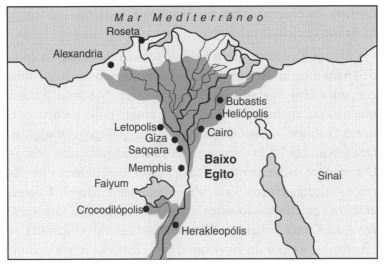

Mapa 4.1 – Localização da Pedra de Roseta

Somente em 1799, quando a Pedra de Roseta, um texto bilíngue escrito em duas línguas egípcias (hieróglifos e demótico) e grego, foi descoberta por um soldado francês em Roseta, uma ramificação do Nilo, que se faria algum progresso na decodificação da língua. Entre os primeiros linguistas a trabalharem na pedra estavam Silvestre de Sacy, Thomas Young e Johan David Akerblad. Contudo, um avanço real só foi obtido quando, em 1822, Jean-François Champollion fez uma descoberta ao estudar o texto da pedra. A primeira palavra que ele decifrou foi o nome de "Cleópatra". Mais tarde, ocorreu-lhe que o copta, a língua litúrgica da igreja cristã egípcia, poderia ser útil na compreensão do egípcio clássico.

Arquitetura

A forma mais antiga de arquitetura foi desenvolvida no Kemet, onde a primeira edificação em alvenaria foi a Pirâmide de Saqqara, construída por Imhotep para o Per-aa Zoser na III Dinastia. O sítio Saqqara não foi simplesmente a estrutura piramidal em degraus usada como uma câmara funerária, mas também um enorme complexo de templos, incluindo um templo funerário que ainda existe.

Alguns acreditam que a Esfinge tenha sido esculpida cerca de 15 mil anos atrás. Outros discordam, dizendo que a escultura em pedra data do tempo do Per-aa Quéfren. Sabemos, é claro, que não era chamada "esfinge" pelo antigo povo Kemético. O nome "esfinge" deriva da palavra grega *sphingo*, estrangular, baseada no hábito da esfinge grega de estrangular suas vítimas. O nome foi subsequentemente aplicado a esculturas egípcias pelos viajantes gregos. Essa, eles chamaram a Grande Esfinge, embora sua edificação anteceda qualquer uma na Grécia. O povo do Kemet a chamava Heru-em-akt, que significava Heru (Horus em grego) do Horizonte; por vezes era referida como o Bw-Heru (Lugar de Heru) e também como RaHorakhty (Rá de Dois Horizontes).

Os africanos foram os maiores construtores de esfinges, tanto que estudiosos europeus as categorizaram por tipo: androesfinge (corpo de leão com cabeça humana), crioesfinge (corpo de leão com cabeça de carneiro) e hieracoesfinge (corpo de leão com cabeça de falcão). Podemos pensar essas estruturas, quando aparecem diante de templos como os grandes templos Karnak ou Luxor, como protetoras e guardiãs. Desde a descoberta da Grande Esfinge pelo exército de Napoleão em 1789, centenas de esfinges foram desenterradas das areias. A natureza prodigiosa dos artistas e artesãos egípcios antigos parecia insuperável por mãos humanas.

Não há como exagerar a importância da grandeza dos tesouros arquitetônicos do Kemet, porque em nenhuma parte do mundo há uma coleção assim de edificações antigas. Toda a Grécia e a Roma antigas não equivalem àquela herança arquitetônica. Organizar uma burocracia com o propósito de construir grandes templos, tumbas e edificações públicas se tornou um dos pontos fortes da sociedade kemética. Templos como o massivo Karnak em Waset e as tumbas dos reis e rainhas no Vale dos Reis e no Vale das

Rainhas exigiram enormes capacidades e aquele povo dominava todas as habilidades necessárias para produzir as edificações mais prefeitas de sua época.

O povo Kemético foi um grande construtor em pedra. Eles construíram em uma grande escala e, ao que parece, numa relação com os deuses, não com os humanos. Durante a III e a IV Dinastias, vemos a construção das pirâmides gigantes, incluindo as três principais no platô de Giza: para Quéops, Quéfren e Miquerinos.

Aquela que chamamos a Grande Pirâmide, uma das Sete Maravilhas do Mundo, foi construída por Quéops, da IV Dinastia, por volta de 2560 AEC. A tradição da construção de pirâmides começou no antigo Kemet como uma substituição para o *mastaba* ou o tipo "plataforma" de tumba real. Quando vários *mastabas* eram usados, era possível criar uma pirâmide de degraus.

Figura 4.2 – Avenida das Esfinges, Luxor

Fonte: © Molefi Kete Asante

A pirâmide (mr) de Khufu levou cerca de 20 anos para ser construída. Primeiro, o lugar foi preparado; blocos de pedra foram transportados Nilo abaixo e colocados lá. Um invólucro externo (que não pode ser visto agora) foi usado para nivelar a superfície. Embora não se saiba definitivamente como os blocos foram colocados no lugar, muitas teorias foram propostas. Por exemplo, uma delas envolve a construção de uma rampa reta ou em espiral que era erguida à medida que a construção avançava. Essa rampa, revestida com barro e água, facilitava o deslocamento dos blocos, que eram empurrados (ou puxados) para o lugar. Uma segunda teoria sugere que os blocos eram colocados usando longas alavancas com uma base angular curta. Ambas as teorias são práticas e poderiam ter funcionado. Certamente, há teorias mais impraticáveis como a de "alienígenas de Marte" e a de levitação de pedras por música.

Certamente, os humanos se perguntaram sobre as pirâmides de Giza. Elas eram referidas como "os Celeiros de José" e "as Montanhas do Faraó". Quando Napoleão invadiu o Egito em 1798, estava assoberbado de orgulho quando fez sua famosa citação: "Soldats! Du haut de ces Pyramides, 40 siècles nous contemplent" (Soldados! Do alto dessas pirâmides, 40 séculos nos contemplam).

Filosofia

Vários fatores levaram à origem kemética da filosofia. Em primeiro lugar, era necessário explicar os desafios do universo físico em termos que correspondessem às ideias espirituais das pessoas. Segundo, era importante que o *per-aa* recebesse boas informações sólidas que fossem o resultado de reflexão, e não de alguém apenas proferindo uma opinião. O *per-aa* apreciava os sacerdotes, escribas, vizires ou filósofos que pensassem as questões postas a eles. Havia inúmeros filósofos, buscadores de sabedoria e professores no Kemet antigo. É impossível mencionar todos os filósofos keméticos, mas é necessário referir vários dos mais importantes.

Imhotep foi o primeiro filósofo a lidar com a questão do volume, do tempo, da natureza da enfermidade, da doença física e mental e da imortalidade. Foi o primeiro filósofo na história. Viveu por volta de 2700 AEC. Como o primeiro ente humano a se tornar uma deidade, ou seja, a ser deificado por sua sociedade, encontra-se no topo da filosofia africana e mundial, por suas realizações tão grandes. Imhotep, como o grego Sócrates, que viveu aproximadamente 2.200 anos depois, é conhecido basicamente pelo que outros disseram sobre ele, porque seus escritos não sobreviveram.

Ptahhotep escreveu por volta de 2414 AEC e era conhecido como o filósofo que escreveu o primeiro livro sobre o que significa envelhecer. Seu tratado sobre o envelhecimento era uma profunda reflexão sobre o significado da juventude e da velhice. É considerado o pai das doutrinas éticas.

Merikare escreveu por volta de 1990 AEC sobre o valor de falar bem e usar o senso comum nas relações humanas.

Sehotipibre escreveu por volta de 1991 AEC. Seu interesse era com a lealdade ao rei. Ele pode ser chamado um filósofo nacionalista porque argumentava que a lealdade ao rei era a função mais importante dos cidadãos.

Amenenhat escreveu por volta de 1991 AEC e foi chamado o primeiro filósofo cínico, porque alertava seus leitores para que fossem cautelosos em relação àqueles que se chamavam amigos.

Amenhotep, filho de Hapu, foi um sacerdote, vizir e filósofo durante a XVIII Dinastia e foi ativo por volta de 1400 AEC. Foi o segundo ente humano na África a ser deificado por sua comunidade após sua morte. Sua sabedoria foi extraordinária e se acreditava que ele dominava todo o conhecimento dos antigos.

Duauf foi o filósofo que escreveu sobre o amor aos livros. Foi o filósofo educacional, que apreciava a ideia de aprender, e escreveu por volta de 1340 AEC que os jovens devem aprender a apreciar livros.

Akhenaton foi um filósofo religioso, que acreditava que o deus Aton fosse o único deus, o deus singular. Ele mudou a doutrina religiosa do Kemet e deslocou a capital a fim de praticar sua recém--declarada religião do deus único. Viveu por volta de 1300 AEC.

Todos esses filósofos keméticos viveram centenas de anos antes do primeiro filósofo grego. Na verdade, o primeiro filósofo grego foi Tales de Mileto, que estudou no Kemet. Ele viveu por volta de 600 AEC.

A emergência da matemática

Os primeiros livros de matemática são keméticos. Não existiam livros sobre proposições matemáticas antes que os africanos tivessem produzido o que é agora chamado o Papiro de Rhind no Vale do Nilo. Como o Papiro de Ebers em medicina, o Papiro de Rhind é um documento que introduz ao mundo a matemática e a ciência keméticas. Em um tempo anterior à emergência de qualquer civilização fora da África que tivesse inclinação científica, essa sociedade, a cultura kemética, deu ao mundo a matemática e também a geometria. Em grande medida, isso era necessário devido às cheias anuais do Nilo, que apagavam os limites entre as propriedades dos agricultores; algum sistema tinha de ser concebido para tornar possível estabelecer ou restabelecer onde terminava a terra de cada um quando as inundações diminuíam. Os egípcios afirmavam, como relatado por Heródoto, que Tehuti foi o responsável por criar a geometria, mas isso foi provavelmente por essa ser uma ciência tão antiga que ninguém lembrava quando fora criada.

A abundância de deidades

O Kemet era cheio de deidades. Em algum sentido, era a sociedade africana prototípica, com divindades aparecendo em cada aspecto da vida humana. De fato, tudo era uma deidade, estava relacionado a uma deidade, ou tinha o potencial de ser uma deidade. Uma deidade é algo que é ou se tornou um deus. Mesmo Nun, caos, a dissipação primordial de água à qual toda vida era imanente, era uma deidade. Nun era guardado por quatro deidades de cabeça de sapo e cabeça de serpente. Foi dessa substância aquosa que Atum, o deus da criação, surgiu. Ele era representado como um velho barbudo, por vezes com a cabeça de um sapo, besouro ou serpente. Era muitas vezes chamado "o completo".

Atum, Rá, Ptah e Amen eram nomes da deidade criadora. Diz-se que Atum como criador originou Shu, o ar, e Tefnut, a umidade. Com o tempo, Shu e Tefnut tiveram filhos, Geb, a Terra, e Nut, o céu. Por sua vez, Geb e Nut originaram Ausar, Auset, Seth e Nebhet, dois irmãos e duas irmãs. Os primeiros quatro entes podem ser chamados celestiais, ou celestes, e os últimos quatro, terrestres ou terrenos:

Celestiais	Terrestres
Shu	Ausar
Tefnut	Auset
Geb	Seth
Nut	Nebhet

A lenda de Ausar (Osíris)

O povo Kemético manteve a lenda de Ausar em suas tradições orais, e havia poucos fragmentos da história em papiros. Contudo, a versão mais bem registrada dessa lenda é a do escritor grego do começo do século I, Plutarco. A história conta que Seth e Ausar foram incumbidos do governo do Kemet. Enquanto cuidavam da terra, a parte sob responsabilidade de Ausar prosperou, enquanto a de Seth declinou e parecia desolada. Isso enfureceu Seth, e tanta foi sua raiva que decidiu matar seu irmão. Ele convenceu Ausar a entrar em um cesto, que depois foi lacrado e jogado ao Nilo.

A ausência de Ausar foi lamentada por Auset, sua irmã, que o amava. Após uma longa busca, ela encontrou seu corpo e o trouxe de volta ao Kemet. Então, assumindo a forma de uma pipa, magicamente deu à luz seu filho, *Heru*, chamado Horus pelos gregos. Contudo, durante o tempo em que Auset estava protegendo o corpo de Ausar, Seth estava procurando por ele. Quando descobriu o cadáver, cortou-o em 14 partes e as espalhou pelo Kemet.

Agora, Auset tinha de procurar novamente pelo corpo de Ausar. Ela o amava muito. Deixou seu filho, Heru, com sua irmã Nebhet, e reiniciou sua busca. De fato, achou o corpo em partes. Onde coletava um pedaço do corpo erigia um santuário em sua honra. Em um mapa do Egito, encontramos alguns dos lugares em que Auset encontrou partes do corpo de Ausar: Abydos, Ilha de Biga, File.

Ausar foi restaurado à vida terrena e ordenado Senhor do Além-mundo e juiz dos mortos e como o símbolo da vida ressuscitada. De fato, passou a representar a prática da mumificação e, com sua cor verde ou negra, representava a regeneração da Terra. Ausar é restaurado na Terra; Seth termina sendo derrotado por Heru, que herda o trono de seu pai. A autoridade herdada por Heru significava que tinha de vingar seu pai, símbolo do eterno conflito entre o bem e o mal, entre a ordem e o caos. Assim, cada rei era a reencarnação de Heru, em vida, e de Ausar, na morte. Téophile Obenga, em *Pour une nouvelle histoire* [Por uma nova história], diz: "le mythe osirien est peut-être le plus ancien mythe agraire de l'humanité" [o mito de Osíris talvez seja o mito agrário mais antigo da humanidade] (Obenga, 1980, p. 45). A agricultura era uma prática antiga no Egito e o ciclo da vida e da morte era familiar a cada pessoa.

A mumificação eterna

A mumificação foi derivada do conhecimento sobre a dissecção de cadáveres em covas fúnebres nas areias do deserto seco. Após a limpeza e evisceração, ou seja, a remoção dos órgãos, o cadáver era seco com natro, uma forma de carbonato de sódio que ocorre naturalmente. Os órgãos eram tratados separadamente e preservados em vasilhas especiais conhecidas como jarros canópicos.

O processo de mumificação durava cerca de 70 dias porque havia um ritual complexo que o acompanhava. As pessoas não apenas encontraram e envolveram o corpo simplesmente e depois o colocaram em uma tumba. Certas cerimônias eram necessárias a fim de que a pessoa tivesse vida eterna. Logo antes de enterrar o cadáver, havia uma cerimônia funeral massiva com dignitários cuidadosamente examinando as atividades sacerdotais em torno do ritual de mumificação. Depois, havia um ritual especial chamado "Abertura da Boca". Isso envolvia tocar a boca e a cabeça do cadáver com alguns instrumentos especiais para restaurar os sentidos.

Finalmente, dentro da câmara funerária, todos os tipos de alimento e bebida eram colocados perto dos finados de modo que pudessem ter tudo que fosse necessário na outra vida. Os mortos teriam inclusive uma muda de roupas e outras coisas essenciais para quem parte em uma longa jornada. No caso de alguém destruir o alimento e a vestimenta, elas eram reproduzidas por aristas nas laterais das paredes. Fora da câmara uma estela era erigida para enunciar quem era a pessoa, sua posição social e suas boas realizações.

A sociedade Kemética durou mais de 3 mil anos, e durante esse tempo os funerais mudaram. No começo, era somente o rei que recebia um grande enterro ritualizado, como visto nos funerais piramidais do Antigo Império. Mas no Novo Império, realeza e nobres também recebiam funerais elaborados; essa cerimônia ainda permaneceu fora do alcance da maioria das pessoas.

É claro, pesquisas recentes mostraram que muitas pessoas comuns no Kemet também foram enterradas em suas próprias tumbas. A ideia era que enquanto o sol se punha no mundo dos vivos, estava se erguendo no além-mundo. Todos que morriam estavam realmente indo para um lugar onde continuariam vivos. Essa foi uma democratização dos rituais de morte.

Como a vida após a morte era possível para quaisquer almas puras, contanto que pudessem dispor dos equipamentos e instrumentos próprios para navegar no perigoso reino do além-mundo, estava aberta para todos se declararem almas puras. Contudo, a alma tinha de sobreviver à traiçoeira jornada do além-mundo para o julgamento presidido por Ausar. O coração era comparado com a pena de Maat para verificar sua leveza e pureza. Uma pessoa poderia almejar uma vida após a morte pacífica nos campos de Iaru, ou seja, nos campos Elíseos.

Nada era mais importante para uma antiga pessoa Kemética do que a vida após a morte. Alguns dizem que esses africanos eram preocupados com a morte. De fato, era justamente o oposto. Não eram tão preocupados com a morte, mas profundamente envolvidos com a vida após a morte. Sua obsessão pela vida era com sua infinita prolongação.

Essa não era uma tarefa fácil. Exigia que as pessoas fizessem muitas coisas para preparar o corpo para a continuação da vida após a morte. Uma pessoa era composta de algumas partes importantes de acordo com o povo Kemético. Elas incluíam o corpo, o nome, o duplo espírito, e a alma. Já a mumificação era o processo usado para prolongar a vida.

A ideia de Maat

Maulana Karenga afirma que o ponto de partida para qualquer discussão real sobre os ideais éticos do antigo Egito deve ser Maat (KARENGA, 2003, p. 5). Nas mentes do antigo povo Kemético, Maat era a ideia de que era necessário ter ordem, equilíbrio, harmonia, justiça, verdade, retitude e reciprocidade como mínimo para impedir o caos em cada aspecto da vida. Como você impede o caos, se não promovendo a ideia de Maat? Durante cada período importante da história do Kemet, a ideia era estabelecer uma relação com Maat. Se as pessoas o mantivessem, seriam fortes. Se o perdessem, seriam fracas. Essa era uma máxima que os africanos compreendiam.

D.T. Niane, o estudioso que popularmente introduziu ao mundo o "Épico de Sundiata", explicou o conceito maático ao discutir os aspectos religiosos e políticos da cultura africana em face à diversidade dizendo que a religião tradicional foi capaz de permanecer uma força viva, permeando inclusive as instituições e rituais de poder em Koumbi, Niani, Yatenga, Kanem e Mwenemutapa. Mas tolerância era a regra, permitindo que Mali e Etiópia misturassem uma variedade de povos pertencentes a diferentes religiões (NIANE, 1997, p. 262).

Foi essa habilidade para aceitar a diversidade e diferença que enfatizou o desejo da sociedade africana pela mutualidade e comunidade desde a aurora da civilização.

5

O GOVERNO E A ESTABILIDADE POLÍTICA DO KEMET

O governo do antigo Kemet era altamente centralizado, e o *per-aa* era a principal ligação entre o povo e as deidades. Eram capazes de controlar essa grande população porque, como divinos, recebiam respeito e reverência; além disso, tinham uma enorme burocracia oficial que lhes ajudava a manter o controle do país. O Kemet estendia-se ao longo de cerca de mil quilômetros, de Aswan (Syene) ao Mar Mediterrâneo. Para efetivamente governar um território tão grande, como você viu acima, reis e rainhas tinham de usar outras pessoas para executarem as tarefas diárias do país. Essas eram usualmente funcionários públicos com boa instrução, principalmente escribas e coletores de impostos. O papel desses funcionários era permanente mesmo quando o país mudava seus monarcas. Na verdade, monarcas e dinastias vieram e foram, mas o padrão geral do país mudou pouco em milhares de anos.

Os primeiros reis dinásticos

Maneto, que viveu durante o reinado ptolomaico (grego) no Kemet, é responsável por fornecer o amplo esboço da história kemética ao escrever a lista de reis para as dinastias. Segundo ele, o primeiro rei da I Dinastia foi Aha. É com Maneto que aprendemos que as primeiras duas dinastias foram Tinita [Thinite]: ou seja, a capital era uma cidade chamada Tinis [This], situada próximo a Abydos.

Todas as tumbas dos reis da I Dinastia e algumas dos reis da II foram descobertas em Abydos.

O período tinita estende-se variadamente de 3400-2700 AEC ou 3150-2700 AEC. Estudiosos afrocentristas preferem a primeira data, porque coloca a origem das dinastias mais próxima à origem da escrita. Outros acreditam que os registros de Maneto apontam mais aproximadamente para a segunda data. Independentemente disso, sabemos que o nome do primeiro rei (Aha, Narmer, Menes) representa o fundador da cidade de Mênfis, o iniciador do sacerdócio de Sobek, o deus crocodilo. Foi o responsável por criar o sacerdócio do Touro de Apis em Mênfis e a nação unificada. Sua esposa foi Neithhotep. Aha (Menes ou Narmer) iniciou a longa história das dinastias keméticas. Participou em seu festival *Sed*, ou seja, o festival do Jubileu; celebrou Sokar, a deidade falcão mumificada, e iniciou uma série de guerras contra os núbios e líbios.

De acordo com os registros do Papiro de Turim, Aha foi sucedido por Menes, que, por sua vez, foi sucedido por Ity. O próximo rei após Ity foi Djer, que prosseguiu as guerras com a Núbia, Líbia e Sinai. Foi enterrado com o resto de sua corte. Não se sabe se foram obrigados a morrer com ele para acompanhá-lo na vida após a morte, ou se foram enterrados sucessivamente na mesma tumba.

Um texto do reinado de Djer levantou a questão sobre que tipo de calendário estava sendo usado. Está em uma tabuleta de marfim que mostra uma representação da estrela-cão, Sirius, na forma da deusa Sothis, retratada disfarçada de uma vaca sentada com uma planta entre seus chifres que simbolizava o ano (DRIOTON; VANDIER, 1962, p. 161; GRIMAL, 1992, p. 51). Esse sinal parece indicar que a partir da época de Djer a sociedade Kemética havia vinculado o surgimento helíaco ao começo do ano; ou seja, haviam inventado o calendário solar.

Eles criaram o calendário com base no que era mais prontamente disponível como um símbolo de regularidade, as cheias do Nilo. O ano era dividido em três estações de nossos atuais meses de 30 dias. As estações eram determinadas pela característica do

Nilo. Por exemplo, a primeira estação era a própria cheia (*akhet*); a segunda, a estação do plantio (*Peret*); e a terceira, a época da colheita (*Shemmu*).

Ora, ocorre que a primeira cheia do Nilo, que foi escolhida como o começo do novo ano, foi observada na latitude de Mênfis, o centro do universo, ao mesmo tempo que o surgimento heliacal de Sirius. Na verdade, considera-se que esse fenômeno tenha ocorrido em 19 de julho do calendário juliano (ou cerca de um mês antes no calendário gregoriano), mas não em cada 19 de julho, porque o ano solar real é, na verdade, de 365 dias, 5 horas, 48 minutos e 45,51 segundos. Além disso, o fato de que a discrepância de um quarto de dia por ano aumentava a lacuna entre os dois fenômenos significava que um ajuste deveria ser feito. A discrepância só poderia ser ajustada após um ciclo completo de 1460 anos, o período sótico. A sincronização do primeiro dia do ano solar e o surgimento de Sirius foi registrada ao menos uma vez na história kemética, em 139 EC.

Sabemos algo preciso sobre a história kemética porque o povo registrou vários pontos no tempo dentro desses períodos sóticos. Assim, os pontos terminais que podem ser datados são 1317, 2773 e 4323 AEC, partindo do fato de que os fenômenos foram observados em 139 EC. É improvável que o calendário solar existisse antes de 4323 AEC porque a civilização não estaria suficientemente desenvolvida nessa época.

Ao fim do período tinita, o Rei Khasekhemwy, casado com a princesa Nimmatapis, mãe do Rei Djoser, consolidou os ganhos territoriais de seus predecessores e construiu uma fundação próspera para os próximos reis.

O Antigo Império

Quando o Antigo Império começou, com a III Dinastia, o país já havia conseguido formar a titulatura para o *per-aa*. O rei tinha três nomes: o nome Heru (que expressava seu papel como herdeiro divino do trono), o nome do rei do Alto e do Baixo Kemet (*nsw-bity*) e um nome *nebty* (que refletia a carreira do príncipe coroado antes da coroação).

Djoser, cujo nome Heru era Netjerykhet, é famoso porque inaugurou a arquitetura de construção em pedra com a ajuda do gênio de Imhotep. A relação entre o *per-aa* e Imhotep estabeleceu um padrão para rei e conselheiro para as dinastias posteriores. Imhotep não era um político, mas um excelente médico e arquiteto. As posições que se sabe ter ocupado são de sacerdote-leitor, alto sacerdote, médico e arquiteto. Diz a lenda que também foi vizir do rei.

Registros escritos adicionais sobre Imhotep o descrevem de formas surpreendentes. Ele é visto como o patrono das artes e ciências e a personificação da sabedoria. É um fato que sabemos sobre ele mais devido ao seu intelecto do que à sua produção literária. As evidências de suas habilidades são o reconhecimento conferido a ele por seus pares. Eles se referiam a ele com um sábio conselheiro, recordando os atributos de Ptah, o deus criador de Mênfis. Na verdade, Imhotep era chamado o "filho de Ptah" no Papiro de Turim. Mais tarde, foi deificado com seu sacerdócio e convocado a ajudar aqueles que tinham dificuldades na vida cotidiana. Os gregos, muitos anos depois, conheceram-no como Imouthes e o consideraram seu próprio deus da medicina, pelo nome de Asclépio.

A imortalidade de Imhotep durou por séculos, uma vez que ele, diferente de seu governante Djoser, foi deificado. Somente graças a seu sábio conselheiro, Imhotep, Djoser conseguiu construir uma pirâmide em Saqqara, muitas vezes chamada Pirâmide de Degraus. Esse foi o primeiro monumento arquitetônico desse tipo na história.

Na IV Dinastia, o Kemet viu outro rei conquistador na pessoa de Sneferu. A Pedra de Palermo sugere que tenha sido afeito a campanhas militares e liderado uma expedição contra os núbios para sufocar uma revolta na região de Dodekaschoenus. Ele capturou 7 mil soldados. A despeito de suas expedições marciais, considera-se que ele tenha sido um rei de personalidade genial, tanto que foi deificado durante o Império Intermediário. Há muitas referências ao seu reinado, o que significa que gerações posteriores o consideraram uma personalidade duradoura. Suas interações com a Núbia foram importantes para o Kemet porque o país do sul fornecia marfim, ouro, incenso, ébano, ovos de avestruz, peles de pantera, girafas e macacos.

As pirâmides de Giza

A IV Dinastia é dominada por projetos de construção em Giza. A pirâmide construída por Khufu o transformou em uma das figuras mais importantes na história kemética. O construtor de Khufu foi Hemiunu, que também foi vizir do rei. Era tido em tão alta estima pelo rei que teve permissão para escolher seu próprio lugar em Giza para construir sua tumba com uma estátua sua em seu interior.

Durante a IV Dinastia, dois outros reis se destacaram por suas contribuições: Quéren e seu filho Miquerinos. O primeiro governou por 25 anos e restaurou o poder da família real. Foi responsável por ordenar a construção da Grande Esfinge. Desejava que a estátua de um homem com o corpo de um leão fosse entalhada em um bloco colossal de pedra. Diz-se que Quéfren desejava que sua própria imagem com uma peruca-*nemes* fosse esculpida na pedra. Essa era a *shesep ankh*, imagem viva. Sua pirâmide se encontra no mesmo platô que a de seu pai, Quéops, e que a de seu filho, Miquerinos, que o sucedeu.

Miquerinos perdeu um filho. Seu segundo filho, Shepseskaf, chegou ao poder e completou seu templo mortuário e provavelmente sua pirâmide, que era a terceira e menor das pirâmides dos reis em Giza.

O Império Intermediário

Os principais elementos do país foram estabelecidos na alvorada de sua história, e todos os reis e rainhas subsequentes governaram o país de acordo com os antigos princípios. Quando Narmer (Menes) estabeleceu o país, iniciou um sistema que durou cerca de mil anos até ser abruptamente perturbado por um colapso do governo central em 2200 AEC. Vários fatores podem ter contribuído para essa crise da autoridade central. Em primeiro lugar, o Deserto do Saara estava secando rapidamente, e a terra arável estava começando a diminuir cada vez mais. Grandes populações de povos do deserto acorreram ao Vale do Nilo e lotaram as pequenas áreas de terras adjacentes ao rio. Durante pouco mais de 200 anos, impostos não foram pagos, o Estado de direito declinou e as pessoas ficaram essencialmente por sua própria conta.

Esse período, chamado Primeiro Período Intermediário (2200-2040 AEC), só finalizou com o estabelecimento da XI Dinastia, que uniu novamente o país e começou a reafirmar a autoridade central. Durante o Império Intermediário (2040-1785 AEC), como foi chamado, o país prosperou e o *per-aa* assumiu o controle completo da terra. Impostos foram coletados; malfeitores, punidos; os santuários, restaurados e a tarefa importante da irrigação ficou mais sob a autoridade do rei. O Kemet também conquistou a Núbia durante essa época, em uma das batalhas "gangorra" entre esses países. O Oásis de Faium foi o lugar de um importante projeto de irrigação para melhorar as vidas dos povos que viviam nessa região do país.

Mentuotepe II, o Grande Unificador, chegou ao poder após Intefe III, por volta de 2061 AEC. Como muitos de seus sucessores, veio do Sul, da poderosa cidade de Waset (muitas vezes chamada Tebas ou Luxor), e restabeleceu a autoridade sobre o território no Norte, que havia estado sob o governo de alguns príncipes de uma cidade do Norte.

Quando Mentuotepe completou sua conquista, recebeu um novo nome, "Nebhotepre, o filho de Rá". Naqueles dias, quando alguém dizia "filho de Rá" era o mesmo que dizer "filho de Deus". Mentuotepe também declarou suas origens do Sul ao se dar um nome que significava "Divina é a Coroa Branca". A Coroa Branca representava o sul do Kemet e a Coroa Vermelha representava o norte. Mentuotepe é mostrado em suas esculturas como um homem de uma presença sábia com grandes olhos, pele escura e lábios carnudos. Foi um sábio *per-aa*. Restaurou os dirigentes locais em algumas das províncias, colocando governadores leais a ele, e mudou a capital, que já fora localizada em várias cidades, incluindo Mênfis e Tinis, para a cidade de Waset. Três dos primeiros-ministros que trabalharam para Mentuotepe eram chamados Dagi, Bebi e Ipy.

Figura 5.1 – Mentuotepe II, XI Dinastia, Metropolitan Museum of Art

Fonte: Foto de Keith Schengili-Roberts/Creative Commons license CC-BY-SA-2.5

Mentuotepe governou tão efetivamente, construindo vários santuários e templos em todas as partes do território e reunificando o país, que foi capaz de assumir um novo nome em seu aniversário de 39 anos, "Sematawy, aquele que unifica os Dois Países".

Como outros reis conquistadores, Mentuotepe sentiu a necessidade de liderar uma expedição à Líbia para combater o Tjemehu e o Tjehenu. Ele também dirigiu seu exército contra os nômades Mentjiu da Península do Sinai. Desse modo, protegeu o país contra os asiáticos, que foram repelidos pelo Rio Litani. Ao Sul, enviou expedições em várias ocasiões para pacificar a Núbia, que permaneceu independente, embora o Chanceler Khety tivesse ocupado áreas da Núbia em nome do rei.

Durante o Império Intermediário, reis subsequentes continuaram o trabalho de Mentuotepe II. De fato, seu filho, Mentuotepe III, chegou ao poder e consolidou o governo do Kemet sobre o leste do Delta, e construiu fortalezas para proteger a região contra as incursões dos asiáticos. As defesas do Delta foram a criação de Mentuotepe II, mas foram restauradas e reforçadas por Mentuotepe III. Uma das grandes expedições comerciais pela qual Mentuotepe III é conhecido é o comércio com Punte. Esse comércio, que havia existido por séculos, fora interrompido; mas, em seu governo, foi restabelecido.

Quando a XI Dinastia terminou, três homens disputaram o reino. Um foi Amenemope de Elefantina; outro, Intefe em Waset; e o outro, Segerseni da Núbia. Amenemope conquistou o posto, começando, assim, a XII Dinastia. Sob muitos aspectos, essa cena de três africanos disputando o mesmo posto se assemelha muito a três indivíduos disputando a mesma posição na política contemporânea.

Amenemope mostrou ser um bom administrador. Manteve governadores que o haviam apoiado para o reinado, bem como a defesa das fronteiras. Mudou a capital de Waset – a área onde Intefe fora forte – para uma cidade próximo a el-Lisht. Seu filho, Senurset, chamado pelos gregos Sesostris, foi um grande general.

Um dia, em meados de fevereiro de 1962 AEC, quando retornava de uma batalha com os líbios e alguns inimigos de seu pai, soube que ele havia sido assassinado, como resultado de uma conspiração em seu harém. Quando chegou, teve de subjugar alguns indivíduos na capital, que haviam assumido o controle. Dois livros foram escritos sobre a conspiração para controlar as informações e subjugar os rumores. No Novo Império, houve outro livro, "Profecias de Neferti", que serviu como um manual escolar sobre a situação. Tornou-se um dos livros mais lidos no Kemet.

Contudo, o primeiro livro era sobre um jovem chamado Sinuhe, do séquito de Senurset, que ouvira acidentalmente a conversa sobre a morte de Amenemope. Ele ficou assustado e fugiu, porque acreditava que ouvira algo que não deveria. Fugiu para a Síria, passando pelo Delta em direção ao istmo de Suez. Na Síria, um dos beduínos recentemente no controle do Egito acolheu-o e o adotou. Recebeu honrarias e um título de chefe, mas, como sentia muita saudade do Kemet, decidiu escrever para Senurset, que concordou em lhe dar um perdão real, o que lhe permitiu voltar ao país, onde viveu até sua morte.

A história moral de um ex-funcionário arrependido, que foi perdoado por seu rei, fez um grande sucesso e deve ter estado na lista dos dez livros mais populares no ano em que foi publicado. Centenas de cópias de "A história de Sinuhe" sobreviveram. Outro texto popular do Império Intermediário é "Amenemope I", que explicava a legitimidade da sucessão do rei após ter sido assassinado.

Senurset seguiu o caminho de seu pai, Amenemope I, nas relações exteriores. Ele estabeleceu o controle sobre a Núbia e, no décimo oitavo ano de seu reinado, colocou uma base em Buhen no país núbio. Deixando uma guarnição na Núbia, entre a Primeira e a Segunda Cataratas, fez incursões à área de Kush, que ocupava a região entre a Segunda e a Terceira Cataratas. O nome de Senurset foi encontrado em pedras na área de Dongola (muito mais tarde, a capital do Império Makurra da Núbia, que derrotou o exército muçulmano em 651 EC). Sabe-se que ele realizou transações comerciais com Kerma. Ele se sentia em casa na área ao sul do Kemet, de onde obteve blocos de pedra o bastante para criar 60 esfinges e 150 estátuas.

Poucos reis foram mais ativos do que Senurset, que explorou o ouro de Koptos, fez escavações em Wadi Hammamat e enviou expedições a Hatnub no vigésimo terceiro e trigésimo primeiro anos de seu reinado. Prosseguiu o comércio com a Síria e a Palestina, e o Kemet influenciou os oásis no deserto líbio.

Os reis que seguiram Senurset mantiveram a paz com seus vizinhos, na tradição de seus ancestrais. De fato, Amenemope II chegou a ter sua própria expedição a Punte, um parceiro comercial favorito dos reis do Império Intermediário.

Algo ocorreu durante o reinado de Senurset II, que sucedeu Amenemope II, e que teve um impacto abrangente no país. Khnemhotep, governador do nome Oryx no Nordeste, recebeu o povo Abisha *"Hicsos"* e seu tributo Hicsos. Esse era um povo da Ásia que se mudou para a parte nordeste do Kemet para se estabelecer e cultivar a terra. Mais tarde, mostrariam ser mais do que colonizadores, pois se tornaram um aborrecimento; ao exercer sua influência e autoridade sobre o povo do Kemet naquela parte do país. Mas, naquela época, estavam simplesmente mostrando sua lealdade ao governador kemético da província. Poderíamos dizer que foi uma manobra política, mas não há como verificar isso; só se pode argumentar a partir da história, e, assim, em retrospecto, que não tinham a intenção de permanecer sob a autoridade do povo Kemético para sempre.

Dois funcionários do Período Intermediário, Mesehti e Djefaihapy, ficaram famosos pelos conteúdos escritos de seus caixões. Estudiosos chamam os escritos que são encontrados em esquifes funerários de textos de caixão. Uma vez que a carreira de Mesehti como funcionário se estendeu para a XI e XII Dinastias, as informações encontradas em sua tumba apresentam um registro daquela era. Os textos de caixão de sua tumba estão entre os mais importantes jamais encontrados. No caso de Djefaihapy, seu caixão continha escritos sobre o sistema legal egípcio. Há dez contratos funerários em torno de sua tumba que mostram o pensamento das mentes jurídicas do Kemet.

É bom destacar que o Império Intermediário foi a época em que a literatura kemética atingiu seu nível mais elevado de forma e conteúdo. Na verdade, quando estudiosos modernos do Egito se ocupam da língua antiga, abordam-na a partir do período do Império Intermediário devido à sua perfeição.

Várias formas de escrita apareceram durante essa época, embora existissem algumas anteriormente. Por exemplo, havia o escrito instrucional chamado *sebayet*. A palavra kemética para "sabedoria" ou "sábio" era *seba*. O *sebayet* era usualmente escrito na forma de instruções aos jovens. Entre as mais populares que foram preservadas estão "Instruções de Kagemni", "Máximas de Djedefhor", "Admoestações", "Instruções para Merikare", e "Máximas de Ptah-hotep". Esses trabalhos e muitos outros são realmente filosóficos, embora tenham sido chamados por não africanos simplesmente "literatura de sabedoria". Também composto durante o Império Intermediário, o chamado "Kemyt", a excelente suma de todas as instruções, é talvez o *sebayet* mais comumente referido.

Há, certamente, uma similaridade com o nome antigo do país, Kemet, nesse *sebayet*. Na verdade, o livro *Kemyt* era a imagem exata do país Kemet, cujo significado é "nação negra", o modelo mais perfeito do universo.

O povo antigo do Kemet foi dos mais prolíficos escritores do mundo durante o Império Intermediário. O livro *Sátira das ocupações* sobreviveu em mais de 100 manuscritos, obviamente produzidos em massa pelos escribas, que eram mantidos ocupados pelos escritores criativos e filosóficos assim como pelos funcionários comuns que os empregavam. "Sátira das ocupações" foi escrito por Khety, o filho de Duauf.

Livros políticos, como *Instruções ao vizir*, *Profecia de Neferti*, *Instrução do lealista*, *Instruções de um homem a seu filho*, *Instru-*

ção de Amenemope I e outros, tentavam fornecer ao povo modos de manter o equilíbrio e a harmonia na sociedade. Esses eram os livros que os principais funcionários consultavam para direção e orientação.

Não deveríamos considerar o Império Intermediário somente como a época das belas artes e literatura; foi também a época do drama e da mitologia. Escritores tinham avidez por demonstrar suas habilidades criativas escrevendo épicos e narrativas de rituais como o "Drama da coroação", o "Drama de Memphite", a "História de Ísis e Rá", a "História de Horus e Seth" e "A destruição da humanidade".

Outros escritos importantes são "A disputa de um homem com seu Ba", "Ensinamentos de Khakheperreseneb" e numerosos hinos da realeza. Essa época da história kemética produziu mais documentos escritos como cartas, textos administrativos, descrições autobiográficas, notas históricas, tratados médicos e matemáticos, fragmentos veterinários, poesia e rituais sacerdotais. Além disso, estudiosos encontraram no Kemet o exemplo de onomástica mais antigo conhecido no mundo: um catálogo de palavras, listando diferentes entidades e itens na sociedade como pássaros, ocupações, animais, plantas e topônimos. Esse tipo de livro, que seria encontrado em outras sociedades mais tarde, era usado para treinar os melhores escribas e oradores. Eloquência, um elemento no treinamento total dos escribas, tinha de ser ensinada e a onomástica era um modo fácil de fornecer aos estudantes uma grande quantidade de argumentos e listas. Os gregos mais tarde descobririam aspectos da onomástica e a usariam para treinar estudantes de retórica.

Dada a extensão dos escritos e a qualidade da literatura, podemos ver por que o período do Império Intermediário era referido como o Período Clássico da história kemética. Dizer "clássico" é afirmar que é digno de emulação e que demonstrou um impacto em outros períodos e épocas.

O segundo período intermediário

Os hicsos ganharam o controle da XIII Dinastia por volta de 1633 AEC. O fundador da primeira Dinastia dos Hicsos foi Salitis, que propôs uma aliança aos núbios a fim de conter o Kemet. Quem eram esses Hicsos? Seu nome, Hicsos, é uma versão grega do termo kemético "Hekaw-Khasut" (os chefes das terras estrangeiras). Não sabemos de que raça eram a partir dessa descrição. Contudo, parece que foram asiáticos contra os quais o povo Kemético havia lutado: Setjetiu, Aamu e Mentjiu da Ásia ou Retjenu.

Sua ascensão ao poder foi, inicialmente, pela infiltração e, depois, no fim, pela violência. Acredita-se que tenham introduzido o cavalo encilhado no Kemet, mesmo que seja claro que o cavalo já fosse conhecido na região do Vale do Nilo.

O Novo Império

A XVIII Dinastia

Os príncipes de Waset se insurgiram contra os Hicsos durante o governo de Kamose e completaram o extermínio das forças hyksas durante o governo de Amósis. Quando esse chegou ao poder, por volta de 1570 AEC, tinha cerca de 10 anos. Governou por 25 anos, morrendo aos 35 anos. Quando tinha 21 anos, já começara a combater os núbios e Hicsos. Em três campanhas militares até o topo da Segunda Catarata, Amósis derrotou a Núbia e a colocou uma vez mais sob o controle do governo wasetiano. Isso privou os Hicsos de um de seus aliados mais confiáveis. Ele, depois, dirigiu sua atenção para Mênfis, a capital que havia sido tomada pelos Hicsos. Retomando a capital, continuou sua conquista dos Hicsos no Baixo Kemet, liberando a região do Delta. O exército kemético, durante o governo de Amósis, também capturou Avaris, e depois rumou para a Ásia para tomar a cidade fortificada de Sharuhen, no sudoeste da Palestina. Na Palestina, anexou os ricos portos da Fenícia. Cada vez que derrotava um inimigo, voltava a Waset para uma parada e celebração. O estágio final da reconquista ocorreu no décimo sexto ano de seu reinado. Como um jovem de 26 anos, Amósis transformara a base de poder no Kemet, de uma em que os hicsos detinham um poder insolente para outra na qual o povo reassumira sua liberdade, o que, é claro, sempre estava em oposição ao poder estrangeiro. Assim, ainda jovem, havia mostrado que a força, não a opinião, era a chave para expulsar os inimigos da sociedade.

Jamais houve uma dinastia de reis tão grande quanto aquelas da XVIII Dinastia do antigo Egito. Essa foi a primeira dinastia unificada após a derrota dos Hicsos. Muitos anos mais tarde, Maneto, o historiador que registrou a invasão dos hicsos, disse que "Amen estava incomodado conosco e inesperadamente surgiram do Oriente homens de raça ignóbil que tiveram a audácia de invadir nossa terra" (MANETHO; WADDEL, 1948). O povo Kemético acreditava que a conquista pelos Hicsos fora uma humilhação amarga. Afinal, eles não eram Assírios ou persas, considerados oponentes razoáveis, mas somente um grupo de nômades do sudoeste asiático sem o mérito de qualquer civilização particular. Contudo, foi necessário não desdém, mas combate efetivo, para livrar o país dos Reis Pastores conquistadores, outro nome pelo qual eram conhecidos.

Considera-se que Amósis tenha sido uma pessoa de presença imponente quando chegou aos 21 anos, provavelmente, a uma altura de mais de 1,90m, com ombros largos e uma estrutura bem constituída. Sua cor de pele tendia ao ébano, como os reis que o sucederiam no trono do sul em Waset. No auge de sua carreira, foi favoravelmente comparado aos reis conquistadores anteriores do Kemet, Narmer, Senurset I e Mentuotepe. No futuro, outros reis e algumas rainhas seriam comparados a ele. Mas, neste momento na história, Amósis era verdadeiramente a autoridade. Ele colocou o Kemet num caminho de ambição imperial, buscando garantir que seus inimigos jamais invadissem a terra sagrada e criassem destruição novamente. Durante os governos dos reis da XVIII Dinastia o Kemet se tornou o líder do mundo e enormes quantidades de riqueza do exterior foram vertidas em suas cidades. White (1970) chamou esse o "momento de realização exuberante e esplêndido" do Egito (WHITE, 1970, p. 164).

Amósis se casou com Nefertari, cujo nome significava "a mais bela de todas", que não deve ser confundida com a Nefertari que foi esposa de Ramsés II, ou com Nefertiti, a esposa de Amenhotep IV, também chamado Aquenaton. Nefertari era um nome comum da XVIII Dinastia, provavelmente por ser o nome da esposa favorita do primeiro rei daquela família. Ela se tornou uma parte importante da dinastia. Na verdade, tanto seu santuário quanto seu sacerdócio duraram muitos séculos após sua morte. A XVIII Dinastia foi conhecida por mulheres fortes que foram importantes por si ou como esposas dos *per-aas*.

Tabela 5.1 – Os reis da XVIII Dinastia

Amósis	Tuthmoses IV
Amenhotep I	Amenhotep III
Tuthmoses I	Amenhotep IV/ Aquenaton
Tuthmoses II	Tutancamon
Hatshepsut	Ay
Tuthmoses III	Horemhab
Amenhotep II	

Um filho, Amenhotep I, nasceu de Amósis e Nefertari. Levou adiante as políticas de seu pai com relação aos asiáticos assim como na Núbia, vizinha do Kemet e rival em suas fronteiras ao sul. Em sua morte, foi sucedido por Tuthmoses I, que ascendeu ao trono declarando que a fronteira nordeste do Kemet seria o Rio Eufrates. Enviou expedições para a Terceira (na verdade, a quarta, contando rio abaixo) Catarata ao sul. Essa foi uma das primeiras declarações imperiais de um *per-aa* kemético, embora outros tivessem operado como se acreditassem que o Kemet devesse exercer controle absoluto sobre a área inteira do sudoeste asiático, incluindo as terras dos beduínos, agora conhecidas como a Arábia.

O filho de Amenhotep I morreu prematuramente. Tuthmoses I foi o filho de Amenhotep I com uma concubina. Esse fato significava que não era de linhagem completamente real; portanto, um casamento com sua meia-irmã Ahmes, a filha de Amenhotep I, com a rainha legítima, teve de ser arranjado. Ele efetivamente encerrou qualquer discussão sobre sua legitimidade para ser rei assegurando que sua linhagem divina estaria protegida. Da união de Tuthmoses I e Ahmes resultaram uma filha, Hathsepsut, e um filho, Amenemope. Amenemope não chegou ao trono; Hatshepsut, sim.

Tuthmoses I morreu sabendo que havia garantido as fronteiras externas do Kemet como seu pai e avô haviam feito. Mas deixou uma situação inconclusiva na sucessão. Hatshepsut se casou com seu meio-irmão, filho de seu pai com uma concubina chamada Mutnofret. Seu esposo acabou tornando-se rei sob o nome de Tuthmoses II. Quando ascendeu ao poder, o país era rico, poderoso, exuberante e imperial. Embora tivesse que sufocar rebeliões na Síria e na Núbia, os dois estados mais preocupantes, considera-se que Tuthmoses II tenha gerido os assuntos estatais muito bem. O que não fez, contudo, foi gerir os assuntos de sucessão ao seu poder. Como seu pai e avô, deixou uma situação seriamente complicada. Quem seria o rei após sua morte? Seria sua esposa/irmã Hatshepsut, a filha de Tuthmoses I com sua rainha, Ahmes?

A prole real de Tuthmoses II e Hatshepsut consistia de uma filha, Neferure. Assim, quando Tuthmoses II morreu, Hatshepsut casou sua filha Neferure com seu enteado, Tuthmoses III, que era filho de Tuthmoses II com uma concubina chamada Ausar.

O jovem tinha apenas 6 anos à época da morte de seu pai. Hatshepsut se tornou a regente para o jovem rei, governando em seu lugar por ele ser jovem. Evidências da regência são encontradas em uma estela na tumba de pedra de Inene de Amun, na margem oeste do Nilo em Waset. Nela, lemos:

> O Rei subiu aos céus e se uniu aos deuses. Seu filho tomou seu lugar como rei dos Dois Países e foi o soberano no trono de seu pai. Sua irmã, a Esposa Hathsp-

sut do Deus, lidou com os assuntos do Estado: os Dois Países estiveram sob seu governo e os impostos foram pagos a ela (Urk, IV 59, 13-60, 3).

Hatshepsut logo abandonou o pretexto e se coroou como rei. Foi investida na titulatura completa de um *per-aa* kemético. Ela foi "Maat kare", que significa "Maat é o Ka de Rá". Além disso, era chamada "Khnemet Amen Hatshepsut", ou seja, "Aquela que adota Amen, primeiro entre as mulheres". Quando Hatshepsut usurpou a coroa, o jovem Tuthmoses III, que estava com cerca de 9 anos na época, não era mais o corregente. Hatshepsut ignorou o jovem e atuou como se Tuthmoses II, seu meio-irmão com quem se casara, jamais tivesse existido, e começou a estabelecer uma corregência com seu pai morto Tuthmoses I.

Hatshepsut era tão talentosa quanto qualquer homem na história kemética ao assumir os controles do governo. Não seria tratada delicadamente porque não caminhava delicadamente sobre a terra. Na verdade, seus escribas incorporaram sua falsificação aos documentos oficiais do país, de tal modo a declará-la "sa Rá", "o filho de Deus".

Durante seu reinado, ela governou com o apoio de um forte círculo interno que mostrou completa lealdade a ela. Uma dessas pessoas foi Senemut. Ele nascera em circunstâncias humildes em Armant e chamou a atenção de Hatshepsut como um indivíduo maduro. Era um arquiteto talentoso, de fala eloquente, um mestre em lutas internas com conhecimento suficiente para proteger a rainha que estava servindo como rei, e, talvez, um amigo pessoal muito próximo. O rumor da época era que ele tinha um relacionamento com a rainha. Uma teoria é que Senemut foi responsável por educar a filha única de Hatshepsut, Neferure. Um dos irmãos de Senemut, Senimen, era o tutor, guardião e cuidador de Neferure. Além dessa conexão familiar, muitas estátuas no Kemet associam Senemut com a rainha. Podemos dizer que era seu companheiro masculino. Como um homem culto e instruído, também era capaz de entender o papel que ela tinha de desempenhar quando usava uma barba postiça para parecer um homem como rei em certas ocasiões cerimoniais. Uma pessoa que era guardiã da família real e superintendente das edificações do deus Amen tinha de ser alguém por quem a rainha tivesse elevada admiração. É provável que Hatshepsut garantira seu reinado ao escolher a pessoa mais sábia que conheceu para ser seu conselheiro mais próximo. Na tumba de Senemut em Deir el-Bahri há indicações de que tenha sido astrônomo, devido os desenhos astronômicos no teto da tumba. Também em sua tumba em Qurna há dois desenhos da tumba, projetos da tumba, e cópias de textos religiosos e literários incluindo a "Sátira das ocupações", a "História de Sinuhe", e a "Instrução de Amenemope I" (BLACK, 2002). Na verdade, Senemut foi o único responsável por transportar e erigir os *tekken* (obeliscos) tão famosos durante o reinado de Hatshepsut. Senemut planejou a construção do templo mortuário de Hatshepsut em Deir el-Bahri e também uma segunda tumba para si, diante do templo. Ele já tinha uma tumba em Sheikh Abd el-Qurna. Por volta do décimo nono ano do governo de Hatshepsut, Senemut desaparece do registro. Isso foi cerca de três ou quatro anos antes da própria rainha falecer. Não se sabe se as forças aliadas a Tuthmoses III, que era um jovem adulto nessa época, organizaram-se contra Hatshepsut e sua clique, obrigando Senemut a escolher lados; ou se foi dispensado pela rainha, o que é difícil de acreditar; ou se morreu. O que é claro é que Senemut perdeu poder e presença antes do fim do reinado de Hatshepsut.

Contudo, o séquito da realeza não foi completamente vencido. Havia ainda um homem importante chamado Hapuseneb, cuja mãe, Ahhotep, era relacionada à família real, e que era um membro do círculo interno de Hatshepsut. Ele fora responsável por executar a construção do templo em Deir el-Bahri sendo, então, ordenado sacerdote de Amen. Sua posição era tão elevada que foi capaz de tornar seu filho o escriba do tesouro de Amen.

Hatshepsut não dependeu apenas de Senemut, embora seja verdadeiro que fosse uma figura dominante na corte; havia outros, incluindo Nehesi, o chanceler, que tinha influência no trono. No nono ano do reinado de Hatshepsut, ele liderou uma expedição a Punte (Somália) em um tipo de retomada da tradição do Império Intermediário, para, de lá, enviar expedições comerciais. É crível sugerir que Punte também enviasse missões ao Kemet, embora não tenhamos esses registros da época. Contudo, a ausência de evidências não é o mesmo que evidências da ausência. A expedição de Nehesi em nome de Hatshepsut é contada com grande detalhe nas paredes de um templo mortuário que é dedicado à deusa Hat-Heru (Hathor). Hatshepsut também foi bem-servida pelo guardião-chefe Amenhotep, que erigiu os dois *tekken* em Karnak, e por Useramen, que foi seu vizir a partir do quinto ano de seu reinado.

As realizações de Maatkare não são pequenas. Ela permanece a mulher mais dominante na antiguidade com relação aos feitos políticos e diplomáticos para sua nação. Como uma mulher servindo como governante absoluto de um grande país na antiguidade, foi incomparável. Retomou a pasta de política estrangeira do país, erigiu os *tekken* mais bonitos e poderosos, nomeou um novo vice-rei de Kush, chamado Inebni, para substituir Seni, que havia ocupado o posto desde o tempo de Tuthmoses II, e defendeu as fronteiras do país.

Um conjunto de textos no templo mortuário, no pé dos penhascos de Deir el-Bahri, próximo ao templo mortuário do rei da grande XI Dinastia, Nebhepetre Mentuotepe II, contém representações de Hatshepsut como rei. O texto "Sobre a juventude de Hatshepsut" foi tanto uma declaração política quanto uma narrativa histórica. Esse texto, na verdade, foi reproduzido por Tuthmoses III, em Waset, e em uma cena conta:

> Hatshepsut é entronada por Atum e recebe as coroas e os títulos reais. Após ser proclamada rei pelos deuses, ainda deve ser coroada pela humanidade. Seu pai humano, Tuthmoses I, é quem a introduz à corte real,

nomeia-a e a faz aclamada como herdeira. Tão logo sua titulatura é anunciada, submete-se a outro rito de purificação (Urk. IV 216, 1-265, 5).

Hatshepsut reinou até 1558 AEC, que foi o vigésimo segundo ano do reinado de Tuthmoses III. Naquele momento, ele finalmente reconquistou o trono. Reinaria por mais 33 anos. Devemos observar que, embora fosse costumeiro para reis sucessores ter seus nomes inscritos sobre os nomes de seus predecessores ou mesmo apagar completamente os nomes deles, nunca essa atividade foi tão furiosamente executada quanto durante o governo de Tuthmoses III.

Figura 5.2 – Templo de Hatshepsut, edificações funerárias, Vale das Rainhas

Fonte: © Molefi Kete Asante

Tuthmoses III se tornou o maior rei conquistador do mundo antigo. Foi o "Leão da África", por assim dizer, o rei de todos os reis, o mestre do universo, e nenhum rei se comparou a ele.

Era como se tivesse sido preparado por toda sua vida para ser rei. As dificuldades que teve com Hatshepsut foram experiências que o ajudaram em suas transações com reis estrangeiros e forças políticas internas. O fato de ter assistido a tudo de fora, de ter aprendido com as histórias que outros membros das cortes reais contavam sobre suas viagens e envolvimentos com assuntos estrangeiros, deu-lhe uma visão que raramente existira no Kemet. Tuthmoses III exerceu o poder militar e o domínio do Kemet de uma forma tão extrema que os inimigos da nação imploravam por misericórdia.

O primeiro desafio para o novo rei foi uma revolta do principal povo asiático unido sob o governo do príncipe de Kadesh, que tinha o apoio de Mitani. Essa foi uma poderosa união que ameaçava a hegemonia do Kemet no sudoeste da Ásia, uma terra que fora subjugada pelo Kemet desde o tempo de Amósis. Tuthmoses III imediatamente iniciou uma campanha para colocar de volta as nações insubordinadas sob a autoridade kemética. Ele teve de fazer 17 campanhas militares na Ásia até, finalmente, pacificar Kadesh. Mitani é também chamado Hurrian, e aquela civilização era contemporânea a outra, chamada Cassita na Babilônia. Esses remanesceram quando o Império Babilônico do Rei Hammurabi se desintegrou após atingir seu auge por volta do século XV AEC.

Mitani parece ter sido o principal instigador do conflito com o Kemet. Era a principal força na área, mas sempre manteve o Kemet envolvido em disputas locais entre as várias cidades-estados sírias. Tuthmoses III inscreveu nos "Anais" no templo de Amen em Waset os estágios do conflito entre o Kemet e Mitani. Lançou uma campanha para reconquistar o Retjenu. Consequentemente, partiu do leste do Delta em direção das planícies de Megido via Gaza por uma passagem estreita. Cercou a cidade por sete meses até que finalmente ela caiu nas mãos de seus soldados. Dirigindo-se a Tiro, capturou Yanoam, Nuhasse e Herenkeru. Apropriou-se da colheita de trigo das planícies de Megido e providenciou seu transporte para o Kemet. A cada ano, fazia uma excursão de inspeção ao sudoeste da Ásia para garantir que estavam pagando seus impostos e honrando sua autoridade. Mandou pintar uma parede botânica em Karnak, um tipo de continuação da parede no templo mortuário de Hatshepsut, onde a flora e fauna de Punte foram registradas.

Cerca de quatro anos após ter iniciado suas campanhas para o sudoeste da Ásia teve de empreender uma série mais extensiva de conquistas. Conquistou Djahy, as planícies costeiras da Palestina, novamente, a cidade de Kadesh, Ullaza e Ardata, destruindo o trigo e pomares no processo.

No ano seguinte, o exército kemético, sob a liderança de seu rei da guerra Tuthmoses III, atacou a Síria a partir do mar. Devastaram a área, marchando até Ardata para reconquistar aquela cidade. Pareceu a Tuthmoses III que a campanha no sudoeste da Ásia teria de ser um evento anual, já que ocorrera cinco vezes antes. Ele recorreu a uma política de levar os príncipes cativos para o Kemet para doutrinação. Essa seria a política usada por muitas outras nações africanas na guerra. Nessa sexta campanha, Tuthmoses III trouxe de volta 36 filhos de reis. Foram mantidos como reféns antes de serem enviados de volta para sucederem os tronos de seus pais.

Mesmo essa prática não pacificou as terras. Várias outras campanhas tiveram de ser realizadas. Ele destruiu completamente a cidade de Ullaza e ocupou os portos da Fenícia. Retornou para casa e recebeu um embaixador, conforme os registros, de um país asiático não identificado, que veio para prestar homenagens.

Como *per-aa*, Tuthmoses III provavelmente acreditava que Hatshepsut não havia prestado muita atenção aos inimigos que se uniam para competir com o Kemet. É por isso que terminou sentindo necessidade de confrontar Mitani diretamente. Seus engenheiros encontraram um modo confiável de cruzar o Eufrates. Primeiro, rebocaram barcos especialmente fabricados através do deserto, chegaram a Mishrife (antiga Qatna) do lado leste do Rio Orontes, e então se dirigiram ao Eufrates. Ele pilhou a área, derrotou cidades ao sul de Carchemish, voltou para o oeste e se dirigiu ao norte no Orontes para Niy, que seria a fronteira norte de influência do Kemet dali em diante. Antes de retornar ao Kemet,

Tuthmoses III caçou elefantes em Niy, como Tuthmoses I fizera antes dele. Ele se assegurou de que os reis de Mitani, Assur e dos hititas pagariam seus tributos ao Kemet.

Várias outras campanhas foram lançadas contra Mitani. Talvez a mais importante tenha sido a décima sexta campanha, que ocorreu no quadragésimo segundo ano do reinado de Tuthmoses III. Ele tomou o porto de Arqata, próximo a Trípoli, destruiu a cidade de Tunip, tomou três cidades ao redor de Kadesh e aniquilou um massivo exército mitanniano. Após essa batalha, houve um lapso de 12 anos na guerra entre o Kemet e Mitani. Tão grande foi a vitória para o Kemet, contudo, que Tuthmoses III recebeu tributos de cidades que sequer haviam combatido seu exército.

Tuthmoses III lançou somente uma campanha na Núbia ao sul, e essa foi próxima ao fim de seu reinado, em seu quinquagésimo ano (contando os anos de Hatshepsut) como rei. O objetivo da campanha era reforçar a influência do Kemet na Quarta (Terceira) Catarata. A relação entre os núbios e o povo Kemético já havia sido de integração, assimilação, confederação, separação, conquista e conciliação. Foi como a história das nações modernas da África ou da Europa que tiveram disputas de fronteira por muitos anos. O texto mais antigo conhecido do massivo complexo de templos núbios de Gebel Barkal data do quadragésimo sétimo ano de Tuthmoses III.

Embora seja verdade que, a esse ponto, Tuthmoses III fosse o maior líder militar da história, não foi somente um soldado poderoso que liderou seus exércitos em batalhas; foi também um notável construtor. Durante seus últimos anos, o Kemet estava em paz com a maior parte de seus vizinhos, e o rei dedicou grande parte do tempo à realização dos projetos que seus predecessores haviam começado. Quando Tuthmoses I reinou, fez com que seu arquiteto Inenem iniciasse uma reconstrução do templo de Amen em Waset. Tuthmoses III assumiu esse trabalho, aumentando o templo de Amen e apagando tanto quanto pôde a imagem e o nome de Hatshepsut no massivo complexo de templos. Condená-la ao

128

esquecimento pareceu ser sua intenção, ao manter os monumentos que ela construíra, mas removendo seu nome de modo que não fosse possível saber quem fora o responsável por uma edificação. Nem o destino, nem mesmo a morte, é pior do que isso para uma pessoa kemética.

Certamente, como Hatshepsut foi uma construtora prolífica, Tuthmoses III não foi capaz de destruir todas as referências a ela. Por exemplo, seu nome é encontrado em Armant no templo de Montu, assim como em Beni Hassan, onde dedicou um templo de pedra à deusa Pakhet, a quem os gregos chamavam Ártemis (sua deusa da caça). Nesse templo, Hatshepsut listara os nomes das construções que dedicara aos deuses: os templos em Cusae, Antinoe e Hermópolis, uma capela dedicada a Hat-heru em Faras, um templo em Buhen, um templo de Satis e Khnum em Elefantina. Tuthmoses III foi igualmente prolífico, construindo no Kemet e na Núbia com uma atividade frenética em honra aos deuses.

Tuthmoses II quis evitar todas as disputas de sucessão e por isso indicou como seu sucessor seu filho Amenhotep II, com sua segunda esposa Hatshepsut II Merire.

Tuthmoses III logo se tornou lendário. Já era grande, mas na morte se tornou ainda maior, uma pessoa para a qual se compunham mitos; um homem cujos feitos e monumentos garantiram imortalidade ampliada por sua criatividade, amor pela botânica, habilidade literária e amor pelo conhecimento. Seus talentos intelectuais foram mais duráveis do que edificações. Ele era bem-instruído, lia os textos antigos e retomou a tradição de devoção aos ancestrais. Compilou uma lista de seus ancestrais em Karnak e seu cuidado por seus monumentos sugere a devoção de um homem que conhece seu lugar na história e se vê também entre os ancestrais. Na verdade, o vizir de Tuthmoses III, Rekhmire, é considerado um dos intelectuais mais honrados do Kemet. Sua tumba é dotada de literatura e artes decorativas, aparatos adequados para um homem que serviu a uma figura tão gigante.

Todavia, é claro, os feitos militares de Tuthmoses III são surpreendentes. Sua travessia do Eufrates se tornou uma lenda entre os oficiais militares keméticos. Eles eram fascinados por sua habilidade em ter feito barcos próprios para cruzar o rio e em fazê-lo sem que o rei de Mitani soubesse que iam rebocá-los através da Síria. Esse foi um pano de fundo para a história da tomada de Joppa pelo famoso General Djehuty, que aparece no Papiro Harris 500, o qual descreve como Djehuty matou o príncipe de Joppa (Jaffa moderna), que havia partido em uma missão diplomática, e depois capturou a cidade, fazendo entrar 200 soldados escondidos em cestos. Elementos dessa história africana apareceriam em façanhas lendárias subsequentes de Dario e a tomada da Babilônia, a narrativa de Homero sobre o cavalo troiano na "Ilíada", e Ali Baba e os Quarenta Ladrões nas "Noites árabes". O fato de que Djehuty ser menos lembrado tem mais a ver com a escrita da história do que com a grande distância entre nós e suas façanhas.

Aakheperure Amenhotep II, que servira com seu pai como corregente durante os últimos dias de sua vida, era um jovem de físico forte. Diz-se que nenhum soldado conseguia curvar seu arco. Não era tímido em relação à sua força física, demonstrando em toda ocasião possível o quão apto era para ser *per-aa* do Kemet. Diferente de seu pai, não era intelectual; era um homem esportivo, um atleta com a habilidade de agradar as multidões devido ao controle de seu corpo. Fez dos esportes a maior parte da decoração de tumbas que vieram depois dele. Outros reis teriam pinturas de si alvejando pássaros, pescando ou correndo. Contudo, ele estabeleceu rapidamente sua habilidade ao liderar uma campanha contra os sírios em seu terceiro ano. Ele capturou pessoalmente e mais tarde matou sete príncipes de Kadesh diante do templo de Amon-Rá em Waset, e fez com que os corpos de alguns fossem exibidos nos muros das duas cidades militares mais importantes em seu império, Waste e Napata, localizadas na Núbia. Raramente o Kemet viu tamanha brutalidade da parte de seu *per-aa*.

Amenhotep II logo soube que teria de testar sua força contra os sírios. Em duas outras campanhas, tentou destruir a resistência ao Império Kemético na Síria. As batalhas ocorreram nos montes de Niy no sétimo e nonos anos do reinado como resultado de uma revolta na Síria iniciada pela cidade de Carchemish. No fim, o Kemet perdeu a região entre os rios Orontes e Eufrates, embora os textos descrevam a abundante pilhagem que foi obtida com as aventuras. Na verdade, entre os prisioneiros de guerra estavam 3.600 apirus, um grupo étnico dos beduínos shosu, que foram enumerados separadamente no texto. Os apirus apareceram na Capadócia no século XIX AEC e em Mari e Alalakh no século XVIII AEC. Nicolas Grimal (1991, p. 219) diz:

> Eles [os apirus] são equivalentes aos hebreus mencionados na correspondência de Amarna; na época de Amenophis [Amenhotep] II, parecem ter se integrado às sociedades às quais haviam emigrado, desempenhando papéis marginais como mercenários ou servos, como nos eventos descritos em "A tomada de Joppa". No Egito, aparecem durante o reinado de Tuthmosis III como produtores de vinho nas tumbas tebanas do Segundo Profeta de Amun Puymre e do heraldo Intefe.

Após o desastre de Amenhotep II contra Mitani, o Kemet chegou a um acordo com os Mitanitas, que agora eram ameaçados pelo Império Hitita sob o governo de Tudhaliyas II. O Kemet manteve partes da costa palestina e Mitani, a parte norte da Síria. Amenhotep II se casou com a filha do rei de Mitani, selando a união entre os dois estados.

Com a morte de Amenhotep II, a coroa passou a Tuthmoses IV, devido à morte prematura de seu irmão mais jovem, que seria o herdeiro de direito. Tuthmoses IV ordenou que fosse feita uma estala na Grande Esfinge (Harmachis) para celebrar um ato usual de devoção quando era jovem. Ele gostava de caçar. Um dia, enquanto caçava perto da Grande Esfinge, que se encontrava submersa na areia, deitou-se para dormir. Quando acordou, viu os contornos da Esfinge sob a areia. Conforme o texto:

> Ele descobriu a majestade desse deus venerável que lhe falou como um pai fala ao seu filho: "Olha para mim, contempla-me, Tuthmoses, meu filho. Sou eu, teu pai, Harmachis-Khepri-Rá-Atum. Dar-te-ei meu reino sobre a Terra que controla tudo que é vivo; vais usar a coroa branca e a vermelha no trono de Geb como herdeiro; o país te pertencerá em toda sua extensão, assim como tudo que é iluminado pelo olho do universo... Vê, minha condição é a de um homem doente, pois meu corpo está totalmente devastado. A areia do deserto onde estou está me tragando" (ZIVIE, [1976] 2010, p. 330-331).

Tuthmoses IV removeu reverentemente a areia da Grande Esfinge e em troca se tornou o rei do Kemet, ascendendo ao trono que não esperava. Seu reinado durou apenas nove anos, pois morreu aos 30. Contudo, um fato interessante é que Tuthmoses IV foi ativo na área de Mênfis e não muito em Waset, a região central das atividades da XVIII Dinastia. Afinal, os principais nobres e intelectuais eram enterrados em Waset e tinham suas atividades naquela região. O vizir Amenemope e seu irmão Sennefer, o prefeito de Waset, Kenamun, o guardião do palácio real em Mênfis, seu irmão Kaemheryibsen, o terceiro profeta de Amen, os principais sacerdotes de Amen, Meri e Amenhmhat, o chefe dos granários, Menkheperraseneb, e o escriba real Userhat tinham tumbas e monumentos em Waset. Contudo, o jovem rei construiu um templo próximo à Esfinge e deixou um depósito contendo uma *shenu* (cartela) no templo de Ptah em Mênfis.

A morte de Tuthmoses IV levou Amenhotep III ao reino, e ele foi um dos mais refinados de todos os *per-aas*. O Kemet atingiu seu zênite em termos de cultura e refinamento, recebendo uma vez mais ideias, conceitos e produtos de sua vizinha Núbia, ao sul. Amenhotep III era o filho de Tuthmoses IV com uma concubina chamada Mutemwia. Quando chegou ao trono como rei, tinha apenas 12 anos e sua mãe serviu como sua regente. No segundo ano de seu reinado, quando tinha 14 anos, casou-se com uma mulher de sangue não real, Tiye, que exerceria mais poder e influência do que qualquer mulher na história do Kemet, exceto, talvez, por Hatshepsut, que foi monarca. Tiye era filha de um homem de alguma distinção chamado Yuya e sua esposa Tuya. Ambos também se tornaram uma parte importante da história do Kemet. Como em outros exemplos no começo da história africana, já vemos a relação entre homens e mulheres mais como cooperativa do que como dominante. Não vemos isso nessa época em qualquer outra civilização. Yuya e Tuya ajudaram um de seus filhos, Ay, a se tornar rei após Tutancamon. Contudo, em todas as atividades da corte, a Rainha Tiye desempenhava um papel estabilizador na garantia do poder. Ela deu à luz seis filhos para Amenhotep III. O primeiro, provavelmente, chamado Tuthmoses, morreu jovem; depois veio o futuro Amenhotep IV bem como quatro filhas, duas das quais (Satamen e Ausar) receberam o título de rainha. No fim, a Rainha Tiye foi esposa, mãe, avó e irmã de um rei e mãe de duas rainhas. Nunca na história uma mulher ocupou tal posição nos corredores do poder. Sob alguns aspectos, a Rainha Tiye foi uma tremenda influência na XVIII Dinastia devido ao seu caráter, sua forte personalidade e seu conhecimento íntimo da corte real, mas também porque viveu muito tempo e foi capaz de manter sua importância na casa real a despeito do fato de Amenhotep III trazer muitas concubinas da Ásia. A Rainha Tiye foi a primeira pessoa a realmente explorar o papel da esposa do rei (a Grande Esposa do Rei: *hmt nsw wrt*), que suplantava o termo "rainha-mãe" (*mwt nsw*) como indicação tradicional da matriarca.

Amenhotep III esteve em paz com o mundo, fazendo somente uma campanha para debelar uma revolta. O Kemet era apreciado no mundo inteiro e o nome de Amenhotep III foi encontrado em textos e em monumentos em Creta, Micenas, Anatólia (Turquia), Aetólia, Iêmen, Babilônia e Assur. O rei foi o maior construtor que o país jamais vira até então. Cobriu o Kemet e a Núbia com monumentos, incluindo um templo com a colunata dedicada a Tuthmoses III em Elefantina, e construiu um templo a Amen, "Senhor dos Caminhos" em Wadi es-Sebua e o templo de Heru em Aniba. Muitos outros templos foram estabelecidos por Amenhotep III em Mênfis; em Saqqara, começou o Serapeum para os touros Ápis sagrados; ergueu estátuas colossais de babuínos em Abydos, ordenou a construção do templo Luxor como o harém do sul de Amen-Rá, e estabeleceu no templo de Mut de Asheru ao sul do templo Karnak um jardim de 600 estátuas da deusa Sekhmet. Muitas dessas estátuas estão em exibição no Museu Luxor, no Museu Britânico e no Louvre. Vi pessoalmente aquela localizada no santuário a Sekhmet em Karnak e imaginei a admiração de que foram tomadas as pessoas quando viram todas as 600!

Os únicos restos substanciais do mortuário de Amenhotep III são as duas estátuas colossais chamadas os "Colossos de Mêmnon", que originalmente ficavam diante do pórtico do templo. Não sabemos exatamente por que os gregos muitos anos depois escolheram chamar essas estátuas Colossos de Mêmnon, quando, de fato, eram colossos do grande Rei Amenhotep III. Alguns afirmaram que foi porque, quando o povo Kemético disse que o nome das estátuas era "Nebmaatre", os gregos visitantes ouviram "Mimmuria", e o relacionaram com o nome do herói Mêmnon, um etíope, filho de Aurora (a aurora) e comandante das tropas etíopes na Guerra de Tróia que foi morto por Aquiles. Quem mais poderia ter sido para os gregos? Eles estavam na África, o povo que eles viam se parecia muito com outros africanos, e para eles essas tinham de ser imagens de um etíope. Mêmnon era um africano e, assim, aqui no Kemet, os gregos tomaram equivocadamente as estátuas de Amenhotep III por Mêmnon. Desde então esses grandes colossos do rei majestoso são chamados os Colossos de Mêmnon. Em 27 AEC, um terremoto criou uma fissura nos blocos que provocava um som sibilante a cada manhã quando a umidade que se acumulava na fissura durante a noite evaporava com o sol. Anos mais tarde, o imperador romano Sétimo Severo, como um ato de respeito, tentou reparar a fissura. Desde então, os colossos não têm falado. Poderíamos dizer que ele selou suas línguas sibilantes.

A fascinação de Amenhotep III pelas importações da Ásia, fossem concubinas ou ideias religiosas, podem ter estabelecido as bases para a imprevisibilidade de seu filho Amenhotep IV. Uma preocupação com a teologia heliopolitana (oniana) de Amenhotep III pode ter sido o instigador para a nova ênfase em Aten.

Como os sacerdotes de Heliópolis haviam fraquejado em suas convicções a fim de agradar o rei, os deuses do Oriente, particularmente, Ishtar, Mithra, Varuna e Indra, foram recebidos com tolerância pelos líderes religiosos desse centro poderoso. Pode ter sido um movimento político de sua parte, uma vez que a força do sacerdócio de Amen-Rá em Waset era inquestionada e detinha uma influência política sobre o país em virtude de sua relação íntima com os reis da XVIII Dinastia. O único modo de Heliópolis poder se reafirmar era por meio da satisfação das fantasias, distrações, interesses e curiosidades do rei.

Relata-se que um dos grandes prazeres de Amenhotep III era velejar com a Rainha Tiye em seu barco, o *Esplendor de Aten*, no lago artificial na propriedade do palácio. Por isso, o nome da deidade Aten aparece no reinado de Amenhotep III anos antes de ela ter sido elevada pelo filho do rei como a única deidade. O pai obviamente abrira a porta que não seria capaz de fechar antes de morrer. Sua morte a deixaria entreaberta e seu filho, Amenhotep IV, executando sua própria agenda, ao cruzá-la, enveredaria por um caminho sem volta.

Figura 5.3 – Amenhotep IV (Aquenaton), XVIII Dinastia, Museu Arqueológico de Luxor

Fonte: Wikimedia Commons/Gérard Ducher – CC BY-SA 2.5

A ascensão de Amenhotep IV (1370-1352 AEC) ao trono como o mais rico e mais temível de todos os reis precipitaria uma espiral descendente que levaria desastre à família real e confusão para o povo Kemético. Seu nome de coroamento era Neferkheperura, que significava as "transformações de Rá são belas", e agregou ao seu título o epíteto *wa-n-ra*, que significava "o único de Rá". Assim, o jovem rei chegou à sua posição com promessa e entusiasmo, mas foi imediatamente confrontado por decisões políticas e teológicas que teriam um impacto duradouro na história. Já em Mênfis e Waset havia rumores entre os sacerdotes com relação aos deuses asiáticos, além de dinheiro sendo gasto na restauração de santuários em Heliópolis, e na construção do Serapeum para receber os restos dos touros de Ápis em Saqqara. Os centros reais de Waset e Mênfis pareciam destinados a ser ignorados por Amenhotep IV, como o foram por seu pai. Mas os sacerdotes, particularmente, os de Waset, não eram destituídos de poder.

Em seu segundo ano, Amenhotep IV mudou sua religião e seu nome. Embora Amenhotep signifique "Amen está satisfeito", o rei mudou seu nome para Aquenaton, que significa "Glória a Aten". Ele lançou uma heresia na porta dos céus. Em mil ou talvez 2 mil anos, nenhum kemético jamais mudara a teocracia dominante tão frontalmente. Além disso, casou-se com sua prima Nefertiti, a filha de Ay e Tiye II, a neta de Yuya e Tuya. Algumas pessoas sugerem que ela pudesse ser de fato Tadukhipa, a jovem enviada pelo rei mitaniano para se casar com Amenhotep III – que morreu antes que o casamento pudesse ser celebrado – e que mudou seu nome e se casou com Amenhotep IV. Não há evidências para apoiar essa sugestão muito repetida. Nefertiti o acompanhou a muitas cerimônias religiosas registradas pelos artistas em ambientes familiares íntimos nos muros dos templos e nas tumbas do que é chamado o período Amarna (Akhetaten). Certamente, no "Grande hino a Aten", vemos o rei sozinho, reconhecendo o único deus Aten.

Aqui, apresento um extrato do "Grande hino a Aten", que é encontrado na parede oeste da tumba de Ay em el-Amarna. Algumas pessoas o compararam ao Salmo 104, mas, é claro, foi escrito muito antes.

Quando vos encontrardes na terra da luz,
A Terra está na escuridão como na morte;
Dorme-se em quartos, a cabeça coberta,
Sem que um olho veja o outro.
Se lhes roubassem seus deuses,
Que estão sob suas cabeças,
As pessoas não notariam.
Cada leão vem de sua cova,
Todas as serpentes picam;
A escuridão paira, a Terra permanece silente,
Enquanto seu criador repousa na terra da luz.
A Terra se ilumina quando alvoreceis na terra da luz,
Quando brilhais como Aten do dia;
Quando banis a escuridão,
Quando enviais vossos raios,
As Duas Terras estão em festividade.
Despertos, eles se encontram em pé,
Vós os erguestes;
Corpos limpos, vestidos,
Seus braços veneram vossa aparição.
A terra inteira começa a trabalhar,
Todas as bestas pastam suas ervas;
Árvores e ervas estão brotando,
Pássaros voam de seus ninhos,
Suas asas saúdam vosso ka.
Todos os rebanhos pousam em suas patas,
Tudo que voa e pousa,
Vivem quando alvoreceis para eles.
Navios zarpam ao norte, e também ao sul,
Estradas se abrem quando vos ergueis;
Os peixes no rio se lançam diante de vós,
Vossos raios estão em meio ao mar.
Quem faz a semente crescer na mulher,
Quem cria pessoas do esperma;
Quem alimenta o filho no útero de sua mãe,
Quem o conforta para estancar suas lágrimas.
Cuidador no útero,
Doador do sopro,
Para nutrir tudo que ele fez,
Quando ele vem do útero para respirar,
No dia de seu nascimento,

Vós escancarais sua boca,
Satisfazeis suas necessidades.
Quando o pinto no ovo fala na casca,
Vós dais-lhe o sopro para sustê-lo;
Quando o tiverdes completado,
Para romper o ovo,
Ele sai do ovo,
Para anunciar sua completude,
Caminhando sobre suas próprias patas
(ASANTE; ABARRY 1996, p. 76-77).

Aquenaton foi quase descuidado na forma que construiu templos em honra de Aten em Karnak. Posteriormente, foram derrubados pelo povo em um ato de fervor religioso e ressentimento contra as intrusões dos sacerdotes de Aten. Evidências desses pequenos blocos de arenito usados por uma força de trabalho não qualificada aparecem na descoberta de *talatat* (árabe para os blocos decorados). Esses foram grosseiramente decorados em um estilo vivo. O próprio rei era o principal arquiteto, mas seu principal escultor se chamava Bek. Aquenaton executou seus planos a despeito de advertências, expressões de preocupação e apreensão efetiva da parte de sua corte real. Havia uma razão para essas preocupações.

Os altos sacerdotes de Waset, Her e Suti, eram os funcionários mais poderosos no país. Detinham a posse da maior parte da riqueza do império. Eram os guardiões dos sonhos, memórias, segredos e desejos de uma vida eterna por parte do povo. Nada poderia ser mais devastador para Her e Suti do que um *per-aa* que se recusasse a honrar Amen-Rá. O que poderia estar na mente do jovem rei, uma vez que foi Amen-Rá que engrandecera a XVIII Dinastia e fora o deus de Amósis e de todos os seus descendentes? Por que o rei não servia e honrava o deus que tornara todas as coisas possíveis? Na verdade, Amenhotep III, seu pai, quando não conseguiu encontrar alívio para sua doença com os sacerdotes de Heliópolis e com os deuses da Ásia, foi aos sacerdotes em Karnak e propôs aumentar os templos e acrescentar santuários em honra a Amen-Rá. O rei mitaniano, Tushratta, enviou-lhe uma imagem em pedra de Ishtar para ajudá-lo com sua saúde. Tentou obter poder divino na batalha contra sua doença desde seu primeiro festival *sed* no trigésimo quarto ano de seu reinado. As cenas das paredes do templo em Soleb e as da tumba wasetiana de Kheruef, guardião da Grande Esposa do Rei, mostram Amenhotep III como fraco e débil. De fato, Amenhotep III governou em seus últimos anos com seu filho como corregente. Amenhotep IV não se tornou realmente rei por mérito próprio até cerca de 1378 AEC.

Mas se o pai mostrara confiança nos sacerdotes de Amen-Rá, por que o filho seria tão oposto? Poderia ser que o filho acreditasse que os sacerdotes de Waset tivessem desapontado seu pai em seu momento de maior necessidade? Seria possível que o rei se ressentisse da influência política e econômica que Her e Suti tinham sobre a corte real? Nunca saberemos com certeza, mas uma coisa que sabemos, devido aos registros, é que Aquenaton zarpou de Waset rio abaixo com seu séquito real e estabeleceu uma nova cidade para o *per-aa*: Akhetaten, que significa "Horizonte de Aten". Ela foi construída em um ponto muito inóspito no Kemet Intermediário. O rei fez seus construtores erigirem templos a Aten, a que cultuavam em oposição à poderosa deidade wasetiana, Amen-Rá.

O fato de que Aquenaton celebrara e cutuara Aten, excluindo outros deuses, rendeu-lhe a distinção de "o pai do monoteísmo". Mas isso é uma interpretação equívoca da natureza da religião kemética. Na verdade, seria melhor sugerir que Aten fosse a deidade individual selecionada por Aquenaton como seu único deus. Não que o povo Kemético acreditasse em vários deuses supremos, pois esse não era o caso. Os nomes do supremo eram muitos, mas a ideia era um deus. Assim, o que Aquenaton acrescentou a essa ideia de religião? Ele tornou Aten como sol da deidade de fato. Essa não era a primeira deidade sol na religião do Kemet. De fato, Rá e Atum eram muito mais antigos como deuses sol, mas eram diferentes aspectos da mesma força. Contudo, o povo Kemético não via o sol como uma deidade efetiva; viam o sol como representando a deidade suprema. Essa é a diferença entre

140

Aten e Rá. Um era o disco solar de fato e seus raios, e o outro era a ideia conceitual do sol como o poderoso doador de vida, saúde e prosperidade. Assim, para Aquenaton, Aten como o sol suplantaria Amen-Rá.

Aquenaton não poupou energias em atacar Amen-Rá. Fez com que apagassem o nome do deus de todo monumento em que estava escrito; mesmo onde o nome de Amen ocorria com o antigo nome, Amenhotep, ele foi apagado. A fúria com que atacou o nome do poderoso Amen-Rá, que fora a principal deidade do Kemet, foi excepcional e difícil de explicar, exceto em termos políticos. Ele queria romper o controle férreo que Her e Suti tinham sobre o país. Eles ditavam quanta riqueza necessitavam para executar seus papéis de dispensar alimento e materiais às massas e queriam um rei que os bajulasse, honrasse seu trabalho e respeitasse seu papel como os guardiões das tradições.

Em Waset, embora como *per-aa* ele fosse o sacerdote principal, dependia dos altos sacerdotes para informações, apoio político e orientação espiritual; mas, aqui em Akhetaten, próximo à moderna aldeia de el-Amarna, era o principal sacerdote e profeta da nova deidade. Todavia, tornou-se cada vez mais claro que essa heresia fanática iniciada por Aquenaton e apoiada vigorosamente por sua esposa, Nefertiti, criaria uma igual resistência no sacerdócio de Amen-Rá.

A Rainha Tiye, uma mulher de considerável astúcia política, tentou mediar entre seu filho e os sacerdotes de Waset. Afinal, a vida no deserto era muito diferente daquela em Waset ou Mênfis. A ideia de seu filho ir contra as tradições de seus ancestrais não lhe agradava, ainda mais porque ele estava sem o apoio das elites de Waset no caso de uma guerra com os inimigos do Kemet. A ruptura trouxe tanta acrimônia e tantas acusações recíprocas que a Rainha Tiye, que detinha uma visão moderada e prática da controvérsia atenista, provavelmente acreditando que Aquenaton poderia tê-la explorado sozinho, sem atacar Amen-Rá, manteve seus esforços para mediar a divisão teológica.

Com o tempo, o rei foi obrigado a ceder pelas pressões econômicas impostas a ele e seu séquito localizado no deserto. Com sua saúde instável, sua riqueza acabando, e os sacerdotes de Amen-Rá controlando o suprimento de ouro, Aquenaton terminou sendo forçado a abandonar suas ilusões. Em Waset, Her e Suti mantiveram as funções religiosas diárias do grande complexo de templos *Ipet-Sut* (Karnak) e esperaram pela aquiescência do rei. Como Aquenaton poderia esperar triunfar contra a crença implacável dos altos sacerdotes de que suas posições eram apoiadas por 2 mil anos de doutrina teológica e filosófica? Na verdade, a heresia atacou a própria alma da fundação cultural e política sobre a qual a civilização kemética repousava. Onde estava a trindade de deuses na construção atenista? Ao menos os textos antigos e as narrativas orais enfatizavam a importância de manter Maat: ordem, equilíbrio, harmonia, justiça, retidão, verdade e reciprocidade. Perturbar o espírito de Maat era atacar o próprio núcleo da nação.

De acordo com os registros, Aquenaton, com seu corpo exausto pelo calor do deserto e pelo calor maior do ressentimento e resistência crescentes dentro da família real, enviou seu genro, Smenkhara, a Waset para discutir os termos da capitulação (WHITE, 1970, p. 172). Para piorar a tragédia que havia sido iniciada pela decisão de Aquenaton, sua esposa Nefertiti, com seu filho Tutankhaten, mudaram-se para os subúrbios de Aquenaton, para um lugar chamado a "Fortaleza de Aten", e logo desapareceram dos registros históricos. Uma de suas filhas, Meritaten, assumiu seu lugar junto ao rei em retratos de cerimônias. Ao mesmo tempo, o Kemet estava perdendo seu Império Asiático enquanto reis se revoltavam sem qualquer resistência por parte do palácio kemético, e outras atividades políticas se desdobravam longe dos ouvidos e olhos do religioso Aquenaton, como quando o príncipe de Kadesh capturou a maior parte da Síria, o príncipe de Amurru capturou a Fenícia e os palestinos tomaram Megido e Jerusalém. Pouco a pouco, o Kemet perdia sua zona intermediária ao leste enquanto seu rei, sedado pela religião, escrevia poesia a Aten.

142

Estudiosos descobriram um repositório de cartas chamadas as "Cartas de Amarna" que mostram que nem Aquenaton nem seu pai, Amenhotep III, entendiam muito de política estrangeira. Amenhotep havia herdado um império em seu apogeu, mas nada fez para mantê-lo, e o passou a seu filho, que decidiu se abster da esfera política a ponto de afastar seus cidadãos mais poderosos e se recusar a se envolver com crises internacionais que se desenvolveram durante seu mandato como rei. Além disso, um estado de quase fome ocorreu próximo ao fim do governo de Aquenaton, e pode ser dito que prestou atenção limitada à infraestrutura do país, canais de irrigação, nilômetros, represas e projetos de construção fora de Aquenaton. Ele foi criticado por parte do povo Kemético como o grande criminoso de Aquenaton. É irônico que alguns historiadores o tenham visto sob uma luz melhor do que o povo que viveu durante seu período.

Aquenaton e Nefertiti tiveram seis filhas. Não é claro se Smenkhara e Tutankhaten foram de fato seus filhos, sobrinhos ou somente genros. O registro é inconclusivo sobre esse ponto; contudo, acreditamos que é possível que tenham sido seus descendentes diretos. Aquenaton enviou Smenkhara para Waset para buscar um caminho de volta para a capital. Pelas pinturas de parede na tumba de Merire em el-Amarna, onde o rei está cara a cara com Smenkhara em seu décimo segundo ano de reinado, pode-se supor que havia uma corregência a esse ponto. Sabemos que tanto Smenkhara como Tutankhaten se casaram com filhas de Aquenaton, tornando-se seus genros. Isso significaria que se casaram com suas próprias irmãs, o que não era muito raro entre a família real, não sendo, portanto, considerado chocante.

Smenkhara se tornou rei quando Aquenaton morreu, e serviu somente por dois anos, provavelmente apenas por alguns meses como o único rei. Tinha 20 anos quando morreu. Como seu pai, foi enterrado em Aquenaton. Contudo, quando houve harmonia entre a família real e Waset, seu corpo foi reenterrado no Vale dos Reis.

Tutankhaten tinha 9 anos quando recebeu a regência. A Rainha Tiye foi influente em fazê-lo se casar com Ankhesenpaaten. Logo depois, a família real se transferiu para a residência real em Mênfis. Além disso, ele estabeleceu residência temporária em Waset, no palácio de Malkata. Akhetaten foi abandonada pelo rei e foi conservada somente para abrigar e manter aqueles membros do séquito de Aquenaton que não fossem bem-vindos em Waset ou Mênfis. O plano herético inteiro, dos desenhos das plantas da cidade ao seu abandono, levou menos de 30 anos.

Quando o jovem Rei Tutankhaten (a imagem viva de Aten) foi trazido diante dos sacerdotes de Amen em Waset, seu nome foi mudado para Tutankhamen, "a imagem viva de Amen". Guiado pelo Pai Divino Ay, o jovem rei se prostrou diante do deus Amen e então decretou que a família real voltaria a cultuá-lo. Seu arrependimento por seu pai foi extensivo e visível em suas obras. Construiu uma tumba para si próximo à de seu avô, Amenhotep III, erigiu dois leões de Amenhotep III em Soleb, acrescentou edificações ao templo de Amen em Karnak, e começou a trabalhar em seu templo mortuário em Medinet Habu. Após um reino de apenas nove anos, o jovem rei, o último descendente de Amósis, morreu.

Ay, o vizir confiável de Tutankhamen, tornou-se rei e serviu por quatro anos antes de morrer.

Nessa juntura na história do Kemet estava um militar, Horemhab, que se ofereceu para ajudar. Ele fora o chefe da junta de chefes de equipe, por assim dizer, durante o governo de Tutankhamen. Tendo se familiarizado com o mundo em seu posto, foi também um porta-voz do governo de Ay. Fez uma missão diplomática à Núbia, que resultou posteriormente na visita do príncipe de Miam (Aniba) à corte do Rei Tutankhamen. Também esteve ao lado do Rei Tutankhamen quando esse assumiu uma excursão de apoio à Palestina. Assim, Horemhab, embora não sendo da realeza, havia se associado o bastante à família real para ser o próximo na linha de sucessão para governar o país.

Como o restaurador da ordem estabelecida, Horemhab buscou corresponder à sua titulatura real. Seu nome heru era "Touro poderoso com decisões sábias". Seu nome heru dourado era "Aquele que se satisfaz com a Verdade e faz com que as Duas Terras aumentem". Seu nome de Duas Senhoras era "Com milagres incontáveis em *Ipet-Sut*"

Horemhab construiu em Medinet Habu, dedicou um templo de pedra a Amen e Djehuty em Gebel el-Silsila, ergueu edificações em Mênfis e Heliópolis, e dedicou enorme energia em reassegurar a importância de *Ipet-Suto* (Karnak). Para ele, esse era verdadeiramente "o mais sagrado dos lugares". Depois, atuou para descentralizar o governo. Emitiu um decreto que foi gravado em uma estela em Karnak para restaurar a ordem à nação. Corrigiu injustiças, nomeou juízes e tribunais regionais, e restaurou os líderes religiosos locais aos seus lugares de importância. A autoridade legal foi igualmente compartilhada entre Waset e Mênfis. Ele reinstituiu o exército nacional em duas partes, uma no Sul e uma no Norte, como fora antes do desastre de Amarna. Sua tumba está no Vale dos Reis. Como não teve sobreviventes homens, o reino foi para outro general, um veterano do Delta, chamado Ramsés. Ele serviu com Horemhab e iniciaria uma nova dinastia, a Décima Nona.

A XIX Dinastia ou Dinastia Ramessida

Ramsés I serviu como rei apenas por dois anos. Durante esse período, enviou seu filho, Seti I (1318-1298 AEC) em uma missão à Núbia, continuando as políticas de vigilância externa iniciadas por seu predecessor. Com a morte de seu pai, Seti I ascendeu ao trono das Duas Terras.

Seti I se mostrou um líder vigoroso e brilhante. Lidou firmemente com nações revoltosas na Ásia e abriu as rotas de comércio para comerciantes e mercadores keméticos. Em uma das campanhas mais criativas de qualquer exército na antiguidade, avançou sobre os Amoritas, Arameus e Hamatianos, dividindo seu exército em três seções: o Exército de Rá, o Exército de Seth e o Exército de Amen. Como seus inimigos estavam se movendo rapidamente para se unir e formar um exército poderoso, as forças de Seti I enfrentaram-nos severamente e os derrotaram. Ele reassegurou o controle do Kemet sobre as planícies sírias e a Palestina. Sua grande contribuição arquitetônica foi o templo de Ausar em Abydos, embora também tenha trabalhado no massivo salão hipostilo em Karnak, continuando o trabalho feito por seu pai, Ramsés I.

Ramsés II, o Grande (1298-1232 AEC), for provavelmente o maior *per-aa* na história. Foi magnífico como construtor e comandante em chefe, levando glória ao Kemet muito além de suas fronteiras e de sua existência. Para entender Ramsés II, é importante saber que governou por um período muito longo, sendo talvez o segundo *per-aa* com o reinado mais longo. Isso lhe deu oportunidades de escolher o que queria fazer, como faria, e como seria explicado na história. Se necessário, reescreveria a história. Foi um pai prodigioso, com mais de 50 filhas e 100 filhos. Na verdade, executava tudo em grande escala. Foi o primeiro homem a construir um templo para uma mulher que não fosse uma divindade. Construiu um templo em Abu Simbel para sua esposa favorita, a bela núbia Nefertari ("a mais bela de todas"), e para Amen, Ptah e Atum, além de seu próprio templo. Um escritor diz isto sobre Ramsés: "ele foi um pródigo usurpador das edificações de seus predecessores e um incansável fabricante de obeliscos e estátuas colossais" (WHITE, 1970, p. 177). Seu prenome era "*usermaatra-setep-nra*", que significa "Maat é a força de Rá, escolhido por Rá".

Em toda parte, no Kemet, encontramos evidências de Ramsés II. Alguns historiadores falam de sua autoglorificação devido ao tamanho de suas contribuições e seu modo obviamente audacioso de promover seus feitos. Mas todos os monumentos de reis refletem sua autoglorificação. É provavelmente um fato que, como Ramsés II viveu mais tempo do que muitos, teve mais tempo para fazer inscrições, apagar os escritos de seus predecessores e ter muitos escribas dispostos a executar seu comando.

Figura 5.4 – Templo em Abu Simbel

Fonte: © Molefi Kete Asante

Apenas quatro anos depois de chegar ao poder, Ramsés II liderou uma força poderosa à Palestina para romper o impasse que existia entre os poderes hitita e kemético, que durava uma década. Muwattalish havia organizado uma "coalizão dos voluntários" constituída de 20 nações. Ramsés II marchou diante de seu exército com grande confiança quando partiu para ensiná-los uma lição. Seguindo o exemplo de seu pai, Seti I, despachou seu exército em quatro unidades. Ele próprio liderou uma coluna do exército de Amen. Foi seguido a uma distância de 8 a 16 quilômetros pelo Exército de Rá, que foi seguido a uma distância pelo Exército de Ptah, que, por sua vez, foi seguido em alguns quilômetros pelo Exército de Seth, formando a retaguarda.

Ramsés II cruzou o Rio Orontes com o Exército de Amen e acampou fora de Kadesh. Os hititas, observando as forças keméticas espalhadas, circularam desapercebidos entre eles no meio da noite. Quando o exército de Amen vadeou o rio na manhã seguinte, encontrou uma recepção brutal dos hititas. Muitos dos soldados desertaram e correram para Kadesh. Ramsés II se viu confrontando um inimigo superior com somente uma parte de seu exército. O Exército de Rá poderia acrescentar muito pouco ao moral das forças de Ramsés. Com certeza, os exércitos de Ptah e Seth estavam irremediavelmente recuados e do lado errado do rio para agregar qualquer coisa à batalha.

Percebendo a situação, Ramsés II se recompôs, calmamente organizou suas tropas, demonstrou sua coragem na batalha, e conseguiu fazer da situação um excelente combate. Nenhum lado obteve uma vantagem decisiva, embora as forças keméticas mantivessem suas posições. Ramsés foi endurecido por essa batalha. Liderou um exército massivo através de Canaã e marchou ao norte para Naharina, uma área que o exército kemético conhecia bem porque havia combatido lá durante a XVIII Dinastia.

Ramsés II recriou as fronteiras estabelecidas por Tuthmoses III, até então o maior rei conquistador do Kemet. Isso fez Ramsés II sentir que finalmente conquistara um lugar similar ao de Tuthmoses III na história. Houve outras batalhas, mas o conflito contínuo com a Ásia ocuparia a mente do rei por muitos anos. De fato, tanto os hititas como o povo Kemético tiveram de olhar com cautela para os assírios, que estavam reunindo forças. Na verdade, quando o primeiro grande rei guerreiro de Ashur, Shalmaneser I, invadiu Mitani e chegou ao Eufrates, Ramsés e o rei de Hatti, Hattushilish III, uniram-se contra o inimigo comum.

Em um dos primeiros tratados de aliança na história militar, o rei hitita enviou uma tabuleta de prata a Ramsés em 1277 AEC, oferecendo-se para jurar pela paz eterna, troca de prisioneiros e assistência mútua no caso de agressão estrangeira. Os termos do tratado foram inscritos nas paredes de Karnak e no Ramesseum. Por 50 anos, o tratado entre as duas grandes potências vigorou e manteve a paz no sudoeste da Ásia. Só foi rompido quando os dois reis, velhos, estavam muito fracos para verificar o comportamento incontrolável de novos imigrantes provenientes das planícies da região do Mar Negro.

Quando o grande rei morreu, seu décimo terceiro filho, Merenptah, chegou ao trono. Contudo, a XIX Dinastia chegou a um fim patético com cerca de cinco golpes de Estado ou usurpações da coroa. No fim, a Dinastia Ramessida, tão dominada pelo poderoso Ramsés II, dispensou sua energia na manutenção da imagem de poder, mas a desintegração já batia à porta. Seria necessária uma reconstrução massiva de edificações, canais de irrigação e santuários sagrados, bem como uma campanha militar contra as várias regiões rebeldes do país, para preservá-la da desordem total.

O Império Ressurgente

A XXV Dinastia ou Dinastia do Sul

Piankhy, o Poderoso, desceu ao Kemet de sua base na Núbia para restaurar a ordem e o equilíbrio, enfrentar os desafios da rebelião e reassegurar o poder de Amen no Kemet. Ele iniciou o Império Ressurgente e estabeleceu a famosa XXV Dinastia de reis vindos da Núbia até os arredores da Terceira Catarata (a Quarta segundo os historiadores europeus) junto ao Rio Nilo. Sua principal cidade era Napata, localizada na Núbia. Dessa cidade, ele governou a Núbia e o Kemet. No vigésimo primeiro ano de seu reinado, confrontou o desafio final à sua autoridade sobre a terra. Um rei do norte do Kemet tentaria exercer seu domínio sobre o Vale do Nilo. Quando Tefnakht, senhor de Sais, no Delta, começou uma campanha para obter o controle sobre seus vizinhos no Norte como uma forma de exercer influência no Vale do Nilo para impedir o avanço de Puankhy, ele desafiou um grande perigo. Assim, em 730 AEC, quando havia anexado Tanis e Bubastir, fortificado cidades do leste do Delta, ganho a lealdade dos governantes de Hermópolis e Herakleopólis e se dirigido para o Alto Kemet, ainda deveria enfrentar os generais de Piankhy. Derrotadas e desencantadas, as forças de Tefnakht buscaram refúgio em Hermópolis, que estava cercada pelo exército núbio. O próprio Tefnakht escapou e fugiu para o norte.

Piankhy decidiu assumir o controle da situação. Passando por Waset, celebrou o grande Festival do Ano-novo e o Festival de Opet em Karnak e pediu o apoio de Amen, Mut e Khonsu, quando se dirigia ao norte. Piankhy, um dos melhores estrategistas e dos reis guerreiros mais talentosos na história do Kemet, enfrentou os aliados e representantes de Tefnakht em Hermópolis e esses se renderam. Não havia método mais efetivo para assegurar a aceitação de poder que a série de vitórias que Piankhy trouxe com ele. Peftjauawybastet, de Heracleópolis, sem esperar pela batalha, cedeu sua cidade ao rei núbio-kemético e outorgou-lhe o poder em um discurso que fez história. Ele disse, de fato:

> Salve, Heru, poderoso rei,
> Touro atacando touros!
> O inferno me tomou,
> Mergulhei na escuridão,
> Mas foi vós quem me deu os raios da face dele!
> Não pude encontrar amigo algum no dia da agonia,
> Quem se ergueria no dia da batalha,
> Exceto vós, ó rei poderoso,
> Vós afastastes a escuridão de mim!
> Servirei com minha propriedade,
> Existo porque existis;
> Sois Horakhty sobre as estrelas imortais!
> Vós sois rei assim como ele.
> Vós sois imortal assim como ele.
> Rei do Alto e Baixo Egito,
> Piankhy eterno!
>
> (LICHTHEIM, 1980, p. 73).

Não era inusual para os núbios serem elogiados por suas habilidades com arco e flecha e equitação. Kush, o nome de seu país específico, era muitas vezes chamado Ta-Seti (A Terra do Arco) devido às habilidades militares dos núbios. O generalato de Piankhy era inquestionado. Pode ser que houvesse algumas pessoas que fossem enganadas pelos aparatos de poder apresentados por Piankhy quando marchava triunfalmente nas várias cidades, mas não havia intenção de enganá-los sobre a natureza de seu amor pelas civilizações do Vale do Nilo. Como monarca, ele chegou para aliviar os problemas que seus irmãos e irmãs foram incapazes de eliminar com todos os seus esforços, buscando tirar as pessoas de qualquer forma de servilidade. Seus discursos proferidos às elites das cidades, aos sacerdotes e escribas das cortes e templos, eram curtos e diretos, muitas vezes voando como dardos dirigidos aos inimigos do Egito. Mas, de um modo geral, Piankhy era mais um homem de ação do que de palavras.

Nas próximas semanas, Piankhy marchou em direção ao norte, recebendo rendição após rendição, até que chegasse a Mênfis, onde Tefnakht havia reunido algumas forças. O grande rei cercou a cidade com torres, e, quando a cidade caiu, a coalizão que apoiava Tefnakht se rendeu e se prostrou em reverência diante do poderoso rei conquistador. Piankhy, grato por sua vitória sobre a coalizão, voltou para Heliópolis, onde celebrou o ritual em honra a Rá como uma reencenação de seu próprio coroamento. O texto diz:

> Sua Majestade foi ao campo a oeste de Iti. Sua purificação foi feita: ele foi limpo na piscina de Kebeh; sua face foi banhada no rio de Nun, no qual Rá banha sua face. Ele se dirigiu às Areias Altas em Heliópolis, onde uma grande oblação foi feita diante da face de Rá em seu surgimento, consistindo de bois brancos, leite, mirra, incenso e todos os tipos de plantas de aroma doce.
>
> Indo em procissão ao templo de Rá. Entrando no templo com adorações. O sacerdote-leitor chefe exaltando deus e afastando do rei os rebeldes. Realizando o ritual da sala de vestir; colocando a vestimenta *sedeb*; limpando-o com incenso e água fria; presenteando-o com as guirlandas da Casa Piramidal; trazendo-lhe os amuletos.
>
> Subindo as escadas para a grande janela para ver Rá na Casa Piramidal. O rei ficou sozinho. Rompendo os selos das fechaduras, abrindo as portas; vendo seu pai Rá na sagrada Casa Piramidal; adornando a barca matinal de Rá e a barca noturna de Atum. Fechando as portas, aplicando barro, selando com o próprio selo do rei, e instruindo os sacerdotes: "Inspecionai o selo.

Nenhum outro rei que possa surgir entrará aqui". Eles se colocaram sobre suas barrigas diante de sua majestade, dizendo: "Existi para sempre sem fim, Horus amado de Heliópolis!"

Entrando no templo de Atum. Cultuando a imagem de seu pai Atum-Khepri, o Grande de Heliópolis (VICTORY STELE, 1980, p. 101-106, trad. de Lichtheim, p. 77).

Quando o jubileu findou e a cerimônia foi concluída, vários governantes e oficiais religiosos vieram prestar tributo a Piankhy. Osorkon IV, de Tanis, veio, assim como o Príncipe Pediese, de Athribis, que trouxe consigo todas as suas posses terrenas como tributos ao *per-aa*. Todos vieram, exceto Tefnakht, que mais uma vez escapara de Mênfis. Ele enviou uma mensagem a Piankhy na esperança de negociações. Isso foi o que o líder renegado do Norte escreveu ao grande rei:

> O coração de vossa majestade não esfriou pelas coisas que me fizestes? Embora eu esteja sob uma acusação justa, não me castigastes de acordo com meu crime. Pesai tudo na balança, contai pelo peso e multiplicai contra mim por três! Mas deixai a semente, que podeis colher em tempo. Não cortais o bosque pelas raízes! Tende piedade! Temor de vós está em meu corpo: medo de vós está em meus ossos!
>
> Não participo do festim de cerveja; a harpa não é trazida a mim. Como o pão da fome; bebo a água da sede, desde o dia que ouvistes meu nome! A doença está em meus ossos, minha cabeça está calva, minhas vestimentas são trapos, até Neith se apaziguou comigo! Longo é o curso que liderastes contra mim, e vossa face ainda está contra a minha! Faz um ano que purguei meu *ka* e livrei vosso servo de sua falta! Permiti que meus bens sejam recebidos no tesouro: ouro e todas as pedras preciosas, o melhor dos cavalos e pagamento de todo tipo. Enviai-me um mensageiro rapidamente, para afastar o medo do meu coração! Deixai-me ir ao templo em sua presença, para me purificar com um juramento divino!

Sua Majestade me enviou o sacerdote-leitor chefe Pediamen-nest-tawy e o comandante Purem. Tefnakht lhe apresenteou prata e outro, vestimentas e todas as pedras preciosas. Ele foi ao templo; louvou a deus; purificou-se com um juramento divino, dizendo: Não desobedecerei ao comando do Rei. Não abandonarei as palavras de Sua Majestade. Não cometerei erros sem seu conhecimento. Farei somente o que o Rei disse. Não desobedecerei ao que comandar. Então, o coração de Sua Majestade se satisfez com isso (VICTORY STELE, 1980, p. 101-106, trad. de Lichtheim, p. 77).

Poucos *per-aas* receberam tantos presentes quanto Piankhy de seus inimigos derrotados. Embora seja verdadeiro que algumas das declarações de concessão possam ter sido um modo de seus inimigos protegerem suas próprias cabeças, Piankhy foi reverenciado e honrado por muitas pessoas no Vale do Nilo. Em uma mostra de magnanimidade, Piankhy redesignou quatro dos chefes como governadores, mas escolheu lidar somente com Nimlot porque era circuncidado e limpo. Assim, diz o texto:

> Na aurora do dia seguinte chegaram dois governantes do Alto Egito e os dois chefes do Baixo Egito, os portadores ureus, para beijar o chão em reverência ao poder de Sua Majestade. Agora, os reis e condes do Baixo Egito, que vieram ver a beleza de Sua Majestade, suas pernas eram as pernas de mulheres. Não puderam entrar no palácio porque não eram circuncidados e eram comedores de peixe, o que é uma abominação para o palácio. Mas o Rei Nimlot entrou no palácio porque era limpo e não comia peixe. Os três ficaram lá, enquanto um entrou no palácio.
>
> Então, os navios foram carregados com prata, ouro, cobre e vestimentas; tudo do Baixo Egito, todo produto da Síria, e todas as plantas da terra de deus, Punte. Sua Majestade zarpou para o sul, com seu coração alegre, e todos perto dele gritando. Ocidente e Oriente adotaram o anúncio, gritando em torno de sua majestade, esta era sua canção de júbilo:
>
> Ó poderoso governante, ó poderoso governante,

> Piankhy, poderoso governante!
> Retornais tendo tomado o Baixo Kemet,
> Transformais touros em mulheres!
> Feliz é a mulher que vos pariu,
> O homem que vos criou!
> Os habitantes do vale cultuam vossa mãe,
> Ela é como a vaca que pariu o touro!
> Vós sois eterno,
> Vosso poder existe para sempre,
> Ó governante, amado de Waset (VICTORY STELE,
> 1980, p. 147-159, trad. de Lichtheim).

Sua vitória sobre Tefnakht é descrita em uma estela (encontrada por Said Pasha em 1862) estabelecida em Gebel Barkal no templo de Amen. O texto foi uma confirmação do poder de Piankhy sobre o Alto e Baixo Kemet. Uma descrição da conquista do *per-aa* é muito eloquente e soa como uma recitação da realeza no sentido clássico em que as frases são reminiscentes dos antigos textos literários que estavam na biblioteca no templo de Amen em Gebel Barkal. O rei mandou colocar cópias desse texto em Waset nas câmaras sagradas de Karnak e em Mênfis, mas somente o texto de Gebel Barkal sobreviveu às pilhagens da época:

> Sua Majestade escreveu aos condes e generais que estavam no Egito, o comandante Purem e o comandante Lemersekny, e cada comandante de Sua Majestade que estava no Egito: "Entrem em combate, envolvam-se na batalha; circundem-no, cerquem-no, capturem seu povo, seu gado, seus navios no rio! Não permitam que os agricultores vão ao campo, não deixem os lavradores lavrarem. Assediem o nome de Hare; lutem contra ele diariamente!" E assim fizeram.
> Então, Sua Majestade enviou um exército ao Egito e os ordenou estritamente: "Não ataquem à noite na forma de jogo de damas; lutem quando puderem ver. Desafiem-no de longe para a batalha. Se ele propuser esperar a infantaria e as bigas de outra cidade, então sentem quietos até seus soldados chegarem. Lutem quando ele propuser. Também, se ele tiver aliados em outra cidade, esperem-nos. Os condes que ele trouxer

para ajudá-lo, e quaisquer soldados líbios confiáveis, desafiem-nos à batalha de antemão, dizendo: "Você, cujo nome não sabemos, que mobilize os soldados! Encilhem os melhores cavalos de seu estábulo, formem sua linha de batalha e saibam que Amen é o deus que nos enviou!"

Quando vocês chegarem a Tebas [Waset] em Iput-i-sut, vão para a água. Lavem-se no rio; vistam o melhor linho. Descansem o arco; soltem a flecha. Não se vangloriem para o senhor do poder, pois o bravo não tem poder sem ele. Ele torna fortemente armado o fracamente armado, de modo que os muitos fogem ante os poucos, e um único conquiste milhares de homens! Respinguem-se com água de seus altares; beijem a terra diante de sua face. Digam-lhe: "Dê-nos o caminho. Que possamos lutar à sombra de seu braço! Que a tropa que você enviou, quando ataca, possam os muitos tremerem diante dela!" (VICTORY STELE, 1980, p. 8-14, trad. Lichtheim, p. 69)

Havia uma longa tradição de devoção a Amen na Núbia. Na verdade, acredita-se que o reconhecimento mais antigo dessa deidade venha de lá, onde os primeiros elementos da monarquia foram encontrados muito antes que tivéssemos evidência disso no Kemet. Assim, Piankhy certamente se preocupava com a maneira negligente como seus vizinhos keméticos estavam praticando a religião dedicada ao Oculto. O templo de Amen em Gebel Barkal foi um dos maiores no Vale do Nilo. Distinguia-se na Núbia, como Karnak no Kemet. Uma sucessão de reis governou a partir da cidade de Napata sob o olho vigilante de Amen. Os sacerdotes reais de Amen em Gebel Barkal foram influenciados pelas tradições deixadas por Tuthmoses III, com certeza, mas foram também originadores e iniciadores de seus próprios rituais e cerimônias baseadas na história de seu povo.

Piankhy não se tornou rei do nada. O primeiro rei dessa região da Núbia muitas vezes chamada Kush cujo nome é mencionado foi Alara. A história registra ao menos seis reis antes dele em Napata que não são nomeados. Poderíamos, em princípio, datar a Dinastia Napata ao século X AEC, caso estimemos cada reinado em cerca de 20 anos. Alguns reis governaram por mais tempo, outros, por menos. O próprio Alara ascendeu ao trono em 780 AEC. Sabemos mais sobre seu irmão, Kashta, que chegou ao poder em 760 AEC.

Kashta foi um rei conquistador que estendeu o governo de Kush ao menos até a cidade moderna de Aswan na Sexta Catarata (Primeira, para os europeus), e talvez inclusive a Waset. Há, definitivamente, uma estela dedicada por ele a Khnum em Elefantina. Sabemos também que, quando Kashta se tornou *per-aa*, assumiu o nome de coroação de Maatre.

Kashta teve sete filhos. Dois deles, Piankhy e Shabaka, ascenderam ao trono. Piankhy se casou com a filha de Alara e chegou ao poder em 747 AEC. Seu objetivo imediato era estender o poder de Kush ao longo do Vale do Nilo inteiro até o Mar Mediterrâneo.

Em seus dez anos como *per-aa*, Piankhy mudou a paisagem da política do império combinado Núbia-Kemet. Ele partiu a Napata, abençoado pelos sacerdotes de Amen em Gebel Barkal, com o fervor de um veterano de campanhas, o herdeiro da tradição espiritual de Waset, para instituir um programa de rearmamento para Amen. Para fazer isso, ele necessitaria solicitar o conselho dos altos sacerdotes em Gebel Barkal para ir com Amen. O Kemet e seus costumes não lhe eram familiares; afinal, seu pai Kashta e seu tio Alara haviam levado ao Alto Kemet a fúria de Kush.

Piankhy invadiu Waset, derrotou Iuput I, colocou a cidade sob sua proteção e nomeou sua filha Amenirdis I, a Adoradora Divina de Ipet Isut, sob a direção de Shepenwepet I. Nessa ação, assumiu o controle do complexo de templos, dando aos núbios autoridade direta em temas religiosos.

Preferindo governar a partir da cidade cosmopolita do Sul, Napata, Piankhy retornou à sua capital em Kush e governou de lá como o rei supremo, o rei dos reis, o senhor dos senhores, o poderoso *per-aa* sobre a Núbia e o Kemet. Há especulações sobre

Piankhy se sentir deslocado em Mênfis ou Waset, mas nada poderia ser mais distante da verdade. Nesse momento da história do Vale do Nilo, a vestimenta dos dois povos era praticamente a mesma, seu alimento, religião, escrita, ligação com o continente da África eram os mesmos e os povos se assemelhavam mais do que diferiam em sua aparência, fisionomia, rituais, música e dança. De fato, as similaridades entre os dois vizinhos africanos eram tão próximas quanto aquelas entre a Alemanha e a França modernas, na verdade, talvez, mais próximas, se levarmos em consideração que muitos alemães são protestantes e muitos franceses são católicos. Tanto a Núbia quanto o Kemet, nessa época, estiveram sob a influência poderosa dos sacerdotes de Amen. Dada essa situação, não era inusual ou estranho para o grande rei querer governar do ambiente familiar de sua bela cidade na Núbia. Politicamente, pode ter sido um erro, porque mesmo com suas guarnições e fortalezas militares no Delta, a distância do sul até lá era muito grande para a comunicação.

Logo o incontrolável chefe Tefnakht, astuto como sempre, retomou a construção de sua base de poder. Com Piankhy seguramente instalado em sua capital, Napata, trabalhando com remanescentes da Dinastia Líbia que governou o Kemet, Tefnakht se tornou o incontestável rei peso-pesado do Delta. Seu filho, Bocchoris, sucedeu-o (alguns declaram essa a XXIV Dinastia). Brevemente, entre Piankhy e seu filho, Shabaka, existiu o governo de Tefnakht e Bocchoris, mas essa interjeição não durou. Quando Shabaka soube que Bocchoris estava se movendo em direção ao Kemet Intermediário a partir de suas fortificações no Delta, capturou o rei do norte e, então, fazendo dele um exemplo, queimou-o vivo, indicando que não seria tão leniente quanto seu pai, Piankhy, fora com aqueles que desafiavam o poder núbio.

Estabelecendo sua capital em Waset, Shabaka começou a restauração das edificações dos templos, ampliando-as, melhorando as áreas de Ipet Isut, e mostrando sua própria devoção e solenidade. O governo de Shabaka se distinguiu pelas renovações nacionais de templos e pela supressão de rebeliões ocasionais no Delta. Quando morreu, foi sucedido por seu filho, Shabataka, que governou por dez anos, mas seu sobrinho, Taharka, filho de Piankhy, foi o poder real detrás da cena. O jovem príncipe, Taharka, marchou à Palestina para enfrentar o exército de Ashur de Sennacherib, um desafio crescente ao Kemet. A derrota de Ashur foi devastadora, embora alguns tenham afirmado que as forças de Sennacherib tenham sido dizimadas por uma pestilência. Isso pode ser verdade, mas é também verdade que as poderosas máquinas de guerra trazidas à Palestina para enfrentar o exército de Ashur eram formidáveis, e o exército núbio-kemético, sob o comando de um dos líderes militares mais talentosos do antigo Kemet, mostrou bravura e coragem na conquista de um inimigo perigoso. Os filhos de Sennacherib assassinaram seu pai em 690 AEC. Esse foi o ano em que Taharka chegou ao poder como *per-aa* no Kemet. Acredita-se que Taharka tenha mandado assassinar Shabataka, entendendo que fosse malpreparado para defender o país e incapaz de reunir as forças necessárias para sua defesa.

Quando Taharka (690-664 AEC) assumiu o controle do governo como *per-aa*, começou a refazer o império como era durante Mentuotepe, Tuthmoses III e Ramsés II. Seria uma vez mais a nação que todas as outras temeriam e respeitariam. Essa não era uma fantasia louca do rei, mas um plano concreto, uma vez que ele sabia, por experiência, que era possível estender as fronteiras do nordeste ao Rio Orontes e as do Sul à junção do Rio Nilo Azul ao Branco.

A coroação de Taharka como rei mostra sua atitude de orgulho. Ele fez sua mãe viajar quase 1.930km de Napata para Mênfis no norte do Egito para o evento. Isso é quase tão longe quanto Nova York de Chicago. Ela fez a longa viagem à antiga capital do norte e viu seu filho no trono do Egito. De acordo com a inscrição histórica: "Ela ficou excessivamente feliz após contemplar a beleza de Sua Majestade Taharka... coroado no trono do Alto e Baixo Egito" (Haynes e Zahn 1994). Para proteger as regiões do

Delta e do leste do país, Taharka estabeleceu uma capital em Tanis, preservando ainda seu direito a Mênfis, Waset e Napata. Manteve o abastecimento de seus aliados na Palestina contra os interesses de Esarhaddon, o novo rei de Ashur. Em Waset, o lugar do poder espiritual e religioso da realeza, ele indicou Mentuemhat como governador e garantiu que também tivesse uma indicação como sacerdote de Amen. Os sacerdotes de Amen não deveriam se envolver em assuntos civis, mas o fato de Mentuemhat ser uma figura tanto civil quanto religiosa significava que poderia participar em ambos. Taharka colocou governadores em Mênfis e Napata. Logo o império do Kemet havia reafirmado sua autoridade e influência sobre uma extensa área da África e da Ásia. O norte da África e o sudoeste da Ásia estavam sob a autoridade do *per-aa* núbio, que foi o rei mais poderoso da Terra enquanto governou o Vale do Nilo.

Os assírios estavam em ascensão no Leste, saqueando cidade após cidade, enquanto Taharka encorajava seus aliados na Palestina a reforçar suas defesas. Em 671 AEC, Esarhaddon decidiu invadir o Kemet diretamente. Em vez de parar na capital fortificada de Tanis, o exército assírio atacou a cidade histórica de Mênfis, capturou a família de Taharka, e fugiu de volta para a Ásia. Enquanto isso, Taharka foi capaz de levar a maior parte de seus soldados para o sul, movendo todos para Napata para evitar os assírios. Esses forçaram muitos dos príncipes do Delta a renomearem a si e suas cidades com nomes assírios. Neko, o chefe de Sais, um dos filhos de Bocchoris, teve de executar esse ato ignóbil.

Não levou muito tempo para que o gênio militar Taharka planejasse seu retorno a Mênfis. Ele tomou a cidade, com suas tropas avançando sobre a terra e rio abaixo em barcos multicoloridos exibindo as cores dos poderosos deuses Amen, Rá e Atum, e derrotaram os assírios. Quando Esarhaddon ouviu a notícia de que Taharka havia reafirmado seu controle sobre a cidade, enviou reforços ao Kemet. O próprio rei estava liderando o ataque até que foi acometido por uma misteriosa doença e morreu a caminho da batalha.

Taharka também retomou a literatura e poesia. Uma fonte dá informações sobre o estilo pessoal e temperamento do rei. Segundo esse registro, Taharka certa vez fizera seus soldados correrem pelo deserto à noite por uma distância de 48 quilômetros; essa corrida foi mais longa do que a maratona grega, que era de cerca de 42 quilômetros. A corrida de Taharka levou cinco horas. Ele acompanhou os corredores em seu cavalo. Então, no fim da corrida, recompensou tanto vencedores quanto perdedores!

Quando a tumba de Taharka foi escavada, pesquisadores encontraram mais de mil pequenas estátuas, chamadas *shawabtis* – estatuetas funerárias – que deveriam servir à pessoa na vida após a morte. Uma enorme pirâmide marca o lugar de sepultamento de Taharka em Nuri.

Um de seus bisnetos foi um rei chamado Aspelta. Ele governou de 600 a 580 AEC, após a Núbia e o Egito terem sido derrotados pelos assírios. O irmão de Aspelta, Anlamani, governou antes dele, de 620 a 600 AEC, mas não conseguiu controlar as incursões, ou invasões de pequena escala, de outras nações ao país. Por muito tempo, Aspelta discordou da ascensão de seu irmão ao trono, mostrando-se ávido por tomar seu lugar. Embora não haja muitas evidências históricas sobre os irmãos, parece que Aspelta foi um grande rei. Uma indicação disso é sua tumba em Nuri, que continha muitos itens luxuosos. Diferente de muitos dos túmulos no cemitério de Nuri, o dele não fora completamente saqueado. Muitas obras de arte, metais preciosos, vasos e caixas de alabastro ainda se encontravam em sua tumba quando foi encontrada. Ele parece ter sido um rei poderoso e rico, mas, como com seu irmão, seus exércitos terminaram sendo derrotados. A Núbia não era mais um fator importante na equação política do mundo mediterrâneo.

Em 666 AEC, Ashurbanipal, o rei da Assíria, liderou um exército ao sul até Waset. Ele saqueou aldeias e cidades, retirou a riqueza de templos, derrubou estátuas e estelas, e ocupou as maiores cidades do país. Mentuemhat foi capaz de diplomaticamente poupar Waset de seu jugo. Mas, dois anos depois, quando Taharka morreu, os assírios retornaram ao país, enquanto Ashurbanipal tentava suprimir quaisquer rebeliões contra sua autoridade. Tanutamem liderou os exércitos da Núbia e do Kemet contra eles nessa ocasião. Uma terceira invasão de Ashurbanipal destruiu os remanescentes da XXV Dinastia e da Quarta Idade de Ouro do Kemet, após a Idade das Pirâmides do Antigo Império da III e da IV Dinastias, da Idade de Ouro do Império Intermediário da XII Dinastia e da Idade da Restauração do Novo Império da VIII e da IX Dinastias terem chegado ao fim. A luz do Império Ressurgente, que tanto brilhara no mundo, fora finalmente apagada.

As dinastias posteriores foram pouco mais do que ensaios para o fim de uma das maiores civilizações da antiguidade. O Kemet enfrentava cada vez mais uma enorme pressão de fora de suas fronteiras e os territórios rebeldes que outrora controlara eram agora impérios. Outras nações mais distantes viam o Kemet como o valioso bezerro cevado a ser capturado e usado para banquetes reais. Com sua riqueza, história, literatura, cultura e lojas de mercadorias e produtos exóticos, o Kemet permaneceu mesmo em seu tempo de declínio uma nação que outras invejavam.

Foi assim que o país, durante os governos dos príncipes de Saís, assim chamados saítas, perdeu prestígio e poder no mundo antigo. Psammetichus I e seu filho Neko (609-594 AEC) buscaram novamente uma política de extensão das fronteiras do Kemet para a Ásia, somente para descobrir que não era mais tão fácil quanto o fora nos dias de Tuthmoses III e de Ramsés II. De fato, os exércitos do Kemet lutaram ao lado dos assírios durante o governo de seu último Imperador, Ashuruballit II, contra os babilônios, durante o governo de Nabopolassar, e contra os medes, durante o governo de Ciaxares. O exército kemético atacou o Rei Josias de Judá, que era um aliado da Babilônia, matando-o e aniquilando suas forças. Eles puseram Joaquim no lugar de Josias e foram adiante para subjugar a Síria. Neko deve ter achado que era a reencarnação de Tuthmoses III por um tempo, mas apenas brevemente, porque as forças do Kemet enfrentaram o exército do jovem herdeiro ao trono da Babilônia, Nabucodonossor, em 605 AEC, em Carquemis e foram destruídas.

Neko se retirou para a região do Delta e concentrou o resto de seu reinado nos assuntos do Kemet. Despachou um grupo de fenícios empreendedores a seu serviço em uma missão para explorar rotas de comércio em torno da costa da África. J.E. Manchip White escreve: "os marinheiros parecem ter realizado o périplo ou circum-navegação do continente africano inteiro, uma iniciativa que lhes tomou três anos" (WHITE, 1970, p. 199). Ele construiu uma rota terrestre entre o Mediterrâneo e o Mar Vermelho.

Psammetichus II chegou ao poder após Neko e governou por seis anos, de 594 a 588 AEC. Seu reinado não foi notável por quaisquer realizações. Como o centro do poder estava agora no Delta, enviou uma expedição malfadada, durante o governo de Amasis, um futuro *per-aa*, para o Alto Kemet e para a Núbia para subjugar a população.

O rei seguinte foi Apries, que governou de 588 a 568 AEC. Quase imediatamente, enviou navios e tropas para bloquear Tiro e Sidon na Fenícia. Foi durante essa época que os judeus foram levados ao cativeiro na Babilônia. Alguns fugiram para o Kemet e foram assentados no Sul, em Elefantina.

Apries perdeu seu reinado para Amasis devido a uma intervenção militar em uma disputa entre alguns colonos gregos de Cirene e da Líbia. A força expedicionária foi derrotada e o Kemet ficou irado com o *per-aa*. Após uma querela política de dois anos, Amasis foi escolhido como *per-aa*. Seu reinado foi próspero, e tinha relações muito boas com a crescente colônia grega no Norte. Essa colônia terminaria assombrando o país, mas, durante esse período, Amasis viu os gregos como apoios necessários às missões comerciais através do Mar Mediterrâneo.

Amasis foi confrontado com uma nova potência, a Pérsia. Ele alinhou o Kemet a Nabonido da Babilônia e Croesus da Lídia para impedir o avanço da Pérsia e de Mede. No Peloponeso, Esparta e Samos, a ilha grega do Leste, uniram-se em uma liga com cidades-estados menores para enfrentarem a força destruidora persa-medeana. Nada disso pôde frear o avanço de Ciro e seu exército persa. Ele se voltou contra seu soberano mede, Astyages, e controlava agora ambas as máquinas militares agressivas. Ciro derrotou Nabonido e Creso e deixou o Kemet sem quaisquer aliados confiáveis. Pôde apenas esperar por seu destino. Ciro seria sucedido no trono da Pérsia por Cambises.

A Pérsia invadiu o Kemet em 525 AEC, tornando-se a terceira força externa, após os hicsos e os assírios, a invadir o Vale do Nilo. Na época do ataque, Psammetichus III era o *per-aa* havia cerca de apenas um ano. Foi uma época desafortunada para ele, porque os persas aniquilaram as forças keméticas no mar e na terra. No mar, o comandante kemético da frota traiu a preparação da defesa do *per-aa* e entregou navios ao inimigo. Quando Mênfis caiu diante dos conquistadores, Psammetichus III cometeu suicídio para não ser governado pelos persas.

Cambises iniciou a XXVII Dinastia e os persas ocuparam o trono de Heru. Seguindo todos os ritos e cerimônias, Cambises adotou muitas tradições e costumes keméticos. Fez uma peregrinação especial a Ipet Isut em Waset, subindo o rio até Elefantina. Tentou ir a Napata, mas foi impedido pelos exércitos da Núbia, deixando, então, o Vale do Nilo. Dario I chegou ao Kemet em 518 AEC para suprimir uma revolta com a qual o governador persa responsável ou não conseguiu lidar ou enfrentou com inépcia. Dario ordenou a construção de um templo em honra a Amen-Rá no Oásis el-Kharga no deserto. Ele imitou os *per-aas* e completou o canal de Neko entre o Mediterrâneo e o Mar Vermelho.

O Kemet se mostrou difícil de governar a partir do exterior, e uma sucessão de reis persas teve de vir ao Vale do Nilo para pôr fim a perturbações. Dario foi derrotado em Maratona por volta de 491 AEC, e Xerxes chegou ao Kemet para brandir o grande cetro do poder persa para todos aqueles que pareciam desgostar do governo dos estrangeiros.

A última Dinastia Kemética nativa foi a Trigésima (378-341 AEC). Foi liderada por Nectanebo (378-361 AEC), que se considerava um herdeiro das virtudes da deusa Neith. Ele seria sucedido por Teos (361-359 AEC). Ambos tentariam diminuir a dependência dos soldados mercenários gregos, embora nessa época houvesse uma forte confiança nesses, uma vez que os príncipes do Delta achavam cada vez mais difícil contar com os sulistas para virem defendê-los. Nectanebo quase perdeu o reino quando a Síria marchou no Kemet justo quando estava tentando livrar o país dos gregos. Teos queria usar os mercenários gregos, mas os queria em posições subordinadas no exército. Ele levou 80 mil soldados keméticos, 10 mil soldados gregos e mil ou mais soldados espartanos para tomar a Síria. No campo de batalha, o irmão de Teos desertou e voltou para o Kemet, onde se proclamou Nectanebo II.

Em uma persistente espiral descendente agora, o Kemet se dirigiu para o desastre. Nectanebo II manteve os persas à distância por nove anos, mas finalmente, em 341 AEC, após seus mercenários gregos desertarem, foi derrotado pelos persas. O último rei kemético saiu da história.

Os anos seguintes veriam brutalidade em uma escala massiva contra o povo Kemético. Artaxerxes III Okhos (341-338 AEC) foi provavelmente um maníaco; ao menos, operou como se nada e ninguém importasse, exceto seu próprio desejo pessoal de ver morto qualquer um que não se curvava diante dele. Ele organizou um exército de 300 mil soldados, que enviou ao Vale do Nilo para destruir, estuprar, pilhar e roubar. Durante seu reinado e de seu filho, Oarses (338-335 AEC), o Kemet foi submetido ao governo mais duro que o povo jamais vira. Tal terror, pilhagem e brutalidade gratuita jamais haviam sido testemunhados no Vale do Nilo, um lugar muito familiarizado com conquistadores. Após um longo tempo, um eunuco chamado Bogoas envenenou Artaxerxes e Oarses. Depois, ofereceu o trono a Dario III Codoman (335-332 AEC), que aceitou e rapidamente recompensou Bogoas forçando-o a engolir o veneno que havia preparado.

Naquele momento, Alexandre da Macedônia entraria no Kemet, após ter destruído Dario em Persépolis e eliminado a hegemonia persa. Ele voltaria sua atenção completa ao Kemet. Terminando o governo persa, Alexandre indicou seu general, Ptolomeu, como o líder do país. O próprio Alexandre cultuaria o deus Amen e pediria ao Oráculo para torná-lo o "filho de RA", que é a mesma coisa que o filho de Deus. Ele se tornaria, como todos os *per-aas*, um governante divino como o filho de Rá e a encarnação de Heru.

Alexandre deixaria o Kemet e morreria na Babilônia de febre tifoide. A Alexandria, uma cidade erigida em torno da cidade de Rhacostas, seria dedicada a ele. Com o tempo, escritores afirmariam que os gregos construíram Alexandria, quando, na verdade, já era um famoso centro de comércio e de templos muito antes da expansão que foi chamada Alexandria.

Ptolomeu, filho de Lagus, que se chamou "Soter I", ou seja, "salvador", tornou-se o fundador da Dinastia Grega no Kemet. Ptolomeu II Philadelphos (285-247 AEC) pode ser destacado como um dos mais importantes governantes da dinastia porque foi o construtor do Farol em Alexandria e um patrono da biblioteca. Ptolomeu III Euergetes (247-222 AEC) liderou algumas campanhas militares, mas seu reinado é mais famoso pela terrível fome que ocorreu no Kemet enquanto ele estava no trono. Outro *per-aa* grego, Ptolomeu V Epiphanes (209-182 AEC), foi responsável por tentar restaurar alguns dos templos antigos, na esperança de resgatar a glória e a magia de um Kemet de muito tempo antes de sua época. Mais de cem anos depois, em 51 AEC, Ptolomeu XIV ascendeu ao trono com sua irmã e esposa Cleópatra VII Philopates ("glória ao seu pai"). Eles eram os filhos de Ptolomeu XII Nothos, que era o filho de Ptolomeu XI com uma concubina. Ptolomeu XII se casou com Cleópatra V, sua irmã. Cleópatra V morreu de complicações no parto logo após o nascimento de Cleópatra VII.

Cada vez mais, Roma estava afirmando sua autoridade ao longo da região. Assim, o grupo de Ptolomeu e Cleópatra servia essencialmente como marionete sob a proteção do senado romano.

Pompeu, o grande general romano, foi indicado como soberano. Finalmente, Ptolomeu brigou com Cleópatra e ela foi banida do poder. Pompeu, derrotado na batalha em Farsália, fugiu para o Egito e foi morto por Ptolomeu XIII. Logo, Júlio César levou um massivo exército ao Egito para reafirmar o poder de Roma e para vingar a morte do brilhante general. Ptolomeu XIII, por sua vez, morreu afogado quando fugia de César. Cleópatra voltou ao poder e César indicou Ptolomeu XIV, que tinha apenas 11 anos na época, como seu corregente. Júlio César tinha 52 anos e sem um herdeiro quando encontrou a jovem rainha, e da sua união resultou um filho, que nasceu de uma "cesariana", e o nomeou Ptolomeu XV Cesário. Então, em 45 AEC, Cleópatra mandou envenenar Ptolomeu XIV, e elegeu seu filho com César como seu corregente. Ela viveu abertamente com César em Roma e sua estátua se encontrava no templo de Vênus em Roma. Quando César foi morto nos idos de março, Cleópatra fugiu de Roma para o Egito. Dois anos mais tarde, ela achou Marco Antônio atraente e o adotou como seu amante. Ele deixou sua esposa Fúlvia em Roma e teve três filhos com Cleópatra. Eles foram chamados Alexandre Helios e Cleópatra Selene, os gêmeos, e Ptolomeu Philadelphos. Marco Antônio se casou com Otávia, a irmã do filho adotivo de seu rival César, Otaviano, justo quando Cleópatra estava dando à luz seu terceiro filho em 36 AEC. Devemos observar que Cleópatra Selene se tornou a rainha da Armênia, Media e Pathia. Ela se casou com Juba, o rei da Numídia, um governante talentoso, e foi nomeada rainha da Mauritânia.

A história da morte de Cleópatra é mito e lenda, e foi registrada pela primeira vez por Plutarco, que nasceu 75 anos após o evento. Em sua descrição, ele registra a história que se tornaria padrão após a versão teatral de Shakespeare Na narrativa, quando Marco Antônio foi derrotado por Otaviano na grande batalha naval de Áccio, Cleópatra enviou ao conquistador, o futuro Imperador Augusto, uma carta lacrada, que ele abriu imediatamente, em que pedia para ser enterrada com Antônio. Interpretando isso como um bilhete suicida, Otaviano enviou seus guardas ao quarto de Cleópatra, onde estava sob prisão domiciliar, e a encontraram deitada sobre uma poltrona dourada com seus robes reais, e suas duas servas, Eiras e Charmion, mortas ou morrendo pelas picadas de uma serpente que havia sido introduzida ilicitamente em seu quarto em um cesto de figos. É bem possível que essa história de Plutarco e as palavras de Otaviano sejam míticas. De fato, é inconcebível que uma única serpente pudesse ter matado todas as três mulheres no período de tempo dado por Otaviano e seus homens. Supostamente, os guardas correram ao quarto quando o bilhete suicida foi recebido, somente para encontrar as mulheres morrendo. Normalmente, se alguém é picado por uma cobra, a serpente representada pelo símbolo ureu do Egito levaria cerca de duas horas para morrer. Também, a serpente não seria necessariamente capaz de fazer três ataques sucessivos em que fosse produzido veneno o bastante para matar alguém. É possível, mas não provável. Então, qual é a verdade sobre essa situação? Parece que Otaviano era o único que tinha um interesse pessoal na morte da rainha. É provável que tenha mandado matá-la, e depois encenado a história de seu pacto suicida com Marco Antônio. Logo após o assassinato de Cleópatra, Otaviano mandou executar seu filho, Cesário.

Marco Antônio perdeu a Batalha de Áccio em 30 de agosto AEC. Ele cometeu suicídio, e como Cleópatra e seu herdeiro, Cesário, não se encontravam mais no caminho para Otaviano reivindicar o título de "Imperador Augusto" e levar o Egito, que por muito tempo estava sob a influência de Roma, ao império como uma província. Um grupo de intrusos na África, os gregos, foi substituído por outro, e as massas do povo africano sofreram sob a repressão e a opressão de Roma como haviam sofrido durante o jugo dos Ptolomeus.

Cleópatra da África

Como muitos temas na antiguidade africana, a raça de Cleópatra VII foi controversa na história ocidental. Dizer que Cleópatra foi uma grande líder de uma nação antiga, dotada de uma personalidade carismática, de uma inclinação histórica que a levou a buscar grandeza a partir do caos, de uma mente independente, confiante e disposta a arriscar carreira e vida por realizações deveria colocá-la junto aos líderes mais memoráveis da África antiga. Seu nome acompanha razoavelmente bem o de Hatshepsut, Ramsés II, Nefertari, Aquenaton e Thutmoses III, como um ícone da história kemética. Mas ela diferiu de todos os outros na medida em que seu reinado e sua ancestralidade foram complicados por uma busca europeia, e talvez mesmo completamente grega, por torná-la branca.

Seu nome foi o primeiro nome real decifrado por Champollion. Assim, a partir do século XIX, estudiosos europeus escreveram extensamente sobre essa fascinantemente brilhante estrategista que foi capaz de manter Roma à distância até o último momento de suas forças. Geralmente, concorda-se que foi uma descendente do Ptolomeu deixado encarregado da província do Egito por Alexandre no século IV AEC. Praticamente, nenhum dos estudiosos discorda dessa posição. O que está em questão aqui é a linhagem de Ptolomeu. Será que sua linhagem no Egito poderia ter permanecido puramente macedônia por três séculos sem a introdução de qualquer conteúdo genético africano? Isso parece altamente improvável, dada a natureza das sociedades humanas. Os africanos conquistaram liberdade da escravatura americana nos Estados Unidos em 1865. Daquela época até hoje houve numerosas misturas genéticas e intrusões na linhagem da maior parte dos povos africanos nos Estados Unidos. A pequena população grega que viveu no antigo Kemet se estabeleceu em uma enorme população do povo africano. Os funcionários civis, os oficiais da corte, os sacerdotes da antiga religião, os marinheiros e soldados nos exércitos dos Ptolomeus e os trabalhadores domésticos e agrícolas eram negros. Na época de Cleópatra, somente algumas famílias gregas, muitas delas recém-chegadas à África, retiveram o que pode ser considerado uma linhagem puramente grega.

Estudiosos sabem agora a partir de estudos sobre os restos da princesa Arsinoe, irmã de Cleópatra, que a rainha tinha ascendência africana. A descoberta dos restos de Arsinoe em uma tumba em Éfeso, na Turquia, levou especialistas a concluírem que a mãe de Cleópatra e Arsinoe era africana. De acordo com os estudiosos que examinaram os restos ósseos, está claro que Arsinoe teve uma mãe africana, e como sabemos que era a irmã de Cleópatra, assumiu-se que fossem da mesma mãe.

Hilke Thuer, da Academina Austríaca de Ciências, que fez a descoberta, afirmou ser uma notável sensação uma vez que põe fim ao debate sobre a ascendência de Cleópatra. Thuer disse certa vez: "É algo único na vida de arqueólogos encontrar a tumba e o esqueleto de um membro da Dinastia Ptolomaica" (cf. CRESSEY, 2009). Ele diz, ainda: *"Que Arsinoe tivesse uma mãe africana é uma sensação real que leva a uma nova percepção da família de Cleópatra e da relação das irmãs Cleópatra e Arsinoe"* (THUER, 2009, BBC News 2016). Não teria havido uma "sensação real" diante da descoberta de que africanos estavam na família de Cleópatra se egiptologistas europeus não tivessem racializado uma sociedade africana em termos que refletiam a conquista europeia do século XV ao XIX. Cleópatra não poderia ter sido negra, ou não poderia ter tido sangue africano, na perspectiva deles. Afinal, ela teve filhos com césares e generais romanos. Podemos imaginar que esse fato sozinho provavelmente tenha fechado a porta para o pensamento dos egiptólogos sobre a ascendência de Cleópatra. Como esses líderes romanos poderiam ter tido filhos com uma mulher africana? Ela tinha de ser branca, tão branca quanto a falecida atriz de cinema Elizabeth Taylor, que representou Cleópatra no filme de 1963.

A BBC apresentou um documentário revelador em 2 de dezembro de 2010 sobre a vida e época de Cleópatra. O arqueólogo Neil Oliver, um especialista que foi o contribuinte principal para o documentário, disse sobre Marco Antônio e Cleópatra: "É quase impossível lembrar que foram pessoas reais e não figuras semimíticas retratadas por Richard Burton e Elizabeth Taylor. É como jogar água fria no rosto ao ser confrontado por eles como entes humanos". É fácil imaginar o sentimento de Neil Oliver quando estava no laboratório, como mais tarde relatou, e manuseou os ossos de Arsinoe e pensou que durante sua vida "ela tocou Cleópatra e talvez Júlio César e Marco Antônio".

O que sabemos é que a rivalidade entre as irmãs levou à morte de Arsinoe. Muitos estudiosos aceitam a premissa de que Cleópatra, que podia ser uma líder impiedosa, mandou Marco Antônio matar sua irmã. Como os antigos gostavam de dizer sobre a Tep Sepi, Primeira Ocasião, está garantido que cada ação humana que ocorreu no passado ocorrerá no futuro. Assim, a rivalidade e traição de uma irmã contra outra ocorreria incontáveis vezes após as mortes de Arsinoe, Antônio e Cleópatra. A história da rivalidade entre irmãos, traição e assassinato seria escrita na história do continente, da Etiópia à África do Sul, e de Gana a Somália, mas essa perfídia é também comum à condição humana.

Os fenícios chegam ao norte da África

Cerca de oito séculos antes de Cleópatra, a Rainha Elissa e seu grupo de fenícios se estabeleceram no norte da África, no que hoje é a Tunísia. Seu nome significa "terra das palmeiras", que pode ter indicado a origem africana tropical dos fenícios. Embora tenham chegado no norte da África vindos do leste do Mediterrâneo, a terra que é agora próxima ao Líbano, Israel, Gaza e Jordânia, parece que sua origem pode ter sido mais ao sul ao longo do Mar Vermelho.

O historiador grego Heródoto, escrevendo por volta de 440 AEC, refere-se aos mitos de Io e Europa. Ele também falou sobre a origem dos fenícios, dizendo que, de acordo com os persas: "os fenícios começaram o conflito. Esse povo, que anteriormente havia vivido na costa do Mar Eritreu, tendo migrado para o Mediterrâneo e se estabelecido nas partes que agora habitam, começaram outrora, eles dizem, a se aventurar em longas viagens, carregando suas embarcações com mercadorias do Egito e da Assíria" (HE-RÓDOTO, 2003, p. 1.1).

Com certeza, outros autores, como o grego Strabo, escrevendo 300 anos depois em *Geographica*, afirma que os fenícios se originaram no sudoeste da Ásia. Todavia, acredita-se que possam ter se originado na costa eritreia africana, e viajado ao sudoeste da Ásia antes de serem liderados pela Rainha Elissa, chamada Dido pelos romanos, para Khar Haddas (Cartago) em 814 AEC.

PARTE III
O MOMENTO DA CONSCIÊNCIA

O rio cruza o caminho. O caminho cruza o rio. Qual é mais velho? O rio é de muito tempo atrás.

Okomfo Anokye

6

A EMERGÊNCIA DOS REINOS DO GRANDE RIO

Nada descreve tão acuradamente a geografia ou topografia africana quanto o termo "impressionante". Como o Saara é o maior deserto do mundo, e a floresta tropical, a segunda maior do mundo, os rios da África são enormes e poderosos, uma vez que drenam e tornam a encher o continente. A África é uma realidade de rios tanto quanto de desertos ou de savanas, no sentido de que os rios provêm alimento, habitação e transporte para milhões de pessoas no continente. A África pode ostentar o fato de abrigar dois dos rios mais longos do mundo, com o Nilo sendo o mais longo deles.

Há centenas de rios cruzando o continente. Alguns são longos, outros curtos, mas todos com história em torno deles. Podemos falar, por exemplo, sobre o Rio Tano em Gana, com todo seu simbolismo para o povo Akan. Entre eles, está um rio histórico e sagrado, o Rio Pra. Foi nele que Osei Tutu I encontrou sua morte nas mãos dos *akyem*, e é também um rio santificado por rituais e mitos. Há o Rio Limpopo, conhecido por muitas guerras travadas em suas margens, quando os revolucionários africanos do século XX vindos do Zimbábue cruzaram na direção da África do Sul para lutar contra o *apartheid*. O Rio Senegal é infame como o primeiro rio que os portugueses cruzaram em sua busca por africanos escravizados. Em cada país, na região tropical da África, há numerosos rios usados para transporte e pesca. Muitos povos africanos são conhecidos como habitantes de rios. De fato, há um grupo étnico que é referido como *Ijaw*, por vezes chamado povo dos "rios". Em Benin há pessoas que constroem suas casas em palafitas sobre pequenos riachos que desembocam no Oceano Atlântico. Os riachos e rios sempre serviram como rotas de transporte. De fato, Gloria Chuku diz em seu livro *Igbo women and economic transformation in Southeastern Nigeria, 1900-1960* [Mulheres igbo e transformação econômica no sudeste da Nigéria, 1900-1960] que "comerciantes eram capazes de se mover ao longo de uma grande área, com suas mercadorias, basicamente em canoas nos canais" (CHUKU, 2005, p. 45).

A África tem cinco grandes rios: Congo, Níger, Nilo, Orange e Zambezi. Os rios maiores nascem nas regiões montanhosas e platôs da África Central e correm centenas de quilômetros em direção ao mar. Esses rios e seus afluentes constituem uma drenagem massiva do continente e são navegáveis nos platôs e nas terras baixas costeiras. Discutirei cada rio em ordem alfabética.

O Rio Congo

O Rio Congo flui em direção ao norte na linha do equador e então em direção ao sudoeste, cruzando o equador uma segunda vez antes de se esvaziar completamente no Oceano Atlântico. De suas origens, nas regiões montanhosas do sudeste do Congo, até desembocar no mar, o rio tem cerca de 4.400 quilômetros de comprimento. Na verdade, esse é o oitavo rio mais longo do mundo, o segundo da África, ficando atrás apenas do incrivelmente longo Nilo.

O fluxo do Congo é principalmente pela República Democrática do Congo, embora também flua ao longo da República Centro-Africana, Zâmbia, Angola, Camarão e Tanzânia. É um rio poderoso, com sua largura indo de cerca de 800 metros a 16 quilômetros, dependendo de quando e onde o vemos. Certa vez, estava em suas amplas margens fora de Kinshasa e não pude ver a outra margem. Parecia um magnificente lago, mas se movia como um rio!

Alguns geógrafos sugerem que o Congo começa no Rio Chambeshi. Se essa fosse considerada sua origem, então o rio teria cerca de 4.770 quilômetros de comprimento. Contudo, muitos escritores aceitaram a ideia de que o rio se forma na juntura dos rios Lualaba e Luvua. O Congo flui em direção ao norte para as Cataratas de Malebo, chamadas pelo governo colonial belga "Cataratas de Stanley", em homenagem a um explorador branco.

O rio passa por Kisangani e depois segue um curso anti-horário na direção do Oceano Atlântico. Ele alimenta uma bacia fluvial que cobre cerca de 2,6 milhões de quilômetros quadrados. O Congo pode dispor de cerca de 366 mil metros cúbicos de água por segundo. O rio e seus afluentes fluem pela segunda maior floresta tropical do mundo; somente a floresta tropical amazônica é maior. O rio também tem o segundo maior fluxo e a segunda maior bacia hidrográfica do que qualquer rio.

Imagine um rio com 4 mil ilhas! O grande Congo também possui 50 ilhas que têm ao menos 16 quilômetros de comprimento. Cerca de 402 quilômetros do Congo não são navegáveis devido à presença de numerosas ilhas e algumas cataratas como as Cataratas de Livingstone, belas cachoeiras que receberam o nome do missionário escocês David Livingstone. Com certeza, tinham um nome antes dele. Esses cânions profundos criam uma poderosa energia que faz o rio correr rapidamente pelas cidades de Matadi e Boma em direção ao oceano em Muanda. Quando os marinheiros europeus viram pela primeira vez o escoamento do Congo, quando navegavam abaixo na direção da costa oeste da África, ficaram impressionados por sua grande e intensa pressão no oceano.

Figura 6.1 – Alvorecer no Rio Congo

Fonte: Foto de Bsm15/Creative Commons licença CC-BY-SA-3.0

Muitos dos massivos rios do mundo são alimentados por afluentes. Isso é verdadeiro no caso do Congo, no qual vários rios desembocam ao longo de uma jornada de centenas de quilômetros. Isso significa que o rio se tornou a fonte de transporte mais importante na parte central da África. Por milhares de anos, as pessoas têm sido capazes de viajar pelo Congo por aproximadamente 4 mil quilômetros e por seus afluentes por outros milhares de quilômetros. O Rio Ubangi, um enorme rio, é o maior afluente, mas também é constituído pelos rios Lomani, Aruwimi e Kasai. Considerados juntos, ou seja, o Congo e seus afluentes, o sistema de transporte equivale a cerca de 16 mil quilômetros de rotas navegáveis ao longo da África Central, conectando povos de demografias e ideias muito distantes. Se alinhados, essas distâncias representariam uma distância três vezes maior que aquela existente entre Anchorage, Alaska e Nova York. Que presente natural incrível para o continente africano, cujo povo tem usado essas águas desde tempos imemoráveis!

O navegador português Diogo Cão visitou a nascente do Congo em 1482, no mesmo ano em que os portugueses começaram a construir sua fortaleza em Elmina, onde hoje fica Gana. Na verdade, outros europeus seguiram Cão anos mais tarde. Os britânicos enviaram uma expedição rio acima até Isangila em 1816. Henry Morton Santley foi o primeiro europeu a navegar o rio até sua fonte e a descobrir que o Lualaba não era a fonte do Nilo, como alguns europeus pensavam.

A despeito do fato de o Congo ser um rio tão utilizado, permanece um dos mais puros grandes rios do mundo. Há duas razões principais para ele permanecer relativamente não poluído. Em primeiro lugar, porque não há locais industriais ou químicos massivos ao longo de sua extensão, depositando resíduos industriais e esgotos. Segundo, porque a irrigação agrícola não é necessária nessa região do mundo.

Não está claro como os oficiais políticos das duas nações do Congo verão o rio no futuro, mas a ideia de um rio limpo, não degradado por poluição industrial ou humana, deveria ser encorajada. Embora seja limpo em comparação a outros rios, o Congo permanecerá uma importante fonte de transporte para o futuro próximo para grande parte do comércio da região, incluindo açúcar, café, algodão, cobre, óleo de palma e numerosas frutas e vegetais.

Humanos ocuparam a região do Rio Congo por milhares de anos. Contudo, foi com o surgimento do reino do Congo por aqueles que se estabeleceram ao longo de suas margens que temos o primeiro império real na região. O reino do Congo durou aproximadamente mil anos, aperfeiçoando seu sistema de governo e criando arte de beleza única a partir de sua própria cosmologia. Foi só com a chegada dos portugueses em 1483 que o Congo experienciou uma disputa por sua terra e autoridade na região central da África. Seu domínio como uma potência, tanto ideológica quanto militar, não foi questionado nem desafiado por qualquer outra potência até que os portugueses iniciassem o tráfico de escravizados. Em 200 anos de transações com os portugueses, o reino do Congo tornou-se um império enfraquecido e arruinado, somente um arremedo do que fora. Despedaçou-se em facções em 1665, após batalhas com forças europeias que haviam conseguido desafiar a autoridade do rei, infiltrar agentes na casa real e criar perturbações internas entre os súditos do reino.

O Rio Níger

O poderoso Níger, o mais celebrado rio da África Ocidental, escoa por cinco nações. Mais de 20 grupos étnicos dependem desse rio para alimento, água e transporte. É o principal rio da parte oeste do continente, estendendo-se por mais de 4 mil quilômetros, desafiando o Congo em comprimento. É o terceiro rio mais longo da África, excedido somente pelo Nilo e pelo Congo. O Rio Níger passa por Guiné, Mali, Níger, Benin e Nigéria em um enorme arco das montanhas da Guiné até finalmente desembocar no Golfo da Guiné no massivo delta conhecido como Rios do Óleo, a cerca de apenas 1.600 quilômetros de sua origem. O principal afluente que alimenta o Níger é o Benue, uma importante fonte de alimento e transporte.

O Rio Níger começa a cerca de apenas 240 quilômetros da costa do Atlântico, afastando-se dela em direção ao noroeste e para o Deserto do Saara, passando por Bamoko e Timbuktu, para então fazer uma volta gigante em direção ao sudeste em sua incursão ao Golfo da Guiné. O curso do rio foi conhecido por comerciantes e pescadores por centenas de anos, mas os europeus que entraram na África Ocidental ficaram perplexos com o rio que corria para o deserto. Os romanos antigos acreditavam que o rio fosse uma parte do Nilo, um tipo de ramo ocidental. Outros europeus estavam certos de que corria em direção ao oeste para se unir ao Rio Senegal e desembocar no Oceano Atlântico no lado oeste da África.

Cientistas acreditavam que o Rio Níger fosse originalmente dois rios. O primeiro seria o alto Níger, da fonte nas montanhas da Guiné até a curva em Timbuktu. O segundo, o baixo Níger, iria de Timbuktu para o delta. Eles dizem que o alto Níger outrora corria para um lago próximo a Timbuktu, que agora desapareceu. Considera-se que a segunda parte do rio atual iniciasse no lago e corresse a sudeste para o mar. Como o Saara secou por volta de 6000-1000 AEC, os dois rios alteraram seus cursos e se uniram em um.

Nenhuma curva fluvial jamais foi tão importante quanto a Curva do Rio Níger. Foi o foco das grandes civilizações de Mali, Gao e Songhay e muitas civilizações menores. Como é a fonte de água mais próxima ao Deserto do Saara, essa Curva se tornou o principal foco para muitas culturas, o encontro do leste, oeste, norte e sul e a área central de mercado para o comércio regional. Assim, a Curva do Rio Níger foi e permanece uma área importante de comércio para os negócios lucrativos ao longo do Níger.

Considera-se que a palavra "Níger" tenha se originado na língua tuareg (Tamaschek) *gher n gherem*, com o significado de "rio dos rios". Por um longo tempo, alguns escritores pensavam que o nome viesse da palavra latina para "negro". É agora aceito que o nome do rio tivesse uma origem nativa. Como muitas vezes foi o caso, o fato de africanos darem nomes para sua realidade, conceitos, ideias ambientais e mesmo estrelas e planetas criou debate entre numerosos escritores ocidentais. Por que os grupos étnicos ao longo do Rio Níger não teriam nomes para o rio?

Os ancestrais de muitos africanos dizem: "Onde há um rio, há abundância". Embora esse possa parecer um provérbio exagerado, é definitivamente o caso com o Níger. O tráfego no rio incluía madeira, borracha, produtos de palma e mercadorias importadas de uma cidade para outra. Durante a estação chuvosa, as pesadas precipitações nas montanhas da Guiné alimentam o rio e ele se expande até atingir as áreas da savana de Mali. Aqui há inundações com frequência, e as águas se espalham em numerosos riachos conectados que formam muitas lagoas. Os africanos falam dessa com o "delta interno" devido aos pantanais de água fresca que cobrem uma enorme área de cerca de 47 a

480 quilômetros. Essa é uma das maiores áreas africanas para cultivo de arroz, e os pantanais produzem abundantes plantações desse importante grão. Há também plantações de milheto e sorgo, ambas generosamente irrigadas pelas inundações do Níger. Por vezes, torna-se necessário às pessoas que vivem fora da região de inundação irrigar suas plantações carregando água em odres para suas áreas.

Entre os anos 1000 e 1400 da EC, cada vez mais caravanas iam e vinham da área do Rio Níger, dando-lhe mais atividade comercial internacional do que qualquer região na África, tanto que novas cidades e aldeias pareciam aparecer ao longo do rio com a rapidez de cada caravana massiva vinda do Egito pesadamente abastecida de mercadorias. Os lugares onde os comerciantes carregavam e descarregavam se tornaram paradas de descanso, com pequenos grupos de pessoas se aventurando a comercializar com eles, até que lugares de reunião maiores terminassem se tornando aldeias comerciais. As cidades que remontavam mais ao passado histórico já ponteavam o rio e acabaram tornando as regiões em torno do Níger abundantes em alimentos, tecidos e festivais.

A cidade ribeirinha de Mopti, com seus extensos canais feitos pelos rios Níger e Banis, diferenciava-se como a cidade portuária da poderosa bacia fluvial. Na cidade dos tempos antigos reuniam-se representantes dos povos Bamana, Fulani, Tamaschek, Bobo, Bazo, Dogon e Songhay. Antes de 1000 EC esses povos praticavam sua religião nativa e exerciam o comércio ao longo do rio como seus ancestrais o fizeram por mil anos. Na época da conquista da área pelo Islã, o rio começara a ser usado como um instrumento para os imãs se moverem livremente para cima e para baixo do rio, fazendo com que as comunidades do Rio Níger fossem algumas das primeiras a serem persuadidas a se tornarem muçulmanas. Alguns dos professores árabes se casaram com pessoas locais que eram Songhay, Fulani ou Bamana. Os novos colonizadores ensinavam e comercializavam até que o Islã gradualmente se tornasse a forma dominante de vida ao longo do rio.

Essa difusão islâmica gerou muitos conflitos na cultura, estilo e religião. Logo o povo local se tornou crítico de suas religiões nativas, considerando suas próprias crenças contrárias a Deus. Embora tensões e conflitos ocorressem, devotos islâmicos e nativos viviam em harmonia, na maior parte das sociedades.

John Thornton (1992, p. 20) fornece uma discussão detalhada sobre a extensão das antigas províncias malis. Ele se baseou em várias fontes cartográficas para descrever a antiga Mali, principalmente estando junto ao rio. Sabemos, contudo, que a fronteira sul do império era um pouco difícil de determinar e muitos geógrafos simplesmente chamam os subterritórios da Bacia do Níger o marcador territorial para Mali.

Somente o Rio Nilo se compara ao Níger, em termos do prestígio de suas cidades históricas. Cidades como Niane, Jenne, Jenne-Jeno, Segu, Mopti, Gao e Timbuktu são nomes que enriqueceram a história. Como as principais cidades de três impérios mundiais diferentes, essas comunidades foram inscritas na história africana por uma série de pesquisadores capazes que registraram as bibliotecas, escolas e centros de instrução religiosa que deram à área do Rio Níger sua grandeza narrativa.

Mas o Rio Níger não é simplesmente o lugar de grandes cidades famosas; permanece um rio usado por povos para comércio, prazer e transporte de uma região a outra. É um rio funcional em cada sentido do termo, do comércio legítimo à guerra, da pesca comercial à construção de barcos, de uma via para notícias e informações a um meio para a iniciativa humana de relações sociais.

Por séculos, pescadores africanos dependeram das cheias anuais para criar bases férteis para a pesca do Nilo. Na verdade, durante o período de dezembro a março as águas baixam e os peixes nutridos são deixados se debatendo na água rasa, tornando-os presas fáceis para os pescadores.

Essa faixa sinuosa de água reabastece a terra e permite às aldeias e cidades ao longo do seu caminho, e algumas a uma grande distância, sobreviverem do abundante fornecimento de alimento. Em seu delta foi encontrado petróleo, o que tornou o Níger um rio ainda mais abundante. E a ráfia de sua área é tão forte e resiliente que a torna um bom material para construção de casas e tapetes. Algumas pessoas também fazem e vendem excelentes vassouras de ráfia.

Os impérios Mali, Gao e Songhay foram construídos nas costas desse rio.

O Rio Nilo

Nenhum rio no mundo tem a mesma estatura do Nilo em nossa imaginação. É o rio mais longo do mundo. De suas fontes nas regiões montanhosas do leste da África Central ao delta no Mar Mediterrâneo o rio percorre cerca de 6.734 quilômetros. Há duas principais fontes do rio, cada uma com características distintas. O Nilo Branco, como é chamado devido às várias cascatas, corredeiras e cataratas, surge nas regiões montanhosas do Burundi e Uganda e corre ao norte até se encontrar com o Nilo Azul, como é chamado devido à sua profundidade (embora na Etiópia o povo se refira a ele como o Rio Abay), e continua seu fluxo ao norte recebendo ainda mais energia e água do Rio Atbara, enquanto percorre seu caminho pelo Sudão e o Egito.

Deveríamos observar que por muito tempo houve dúvidas sobre a origem do Nilo. Houve uma época em que alguns aventureiros pensavam que o Congo fosse a fonte do Nilo. Noutra, escritores sustentavam que não poderíamos nomear uma fonte para o Nilo Branco porque havia muitos candidatos. Por exemplo, alguns argumentam que o rio começa realmente com a nascente remota chamada Runvyironza, um rio acima do Rio Kagera no Burundi. Mas poderíamos com a mesma facilidade sustentar que o rio começa com o Kyoga no Burundi ou com o Lago Nyanza (muitas vezes chamado Lago Vitória) ou com o lago alternadamente chamado Albert ou Mobutu Sese Seko, em homenagem ao desacreditado líder do Zaire.

O Nilo e seus afluentes correm ao longo de nove países africanos: Uganda, Sudão, Egito, Etiópia, Congo, Quênia, Tanzânia, Ruanda e Burundi. Finalmente, quando faz seu caminho norte abaixo em direção ao mar, o grande rio forma um delta com mais de 190 quilômetros de largura, com importantes ramificações como o Rosetta (Rashid) e o Damietta (Dumyat). Essa é a área habitável mais ampla do Nilo, e inclusive tem vários lagos como o Edku, Burullus e Manzala.

Existiram vários nomes para o Nilo. Como você provavelmente pode supor, só foi chamado "Nilo" quando os gregos o nomearam em referência à palavra *nelios*, que significa "vale do rio". Qual foi o nome dado ao rio pelo povo do Kemet? Eles o chamavam "Iteru" e o relacionavam à deidade Hapi, associada à fertilidade e à regeneração. Assim, durante a maior parte de sua existência histórica, o rio foi chamado Iteru ou Hapi, não Nilo.

Ora, mais de 140 milhões de pessoas vivem ao longo da rota do Nilo. Como o rio tem sido fonte de cultura e civilização por mais de 5 mil anos, com cidades como Behdet (Edfu), Elefantina, Waset (Luxor) e Syene (Aswan) se desenvolvendo em torno do grande canal, ele se tornou o rio mais famoso do mundo. Mais da metade dos grandes monumentos mundiais da antiguidade estão localizados a menos de 65 quilômetros de suas margens.

Os impérios do Kemet (Egito) e Núbia encontraram sua força e poder em sua habilidade de usar esse rio para transporte, manobras militares, grandes frotas de navios mercantes e na vida cotidiana de pesca e recreação. O Rio Nilo permanece tão vital para o Egito moderno quanto o foi para seu nascimento e vida no passado.

O Rio Orange

O Rio Orange, referido como o *Gariel* na língua khoi, no sul da África, é um dos rios mais longos do mundo ao sul do

Trópico de Capricórnio. Nasce nas Montanhas Maluti do Lesoto, a menos de 201 quilômetros do Oceano Índico, e depois corre na direção oeste para o Oceano Atlântico por uma distância de cerca de 2.100 quilômetros. O rio atravessa as amplas planícies centrais da África do Sul e serpenteia a noroeste e oeste ao longo de uma bela paisagem. Seu principal afluente é o Rio Vaal. Ao fluir ao longo da parte sul dos desertos do Kalahari e Namibe, enfrenta elevadas taxas de evaporação devido ao calor e à aridez. Na verdade, em anos muito áridos, o Rio Orange seca antes de chegar ao Oceano Atlântico.

Certamente, desde que os humanos descobriram que na nascente do rio havia ricos depósitos aluviais de diamantes, tem havido muitos viajantes recreacionais buscando fortuna. Antes da chegada dos europeus, o rio era usado para pesca, transporte até onde chegava, e propósitos religiosos. Os africanos acreditavam que o rio representava um dos grandes espíritos do continente e tratavam o rio com um cuidado especial. Isso não era inusual ou extraordinário porque, em outras partes do continente, os africanos se comportavam do mesmo modo com rios e, por vezes, com árvores, montanhas e outros fenômenos naturais. A ideia é que esses fenômenos representam espírito e energia, e devem, portanto, ser tratados com respeito. De um certo modo, lembra-me do novo apelo ao ambientalismo: respeito às árvores, aos rios e a todas as criaturas da Terra. Bem, os africanos que viviam ao longo do Rio Orange acreditavam nessa máxima muito antes que houvesse um movimento ambiental organizado.

A Bacia do Rio Orange drena cerca de 644 mil quilômetros quadrados e cobre porções de Botsuana, Namíbia, África do Sul e Lesoto, um país isolado do mar e cercado pela África do Sul. O rio forma a fronteira natural entre a Namíbia e a África do Sul antes de desembocar no Oceano Atlântico. O povo Soto de Lesoto chama o rio o *Senqu*. Assim como o nome khoi *Gariel*, o nome Lesoto para o rio existia antes de os colonizadores brancos o renomearem Rio Orange.

O rio é longo, e em seu percurso desde a nascente ao mar passa através de várias regiões climáticas. A média pluvial anual em sua origem é de cerca de 1.800mm, mas isso diminui a meros 25mm quando chega ao seu limite a oeste.

Junto ao Limpopo, o Rio Orange é o mais importante da África do Sul e um dos principais rios que sustentam as áreas econômicas mais povoadas. Embora seja verdadeiro que os recursos hídricos do Rio Orange sejam extensivamente explorados para irrigação, energia e uso doméstico, permanece um dos rios menos conhecidos da África. Ainda assim, civilizações antigas como o Império Mapungubwe e o Império Soto mais recente extraíram recursos desse rio. Ele forneceu um meio de transporte bem como de pesca para os numerosos povos que viveram próximos às suas margens.

O Rio Zambezi

O incrível Zambezi começa no noroeste da Zâmbia como uma insignificante fonte borbulhando entre as raízes de uma árvore e flui através de Angola, Botsuana, Zimbábue e, finalmente, Moçambique, desembocando no Oceano Índico a cerca de 2.660 quilômetros de suas nascentes. O grande Zambezi é o quarto maior sistema fluvial da África depois dos rios Nilo, Congo e Níger. O povo Bundu da Zâmbia acredita que o rio é Nyami Nyami, "o espírito da vida", porque produz alimento e peixes, e fornece água para cultivar grãos. É um rio que é extensamente usado por humanos e pela vida selvagem. O rio e seu entorno são ricos de crocodilos, elefantes, hipopótamos, babuínos, hienas e leões.

Talvez nenhum rio na África seja tão cheio de vida quanto o Zambezi. Não admira que o povo Bundu o nomeasse Nyami Nyami. Na verdade, os humanos acham o rio útil para transporte, rituais, irrigação, recreação, pesca e energia hidroelétrica. Contudo, permanece menos desenvolvido para assentamento humano do que os outros rios, e tem consideráveis áreas de reserva e proteção da vida selvagem.

Figura 6.2 – Musi wa Tunya (Cataratas Vitória)

Fonte: Foto de DoctorJoeE/GNU Free Documentation License, Version 1.2

Ao longo da rota do rio encontramos as áreas mais tropicais da África, mas há também áreas de quase seca. A estação das chuvas vai de outubro a abril. Após abril, a terra experiencia a estação seca, quando os pastos ficam marrons e o rio evapora. Podemos dizer que as estações e o curso do rio conspiram para torná-lo um dos rios mais dramáticos da África. Ele se transforma de um rio plácido, pacífico, fluindo através de planícies arenosas, em um rio vertiginoso e exuberante se movendo rapidamente sobre corredeiras e cascatas até chegar ao mais espetacular de todos os pontos de seu fluxo: a maravilhosa Musi wa Tunya, "A fumaça que ruge". Chamada por David Livingstone "Cataratas Vitória". Essas cataratas são duas vezes o tamanho das Cataratas de Niágara, com cerca de 106 metros de altura e 1.600 metros de largura. Contemplamos essa vista com admiração raramente experienciada por humanos. Uma catarata com 1,6 quilômetro de largura com uma coberta de água duas vezes mais alta do que as Cataratas do Niágara é fenomenal.

Como um dos grandes rios da África, o Zambezi, como vários dos outros, é o resultado de placas tectônicas. O rio começa próximo às fronteiras de Angola, Congo e Zâmbia e se dirige para o pântano Okavango em Botsuana. Mas logo se dirige a noroeste e depois a leste até terminar no Oceano Índico. Há milhões de anos, quando a África estava no meio do supercontinente chamado Pangea, muito antes de os humanos ocuparem a Terra, havia grandes mares internos, um dos quais estava na Botsuana atual. Era para esse mar interno que o antigo Zambezi fluía. Contudo, quando o supercontinente se separou, esses mares internos drenaram e a nova rota do Zambezi foi criada.

Cada rio massivo da África tem fortes afluentes. O Zambezi flui de suas nascentes até se juntar ao Rio Kabompo, que se origina na Zâmbia, e depois se juntar ao Rio Lungue-Gungo que vem de Angola. Após fluir de uma área pantanosa no norte de Barotselândia por aproximadamente 644 quilômetros, o rio vai por cerca de 322 quilômetros na direção sul e depois vira abruptamente ao leste para percorrer cerca de 1.600 quilômetros até o mar. Após Musi wa Tunya, passa através da estreita Garganta Batoka e então se achata no amplo Vale Gwembe. Subsequentemente, dois poderosos afluentes entram nele a partir do Norte. O Rio Kafue se une ao Zambezi cerca de 97 quilômetros rio abaixo a partir do Lago Kariba, um dos lagos sagrados da África Central, que se originou no pântano Lukunga. Para muitos zambianos, o Kafue é o principal rio para seu suprimento de alimentos uma vez que é dele que vem diretamente a maior parte de seus peixes. O segundo maior afluente é o Rio Shire, que se junta ao Zambezi a cerca de apenas 160 quilômetros de sua nascente na costa de Moçambique. O Shire começa no Lago Malawi, um dos lagos pitorescos do Vale da Grande Fenda, e alimenta o Zambezi com água abundante durante a estação chuvosa. Bombeado por seus afluentes e auxiliado pelas profundas quedas nas gargantas, as águas do Zambezi correm através do percurso ziguezagueado que foi cortado pela força do rio ao longo de milênios.

O que as nações africanas devem fazer para proteger a segurança da vasta quantidade de água fresca na África, cerca de 9% da água no mundo? Importantes especialistas em agricultura e pesca levantaram as questões em encontros internacionais, com vistas ao futuro, quando milhões do jovens africanos estarão buscando oportunidades em vários setores produtivos. Embora a África possua muitos rios e o segundo maior lago de água fresca do mundo, o Lago Nyanza, nomeado Lago Vitória pelo aventureiro britânico John Speke, serão necessários enormes investimentos em gerenciamento hídrico para adequadamente distribuir água potável a milhões de pessoas. A África logo terá 12% da população mundial e, embora possua muitos recursos hídricos, permanece o segundo continente mais seco depois da Austrália, e uma região onde a distribuição de água é desigual.

Figura 6.3 – Homens locais no Rio Zambezi

Fonte: Foto de Someone35/Creative Commons license CC-BY-SA-3.0

Figura 6.4 – Templo em Luxor

Fonte: © Molefi Kete Asante

Antes de deixarmos o Zambezi, é útil lembrar que, embora o rio seja esparsamente povoado por pastores, agricultores e pescadores em sua parte alta, provê humanidade com a dramática Cerimônia Ku-omboka, em que milhares de habitantes ao longo do rio se dirigem anualmente a um lugar mais elevado em um ritual de respeito enquanto o Zambezi flui pelas planícies baixas. Esse belo festival é de origem lozi. O Rei Lozi possuía duas propriedades, uma em Lealui e a outra em Limulunga. A segunda é em um terreno elevado e, portanto, serve como a capital durante a estação de chuvas. A mudança anual de Lealui para Limulunga é um evento celebrado no ano festivo da Zâmbia. A África está repleta de rituais fascinantes de movimento, e o arquétipo desses rituais pode ser visto nos ritos keméticos antigos nos quais os sacerdotes em Ipet-Sut, o grande templo de Karnak, recolhiam a imagem do deus Amen e a moviam em uma procissão ao templo de Luxor onde a deusa Mut habitava. A imagem era então colocada no templo de Luxor para se relacionar com a deusa por vários dias antes de ser levada de volta a Ipet-Sut em uma parada de sacerdotes e membros de *status* elevado da realeza. Como nessa cerimônia antiga, a da Zâmbia restaurava a fé do povo em suas tradições, fazendo-o lembrar da grandeza de suas divindades.

A ampla planície aluvial do oeste da Zâmbia é a pátria do poderoso reino lozi. Aqui, os lozi criaram suas comunidades, reuniram suas histórias de valor, e viveram suas vidas heroicas, lembrando seus tempos de conquista e imperiais.

PARTE IV
A ÉPOCA DA CONSTRUÇÃO

Algo novo está sempre vindo da África.

Aristóteles

7

A DIFUSÃO DOS IMPÉRIOS E REINOS CLÁSSICOS

A África é lar de uma multiplicidade de grupos étnicos e de nacionalidades diversas. Abrigou também alguns dos mais antigos impérios e reinos do mundo. O Kemet não foi o único reino clássico da África. Nenhum continente teve tantos reinos e impérios viáveis por um tempo tão longo como a África. O último monarca reinante da Etiópia, Haile Selassie, perdeu o poder em 1974, mas mesmo sua queda não encerrou o papel da realeza tradicional no continente. Reis e rainhas tradicionais abundam ao longo do continente mesmo nos dias atuais. É possível obter uma ideia do passado encontrando o presente. O que vemos em muitos reinos tradicionais no moderno Estado-nação são os costumes e práticas que eram antigos antes de os elementos estrangeiros corromperem tradições ou valores africanos. Assim, quando consideramos os reinos antigos da Núbia, Axum, Cartago, Gana, Mali, Songhay e outros, confrontamos a grandeza da história africana.

Núbia: o corredor da cultura clássica

Núbia é o nome dado a uma região da África que incluía dois importantes reinos históricos: Kush e Meroe. O reino de Kush, que floresceu muito antes do Meroe, estava localizado entre a Quarta (tradicional Terceira) e a Sexta Catarata (tradicional Primeira). Kush surgiu por volta do quarto milênio AEC.

Tornou-se um importante império comercial e atingiu seu auge entre 1700 e 600 AEC. Durante essa época, foi o rival do Kemet no Vale do Nilo. Houve épocas em que o Kemet controlou Kush, e outras em que o contrário ocorreu. As interações dos povos eram muito semelhantes àquelas que vemos entre a França e a Alemanha modernas ou entre os Estados Unidos e o Canadá. A influência se alternava entre as duas nações, mas os kushitas acreditavam que os egípcios (kemitas) descendiam deles. Essa não tem sido a linha popular adotada por muitos estudiosos europeus, que anseiam por ver a "civilização" chegar da área mediterrânea ao "coração da África mais negra". Infelizmente, para aqueles que adotam essa linha, obviamente influenciados pela crença de que a civilização não poderia "descer o Nilo" como o fez a partir do interior da África para o Mediterrâneo, os próprios egípcios, bem como outros, acreditavam ser colonizadores enviados pelos núbios.

As similaridades entre o Kemet e Kush não podem ser simplesmente creditadas à influência do Kemet sobre Kush. De fato, muitas das inovações encontradas no Kemet provavelmente desceram o rio vindo de Kush. A própria realeza refletia muitos atributos de origem kushita. Na verdade, muito antes do período dinástico no Kemet, havia evidências de alta civilização na Núbia. Entre 3800 e 3100 AEC encontramos as tumbas mais antigas de um tipo faraônico em Qustul na Núbia. Há 33 tumbas do que é chamado o tipo de grupo A que aparece no Cemitério L em Qustul, um pequeno cemitério contendo túmulos desse tipo inusualmente grandes. Em um desses túmulos, o "L-24", um queimador de incenso foi encontrado. Tinha figuras gravadas em argila. Mostrava três navios navegando em procissão até o palácio real. Um dos navios carregava um leão, talvez uma deidade, talvez mesmo Apedemak, a deidade com cabeça de leão dos núbios. Mostrava, também, elementos da realeza, um robe longo, um mangual e uma Coroa Branca, tudo dentro da fachada de um palácio. Descobriu-se que esses achados eram muito mais antigos do que as primeiras dinastias no Kemet, e são evidências da primeira monarquia do mundo. Agora é possível dizer com certeza que a cultura núbia no Kush se desenvolveu antes das dinastias Keméticas. Um queimador de incenso refletia a qualidade religiosa, filosófica e artística do povo.

Cientistas acreditam que houvesse vários grupos de africanos vivendo no Vale do Nilo ao sul do Kemet, identificados pelo tipo de cerâmica que produziam. Com certeza, isso é especulativo, mas se tornou parte da compreensão geral sobre a Núbia. Esses cientistas deram as designações grupo A e grupo C a esses povos. O grupo A eram aqueles que viviam na baixa Núbia, mais próxima ao Kemet, e produziram cerâmicas delicadas que tinham um caráter nômade. Não parece que esse povo fosse sedentário. A cerâmica do grupo C foi produzida por aqueles que viveram na alta Núbia. Ambos os grupos coexistiram. Eles também produziram esse tipo de cerâmica até cerca de 1000 AEC.

O rei era eleito a partir da família real e a descendência era reconhecida pela linhagem materna. Pode ser devido a esse modelo que a África, na verdade o povo da Núbia, tanto Kush como Meroe, deu ao mundo o maior número de rainhas da história.

Os antigos historiadores nunca consideraram o Egito senão como uma parte da África. Não só isso como também Diodoro Sículo diz que o Kemet (Egito) foi povoado a partir do interior pelos etíopes. Heródoto falava sobre esses etíopes como inocentes. De fato, Heródoto descreve como conseguiu ir ao sul, Nilo acima, até Elefantina, por volta de 450 AEC. Não conseguiu ir mais adiante por alguma razão desconhecida. Talvez não tenha conseguido encontrar os guias apropriados, ou talvez tenha ficado sem recursos para a jornada. Ele se contentou com as informações que os homens mais sábios de Elefantina lhe deram. Falaram-lhe sobre Meroe, que se encontrava a cerca de 966 quilômetros mais ao sul Nilo acima. Esta é uma parte do relato de Heródoto:

> Fui até Elefantina para ver o que conseguia com meus próprios olhos, mas, quanto ao país mais ao sul, tive

de me contentar com o que me disseram em resposta às minhas perguntas. O máximo que consegui aprender foi que além de Elefantina o país ascende de modo íngreme; e nessa parte do rio, barcos têm de ser puxados por cordas, com uma corda de cada lado, como se puxa um boi. Se a corda se rompe, o barco se vai momentaneamente, carregado pela força da corrente. Essas condições perduram numa jornada de quatro dias, o rio o tempo inteiro enormemente tortuoso, como o Maender, e a distância a ser coberta equivalendo a doze *schoeni*. Após isso, chegamos a uma planície lisa, onde o rio é dividido por uma ilha chamada Tachompso.

Ao sul de Elefantina o país é habitado por etíopes [ou seja, núbios e Kushitas nessa época] que têm metade de Tachompso; a outra metade é ocupada por egípcios. Além da ilha está um grande lago, e à sua volta vivem tribos nômades de etíopes. Após cruzar o lago, voltamos à corrente do Nilo, que desemboca nele. Nesse ponto, devemos desembarcar e caminhar ao longo da margem do rio por quatro dias, devido às rochas pontudas, algumas se pronunciando acima da água e muitas submersas, impossibilitando o trafego de embarcações no rio. Após a jornada de quatro dias pela terra, tomamos outro barco e em doze dias chegamos a uma cidade grande chamada Meroe, considerada a capital dos etíopes. Dentre os deuses, os habitantes cultuam apenas Zeus e Dionísio, tendo-os em grande honra. Há um oráculo de Zeus lá, e eles fazem a guerra de acordo com seus pronunciamentos, tirando dele tanto a ocasião quanto o objeto de suas várias expedições (HERÓDOTO, 2003, livro II).

A palavra "etíope" era aplicada pelos gregos a todos os povos na África ao sul do Egito. Outros africanos eram chamados líbios. Contudo, os gregos conheciam, como Aristóteles em *Physiognomonica*, dois grupos principais de africanos, os etíopes e os egípcios. Essa não era uma distinção de raça, mas de nacionalidade. A antiga Etiópia não era a Etiópia dos dias modernos. Na verdade, como discutiremos, era chamada Axum. No mundo antigo, a Etiópia era localizada ao sul do Kemet, na região que chamamos Núbia. Essa região está localizada hoje no terço superior do Sudão.

Por volta de 1000 AEC, Kush havia conquistado toda a Núbia. Era um país que acreditava que suas armas superiores usadas por arqueiros especialistas poderiam derrotar qualquer inimigo. O povo do Kemet os via como entre os inimigos mais ferozes e os havia usado em seus próprios exércitos na Ásia. A capital foi primeiro Kerma, um grande porto de mercadorias do interior da África para o norte ou daí para o sul. Para proteger seu país e sua riqueza da nação Kemética, as elites de Kush decidiram mudar a capital para Napata, que se tornou uma das maiores cidades ao longo do Rio Nilo. Seria dessa bela cidade que Piankhy levaria seu exército Nilo abaixo para conquistar o Kemet.

Portanto, a glória de Napata se deu durante a XXV Dinastia do antigo Kemet, quando, a partir da cidade, os reis de Kush uniram o Vale do Nilo pelo poder dos descendentes de Piankhy. Quando os reis Kushitas retornaram à sua capital, o povo experienciou problemas de crescimento e desenvolvimento no estreito vale. Embora tivessem feito muita coisa para melhorar a vida de seu povo, descobriram que a terra arável não era suficiente para sustentar uma população crescente. Isso precipitou a Idade do Ferro para o Vale do Nilo, quando os africanos começaram usar o minério de ferro disponível a eles. Com uma população cosmopolita, altamente alfabetizada, muito devota e viajada, tendo servido como soberanos do Kemet por uma centena de anos embora mantendo suas tradições culturais, interagindo com vizinhos do sul e comercializando com povos mediterrâneos, Kush exerceu ampla autoridade religiosa e controlou a economia da cultura do ferro no Alto Nilo. Foram capazes de abastecer comerciantes com ferro.

Foi em Meroe que os núbios expressaram sua habilidade cultural na construção e na agricultura usando o ferro. A descoberta e o uso do minério de ferro foi um feito distinto uma vez que a região o tinha em abundância. Seu uso pelos artesões em muitas funções, especialmente na guerra e na agricultura, fortaleceu extremamente o império num sentido industrial nascente. O conhecimento da produção de ferro permitiu ao povo Meroítico fabricar ferramentas e armas que os ajudariam a sustentar sua sociedade. Implementos agrícolas de ferro eram uma necessidade; o uso da espada e da lança de ferro ajudou a tornar o reino de Meroe invencível. Mas o reino de Meroe não tinha apenas essa força; foi também autossuficiente em termos agrícolas, encontrando em suas fronteiras alimento o suficiente para suster sua população e permitir ao povo tempo de lazer para criar arte, explorar outras áreas da África e para construir enormes edificações em honra à sua religião.

As ruínas da antiga capital nos dizem algo sobre a vida do povo. É marcada por pirâmides reais, santuários ancestrais, o Templo do Sol e pelos restos de fornos de fundição usados na produção de ferro.

Há 223 pirâmides na Núbia, em torno de Meroe e Napata. Isso é o dobro do que encontramos no Kemet. Quando os reis kushitas se deslocaram para a savana sudanesa ao sul e construíram uma nova capital em Meroe, mudaram seus interesses comerciais para o sul e começaram um intenso comércio com as nações situadas ao leste e ao sul. Já houvera relações entre esses povos devido ao Rio Nilo, mas os núbios faziam cada vez mais incursões na área além de suas fronteiras.

Figura 7.1 – Mulher núbia entre 1890 e 1923

Fonte: Wikimedia Commons/Frank and Frances Carpenter Collection

Evidências do poder de Kush, particularmente entre o século IV AEC e 350 EC, são surpreendentes. Ruínas do templo meroítico em Musawwarat es-Sufra são chamadas "O Grande Recinto". É uma área massiva situada ao sul de Meroe próximo à Primeira

Catarata (Sexta Catarata em termos tradicionais). Era um lugar de peregrinação para devotos de Amen que viajavam muitos quilômetros para encontrar consolo entre suas paredes. Como outras ruínas ao longo do Nilo, essa nos diz que o povo núbio era muito ativo na construção de edificações, por devoção às suas crenças. Não foi um povo indolente nem ignorante; foram os mestres de seu próprio destino e acreditavam que seus artesãos poderiam satisfazer qualquer necessidade local. Eles exploraram e comercializaram ao longo da rota lendária que se estendia entre o Lago Chade no Oeste e as cidades portuárias do Mar Vermelho no Leste. Muitos estudiosos acreditam que essa rota se conectava com o grande centro de produção de ferro na África Ocidental, Jenne-Jeno. Escavações mostraram que esse é um dos campos arqueológicos mais ricos da África. Localizado no Rio Níger na região do antigo Mali, Jenne-Jeno foi ocupado de 400 AEC a 1400 EC e desempenhou um importante papel no comércio transaariano (McINTOSH, 1995). Roderick e Susan McIntosh escavaram em Jenne-Jeno, em 1977 e 1981. Voltaram lá em 1994 para mais extrações e pesquisas. Eles receberam dinheiro de diversas organizações nos Estados Unidos para custear seu trabalho, incluindo a Fundação Nacional de Ciências [National Science Foundation], a Associação Americana de Mulheres Universitárias [American Association of University Women] e a Sociedade Geográfica Nacional [National Geographic Society], em 1994. Certamente, como no caso da maioria dos projetos de pesquisa na África, os pesquisadores estrangeiros colaboraram com os pesquisadores africanos, cujos nomes são raramente mencionados na literatura. Em um sentido, é muito semelhante aos estudiosos europeus que afirmaram que Mungo Park "descobriu" o Rio Níger ou que David Livingstone "descobriu" a grande catarata do Rio Zambezi, embora ambos tenham sido levados a esses lugares por africanos.

Jenne-Jeno, o lugar original de Jenne, estava situado a cerca de três quilômetros do Jenne atual em uma região que conhecera o cultivo de grãos e a criação de animais desde o primeiro milênio

AEC (SHAW, 1977, p. 69-125). Temos algumas evidências de o *Pennisetum americanum* e o *Brachiaria deflexa* (milheto guinéu) fossem cultivados em Karkarichinkat, em Mali, durante o segundo milênio AEC. Além disso, há evidências em Tichitt, na Mauritânia, de que o *Pennisetum* (milheto de junco) estivesse presente no primeiro milênio AEC. De acordo com Connah (2001, p. 111): "há evidências diretas do cultivo de *Oryza glaberrima* (arroz africano), *Penisetum* e sorgo em Jenne a partir do século III AEC, e do *Sorghum bicolor* em Daima e Niani a partir do fim do primeiro milênio EC". Assim, dada a fertilidade do solo em torno do Níger, e a intensidade da atividade agrícola, particularmente durante o recesso das cheias, poderíamos supor que o povo de Jenne junto às rotas sahelianas comercializava com aqueles vindo das áreas núbias. Aboubacry Moussa Lam mostrou, com suas vastas pesquisas na região do Peul (LAM, 2003-2004), a possibilidade desse tipo de interação das partes leste e oeste da região saheliana. Usando dados coletados em tradições africanas e na egiptologia, o autor mostra a origem do Nilo do Peul. Seu livro *De l'origine égyptienne des Peuls* [Sobre a origem egípcia dos Peuls], de 1992, o estabeleceu como o líder nesse campo já na década de 1990. Trabalhos como os de Lam servem para mostrar que o continente foi muito mais interativo do que originalmente pensaran os historiadores europeus que encontraram pela primeira vez o povo africano. Os africanos, assim como povos de outros continentes, migravam para lugares diferentes de onde nasceram. Não podemos, portanto, dizer que os Kushitas não tivessem conhecimento do povo de Jenne ou vice-versa. O Gerador Saárico já era tão vigoroso durante o período dos impérios núbios quanto se tornaria em anos mais recentes; foi repleto de interações, redes comerciais e migrações humanas.

No Grande Recinto do templo Gebel Barkal, arqueólogos encontraram uma enorme estátua de elefante. Inquestionavelmente, o povo de Kush conheceu esse animal, como muitos africanos, e provavelmente tiveram uma boa ideia da sua força. Pode ser que tivessem tentado domesticá-lo, algo que era difícil de fazer com a espécie africana, que era diferente da indiana. O elefante africano era muito maior e mais temperamental do que o indiano. Todavia, acredita-se que, devido à quantidade dessas estátuas que aparecem nas ruínas em Musawwarat es-Sufra e outras cidades ao longo do Nilo, os núbios tenham aprendido a usá-lo para algumas tarefas limitadas. Sabemos, é claro, que Aníbal usou elefantes em suas batalhas com Roma.

Outra poderosa evidência sobrevivente que atesta o gênio do povo núbio é a parede sul da capela funerária da pirâmide N.11 em Meroe. Há uma inscrição que data da época da Rainha Shanadakete (160 AEC), talvez a primeira governante importante na história a ter governado como mulher. Lembremos que Hatshepsut da XVIII Dinastia governou como rei, não como rainha. Shanadakete foi uma construtora poderosa de templos, pirâmides e santuários para os deuses. Na pintura da parede seu esposo é retratado sentado atrás dela, indicando que ela era, de fato, a governante, e não ele. O sistema de governo de Kandake (Candace) era tão predominante em Kush e Meroe que a rainha era a figura política e religiosa central. As rainhas (cf. Tabela 7.1) governavam sozinhas ou eram coequivalentes aos seus esposos como governantes. Nessa parede sul na capela funerária vemos também a deusa Auset de pé com asas protetoras estendidas. Junto à imagem do povo vindo prestar homenagem está uma representação do julgamento de Shanadakete diante do deus Ausar.

Kandake Amanirenas combateu o exército de Augusto César por cinco anos, de 27 a 22 AEC, após ser expulso do Kemet por Públio Petrônio, o magistrado romano no país. Finalmente, o exército de Manirenas impediu o avanço de Roma na Núbia e levou Augusto César a assinar um tratado surpreendentemente favorável com os núbios. O acordo era que os romanos ficariam fora da Núbia e os núbios não interfeririam no controle do Kemet pelos romanos. Uma estela inscrita em cursiva meroítica erigida próximo a Meroe pela Rainha Amanirenas não foi completamente traduzida. A escrita demótica, uma forma de escrita egípcia para as massas, era usada pelo governo de Kush em Napata. Na época que o governo se mudou para Meroe ao sul, a elite governante havia desenvolvido sua própria escrita para comunicação, que é referida como meroítica. É essa escrita que não foi completamente decifrada.

Há um relevo no templo Wad Ban Naga que mostra outra rainha, Amanitore, com seu co-governante e provavelmente esposo, Natakamani. A inscrição está em hieróglifos keméticos e meroíticos. Foi importante na decifração da escrita meroítica. Quem quer que escreva que Natakamani foi o principal governante está provavelmente privilegiando os textos do mundo ocidental, especialmente os textos romanos. Claramente, Natakamani é importante, mas é difícil ver como ele poderia ter sido mais importante do que sua cogovernante, a Rainha Amanitore. Seus nomes refletem sua relação com o deus Amen. De fato, "Amani" em ambos os nomes é o modo meroítico de escrever Amen. No Templo Leão em Naga, ao sul de Meroe, há um relevo do Rei Natakamani de pé diante do deus leão Apedemek, Heru e Amen. Com sua faixa disposta sobre seu ombro direito, o rei exibe uma figura imponente. No mesmo templo, há um relevo nos pórticos da entrada mostrando a rainha e o rei atacando seus inimigos.

Tabela 7.1 – Nomes e datas de algumas rainhas núbias

Bartare	284-275 AEC
Shanadakete	177-155 AEC
Amanirenas	40-10 AEC
Amanishakete	10 AEC – 1 EC
Amanitore	1-41 EC
Amanitaraqide	41-50 EC
Amanikhatashan	50-115 EC

Não podemos enfatizar em demasia o fato de que os impérios de Kush e Meroe, na Núbia, foram criados independentemente e foram ricamente desenvolvidos em termos políticos e militares. Esses impérios refletiam o temperamento religioso do povo africano ao longo do Nilo, e foram produtores prolíficos de louça vermelha e de taças decoradas com ankhs, animais e motivos estampados como vistos nas tumbas de aristocratas em Faras.

Eventos ameaçadores estavam ocorrendo nas fronteiras de Meroe no começo da era em curso. De fato, Blemmyes, uma comunidade de nômades, forte e estreitamente interligada, havia posto pressão na fronteira norte, frequentemente invadindo Napata, o centro religioso do Império Meroítico. Contudo, o Rio Nilo continuava a dar a Meroe uma saída para o mar, e, com a permissão dos soberanos romanos para utilizarem o rio, puderam manter seu contato com os comerciantes indianos e árabes na costa do Mar Vermelho, comercializando com áreas helenistas e hindus. Mas essas comunidades viram o enfraquecimento contínuo do Império Meroítico, que não detinha mais o poder que tivera durante a Era de Ouro da Rainha Shanadakete.

Assim, por volta do século II EC, o país foi ocupado pelos Nobatae, outro povo africano semelhante aos Blêmios, que haviam desenvolvido uma cavalaria bem-organizada que muitas vezes cruzava o deserto para atacar aldeias e cidades situadas no rio e depois retornavam ao deserto. Eles aterrorizavam a população agrícola assentada de Meroe. Mas não foram os Blemmyes nem os Nobatae que derrubaram o Império Meroítico, e sim outro vizinho mais distante ao leste e sul, Axum. Por volta do século IV EC, o Império Axumita havia se tornado o mais poderoso no leste da África. Provavelmente, nessa época, rivalizava Gana no Oeste. Em 350 EC, os arqueiros de precisão e a cavalaria veloz do Império Axumita, sob o governo do ousado Rei Ezana, caiu sobre Meroe como uma praga, e destruiu a cidade e o país de Meroe tão completamente que eles nunca mais se ergueram novamente à posição que haviam ocupado na história. Nobatia, no Norte, com uma capital em Faras, Muqurra com sua capital em Dun'ulah, e Alwa com sua capital em Sawba assumiriam o antigo reino de Meroe, e Axum estenderia seu poder ao longo do Nilo da Etiópia a Meroe.

Figura 7.2 – Templo Wad Ban Naga

Fonte: Foto de TrackHD/Creative Commons license CC-BY-SA-3.0

Axum: um dos quatro grandes impérios

O Império Axumita vinha se formando por um longo tempo antes de sua ascensão final ao poder por volta de 220 EC. Na época em que conquistou Meroe, já era um dos maiores reinos do mundo. O profeta iraniano Mani, que viveu de 216 a 276 EC e foi o fundador do maniqueísmo – uma crença segundo a qual toda carne era má –, escreveu em um livro chamado "Capítulos" que havia quatro grandes impérios no mundo: Axum, Roma, Pérsia e China.

O Império Axumida cresceu perto do Rio Tekezze e se expandiu em todas as direções, tomando as terras dos povos vizinhos, conquistando territórios que até então haviam sido independentes, e controlando o acesso ao Mar Vermelho. Um dos primeiros centros de poder era a cidade de Adulis, conhecida por sua beleza física, residências oficiais, prédios públicos e pela riqueza de seus cidadãos. Essa antiga cidade era o centro comercial do Império Axumita.

A cidade de Adulis era a joia mais brilhante do reino. Na verdade, foi a mais importante antes mesmo da própria cidade de Axum. Embora certamente fosse a mais importante em termos de comércio e poder militar devido ao seu lugar na costa marítima, Adulis não era a única grande cidade do Império Axumita. Cidades como Yeha e Kaskase podem ter sido mais antigas do que Adulis; eram definitivamente suas rivais em termos de dinamismo e energia em várias ocupações e profissões que trariam fama a Axum. Embora não haja datas específicas sobre a origem de ambas as cidades, sabemos que foram habitadas mais de 2 mil anos antes do surgimento do Império Axumita.

Axum foi um rico império com um povo alfabetizado. Na época de sua maior glória, estava repleto de homens e mulheres que podiam ler e falar ge'ez, latim, grego, árabe, egípcio, farsi, meroítico e outras línguas africanas. Eles escreviam sobre suas vidas e seu império em dramas, história e comédia. Na verdade, os escritos antigos do Império Axumita contam sua história em detalhes fascinantes. Estelas, ou seja, obeliscos de pedra com inscrições erigidas especificamente para fornecer informações históricas, foram encontrados ao longo da área ocupada pelo império. Mas nem tudo era história. Eles escreviam sobre seus sentimentos, sua religião e suas interações com outros povos. Ao que parece, emprestando muito dos núbios e Kemitas, o povo de Axum registrou seus feitos para a posteridade. Além de seus escritos, temos diversos artefatos que revelam uma civilização muito ativa em comércio e eventos artísticos. Os antigos Axumitas criaram e erigiram molólitos, como os *tekken* do Kemet, que eram massivos em escala. Esses obeliscos, como são por vezes chamados, visavam a demonstrar o poder da autoridade do povo Axumita. Eles construíram estelas, enormes altares, bases de trono e outras grandes estruturas de pedra. Também erigiram casas para nobres e membros da elite que seriam chamadas mansões ou palácios hoje. Construíram principalmente em Axum, mas também em Matara, onde havia ruínas de elaborados palácios e palacetes da mais alta qualidade artística. Eles refletiam a atenção aos detalhes e ao propósito representativo da glória de Axum durante os anos de supremacia como um império africano. Na concepção, o complexo de casas muitas vezes visto em Axum estava diretamente relacionado ao conceito do empreendimento habitacional africano, onde muitas estruturas que serviam a diferentes funções estão conectadas por um pátio comum ou corredores para mostrar relação. Assim, uma família poderia usar um pequeno prédio para armazenamento, outro para dormir, outro para visitantes, outro para entretenimento, e assim por diante. É comum no Ocidente as pessoas terem todas as funções sob um mesmo teto.

Axumitas, Kemitas e Kushitas usavam pedras gigantes como marcadores históricos, decretos e fronteiras. O uso de pilares e colunas de pedra, certamente, era há muito uma prática africana, provavelmente influenciada pelos grandes juncos encontrados em vários rios e riachos no nordeste do continente. Contudo, em Axum, os arquitetos logo empregaram a cultura da pedra enorme em uma escala monumental na criação de igrejas cristãs e tumbas de reis.

Claramente, uma grande parte da grandeza dessas estruturas era religiosa. Como o povo de muitas culturas antes deles, os Axumitas acreditavam que era necessário demonstrar em suas construções suas crenças espirituais. Na época da maior glória do império, os reis e muitos nobres eram cristãos.

Muitas pessoas nas áreas remotas, longe das grandes cidades, mantiveram suas crenças nas deidades tradicionais. Axum não era uma nação composta de apenas um grupo de pessoas da área, mas sim de vários grupos étnicos. Assim, teve de compatibilizar as crenças de muitos povos a fim de reter seu controle. Fez isso com grande diplomacia.

É difícil imaginar um império na Antiguidade com tanto cobre, pedras preciosas, ouro, vidro e cerâmica como Axum. Mesmo que pudéssemos imaginar, teríamos apenas uma pálida cópia do robusto original. Usar essas enormes peças de arte para propósitos religiosos e cerimoniais significava que o império tinha de constantemente lembrar os súditos da autoridade central e poder do Onipotente. O ferro era usado para fazer utensílios para culto. Vasilhas de ouro eram regularmente empregadas nas cerimônias e rituais. Todavia, é a cerâmica que nos revela a profundidade do amor do povo por sua civilização e a crença em seu rei. Vemos como foram capazes de decorá-la com sua história. O fato é que, por meio de sua cerâmica, podemos conhecê-los.

Três períodos são reconhecidos na história axumita: auroral, resplandecente e esplendoroso. Esses representam as eras durante as quais o império de Axum iniciou, amadureceu e atingiu seu zênite em poder e majestade. O estágio auroral vai de cerca de 500 a 200 AEC; o resplandecente, de 200 AEC a 99 EC; e o brilhante, de 99 a 900 EC.

Durante o estágio auroral, os estilos arquitetônico e cultural de Axum estavam sendo desenvolvidos e a cultura se expressava na arte e escultura que foi encontrada na terra antiga. Foi durante esse estágio que o povo de Axum se familiarizou com o povo árabe do Iêmen. Eles se encontraram pela primeira vez, como podemos pensar, no Mar Vermelho onde estabeleceram relações comerciais. Em pouco tempo essas interações comerciais os levaram ao conflito e ocasionalmente ocorreu de um ocupar as terras do outro. Os Axumitas influenciaram a civilização do Iêmen a ponto de ainda podermos encontrar resquícios de sua cultura em algumas das pequenas cidades do país. A arquitetura de Yeha e Haoulti-Melazo em Axum pode ser encontrada no Iêmen. Indubitavelmente, as interações foram recíprocas, uma vez que há itens linguísticos que os dois idiomas passaram a compartilhar devido às relações comerciais e políticas. Mas nessa época inicial já há evidências da crescente habilidade militar do povo Axumita.

O estágio resplandecente leva os Axumitas à era cristã. As interações com os árabes do sul enfraqueceram devido à concentração de Axum em seus próprios problemas internos, rebeliões contra o poder central, disputas internas sobre o reinado, e as crescentes ameaças de outras nações africanas. Ao mesmo tempo, o país estava produzindo uma arte majestosa com umas belas cerâmicas e vasos. Seus centros-chave de influência aumentaram da poderosa Axum e da dinâmica Adulis para as seguintes cidades:

Yeha: centro profissional e comercial

Li'Lay-Addi: centro têxtil e de perfumaria

Gobo-Fench: centro madeireiro

Haoulti: centro de ferro e caça

Matara: centro de fundição de ferro e bronze

Fekya: centro religioso e artístico

Essas cidades foram as mais vigorosas do império e podem estar entre os centros mais importantes de comércio, negócios e intrigas da África inteira durante o período resplandecente da história axumita. Além disso, a principal cidade portuária, Adulis, o centro de atividade do Mar Vermelho, era a principal passagem de Axum para o mundo. Continha residências para pessoas importantes, uma intensa atividade na construção de navios, equipagem de embarcações, pesca e comércio com o mundo. Estudiosos encontraram mais de 60 diferentes inscrições nas edificações mais antigas de Adulis. Essas sugerem que Axum esteve ativamente envolvida na comunicação com outras nações e reinos, e que os eventos históricos registrados são evidência do discurso vívido em pensamento, cerimônias e rituais na cidade. Desenvolvimentos na arte e na agricultura foram igualmente sofisticados, e Adulis foi o alicerce para uma abertura ainda mais expansiva ao mundo.

O estágio esplendoroso foi o tempo da maior influência e poder do Império Axumita. Na verdade, a sociedade atingiu sua glória completa. Axum chegou ao esplendor por volta da mesma época que Roma, mas dois vizinhos importantes, Núbia na África e Saba na Arábia, estavam em declínio. A Núbia controlara o Nilo e Saba controlara grande parte do comércio no Mar Vermelho. Com a ascensão de Axum às custas dos dois países, conquistou enorme riqueza e *status*, mudando a equação política tanto na

África quanto na Arábia. Isso impactou o extensivo alcance de Roma, que de tempos em tempos dependera de Saba e da Núbia para suas estendidas rotas de comércio. Agora, era evidente que seria para Axum que Roma se voltaria para proteger seus navios no Mar Vermelho contra o problema constante dos piratas. Para consolidar sua amizade com Roma, Axum concordou em impedir que Beja atacasse o flanco sul de Roma no sul do Egito. Roma governara o Egito da 30 AEC até a morte de Cleópatra. Como a nação mais poderosa na África no século IV EC, Axum exerceu poder e autoridade sobre atividades políticas e comerciais na região.

Em uma inscrição, o rei da área de Adulis escreveu: "tendo comandado os povos mais próximos ao meu império a preservarem a paz, travei, bravamente, guerras e subjuguei em batalhas os seguintes povos..." Há uma longa lista de inimigos derrotados, incluindo Sennar, um país localizado próximo do Rio Abay, que havia se tornado uma grande fonte de irritação ao Império Axumita. Havia também um país descrito como uma terra de "montanhas altas, ventos frios e neblina", que poderia ter sido outra parte da Etiópia, Quênia ou Uganda de hoje, que são áreas conhecidas por sua neblina e clima frio. O rei de Axum mandou erigir um monumento para si mesmo, para garantir a lealdade da região de Adulis. O rei conquistador, cujo nome não aparece na estela por ter sido apagado, diz que derrotou todos os seus vizinhos nos territórios próximos. De fato, fez mais do que vencer todos os povos que viviam na fronteira com o Egito, "tornou novamente a estrada do Egito a Axum uma rota de acesso" (ASANTE, 1993, p. 85).

Heliodoro, um grego, escreveu um romance histórico chamado "Aethiopica", por volta de 280-300 EC, situado num período consideravelmente anterior, em que a Pérsia governava o Egito. No romance, a Núbia é descrita como estando no auge de seu poder. Narra também várias celebrações triunfais com diferentes nações que foram conquistadas andando diante do rei núbio de modo que ele pudesse passar em revista seus súditos conquistados. Os reis vinham, alguns se curvando, outros se ajoelhando, e outros ainda caindo completamente ao chão diante do conquistador. Contudo, quando o rei de Axum passou pelo monarca núbio, diz o autor, aquele permaneceu de pé, sem prestar homenagem, e parecendo ser o último rei a vir diante do núbio. O núbio expressou amizade por ele e o tratou como igual. Não demoraria muito para que os Axumitas conquistassem os núbios. Assim, um escritor de ficção considerava que mesmo os vizinhos de Axum respeitavam seu poder. Por volta de 290 EC, o rei de Axum invadiu a Núbia e a acrescentou ao seu império. De fato, o último rei de Meroe cujo nome conhecemos, Teceridamani, sequer aparece nos registros históricos após 254 EC. Houve seis reis AUs depois dele; todavia, esses permanecem anônimos porque o tempo fez desaparecer seus nomes das estelas de pedra.

As evidências da glória do Império Axumita estão em todo lugar, em todos os campos durante essa época. Axum foi a civilização mais avançada que a África produziu na época. Suplantou o Kemet e os impérios núbios de Kush e Meroe e foi um centro de pensamento e escrita filosóficos. Algumas das pessoas mais sábias viveram nas cidades de Axum e Adulis, e alguns dos mais repeitados artistas, escritores e figuras religiosas impactaram o mundo a partir do Império Axumita. Foram excepcionais na arquitetura, escrita, língua, religião, habilidade política, governo e burocracia. Com a ajuda de uma burocracia bem desenvolvida, resultante do surgimento da língua ge'ez e da Igreja, eles praticaram uma política internacional avançada em sua época. O povo sabia grego e latim e muitos eram familiarizados com outras línguas, como o árabe e o hebraico, devido à natureza cosmopolita do império. Isso significava que os conceitos de boa governança e comércio justo eram internacionalmente aceitáveis devido ao Estado disciplinado, que era baseado na ordem, justiça e retidão, elementos da antiga ideia kemética de *Maat*.

Nesse ponto da história de Axum, a cultura era distintamente diferente da cultura núbia ou kemética. Não era uma mera repetição das antigas civilizações. Emergiu essencialmente por si na África, longe das civilizações predominantes do Vale do Nilo. Axum terminou tendo mais contato com os reinos e nações do Mar Vermelho, incluindo o Iêmen e Punte (Somália), mas seu lugar de poder e centro de cultura permaneceu sempre o continente africano. Esse era sua fonte de ideais religiosos, filosóficos e estéticos.

Axum, o imã do império, encontrava-se no alto do platô além das montanhas que deveriam ser cruzadas a partir de Adulis. Era uma jornada de oito dias entre as duas cidades. Axum era a sede do governo e do poder. De lá, o rei governava o império inteiro, emitindo decretos, impondo impostos, cunhando moedas e fortalecendo um exército em tempos de guerra. Seus prédios públicos eram grandes, como os da Núbia e do Kemet, construídos de uma forma retangular, mas seu estilo de arquitetura era diferente, com pavimentos ou andares avançados e recuados alternadamente.

Na época esplendorosa, Axum era um país profundamente cristão, com a nova religião tendo substituído completamente a religião tradicional baseada nas deidades antigas na capital por volta do século III AEC. Com certeza, havia áreas distantes onde o cristianismo não havia chegado nem chegaria durante todo o período do Império Axumita. Todavia, a grandeza das estruturas em Axum pode ter estado relacionada às crenças religiosas porque enormes dimensões e espaços monolíticos das edificações refletiam uma ideia transcendente. Eles usavam basicamente granito na criação de obeliscos e monólitos, como as culturas antigas do Vale do Nilo na criação de seus monumentos massivos.

A tumba de Kaleb, em Axum, e a estela gigante, que eram monumentos funerários aos reis, representam realizações importantes na arquitetura memorial. As enormes estruturas são elaboradamente esculpidas e mostram a repetição de padrões estéticos caracteristicamente africanos. Outros locais arquitetônicos importantes incluem Kohaito, Aratou, Adua, Ham, Mekalli, Tokonda e, é claro, Adulis, a passagem.

Escritos públicos parecem ter se desenvolvido durante essa época também. Os decretos públicos expedidos por oficiais, fossem do rei ou de seus representantes, mostravam uma civilização que levava a comunicação a sério. Quase todo prédio público tinha uma inscrição, consistente com a tradição estabelecida pelos impérios africanos do Vale do Nilo. Em sua forma pública, a escrita aparecia em toda parte. Assim, uma vez mais é inacurado falar de civilização africana destituída de escrita. Havia tanta, ou mais, escrita na antiguidade africana quanto em qualquer outra civilização antiga. Como no continente africano, havia grandes áreas da Europa, América do Norte, América do Sul, Ásia e Austrália sem escrita. Mas vimos em discussões anteriores como o continente que deu a escrita ao mundo também produziu itens baseados na habilidade de escrever. Não era somente uma habilidade morta, mas uma atividade muito positiva e vital do povo.

No século III EC, os Axumitas haviam começado a usar recursos naturais para propósitos cotidianos. Ouro, prata e bronze eram usados para fazer moedas para todo império. Diferente das civilizações Kemética e Núbia, que não fizeram muito uso de moedas, os Axumitas foram os primeiros africanos a cunhar suas moedas e a usá-las no comércio externo.

Para seu comércio interno, usavam basicamente moedas de bronze, mas se baseavam principalmente num sistema de escambo. Ceramistas axumitas começaram a produzir em novas formas e cores que fossem belamente decoradas e funcionais. Claramente, o comércio internacional ajudou a influenciar os artesãos locais, mas fica claro também que Axum não era apenas um recipiente de ideias, era um lugar que impactava outros.

Em meados do século IV EC, de acordo com um historiador do século VI, chamado Rufino, que escreveu *História eclesiástica*, um cristão sírio estava a caminho da Índia pelo Mar Vermelho quando naufragou. Seus dois filhos, Edésio e Frumêncio, foram adotados pelo Rei Ella Amida de Axum e criados no palácio. Quando o Rei Amida faleceu, e seu filho Ezana se tornou rei, os dois jovens sírios foram levados à corte como conselheiros em relação às nações e povos cristãos. Ezana I liderou um grande reino que incluiu Beja, Arábia, Saba, Abissínia e Meroe. A maior parte desses povos tinha suas próprias religiões e acreditava em seus próprios deuses. Contudo, com a influência de Edésio e Frumêncio, que possivelmente eram adolescentes na época do naufrágio, muitas pessoas no Estado se afastaram das deidades axumitas antigas de Mahrem, Beher, Meder e Astar. Os dois sírios se enamoraram pela cultura axumita e se apaixonaram pelo cristianismo, e começaram a estudar todas as formas de teologia cristã, incluindo o arianismo, que foi nomeado por Ário, um sacerdote que viveu em Alexandria durante a segunda parte do século III EC.

Para os Axumitas, Beja foi a nação mais difícil de subjugar. Ezana I conseguiu derrotá-los enviando seus dois irmãos, She'azana e Hadefa, para liderar o exército axumita durante a batalha decisiva com os Bejas. Esses dois generais se tornaram os estrategistas militares líderes do país, e Ezana I queria que planejassem a conquista de Beja de uma vez por todas. Esse povo antigo havia assediado os Kemitas e os núbios e agora Axum estava preparada para a agressividade de seus pelotões de atacantes hostis. Quando a batalha terminou, os Bejas reconheceram a supremacia de Axum. Como um ato de completa autoridade sobre seus inimigos, She'azana e Hadefa fizeram os soldados bejas, liderados por seis de seus reis sobreviventes, caminhar até a corte de Ezana I. Foram necessários quatro longos meses, pois envolvia as casas reais, esposas, crianças e animais.

Quando chegaram em Axum, os Bejas se curvaram diante do rei Axumita. Ezana I poderia ter matado os reis diante do povo, como alguns monarcas conquistadores haviam feito, mas sua misericórdia e generosidade não conhecia limites. Permitiu que mantivessem suas famílias, seus animais e o uso de sua língua. Tal era seu respeito pelos Bejas que fez o que pôde para ajudá-los. Ordenou que os reis recebessem 25 mil bovinos de chifres longos, vestimentas e alimento. Houve grande alegria entre os Axumitas e os Bejas. O rei Axumita compreendia claramente a sabedoria africana antiga que dizia: "O sol brilhará sobre aqueles que estão de pé antes de brilhar sobre aqueles que se ajoelham". Não havia necessidade de humilhar mais o antigo povo. De um modo, essa mudança dos Bejas antecipou a remoção no século XX de muitos Bejas, Nubas e núbios durante a construção da represa alta de Assuã. O povo Beja permanece um forte grupo étnico no nordeste da África mesmo no século XXI.

O país foi um imã para ideias. As pessoas iam para lá de longe para comercializar, estudar e ver os objetos maravilhosos que haviam sido criados pelos Axumitas. Sua crescente classe intelectual era constituída cada vez mais de pensadores religiosos, filósofos e debatedores. No século VI EC, Cosmas Indicopleustes, um escritor e visitante grego, escreveu que encontrou "em toda parte em Axum e Adulis igrejas de cristãos, bispos, mártires, monges e reclusos para quem o evangelho de Cristo é proclamado" (ASANTE, 1994). É mais provável que Indicopleustes tivesse encontrado aqueles "dispostos a serem mártires" do que mártires de fato em Axum e Adulis, mas ficou muito impressionado com o que viu. Cerca de 300 anos depois, al-Yaqubi escreveu que havia "cidades poderosas dos abissínios visitadas por mercadores árabes de Dahlak". Talvez, sem que al-Yaqubi soubesse, os árabes já conhecessem o Império Axumita, porque sabemos que no século VII EC o rei da Etiópia deu proteção a muçulmanos que haviam fugido da Arábia.

Um século antes, em 528 EC, o Império Axumita invadiu a Arábia e governou a área iemenita até 575 EC, quando problemas internos forçaram o grande contingente de tropas mantidas no Iêmen a voltar para apoiar o rei em sua luta contra os pretendentes ao seu poder. De fato, o poder nacional tinha de ser preservado a fim de continuar o reinado. O poder militar de Axum para se defender do ataque foi tão grande que seus vizinhos, Sennar e Meroe, continuavam a pagar impostos e dar presentes ao rei Axumita ainda no século VII. Assim, Axum é descrita no livro *Périplo dos eritreus* como sendo um "lugar ao qual todo marfim é levado pelos países além do Nilo" (SCHOFF, 1995 [1912]).

A importância de Axum tinha a ver com a natureza sofisticada de suas relações políticas e econômicas com o resto do mundo. O reino comercializava com a Índia, China, Sri Lanka, Roma, Punte, Grécia, Zanzibar, Pérsia, Kemet, Arábia e Núbia. Sua história é rica em narrativas sobre a visita da Rainha de Sabá ao Rei Salomão, e sobre Gazaba Axum como o lugar onde a Arca judaica da Aliança foi mantida, depois de ser trazida de Jerusalém através de Elefantina pelo Rei Menelik I.

Axum era muitas vezes chamada Etiópia, uma palavra usada por europeus e asiáticos como um termo geral para África. "Etiópia" vem de uma palavra grega que significa "faces queimadas". A nação de Axum era um reino específico dentro das fronteiras do que é hoje a Etiópia, mas não deve ser identificada com ela. A Etiópia atual incorporou o território da Antiga Axum.

Em tempos antigos não era incomum que os gregos usassem o termo etíope para se referir aos africanos que não eram egípcios. Aristóteles escreveu em seu livro *Physiognomonica* sobre etíopes e egípcios. Outros escritores como Homero, Heródoto e Diodoro Sículo escreveram sobre os que eram essencialmente núbios, denominando-os etíopes.

Embora a Etiópia atual seja um país dominado pelo povo Oromo, tem uma longa história com o envolvimento dos imperadores e reis amáricos e tigrés, é um império complexo de muitas identidades étnicas que constituem uma nação moderna notavelmente resiliente. Como herdeira e protetora do rico legado de Axum, permanece uma das mais importantes nações da África.

Cartago: o centro de poder mediterrâneo da África

A história africana é como um enorme mankala, um jogo africano amplamente praticado, que é por vezes chamado oware, ohoro ou ayo. Os participantes vão colocando sementes em vários copos sobre um tabuleiro até que todas as sementes tenham sido depositadas. Quando um copo de atividade humana está vazio, outro parece estar cheio. No jogo de mankala, por vezes, parece que há vários copos com o mesmo número de sementes. E o mesmo se dá com o movimento da história no modelo do continente africano.

Cartago, *Khart-Haddas*, chamado em latim *Carthago*, foi originalmente um posto avançado fenício estabelecido para o comércio com a África e a Espanha. Ocupava uma área do Mar Mediterrâneo onde se encontra a atual Tunísia e foi a principal cidade influenciada pelos fenícios do Líbano atual. Os fenícios tinham uma capital antiga chamada Tiro, uma cidade que fora atacada muitas vezes pelos antigos Kemitas. Foi de lá que os fenícios chegaram a essa parte da África. Devemos observar que a terra não era inabitada, e não devemos pensar que os fenícios tenham encontrado um território vazio e então ali jogaram uma cidade. Ao contrário, essa era uma área na costa que atraía muitos invasores.

Os fenícios, romanos, vândalos, bizantinos, árabes, otomanos e franceses capturaram essa parte particular da África algumas vezes ao longo da história. O povo mais antigo foi o de aventureiros e imigrantes viajando da África Oriental para a parte noroeste do continente, que naqueles dias era coberta de grama e pequenas árvores das savanas. Parecia muito com a Tanzânia ou Quênia atuais. Há evidências de que humanos tenham ocupado o lugar muito antes de os fenícios chegarem. Na verdade, evidências mostram que na cidade-oásis de Kebili, ao sul, houve atividade humana datando de cerca de 200 mil anos antes.

Um povo comerciante agressivo, os fenícios se estabeleceram pela primeira vez em Cartago por volta do século VII AEC, em torno da mesma época que a XXV Dinastia estava dominando o Kemet. Entre as cidades portuárias que os fenícios planejaram estavam Hadrumetum e Hippo Diarrhytus. Contudo, é Cartago, a arqui-inimiga de Roma, que faz uma entrada dramática na história africana a partir do noroeste. O domínio regional da cidade durou até as Guerras Púnicas entre Roma e Cartago, que começaram em

263 e terminaram em 146 AEC, com Cartago sendo derrotada e seus líderes e muitos de seu povo sendo vendidos como escravizados na Europa.

Embora alguns mitos afirmem que a cidade tenha sido estabelecida por Dido ou por uma rainha de Tiro, essas histórias existem sem muita prova. Sabemos que mercadores e exploradores estabeleceram uma rede de comércio que desenvolveu a cidade. Cartago se tornou uma das cidades mais ricas de sua época. Foi governada por uma aristocracia de nobres e abastados que elegiam dois magistrados, ou *sufetes*, como chamavam, para executar os desejos da oligarquia. Esse não era o padrão ou tradição dos habitantes originais da área, foi um sistema importado do sudoeste da Ásia.

Devemos lembrar que essa era uma importante cidade cosmopolita e podemos dizer que, em alguns aspectos, na época rivalizava com Alexandria no Mediterrâneo. Como os faraós ptolomaicos haviam sido forçados a aquiescer a Roma em várias atividades, a cidade de Alexandria já não era tão importante quanto o fora. Continuaria a perder poder e influência enquanto Cartago avultava. Em 30 AEC, Alexandria terminaria se encaminhando para seu colapso nas mãos de Roma. Cartago encontrara seu destino selado em uma data muito anterior, mas sua derrocada seria muito mais dramática.

A religião de Cartago era eclética. Os cartagineses ensinavam o temor aos deuses e ao Estado. Os nomes das deidades locais eram Tanit, Melkart e Eshmoun. Os fenícios trouxeram consigo Baal, Asherah e Baal Hammon. Os sacerdócios em torno dessas deidades sobreviveriam muito tempo depois da África se tornar uma província romana. De fato, não desapareceriam até a chegada do cristianismo. Os imperadores de Roma tiveram de usar seus soldados para derrubar o principal templo dedicado à deidade Tanit, em 421 EC.

Nos séculos III e II AEC, a cidade de Cartago era a estrela brilhante em um império comercial crescente. Mas terminaria tendo que lidar com Roma, também um império com ambições que incluíam a costa norte da África. Os cartagineses se estabeleceram na Sardenha, em Malta e nas Ilhas Baleáricas. Homens e mulheres distintos viveram na cidade. Na verdade, o navegador Hanno desceu a costa africana até a atual Serra Leoa no século V AEC e deixou uma placa de bronze em um templo a Baal como testemunho de sua viagem. Sua narrativa de 18 linhas sobre sua viagem, ou "Periplus", foi traduzida ao grego, e depois copiada muitas vezes por escribas gregos e, mais tarde, bizantinos. Nossos primeiros manuscritos datam dos séculos IX ("Palatinus Graecus 398") e XIV ("Vatopedinus 65") EC.

Na tradução grega, Hanno era chamado rei, o que significa que era provavelmente um alto magistrado cartaginense conhecido como *sufete*. Ele diz ter viajado com cerca de 30 mil homens e mulheres em 60 navios com 50 remadores cada, embora 500 pessoas em cada navio pareça um exagero. Hanno, então, descreve suas várias paradas ao longo do caminho e sua interação com africanos da costa. Ele encontrou homens tão rápidos quanto cavalos e essas pessoas lhe davam intérpretes. Depois, encontrou crocodilos e cavalos da água (hipopótamos). Ele diz que passaram rapidamente por uma ilha assustadora e barulhenta no que era chamado o "Chifre Ocidental", onde encontraram um povo peludo que os intérpretes chamavam gorilas. Os homens de Hanno não conseguiram capturar seus homens apedrejadores, mas apenas três das mulheres. Então, os cartaginenses as esfolaram para levar consigo suas peles para exposição. Nesse ponto, tendo ficado sem provisões, Hanno decidiu retornar a Cartago.

Plínio diz que Hanno tinha ordem para circunavegar a África, e pode tê-lo feito – ou ao menos ido até o sul do equador. Dependendo do que queria dizer com "gorila", ele pode ter ido a Serra Leoa, onde encontramos chimpanzés hoje, ou ao Congo, onde há gorilas. Hanno pensou que eram humanos, mas havia visto uma variedade de humanos vivendo em Cartago e esses animais não se pareciam com nenhum deles. Acredita-se que tenha visto de fato gorilas.

Havia outros cidadãos excepcionais. O estadista Mago de Cartago negociou tratados com os etruscos, romanos e algumas cidades gregas. Tal era o interesse dos representantes comerciais, os ferozes combatentes do comércio, que iriam a qualquer lugar em que pudessem encontrar um mercado ou garantir um negócio. Cartago estava em sua glória.

É desnecessário dizer que a Ilha da Sicília, a cerca de apenas 160 quilômetros da costa, ia tornar-se um alvo de Cartago. Os africanos se estabeleceram primeiro na parte oeste da ilha, mas o exército cartaginense, constituído de africanos e fenícios sob a liderança de Amílcar Barca, foi confrontado pelo rei de Siracusa, Gelon, e derrotado em 480 AEC na Batalha de Himera. Assim, as cidades-estados da Sicília foram preservadas, mas Cartago não iria embora. Considero notável que Cartago tenha ficado fora da Guerra do Peloponeso, e sequer tenha se envolvido quando os atenienses atacaram Siracusa (415-413), mas isso provavelmente se deveu ao choque da derrota em Himera. Na verdade, o neto de Amílcar, Aníbal (um nome muito usado em Cartago, assim como Amílcar Barca), voltou e destruiu a cidade de Himera em 409 AEC. Foi necessário um ano para Cartago reunir um exército mercenário de bom tamanho, de modo que Aníbal tinha somente 5.800 homens disponíveis quando os navios estavam prontos em 408 AEC. Ele os levou, derrotou a cidade de Selinus na Sicília, obrigando os selinitas a voltarem para seu território de origem, e esperou durante o inverno até que o exército principal, que pode ter chegado a 60 mil homens, desembarcasse em Motya. No ano de 409, Aníbal tomou Selinus por meio de um ataque frontal. A cidade de Segesta, que havia pedido proteção a Cartago, juntou-se aos cartaginenses. Agora, Aníbal estava pronto para atacar Himera. Diferente do que acontecera em Selinus, Himera repeliu o primeiro ataque cartaginense. Então, a cidade de Siracusa chamou de volta 25 navios do Mar Egeu, onde estiveram lutando na Guerra do Peloponeso, e os enviou para ajudar em Himera. Sua chegada deu aos gregos o controle do mar, levando Aníbal a recorrer a uma estratégia de guerra. Ele levantou

222

acampamento e marchou diretamente à cidade de Siracusa. Seus habitantes não podiam defender um aliado, Himera, se sua própria cidade estivesse sob ataque, e assim retiraram seus navios e homens de lá. Então, Aníbal retornou, capturou Himera e a destruiu, reduzindo-a a cinzas. As mulheres e crianças capturadas foram dadas como presentes aos soldados, enquanto Aníbal levou 3 mil prisioneiros homens ao lugar onde Amílcar morrera, e os usou como um sacrifício ao espírito de seu avô. Os humanos parecem não aprender a lição histórica de que nenhuma brutalidade chamada pelo nome de sacrifício pode trazer de volta os mortos.

Três anos mais tarde, em 406 AEC, seu colega general, Himilco, levou o mesmo destino a Acragas, a atual Agrigento. Ele assumiu o exército após o desastre que acometeu Aníbal, que, por sua vez, estava em uma segunda campanha contra os estados gregos. Uma praga infectou seu exército, matando muitos soldados e o próprio Aníbal. Alguns afirmaram que isso fora punição por violar os cemitérios nas cidades derrotadas. Outros, simplesmente, viram isso como o preço da guerra. Contudo, o exército prometeu não violar túmulos e passar a ordenar orações e sacrifícios humanos para apaziguar os deuses. Himilco, que era um parente mais jovem de Aníbal, assumiu o controle do exército e o levou a Acragas, capturando e saqueando a cidade. O que deveria ter sido a melhor época se tornou a pior.

No país havia problemas. Além da praga, houve uma revolta africana contra a oligarquia, e os cartaginenses concluíram que os deuses só podiam estar zangados com eles, já que lhes haviam tirado a melhor oportunidade de conquistar toda a Sicília. Durante a guerra, seus soldados haviam destruído templos pertencentes a Demeter e Perséfone, duas das mais populares deusas gregas. Os residentes gregos lhes disseram que poderiam terminar seu infortúnio construindo dois novos templos em Cartago. Himilco cometeu suicídio e Mago o sucedeu.

Cerca de cem anos mais tarde, em 310-307 AEC, o senhor absoluto de Siracusa, chamado Agátocles, o tirano, ameaçou Cartago e outras cidades na costa da África. Quando ele morreu, Cartago tinha o controle completo do oeste do Mediterrâneo. Seriam os romanos que finalmente corresponderiam ao desafio imposto por Cartago, o centro de poder africano do Norte. Por volta do século III, as características de Cartago haviam mudado drasticamente. Era praticamente toda africana em termos de seu exército e burocracia, mas a rica oligarquia fenícia ainda ditava os termos da vida para o povo. Eles eram superados em número pelos locais e muitos imigrantes estavam vindo de outros lugares da África e de várias colônias fenícias, todavia, a liderança original, embora mais negra e menos ligada a Tiro do que antes, via-se como a nobreza. Roma desafiou o poder de Cartago e tentou tomar a força o controle do oeste mediterrâneo nas famosas Guerras Púnicas, assim chamadas pelo nome latim dos fenícios (*poeni*). Essas duas nações haviam experienciado um período relativo de paz, uma vez que os cartaginenses provavelmente viam Roma como apenas mais um posto avançado etrusco. Eles haviam assinado tratados em 510, 348 e 306 AEC. Esses acordos prometiam cooperação contra a pirataria em alto-mar. Roma também prometera não comercializar no império cartaginense sem a supervisão de Cartago, e se navios romanos fossem desviados devido a tempestades para qualquer lugar no império além de Cartago e da Sicília, eles combinaram que deveriam partir em cinco dias. O que provocou a mudança política foi o fato de que os países falantes do grego entre os dois estados estavam prestes a desaparecer. Na verdade, Roma também estava expandindo seu alcance no Mediterrâneo. A guerra parecia inevitável, e assim foi.

A primeira dessas guerras (264-241) custou a Cartago todas as suas possessões na Sicília. Em 240 AEC, imediatamente após a Primeira Guerra Púnica, ocorreu um grande levante dos soldados africanos do interior. Hanno, o Grande, um político lendário e amigo da nobreza, além de membro do clã Barca, tentou se tornar o senhor de Cartago, substituindo a oligarquia cartaginense por governo de um homem só. Ele tentou se tornar popular distribuindo alimento de graça, e depois exigiu que africanos locais e seus reis, particularmente os do Marrocos, apoiassem-no pela liderança com suas armas. O levante fracassou, Hanno foi crucificado, e a maior parte dos membros de sua família foi executada. Contudo, foi difícil eliminar completamente uma família governante, e os Barcas retornaram, governando Cartago novamente numa época posterior.

Amílcar Barca, um líder poderoso nascido na África e dedicado a Cartago, suprimiu a revolta. Ele rapidamente desviou a atenção das divisões internas lançando uma campanha militar na Espanha para compensar a perda das possessões sicilianas. Essa campanha foi continuada por Asdrúbal.

Cartago continuou a crescer e se desenvolver mesmo após a derrota inicial. Uma segunda guerra contra Roma ocorreria e seria chamada a Segunda Guerra Púnica (218-201 AEC). Essa foi uma das maiores guerras da história. Embora o general cartaginense fosse o brilhante Aníbal, o Grande Aníbal, Cartago foi derrotada. Duas razões poderiam ser dadas para sua derrota durante a Segunda Guerra Púnica. A primeira foi a habilidade e capacidade de combate dos generais romanos Quinto Fábio Máximo Ruliano e Cipião Africano Maior. A segunda razão foi as divisões políticas em Cartago. Os líderes não conseguiram agir juntos e terminaram negando a Aníbal os suprimentos de que necessitava para travar a guerra. Esse foi o prenúncio do fim do grande império comercial.

Contudo, os eventos que puseram o nome de Aníbal na história africana, junto ao de Senurset I, Mentuotepe, Amósis, Tuthmoses III, Ramsés II, Piankhy, Taharka, Amanirensis, Ezana I, Shaka, Sundiata, Nzingha e Yenenga, são tão brilhantes em termos de superação de obstáculos no campo de batalha quanto quaisquer outros desencadeados por um general. Ele foi o maior general de sua época. Inquestionavelmente, superou todos os outros comandantes militares em estratégia e habilidade. Suas batalhas foram em sua maioria vitoriosas. Todas as autoridades e especialistas concordam que se não fosse pelas divisões e confusão em sua base de operações, ele teria tomado Roma. Ele prezava o envolvimento com Roma e acreditava que fosse seu destino estender o Império Africano de Cartago na Europa. Podemos dizer que teve o espírito de um guerreiro, mesmo quando seu país não compreendeu seu compromisso com a vitória sobre os romanos. Assim, aos 25 anos, tornou-se o comandante em chefe dos exércitos de Cartago e seu nome, Aníbal Barca, logo levaria medo aos inimigos do império. Ele prometera a seu pai que sempre odiaria os romanos.

Assim, a despeito dos conflitos pessoais e políticos em Cartago e das dificuldades de estabelecer as linhas adequadas de comunicação, Aníbal prometeu superar todos os obstáculos em sua busca pela vitória. Em 218 EC, ele cruzou o Ródano, enfrentou os gauleses e continuou sua marcha para a margem esquerda do rio. Cipião, o general romano, chegou três dias depois ao lugar onde Aníbal havia cruzado o rio. Navegou de volta à Itália com a intenção de encontrá-lo quando estivesse descendo os Alpes. Aníbal enviou seu irmão Asdrúbal para a Espanha para capturar Cneu, irmão de Cipião. Aníbal continuou sua marcha no Ródano até chegar a Isara. Marchando ao longo do rio, cruzou os Alpes com elefantes africanos, desceu ao Vale do Rio Dora Baltea, e seguiu seu curso até chegar nos territórios dos gauleses ínsubres.

A marcha de cinco meses custou a Aníbal muitos homens. A passagem pelos Alpes não foi um feito fácil; foi algo praticamente impensável. De acordo com uma declaração gravada por ordem sua em uma coluna no *Lacinium*, no interior do Brutii, vista por Políbio, o exército de Aníbal estava reduzido a 12 mil africanos, 8 mil espanhóis e 6 mil cavaleiros quando chegou nos territórios dos gauleses ínsubres. Ele recrutou ínsubres para seu exército já que suas forças foram depletadas ao longo da marcha. Eles foram em direção ao sul, e encontraram Cornélio Cipião na margem direita do Rio Ticino.

Na batalha que se seguiu, os romanos foram derrotados, e Cipião, com o restante do exército, retirou-se para a margem esquerda do Rio Pó, cruzou-o antes que Aníbal pudesse alcançá-lo, e acampou próximo a Placência. Com a abordagem de Aníbal, ele se retirou mais ao sul e se posicionou na margem direita do Trébia, onde esperou pela chegada do exército sob comando do outro cônsul, T. Semprônio, que já havia cruzado em direção à Sicília com a intenção de zarpar para a África para capturar Cartago, quando lhe pediram para retornar para ajudar a proteger Roma. Quando os dois exércitos se juntaram, Semprônio decidiu, contra a orientação de Cipião, arriscar outra batalha. A habilidade e bravura do exército africano de Aníbal prevaleceu novamente. Os romanos foram inteiramente derrotados. Seus soldados correram para se salvar, abrigando-se onde quer que pudessem, principalmente atrás de muros de cidades fortificadas. Devido a essas vitórias, toda Gália Cisalpina passou ao controle de Aníbal. Os gauleses, que haviam sido impedidos de se juntar a Aníbal em sua primeira chegada pela presença do exército de Cipião em seu país, começaram a ajudá-lo entusiasticamente com homens e suprimentos.

No ano seguinte, 217 AEC, os romanos mobilizaram dois novos exércitos para enfrentar Aníbal. Um exército foi posicionado em Arrécio, sob o comando do Cônsul Flamínio, e o outro em Rímini, sob o comando do Cônsul Servílio. Aníbal decidiu, após considerar as opções e as vantagens militares, atacar Flamínio primeiro. Em sua marcha para o sul através dos pântanos da Bacia do Arno, seu exército sofreu grandes baixas, e ele perdeu a visão de um olho. Após suas tropas repousarem por um breve tempo nas proximidades de Fésula, marcharam por Arrécio, vasculhando o interior em busca de alimento enquanto passavam. Ele puniu aldeias e cidades que tentavam se defender, na esperança de atrair Flamínio para uma batalha.

Flamínio, que parece ter sido irascível e de pouco discernimento, seguiu rapidamente Aníbal, e foi emboscado na Bacia do Lago Trasimeno. Foi completamente derrotado pelos cartaginenses, cujas tropas desceram das montanhas que circundavam o vale. Três ou quatro dias depois, Aníbal interceptou um destacamento da cavalaria romana de cerca de 4 mil homens, que havia sido enviado para Servílio em auxílio de seu compatriota. Aníbal queria conquistar as afeições dos outros estados, e, por isso, dispensou sem resgate todos os prisioneiros que havia feito na batalha e lhes deu uma oportunidade de se juntarem ao seu exército enquanto marchava lentamente ao longo do lado leste da península, através da Úmbria e do Piceno, para Apúlia. Contudo, a cooperação não foi tão grande quanto esperava. Após a derrota de Flamínio, Roma indicou Quinto Fábio Máximo ditador, e esse pôs em funcionamento um sistema de guerra para o resto do ano. No ano seguinte, 216 AEC, os romanos decidiram enfrentar Aníbal novamente em batalha. Um exército de 80 mil soldados de infantaria e 6 mil de cavalaria foi formado, comandado pelos cônsules L. Emílio Paulo e C. Terêncio Varrão. Ambos os exércitos estavam acampados nas proximidades de Canae na Apúlia.

De acordo com Políbio, o massacre foi inacreditável na derrota de Roma em Canae. A perda é estimada em 70 mil homens, com a exceção de 3 mil que escaparam para as cidades vizinhas, e também toda a cavalaria, com exceção de 300 que pertenciam aos aliados e 70 que escaparam com Varrão. Um destacamento de 10 mil soldados de infantaria, que haviam sido enviados para surpreender o acampamento cartaginense, foi obrigado a se render como prisioneiros. O Cônsul L. Emílio e os dois cônsules do ano anterior, Servílio e Atílio, também estavam entre os mortos. Aníbal perdeu apenas 4 mil gauleses, 1.500 africanos e espanhóis e 200 cavalos. Essa vitória colocou toda a Baixa Itália sob seu poder, mas não foi seguida pelo tipo de capitulação pela qual esperava, uma vez que alguns dos estados continuaram a ser dedicados a Roma.

Aníbal só conseguiu fazer novas campanhas para conquistar o restante da Itália depois de receber novos soldados. Asdrúbal recebeu ordens para marchar da Espanha para auxiliar Aníbal. Cneu Cipião, que, como já vimos, havia sido deixado na Espanha para enfrentar Asdrúbal, foi mais tarde auxiliado por P. Cornélio Cipião, e a guerra foi travada durante vários anos até que o exército romano fosse inteiramente derrotado por Asdrúbal em 212 AEC. Cneu e Cornélio Cipião foram mortos em batalha.

Asdrúbal se preparava agora para se juntar ao seu irmão, mas foi impedido pela chegada à Espanha em 210 AEC do jovem P. Cornélio Cipião, que rapidamente recuperou o que os romanos haviam perdido. Em 210 AEC tomou Cartago Nova. Foi só em 207 AEC, quando os cartaginenses haviam perdido quase todos os seus domínios na Espanha, que Asdrúbal foi se juntar ao seu irmão na Itália. Ele cruzou os Alpes, sem encontrar qualquer oposição dos gauleses, e chegou a Placência antes que os romanos tomassem conhecimento de que havia entrado na Itália. Após cercar essa cidade sem sucesso, continuou sua marcha em direção ao sul, mas, antes que pudesse juntar forças com Aníbal, foi atacado pelos cônsules C. Cláudio Nero e M. Lívio nas margens do Rio Metauro, na Úmbria. O exército de Asdrúbal, enfraquecido pela longa marcha, foi destroçado, e o próprio general caiu na batalha. Esse infortúnio obrigou Aníbal a agir na defensiva e, desse momento até sua partida da Itália em 203 AEC, ficou confinado a Brutium. Todavia, foi devido à sua habilidade militar superior que foi capaz de manter seu exército em um país hostil sem qualquer auxílio de seu próprio governo.

Após ter conquistado a Espanha a partir de Cartago, em 204 AEC, Cipião cruzou a África para guerrear no país de Aníbal. Ele usou a ajuda e o apoio de Masinissa, um príncipe Numídio que desejava se independizar dos cartaginenses. Cipião obteve duas vitórias sobre os cartaginenses, que chamaram seu grande comandante de volta para defender a cidade. Ele voltou a Cartago, desembarcando em Septis, e avançou para Zama, cinco dias a oeste de Cartago. Lá, enfrentou o exército de Cipião e foi inteiramente derrotado. Cerca de 20 mil cartaginenses perderam suas vidas na Batalha de Zama. Aproximadamente, o mesmo número foi feito prisioneiro. Os cartaginenses foram obrigados a pedir a paz, e, com isso, terminaram a Segunda Guerra Púnica em 201 AEC. Após a conclusão da guerra, Aníbal se empenhou em organizar o governo. Reduziu o poder dos juízes perpétuos e estipulou a coleta adequada da receita pública, que era usurpada. Ele foi apoiado pelo povo nessas reformas, mas incorreu na inimizade de muitos poderosos, que contaram aos romanos que ele estava se esforçando para persuadir seus cidadãos a se juntar a Antióquio, rei da Síria, em uma guerra contra eles.

Uma representação romana foi enviada a Cartago para exigir a punição de Aníbal como um perturbador da paz pública. Consciente de que não seria capaz de resistir a seus inimigos, Aníbal fugiu da cidade em direção a Tiro e, de lá, para Éfeso, com a intenção de se juntar a Antíoco em 196 AEC. Já na Síria, teve um encontro com o rei, que o havia excluído das discussões íntimas sobre a guerra com os romanos e, após lembrar de suas derrotas sob o exército romano e de seu ódio por eles, Aníbal narrou:

> Quando eu era um menino com não mais de nove anos, meu pai, Amílcar, partindo de Cartago para a Espanha como comandante em chefe, ofereceu vítimas a Júpiter, o maior e melhor dos deuses. Enquanto essa cerimônia estava sendo realizada, perguntou-me se eu gostaria de ir com ele na campanha. Eu prontamente aceitei e comecei a lhe implorar para que não hesitasse em me levar consigo. Em seguida, ele disse, "eu farei isso, contanto que você me prometa o que eu pedir". Com isso, ele me levou ao altar no qual havia começado seu sacrifício, e, tendo dispensado todos os demais, ordenou que segurasse o altar e jurasse que jamais seria amigo dos romanos. Da minha parte, até meu momento presente de vida, mantive o juramento que fiz a meu pai tão fielmente que ninguém duvida de que no futuro pensarei do mesmo modo. Portanto, se tendes quaisquer intenções bondosas para com o povo romano, serieis sábio se as ocultásseis de mim; mas quando preparardes a guerra, ireis contra vossos próprios interesses se não me fizerdes líder dessa iniciativa (TITO LÍVIO, 1905).

Se o aviso de Aníbal quanto à condução da guerra tivesse sido seguido, o resultado da disputa poderia ter sido diferente, mas ele foi empregado apenas em um comando subordinado, e os sírios foram derrotados. Aníbal foi obrigado a buscar refúgio na corte de Prúsias, rei da Bitínia, onde permaneceu por cinco anos, e em uma ocasião obteve uma vitória sobre Eumenes, rei de Pérgamo. Os romanos enviaram uma representação ao rei da Bitínia exigindo que Aníbal fosse entregue. Em vez de ir com os romanos, onde sabia que seria torturado, matou-se ingerindo veneno em Nicomédia, na Bitínia, em 183 AEC, aos 65 anos.

Historiadores de Cartago jamais contaram a história de Aníbal porque, com o declínio do país, caberia aos inimigos de Aníbal escrever a narrativa de sua vida, mas mesmo os registros de seus oponentes sugerem que tenha sido o maior estrategista militar de sua época. Políbio observa:

> Quão maravilhoso é o fato de que no curso de dezesseis anos, durante o qual ele manteve a guerra na Itália, jamais dispensou seu exército do campo, e ainda assim foi capaz, como um bom governante, de manter em sujeição uma multidão tão grande, e confiná-los nos limites de seu dever, de modo que jamais se amotinassem contra ele nem guerreassem entre si. Embora seu exército fosse composto de pessoas de vários países – incluindo africanos da Mauritânia e Marrocos além de Cartago, espanhóis, gauleses, cartaginenses, italianos e gregos –, homens que tinham diferentes costumes e línguas, e, em suma, nada em comum entre si –, contudo, tão hábil foi o gerenciamento desse líder africano, que, a despeito dessa grande diversidade, forçou todos a reconhecerem uma autoridade, e obedecerem a um comando. E isso, também, ele conseguiu em meio a variados níveis de sucesso. Que opinião elevada e justa essas coisas devem nos comunicar sobre sua habilidade na guerra! Podemos afirmar com confiança que se ele tivesse experimentado sua força em outras partes do mundo e tivesse vindo atacar os romanos por último, dificilmente teria falhado em qualquer parte de seu propósito (apud MORRIS, 1897).

Incapaz de se recuperar para obter o tipo de unidade necessária para atividades longínquas, a cidade de Cartago se encontrou em profunda dificuldade política, com líderes criando suas próprias facções e africanos nativos lutando contra os nobres, que permaneciam ligados à Fenícia embora essa há muito não fosse mais um poder importante. Isso deu a Catão, o Velho, razão para lançar outra guerra, a Terceira Guerra Púnica, em 149-146 AEC, que terminou com a total destruição do poder cartaginense e com o incêndio da cidade por Cipião Africano Menor. Os romanos mais tarde começaram a construir uma nova cidade (Colônia Junônia) no lugar, em 122 AEC, chamando-a capital da África Proconsular, mas o projeto fracassou. Uma nova cidade foi fundada em 44 AEC, e durante o governo de Augusto se tornou um importante centro de administração romana. Cartago mais tarde (439-533 EC) foi a capital dos Vândalos e foi recuperada (em 533) para o Império Bizantino por Belisário, que a manteve por 150 anos. Destruída pelos árabes em 698, tornou-se novamente, por alguns séculos, um lugar povoado. Agora, estava estritamente sob a influência dos muçulmanos árabes. Eles haviam tomado todo norte da África no começo do século VIII e, com Kairouan como sua capital, tornaram essa uma província frutífera do Império Islâmico que, controlado pelos califas em Damasco, estava em rápida expansão. Em seguida, os Amazighs, que podem ter representado alguns elementos dos fenícios e vândalos, assim como dos primeiros grupos invasores, adotaram ensinamentos religiosos islâmicos, mas odiavam o duro tratamento que recebiam dos árabes. Suas revoltas continuaram até 909, quando um grupo de Xiitas Amazigh, os Fatímidas, reuniram Amazighs e Tuaregs insatisfeitos e brevemente retomaram o norte da África dos árabes, construindo sua capital na costa em Mahdia. Mas, a unidade teria breve duração devido às diferenças religiosas. Algumas das pessoas retornaram ao Islã sunita e a unidade foi lentamente destruída. No fim, o grande e poderoso império que fora Cartago foi reduzido a uma série de ruínas, principalmente de construção romana, que hoje pouco podem dizer aos visitantes sobre a antiga força e poder dessa nação africana. Como a história de Cartago, grande parte da história da África Ocidental passou pelas mãos de escritores não africanos. Embora houvesse fontes locais e evidências materiais de escavações, cemitérios, cerâmicas e tradições orais, os principais historiadores dos séculos XIV e XVII foram de falantes do árabe que viajaram através da África.

8

Os impérios sudaneses

Historiadores e suas narrativas

Quatro historiadores que escreveram em árabe são responsáveis por grande parte do que conhecemos sobre os impérios sudaneses de Gana, Mali e Songhay. Eles são Ibn Battuta, Chihab Addine Abul-Abbas Ahmad ben Fadhl al-Umari, Abd al-Rahman ibn Mohammad ibn Khaldun e Leão Africano.

Ibn Battuta (1304-1369 EC)

Abu Abdullah Muhammad ibn Battuta, também conhecido como Shams ad-Din, nasceu em Tangier, Marrocos, em 24 de fevereiro de 1304 EC. Deixou Tangier na quinta-feira, dia 14 de junho de 1325, aos 21 anos. Suas viagens duraram cerca de 30 anos, antes de seu retorno a Fez, no Marrocos, para a corte do Sultão Abu 'Inan e para ditar as descrições de suas jornadas a Ibn Juzay. Essas são conhecidas como as Viagens (*Rihala*) de Ibn Battuta. Ele morreu em Fez, em 1369.

Foi o único viajante medieval que sabemos ter visitado as terras de cada governante muçulmano de sua época. Ele também viajou através da África, visitando Mali, Kanem Borno e a costa Suaíli. Foi ao Sri Lanka, China, Bizâncio (Turquia) e sul da Rússia, visitando mais de 40 países. Ibn Battuta foi o maior viajante de sua era, cobrindo mais de cerca de 120 mil quilô-

234

metros, uma cifra não ultrapassada por qualquer outro viajante medieval (DUNN, 2004).

Al-Umari (1300-1384 EC)

Al-Umari forneceu informações essenciais sobre o continente africano enquanto serviu como secretário da corte mameluca do Egito entre 1340 e 1348. Há duas informações importantes que obtemos de seus escritos. Uma diz respeito ao *hajj* do grande *mansa* Mali Kankan Musa. Ele registrou que o *mansa* distribuiu tanto ouro que seu valor caiu no Egito e não se recuperou por uma década, descrevendo, assim, a riqueza do Império Mali. A outra informação importante diz respeito às entrevistas que al-Umari registrou com o Mansa Kankan Musa sobre seu irmão, Abubakari II, o *mansa* anterior. Kankan Musa contou a al-Umari que Abubakari havia abdicado do trono para viajar a um país do outro lado do oceano, o que levou escritores contemporâneos, como o historiador guianense Ivan Van Sertima, o canadense Michael Bradley e o americano Leo Wiener a teorizarem que Abubakari II tenha alcançado as Américas antes de Colombo lá chegar em 1492 (SERTIMA, 1976; BRADLEY, 1981).

Ibn Khaldun (1332-1395 EC)

A principal contribuição de Ibn Khaldun pode ter sido seu primeiro volume voltado a uma análise de eventos históricos. Esse volume, intitulado *Muqaddimah* ou "Prolegômenos", foi baseado na abordagem única e na contribuição original de ibn Khaldun e se tornou uma obra-prima na literatura sobre filosofia da história e sociologia. O trabalho buscava identificar os fatos psicológicos, econômicos e sociais que contribuem para o progresso da civilização. Nesse contexto, ele tentou mostrar como sentimentos grupais, *al-'Asabiyya*, dão origem ao surgimento de novas civilizações. Ele identificou uma repetição quase rítmica de seu surgimento e queda, e analisou fatores que contribuem para esse processo. Sob certos aspectos, seu trabalho criou ou deu continuidade a apreciações estereotipadas sobre os africanos. Ele escreve:

> Suas qualidades de caráter, além disso, são próximas às de animais irracionais. Relata-se inclusive que muitos dos negros da primeira zona [climática] habitam cavernas e matas, comem ervas, vivem em isolamento selvagem sem congregação, e comem um ao outro. O mesmo se aplica aos eslavos. A razão para isso é que sua distância do autocontrole produz neles uma disposição e um caráter similares àqueles dos animais, e se tornam consequentemente distantes da humanidade (KHALDUN, 1967, p. 59).

Isso não é apenas má ciência, é também de mau gosto, tendo em vista o fato de que vários dos países onde viveu haviam sido dominados por africanos anos antes e as civilizações da África de onde vieram grande parte se sua inspiração, recursos e conhecimento foram aquelas criadas por povos negros. Assim, não posso aceitar a avaliação do seu trabalho como "brilhante" com relação à África, embora reconheça que *Muqaddimah* tenha se tornado um livro independente importante, separado do resto do trabalho histórico de Ibn Khaldun (NIANE, 1998). Importante para a história da África é o fato de ele ter estabelecido a lista de governantes de Mali até o ano de 1390 (NIANE, 1998, p. 4).

Leão Africano (1485-1554 EC)

O nome árabe de Leão Africano era Al-Hasan ibn Muhammed el-Wazzan ez-Zayyat. Ele nasceu em Granada, na Espanha moura, mas, em 1492, foi expulso por Ferdinando e Isabela com seus pais e milhares de outros Mouros. Eles se estabeleceram em Fez, no Marrocos, e, quando adolescente, viajou com seu tio em missões diplomáticas. Capturado por piratas cristãos, foi vendido como escravizado ao Papa Leão X. Durante a época em que trabalhou para a administração da Igreja Católica como escravizado, o papa ficou impressionado com seu conhecimento e o libertou. Foi batizado com o nome de Johannis Leo de Medici, e o papa o comissionou para escrever um estudo detalhado da África em italiano. Ele também ensinou árabe em Roma e escreveu uma narrativa de suas jornadas pela África em árabe (publicada em italiano em 1526). Esse livro se tornou a única fonte conhecida dos europeus sobre o interior da África. Uma tradução em inglês (1600) foi republicada pela Hakluyt Society como *The history and description of Africa* [A história e descrição da África] (1896). Timbuktu se tornou a personificação de cidades remotas, embora Leão a tenha descrito como um centro de comércio, educação e conhecimento. Ele visitou a região duas vezes e lhe contaram muitas coisas sobre as culturas do povo africano. De fato, sua descrição dessa fabulosa cidade antiga permaneceu a mais impressionante e, por muitos anos, a única que os europeus tiveram sobre ela. Quando morreu, em 1554, na Tunísia, havia se reconvertido ao islamismo.

O império de Gana: a emergência de uma sociedade imperial

Mesmo com tudo que sabemos sobre ele, o império de Gana ainda nos faz parar para refletir sobre a incrível vontade de um povo para produzir, entre a grande floresta e o grande deserto, uma poderosa civilização que continha os melhores elementos às duas regiões. Há três fontes importantes de informações sobre os antigos países da África Ocidental: escavações arqueológicas, livros de africanos e árabes, e histórias orais.

Por volta de 300 AEC, um grupo de povos, provavelmente Soninkes, transformou-se em um formidável reino comercial próximo à parte alta do Nilo. Esse estado logo se tornou um império que impactou todos os seus vizinhos, foi descrito por viajantes e influenciou o curso da história do oeste africano. Seu nome se tornou conhecido como Gana, um nome que era na verdade o título do rei supremo. Assim como os egípcios antigos chamavam seu rei supremo faraó, e os Asantes, *asantehene*, o Estado Soninke chamava seu rei gana, que significa rei da guerra. Reis posteriores eram reconhecidos por seus nomes precedidos pelo título "gana". O país foi então denominado pelo título dado ao rei. Entre os Soninkes, o reino era chamado *wagadu*. O povo Soninke falava uma das línguas do grupo mande, que são encontradas ao longo da África Ocidental. Eles comercializavam com os Amazighs ao norte, e com os Wolofs ao sul e ao oeste.

Em 773 EC, encontramos a primeira referência ao Império Ganense, embora certamente existisse antes dessa época, se considerarmos as evidências arqueológicas. Uma tradição registrada na famosa *Tarikh as-Sudan*, uma história escrita por Abderrahman es-Saadi, em Timbuktu, em 1650, diz ter havido 22 reis de Gana antes do início da era muçulmana (622 EC). Podemos facilmente ver como esse número aproximado de reis poderia remontar o rei mais antigo em cerca de 300 EC. Contudo, é mais do que provável, com base em evidências de cerâmicas e outros materiais, que o reino tenha começado ao menos 600 anos antes. Só alcançou seu vigor completo mais tarde, mas, já naqueles primeiros anos, o reino do povo Soninke estava iniciando uma poderosa nação comercial.

Como o reino havia se tornado muito eficiente no comércio do sal e do ouro, o rei logo recebeu um novo título, Kaya Maghan, que significa o "mestre do ouro". Na medida em que o rei controlava e regulava a exportação do metal precioso, era, na verdade, seu senhor e mestre. Nenhum rei vizinho podia se aproximar a gana em majestade ou poder.

Os reis vinham das linhas de descendência dos primeiros ancestrais. Ninguém poderia ser um gana sem remontar suas origens aos primeiros ancestrais, usualmente mulheres. Muitas sociedades africanas, antes do Islã e do cristianismo, eram matrilineares. A fim de lidar com as crescentes demandas sobre o reino devido ao vigoroso comércio com os Amazighs, o Império Wagadu escolhia seus líderes pela sua habilidade em comércio, negociação e guerra. O rei ficava muito rico. Um rei de Wagadu podia comandar um exército de muitos milhares, usar os serviços de numerosos servos e mensageiros, e empregar vários comerciantes e intérpretes para lidar com os Amazighs, Wolofs, Serer e outros povos.

A capital dos Wagadu era chamada Kumbi Saleh. Essa cidade fica a cerca de 322 quilômetros ao norte da atual Bamako. Caravanas cruzavam regularmente o deserto vindas de lá, indo de Taghaza a Trípoli e Túnis. É um lugar muito cosmopolita, com intensas atividades sociais e econômicas. Agitava-se sempre que um novo comerciante chegava. Era famosa por sua elegância e pela beleza das mulheres Soninkes. Muitos comerciantes se casavam com mulheres locais e se tornavam parte da classe rica emergente de mercadores da cidade durante o século X. Nessa época, muitos cidadãos importantes se tornaram muçulmanos, abandonando sua religião original.

Em 1067, um árabe espanhol, chamado al-Bakri, registrou uma descrição importante sobre como um dos ganas, chamado Tunka Manin, organizava seu poder e riqueza. É interessante o fato de ele não ter visitado o reino, mas ter obtido informações o bastante com viajantes e comerciantes para compilar um livro sobre a corte desse gana.

Claramente, após a conquista islâmica do século VIII, muitos Amazighs e outros grupos étnicos se tornaram muçulmanos e foram acolhidos na capital de Wagadu. Em seguida, o gana permitiu aos muçulmanos construírem sua própria cidade, a cerca de 24 quilômetros da capital. As casas dos Soninkes eram feitas de barro endurecido, feixes de madeira e palha. Os comerciantes muçulmanos bem-sucedidos construíam casas de pedra, como era seu costume no norte da África. Assim, foram desenvolvidas cidades na África Ocidental que tinham duas identidades, uma seção para o povo local e uma seção para os estrangeiros, usualmente comerciantes árabes ou muçulmanos de outros grupos étnicos.

Antes de 1240, Kumbi Saleh era indubitavelmente a maior cidade no oeste da África. Era a sede do rei e do poder econômico. Todas as estradas que vinham através do deserto e da floresta levavam a ela. Sua reputação como cidade era enorme; aproximadamente 15 mil pessoas viviam lá. Como possibilitava aos pobres uma vida decente, era altamente civilizada, permitindo a criação de comunidades de artesãos, pensadores e comerciantes.

Os visitantes e comerciantes achavam a cidade amistosa. Não havia razão para o povo Wagadu excluir os outros. Contanto que os visitantes obedecessem às regras e leis de Gana, ninguém tinha problemas. Al-Bakri, o assim chamado historiador de poltrona, que nunca havia ido à África Ocidental, diz sobre o Gana Tunka Manin que "era o senhor de um grande império e de um poder formidável". Quão grande era o império? De acordo com o historiador, era tão grande que o rei podia colocar 200 mil guerreiros no campo, mais de 40 mil deles armados com arco e flecha. A força real do exército do gana era sua confiança nas lanças com pontas de ferro. Suas armas eram mais letais do que a de seus vizinhos, e seu governo era capaz de atrair muito mais soldados devido à sua riqueza. Nenhuma potência vizinha poderia resistir à força completa do gana. Dizia-se que "Wagadu é um leão entre os gnus". Os governantes Soninkes de Wagadu subjugaram os Tekrur (do atual Senegal) e os trouxeram para o Império Ganense. Esses povos ajudaram o império a ampliar suas fronteiras em direção ao mar e às minas de ouro ao sudeste. Eles controlavam a principal cidade do sul do Saara, chamada Audoghast, um importante centro mercantil frequentado por comerciantes do norte e do sul, que há muito desapareceu devido às muitas guerras que foram travadas para capturá-lo. Contudo, permanece uma parte da história do Império Ganense, porque, de lá, o gana era capaz de dominar as riquezas e exercer poder quando comerciantes cruzavam seus portões. Na verdade, esses governantes e as elites que os apoiavam estavam entre os mais talentosos de sua época.

Para ser imperador de um enorme império como Wagadu, o gana tinha de ter outros governantes, subordinados a ele, que pudessem governar efetivamente de acordo com seus decretos e leis. Assim, conselheiros de Estado, sub-reis e funcionários governamentais, particularmente aqueles que coletavam impostos, eram organizados a partir da capital, Kumbi Saleh, e enviados para executarem os comandos do imperador. Governadores responsáveis por províncias distantes prestavam contas ao imperador regularmente por meio de uma série de mensageiros, que eram empregados para irem e virem entre a província e a metrópole. Um império grande assim era um sucesso político, econômico e organizacional.

Poderíamos facilmente perguntar: onde o Gana Tunka Manin e outros imperadores antes e depois dele encontram dinheiro para pagar soldados e funcionários da corte? Devemos nos voltar para as palavras de al-Bakri, porque ele faz uma descrição de como Tunka Manin governava sua corte e gerenciava seus assuntos.

Havia duas fontes de receita. Ambas eram formas de impostos sobre o povo. O primeiro tipo era um imposto sobre importação-exportação. Esse era uma soma de mercadorias (muito provavelmente uma porção do produto ou produção em vez de dinheiro) que um comerciante tinha de pagar para trazer mercadorias para o império, ou dele retirá-las. Assim, para trazer ouro para o império de Gana, era necessário pagar uma certa quantia dele como impostos ao imperador. Caso se fosse retirar sal, era necessário dar ao imperador uma certa quantia de ouro para exportá-lo. O rei de Gana, dizia al-Bakri, "impõe um imposto de um dinar de ouro em cada asno carregado de sal que entra em seu país". Mas ele também "impõe dois dinares de ouro sobre cada carga de sal que sai". Impostos similares eram pagos por marfim, cobre, especiarias ou ébano. A segunda forma de tributação era um imposto sobre produção. Era aplicado apenas ao ouro. Al-Bakri a descrevia assim: "Todos os pedaços de ouro que são encontrados no império pertencem ao imperador". O sistema de controle era brilhante porque, caso o imperador não tivesse todo ouro como seu, poderia ter se tornado tão abundante entre o povo que se tornaria sem valor. Isso tinha menos a ver com o acúmulo de ouro com vistas ao enriquecimento do que com o controle do produto para conter a inflação e manter a qualidade de vida no império.

Esse sistema de controle não é estranho aos governos da atualidade. É chamado "o sistema de monopólio", e funciona muito bem na área de diamantes atualmente. A vasta maioria dos diamantes no mundo é produzida por algumas grandes empresas na África e na Rússia. Todas as companhias que participam desse negócio trabalham juntas. É um cartel. Elas concordaram em não colocar para venda e distribuição todos os diamantes que extraem, porque, se o fizessem, inundariam o mercado e os preços cairiam. O cartel do petróleo é outro exemplo. Quanto menos petróleo para compra, mais alto o preço a ser pago por ele. Monopólios têm a habilidade de manipular o mercado. Os imperadores de Wagadu faziam o mesmo com suas pepitas de ouro. Se uma pessoa no império encontrasse ouro, esse pertenceria ao gana.

Como a Europa só podia obter ouro da África Ocidental, e sua capacidade para consumi-lo era maior do que a dos africanos, o imperador garantia que o ouro para ornamentos e joalheria fosse escasso, de modo que seu preço ajudasse a manter o Estado. Foi na demanda contínua por ouro no norte da África e na Europa que os impérios do oeste africano fundaram sua importância contínua como comerciantes e negociantes desse metal. Se os europeus necessitavam de ouro para suas coroas e moedas, obtinham-no das minas da África Ocidental.

Gana antiga, ou seja, Wagadu, foi a pioneira no comércio de ouro. Nesse sentido, os primeiros negociantes de ouro foram africanos. O sucesso do império de Gana inspiraria outros povos a seguirem seu padrão, e quando Gana foi derrotada no século XIII, o Império Mali continuou o comércio.

Por volta do século XI, Gana era invejada por muitas nações. Passaria os próximos 200 anos repelindo seus inimigos que buscavam assumir o controle de seu lucrativo negócio. Seu derradeiro fim não viria de um golpe único de seus inimigos perenes do Noroeste, aos Amazighs mauritanos e marroquinos, que ameaçavam as rotas de comércio, atacavam caravanas e destruíam oásis e cidades leais ao império. Em meados do século XI, muitos cidadãos de Wagadu haviam se tornado íntimos dos Amazighs Zenata do Norte. Eles haviam criado um ambiente favorável a relações interculturais. O casamento entre famílias comerciantes ricas do Sul com famílias comerciantes ricas do Norte não era incomum. Wagadu permitiu que os Zenata partilhassem o controle de Audoghast e governassem Sijilmasa independentemente como parte da rota comercial. Essa foi uma tentativa de estabelecer uma relação benéfica com os Amazighs do Norte. Embora Amazighs Zenata e negociantes árabes vivessem em suas próprias cidades no império, estavam cada vez mais se tornando uma parte do círculo interno do clã governante dos Soninke. O conhecimento dos hábitos, costumes e línguas dos habitantes permitia aos comerciantes obterem acesso aos detalhes íntimos dos comportamentos militar, político e econômico da administração Wagadu. Todavia, não seria apenas isso que enfraqueceria e destruiria o império. Na análise final, seria um pequeno reino Mali que terminaria sucedendo o Wagadu após os Amazighs invadirem com fanatismo religioso.

Contudo, antes que o evento da vitória do Reino Mali pudesse ocorrer, a base para o fim do Império Wagadu tinha de ser preparada. Habitantes do Norte, vivendo em condições de pobreza e invejosos da riqueza de Gana, tentaram obter o controle do império pela penetração econômica e uma série de guerras religiosas. Entre os marroquinos, surgiu um líder, leal ao Islã, chamado Abdullah ibn Yasin, que estabeleceu um centro de ensino religioso chamado *ribat*, ou refúgio. Era um centro religioso fortificado, similar a um mosteiro, onde doutrinaria seus seguidores na sua forma puritana de islamismo. Ele não pertencia ao grupo Zenata, mas ao grupo Sanhaja de Amazighs. Ele e os que seguiam sua doutrina passaram a ser conhecidos como o povo do *ribat* – cujo nome em árabe é al-Murabethin, ou os Almorávidas. Eles ensinavam uma forma puritana de islamismo e tentavam forçar sua doutrina religiosa a todos aqueles que professassem o Islã. Ibn

Yasin subjugou muitos grupos no Norte, colocando-os sob seu controle e forma de religião. Nesse meio-tempo, o império de Gana teve de enfrentar os Almorávidas descendo da costa oeste da África doutrinando os governantes Tekrures (ou futa toros) a acreditarem no Islã. Eles estavam entre os primeiros africanos do Oeste a aceitarem essa religião.

Os Almorávidas se dividiram em dois grupos devido a rivalidades internas. Um grupo, liderado por Ibn Tahufi, conquistou o Marrocos e estabeleceu a Dinastia Almorávida nesse país. Outro grupo, liderado por Abubakar bin Umar, aliou-se aos Tekrures e invadiram Wagadu, onde a casa real ainda seguia a religião africana tradicional. Em 1054, os Almorávidas capturaram Audoghast, o centro de poder ao sul, e, então, dois anos depois, capturaram a poderosa cidade de Sijilmasa, o principal centro comercial do Norte para o ouro da África Ocidental e a cidade final para muitas caravanas.

Nada parecia capaz de frear o entusiasmo da irmandade. Os Almorávidas conquistaram povo após povo; cruzaram o Estreito de Gibraltar e assumiram o controle de al-Andalus, ou Espanha muçulmana. Estendendo-se, o movimento almorávida entrou em ação novamente contra Gana, no Sul, quando havia tomado a Espanha, no Norte. Abu Bakr, que se deu esse nome em homenagem ao tio do Profeta Muhammad, colocou-se na liderança do exército do sul, enquanto esse tentava conquistar Gana. Finalmente, em 1076, após muitas batalhas, os Almorávidas tomaram a cidade de Kumbi Saleh. Contudo, mostraria-se muito mais fácil capturar a capital do que manter o império de Gana. A resistência era constante e incessante. Revoltas e intrigas imperavam. Abu Bakr foi assassinado enquanto tentava suprimir uma dessas revoltas em 1087.

Todavia, o desafio Almorávida ao poder do império de Gana inspirou outros reinos a romperem com o centro. Os Almorávidas governaram Gana apenas por alguns anos, mas prejudicaram muito seu prestígio e poder. Tanto que, quando o deixaram para, atendendo à pressão local, mover o centro comercial para Walata e assumir o controle do comércio lucrativo do deserto, deixaram o império à mercê das províncias concorrentes.

Agora, novas potências surgiam, afirmando sua independência e tentando criar suas esferas de influência. Uma foi o Estado de Tekrur. Já militarmente forte, governado pelos Peuls, afirmou sua independência de Wagadu, e com o tempo se recusou a pagar impostos a Gana. O povo de Kaniaga, sob o governo dos Sosos, fez o mesmo. Essas ações foram seguidas pelas províncias de Diara, Bambuk e outras. Essas eram províncias rebeldes e detinham uma certa autonomia em um país tão grande como Wagadu, que excedia os territórios da moderna Alemanha, Espanha e França combinados.

O que era comum sobre esses povos é que cada um deles parecia ter em seu centro um poderoso grupo étnico, que poderia até mesmo conter um clã, que demonstrava sua unidade interna e competência militar. Dois grupos emergiram para desafiar o poder Soninke, que estava na base do Império Wagadu. Esses foram os Soso e os Fulbe. Os Soso virariam o jogo contra o Império Wagadu e assumiriam o controle do restante do império. Do outro lado, os Fulbe – que os franceses, tomando o termo wolof *Pël*, denominavam Peuls (singular, pula), e cujo nome os falantes do inglês pronunciam Fulani, após adotar o nome dos Hausa – criariam seus próprios reinos e dinastias na parte oeste do império. Sua contribuição para a história africana é uma questão de registro que vale a pena repetir, porque eles estão profundamente arraigados na maior parte da história do oeste do continente após o século XI. Os Peul eram criadores de gado que partilhavam o território com os Soninke, próximo ao Alto Níger. Seu reino Tekrur estava localizado na parte norte do Senegal atual e ao sul da Mauritânia. Em 1199, eles também assumiram o controle do reino de Diara, que era uma das províncias importantes de Wagadu. Isso deu ao reino Peul, Tekrur, o controle efetivo de uma grande porção do Império Wagadu original. Mas ele não estava sozinho em sua ambição.

Os Soso, que também conquistaram sua independência de Wagadu durante a perturbação provocada pelas guerras almorávidas, também tentaram obter poder. Em 1180 EC, um soldado soso do reino Kaniaga, chamado Diara Kante, depôs a dinastia governante Soninke de Wagadu e um de seus sucessores se tornou rei. Seu nome era Sumanguru Kante.

Durante o reinado do governante militar Sumanguru, o Soso, outrora um Estado súdito, tomou o trono e dominou o reino de Wagadu. Sumanguru se proclamou o governante supremo do povo que antes estivera sob a autoridade única do gana soninke. Ele se tornou, com efeito, o novo gana, rei supremo dos reis. Em 1203, ele cercou a enfraquecida capital Kumbi Saleh, sitiou-a e em alguns dias declarou vitória atacando a cidade e destruindo as casas da realeza soninke.

O reino de Sumanguru não foi pacífico, pois ele não era um homem sereno. Logo envolveu-se em batalhas em todas as frontes. Mesmo estados pequenos, controlados por outros Peul, como o reino Kaniaga, achavam que não tinham de se submeter ao "rei dos reis".

É justo dizer que o novo gana tinha dois obstáculos importantes para seu sucesso. Um era o fato de que os comerciantes amazighs, que haviam se acostumado com certos privilégios em Kumbi Saleh, eram leais à antiga administração e tentaram tudo o que puderam para minar a liderança de Sumanguru. Para eles, ele não era o verdadeiro gana. O segundo problema que o rei enfrentava era o fato de que um pequeno estado Mandinka, chamado Kangaba, próximo às nascentes do Rio Níger, mantinha sinais de que não seria controlado pelo novo gana. Assim, o rei tinha problemas comerciais e políticos. A resposta para o primeiro, o dos comerciantes amazighs que haviam se estabelecido em Kumbi Saleh, era forçá-los a irem para Walata, uma cidade mais ao norte do reino. Por fim, Sumanguru sabia que tinha de combater o povo de Kangaba a fim de restringir seu pequeno reino; do contrário, estados maiores e mais prósperos tentariam evadir-se do poder de

Gana. Além disso, o pequeno reino localizado onde hoje é a Guiné ficava próximo às minas de ouro e ameaçava a fonte de existência da casa real de Wagadu.

Com o fluxo na região de Sahel, vários reinos foram formados e reformados sob a liderança de homens e mulheres inteligentes e valentes. Durante o século XII, Yenenga veio do que é agora o norte de Gana (o Estado moderno) e fundou a nação Mossi.

Essa região era chamada Dagomba, e sua capital era Gambaga. Era um estado rico, e seu rei, Nedega, convidou o povo do Império Ganense para residir em seu território. Muitos Malinke e povos que viviam ao sul vieram e ajudaram a formar o exército do reino. Entre seus maiores guerreiros estava a filha do rei, Yenenga.

Ela era uma mulher charmosa de extraordinária inteligência, mas também uma habilidosa cavaleira e lançadora de dardos e uma especialista em lanças e arcos. Seu pai gostava tanto dela que se recusou a permitir que se casasse. Ele queria o melhor para ela e não admitia que deixasse o reino. Quando percebeu que não conseguiria persuadir seu pai a mudar de ideia, isso a entristeceu. Sua mãe também foi incapaz de convencer seu pai a deixá-la se casar.

Yenenga decidiu fazer uma plantação de trigo. Quando estava pronta para a colheita, ela não a fez, deixando que apodrecesse. Seu pai ficou surpreso e lhe pediu uma explicação. "Vê, pai", ela disse, "você está me deixando apodrecer como o trigo nesse campo". Nedega ficou muito aborrecido e ordenou que ela fosse aprisionada. Mas Yenenga tinha muitos amigos entre os guardas do rei. Uma noite, um dos cavaleiros do rei facilitou sua fuga da prisão. Ambos cavalgaram por muito tempo durante a noite, e mais tarde foram atacados por bandidos malinke. Yenenga e seu benfeitor derrotaram seus atacantes, mas o cavaleiro pagou com sua vida pela vitória. Yenenga estava agora sozinha no meio da floresta, distante muitos quilômetros de Gambaga. Ela continuou cavalgando rumo ao norte. Em seguida, chegou a um rio. Enfrentando fortes correntes, ela e seu cavalo conseguiram cruzá-lo. Ela ficou exausta pelo esforço e havia se deitado nas costas de seu cavalo para dormir quando viu uma casa, que pertencia a Riale, um famoso caçador de elefantes. Ele veio até ela, e quando a viu a desejou. Com o tempo, tiveram um filho, chamado Ouedraogo. Yenenga é também conhecida como a fundadora do povo Mossi.

O Império Mali: a Era de Ouro da África Ocidental

Sundiata: nascido para liderar um império

A aparição de Sundiata Keita como o rei de Mali foi um momento importante na história da África Ocidental. Tudo o que acontecera antes empalideceria em comparação, e ele se tornaria a personalidade mais famosa dessa região. De acordo com os *djeli*, historiadores tradicionais, muitas vezes erroneamente chamados "griot", a história de Sundiata é quase mágica. Mamadou Kouyaté, considerado o *djeli* mali mais confiável, tem uma descrição da história de Sundiata que foi contada pelo grande historiador e filósofo D.T. Niane (1966). Desde que Niane recontou a história e a traduziu ao francês, ela tem sido vertida para várias línguas. Outras versões dessa história (Sun-jara, Sunjata, Keyta) apareceram, mas se baseiam na mesma tradição oral.

A narrativa dizia que Nare Maghan Kon Fatta Konate, rei de Mali, era filho de uma longa linhagem de grandes caçadores capazes de se comunicar com espíritos que influenciam a vida humana. Esses eram espíritos de ancestrais que continuavam a guiar e a dirigir as atividades entre os vivos, criando harmonia na comunidade, quando invocados em um ritual antigo. Nare Maghan Konate era um mande, ou seja, sua identificação étnica era a de um falante do mande – por vezes dito "mandinka", "mandingo", "malinke" ou "mangingo". Prefiro usar a palavra "mande" por ser a mais comum entre o próprio povo.

Embora a fé islâmica tivesse impactado as famílias governantes entre a elite falante do mande durante o século XIII, eles ainda acreditavam nos espíritos tradicionais, muitas vezes misturando princípios de Alá com os dos deuses de seus ancestrais. Isso não desapareceu de seu sistema de crenças na época dos Sundiatas. Assim, quando um caçador vinha a Maghan, jogava as conchas de búzios de adivinhação, e lia o significado profético das figuras que formavam. O rei levava isso muito a sério. No contexto africano, um caçador não era meramente alguém que tentava matar animais para alimento, mas um aventureiro, um explorador e buscador de conhecimento, que amava a busca, mesmo que isso o levasse a terras distantes. Assim, um rei seria negligente em ignorar a orientação de alguém tão sábio quanto um grande caçador.

O caçador profetizou que dois outros caçadores iriam ao rei com uma mulher muito feia, e, a despeito de sua feiura, o caçador disse, o rei teria de se casar com ela, porque daria à luz ao maior rei que já existira. O conselheiro do rei lhe disse que estava cético em relação a essa profecia e não acreditava nela. Com certeza, a primeira esposa do rei, Sassouma Berete, também não aceitou a profecia e ficou muito descontente.

Mas, como a profecia dizia, dois caçadores apareceram na corte com uma mulher corcunda. Eles disseram ao rei que essa mulher, Sogolon Kedju, era uma cópia humana de um búfalo e havia devastado o condado de Do, que ficava ao norte de Mali, tendo matado cidadãos e animais. Caçadores nas sociedades africanas são, muitas vezes, os cientistas e exploradores, porque veem muitas coisas em suas viagens e são capazes de refletir sobre o que descobrem. Nesse caso, os dois caçadores disseram que haviam matado o búfalo e trazido a mulher para Mali. Apesar de sua feiura, eles disseram, era muito sábia e tinha poderes extraordinários. Eles a ofereceram ao rei, que, refletindo sobre a profecia, aceitou-a e rapidamente se casou com ela. Logo ela engravidou.

Sassouma Berete, a primeira esposa, ficou com ciúme. Ela tinha o direito de supor que seu filho, Dankaran Touman, seria o próximo rei de Mali. Afinal, ele foi o primeiro filho a nascer. Ela planejava prejudicar Sogolon porque não queria que a profecia se realizasse e o filho dessa mulher se tornasse o maior rei que jamais existira. Mas os poderes da misteriosa Sogolon eram muito fortes para serem superados. Ela terminou dando à luz a um filho, ao qual nomeou Mari Diata, que, no entanto, ficou conhecido como Sogolon Diata, e, depois, finalmente, Sundiata.

Sassouma ficou tão cheia de ódio por essa criança que a amaldiçoou, e sua maldição pareceu funcionar. O bebê era manco e terminou se mostrando sem muita energia, incapaz de caminhar, e, ainda por cima, feio. Sassouma ficou satisfeita e muito feliz. Como esse menino seria capaz de competir com seu filho pelo título de rei quando o pai morresse? Ela estava certa de que não haveria disputa. Aos 3 anos, Sundiata não falava e não podia caminhar. Mesmo aos 7 anos de idade ainda engatinhava. Ele ocupava seu tempo comendo. Não tinha amigos jovens. Era muito patético. O próprio rei não via como esse menino pudesse algum dia ter algum valor, e provavelmente se questionou muitas vezes por ter engravidado Sogolon. Todavia, o rei acreditava na profecia, e, em seu leito de morte, honrou a predição do profeta e deu ao seu filho aparentemente deficiente um presente que demonstrava seu desejo de que o menino se tornasse o rei de Mali. O presente era o *djeli* chamado Balla Fasseké, o filho do *djeli* do rei. Contudo, quando o velho rei morreu, Sassouma Berete imediatamente se certificou de que os anciões colocassem seu filho, Dankaran, no trono. Afinal, Sundiata ainda engatinhava.

E assim aconteceu que, um dia, Sogolon, a mãe de Sundiata, necessitou de algumas folhas da árvore de baobá para cozinhar, e perguntou à sua arquirrival, Sassouma Berete, se poderia lhe emprestar algumas. Sassouma disse que sim, mas aproveitou a oportunidade para insultar Sogolon e seu filho preguiçoso, estúpido e aleijado. Os insultos a magoaram profundamente. Foram como adagas em seu coração, porque tudo que Sassouma disse era sussurrado por outros e dito em voz alta por aqueles que não gostavam dela. Ela ficou zangada e começou a chorar. Suas lágrimas consternaram seu filho, que lhe perguntou o que havia ocorrido e ela reproduziu a ele o incidente, ainda soluçando. Erguendo os olhos para ela, disse-lhe: "não se preocupe, mãe, eu levantarei e caminharei hoje!"

Sundiata pediu aos ferreiros que lhe fizessem o bastão de ferro mais pesado que pudessem, o qual foi então elaborado para o prostrado Sundiata. Uma grande multidão se aglomerou em torno para ver o que ele iria fazer com o bastão de ferro. Ele se pôs de pé, tremendo e perspirando, e no processo se transformou numa nova pessoa. Contudo, o bastão de ferro se curvou como um arco sob o peso e força do jovem. Naquele momento o *djeli* Balla Fasseké compôs a canção "O hino do arco", que permanece uma parte do épico oral ainda usado por muitos poetas mande e *djeli*.

Agora, o Sundiata transformado coloca uma ameaça ainda maior à mãe maquinadora de Dankaran, bem como ao falso rei. Sogolin insistiu que Sundiata levasse os membros de sua família para o exílio, por segurança, mas, antes que pudessem partir, Dankaran ordenou que Balla Fasseké e a meia-irmã de Sundiata fossem enviados em uma missão ao rei Soso, Sumanguru Kante, que estava ameaçando todos os reinos na região com seu crescente exército enquanto tentava reinventar o Império Wagadu. Assim, Sundiata teve de partir para o exílio sem seu *djeli*. Sua mãe o convenceu de que era melhor ele partir, embora estivesse furioso e quisesse confrontar Dankaran. Ele partiu com um pequeno séquito que o atenderia até que pudesse retornar, e acabou ficando fora por muitos anos. Tornou-se adulto enquanto viajava por reinos localizados centenas de quilômetros distantes de casa. Aprendeu a falar, negociar, caçar, ler as estrelas, lutar e a usar com sabedoria os provérbios de seus ancestrais. Um dia, no reino de Mema, Sundiata viu pessoas vendendo folhas de baobá no mercado. Perguntou-lhes de onde vinham, porque lá não havia árvores de baobá. Disseram-lhe que vinham de Mali. Disseram-lhe também que o mau Sumanguru havia conquistado esse império e enviado Dankaran ao exílio. Sundiata logo reuniu um exército e partiu para recuperar seu país. Na véspera de sua partida, sua mãe, a outrora extraordinária mulher-búfalo, morreu, e ele ficou muito triste.

Enquanto isso, sua irmã e seu *djeli* haviam sido capturados por Sumanguru e eram mantidos em cativeiro em sua corte, em Soso. Um dia, quando Sumanguru estava fora, o corajoso Balla Fasseké decidiu entrar no quarto secreto dele para ver onde mantinha seus poderosos medicamentos. Encontrou serpentes venenosas se contorcendo em vasos e corujas de vigia sobre os crânios de nove reis que haviam sido mortos por Sumanguru. Era um lugar macabro. Havia também o maior balafo que Balla Fasseké jamais vira. Embora o lugar pudesse ter matado uma pessoa comum, o jovem *djeli* tinha poderes próprios, de modo que se aventurou a tocar o balafo e produziu uma música magnífica, que encantou as serpentes e corujas. Infelizmente, não partiu antes de Sumanguru retornar e esse, quando viu o jovem em seu quarto, ficou lívido. Pensando rápido, Balla Fasseké compôs uma canção de exaltação (de onde vem o rap, calypso, e outros poemas e canções criativos instantâneos) em honra ao rei, que o desarmou completamente. Na verdade, naquele dia, ele declarou que Balla Fasseké seria seu *djeli*. Poderíamos dizer que isso definitivamente significava que teria de haver uma guerra entre o rei de Gana e o novo rei de Mali.

Foi então que, quando Sundiata estava retornando, viu muitas aldeias e cidades que haviam sido destruídas por Sumanguru. Das pessoas que restaram nesses lugares, recrutava arqueiros, soldados e cavaleiros. Na cidade de Tabon, próxima à cidade de Kita, lançou um ataque-surpresa contra as forças de Sumanguru. As forças de Sundiata prevaleceram, obrigando o exército soso a recuar. Houve uma segunda batalha e nela Sundiata e Sumanguru ficaram frente a frente pela primeira vez. Uma vez mais, o exército de Sundiata dominou o campo através de táticas e habilidades superiores, mas Sumanguru escapou. Segundo a narrativa do historiador, em um momento o rei Soso de Gana estava diante de Sundiata em seu cavalo negro, e, em um instante, estava num monte muito distante.

Para Sundiata, os poderes mágicos de Sumanguru eram enormes, o bastante para desesperar um oponente.

Recrutando ainda mais soldados para seu lado, Sundiata pensou que o que necessitava não era mais homens e sim poderes sobrenaturais, mágica, as coisas que faziam Sumanguru parecer invencível. Ele então pediu a seus sábios que lhe aconselhassem sobre como usar poderes sobrenaturais. Eles lhe disseram que tinha de sacrificar cem bois brancos, cem carneiros brancos e cem galos brancos. Quando o ritual de abate começou, o *djeli* de Sundiata e sua irmã escaparam e chegaram ao seu acampamento.

Sua irmã contou como foi forçada a se tornar esposa de Sumanguru e que aprendera todos os seus segredos. Ela lhe contou que seu animal sagrado representado em totem era o galo, a fonte de seus poderes surpreendentes. O galo poderia destruir Sumanguru. Com esse conhecimento, Sundiata fez uma flecha com uma ponta feita do esporão de um galo branco.

O confronto final dos dois grandes reis se deu na Batalha de Kirina, uma das mais importantes jamais travadas na África. Na noite antes dessa batalha decisiva, os dois reis cerimonialmente declararam a guerra, cada um enviando uma coruja ao acampamento do outro. As corujas entregaram mensagens de bravatas: "Eu sou o inhame selvagem das rochas. Nada me fará deixar Mali", disse Sumanguru. "Eu tenho em meu acampamento sete ferreiros mestres que vão estraçalhar as rochas. E, então, inhame, vou comer você", disse a mensagem de Sundiata. Sumanguru disse: "Sou o cogumelo venenoso que faz o corajoso vomitar". Sundiata respondeu: "Eu sou o galo faminto. O veneno não me importa". "Comporte-se, menino, ou vai queimar seu pé, porque sou a brasa incandescente", disse Sumanguru. "Mas eu, eu sou a chuva que extingue a brasa. Sou a turbulenta torrente que carregará você", disse Sundiata. "Eu sou a poderosa árvore da seda que olha de cima do topo de outras árvores", disse Sumanguru. "E eu sou a trepadeira asfixiante que escala ao topo das árvores", respondeu Sundiata.

Figura 8.1 – Balafo moderno

Fonte: Foto de Redmedea/Creative Commons license CC-BY-SA-3.0

Esse foi o início da guerra, a cerimônia ritual de honra, a declaração de guerra no estilo africano: indireto, insultante e cheio de insinuações. Nada permaneceu exceto a própria batalha.

Quando o sol surgiu no dia seguinte, os combatentes se enfrentaram no campo de batalha. Em meio à batalha total, com 60 mil homens de ambos os lados lutando entre si, Sundiata lançou sua flecha especial com o esporão de galo na ponta, que arranhou o ombro de Sumanguru. Foi o bastante para que perdesse sua confiança. A batalha foi mal para o rei de Soso e a vitória foi doce para o jovem rei de Mali. Seu exército perseguiu Sumanguru até Kulikoro, mas não conseguiu capturá-lo. Então, marcharam até Soso, a capital, e a reduziram a cinzas. Quando entraram no quarto especial do rei, encontraram as serpentes quase mortas e as corujas caindo no chão. Era como se alguém tivesse entrado e tentado matar todos os seus animais, para perturbar seu poder e destruir a fonte de sua energia secreta.

Sundiata, então, convidou os 12 monarcas dos reinos das savanas a virem até Kaba, uma antiga cidade em Mali. Disse-lhes que poderiam manter seus reinos, mas que agora se uniriam a um novo império. Embora os líderes fossem confirmados em suas províncias, somente dois portavam o título de rei: o monarca de Mema e o de Wagadu. Sundiata se tornou o *mansa*, rei dos reis, e foi declarado imperador de Mali. Sua palavra se tornou lei respeitada ao longo dos 12 reinos, fazendo nascer, assim, o império de Mali, que se estendia do Oceano Atlântico até próximo ao Império Mossi, e das florestas do sul até o Deserto do Saara, norte de Timbuktu. Sundiata trabalhou para melhorar a agricultura usando seus soldados para limpar a terra e plantar arroz, inhame, feijão, cebola, grãos, amendoim e algodão. Mali se tornou o maior império da história da África. A capital de Mali era Niani, que se localizava na atual Guiné.

O império de Mali era magnificente. Sundiata colocou seu exército sob o comando de vários generais corajosos, e, embora muitas vezes tenha liderado guerras contra os inimigos de Mali, não foi o único general excepcional de seu exército. Ele herdou um grande número de guerreiros do antigo Império Wagadu, e os recrutas da região de Wangara também ajudaram a aumentar seu exército. Sundiata morreu em 1255. Em sua morte, Mali era o Estado mais rico em toda África. Nenhum Estado na Europa era mais bem-organizado nem tão bem-controlado quanto Mali. Sua riqueza foi a base sobre a qual os governantes sucessivos construiriam, tornando esse império sem igual na África Ocidental.

Em seu auge como império no século XIV, Mali abrangeu das jazidas de ouro de Bure e Bambuk, na região de floresta, até os "portos" do norte de Walata e Tadmekka, estendendo-se da capital de Gao, Songhay, até o Oceano Atlântico, incluindo também a maior parte do atual Senegal.

O império tinha o grande respeito dos visitantes que entravam em seu território. Na verdade, Ibn Battuta, o maior viajante de sua época, que percorreu a China, a Índia, o Egito e muitos outros lugares, escreveu, em 1353, que ficou impressionado com o governo de Mansa e com a ética do povo africano:

> Os negros têm qualidades admiráveis. Raramente são injustos e têm, mais do que qualquer outro povo, aversão pela injustiça. Seu sultão é impiedoso com qualquer pessoa culpada de cometê-la. Nem viajante nem habitante teme roubos ou violência. Eles não confiscam a propriedade dos árabes que morrem em seu país, mesmo que seja de incalculável riqueza (BATTUTA, 1929).

Embora o Islã estivesse continuamente fazendo seu movimento nas populações da África Ocidental, a religião tradicional do povo Malinke era baseada na ideia de que todos os entes humanos e animais tinham destinos, que a Deidade Suprema os punha em movimento e que vários espíritos divinos e ancestrais garantiam que o caos não sobreviria à aldeia ou à propriedade rural. Violações significavam que a comunidade inteira teria de sacrificar ou participar de um ritual para tornar o universo inteiro novamente. Essa era a religião da maior parte do povo do oeste africano. Era baseada na ideia de um Criador Supremo e em numerosos espíritos que executavam as tarefas comuns e diárias de assegurar que os humanos lembrassem de fazer o que deveriam. Agricultores – e os Malinkes eram agricultores – tinham uma preocupação particular de que suas plantações crescessem e que fossem bem-sucedidos em seu trabalho. Ancestrais poderiam ser solicitados a auxiliar a garantir que a colheita fosse boa. A vida não era individual, mas coletiva e comunitária. O líder da aldeia, ou rei, era um descendente direto dos primeiros agricultores ancestrais. Ele era chamado *"mansa"*. Então, assim como durante o Governo Soninke o título para o rei era "gana", sob o *mansa* Malinke era, agora, *"mansa"* mande. Sundiata havia se tornado o primeiro *mansa* supremo, uma vez que todos os outros reis lhe haviam cedido seu poder – sob a ameaça de força, admitidamente – para que se tornasse o único *mansa*. Subsequentemente, todos os governantes do império passaram a se chamar *mansas*.

Deveríamos lembrar que o povo estava acostumado a prestar homenagem ao seu líder local, que era um descendente direto do fundador do povo. Não era difícil que aceitassem que era possível ter um único *mansa*, o descendente direto do fundador Malinke. Uma pessoa assim teria deveres religiosos e seculares. Isso ocorreu com os primeiros *mansas*, que viviam distantes do povo em enormes palácios, cercados das regalias de sua função, principalmente ouro e pedras preciosas. O povo aceitava o rei como a encarnação do primeiro ancestral, o descendente direto do espírito desse ancestral, com efeito, um rei divino, como os *per-aas* do Kemet se tornavam a encarnação da deidade. Com certeza, com a chegada do Islã, esse sistema mudou. Muitos dos reis que seguiram Sundiata eram muçulmanos. Na verdade, alguns eram extremamente devotos. O Mansa Musa – que fez uma peregrinação suntuosa a Meca em 1324-1325, anos após seu irmão Abubakari renunciar ao trono em seu favor para viajar para as Américas – foi um dos maiores devotos de sua época.

Os governantes de Mali tiveram de ser muito cautelosos quanto à religião porque, embora aceitassem o Islã, as massas no império ainda acreditavam nas deidades locais, praticavam a religião de seus nascimentos e impediam os governantes de imporem o Islã a algumas de suas práticas domésticas, como no exemplo do casamento e da reverência aos ancestrais. Todavia, a língua e a escrita árabes se tornaram instrumentos para a administração, justiça e comércio durante o século XIV.

Contudo, como a escrita árabe se tornou dominante entre as elites, muitas pessoas que a haviam aprendido na Arábia ou no Egito, ou com líderes religiosos em Mali, foram empregadas como administradoras na corte do *mansa*. Eram escriturárias, muitas vezes com a habilidade de usar o alfabeto árabe para escrever a língua local, como usamos o alfabeto latino para escrever o inglês. Autores que escrevem em francês, alemão ou ki-suaíli usam o alfabeto latino, mas a língua que escrevem não é o latim. O mesmo valia para os clérigos africanos nas cortes de Mali. Eles usavam o alfabeto árabe para escrever as línguas africanas.

O *djeli* Mamadou Kouyaté é citado em *Sundiata: um épico do antigo Mali* (NIANE, 1966), dizendo o seguinte sobre os *djelis* da corte Mali:

> Somos receptáculos da fala, repositórios que abrigam segredos de muitos séculos... sem nós, os nomes de reis desapareceriam no esquecimento, somos a memória da humanidade. Pela palavra falada trazemos à vida os feitos e explorações de reis para gerações mais jovens. A história não tem mistério para nós. Ensinamos às pessoas comuns tanto quanto queremos lhes ensinar, pois é como mantemos as chaves para as doze portas de Mali... Ensino os reis sobre seus ancestrais de modo que as vidas dos antigos possam lhes servir como um exemplo, pois o mundo é antigo, mas o futuro se origina do passado.

O historiador al-Umari, no livro *Masalik al-Absar*, dizia que o imperador de Mali havia lhe contado o seguinte, quando visitou sua corte em Niani:

> O monarca que me precedeu não acreditava ser impossível descobrir os limites do mar vizinho. Ele queria conhecer. Persistiu com seu plano. Equipou 2 mil navios e os tripulou com homens, e o mesmo número foi carregado com ouro, água e alimentos para dois anos. Ele disse aos comandantes: Não retornem até que tenham chegado ao fim do oceano, ou quando tiverem esgotado alimento e água. Eles partiram e sua ausência foi longa; nenhum retornou e sua ausência continuou. Então, um único navio retornou. Perguntamos ao capitão sobre suas aventuras e suas notícias. Ele respondeu: Sultão, zarpamos mas, como cada um deles chegou àquele lugar, não retornaram nem reapareceram. Não sei o que ocorreu com eles. Quanto a mim, voltei de onde estava e não entrei na corrente.

Isso foi no ano 1310. No ano seguinte, o Imperador *Mansa* Abubakari II renunciou ao trono e equipou outros 2 mil navios com homens e suprimentos, e partiu com eles pelo oceano. Somente após o reinado de Abubakari II o Mansa Kankan Musa assumiria o império.

Muita atenção tem sido dada, e com razão, a essa descrição do século XIV sobre africanos cruzando o mar. Em 1920, Leo Wiener, um graduado de Harvard, escreveu o livro *Africa and the discovery of America* [África e a descoberta da América]. Esse trabalho seria seguido pelo de Harold G. Lawrence *African explorers of the New World* [Exploradores africanos do Novo Mundo], em 1962, e pelo de Alexander von Wurthenau *Unexpedted faces in Ancient America* [Faces inesperadas na América antiga], em 1975. Em 1980, o escritor canadense Michael Bradley escreveu *The black discovery of America* [A descoberta negra da América]. O livro mais amplamente lido desse gênero talvez seja o de Ivan Van Sertima, *They came before Columbus* [Eles chegaram antes de Colombo]. Alguns escritores europeus negam a travessia africana pré-Colombo, acreditando que é melhor ignorá-la do que lidar com ela. Outros tentaram refutá-la completamente. Contudo, há uma preponderância de indicadores e evidências para sugerir que os africanos não só cruzaram o oceano como também desembarcaram nas Américas.

O Oceano Atlântico tem correntes e ventos que se movem na mesma direção o ano inteiro com pouca ou nenhuma variação. É possível prever a aparição de furacões no Caribe com base no movimento dos ventos e das correntes da África para as Américas. Um navio poderia ser empurrado para fora do curso e forçado para um lado ou outro do oceano sem a possibilidade de resistir às correntes a menos que tivesse um forte motor. Duas correntes que se originam fora da costa da África e correm na direção das Américas são a Corrente Guiné e a Corrente Canária. A primeira começa na área equatorial do continente e corre na direção da América do Sul, próximo ao Brasil. A segunda começa nas Ilhas Canárias e corre em direção ao oeste para Cabo Verde, depois indo na direção da Corrente Equatorial Norte. Essa corrente, com os ventos alísios, poderia levar um navio para a América do Norte pelas Bahamas.

Cientistas testaram a teoria da descoberta africana das Américas com muitos experimentos. Um deles, famoso, foi a do Dr. Alain Bombard, de 1952, que partiu de Casablanca em direção a Barbados, em uma jangada africana. Então, em 1955, Dr. Hannes Lindemann partiu das ilhas de Cabo Verde em direção à costa da América do Sul, por 52 dias. Ambas as jornadas foram bem-sucedidas. Talvez, o teste mais famoso seja o de Thor Heyerdahl, que, na verdade, fez duas viagens em 1969. Seus navios se chamavam "Rá I" e "Rá II" e eram idênticos aos primeiros navios africanos. O primeiro foi construído pelo povo Buduma com papiro, e tentava demonstrar que um barco desse material da região do Lago Chade da África poderia estar apto a navegar no mar. Sabia-se que esses tipos de barcos podiam navegar nos lagos e rios da África, e, assim, Heyerdahl queria testar a teoria de que poderiam ter cruzado o mar. Essa embarcação fracassou nesse objetivo: partindo de Safi, na costa marroquina, desembarcou em Barbados. A segunda embarcação foi construída por um grupo étnico americano nativo chamado Aymara. Esse navio partiu da África para a América com sucesso. A ideia por trás do experimento de Heyerdahl era que, se algum dos barcos simples da África pudesse fazer a jornada, certamente poderia ser feita por navios africanos mais sofisticados.

Navios africanos podem ter sido jangadas, barcos articulados, embarcações com base de pranchas costuradas com cordas, canoas duplas ou triplas, pirogas largas ou longos barcos de pesca com cabines de palha e utensílios para cozer. Esses barcos eram conhecidos ao longo dos rios Nilo e Níger por milhares de anos. Assim, não é improvável nem absurdo acreditar que o maior imperador do mundo, o Mansa Abubakari II, possa ter comandado uma expedição para cruzar o Oceano Atlântico, que em seu ponto mais estreito entre África e América dista cerca de apenas 2.400 quilômetros.

Mali estava em seu auge no século XIV. Seu exército era profissional, um grande exército permanente, que poderia colocar 200 mil homens em um campo de batalha em apenas alguns dias.

Líderes de batalhão estavam entre os mais respeitados no governo do *mansa*. Cada batalhão compreendia um corpo de elite de cavaleiros e um grande número de soldados de infantaria que eram armados com os arcos e flechas mais avançados do que qualquer exército africano na época. Isso significava que as flechas tinham ponta de ferro, um metal precioso e importante para a economia e para o exército do Império Mali. Os ferreiros malis eram mantidos ocupados manufaturando armas de guerra e implementos agrícolas. Na verdade, era um império de soldados-agricultores que estavam dispostos a defender seu território para cultivarem a terra em paz. Sem dúvida, Mali estava pronto para se defender e, por vezes, punir seus inimigos ou seus estados vassalos inquietos que se recusavam a pagar impostos ou tributos. Era como muitos outros impérios na história, construído e mantido pela força.

A principal fonte de receita era a tributação do comércio. Além dos tributos pagos ao tesouro central por estados súditos, impostos sobre importação e exportação mantinham o país rico e poderoso. Embora a agricultura fosse um esteio das áreas rurais, a capital, Niani, estava no centro de um cinturão agrícola muito produtivo. As pessoas da capital estavam próximas da tradição agrícola. Eram diferentes do povo Ganense Saheliano, que vivia nas áreas semi-desérticas. Mali se estendia até o Sahel, mas sua base era as ricas regiões agrícolas em torno de Niani com ampla precipitação pluvial, diversidade de alimentos e excedentes de produção, especialmente sorgo e milheto, além de rios e riachos com pesca abundante. No Norte, as pastagens acomodavam ovelhas, gado, cabras e camelos. Agricultores pequenos e independentes produziam grande parte dos alimentos de origem vegetal e animal. As pessoas ansiavam por enviar seus produtos alimentares para o mercado. Era, portanto, importante que o alimento fosse comercializado de uma região do império para a outra. Milhares de caravanas que chegavam dos cantos mais distantes do império entravam em Niani a cada ano. Devemos pensar o império de Mali como grande parte do oeste da África, sem as fronteiras e complicações de vistos e arranjos de segurança que impedem as pessoas de viajar de um lugar para outro. Na verdade, se houvessem tais complicações para negócios e livre-movimento comercial, o exército Mali interviria. A esse respeito, Mali não era diferente de muitas nações imperiais modernas. Na verdade, agricultores eram muitas vezes ordenados a pagar uma porção de seu excedente para manter o exército e a corte.

A agricultura era importante, mas o ouro permaneceu dominante como a mercadoria que atraía os estrangeiros a Mali. O atual império havia herdado as jazidas de ouro do anterior e havia fortalecido seu controle das minas no sul. Os mineiros tentaram permanecer independentes da casa governante. Embora pagassem voluntariamente pepitas à corte real, em sua maioria se recusavam a se converter ao Islã, e tentavam manter o maior controle possível sobre sua atividade, se recusando a trabalhar nas minas caso a mão pesada do governo de Niani caísse sobre eles. Como o ouro era o produto-chave da máquina imperial, os mineradores de ouro tinham uma grande força de negociação.

Durante o século XIV, uma classe profissional de comerciantes de ouro surgiu em Mali. Eles eram chamados "wangaras" na parte oeste do império e "dyulas" na parte leste. Acredita-se que muitos desses comerciantes fossem falantes do mande, embora seja possível que alguns fossem Soninkes e Bamanas. Eles comercializavam com todas as áreas da África Ocidental. Na verdade, dizem que os dyulas penetraram no reino akan na Gana atual e acrescentaram as minas de ouro daquela região à área de influência Mali. Os wangaras e dyulas abriram aldeias e cidades comerciais em áreas como Jenne, Gao, Walata e Timbuktu.

Mansa Kankan Musa: o viajante inovador

O Mansa Kankan Musa é o líder mais famoso do Império Mali. Ele permanece conhecido mais por sua viagem a Meca do que por qualquer outra coisa, embora tenha dedicado um tempo considerável, após as custosas expedições de Abubakari II, reconstruindo a infraestrutura da administração e da pesca. O Mansa Musa empreendeu uma memorável *hajj*, ou peregrinação, a Meca, em 1324. A *hajj* é um dos cinco pilares do Islã. Todos os muçulmanos devem tentar visitar Meca ao menos uma vez, salvo se não tiverem boa saúde. De acordo com o historiador al-Umari, a *hajj* de Musa mudou o modo como Império Mali era visto por pessoas de outras partes do mundo. Enquanto a Europa dormia, e acordava para afastar a peste bubônica, a África produzia o viajante mais dramático daquela época. Esse não era um pobre viajando com a ajuda de outras pessoas; um aventureiro itinerante perdido no deserto. Não, Mansa Musa, imperador do poderoso Império Mali, estava adornado em toda majestade de um rei de sua era.

Al-Umari diz que Mansa Musa levou com ele 60 mil pessoas, 100 camelos carregados de ouro, cada um pesando 300 libras, 12 mil servos para lidar com as necessidades do *mansa* e de seu séquito real, e 500 servos que marchavam à sua frente, carregando um cetro de quatro libras de ouro. Milhares de seus súditos marcharam pelos desertos carregados com todos os tipos de provisões, e mais 500 acompanhantes caminhavam à frente da esposa sênior, cada um portando um cetro de ouro. Eles cruzaram o Saara e entraram no Cairo. As despesas durante a viagem foram tão elevadas que, quando o séquito passou pelo Cairo, gastaram tanto ouro que levaram a uma queda em seu valor na cidade. Quando o imperador e seu séquito finalmente entraram em Meca, mantiveram seus gastos elevados, levando também a uma desvalorização do ouro na Cidade Sagrada. Na verdade, acredita-se que o grupo do imperador tenha gasto tanto na viagem a Meca que tiveram dificuldades financeiras para retornar. Em uma pesquisa sobre a pessoa mais rica do mundo foi determinado que o Mansa Musa foi o humano mais rico da história.

A *hajj* atraiu mais atenção internacional ao império e imediatamente tornou Mali uma das maravilhas do mundo. É provável que as histórias do ouro mali tenham inspirado visitantes e aventureiros internacionais a viajarem para a área central do império, porque durante os próximos cem anos Mali se tornou um dos destinos mais visitados do mundo africano. De sua capital, Niani, e das principais cidades, Jenne, Gao e Timbuktu, dizia-se não haver reino maior do que o Mali.

Podemos dizer, com certeza, que a riqueza do Mansa Musa tenha plantado nas mentes de homens e mulheres do século XIV histórias lendárias sobre o fabuloso rei de Mali. Imaginações eram excitadas do mesmo modo que 200 anos mais tarde o seriam pela possibilidade do El Dorado e das cidades do ouro na América do Norte.

Provavelmente, como resultado da conspícua ostentação de ouro por Musa, quando os navios do Príncipe Henrique de Portugal capturaram Ceuta, em 1415, prisioneiros africanos foram obrigados a contar mais detalhes sobre o comércio de ouro africano. Henrique enviou seus exploradores à costa africana para encontrar uma rota através da África a fim de conter a difusão do Islã. Essa estratégia de contenção fracassou quando Constantinopla foi tomada pelos muçulmanos sob o governo dos turcos otomanos, em 1453. Além disso, após a bem-sucedida reconquista da Península Ibérica para expulsar o islamismo e o judaísmo, os europeus se dirigiram para as Américas. Contudo, foi o ouro africano de Mali que forneceu o material inicial para o aventurismo europeu. Isso logo iniciaria uma lenta pilhagem do continente africano, que seria seguida pela completa disputa por pessoas e riquezas.

Mali, já no mapa cultural e político da geografia do mundo africano, tornou-se um elemento dos mapas propriamente ditos feitos na Europa. Em 1339, apareceu pela primeira vez em um "Mapa do mundo" como um império importante.

Mais tarde, em 1367, um mapa do mundo mostrou uma estrada que levava de Mali através das Montanhas Atlas ao leste do Sudão. Um cartógrafo espanhol contemporâneo retratou o Mansa Musa em um terceiro mapa, sentado em seu trono, segurando uma pepita de ouro em sua mão direita e um cetro de ouro em sua mão esquerda, e usando uma coroa de ouro. Ele foi, verdadeiramente, como escreveu al-Umari, o mais rico, o mais temido e o mais poderoso imperador de sua época.

O comércio prosperou entre Mali e Egito, Síria, Sudão e Arábia. Antes da *hajj* já havia um fluxo constante de viajantes islâmicos e imãs visitando com os comerciantes que vinham a Mali. Mas o impacto da peregrinação levou a um retorno da educação islâmica no Império Mali. O reino era grande, poderoso e progressivo. De fato, a *hajj* foi um resultado do impressionante alcance cultural e político do Império Mali no oeste e norte da África. Só poderia chamar a atenção. Assim, quando o Mansa Musa retornou de Meca e do Cairo, trouxe consigo uma biblioteca árabe, estudiosos islâmicos, poetas e artistas e o altamente respeitado arquiteto muçulmano, al-Sahili, que construiu as grandes mesquitas em Gao e Timbuktu e um palácio real. Seu trabalho mais famoso foi a câmara, em Niani. Na verdade, foi seu talento como arquiteto que tornou seu estilo a influência dominante na região de Sahel onde, na ausência de pedra, a terra socada é reforçada com madeira no revestimento das edificações.

Devido à sua devoção, Mansa Musa fortaleceu o Islã e promoveu a educação, os negócios e o comércio em Mali. As fundações foram estabelecidas para que Walata, Jenne e Timbuktu se tornassem os centros culturais e comerciais do oeste do Sudão, eclipsando os do norte da África e produzindo a literatura do Império Mali nos séculos XV e XVI. Relações diplomáticas foram estabelecidas e embaixadores foram permutados entre Mali e Egito, Síria e Marrocos. Estudantes de todo o mundo vinham ao Império Mali para estudar e aprender.

O Mansa Musa governou por 25 anos, levando prosperidade e estabilidade para Mali e expandindo o império que havia herdado de seus ancestrais. Seus interesses foram a agricultura e a indústria. Era importante que os agricultores estivessem felizes, pois constituíam a maioria dos cidadãos do império. Todavia, Musa não se esqueceu de controlar o ouro e o sal. Era essencial, e fundamental para as relações internacionais de comércio, que a indústria desses dois produtos fosse próspera.

O Império Mali atingiu sua maior expansão territorial durante o governo de Musa, estendendo-se da costa atlântica no Oeste até Songhai, bem abaixo da curva do Rio Níger ao leste, e das minas de sal de Taghaza no Norte às lendárias minas de ouro de Wangara no sul. Quando Musa morreu em 1337, havia supervisionado uma infraestrutura administrativa que trouxera estabilidade e bom governo a Mali, espalhando sua fama no exterior, tornando-o verdadeiramente notável por sua expansão e por sua riqueza, e um exemplo surpreendente do talento da liderança do oeste da África.

Mansa Musa deixou o trono para seu filho, o Mansa Maghan I. Logo o império começou a colapsar, tendo se exaurido, ao que parece, no gasto massivo e extravagante dos anos anteriores. Mansa Maghan continuou a gastar quantidades excessivas da riqueza de Mali. Quando morreu, por volta de 1341, deixou um império enfraquecido ao seu tio, o Mansa Sulayman. Várias mesquitas famosas do Mansa Musa ainda são encontradas em Mali, ainda que o império não tenha durado mais de dois séculos após sua morte.

A inconquistável Mossi: uma preocupação de Mali

Enfraquecida pelos ataques dos Tamascheks no norte e pelos Mossis no sul e leste, Mali entrou em uma espiral descendente como um pião, perdendo sua energia. Entre as nações que constantemente o perturbavam, os Mossis, da área de savana ao sul da curva do Níger, eram os mais unidos e poderosos. Tiveram uma série de reis fortes que nunca se permitiram ser governados por Mali. A aristocracia governante do povo Mossi criou vários estados que pagavam seu tributo ao rei governante em Ouagadougou. Usando seu ponto forte como cavaleiros hábeis, atacavam reinos vizinhos em busca de água para seus rebanhos. Sua intenção era usar a criação de gado e o cultivo de grãos como estabilizadores para a economia do Estado. Conseguiram converter rapidamente seus camponeses em formidáveis agricultores. O reino era rico devido às suas conquistas e, em 1484, deixaram a cidade de Walata, um ponto norte para o Império Mali, em ruínas.

Como os Mossis o fizeram no Sul, os Tamascheks (assim chamados Tuaregs) do Norte atacaram as fronteiras do Império Mali. Na verdade, Timbuktu, a famosa cidade que havia sido fundada como um assentamento de tendas próximo das margens do Rio Níger, tornou-se o ponto de entrada dos guerreiros tamascheks. Eles há muito usavam a área como um lugar de pastagem para seus rebanhos. Dali, era possível se juntar às caravanas transaarianas que se moviam em direção a Trípoli, Cairo, Túnis ou Casablanca. Poderíamos dizer que a cidade foi fundada pelos Tamascheks e que eles sempre se ressentiram do fato de que Mande, durante o governo de Sundiata, a havia lhes tomado, usando-a como uma das grandes cidades de comércio no norte.

Diferente dos Tamascheks, que eram nômades e pastorais, os Malinkes, assentados e agrários, construíram casas permanentes para a cidade, estabeleceram um governo, criaram instituições, resolveram disputas sobre terras e regularam as importações e exportações. Mas no começo do século XV, a cidade de Timbuktu se tornara um importante centro de aprendizagem para estudiosos muçulmanos, que eram Malinkes, Tamascheks, Amazighs e árabes. Foi nessa época, em 1433, que os Tamascheks cercaram os muros da cidade até capturá-la. Eles viram a riqueza que ali circulava e a viram como uma fonte de poder. Não perturbaram a vida da cidade, mas redirecionaram o fluxo de impostos e tributos para si, em vez de para a cidade de Niani, ao sul. Em 1450, Timbuktu estava prosperando como um grande centro comercial. Mali nunca conseguiu reconquistá-la, e isso era um sinal de que o império estava se encaminhando para um declínio completo e final. Após o reinado de vários *mansas* fracos e numerosas guerras civis, o império de Mali simplesmente se diluiu no Império Songhay em 1456.

O Império Songhay: recuperando um legado

O reino de Songhay exercitava cada vez mais sua autoridade sobre seus súditos, libertando-se do tributo ao imperador Mali e se recusando a ser submetido ao governo de Niani. Songhay era um Estado pequeno comparado a Mali, mas mostrara sua fortidão em numerosos conflitos com os soldados malis. Como os exércitos malis, os soldados songhays usavam lanças e flechas com pontas de ferro, bem como armas de fogo. A área central de Songhay se encontrava entre as margens do Rio Níger, ao sudeste da cidade de Gao.

Várias pequenas comunidades étnicas ocupavam essa região e viviam juntas em relativa harmonia. Havia os povos Gao, Mossi, Sorko e Do. Mas foi o povo Sorko que foi capaz de usar suas habilidades industriais e técnicas para dominar o rio e as atividades de comércio na região intermediária, e terminou criando um território sob sua autoridade. Os Sorkos eram barqueiros habilidosos, que criavam canoas e barcos que podiam suportar o uso constante no rio; tendo dominado o negócio da pesca por muitos anos, tornaram-se experienciados caçadores de hipopótamos.

Nessa época, o rio tinha uma abundância de crocodilos e hipopótamos, e os pescadores Sorkos eram os mais corajosos na luta com esses animais no rio. Na verdade, seria sua habilidade de lutar com as criaturas do rio que lhes daria uma vantagem sobre as criaturas terrestres. Eles desenvolveram seus barcos para propósitos militares. Uniram-se aos Gaos, e logo criaram uma série de cidades unidas por uma língua e interesses comerciais comuns. No século IX, o nome da região era Songhay, e sua capital era chamada Kukiya. Sua cidade comercial mais importante era Gao. O comércio entre ela, que tinha uma grande população internacional além de seu povo local, e Kukiya, uma cidade resiliente e estritamente administrada do povo Songhay, aumentou enormemente durante os séculos XI e XII. Gao parece ter tido habitantes Malinkes, egípcios e Amazighs que desfrutavam do comércio com os distantes mercadores songhay, que subiam o rio. Essa relação colocou o povo Songhay em um contato mais estreito com os muçulmanos antes do povo de Gana, Tekrur ou Mali. Com certeza, nesse primeiro momento, Songhay não era uma grande potência, apenas um agregado de aldeias de pescadores e caçadores ao longo do rio.

Os Gaos tinham uma famosa história do governo de seu primeiro rei, Dia Assibia, que estabeleceu uma dinastia que durou 16 gerações. A linhagem combinada dos Gaos e Sorkos foi a peça central do poder crescente de Songhay. Eles fundiram seus rituais, tradições e famílias para se tornarem um povo unido.

O surgimento do poder Songhay durante o governo de seus reis militares, conhecidos como *sonnis* e *askias*, introduziu um novo fenômeno na equação da autoridade imperial africana. A Dinastia Sonni, centrada nas artes marciais de seus cavaleiros e em suas ágeis canoas de guerra, usou seu conhecimento especial do rio e de suas áreas terrestres adjacentes para subjugar seus oponentes. Durante o reinado do Sonni Sulayman Dandi, os Songhays estenderam seu controle das áreas superiores do Rio Níger e terminaram controlando todo tributo que entrava e saía do território. Poucos reis guerreiros foram tão efetivos em amedrontar os inimigos quanto Sulayman Dandi, que era conhecido pela velocidade de seus sucessos em batalhas. Diziam que suas tropas eram muito rápidas. Eles roubavam o dia dos inimigos enquanto ainda estavam dormindo e os mantinham em perpétua escuridão. Seus cavaleiros atacavam cidades por terra enquanto seus marinheiros atacavam a partir do rio. Esse método de emboscada, no qual o oponente era pressionado pela terra e pela água, tornou-se uma característica de muitas de suas vitórias. Sua grandeza em fazer Songhay uma reconhecida nação poderosa foi respeitada pelos reis que o sucederam. Não surgiria rei Songhay maior do que seu sucessor, o Sonni Ali Ber, o último descendente de Dia Assibia.

Quando Ali Ber assumiu o trono em 1464, o reino de Songhay já havia se estabelecido como uma força – na verdade, a única força – que poderia unir todas as nações conflitantes do Sahel. Ele assumiu o controle de um exército e de uma nação prontos para sua grande missão histórica. Um dos prêmios que Sulayman Dandi nunca havia capturado era Timbuktu, que permanecera quase a única das cidades poderosas do Níger sem governo direto dos Songhays. Portanto, para afirmar sua autoridade e anunciar o poder do reino de Songhay, Ali Ber invadiu-a em 1468 e a subjugou, dispersando a administração Tamaschek e se apropriando das casas comerciais lucrativas.

Ali Ber foi um líder sábio, um pensador, um filósofo e um arguto observador do comportamento humano. Podemos dizer que foi um psicólogo e um estrategista porque usou seu conhecimento dos modos comerciais e militares de seus inimigos a seu favor. Ele chegou ao ponto de assumir um nome islâmico em sua tentativa de aplacar aqueles africanos que haviam se tornado seguidores do Islã. Contudo, resistiu à tentação do Islã de suplantar as religiões tradicionais da África. De fato, uniu seu império, incluindo sob sua bandeira o povo islâmico e aqueles que praticavam a religião africana tradicional popular. Muitos historiadores árabes não o consideram um amigo do Islã, embora fosse nominalmente um muçulmano. Na verdade, Kevin Shillington escreve: "os ataques do Sonni Ali à Timbuktu muçulmana, suas incansáveis perseguições aos Tuaregs [Tamascheks] e sua falta de respeito geral pelo Islã fez com que fosse altamente criticado pelos historiadores árabes" (SHILLINGTON, 1989, p. 103).

Em uma longa linha de reis guerreiros, Ali Ber foi um dos maiores a ocupar o trono de um império africano. Ele criou um exército poderoso que, de conquista em conquista, estendeu o reino a um império. Logo seria aclamado como "Sonni Ali Ber, o Grande!" Sua cavalaria era bem treinada, disciplinada e hábil. Ele aumentou a frota de canoas de guerra no Rio Níger, pagou seus soldados em dia e recompensou os reis que lhe pagavam seu tributo com produtos do tesouro imperial. Sem dúvida, esse foi um dos exércitos mais formidáveis que a África jamais viu. O Sonni Ali Ber estendeu as fronteiras de seu império ao deserto, no Norte, e até Jenne, no Sudoeste. Mesmo os poderosos Mossis foram forçados a recuar ao sul do Níger no fim da década de 1480, e os Songhays periodicamente invadiam seu território apenas para desestabilizar seus exércitos disciplinados. Por respeito à ferocidade dos Mossis, o Império Songhay nunca os levou para suas colunas. Os planos abertos da área de savana viram muitos exércitos engolidos pelo poder incansável da cavalaria Mossi ou pelo fatídico harmatão, as tempestades de areia do deserto, especialmente de janeiro a abril.

Como a batalha por Timbuktu, que foi um momento definidor para as forças do Sonni Ali Ber, a batalha por Jenne foi igualmente importante. Essa batalha começou em 1466, dois anos após a capitulação de Timbuktu. O povo da cidade sabia que logo teria de se defender contra o massacre do exército mais poderoso ao longo do Níger, e se preparou para isso. Historiadores orais registraram que o Império Mali tentara tomar a cidade antiga de Jenne 99 vezes sem sucesso. A cada vez, a cidade foi capaz de repelir os atacantes e continuar sua vida. Ali Ber não seria repelido. Ele cercou a cidade, estendendo seus ataques por um longo tempo, tentando esgotar a vontade do povo. Na verdade, o cerco à cidade murada de Jenne levou sete anos, sete meses e sete dias. Ela finalmente se rendeu ao exército do Sonni Ali Ber, em 1473.

Em um livro de 1906 chamado *A tropical dependency* [Uma dependência tropical], a historiadora Flora Lugard, cujo esposo era governador-geral da Nigéria, escreveu:

> No fim do cerco, a cidade se rendeu por capitulação honrosa. Nenhum tipo de ferimento foi feito a seus habitantes e os sete dias que são acrescentados ao período do cerco foram consumidos, dizia-se, com festividades pela ocasião do casamento do Sonni Ali com a viúva do governante da cidade que morrera durante o cerco (LUGARD, [1906] 1995).

Havia um grande respeito pelo povo de Jenne da parte do imperador. Era uma das mais belas e prósperas cidades do Império Songhay, e permaneceria um rico centro comercial, com uma intensa atividade, expressão de sua riqueza e indústria, e cheia de comerciantes e de ruas ladeadas por edificações privadas e públicas. Era uma cidade que rivalizava Timbuktu como um centro educacional. Sua universidade era um foco de educação médica, em que especialistas da escola de medicina estavam inclusive removendo cataratas do olho humano. Em 1485, milhares de pessoas trabalhavam em Jenne na universidade e nas escolas, no comércio e nas empresas. Assim, Jenne se tornou para o governo imperial uma das grandes cidades, junto a Gao, Timbuktu e Kukiya.

A reputação de Ali Ber como líder era inquestionável. Ele tinha uma estratégia de manutenção da paz e das tradições da África, e via naqueles que as honravam o futuro do império. Ele tentou restabelecer a presença da cultura africana na educação, na religião e nas tradições ao longo do império. Sob esse aspecto, ele pode ser considerado um reformador. Ele eliminou das universidades os intelectuais que haviam trazido o Islã, e os substituiu por aqueles que praticavam as tradições africanas. Isso criaria um enorme ressentimento no império e originaria forças rebeldes dentro do governo. Na época de sua morte no Rio Níger, em 1492, ele era o líder mais poderoso em toda a África e um dos poucos do mundo que poderia ser chamado absoluto. Quando Ali Ber morreu, era, certamente, mais famoso do que Colombo, que faria uma viagem da Europa para as Américas no ano de sua morte. Na verdade, a Espanha expulsaria centenas de milhares de africanos e judeus em 1492 igualmente, mas seria a morte do Sonni Ali Ber que terminaria afetando a direção do mundo africano. Devido à sua morte e ao consequente colapso das forças tradicionais africanas tentando impedir que os reinos do oeste africano imergissem no Islã, Sonni Ali Ber permanece o padrão pelo qual grande parte da história africana é escrita. E se ele tivesse sido capaz de inverter a investida islâmica? E se o tráfico de escravizados pelos europeus tivesse sido interrompido em suas trilhas por um império africano unificado?

Viajantes de outras partes da África e Europa relataram que Ali Ber foi o maior líder da África. Eles se referem a ele em documentos como o Sonni Heli, rei do Timbuktu. Também registram que seu império se estendia até o Oceano Atlântico.

O grande imperador deixou um governo altamente organizado e eficiente. Seu filho, o Sonni Bakori Da'as, também chamado Baru, sucedeu-o no poder em 1492. Como seu pai, era nominalmente muçulmano, mas com ainda menos convicção religiosa. Ele desejava preservar os valores tradicionais do povo.

Em menos de dez meses, os muçulmanos organizaram uma revolução contra Bakori Da'as por sua tentativa de continuar o ataque de seu pai às influências estrangeiras em Songhay. Ele foi duramente deposto por Muhammad Toure, general em chefe do exército de Gao, um muçulmano devoto. Na Batalha de Anfao, em 1493, Bakori Da'as foi morto e o General Toure foi coroado imperador de Songhay sob o novo nome dinástico de askia Mohammed Toure. Os askias se tornariam agora a nova dinastia. O askia Mohammed governaria até 1529.

Mohammed não perdeu tempo em estabelecer seu direito ao trono. Fez sua própria peregrinação a Meca, em 1495, onde encontrou o xarife de Meca e foi nomeado o califa do Sudão. Fortaleceu a administração do império ao consolidar as conquistas, trazendo novos recrutas aos postos clericais, e restabelecendo o Islã como a tendência religiosa dominante no império. Em seguida, usou o Islã como uma ferramenta religiosa para justificar seu ataque à nação Mossi, declarando contra ela uma *jihad* em 1498. O mouro Naba, o rei dos reis dos Mossis, enfrentou os exércitos de Songhay e em numerosas batalhas muitos milhares de soldados foram mortos. No fim, embora Mossi tenha sido severamente atacada, não foi derrotada. Em 1505, o askia Mohammed enviou outra expedição para combater Mossi, e, além de subjugá-la, trouxe algumas de suas crianças para Kuliya para serem criadas como muçulmanas. Batalhas entre esses dois inimigos ocorreriam várias vezes ao longo do tempo.

Durante o governo desse rei guerreiro, Songhay esteve sempre pronta para expandir suas fronteiras. Em 1513, suas forças armadas entraram nos estados Hausas a sudeste de Mossi, e derrotaram a maior parte dos reinos ao longo do Rio Níger até o Lago Chade. Somente o Estado Kano não foi derrotado. Todavia, após um longo cerco, o rei de Kano pediu a paz. O askia Mohammed deixou o rei Kano manter seu trono – por um preço, é claro. Ele teria de pagar um tributo anual em ouro a Songhay.

Foi no ano da derrota dos Hausas que um africano nascido em Fez, no Marrocos, escrevendo sob o nome de Leão Africano, publicou uma vívida descrição do Império Songhay durante o governo de Mohammed. Sobre a cidade de Timbuktu, ele escreveu: "Os habitantes são pessoas de uma disposição gentil e alegre, e passam uma grande parte do tempo à noite cantando e dançando pelas ruas da cidade". Sobre a riqueza do governador, ele escreveu:

> O rico rei de Tombuto [governador de Timbuktu] possui muitos artigos de ouro, e mantém uma corte magnífica e bem suprida. Quando viaja a qualquer lugar, monta um camelo que é levado por um de seus nobres. Viaja do mesmo modo quando vai à guerra e todos os seus soldados montam cavalos. 3 mil cavaleiros sempre o acompanhavam, e um grande número de soldados de infantaria armados com flechas envenenadas.

Leão Africano ficou impressionado com a cidade:

> Aqui há muitos médicos, juízes, sacerdotes e outros homens cultos que são bem mantidos às custas do rei. Vários manuscritos e livros escritos são trazidos de Berbéria e vendidos por mais dinheiro que qualquer outra mercadoria. A moeda de Tombuto é de ouro, sem qualquer estampa ou qualquer inscrição, mas em transações de pequeno valor eles usam certas conchas trazidas da Pérsia, quatrocentas das quais valem um ducado e seis pences de sua própria moeda de ouro, que pesa dois terços de uma onça (LEÃO AFRICANO, 1896, p. 824-827, apud BOVILL, 1968, p. 147-150).

Embora o askia tenha sido um hábil conquistador, um bom administrador e um muçulmano dedicado, o império era difícil de administrar. Para quase toda parte que o rei olhava, ele via intriga, rebelião e inveja. Songhay assumiu o controle das minas de sal em Taghaza, reafirmou seu compromisso com o Islã e coletou tributos de seus estados vassalos, e ainda assim surgiram problemas na família real. O filho de Mohammed, o askia Musa, depôs seu pai em 1529. Foi difícil ver de dentro das câmaras reais, mas Songhay logo entraria em uma espiral descendente. Disputas após disputas no nível local e no governo central criaram instabilidade. Em seguida, a mesma força islâmica, que havia sido usada para depor Mohammed, o poder do Ulama, foi usada por Is'mail para depor Musa em 1537. O askia Is'mail libertou seu pai da prisão que lhe fora imposta por Musa, mas não desistiu do trono. Ele governou até que seu irmão, outro filho do askia Mohammed Toure, assumisse o poder. Seu irmão foi nomeado askia Dawud, e governou de 1549 a 1582.

Esse foi um período relativamente pacífico para Songhay. A reputação das escolas islâmicas cresceu. Na verdade, só em Timbuktu havia 150 delas. Parece que todo mundo que estudava o Corão queria começar uma escola, para ler retórica, lógica, filosofia, matemática, álgebra, ética e literatura. A morte do askia Dawud trouxe mais conflitos, disputas na corte e rebeliões na realeza. Nessa época, devido à comunicação constante através do deserto entre Marrocos e Songhay, o povo do norte da África e da Europa soube da turbulência no maior império africano do mundo, que tinha muitos pontos fracos. O Marrocos, sob o governo do Sultão Ahmad al-Mansur, enviou Judar Pasha através do Saara com 4 mil soldados e armas de fogo modernas para combater Songhay. Após uma travessia de dois meses pelo deserto, aproximadamente mil soldados morreram em tempestades de areia, perdidos, ou pela falta de água. Pasha apareceu então com 10 mil camelos carregados com equipamentos e com cerca de 3 mil de seus soldados. Ainda assim, foram capazes de surpreender as forças do askia nas margens do

Rio Níger próximo à cidade de Tondibi e obter a vantagem sobre a cavalaria songhay após várias batalhas. Finalmente as forças do askia Ishaq II foram derrotadas pelo exército marroquino em 12 de março de 1591.

Uma longa história de independência e o hábito de liberdade tornaram o povo de Songhay difícil de governar. Em muitas das cidades grandes, como Timbuktu, Gao, Jenne e Kukiya, as famílias governantes e os estudiosos religiosos se recusaram a cooperar com os marroquinos. Embora também fossem muçulmanos, os marroquinos haviam tentado afirmar seu controle sobre os centros religiosos. Muitos estudiosos foram mortos; outros, como o famoso Professor Ahmed Baba, foram levados acorrentados e forçados a viver em Marrakesh junto a dezenas de autores e escritores. Ahmed Baba foi responsável por 42 livros sobre diferentes assuntos. Era o escritor mais prolífico do Império Songhay.

No fim, a conquista não ajudou o Marrocos tanto quanto esperava. O ouro comercializado estava sendo desviado em grande medida pelo comércio crescente com os estados europeus que navegavam em torno da costa da África. O Marrocos ficou, portanto, privado do poder completo da energia econômica que alimentava as economias de Gana, Mali e Songhay. A migração de estudiosos islâmicos das grandes cidades para as pequenas aldeias, no que poderia ser chamado a "diáspora dyula", resultou na prática do Islã no interior da região de floresta assim como nas áreas urbanas do império fragmentado.

A conquista marroquina chegou bem quando Songhay estava cansada de seu papel de grande império do oeste. O comércio de ouro havia declinado, principalmente porque os comerciantes akans haviam desviado parte do comércio aos europeus. Os antigos reinos de Borno, Kanem e Aïr tentaram buscar oxigenação e novas energias nos territórios de Sahel e nas savanas ao leste. Eles ocuparam a faixa de terra entre os impérios sudaneses do Oeste e a região de Darfur. Uma série de rápidas vitórias sobre Jenne, Gao e Timbuktu fortaleceram enormemente a influência dos marroquinos, que foram capazes, em virtude de suas conquistas, de recrutar locais para seus regimentos. Contudo, o exército songhay, temendo uma derrota completa nas mãos dos invasores, reagrupou-se em Dendi e prometeu fazer um último ataque. Incapaz de solidificar seus ganhos e controlar o conflito periférico liderado pelos quadros dos Tamascheks e Fulanis, o exército marroquino dedicou tempo e recursos consideráveis para manter a ordem no reino e seus soldados alimentados. Com a morte do Sultão Ahmad al-Mansur, em 1603, a insurgência perdeu seu zelo militar, suas contribuições generosas, e consequentemente vários líderes marroquinos se casaram com integrantes da população local, tornando-se parte da elite songhay. Esses governadores expatriados, chamados *armas*, que elogiavam o nome do Sultão Ahmad al-Mansur, mantiveram a mística da conquista marroquina abertamente em sua língua e seu estilo até cerca de 1660, quando desistiram do nome do Sultão Ahmad nas preces e o substituíram por seus próprios nomes. As memórias do antigo sultão rapidamente evanesceram à medida que os resquícios de uma força de invasão de décadas se assentaram.

Em 1737, os últimos governantes *armas* foram derrotados pelo persistente bombardeio dos ataques Tamascheks e acabaram tendo que reduzir o poder do centro e restringir os regimes aos seus próprios clãs. Timbuktu, cercada e exaurida, foi capturada e serviu como um posto avançado contra outras invasões do norte em direção à curva do Rio Níger. A divisão do antigo Império Songhay significava que o povo Bamana, que fez sua capital em Bamako, era a influência dominante no sul.

9

CRIADORES DA ÁFRICA TRADICIONAL E CONTEMPORÂNEA

Como ondas espumantes no mar, reinos e impérios dançaram no seio do continente africano, expressando seus talentos individuais, por mais tempo do que podemos lembrar. Todavia, houve algumas entidades políticas distintas que gravaram suas histórias na narrativa coletiva da vida do continente. Elas funcionaram tão bem como criadoras de pensamento, comportamento e filosofia para si e outras sociedades que podem ser vistas como fontes de muitas das tradições da cultura africana.

Kanem-Borno: conectando leste e oeste

O império de Kanem-Borno, localizado na região do Lago Chade, desempenhou um papel importante na expansão do Islã na África. Foi um reino combinado, ou seja, dois ou mais reinos étnicos que se uniram sob o governo de uma família dinástica. Os mais (reis de Kanem) se converteram ao islamismo durante o século XI e se submeteram à Dinastia Saifawa fundada pelo herói árabe Sayf bin Dhi Yazan. Os líderes do Império Kanem-Borno exerceram uma autoridade considerável, e foram suficientemente devotos para fazer a *hajj* a Meca e estabelecer um dormitório no Cairo para estudantes de Kanem-Borno que iam para lá a fim de estudar na Universidade Al-Ahzar.

Assim como encontramos em Timbuktu, em Mali, a capital de Borno, N'gazargamu, tornou-se o maior centro de estudos islâmicos daquela parte da África. Na verdade, os professores de Kanem-Borno eram tão proficientes em interpretação religiosa que fiéis de outros estados consideravam o império uma parte integral do Dar al-Islam. Yaqut, um livreiro do século XI que foi vendido como escravizado a um mercador sírio e, mais tarde, foi libertado e viajou para a África, diz:

> Kanem é parte da terra dos berberes no extremo oeste do país do Sudão. Alguns dizem que o povo de Kanem é do Sudão. Atualmente, há um poeta em Marrakesh, no Magreb, conhecido como al-Kanimi [aquele do Kanem], cujo excelente trabalho é certificado, mas nunca ouvi poesia alguma sua nem conheci seu nome próprio (OLIVER; ATMORE, 2005, p. 112).

Podemos ver que o nome de Kanem era bem conhecido no século XII, embora a geografia e etnologia de Yaqut estejam meio erradas (Kanem não era uma parte das terras berberes). Ele anuncia que havia ao menos um poeta famoso do lugar. É bom observar que os estudiosos em Kanem eram nativos, embora praticassem o islamismo. Niane apresentou um excelente argumento sobre esse registro, dizendo que "o caráter parcial das fontes escritas árabes para o Sudão nilótico levou a uma ênfase exagerada no fator norte às custas dos desenvolvimentos nativos" (NIANE, 1997, p. 263). Muitas vezes, assume-se, dada a diversidade do continente africano, que muitos desenvolvimentos na poesia, arte, ciência, arquitetura, matemática e literatura vieram de fora das áreas locais. Supor isso é se colocar desconfortavelmente em um precipício.

A tradição diz que a Dinastia Saifawa foi uma das mais duradouras na história. Embora se dissesse que havia começado durante o primeiro *mai* [rei] de Kanem, por volta de 915 EC, foi em 1134 que Sayf bin Dhi Yazan, que se casou nessa linhagem, criou a Dinastia Saifawa, que durou até 1846, quando o último de seus descendentes deixou o trono.

Pelo que os historiadores têm sido capazes de contar, o primeiro Estado parece ter sido pastoral. Foi criado pela reunião de muitos povos nômades e pastorais diferentes sob o governo dos mais. Na verdade, eles não tiveram uma capital durante os primeiros tempos, e não controlavam qualquer comércio particular. Foram uma confederação que operava sob a lealdade a um único líder e uma família governante. Contudo, no século XII, o escritor al-Idrisi registrou que as cidades de Manan e Njimi foram ocupadas, e a segunda se tornou a capital de Kanem. O político e estudioso sírio do século XIII, Abu el-Fida, citando Ibn Said, escreveu: "Njimi é a capital do Kanem. Lá reside o sultão de Kanem, conhecido por sua guerra religiosa" (BARKINDO, 1985, p. 225-254). Uma razão pela qual ela se tornou a capital foi por ser o ponto de partida e o término da rota de caravanas através do deserto de e para Trípoli e Túnis. Duas cidades da costa mediterrânea tinham rotas para Njimi. Podia-se levar uma caravana pelas cidades de Bilma e Zawila no Fezzan no caminho da e para a costa marítima. Não somente mercadorias viajavam naquelas rotas de caravana, mas também religião, cultura, artefatos e ideias, indo e vindo através do deserto em ambas as direções. Não se poderia considerá-la uma rota de via única. Embora seja verdade que Kanem tivesse recebido religião do norte, esse também recebia do sul alimentos, ouro, sal e ideias de governança.

Os mais eram misteriosos para muitas pessoas comuns. Eles raramente apareciam em público e davam a impressão de serem super-humanos. De fato, o estudioso sírio do século XIV, al-Umari, que também era um especialista em Mali, escreveu:

> Seu rei, a despeito da debilidade de sua autoridade e da pobreza de sua alma, que tinha uma arrogância inconcebível, e a despeito da fraqueza de seus soldados e dos poucos recursos de seu país, toca com seu estandarte as nuvens no céu. É oculto de seu povo. Ninguém o vê, salvo nos dois festivais, quando é visto ao amanhecer e à tarde. Durante o resto do ano, ninguém, nem mesmo o comandante em chefe, fala com ele, exceto por detrás de uma tela (HOPKINS, 2000, p. 212).

Obviamente, a ideia era tornar o rei uma figura de mistério, com isso aumentando a crença das pessoas em sua autoridade.

O Mai Hume foi o décimo terceiro rei de Kanem, mas o primeiro a fazer a *hajj* no século XI. Ao fim do século XII, o Islã havia se tornado a religião dominante no Kanem, o que levou para lá professores, líderes religiosos e visitantes. Um *mai*, Dunama Dibbalemmi, fez três peregrinações a Meca durante seu período no trono. Foi provavelmente durante seu reinado no século XIII, por volta de 1240, que foi erigido um albergue no Cairo para estudantes vindos de Kanem-Borno.

Como as várias comunidades étnicas se tornaram um só grupo? Kanem era dirigida por líderes habilidosos que fizeram leis e decretos sobre casamentos mistos que encorajavam casamentos de seus súditos com membros das famílias importantes até formarem um único grupo falante de uma língua, o kanuri.

A unidade lhes deu força para começarem a se mover contra outros grupos, conquistando-os e subjugando-os por tributos. Assumiram o controle dos Fezzans e estabeleceram um posto avançado cerca de 1.290 quilômetros de Njimi. O povo falante do kanuri encontrou no povo do norte e do leste presas fáceis, mas encontrou forte resistência do povo do sul.

No começo do século XIV, Kanem foi pressionada pelo povo Bulala, um grupo nômade, que atacou seus flancos externos. Disputas na casa real sobre sucessão ao trono deram o título "Era da Instabilidade" ao século XIV. Finalmente, os Bulalas expulsaram de Kanem a família real, tomada por disputas, e os forçaram a se estabelecer em Borno. Seriam necessários muitos anos, até a época do Mai Ali Gaji, no século XV, para que a Dinastia Seifawa encerrasse seus problemas políticos. Ali Gaji foi capaz de parar a luta e rivalidade interna sobre a sucessão, e também fundou a capital em N'gazargamu. Foi considerado um dos maiores reis de toda a Dinastia Seifawa. Foi um soberano guerreiro de grande poder. Fez campanhas contra o Estado Hausa de Kano e recuperou o controle das rotas de comércio do norte através do deserto. Invasores do cinturão médio do Rio Benue foram despedaçados quando tentaram atacar N'gazargamu. Ali Gaji fez progressos contra os Bulalas e o próximo *mai* foi capaz de completar o trabalho.

Vários mais chegaram ao poder com o objetivo de defender o império e afastar o caos daqueles reinos que queriam se rebelar. O Mai Idris Katarkambi (1504-1526) chegou ao poder com um claro propósito: continuar as campanhas de Ali Gaji contra os inimigos do império. Ele conseguiu liberar a antiga capital de Njimi dos Bulalas. Outro *mai*, Muhammad (1526-1545), teve de debelar uma revolta dos Bulalas, que haviam sido derrotados pelos mais Ali Gaki e Katarkambi. Ele seguiu sua vitória sobre os Bulalas fazendo seu exército marchar ao norte até à importante cidade de Aïr, que estava sob o controle de Songhay. Ele conquistou essa cidade vital e a manteve sob o poder de Kanem-Borno.

Por volta de 1545, o Mai Ali lutou contra o reino de Kebbi em Hausalândia. A razão para essa batalha foi o fato de que Kebbi havia começado a perturbar o comércio de caravanas controlado pelos Songhays e Tamaschecks (Tuaregs). Quando pediram ajuda para Bornu, Ali levou uma força expedicionária para perto dos reinos Hausas e atacou o *kanta* (rei) de Kebbi, na cidadela de Surame, a oeste da cidade de Katsina. Essa foi uma vitória definitiva. O *kanta* de Kebbi fugiu, mas Ali também deixou a cidade e se dirigiu para Bornu. Isso permitiu ao exército de Kebbi se reagrupar, e eles perseguiram o exército do Mai Ali em um lugar chamado N'guru. No caminho de volta ao país, os soldados kebbis foram emboscados pelos soldados de Katsina, e seu rei foi morto. Ali morreu em 1546. Como seu filho era muito jovem para ser rei, seu sobrinho, Dunama, assumiu o poder e reinou de 1546 a 1563. Foi seguido pelo Mai Dala Abdullah, que governou de 1564 a 1569.

O maior de todos os mais foi o nobre Idris Alooma, o filho jovem de Ali, que chegou ao poder em 1569 e estabeleceu uma reputação de imparcialidade, justiça e austeridade para com os inimigos de Kanem-Borno, tornando-se um homem de tremenda visão e experiência.

Ele viveu na antiga Kanem, mais a leste de Bornu, a leste do lago, em uma área ainda governada pelos bulalas. Acredita-se que sua mãe, a Rainha Amsa, fosse filha de um rei Bulala e tenha voltado para casa quando seu pai faleceu. Ela mostrou grande coragem e engenhosidade na proteção do jovem herdeiro durante o reino do Mai Dala, que tentou matá-lo em várias ocasiões porque era o herdeiro verdadeiro do trono.

Mesmo quando Dala morreu em 1569, o jovem rei não pôde obter seu direito a governar. O poder em Bornu foi imediatamente tomado por uma mulher, a brilhante, mas ardilosa, irmã de Dala, a Rainha Aissa Killi. Uma guerra eclodiu entre vários membros da casa real, e somente após vários anos de instabilidade Idris finalmente conquistou o reinado.

O imã de Idris Alooma, Ahmad ibn Fartua, tornou seu nome famoso. Escreveu mais sobre seu governante do que qualquer outro imã sobre os seus. Idris fez muitas coisas para tornar seu nome famoso. Ele não estava sentado perto de Ibn Fartua lhe pedindo para escrever sobre ele. Não, isso não foi elogio vazio nem propaganda falsa. Alooma derrotou os Tedas e Tuaregs, dois grupos do norte que haviam forçado as fronteiras do império por muitos anos. Empregando infantaria e mosqueteiros turcos que haviam trabalhado no Egito como uma parte de seu exército, conseguiu derrotar a maior parte de seus vizinhos com as novas armas trazidas ao império. Ele também usou camelos de longo alcance tanto para guerra quanto para expedições. Os oficiais muçulmanos o amavam porque foi um construtor de mesquitas e um praticante do Islã.

Provavelmente, mais devido a Idris Alooma do que a qualquer outro *mai*, o mundo sabe sobre Kanem-Borno. Ele desenvolveu relações políticas e diplomáticas com países dentro da África e fora. Destemido quando estava certo, teve uma disputa contínua com os turcos otomanos, que haviam ocupado Trípoli, em 1551. Eles ocasionalmente enviaram expedições de exploração ao seu império. Idris não gostava do desrespeito que achava que os turcos mostravam para sua nação, e, portanto, opunha-se ao sultão do Marrocos e ao governante do Império Otomano. O que ele fez foi notável para um líder africano que tinha pouca experiência em manipular líderes mundiais: disse ao sultão do Marrocos, Mansur, que o reconhecia como o governante de todos os muçulmanos na África. Enviou emissários ao Marrocos para transmitir essa mensagem, e presentes como tributos de reconhecimento. Alooma, então, contou isso ao seu imã e pediu que a informação fosse divulgada ao mundo muçulmano, surpreendendo os turcos com uma ação ousada e perigosa. Contudo, Kanem-Borno tinha uma aliança com seu vizinho africano, e isso protegia a nação do exercício deliberado de poder turco. Em 1603, alguns dizem 1617, o grande rei morreu, e o Marrocos, já poderoso no oeste da África, consolidou seu poder sobre Songhay (cf. DAVIDSON, 1977b, p. 102). Idris morreu liderando seus soldados em uma das muitas batalhas que lutou para expandir o império. Foi enterrado em um pântano em Aloo, daí, o nome Mai Idris Alooma.

Todos os historiadores africanos desejariam informações detalhadas sobre Kanem-Borno do tipo que temos sobre os impérios de Gana, Mali e Songhay, devido aos escritos de al-Bakri, al-Umari e Ibn Battuta. Mas, é claro, ainda não as temos. Temos informações suficientes de viajantes e da tradição para dizer que os negócios com cola, marfim, ouro, sal e pessoas alimentaram muito o comércio.

Como sabemos agora, Kanem-Borno foi originalmente governada por um *mai* que indicava príncipes para governarem os territórios. Contudo, isso foi a fonte de disputas, tentativas de golpe e batalhas de sucessão, e muito em breve os *mais* tornaram seus próprios servos os governadores e mantiveram os príncipes no exílio ou sob prisão domiciliar. Essas ações foram evidências de uma sociedade fragmentada, uma nação que claudicava como um antílope ferido na direção de seu fim. No século XVII, o império de Kanem-Borno não era mais do que uma coleção de aldeias que tinham memórias de glórias há muito passadas.

A próxima característica importante no Sudão Central foi a disputa entre os franceses e Rabih ibn Fadl Allah, o conquistador de Borno. No fim do século XIX, os franceses tentariam subjugar grande parte do Sudão fora da esfera britânica, incluindo Níger, Mali, Volta Superior e Chad. Rabih ascendeu à liderança como general militar, traficando e negociando marfim e humanos. Seguindo a criação do Estado Mahdista, em 1885, Rabih criou seu próprio Estado em Bahr el-Ghazal. Embora tivesse um exército e uma poderosa cavalaria, não construiu uma infraestrutura forte. Sua principal ideia era atacar as aldeias e cidades vizinhas para obter riqueza.

Usando as credenciais de Mahdi, Rabih se considerava um Mahdista, e isso lhe permitiu chegar ao oeste até o Lago Chade. Não demorou muito para que reivindicasse todo o território que havia cruzado, organizasse um governo ditatorial e coletasse impostos dos povos vizinhos. Estabeleceu um tempo e quantia determinados para impostos. Embora tenha sido bem-sucedido em subjugar as aldeias ao seu redor, nunca foi considerado como uma das pessoas da região. Permaneceu um estrangeiro a todos. Assim, não foi amado pelo povo, que achava que seus ataques constantes às aldeias gerara uma falta de interesse na agricultura.

Quando os franceses começaram seu avanço para o interior, surpreenderam-se com a resistência que encontraram nas forças de Rabih. Eles desafiaram sua independência e pressionaram seu exército. Em abril de 1900, dois grandes exércitos franceses convergiram e se encontraram em Borno. A batalha foi feroz e Rabih foi derrotado e morto pelos franceses. Seu filho, Fadl Allah ibn Rabih, assumiu suas forças e se retirou para o nordeste da Nigéria. Contudo, não encontrou consolo no movimento porque os britânicos, que estavam no comando do país, recusaram-se a lhe dar proteção. O jovem oficial foi encontrado e morto em 1901.

Estados Hausas: uma falange militar

Quando a Dinastia Seifawa se mudou para o sul, deparou-se com um grupo de povos composto de cidades-estados Hausas, na atual Nigéria, que passaram a existir por volta de 1000 EC. Acredita-se que um ancestral chamado Bayajidda tenha sido responsável pelas sete principais dessas cidades porque seus filhos se tornaram conquistadores que as estabeleceram. Começando por pequenas aldeias compostas de agricultores, um filho fundou a cidade de Biram (Garun); outro, Daura, Katsina, Kano, Rano, Zazzau (Zaria) e Gobir. O povo Hausa era uma combinação de nômades do sul do Saara e de agricultores sedentários da savana. Vivendo dentro de aldeias muradas, chamadas *birane*, o povo se tornou muito unido. As estacas de madeira que cercavam as aldeias menores eram usadas principalmente para proteção contra ataques de outras aldeias. Ocasionalmente, tinham de se proteger de exércitos maiores vindos de seus vizinhos para o sul ou para o norte. Contudo, a ideia de aldeias ou cidades muradas parece ter surgido da necessidade. Foi praticada por muitos povos em várias regiões do mundo. Algumas das cidades muradas mais antigas estavam no Vale do Nilo. Mas, aqui na ampla savana do norte da atual Nigéria, os estados Hausas tinham de se proteger de qualquer ameaça externa, e, assim, tornaram-se uma falange militar.

As cidades Hausas foram formadas da fusão de aldeias em um esforço por criar assentamentos grandes o bastante para se defenderem. Como essas cidades dependiam da agricultura, dedicaram-se à proteção da enorme extensão de terra arável que era uma herança do povo. Grande parte dessa terra era murada, ou ao menos cercada, de modo que não pudesse ser invadida por inimigos ou destruída por tempestades de areia comuns. A mentalidade Hausa era a de uma lagarta: insular, protegida e forte. Contudo, quando essas cidades-estados criaram quadros administrativos, moveram-se agressivamente para coordenar e consolidar suas terras e reinos distantes.

Os Hausas fundaram várias cidades importantes. Originalmente, Gobir havia sido fundada mais ao norte em Aïr, norte de Agades no Saara. Mudou-se para o sul devido à constante agitação do povo Tamaschek (tuareg). Gobir era uma cidade agrícola, mas também tinha extensas conexões comerciais através do Saara. Foi a mais importante das cidades comerciais transaarianas hausas. Katsina surgiu por volta do século XII e foi incorporada ao comércio transaariano como uma das principais cidades-estados. A cidade murada de Kano, agora a maior cidade no norte da Nigéria, foi um centro manufatureiro e artesanal durante os séculos XI e XII. Em Kano, era possível encontrar comércio de tecelagem de algodão, produção de ferro, tingimento de tecidos, trabalhos em couro, cobre e prata e todos os tipos de produtos das terras agrícolas férteis. As cidades de Daura e Biram nem de perto eram tão importantes quanto Gobir, Katsina e Kano, ainda que fossem uma parte do sistema de cidades-estados Hausa. Zaria era a capital de uma região chamada Zazzau, fundada no século XVI. De acordo com Shillington (1994, p. 280), Zaria se tornou um centro importante de tráfico de escravizados, quando grupos atacantes capturaram pessoas da área de Kwararafa, próximo ao Rio Benue, para exportá-las a Borno, Núbia e Líbia, em troca de cavalos e armas. Se isso ocorreu, teria sido uma atividade dos séculos XVII e XIX, uma vez que, em períodos anteriores, não se tem registros de armas sendo amplamente usadas. Portanto, esse "tráfico" teria sido algo que chegou com a expansão da presença árabe na África Ocidental e a demanda crescente de africanos para trabalharem para os negociantes e mercadores árabes que haviam estabelecido grandes empresas nas regiões de Hausa e Borno.

O Islã havia conquistado os estados Hausas no século XIV. Ou seja, os líderes dos estados eram nominalmente muçulmanos, enquanto a maioria do povo permanecia ligada à sua religião tradicional. Seriam necessárias várias retomadas islâmicas antes que os Hausas pudessem ser completamente convertidos à religião. Na verdade, as cidades-estados eram muito cosmopolitas, pois havia muitas ideias, perspectivas e percepções obtidas com o comércio internacional e com o interno. Todavia, seriam os pregadores islâmicos que logo estabeleceriam a agenda para as cidades-estados. Uma após outra, elas caíram sob a influência dos líderes islâmicos.

A elite governante das cidades-estados Hausas aceitavam impostos das massas que viviam em seus interstícios. Contudo, ocorriam guerras entre elas, quando uma cidade emergia por um tempo como a dominante, para então ser substituída por outra. Todas elas eram ativas política e socialmente. Havia uma grande rivalidade entre elas, e, ainda assim, nenhuma dominava a área Hausa inteira. Não há algo como um Império Hausa. Ironicamente, a coisa mais próxima de uma concepção assim pode ter ocorrido após a independência da Nigéria, quando os Hausas começaram a se ver como unidos contra as forças Iorubas e Igbos, no sul.

Cada vez mais, nos séculos XV e XVI, as cidades-estados Hausas controlavam as rotas entre as jazidas de ouro e as cidades de Aïr, assim como as rotas comerciais de Sohghay entre Gao, Jenne, e Kukiya e Borno. Isso foi importante porque permitiu às cidades-estados aumentarem sua riqueza para governar o movimento do povo. O interior foi devastado muitas vezes pelas guerras que ocorreram em decorrência da luta por dominação. Nos séculos XVII e XVIII, o Islã estava realmente estabelecido nas mentes das massas. Elas sentiam que haviam conquistado um senso de justiça e retidão nova e revolucionária. Elas adotaram a xaria, a lei islâmica, condenaram todas as formas de corrupção e colocaram leis estritas sobre mulheres e aqueles que haviam se tornado universais demais em sua abordagem à religião.

No século XVI, a Rainha Bakwa Turunku fortaleceu a pequena cidade de Zaria – nome de sua filha mais jovem –, que se tornou a capital de uma área chamada Zazzau. Logo essa região inteira passaria a se chamar Zaria em homenagem à cidade-Estado. Embora a cidade portasse o nome da filha mais jovem, foi a mais velha que tornaria a cidade memorável. Ela foi a lendária Aminatu –

diminutivo de Amina –, que herdou o gênio e habilidade militares de sua mãe. Na verdade, Amina tinha apenas 16 anos quando sua mãe se tornou rainha.

Devido à sua bravura em batalha, astúcia em negociações e sabedoria em lidar com os assuntos da cidade-Estado, recebeu o título de honra e respeito tradicional, *magajiya*. Ela é celebrada em poesias e canções como "Amina, filha de Nikatua, mulher tão capaz quanto qualquer homem".

Quando obteve o poder na cidade-Estado, um de seus primeiros atos foi fortalecer os muros da cidade. Na verdade, ela é chamada a arquiteta dos muros de terra ao redor de Zaria, o protótipo para outras fortificações de terra no território dos estados Hausas. O povo chamava suas fortificações *ganuwar Amina*, os muros de Amina. Há alguma controvérsia a respeito de sua ascensão à posição de rainha. É possível que tenha sempre sido uma princesa, mas uma princesa que teve um poder incomparável por cerca de 35 anos. Seu irmão, Karama, morreu em 1576 e ela pode ter assumido o papel de rainha naquela época. É também provável que possa ter governado de 1536 a 1573, como dizem alguns registros, o que a colocaria antes do reinado e morte de seu irmão.

Aminatu de Zaria

Sabe-se que Amina foi uma conquistadora. Ela entendia que a guerra poderia proteger seu povo, embora não tivesse poder para estabelecer harmonia. Isso tinha de ser feito com diplomacia e tato. Contudo, tentou dois feitos com suas guerras: primeiro, estender o governo de Zazzau ao interior e consolidar o poder de Zaria; e, segundo, reduzir os estados vassalos à subordinação, de modo que sua lealdade fosse somente para com Zaria (SMITH, 1970). Dizia-se que seu reino terminou chegando ao mar no Oeste e no sul. "A Crônica de Kano" diz: "o Sarkin Nupe enviou seus [de Amina] 40 eunucos e 10 mil nozes de cola. Ela foi a primeira em Hausalândia a ter eunucos e nozes de cola" (PALMER, 1929).

A narrativa do historiador Muhammad Bello, "Ifaq al-Maysur", escrita em torno de 1836, foi a primeira fonte escrita sobre Amina. Ela foi, de acordo com Bello, "a primeira a estabelecer um governo entre eles", e declarou supremacia sobre as cidades de Kano e Katsina (MUHAMMAD BELLO, 2008). Como o autor não dá muitos detalhes sobre sua vida, estudiosos tendem a se voltar para a "Crônica de Kano", uma história muito consultada sobre a cidade de Kano, que foi escrita no século XIX. O texto diz que Amina foi contemporânea de Muhammad Dauda, que governou de 1421 a 1438. Quando foi líder da cidade Hausa de Zaria, o governo de Amina foi até Nupe e Kwarafa, junto aos rios Níger e Benue. O povo Nupe está relacionado ao ioruba, significando que a influência de Amina chegou ao território de outra grande nação de povos. Acredita-se que o famoso Obá Shango, conhecido entre os Nupes como Jakuta, que se tornou *alafin* de Oyo antes de ser deificado, tenha sido, na verdade, filho de uma mulher Nupe. Por isso, podemos dizer que o governo de Amina tinha implicações para a burocracia e a estrutura de culturas localizadas centenas de quilômetros distantes de Zaria.

Há algumas discrepâncias sobre as datas do reino. Geralmente, aceita-se que Amina tenha governado durante o século XVI, mas as datas precisas têm sido contestadas por duas razões. Primeiro, há um par de crônicas escritas no século XX que não a mencionam na lista de governantes. Segundo, há o fato de que como era uma governante mulher em um território muçulmano, os homens podem ter decidido deixar seu nome fora da lista da realeza. Contudo, aceitei as tradições orais e os primeiros registros de suas explorações. Foi relatado que, quando ainda era uma adolescente, sua bisavó, Marka, a primeira esposa de seu bisavô, Sarkin Nohir, observava-a segurando uma adaga exatamente como um guerreiro a seguraria. Amina exibia um gosto por estratégia, jogos de guerra e armas militares. Quando se tornou adulta, recusou-se a casar para dedicar sua atenção à manutenção do poder político e militar. Ela liderou sua cidade de

Zazzau (Zaria) para se tornar o centro de comércio e poder no que é hoje o centro-norte da Nigéria. Ela tinha 36 anos quando sua mãe, Barka, morreu, deixando-a completamente no comando de Zaria (ADELEYE, 1971).

Amina de Zaria foi proeminente como uma líder militar e deve ser considerada junto à panóplia de conquistadores africanos como Tarharka, Ramses II, Tuthmoses III, Sundiata e Sonni Ali Ber. Como uma líder militar mulher, está claramente na companhia de Amanirenas e Yenenga: um combateu os exércitos de César e os deteve quando tentavam invadir a Núbia, e o outro saiu das planícies cobertas de gramíneas da África Ocidental com milhares de leais soldados de cavalaria para estabelecer a Dinastia Mossi. Assim, quando falamos de Amina de Zaria, devemos vê-la no contexto de uma das maiores mulheres guerreiras do mundo.

A rica história das cidades-estados Hausa ainda está para ser escrita, e quando o registro for claro mostrará que o povo Hausa se organizou em uma *birane* protetora, mas esteve aberto ao mundo. Na verdade, no século XVIII, a região experienciou uma diáspora *dyula* na qual o povo se mudou para o sul para continuar suas vidas cultivando a terra. Entre os Hausas, como estava ocorrendo em outros reinos e nações da savana, houve um declínio nas viagens transaarianas. Houve inúmeros ciclos de atividade pesada e depois menos caravanas indo e voltando através do deserto. Contudo, um movimento jihadista começou a inverter a tendência do declínio no fim do século XVIII. Um grupo chamado Fulani conquistou o poder e a liderança sobre a população Hausa. Isso foi profundamente influenciado pelo movimento jihadista em outros lugares da África.

As cinco jihads do Islã no Sahel e na savana

Houve cinco *jihads* importantes na região da savana africana durante o século XV. A primeira foi a de Futa Jalon (região montanhosa no norte da Guiné), perto do fim do século. Duas personalidades-chave emergiram nessa *jihad*: Ibrahima Sori e Karamoko Alfa Barry. Ao longo dos anos, eles compartilharam governo e influência em Futa Jalon. A área era conhecida por sua erudição religiosa. Esteve no centro do Império Mali 200 anos antes, e agora era a região-chave da África Ocidental para formação islâmica.

A segunda *jihad* ocorreu na região de Futa Toro (vale médio do Rio Senegal) e se espalhou quando um grupo que se chamava torodbe (buscadores), sob a liderança de Sulayman Bal, reclamou que a Dinastia Denyanke local não impedia os muçulmanos de serem enviados à escravidão. Mas conflitos ocorreram, porque um grupo de migrantes falante do árabe, o Beni Hassan, do Marrocos, opunha-se ao criticismo dos Torodbe sobre os Denyankes. Abdul Qadir Kan sucedeu Bal e organizou os Torodbe para derrotarem os Denyankes e os Beni Hassan. Ele negociou um acordo com os franceses, em 1786, para lhes permitir um certo uso do território, contanto que garantissem que os africanos não vendessem muçulmanos à escravidão.

A terceira *jihad* foi aquela liderada pelo Usman dan Fodio, um Fulani, cuja família havia migrado da região de Futa Toro em gerações anteriores. Ele se distinguia como um professor e estudioso. Seus alunos eram fervorosos em sua paixão pelo Islã, e ele se tornou conhecido por seu conhecimento, espiritualidade e disposição de lutar pela religião do Islã. Sua fama logo lhe poria em conflito com os governantes locais. O líder de Gobir, Na Fata, tentou forçar dan Fodio a parar de professar sua doutrina, mas, em 1804, um conflito irrompeu entre os seguidores de dan Fodio e do sucessor de Na Fata, Yunfa.

Dan Fodio baseava suas ações nas do Profeta Muhammad. Ele enfrentou uma ameaça séria do exército de Yunfa e decidiu que necessitava fugir para Gobir. Reagrupou seu exército e então declarou uma "Jihad da Espada", uma referência à hégira de Muhammad a Medina. Gilbert e Reynolds estão certos em afirmar que "Usman dan Fodio foi também profundamente influenciado pelas instruções de Al-Maghili sobre o governo islâmico apropriado, escritas para o rei Hausa de Kano, Muhammad Rumfa, aproximadamente 300 anos antes" (2011, p. 234).

Usman dan Fodio continuou a escrever tratados contra os governantes locais, especialmente o líder de Gobir. Ele tinha duas reclamações. Primeiro, os líderes políticos haviam permitido que a cultura africana tradicional corrompesse o Islã. Segundo, os líderes locais não protegiam os muçulmanos da escravidão. Em 1808, os exércitos de Gobir haviam sido derrotados, e dan Fodio e seus seguidores estabeleceram um novo Estado com capital em Sokoto. Em 1814, quase todos os estados Hausas haviam sido depostos pelas *jihads* lideradas pelos Fulanis. Dan Fodio distribuiu bandeiras àqueles que o visitavam pedindo sua ajuda. No fim, as *jihads* ajudaram a criar o maior Estado africano de seu tipo naquela época, o Califado Sokoto, uma confederação de cidades-estados, cada uma das quais governada por um *emir* (*sarki*, em Hausa) que devia lealdade ao sultão de Sokoto.

Dan Fodio não buscou poder administrativo como o sultão. Dividiu aqueles deveres entre seu irmão e filho. Na verdade, seu filho, Mohammed Bello, tornou-se sultão. Sua filha, Nana Asma'u, escreveu poesia e ensaios que visavam a purgar a região da religião tradicional africana. Na verdade, a mistura de religiões africana e islâmica era chamada *bori*, mas para os jihadistas era muito ruim. Ensinar uma versão mais fundamentalista do Islã às mulheres teve um efeito sobre as crianças. Elas se tornaram adeptas espontâneas da *jihad*.

O Califado Sokoto se tornou um protagonista importante no tráfico de escravizados no século XIX. Podemos dizer que o califado nunca considerou a escravidão errada. Era errado apenas escravizar muçulmanos. Esse foi uma mensagem repetida muitas vezes também na África contemporânea. Podemos ver a evidência nas regiões de Darfur e do sul do Sudão, e na região sul do Egito, sobre essa ideia de escravidão para o não fiel, mas de liberdade para o fiel.

Interessantemente, com Muhammad Bello, filho de Usman dan Fodio, firmemente no controle, o Califado Sokoto estendeu sua área, criando crises em toda parte. O shehu de Borno, governando um Estado islâmico ao leste próximo ao Lago Chade, escreveu a Bello reclamando:

> Dize-nos por que estais nos combatendo e escravizando nosso povo livre. Se disserdes que fizestes isso devido a nosso paganismo, então, digo que somos inocentes de paganismo, e está longe de nossa constituição. Se orar e dar esmolas, conhecimento de Deus, jejuar no ramadã e construir mesquitas é paganismo, o que é o Islã? (HODGKIN, [1960] 1975, p. 128)

A resposta de Bello foi a de um homem determinado a conquistar. Ele disse que, embora o shehu fosse um bom muçulmano, muitos de seus súditos não eram, e, portanto, eram aptos a serem capturados e escravizados sob a lei islâmica. Seguindo os passos de seu pai, Bello distribuía bandeiras para aqueles que pediam para se juntar à *jihad*. Um conhecido estudioso, Seku Ahmadu Bari, da região do Rio Níger Superior, em Mali, contatou Bello e lhe pediu uma bandeira de legitimação. Ele recebeu uma, e lançou um ataque às cidades "corruptas" e "pagãs" de Segu e Jenne. Em 1818, Bari foi vitorioso e estabeleceu um Estado que chamou Massina com uma nova capital chamada Hamdullahi, que significa "graças a Deus". Embora tivesse recebido uma bandeira do Califado Sokoto, que sugeria que se submeteria à autoridade do sultão, decidiu, no entanto, que se declararia o décimo segundo califa. Caso Bari jamais tivesse se tornado um líder, ninguém teria duvidado de que teria sido um grande líder. Contudo, como líder, foi um fracasso. Morreu em 1845, com poucas pessoas reconhecendo seu poder. Seu filho, Ahmadu II, sucedeu-o.

Figura 9.1 – Mesquita Nacional Abuja

Fonte: Foto de Kipp Jones/Creative Commons license CC-BY-SA-2.0

A quarta *jihad* foi liderada por al-Hajj Umar Tal. Ele nasceu em Futa Toro e estudou em Futa Jalon. Foi um homem muito religioso, levando tão a sério sua religião que acreditava que todos que não estivessem seguindo seu caminho estariam eternamente perdidos. De 1828 a 1830, fez uma *hajj* a Meca e Medina. Essa viagem realmente o impressionou, e quando retornou começou a difundir a irmandade sufista Tijaniyya (Tijani). Umar Tal seguiu o caminho de muitos jovens africanos que haviam deixado seus lares para obter educação e experiência em terras muito distantes. Viajar a outros lugares não é incomum na África, e não era incomum na época de Tal. Em seu caminho de volta a Futa Toro parou no que é agora o norte da Nigéria e passou alguns anos em Sokoto e Hamdullahi. Estava convencido de que tinha de voltar para casa e liderar uma *jihad*. Na década de 1840, retornou e atraiu um séquito e logo liderou uma *jihad* contra o rei de Tamba. Lutou contra os franceses, que também estavam se insinuando na área.

Mas Umar Tal lançou uma campanha contra o rei de Kaarta, o rei de Segu, que capturou em 1861.

Cheio de orgulho por seus feitos, Umar Tal voltou sua atenção para Ahmadu II e o Estado de Massina, que, após um cerco brutal de muitos meses, rendeu-se a ele. Ele parecia pronto para combater outros muçulmanos, acreditando que estivessem incorretos em sua prática. Como era um seguidor do sufismo Tijani, e os outros líderes praticavam o *qadiriyya*, é provável que Umar Tal os visse como menos devotos. Quando morreu, em 1863, seu filho, Ahmadu Seku, sucedeu-o, e o Estado se desintegrou pela pressão francesa e pelo persistente ressentimento estimulado pelas conquistas de seu pai. Pouco foi feito para criar uma estrutura para governança.

Uma quinta *jihad* ocorreria no Sudão. Seria liderada por Muhammad Ahmad, que se declarou *mahdi*, uma figura no pensamento islâmico que anunciará a Segunda Vinda de Cristo, a derrota do mal e uma era de retidão, prosperidade e estabilidade. Mahdi era, sobretudo, um nacionalista. Ele pregava que era necessário que os africanos expulsassem os "turcos", um nome usado geralmente para estrangeiros, porque Muhammad Ali, o líder Albaniano do Egito, havia invadido o Sudão, tentando escravizar pessoas a fim de produzir mais algodão e também aumentar o exército egípcio. Quando os britânicos tomaram o controle dos turcos otomanos, nomearam o General Gordon "chinês" governador do Sudão. Ele nada fez para se fazer gostar pelo povo africano do Sudão. O ressentimento havia aumentado tanto que era apenas uma questão de tempo para que o país explodisse.

O *mahdi* pregava uma doutrina forte de resistência à opressão. Em 1881, os britânicos decidiram que tinham de prendê-lo. Isso foi um catalisador para as tropas de *mahdi*. Em várias batalhas, suas forças derrotaram o exército anglo-egípcio. Capturaram várias guarnições na região, assediaram o exército britânico e seus aliados, e pregavam a crença na infalibilidade de seu objetivo. Em 1882, os britânicos enviaram 10 mil egípcios para combater os mahdistas e esse exército também foi derrotado. Certamente, vitória após vitória pareceram assegurar os seguidores que Ahmad fosse, de fato, o *mahdi*. Os britânicos enviaram o governador Gordon a Cartum, capital do Sudão, em 1884, para supervisionar a evacuação da cidade. Ele não queria entregar a cidade aos mahdistas, então, decidiu resistir. A cidade foi levada à fome e invadida pelos mahdistas em janeiro de 1885, levando a Grã-Bretanha a uma das mais famosas derrotas coloniais da história. O *mahdi* morreu em seguida. O Estado sobreviveu sob a direção de Abdullah ibn Muhammad e não foi derrotado até que os britânicos retornassem ao Sudão, em 1898.

Zimbábue: a grande cidade de pedra do sul

O nome *dzimbabwe* na língua shona significa "lugar de casas de pedra". Portanto, o Zimbábue recebe seu nome dos mais de 300 lugares de casas de pedra encontrados no sul da África, principalmente no Zimbábue, Moçambique e África do Sul. Muitas das cidades muradas de pedra estão entre os rios Limpopo e Zambezi. O grande Zimbábue, como é chamado, é a mais imponente de todas as ruínas chamadas *dzimbabwes*.

O Grande Zimbábue era o centro de um reino próspero e poderoso do século XI ao XV. É possível que homens e mulheres desse reino também tenham comercializado com Índia e China, uma vez que objetos de ambos esses lugares foram descobertos nos arredores da cidade.

Situada em uma imponente colina na extremidade sudoeste de um vasto platô, a cerca de 353 quilômetros do Oceano Índico, o Grande Zimbábue tem duas partes principais. Uma parte é chamada a Grande Cidadela, porque ocupa o topo da colina, e a outra parte, situada abaixo da colina no campo, é o Grande Recinto. Havia edificações e dois caminhos até a colina antigamente. Poderíamos facilmente ir do topo da colina, na Grande Cidadela, ao Grande Recinto em 30 minutos. Essas duas estruturas representam imensos projetos de construção (BEACH, 1980).

Há várias teorias sobre a Grande Cidadela. Os europeus a chamavam a "Acrópole" devido ao exemplo grego. Contudo, é muito mais do que um lugar para o palácio do rei e vários rituais de Estado. Provavelmente, não é uma mera fortaleza, como alguns afirmaram. No vasto platô, podermos ver vários quilômetros da Grande Cidadela. Seria improvável que qualquer inimigo escolhesse se aproximar do Grande Zimbábue com hostilidade. Não temos registros ou objetos indicando guerras na Cidade de Granito. As passagens e salas na Grande Cidadela nos lembram as grandes passagens egípcias em várias edificações, incluindo as pirâmides.

O Grande Recinto foi construído sem cimento ou argamassa. Seus enormes muros são feitos de pedra assentada como tijolos de forma e modo regulares até uma altura de aproximadamente nove metros. Em alguns lugares, os muros têm mais de 1,8 metro de espessura. O rei e sua família lá viviam, cercados por suas mais belas esposas, e sua opulência em ouro, prata e bronze. O rei comia em pratos importados da Pérsia e da China, de acordo com a história escrita sobre esse período. Zimbábue é uma das criações da África que sugerem o sublime e o belo na sinceridade direta de estilo e forma que tornam o Grande Zimbábue um feito notável. Alguns autores disseram coisas como: "Zimbábue é um daqueles exemplos de criação humana dos quais um *glamour* é destilado, que emana uma atmosfera elusiva semelhante à razão e à definição" (BRUNTON; CATON-THOMPSON, [1931] 1970, p. 298). Ou considere a declaração de Maynard Swanson, quando escreve: "Não há geometria ou regularidade aparente em seu plano ou construção físicos" (cf. McCOSKEY, 2001, p. 293). O arquiteto Edwin Wilfrid Mallows exclamou em 1984:

> Nenhuma parede reta, nenhum espaço retangular, nenhum ângulo reto ou círculo nem verdadeiros arcos de círculos em porção alguma do plano. O Grande Zimbábue é desprovido de controle geométrico. Todas as formas são curvas, sinuosas, infinitamente flexíveis, um sentimento puramente instintivo de forma... Essa característica não regularidade sozinha torna as ruínas

do Grande Zimbábue únicas no mundo. É um mundo de forma completamente diferente (MALLOWS, 1984, p. 39, 41, 56).

Obviamente, o que vemos nessas declarações sãos as posições de indivíduos tentando lidar com algo totalmente fora de suas experiências. Quem diz, por exemplo, que uma edificação deve ter ângulos retos, ou deve ter espaços retangulares? Se, por controle geométrico, nos referimos às coisas como são feitas no mundo ocidental, então, poderíamos criticar o Grande Zimbábue por não ser esse tipo de construção. Por outro lado, podemos também pensar o estilo zimbabuano como tendo sua própria forma de controle de espaços.

Figura 9.2 – Muro de pedra do Grande Zimbábue

Fonte: Wikimedia Commons/Ulamm

O surgimento da civilização zimbabuana pode ser situado entre os séculos XI e XIII EC. Originalmente, construído pelos ancestrais dos Shonas da república moderna do Zimbábue, o sítio representa uma extensão da cultura da Idade do Ferro do sul da África, incluindo o famoso Kopje do Leopardo, próximo a Bulawayo e Mapungubwe. O sítio de ouro mais antigo conhecido no sul da África era em Mapungubwe (agora, na província de Limpopo da África do Sul), e foi aqui que o povo antigo construiu a Cidade de Ouro e estabeleceu seus emblemas de ouro e objetos sagrados como o centro de sua vida social. O povo dominava a técnica de construção de muros de pedras assentadas, para construir espaços para pessoas e animais. Eles possuíam recintos para gado feitos de pedra, ou casas de reis cercadas por pedra. Assim, não deveria nos surpreender termos descoberto agora que o povo Shona tenha usado as mesmas ideias para construir a estrutura mais complexa já encontrada no sul da África.

É provável que o Grande Zimbábue tenha aumentado o poder e majestade do rei supremo, o Muene Mutapa. Como uma capital, o Grande Zimbábue estava bem-posicionado entre o mar e os ricos depósitos minerais e a grande fonte de caça no interior. Na parte superior do vale do Rio Sabi, estava em uma posição central para avanço, controle e extensão de poder. O gado era básico para a sociedade antiga, e o povo o usava para alimento e leite. Eles também possuíam boas pastagens no platô. Havia elefantes, antílopes e outros animais selvagens para caça. Além disso, também eram capazes de encontrar lenha para cozinhar e terra bem-irrigada para o cultivo de grãos. Essa era uma área ideal para um grande centro de atividade.

O comércio entre o Zimbábue e as áreas costeiras, particularmente a cultura kilwa suaíli, era frequente e ajudou a moldar o comércio de ouro e marfim que tornou Kilwa um dos portos mais ricos do século XIII.

O Estado do Zimbábue provavelmente começou como um centro comercial. É provável também que tenha sido um centro próspero de criação de gado, cultivo agrícola e comércio de ouro e marfim. No século XII, regulava o comércio que passava entre a costa e o interior. A tributação do comércio, paga em marfim ou ouro, ajudou a manter o Estado financeiramente equilibrado. A cidade se tornou uma sede para desenvolvimento profissional e também um centro para tecelagem de algodão. Pessoas ricas muitas vezes importavam seus tecidos da Índia. Como o centro de comércio, a cidade passou a controlar grande parte do território ao seu redor, tornando-se um Estado poderoso.

Não está claro por que o sítio do Grande Zimbábue foi abandonado por volta de 1450. Alguns teorizam que a madeira e as pastagens tenham sido exauridas nessa época. Outros afirmam que a área pode ter sido acometida pela epidemia de alguma doença que obliterou a população e afastou da cidade as pessoas que restaram. A tradição oral fala sobre a falta de sal como uma razão para o povo ter se mudado para outros lugares. Parece-me, contudo, que isso não seria uma razão para mudança, uma vez que o sal não é um alimento básico e a região produzia uma abundância de outros condimentos para alimentos.

Se é verdade que aproximadamente 12 mil pessoas viveram na cidade por volta de 1400, seria uma das mais importantes concentrações de pessoas no continente africano e uma das maiores cidades do mundo. Certamente, uma população assim sobrecarregaria a economia e a ecologia da região. Suspeita-se que a cidade simplesmente tenha colapsado política e socialmente em decorrência de um uso tão intenso pela população.

Vários estados existiram durante esse período e comercializaram com o Grande Zimbábue. Entre esses estava o centro comercial de Ingombe Ilede ("O lugar onde deitam as vacas"), situado próximo à confluência dos rios Kafue e Zambezi. Essa região produziu uma bela cerâmica polida com grafite. Alguns escritores acreditam que possa ter sido um produto da tradição luangwa ou da região de Kisale, da antiga Luba. Sabemos, pelos sítios funerários, que o povo era rico, porque enterravam seus mortos com contas e pedras polidas.

É provável que grande parte do leste da África Central, de Zâmbia ao Lago Malawi, possa ter participado da cultura da Idade do Ferro chamada luangwa, que recebeu seu nome da cerâmica da região e parece ter se difundido entre 1000 e 1200 EC. O ferro era utilizado extensamente na região para fazer machados para limpar a terra para o cultivo, bem como lanças, flechas e ferramentas manuais para cavar. Havia também instrumentos para uso ritual feitos de ferro. Nessa área do continente havia também a criação de gado, a manufatura de cobre, a caça de elefantes e o comércio extensivo. Entre as conexões com a tradição luangwa estão as várias culturas étnicas de bemba, bisa e chewa, nomes que aparecem na África moderna.

As culturas bemba, bisa e chewa estão relacionadas de algum modo com o povo do Malawi Central, que descendem do clã Phiri, que na década de 1400 se casou com o clã Banda e formou o Nyanja. Os reis de Nyanja recebiam o título de *Kalonga*. De acordo com a tradição oral, o clã Phiri veio do Luba. É difícil dizer quando essa migração ocorreu, mas há certos rituais que são similares àqueles dos Lubas. Em 1540, a Dinastia Kalonga fundou a Lundu, entre os Manganjas do Vale do Shire, e a Dinastia Undi entre os Chewas, que viveram entre o Shire e Zambezi. Poucos povos na África usaram fogo tão ritualmente como o clã Phiri. Na verdade, os povos Kalonga, Lundu e Undi eram chamados por outros de *maravi*, que significa "povo do fogo". Portanto, a partir do século XVI, os Maravis foram os grupos mais importantes abaixo dos rios Shire e Zambezi até o Oceano Índico.

Um dos sucessores do Grande Zimbábue foi o Estado de Torwa, organizado na região do Kopje do Leopardo de Guruuswa (ou Butua). A capital, feita de pedra, era chamada Khami. É provável que o Estado de Torwa tenha sido um desdobramento do Grande Zimbábue. Essa área tinha mais encostas escalonadas do que o Grande Zimbábue. A tradição de muros de pedras foi refinada e aperfeiçoada com a sobreposição de pedras aparadas. Estava localizada no centro das jazidas de ouro do oeste do platô. O povo Torwa era também grande criador de gado, e sua estrutura, habilidades e organização políticas foram importantes para o surgimento do Estado Rozvi de Changamire no século XVII.

Mutapa foi fundada pelo corajoso e enérgico explorador Nyatsimbe Mutota, que havia levado um grande séquito em direção ao norte do Grande Zimbábue em busca de sal. Muitos estudiosos agora acreditam que isso tenha ocorrido em 1420. Mutota assentou sua família e seu séquito na área de Dande no Vale Mazoe. Essa região tinha boas terras, grande precipitação pluvial, árvores para construção e acesso ao Rio Zambezi, assim como estações no Sena e Tete para comércio com os mercadores suaíli da costa. Muitos dos comerciantes costeiros buscavam o cobre da área interna para suas lojas e para uso pessoal em suas casas e palácios.

Mutota e seu filho, Matope, tiraram vantagem de sua posição favorável entre as rotas de comércio e a proximidade das estações de comércio para se estabelecerem firmemente como os controladores da área. De fato, Mutota começou a constituir um exército com o qual conquistou outros clãs Shona e tomou o título *Munhumutapa* (Mwene Mutapa, por vezes Monomatapa), que significa "conquistador" e é uma indicação da relação de Mutota e Matope com o povo que derrotaram. Em meados do século XV, Mutapa sucedeu o Grande Zimbábue como o principal Estado Shona no platô superior. Na década de 1480, tributos estavam sendo pagos aos Mutapas pelos reis de Uteve, Barwe e Manyika.

No passado, estudiosos pensaram que o Grande Zimbábue e o Estado que o cercava eram o mesmo que o Mutapa. Esse equívoco se deve ao fato de o fundador de Mutapa ter vindo do Grande Zimbábue. Na verdade, havia uma diferença real entre o Estado Mutapa e seu predecessor, o Grande Zimbábue. Os reis de Mutapa foram estrangeiros que usaram seu exército para derrotar seus súditos. Isso não se aplicava ao Grande Zimbábue, que era um reino formado pela população nativa, talvez, integrada por alguns Rozvis ou Lozis, vindos de mais ao norte. Além disso, os reis de Mutapa recebiam tributos regulares dos chefes das aldeias e cidades Shonas do Norte. Com certeza, não havia uma grande tradição de construção em pedra no norte do Zimbábue. Isso foi basicamente uma tradição do povo zimbabuano do Sul e do Leste.

O palácio de Mutapa era feito de postes e barro, e cercado por uma paliçada de madeira. Uma das diferenças mais importantes entre os dois reinos, Zimbábue e Mutapa, é que o primeiro tinha de importar ouro, diferente do segundo, que tinha ouro na área local. Além disso, muitos camponeses pagavam seus impostos e tributos ao rei trabalhando nas jazidas de ouro aluviais. Os reis de Mutapa usavam esse ouro para comercializar com o povo costeiro em troca de tecidos e joias finas.

O comércio de ouro entre os Shonas e os Suaílis chamou a atenção dos portugueses no século XVI. De uma forma muito descortês, os portugueses tentaram desviar o comércio da costa suaíli para seus próprios postos comerciais ao longo do Oceano Índico. Isso os colocou em conflito com os Suaílis. Batalhas foram travadas, pessoas foram mortas e o problema não foi resolvido como os portugueses desejavam, de modo que decidiram eles próprios subirem o Rio Zambezi para encontrar a fonte do ouro. Em 1530, conquistaram as cidades comerciais Sena e Tete, mas ainda acreditavam que pudessem ir mais longe e finalmente estabelecer conexões diretas com os Munhumutapas. Eles acreditavam que poderiam obter ainda mais ouro se controlassem a fonte. Quarenta anos depois, em 1571, enviaram outro exército ao Vale Zambezi. Por infortúnio, o exército foi para lá durante uma seca. Nunca deixaram o vale. Foram derrotados pelo povo Tonga, pela fome, sede e doenças. Em 1574, os portugueses forçaram o Rei Uteve a concordar em lhes pagar tributo em Sofala na costa do Oceano Índico. Contudo, os engenhosos e habilidosos Munhumutapas estavam além do alcance dos portugueses. Ele permaneceu o maior rei nessa parte da África; seu reino, um dos mais isolados da influência dos europeus na costa. Posicionados atrás de paredes de pedra, protegidos por um exército vigilante e considerados invencíveis por seu povo, os Munhumutapa não podiam ser tocados pelas armas curtas dos portugueses.

Os estados Iorubas: arte e religião nascidas na floresta

A palavra "ioruba" se originou provavelmente como um termo Hausa para o povo de Oyo, na parte oeste do país moderno da Nigéria. O ioruba representa um grupo linguístico importante no sudoeste da Nigéria e na parte leste do moderno país de Benin, que não deve ser confundido com a província nigeriana de Benin. Os Iorubas são um povo que provavelmente chegou ao seu país atual vindo do Leste. De fato, um historiador Ioruba afirma que o povo descendia de um grupo de egípcios que se mudaram para o oeste (LUCAS, 2001).

Os Iorubas, agora, estão localizados no sudoeste da Nigéria e na parte leste de Benin. Há inúmeros Iorubas vivendo em Togo, Gana e África do Sul. Há aproximadamente 50 milhões de falantes do ioruba, e o grupo étnico predominantemente urbano reivindica Lagos, a cidade mais populosa na África com mais de 22 milhões de pessoas.

De acordo com seus estudiosos clássicos, os Iorubas se originaram no Egito e Kush, e após uma longa jornada através da África no século XII estabeleceram-se em seu lugar atual. Estudos de mtDNA indicam que os Iorubas são relacionados a muitos outros grupos étnicos, incluindo o povo Hausa e Igbo, da Nigéria, o Mandinka, Songhay, Nupe, Benin e Tuaregs, da África Ocidental (CAVALLI-SFORZA et al., 1993; WATSON et al., 1996). Lendas iorubas populares afirmam que o povo veio da cidade de Ile-Ife, onde a Terra foi criada. Esse foi também o lugar onde Olodumarê criou os humanos (IDOWU, 1973; CHAPPEL, 1974; RADIN, 1974; STOLL; STOLL, 1980).

Claramente, têm uma história forte e poderosa baseada em tradições, rituais, histórias, oratura (literatura oral), e narrativas de feitos heroicos acentuados por uma visão de mundo filosófica encontrada em sua cultura. Nenhuma outra cultura da África foi tão afetada pela Diáspora Africana para as Américas e o Caribe como a ioruba, que é encontrada no Brasil, Estados Unidos, Cuba, Haiti, Trinidad, Guadalupe, Martinica e Panamá.

Parece, agora, que a formação dos estados Iorubas ocorreu dos séculos X ao XII EC. Essa foi a época em que os agricultores e caçadores, falantes da língua do povo Oyo, reuniram-se em pequenas e grandes aldeias para se tornarem um dos grupos mais urbanizados da África. As terras estavam localizadas na região da savana, entre a zona florestal e o oceano, onde a terra era fértil e a precipitação pluvial alta o bastante para a produção de alimentos, que incluía uma série de cereais, tubérculos e animais domesticados.

As tradições dos Iorubas dizem que o deus celeste Olorun enviou Oduduwa, o fundador dos Iorubas, para a Terra na cidade de Ife, muitas vezes chamada Ile-Ife, "o lugar onde o céu veio à Terra". Oduduwa se tornou o líder do primeiro Estado Ioruba, e então enviou seus filhos para governar os outros estados. O primeiro *alafin* de Oyo foi um de seus filhos, assim como o primeiro obá de Benin. Outro filho foi o primeiro *onisabe* de Sabe, e sua filha mais velha é conhecida como a mãe do primeiro *alaketu* (na Benin moderna, antiga Dahomey), enquanto outra filha deu à luz ao primeiro *olowu* de Owu. A tradição, que continua até o presente, determina que o governante de Ife é chamado *oni*, em reconhecimento da descendência direta de Oduduwa. E os Iorubas gostam do provérbio: "Se você não tem um passado, não tem um futuro".

Existem evidências de vida humana na área Ioruba há um longo tempo, desde a Idade da Pedra. Evidências arqueológicas sugerem que havia trabalhadores em metal e ótimos artistas. Alguns estudiosos acreditam que possam estar relacionados ao povo da famosa cultura nok. O ioruba, uma língua tonal, é antigo e adquiriu um forte *status* literário entre as culturas africanas tradicionais. Há muitos autores e críticos iorubas que estudam a língua.

Os estudiosos da cultura ioruba muitas vezes dizem que houve dois movimentos principais dos ancestrais, um na era de Ekiti, Ife e Ijebu, na densa zona de floresta tropical, e o outro na direção de Oyo, em uma região além da floresta. Ambas essas migrações provavelmente ocorreram por volta do século V ou VI EC.

Quem eram esses migrantes e de onde se originaram? Algumas lendas iorubas afirmam que vieram da Arábia, enquanto outras dizem que vieram do Vale do Nilo, provavelmente do Egito ou Kush. Podemos dizer, contudo, com base nas próprias declarações do povo sobre sua história através de sua língua e costumes, que vieram do Sudão Central e receberam a influência de viajantes ou migrantes do Vale do Nilo, se eles próprios não foram esses migrantes. Quando esse novo povo entrou no que se tornou Iorubalândia, trouxeram consigo novas ideias políticas, sociais e filosóficas e métodos de fazer coisas. Eles formaram e desenvolveram um tipo de governo que refletia suas tradições. Em 1000 EC, os Iorubas haviam aperfeiçoado o tipo de governo de cidade, que não deve ser confundido com o governo da aldeia comum encontrado em muitas partes da África. Essas foram sociedades urbanas com numerosos artesãos e clãs de profissionais que realizavam serviços para o Estado. Não há paralelo à antiga cidade de Ioruba em parte alguma na África tropical. Era um talento especial dos Iorubas, que compartilhavam a habilidade da fundição de ferro, agricultura, trabalho em latão e arte com outros grupos africanos, para criar cidades. Basil Davidson diz: "Eles tinham, é claro, muitas aldeias e pequenos assentamentos: *abúlé* (vilarejos), *iletó* (aldeia), *ilú olójà* (pequenas cidades comerciais); mas foi nas grandes cidades, seus *ilú aládé*, que seus feitos urbanos foram maiores" (DAVIDSON, 1965, p. 302).

O consenso entre historiadores é que a cidade mais importante dos Iorubas antigos fosse Ife. Foi a sede dos poderosos reis considerados descendentes de Oduduwa e somente eles tiveram o direito de usar as coroas com figuras barbudas como uma indicação de sua autoridade. É provável que Ife tivesse milhares de habitantes no século XII e tenha crescido em tradição e em número ao longo dos anos. Na verdade, essa cidade, a "Cidade do Céu", foi o lugar chamado "Ile-Ife" porque foi onde a criação ocorreu. É o centro de discussões e decisões filosóficas e religiosas, e é rivalizada somente pela capital política de Oyo. Ife, como as outras cidades, era cercada por um antigo muro como defesa. Esses muros foram usados primeiro em torno de complexos habitacionais familiares e depois em torno das cidades como um todo. Eles mantinham afastados animais selvagens e quaisquer invasores humanos que quisessem prejudicar os cidadãos.

Agricultura entre os Iorubas

Os Iorubas também eram excelentes agricultores e bons comerciantes, mas o talento das artes criativas e rituais era a fonte de seu poder e prestígio na região. Embora tenham sido capazes de conquistar terras extensas para cultivo, os governantes dos Iorubas, como muitos outros, usaram a tributação dos camponeses como uma fonte adicional de receita para o sistema estatal. A riqueza que veio da tributação, agricultura e comércio ajudou a subsidiar a grande cultura artística associada às casas reais dos Iorubas. Como a religião era fundamental às ambições e aspirações do povo, grande parte da arte, uma das mais belas do mundo, era dirigida à comunidade religiosa.

Entre a arte produzida pelos Iorubas estavam algumas das melhores imagens de bronze e latão da face humana encontradas em qualquer parte do mundo. Havia esculturas de terracota e fundições de latão e cobre usando o processo da cera perdida. Embora arqueólogos tenham datado alguns desses trabalhos do século XII, é provável, a partir da maturidade dos desenhos e da competência da execução, que os Iorubas estivessem criando essas obras com base em uma tradição há muito estabelecida. Descobrir que algumas obras foram datadas da década de 1100 não é indicação de que não houvesse obras anteriores. Lembre-se de que a ausência de evidências não é a evidência de ausência. Não temos ideia do que será descoberto no futuro por equipes inteiramente novas de arqueólogos.

Penso que é importante fazer várias observações sobre os Iorubas com base no que sabemos sobre seus desenvolvimentos artísticos. Eles obviamente tinham uma fonte de cobre na medida em que sua arte sugere vínculos possíveis com as minas nos estremos do Saara. Eles viajavam até o sul do Saara para comercializar cobre, usando alimentos, nozes de cola e marfim para troca. Ficamos impressionados pela beleza das imagens das cabeças de onis fundidas em metal. Elas nos lembram as máscaras funerárias dos antigos egípcios. Esse trabalho, extremamente realístico, mostra um povo com enormes capacidades artísticas.

Também encontramos uma cultura artística altamente desenvolvida nessa parte da África entre outros povos. A cultura nok, mais antiga do que a ioruba, deu ao mundo algumas das mais belas peças de escultura em terracota jamais vistas. Os bronzes de Igbo-Ukwu mostram um talento inusual para a criação de belas obras em ligas de cobre. Seria errado sugerir que essas técnicas de fundição de metal fossem importadas de fora da África. Por que alguém desejaria fazer uma suposição dessas em primeiro lugar? Esse sítio arqueológico no sudeste da Nigéria data do século X EC, e pode ser ainda mais antigo. Produtos de bronze foram criados em um período anterior, e a região também comercializava e interagia com áreas muito distantes do norte da África.

Achados arqueológicos foram descobertos pela primeira vez em 1939, quando um agricultor, chamado Isaiah Anozie, viu vários objetos de bronze quando estava cavando uma cisterna para conter água na estação seca. Foi somente em 1959 que o sítio foi escavado e se descobriu que havia sido um depósito para objetos rituais (SHAW, 1977). Datado do século IX ou X EC, Igbo Ukwu representa um dos exemplos mais antigos de fundição em bronze na África Ocidental.

Seria um erro assumir que os Iorubas fossem somente artistas. Eram grandes construtores também. Em anos recentes, descobriu-se que os Iorubas podem ter criado a maior construção do continente africano e uma das mais massivas na história. É chamada Eredo de Sungbo. Uma equipe de arqueólogos nigerianos e britânicos datara o Eredo em cerca de 1000 EC, sugerindo assim que, como os impérios da savana estavam dominando grande parte do oeste da África, os Iorubas estavam fazendo sua própria história na criação do dique gigantesco. O dique foi feito de um fosso cavado, cobrindo aproximadamente 160 quilômetros em um círculo em torno do palácio da rainha. O muro tem cerca de 18 metros de altura em alguns pontos. Foi oculto por centenas de anos de crescimento de floresta tropical, e estudiosos ainda estão estudando como um feito de engenharia dessa proporção teria sido realizado por um povo que vivia na floresta tropical. Algumas pessoas declararam que a rainha responsável pela construção do muro fosse ninguém menos do que a Rainha de Sabá. Contudo, as datas são muito distantes, e é mais provável que essa tenha sido a grande rainha Ioruba chamada Bilikisu Sungbo. A lendária Rainha de Sabá viveu na Núbia mais de 2 mil anos antes, por volta do século X AEC. O Eredo de Sungbo permanece um grande feito humano, e com tantas atividades no passado africano sabemos apenas uma pequena fração do que realmente aconteceu. Contudo, é uma estrutura física como as pirâmides, as tumbas no Vale dos Reis, o Grande Zimbábue e a Grande Muralha da China, e, agora que foi descoberta, ocupará nosso pensamento por anos como o maior monumento na África. Todos chamaremos o massivo fosso e dique o Grande Eredo.

Figura 9.3 – Bronze Benin, Nigéria

Fonte: © Molefi Kete Asante

A estrutura social ioruba era baseada em uma extensa tradição filosófica, o que tornou o Grande Eredo e os refinados bronzes simplesmente evidências do propósito, habilidades e produtividade do povo.

A organização política

A organização política dos estados Iorubas era baseada em uma confederação de capitais, sob a liderança do oni de Ife. Esse sistema era mantido pelos arranjos entre as famílias das principais cidades. Cada Estado no sistema confederado tinha permissão para administrar seus próprios assuntos. Contudo, o surgimento de Oyo no século XVI provocou o declínio da dominação de Ife. Na medida em que o oni de Ife detinha tanto o poder político como o espiritual da confederação, o confronto e a eventual conquista de Oyo deu a seu *alafin* a liderança política. Essa foi uma era de povos heroicos que criavam formas de arte heroicas e administravam sua confederação com base em seu passado heroico.

Uma das características definidoras da confederação Ioruba era o sistema *ebi* de governo. Ele permitia aos líderes de vários estados se verem como parentes, e, assim, governarem seus reinos e a confederação como se governaria uma família. De fato, o reino mais antigo era considerado o mais sênior, e, assim, o que seria convocado para resolver disputas, assumir a liderança política ou aconselhar os outros a irem à guerra. Sob o sistema *ebi*, o país era, portanto, uma família. O rei Oyo, sendo um reino júnior em termos de idade, era uma contradição ao sistema *ebi* devido à sua forte influência política. Esteve em conflito com o sistema *ebi*, no entanto, os dois padrões de governo parecem ter funcionado por força da criatividade ioruba.

A estrutura da cidade Ioruba se baseava na família, e os padrões das casas, incluindo estilos arquitetônicos, estavam relacionados aos tipos de autogoverno ioruba, no qual os palácios dos reis estavam no centro e todas as outras estruturas familiares radiavam dos palácios. Olhando para uma cidade Ioruba, o ocidental, devido à ideia de individualismo, não compreenderia sua organização, com moradias estreitamente agrupadas por família. Cada família, dos anciões aos mais jovens, vivia em um grupo ou complexo de casas chamadas em ioruba *agbo'le*. Cada *agbo'le* era construído em torno da casa do chefe de sua linha descendente, o *agba ile*.

No centro da cidade Ioruba se encontrava o palácio do obá, o *afin*, e tudo era ditado por ele.

O conselho dos reis

Mesmo em épocas contemporâneas, os *iwarefa*, os chefes que são os líderes de linhas descendentes, governam seus próprios grupos descendentes e indicam o obá. É um processo pelo qual o povo, por meio de seus representantes, elegia o obá. Muito antes de os europeus chegarem à costa da África, os Iorubas e outras nações estavam praticando uma forma aberta de governo entendida por todos e transparente às massas. Os Iwarefa permaneceram centrais a qualquer decisão que fosse feita pela confederação dos Iorubas. Certamente, agora, o poder político do obá é reduzido pelo sistema estatal moderno, mas, no passado, os Iwarefa auxiliavam na tomada de decisões e o obá era responsável por executá-las. Assim, o quadro de servos, mensageiros e conselheiros serviam o palácio do obá para colocar em ação as ideias que haviam sido decididas pelos Iwarefa e o obá. Alguns dos servos do obá pertenciam a sociedades especiais ou grupos de classe etária, e eram capazes de produzir ações em apoio ao obá porque eram líderes de seguidores comprometidos.

Havia, geralmente, um sentimento de comunidade baseado no sistema *ebi* no qual cada um deveria sentir que os reis, nobres e outras autoridades trabalhavam para a família. Na maior parte do tempo, esse sistema funcionava. Contudo, havia vezes em que diferentes cidades acreditavam que eram desatendidas pelo poder central, ou se viam em competição com outras, e isso levava a conflito. Misturar política com religião era um modo de manter unidade, uma vez que o povo Ioruba tendia a crer na santidade do Oduduwa. Como filhos de Oduduwa, todos poderiam colocar sua lealdade no *oni* de Ife, o descendente direto do fundador.

Todavia, como a nação Ioruba cresceu, algumas cidades se tornaram tão grandes que a lealdade a Oduduwa passou a ser interpretada pelos nobres daquelas cidades a seu próprio modo. De fato, ainda veremos que alguns Iorubas veem Oduduwa como um homem, enquanto há algumas cidades que falam dele como uma mulher. Além disso, as divindades, orixás, dos Iorubas assumem formas diferentes dependendo de certas interpretações históricas, sociais ou filosóficas das principais autoridades.

A religião Ioruba

Na década de 1990 foi relatado que a religião que crescia mais rápido nas Américas era derivada da ioruba, chamada ogum. Como algumas das principais exportações da África para as Américas, as ideias religiosas, cerimônias, divindades e rituais dos Iorubas se tornaram enraizados no pensamento do Ocidente. Quando alguém fala de macumba, santeria, candomblé, vodu e *myal*, está falando do impacto dos Iorubas. Qual é a fonte da força dessa religião?

Há vários atributos importantes da religião Ioruba. Os filósofos e pensadores mais antigos do povo Ioruba estabeleceram os seguintes princípios:

- Há um Deus Supremo.
- Somente dois dias são certos, o dia em que nascemos e o dia em que morremos; todos os outros dias e eventos podem ser previstos e, se necessário, mudados.
- Nascemos em um destino ou caminho específico.
- Nosso espírito vive após a morte e pode reencarnar-se em parentes de sangue.
- A adivinhação é o instrumento que revelará nosso caminho.
- Nossos ancestrais devem ser honrados, respeitados e consultados.
- As forças da natureza vivem dentro de cada um de nós e lidam com nossos assuntos.
- Nunca devemos prejudicar outro ente humano ou o universo, porque eles são nós.
- O sacrifício é necessário para assegurar sucesso espiritual.

- Todos os domínios de nossa existência devem funcionar juntos e estarem equilibrados.
- O caráter é o maior traço do ente humano.

Para produzir a resposta apropriada do humano ao seu caminho ou destino é necessário que a pessoa envolva os orixás, as forças da natureza e os ancestrais. Filósofos-chave como Ifayemi Elebuilbon, o arabá de Oshogbo e Wande Abimbola, o *awishe* dos Iorubas foram intérpretes importantes da filosofia para o povo no Ocidente. Eles identificaram inúmeras forças da natureza reconhecidas no panteão ioruba. Contudo, o poder central é Olodumarê, Deus Supremo. Entre os outros orixás importantes estão: Obatalá, orixá da harmonia e pureza e o criador da humanidade; Elegbá ou Exu, dono das estradas e oportunidades; Oxum, orixá do amor, da sexualidade e beleza; Xangô, o terror moral purificador; Oyá, orixá do vento, fogo e poder; Iemanjá, orixá da riqueza e subsistência; Ogum, orixá da promessa, do compromisso e da guerra; e Oxóssi, buscador e pesquisador.

É fácil ver como o povo Ioruba criou exemplos antropomórficos das grandes abstrações da vida humana. Em outras sociedades, as pessoas simplesmente abandonam as identificações metafóricas e nomeiam a abstração. Assim, Elegbá não seria o dono das estradas e oportunidades, mas a ideia de tomada de decisão.

Ifá, a deidade que estava com Olodumarê quando o universo foi formado, é a fonte da sabedoria da adivinhação *ifa odus*, os 256 *odus* que são usados para determinar como uma pessoa está se aplicando. No fim, a única coisa que Ifá deseja dos entes humanos é que mostrem bom caráter. Dinheiro, fama, educação e poder não funcionam com Ifá porque quer apenas *iwa pele*, "bom caráter".

Ao longo dos séculos, a religião dos Iorubas afetou inúmeros povos nas Américas e, embora não seja uma religião evangélica do mesmo modo que o cristianismo e o islamismo podem ser considerados evangélicos, quando as pessoas ouvem falar nos Iorubas são cativadas por seu magnetismo e mística.

O *Odu Ifá* é o grande ensinamento sagrado dos Iorubas. Foi codificado em 256 *odus*, constituindo todas as principais instruções da moralidade ioruba. Considera-se que esses ensinamentos foram compilados ou criados por Agboniregun, que usou o nome de Orunmilá, há 4 mil anos (KARADE, 1999, p. 33). Ele foi o profeta aceito da tradição ioruba que construiu o sistema de reverência ancestral e ensinamentos éticos, baseando tudo na Sabedoria dos Antigos. Karade diz: "Orunmilá é o ponto central do sistema de crença e cerimônia ritual Ifá" (KARADE, 1999, p. 33). Na verdade, Orunmilá ritualizou o sistema orixá. Com o tempo, Orunmilá se tornou a divindade dos Odu Ifá, das escrituras sagradas e dos *babalawos*, os altos sacerdotes.

Como um sistema de adivinhação, os *odus* são referidos durante a consulta ao *babalawo*, "pai dos segredos", que interpreta o sistema de signos que são apresentados durante a adivinhação. Os Luba, Yaka, Shona e outros povos africanos estabeleceram sistemas de adivinhação usando um médium espírita. Contudo, os Iorubas se baseiam na interpretação dos *odus*. O universo é visto em termos de duas metades de uma *calabash*. Essas duas metades representam o domínio dos entes vivos (*wye*), que contém todos os humanos, animais e plantas e o domínio dos poderes espirituais (*orun*), que inclui as 401 deidades (*orisa* [*orixá*]) e os ancestrais (*ara orun*, literalmente "os mortos-vivos").

Como há numerosos poderes que influenciam uma pessoa, incluindo sua família, amigos, visitantes e entidades não prontamente vistas, tais como ancestrais, deidades, espíritos da natureza e também os poderes da morte, doença e *ajogun*, "espíritos malévolos", ela deve buscar o *ase* (*axé*) para mediar sua existência. A palavra *ase* significa o "poder" intrínseco pelo qual uma pessoa ou coisa é o que é – a autoridade inerente da natureza de uma pessoa ou elemento, que deriva de seu caráter, posição, tipo ou função. Todo mundo tem um *ase*. Uma mulher tem o seu; um homem tem o seu. Os *orisas* têm axé; os ancestrais, rios, florestas, governantes, a chuva e o trovão, todos têm um ase. Ele representa para os Iorubas o fundamento do ser, a força da vida e a garantia para a existência.

O que buscamos fazer é percorrer um caminho de prosperidade na vida, extraindo o axé da natureza, dos deuses, ancestrais e pais para nos permitir realizar completamente nosso destino pessoal (ou *inu*) que escolhemos antes de virmos ao mundo (ayê). Já os Iorubas acreditam que o único modo de obtermos isso é por meio da adivinhação, com base na interpretação do Odu Ifá.

Esse massivo corpo de literatura em prosa e poesia começou como prática oral. Na verdade, muitas explicações, narrativas e ilustrações permanecem na forma oral, embora existam algumas traduções modernas úteis dos 256 principais *odus* como a de Maulana Karenga, *Odu Ifa: the ethical teachings* [Odu Ifá: os ensinamentos éticos] (KARENGA, 1999; cf. tb. KARADE, 1999), que contém a sabedoria dos Ioruba. Há dezesseis *odus* principais, cada um com seu signo e nome identificadores e consistindo de dezesseis *odus* subordinados, cada um com seu signo e nome, fazendo um total de 256 *odus*. Há também 256 signos *odus*, cada um associado a uma das 256 subseções *odus* e sua história particular sobre as vidas dos deuses, humanos e animais. As subseções são classificadas em importância, uma classificação que parece ter sido determinada pela ordem na qual os *odus* – que vieram de *orun* e são considerados orixás – chegaram em *aye* e se tornaram conhecidos entre os humanos.

Wande Abimbola, o sacerdote de segunda ordem do Ifá em Ile-Ife e ex-vice-chanceler da Universidade de Ife, escreveu extensamente sobre a formação de sacerdotes Ifá e sobre o Odu Ifá. Um jovem que mostra imaginação intelectual precoce será considerado um candidato à formação de um *babalawo*, especialmente se a adivinhação em um rito conhecido como Imori ("conhecendo a cabeça [*ori*]"), executada quando era criança, revelou que era uma "criança de Ifá". O jovem viverá com um sacerdote local de Ifá, aprendendo procedimentos rituais, memorizando passagens do Odu Ifá, e observando sessões de adivinhação, assim como executando tarefas diárias dos cuidados da casa do sacerdote. Ele pode passar vários anos com seu mentor. Quando amadurece, refinando seu conhecimento e suas habilidades, buscará *babalawo* em outras áreas para mais instrução, indo de um tutor a outro ao longo de vários anos, durante os quais iniciará a "formar Ifá".

De Eji Ogbe:

> K'a má fi wàrà-wàrà n'okùn orò.
> Ohun à bâ if s' àgbà,
> K'a má if se'binu.
> Bi a bá de'bi t'o tútù,
> K'a simi-simi,
> K'a wò'wajú ojo lo titi;
> K'a tun bò wá r'èhìn oràn wo;
> Nitori àti sùn ara eni ni.
> Não vamos nos envolver no mundo apressadamente.
> Não vamos nos agarrar à corda da riqueza impacientemente.
> Aquilo que deveria ser tratado com julgamento maduro,
> Não vamos lidar em um estado de fúria.
> Quando chegamos a um lugar fresco,
> Vamos repousar completamente;
> Vamos dar atenção contínua ao futuro;
> E vamos dar consideração profunda às consequências das coisas devido à nossa própria passagem final (ABIMBOLA, 1997; WANDE, 1997).

10

Sociedades de segredos e instituições

Constance B. Hilliard escreveu eloquentemente que a "ausência de alfabetização não impede a sabedoria e uma reverência pelo conhecimento" (HILLIARD, 1997, p. 32). Os africanos mantiveram uma interação completa com ambiente, natureza e sociedade, e a ideia de uma sabedoria central por um longo tempo. Sociedades surgiram e pereceram, apareceram e desapareceram, e, ainda assim, as atitudes abrangentes dos africanos para com as relações humanas e a familiaridade com o misterioso mundo dos ancestrais permaneceram intactas. Embora grupos, muitas vezes referidos como "sociedades secretas", que na verdade são "sociedades de segredos", representem o conhecimento acumulado de uma comunidade, não são as únicas fontes dessa acumulação. De fato, vários impérios e reinos, alguns muito utópicos, como no caso de Dahomey, e outros brilhantes em sua execução das formas culturais, como Edo, interpretaram suas interações com natureza, relações e ambiente muito bem. Há evidências, em todas as sociedades, de algumas abordagens não testadas para fenômenos. Contudo, os reinos e impérios apresentados neste capítulo podem ser lidos e estudados pelo seu impacto na compreensão geral da África. É com isso em mente que discutirei essas sociedades.

O Império Edo de Benin

Duas regiões da África Ocidental se chamam "Benin". Uma é o país outrora chamado "Dahomey", que agora é chamado Benin. A outra é a região da Nigéria que foi chamada Benin por um período muito mais longo. Esta seção é sobre o Benin nigeriano. Ao sul e ao leste da região Ioruba, em direção ao Delta do Níger, vivia um povo cujo nome foi imortalizado por suas insuperáveis habilidades em arquitetura e arte. Eram proclamados como os mestres do processo da cera perdida na escultura de bronze. Eram o povo falante do edo de Benin. No século XII EC haviam desenvolvido um sistema de Estado centralizado para agrupar todas as pequenas aldeias que cercavam o palácio em uma unidade. O sistema de parentesco em Benin data do século XI, por volta da mesma época em que estava sendo estabelecido em Ife. As origens dos obás atuais remontam ao século XIII.

O obá de Benin baseava sua legitimidade na alegação de que era descendente direto de Oduduwa, o ancestral fundador dos Iorubas. Não havia legitimidade maior no reino do que ser um descendente direto de Oduduwa, por isso, a relação estreita entre os Edos e os Iorubas. Interações dos povos Ioruba e Edo são antigas, e as histórias dos primeiros ancestrais permanecem confinadas no passado esquecido. Há uma tradição, agora reconhecida como história, de que os Edo ficaram incomodados com os métodos de seus próprios reis há muitos anos e enviaram um mensageiro a Ife para pedir que um dos filhos de Oduduwa os governasse. O filho enviado se chamava Oranmiyan ou Oronyon. Sua entrada no reino produziu uma nova história política em Benin. Certamente, Benin desenvolveu ideias, filosofias e habilidades independentemente dos Iorubas, mas nunca conseguiram se dissociar de sua herança. Como os Iorubas, eles produziram obras de arte incríveis com precisão característica e detalhes graciosos, demonstrando como os artistas servem ao interesse da busca eterna por harmonia.

Os artistas e artesãos de Benin se tornaram especialmente brilhantes e excelentes em trabalhos em metais. Poderíamos dizer que em todo lugar em Benin se podia ver o fogo dos ferreiros. Eles produziam muitos objetos em latão, mas há pouco cobre nessa parte da Nigéria, o que significa que tiveram de negociar com aqueles que trocavam cobre pelos produtos de Benin. Eram arquitetos e construtores hábeis, que produziram algumas das estruturas mais magnificentes da África Ocidental. A produção de placas de latão para decorar os palácios dos obás complementa a escultura do marfim e outros itens preciosos para as casas reais. Assim, no século XIV, os costumes e tradições de Benin já haviam se estabelecido (AJAYI; CROWDER, 1974).

Benin era uma cidade grande no século XV. Tinha um grande muro e várias edificações grandes, principalmente reais, e algumas centenas de pequenas habitações para os cidadãos. Quando um visitante holandês chegou em Benin na década de 1600 observou que suas amplas ruas e belas casas eram iguais ou superiores às de Amsterdã.

> Quando você chega lá, entra em uma ampla rua, que não é pavimentada, e parece ser sete ou oito vezes maior do que a Rua Warmoes em Amsterdã. Essa rua é reta, e não curva em ponto algum. Considera-se que tenha cerca de seis quilômetros de comprimento.
>
> No portão, por onde passei a cavalo, vi um grande muro, muito espesso e feito de terra, com um fosso muito profundo e largo fora dele [...]. E fora desse portão havia também um grande subúrbio. Dentro do portão, e ao longo da grande rua recém-mencionada, você vê várias ruas grandes de cada lado, e essas também são retas e não curvam [...].
>
> As casas nessa cidade se encontram em boa ordem, próximas e igualmente distribuídas em sua vizinhança, como as casas na Holanda... Elas têm cômodos quadrados, cobertos por um telhado que é aberto no meio, onde chuva, vento e luz entram. As pessoas dormem e comem nesses cômodos, mas têm outros para preparação de alimentos e diferentes propósitos... A corte do rei é muito grande. É construída em torno de vários pátios quadrados. Esses pátios são cercados de gale-

rias onde sempre há sentinelas. Entrei na corte longe o bastante para passar através de quatro grandes pátios como esse, e, contudo, para onde quer que olhasse podia ainda ver portão após portão que se abriam a outros pátios (DAPPER, 1668).

Essa descrição, coligida por Dapper, que foi um geógrafo, é uma indicação de uma cidade que era bem-organizada, equilibrada, estruturada e grande. Foi devido à grande liderança do império que a cidade de Benin se desenvolveu de modo a ser reconhecida como uma grande cidade. Muitos reis contribuíram para o crescimento da cidade, mas um deles foi o Obá Ewuare.

Figura 10.1 – Máscara em marfim edo, corte de Benin

Fonte: steve4710/Creative Commons license CC-BY-SA-2.0

Um obá militar secretamente criativo, Ewuare levou medo às regiões de floresta quando começou a atacar seus vizinhos e a estender as fronteiras de Benin para incorporar mais terras aráveis. Seus exércitos se moviam pela floresta com destreza, derrotando cidade após cidade e criando um reino que incluía vários vizinhos dos Edos. Ewuare criou uma sucessão estável colocando seu filho no trono, e estabelecendo, assim, uma tradição. Com ele, os clãs guerreiros dos Edos passaram a se submeter a um governo-geral, protegeram suas fronteiras, criaram instituições que reverenciavam os ancestrais e se concentraram nas artes em metal e plásticas.

O Rei Jacob Egharevba escreveu sobre as tradições reais desse período na história de Benin. Ele identifica Ewuare como um dos principais obás de todos os tempos. Quando chegou ao trono em 1440, veio com experiência, formação e sabedoria. Havia viajado extensamente pela África, até a Guiné a oeste e ao Congo a sudeste. De acordo com os registros, o Obá Ewuare era um líder poderoso, corajoso e sábio. Na verdade:

> Ele lutou contra, e capturou, 201 cidades e aldeias nos territórios Ekiti, Ikare, Kukuruku, Eka e Igbo. Aprisionou seus governantes, e fez o povo lhe pagar tributos. Fez boas estradas na cidade de Benin... De fato, a cidade assumiu importância e ganhou o nome de cidade durante seu reino [...]. Foi ele quem ordenou a construção dos muros e fossos profundos e grandes em torno da cidade, além de poderosos talismãs para serem enterrados em cada uma das nove entradas da cidade, para protegê-la contra talismãs ruins que pudessem ser trazidos por pessoas de outros países para prejudicar seus súditos (EGHAREVBA, 1952, p. 14).

Foi durante seu reino que o povo de Benin viu europeus pela primeira vez. Os portugueses trouxeram um navio comandado pelo Capitão Ruy de Siqueira para o Golfo de Benin em 1472, 20 anos antes de Colombo zarpar para as Américas. Basil Davidson está correto em comentar que "Ewuare é lembrado como um governante excepcional não somente por suas conquistas e pela amplitude de seu contato com o mundo. Ele também foi responsável por importantes mudanças políticas" (DAVIDSON, 1977b, p. 131). Entre as mudanças políticas que estabeleceu estavam o Conselho de Estado e a Burocracia de Estado. Foi o começo de um forte governo central de funcionários públicos para auxiliar a gestão do extenso reino.

Quando o Obá Esaghie chegou ao poder em 1504, tomou as mudanças que havia herdado de Ewuare e as tornou tradição. Acrescentou a região de Idah, entre Benin e o Rio Benue, ao império. Mas também é lembrado por ser o obá que permitiu aos portugueses estabelecerem missões em seu reino. Recebeu enviados dos portugueses ao longo da costa, e um deles, Duarte Pires, escreveu ao rei português em 1516 lhe contando quão generosamente o obá o tratara. Na verdade, Pires relatou ter sentado à mesa para jantar com seu filho. O Obá Esaghie era considerado um homem de conhecimento, ciência e arte. Diz a tradição que podia falar e ler português e era um mestre da Iwe-Uki, ou astrologia, a precursora da ciência da astronomia, o estudo do universo. Seu reino durou aproximadamente meio século, e supervisionou o desenvolvimento da cidade de Benin em uma cidade grande de muitas pessoas, instituições e locais comerciais.

Os próximos obás foram: Orhogbua, que chegou ao trono em 1550; Ehenguda, em 1578; e Ahuan, em 1606. Esse último era um cientista e tinha uma grande compreensão da natureza. Fora caçador quando jovem e amava particularmente a natureza. Praticou o dom dos herboristas e era habilidoso em criar objetos rituais a partir de materiais naturais. Esses três obás são considerados entre os mais progressistas na história de Benin. Foram importantes em estabelecer a burocracia e o sistema político que sustentava o reino. Quando os britânicos chegaram em 1553, durante o reino do Obá Orhogbua, havia um marinheiro português com eles que relatou que o obá, como Esaghie, podia ler e escrever em português. Os poderosos mercadores edos trocavam seus grãos de pimenta pelos potes e panelas ingleses.

Talvez uma palavra devesse ser dita sobre o tráfico de entes humanos no reino de Benin. Um dos aspectos mais mal-entendidos da história africana é o papel e lugar dos africanos na venda de africanos aos europeus. Falaremos mais sobre isso quando discutirmos Dahomey. Contudo, quando os portugueses entraram em contato com Benin, o obá estava em uma campanha para estender seu reino. O obá, o rei dos reis, voluntariamente vendeu aos portugueses alguns dos cativos que haviam sido capturados em guerras. Esse foi um modo de tirar os agitadores da região. Em algumas circunstâncias, os portugueses trocavam pessoas por ouro ao longo da costa africana. No fim do século XVI, Benin havia esgotado sua exportação de africanos, e os principais itens de comércio com Portugal eram marfim, goma, pimenta e algodão. Mas, nessa época, o império havia se estendido ao longo do oeste da África, do Delta do Níger a leste até a área pantanosa de Lagos a oeste. Estava situada para desempenhar um papel importante na interação da África com a Europa.

Provavelmente é verdade que o fato de que os europeus trouxeram armas de fogo para o reino e trocaram cativos de guerra por bens estrangeiros tenha sido grandemente responsável pelo declínio do poder de Benin. O reino tornou-se mais fraco com o avanço do tráfico de escravizados, e ficou refém da ganância de alguns de seus cidadãos, bem como dos propósitos imperiais da Europa. Membros da elite governante competiam entre si pelo acesso aos contrabandistas de armas e traficantes de escravizados. Essa desordem significava que os cidadãos de Benin estavam desmoralizados, ameaçados em suas liberdades e temendo por sua segurança e por suas vidas. Os séculos XVII e XVIII foram períodos de grande caos junto à costa e no interior do império de Benin. Após anos de cooperação comercial com portugueses e holandeses o povo de Benin foi derrotado por uma expedição punitiva dos colonialistas britânicos em 1807, um período que iniciou "a Guerra de 150 Anos da África" entre os europeus e africanos. Mas, por agora, vamos retornar ao fim da grandeza de Benin.

Quando o tráfico de escravizados europeus em mar aberto foi proibido em 1807, europeus e africanos tentaram reativar o comércio legítimo que havia sido interditado por aproximadamente 250 anos de tráfico de escravizados. A ideia era trocar matérias-primas ou mercadorias semiprocessadas como óleo de palma por mercadorias europeias. De fato, durante um tempo, o óleo de palma se tornou o maior lubrificante da revolução industrial na Europa. Mais tarde, seria suplantado pelo petróleo. No fim do século XIX, após a Declaração de Guerra europeia à África na Conferência de Berlim de 1884-1885, os britânicos haviam estabelecido postos comerciais ao longo da costa da atual Nigéria em sua esfera de influência. Na verdade, a ideia de "esferas de influência" foi determinada em Berlim e se baseava em pouco mais do que o poder relativo de cada nação europeia, em vez de em qualquer acordo com nações ou reis africanos.

Contra a vontade do povo africano, os britânicos, através de uma entidade chamada Protetorado da Costa do Níger, que incluía o rico Delta do Níger, começaram a estabelecer postos de comércio. Usando seus soldados, os britânicos avançaram ao interior por meio da força, derrotando os exércitos de vários povos costeiros até se defrontarem com o reino de Benin. O obá de Benin ocupava um trono que existira desde o século XII. A linha direta de sua monarquia era mais antiga do que a britânica, e o povo Edo era orgulhoso e independente, e pretendia manter sua soberania.

Em 1892, entraram em um tratado de "comércio e proteção" com a Grã-Bretanha, promovido pelo Capitão Gallwey em sua primeira visita oficial à cidade de Benin. Ele não era o primeiro súdito britânico a visitar a cidade, mas foi o primeiro a visitá-la em 30 anos. Contudo, Benin não se impressionou com os propósitos britânicos em seu território. O comércio conduzido por intermédio do povo Itsekeri, que vivia ao longo da costa, e que havia sido completamente derrotado pelos britânicos, era menos lucrativo para os britânicos do que desejavam. O Protetorado da Costa do Níger tentou rivalizar os lucros da colônia de Lagos e da

Companhia Real do Níger. Assim, ocorreu uma competição entre colonizadores britânicos nessa rica área da África em detrimento de Benin. Ralph Moor, o cônsul-geral do Protetorado da Costa do Níger, queria organizar uma expedição armada contra o reino de Benin. O Ministério das Relações Exteriores britânico relutou em lhe dar uma resposta positiva. Logo em seguida, Moor partiu em licença para a Grã-Bretanha, e um novo cônsul-geral interino foi nomeado, James Phillips, que assumiu o posto no Protetorado da Costa do Níger. Os dois ingleses haviam se encontrado em Londres pouco antes de Phillips partir. É provável que Moor, um homem com um histórico de crueldade e violência contra líderes africanos que não se submetiam à autoridade dos brancos, tenha dito a Phillips o que faria se ainda estivesse no Delta do Níger. Mas o governo britânico era cauteloso quanto a se envolver em operações militares nas florestas da África. Eles haviam experienciado inúmeras derrotas e mortes em aventuras similares no continente africano. O histórico não era bom, as expedições militares eram caras e os resultados nem sempre eram favoráveis. Além disso, tinham ouvido que o Obá Ovonramwen de Benin era um rei muito poderoso, que detinha seu posto devido aos seus fortes vínculos com seus ancestrais e ao seu compromisso em seguir métodos antigos. Era um rei com um grande coração que enchia de alegria a vida de seu povo.

Quando Phillips chegou ao seu posto na África, foi pressionado pelos mercadores britânicos, que queriam mais lucros do que já estavam recebendo do comércio no Delta do Níger, a escrever a Whitehall, o governo em Londres. Phillips (1896) escreveu:

> O todo dos mercadores ingleses representados no rio apelaram ao governo para que lhes permitisse manter seus postos de comércio abertos, e, por último, mas não menos importante, as receitas desse Protetorado estão sofrendo [...]. Estou certo de que há apenas um remédio, que é depor o rei de Benin [...]. Estou convencido de que medidas pacíficas, agora, são inúteis, e que chegou a hora de remover a obstrução [...]. Não antecipo qualquer resistência séria por parte do povo do país – há razões suficientes para acreditar que fi-

> carão felizes em se livrar de seu rei –, mas a fim de evitar obviar qualquer perigo gostaria de reunir uma força suficientemente armada [...]. Acrescentaria que tenho razões para esperar encontrar marfim suficiente na casa do rei para pagar pelas despesas resultantes (p. 240).

Mesmo antes que o governo britânico pudesse responder, Phillips empreendeu sua decisiva missão. Enviou mensageiros ao obá de Benin, informando que pretendia visitar a cidade em breve. A resposta que recebeu foi que deveria postergar sua visita devido aos rituais e festivais costumeiros do povo Edo, durante os quais nenhum estrangeiro poderia estar na cidade. Phillips se sentiu insultado por essa resposta do obá. Após várias trocas de mensagens nas quais o obá não cedeu, Phillips decidiu, contra o conselho de um rei Itsekeri, Dogho, liderar nove oficiais e comerciantes britânicos e seus servos e carregadores a Benin. Sete dos homens brancos foram emboscados e mortos em uma estrada estreita que levava ao norte da cidade. Os dois sobreviventes brancos conseguiram escapar e encontraram um caminho ao sul para a costa. Eles ficaram abalados e tiveram de correr para salvar suas vidas quando viram os outros serem mortos pelos soldados de Benin.

Se agiu por ambição pessoal ou seguindo o conselho de Moor, o fato é que a má decisão de Phillips terminou levando à expedição punitiva – como os britânicos a chamaram – que Moor tanto desejara. E era ele, agora, que estava preparado para voltar à África para liderá-la. Em seis semanas de emboscada, os britânicos lançaram um ataque massivo à cidade. Eles incendiaram todos os prédios, destruíram a cidade, estupraram mulheres, esmagaram as cabeças de crianças contra o chão, e foram impiedosos com os defensores de Benin. No fim, roubaram o tesouro, levando o ouro, diamantes, prata e contas que encontraram no palácio do obá. Além disso, e pior de tudo, os britânicos levaram todo o marfim que puderam encontrar, incluindo a máscara sagrada de marfim da Rainha Idia. O ataque punitivo contra a cidade de Benin em 1897 entrou para a história como um dos atos mais vis de agressão já vistos. O roubo dos tesouros do Obá Ovonramwen inclui o leopardo do século XV coberto de pontos metálicos, inúmeras placas de bronze do século XIV e XV representando diferentes figuras da vida cotidiana em Benin, cavaleiros de bronze, cabeças com dois pássaros pousados sobre elas e músicos.

Os britânicos foram rápidos em justificar suas ações. Argumentaram que o acesso de Obá Ovonramwen ao trono foi questionado por desacordos internos na corte de Benin, que ele estava se recusando a cooperar com eles e que necessitava de uma lição por resistir à autoridade britânica. O obá foi deposto e enviado ao exílio. Sua coleção de obras de arte de muitos séculos foi removida e muitas peças terminaram enviadas a Londres, Estados Unidos e Alemanha. De fato, os alemães descobriram uma grande coleção de artefatos no leste da Alemanha após a unificação da Alemanha oriental e ocidental. Após a morte de Ovonramwen, seu filho mais velho foi elevado a obá.

Os grandes tesouros da arte africana, tirados de Benin, jamais serão reunidos novamente. Muitas obras foram destruídas por ignorância, outras pela guerra (bombardeios em Liverpool e Berlim durante a Segunda Guerra Mundial), e grande parte delas foi vendida à Alemanha e aos Estados Unidos. A Nigéria nuca perdoou o governo britânico por se recusar a devolver a máscara da Rainha Idia durante o Segundo Festival Mundial Artes e Cultura Negra e Africana (FESTAC) de 1977. A Grã-Bretanha manteve sua grande coleção de arte de Benin num depósito desde uma exibição organizada no começo da década de 1970. Em 1980, os nigerianos tiveram de pagar mais de 1.200.000 dólares por quatro peças benins em um leilão. A pressão internacional para que as nações devolvessem arte apropriada durante o período colonial foi intensificada recentemente. Parece lógico que muitos artefatos africanos serão repatriados para suas nações de direito nos próximos anos.

Quando o povo da Nigéria conquistou a independência em 1960 retirou do império colonial britânico a nação mais populosa da África. A agitação foi longa e envolveu vários indivíduos corajosos. Os primeiros combatentes sabiam que o país tinha de ser livre, mas muitos deles nunca viram o dia da independência. Ninguém queria a liberdade mais do que Herbert Macaulay.

Macaulay (1864-1946) foi um herói nigeriano que se tornou político, engenheiro e jornalista. Como filho de Thomas Babington Macaulay, um proeminente missionário, e neto de Samuel Ajayi Crowther, o primeiro bispo anglicano africano na Nigéria, Macaulay nasceu em um lar privilegiado em Lagos, em 1864. Como outras crianças que frequentaram a escola, ele completou sua educação em escolas missionárias. Após isso, conseguiu trabalho como escriturário no Departamento de Obras Públicas de Lagos – um dos postos de trabalho permitidos a africanos, e depois, por três anos, de 1891 a 1894, estudou engenharia civil na Inglaterra. Quando retornou, a única posição que conseguiu encontrar foi como inspetor de terras. Sua aversão pela discriminação experienciada pelos africanos o levou a se tornar jornalista. Escreveu artigos críticos à administração colonial, e usou sua escrita para organizar o Partido Democrático Nacional Nigeriano em 24 de junho de 1923. Tornou-se editor-chefe do jornal do partido, o *Lagos Daily News*. Os britânicos o prenderam em duas ocasiões, acusando-o de fomentar atitudes anticoloniais. Isso não o deteve, apenas o enfureceu. Então, juntou-se a Nmamdi Azikiwe para criar o Conselho Nacional da Nigéria e de Camarões [National Council of Nigeria and the Cameroons] (CNNC). Permaneceu secretário-geral desse movimento até sua morte em 1946. Seriam necessários outros 14 anos após sua morte para que seu amado país declarasse sua independência. Em outubro de 1946, foi concedida à Nigéria completa independência sob uma constituição que estabelecia um governo na forma do parlamento britânico, mas com um certo grau de autogoverno para as três regiões do país.

De fato, com base nas negociações que produziram o novo governo, o governo central detinha o poder nas relações internacionais, na política fiscal e na defesa. Na verdade, a monarca britânica detinha a posição de chefe de Estado, embora fosse conferido o poder legislativo a um parlamento bicameral, o poder executivo a um primeiro-ministro e um gabinete, e a autoridade judiciária a uma suprema corte federal. Durante os primeiros anos de independência, os partidos políticos refletiam as personalidades, individuais e coletivas, dos três grupos étnicos. O Congresso do Povo Nigeriano [Nigerian People's Congress] (CPN) representava interesses de conservadores, muçulmanos e principalmente Hausa-Fulanis, e dominava a região norte; a Convenção Nacional dos Cidadãos Nigerianos [National Convention of Nigerian Citizens] (CNCN) era Igbo e cristã, e exercia poder na região leste; e o Grupo de Ação [Action Group] (GA) era um partido de esquerda que estava sob o controle dos Iorubas na região oeste.

Dado o clima político e os enormes números na região norte, não admira que os africanos do norte e sudeste tenham formado o primeiro governo sob linhas conservadoras. O AG formava uma oposição competente devido à eloquência e ao carisma do chefe Obafemi Awolowo. Foi um Hausa, sir Abubakar Tafawa Balewa, que se tornou o primeiro-ministro da Nigéria. Nnamdi Azikiwe ocupou o posto de governador-geral.

A Nigéria se proclamou uma república federal em outubro de 1963, com Nnamdi Azikiwe como o primeiro presidente do país. Em uma tentativa de encontrar soluções para as tensões inerentes na estrutura governamental, porque emoções étnicas e religiosas não foram tratadas adequadamente na constituição, os líderes governamentais tentaram criar métodos para diminuir as dificuldades. Havia disparidades nos níveis econômicos e educacionais, assim como diferenças na consciência política das populações no norte e sul.

Logo o AG foi manipulado para sair do poder e influência políticos por um partido estabelecido pelo governo que fosse mais agradável. Um partido político situado na região ioruba, que se chamava NNDP, tornou-se dominante no Oeste e deu apoio ao governo. O chefe Obafemi Awolowo foi preso sob uma acusação de traição que mais tarde se mostrou sem base.

A eleição nacional de 1965 introduziu os elementos que levaram à guerra civil. O partido do norte, CPN, entrou numa aliança com o partido ioruba NNDP, deixando o partido Igbo CNCN para cuidar de si e tentar recuperar alguma influência em uma aliança com o antigo AG. A região oeste contestou as eleições. O AG não acreditava na derrota. Revoltas irromperam. Como veremos adiante, o país agora se dirigia à guerra civil.

Dahomey (Benin): o reino virtual

O nome "Dahomey" é quase sinônimo dos piores aspectos do tráfico europeu de escravizados na costa do oeste africano. Foi lá, mais do que em qualquer outro lugar, que os reis africanos participaram e colaboraram com os europeus no tráfico de entes humanos. Infelizmente, para Dahomey – um nome que é agora consignado à história uma vez que o país onde o reino estava localizado mudou seu nome para Benin –, os historiadores ainda registram sua breve história como uma das mais complicadas dos anais da África.

Dahomey não era um reino antigo, e seu afastamento radical das tradições africanas em termos de relações humanas representa um episódio estranho mesmo na história africana recente. Era um reino que começou simplesmente como uma tentativa de um pequeno reino Fon de sobreviver aos seus vizinhos maiores e de consolidar suas posições militares na costa atlântica como um modo de se prevenir contra os caçadores de escravizados. A história nos mostrou várias ações que começaram com boas razões, mas logo foram subvertidas para fins maus. Podemos acreditar que o povo Fon não tenha querido a invasão de seu território, o saque de suas aldeias, o roubo de suas mulheres, homens e crianças para serem arrastados acorrentados à costa para serem vendidos para a escravidão. Nenhuma nação desejaria isso para seu povo. Toda nação faria o que pudesse para impedir esse tipo de desastre. Isso foi verdadeiro para o reino de Dahomey. Os Fons se tornaram militarmente poderosos e, portanto, puderam impedir os ataques ao seu território, mas puderam, consequentemente, invadir outros territórios.

Dahomey, ou como por vezes é chamada, devido ao nome de sua capital, Abomey, tem um histórico rico de narrativas migratórias da África. Três migrações para a área atual de Fon ocorreram para produzir o reino de Dahomey. O primeiro movimento foi um grupo de iorubas vindos de onde agora é a Nigéria. Um segundo movimento, do povo Akan, vindo da região de Asante, da atual Gana. Finalmente, um terceiro movimento do povo de Alladahanu, da parte sudeste do atual Togo. Essa foi uma migração importante porque três irmãos da cidade de Tado entraram no território e o irmão mais velho se tornou rei de Allada. Os outros deixaram o território, conquistando seus próprios reinos, um em Porto Novo e outro próximo a Abomey. Por volta de 1645, o reino de Abomey conquistou o reino vizinho de Dan, e, então, o país foi chamado Dahomey, que significa "a barriga de Dan". Essas ondas de povos, que ocorreram de cerca de 1300 a 1600, foram importantes na formação de Dahomey. Contudo, esses povos não eram uma nação quando inicialmente apareceram. Seria necessário algum tempo para que eles, com diferentes línguas e estilos, pudessem ser moldados na nação Fon. Todavia, era claro que Abomey, agora Dahomey, assumiria a liderança nesse desenvolvimento. Em 1724, conquistou Allada, e, em 1727, Savi, o poderoso reino na costa próximo a Ouidah (Whydah). Isso se mostraria crucial no desenvolvimento comercial de Dahomey, porque Allada e Savi-Ouidah eram áreas costeiras escravagistas portuguesas e francesas onde essas nações europeias tinham massivas fortalezas de comércio. Dahomey não era mais a fonte de capital humano que fora por muitos anos. Estava, agora, na posição de se tornar um importante protagonista no próprio tráfico brutal.

Em um sentido real, a breve história de Dahomey, de 1600 a 1900, lembra-nos de muitos reinos e nações que surgiram e desapareceram na Terra. Eles serviram a um propósito e pareceram na época de sua existência ser indispensáveis e, tão rapidamente quanto surgiram, desapareceram. Parecia ser assim com Dahomey. Um reino coberto de sangue, ritual e sacrifício, tudo em nome de expansão, território, autoridade, brutalidade e riqueza, que atravessou os livros de história com sucessos incontáveis e crueldades sem precedentes, e depois se tornou uma lenda a ser estudada e analisada.

Os 13 reis de Dahomey são registrados na história como entre os melhores administradores, os táticos mais sábios e os déspotas mais cruéis na história da África:

Ganye Hessu (1600-1620)

Dako Donu (1620-1645)

Houegbadja (1645-1685)

Akaba (1685-1708)

Agadja (1708-1732)

Tegbessu (1732-1774)

Kpingla (1774-1789)

Agonglo (1789-1797)

Adandozan (1797-1818)

Guezo (1818-1858)

Glele (1858-1889)

Gbehanzin (1889-1894)

Agoli Agbo (1894-1900)

Esses reis governaram como entes sagrados no trono da Dinastia Alladahanu. Um rei tinha vários títulos em Dahomey. Era *dada*, que significava pai da comunidade; *dokunnon*, distribuidor de riqueza; *ainon*, senhor do mundo; e *jehossu*, senhor das pérolas. Como todos os humanos elevados pelo povo e reverenciados pelas massas, o rei de Dahomey tinha poderes místicos, religiosos, sociais e temporais que poderiam transformar ruína em riqueza e riqueza em ruína. Ele era carregado em uma maca ou liteira como os reis Asantes e egípcios.

Alguns dos reis de Dahomey eram conhecidos por sua sabedoria, outros por sua astúcia e sagacidade. Podemos dizer, como muitas vezes se diz sobre governantes que vivem em tempos caóticos, que estavam somente se acomodando às dificuldades de seus anos. Contudo, em alguns casos em Dahomey, nada encontramos para exaltar. Na verdade, não é apenas um registro do nosso presente que afirma isso, mas o registro e a história dos contemporâneos dos reis.

Tegbessu (1732-1774) morreu dois anos antes da independência americana. Sua administração em Dahomey não foi instruída; foi venal. Isso porque não seguiu o caminho de seus ancestrais, de simplesmente tentar impedir os ataques ao território Fon, mas entrou no comércio da escravidão com os europeus como um modo de obter riqueza e influência. Com efeito, Tegbessu foi responsável por colocar Dahomey na rota de seu declínio final. Se um *katakle* (banco de três pés) jamais pode se manter em dois pés, então é igualmente claro que uma nação não pode construir um legado duradouro com base na escravidão. Tegbessu dissipou a força e dignidade de Dahomey forjando uma relação com as nações europeias que a tornaram uma intermediária no tráfico de escravizados.

Em 1797, quando Adandozan chegou ao trono por meio de intriga e pela habilidade de ludibriar o sucessor legítimo ao trono, seu irmão Guezo, o reino de Dahomey já estava profundamente inserido no comércio de escravizados. De fato, as áreas costeiras de Ouidah atraíam os comerciantes portugueses, franceses e holandeses no século XVIII, e tinham intenção de expandir suas operações em Dahomey. Assim, foi criado no continente africano pela primeira vez um reino africano manufaturado, inautêntico, que praticava compra e venda de entes humanos com o propósito de enriquecimento. Nunca na história da África um reino esteve tão inteiramente envolvido no negócio da escravidão. Em nenhum lugar houve uma economia baseada apenas na escravidão, e, contudo, aqui em Dahomey temos uma sociedade onde os reis, obviamente influenciados pelas possibilidades de bens materiais da Europa, estavam dispostos a negociar o caráter moral de seu povo e a sobrevivência física de africanos capturados e raptados de outros lugares. A Europa trocava armas por entes humanos. Dahomey fornecia cativos e obtinha armas. Os reis usavam as armas para expandir seus territórios. A colaboração de Adandozan com os europeus não satisfez toda sua ganância por riqueza na costa africana, e muitos deles ficaram zangados com o desejo insolente de Adandozan por controlar ainda mais os lucros dos europeus.

Por volta de 1818, um traficante de escravizados, Francisco Felix de Souza, conduzindo navios entre a África e o Brasil, usou suas forças e sua astúcia para auxiliar Guezo a tomar o trono de Adandozan. Guezo se mostrou um governante tirânico. Herdou um exército forte, que melhorou, muito dependente das amazonas (um grupo de soldadas) e da compra de mais armas dos europeus para solidificar sua posição como rei. Todo ano ele organizava o *huetantu*, um festival no qual sacrifícios humanos eram oferecidos aos deuses.

Souza foi recompensado com o monopólio da venda de africanos capturados para escravidão em todo o reino de Dahomey. Rapidamente ele lá se estabeleceu, comprando aproximadamente 50 cargas de humanos para serem enviadas ao Brasil em dois anos. Porém, terminou se indispondo com Guezo e foi aprisionado. Foi ameaçado de decapitação – um método favorito de morte no reino – mas Guezo, tendo ouvido de outros brancos que era um tabu decapitar um homem branco, permitiu que Souza vivesse. Isso determinou sua ruína, porque, por meio de astuta manipulação da família real, Souza foi libertado. O meio-irmão do rei proveu Souza de virgens africanas, e lhe deu o monopólio do comércio de escravizados novamente e um título oficial de vice-rei de Ouidah. Em troca, Souza conseguiu, por meio de suas conexões, abastecer seu apoiador com armas e vestimenta europeia. Ele teve muitos filhos com mulheres africanas e deixou no continente um legado que persiste até hoje. Recentemente, em 2004, Martine de Souza, que é quadrineta do infame Francisco Felix "Cha Cha" de Souza, trabalhava como guia no Museu dos Escravizados em Ouidah.

Dahomey foi vigiada pelos franceses por um longo tempo, e como já possuíam uma fortaleza fazendo negócios na costa, sabiam muito sobre os hábitos e modos dos Fons. Em 1863, os franceses declararam que controlariam Porto Novo. Em 1889, ocuparam Cotonou. Em 1892, declararam ao Rei Gbehanzin que assumiriam o controle do reino inteiro. Ele, então, lançou um feroz ataque contra os franceses, mas foi muito tarde, e o poder de fogo dos bravos e corajosos Dahomeanos, insuficiente para superar os massivos canhões dos inimigos. Nesse ponto, ficou claro que, com todo comércio entre africanos e europeus, os últimos não comercializavam suas melhores armas com os africanos. No amargo fim, o Rei Gbehanzin foi deposto e exilado na Martinica. Os franceses colocaram no trono um rei títere, Agoli Agbo. O reino foi abolido pelos franceses em 1900. Reconquistou sua independência em 1960 e mudou seu nome para Benin em 1975.

As nações Suaílis

A palavra "Swahili" [Suaíli] é derivada da palavra árabe "sahil", que significa costa. Quando os árabes viram pela primeira vez o povo africano vivendo ao longo da costa, deram a esse povo costeiro que falava línguas bantos o nome "sahili". KiSwahili [kissuaíli] é uma língua banto à qual muitas palavras árabes foram adicionadas durante uma longa história de relações comerciais entre esses povos. Essa é a língua adotada da nação moderna da Tanzânia.

Para entendermos a cultura suaíli é importante começarmos do princípio. Por milênios, os africanos viveram ao longo da costa do Oceano Índico sem muita interferência externa. Visitantes da Ásia e da Europa achavam a costa leste da África muito acessível, assim como a costa oeste. No Leste havia visitantes da Arábia e de Portugal, bem como de outros países da Ásia e da Europa. Logo após 622 EC, e no começo do Islã, a costa leste da África se tornou popular entre árabes, persas, indianos, indonésios e chineses, que vinham em busca de especiarias exóticas, marfim, chifres de rinocerontes, cascos de tartaruga e cocos. Logo os comerciantes árabes encontraram caminhos desde a Somália no Norte até a Ilha Pemba, no Sul. Mas a África não era apenas um mercado para comerciantes: alguns povos estavam escapando da punição nos conflitos religiosos que haviam tomado seus próprios países. Nada na religião dos bantos era uma ameaça a quem quer que fosse. Os africanos não maltratavam, machucavam ou matavam pessoas por simplesmente não gostarem de sua religião. Não havia algo semelhante a intolerância religiosa em sua mentalidade. Assim, muitos povos foram viver na costa da África. A costa leste foi um dos primeiros caldeirões de culturas. Aqui, encontramos povos de todos os países da Ásia e de muitos países europeus, do século XVII ao XX.

A costa Somali, também chamada Banadir, teve de acomodar uma grande população árabe e Persa entre os séculos IX e X. Os persas vinham de Shiraz, uma cidade do Irã. Esses visitantes se casavam com mulheres somalis e acabaram por desenvolver o que era chamado a cultura shirazi, uma combinação de povos africanos, persas e árabes. Essa cultura teria um importante impacto nas atividades costeiras. Foi entre os séculos X e XIV que o termo "Swahili" surgiu para definir o povo de língua e fenótipo africano, mas de religião e cultura islâmica.

Logo as cidades africanas de Mogadíscio, Brava e Merka se tornaram ímãs para o comércio e centros para o pensamento e a cultura islâmicos. Como na África Ocidental, particularmente durante o Império Mali, a marca do Islã na costa leste da África mudou a cultura do povo. Os comerciantes africanos levavam suas mercadorias para a Índia, Arábia e China, e comerciantes desses lugares viajavam para a costa Suaíli, por vezes alcançando cerca de 644 quilômetros para o interior para comercializar com o Grande Zimbábue. Ao longo da costa, enormes cidades como Mombasa, Malindi, Lamu, Kilwa e Sofola eram receptáculos de comércio e proselitismo.

A linha costeira de Banadir a Sofola não foi senão um grande experimento humano sobre quanta atividade em torno do comércio e cultura poderia ocorrer sem que o povo hospedeiro perdesse a paciência. Contudo, os comerciantes árabes perceberam as preocupações dos africanos em perder propriedade e influência para os ricos comerciantes, e logo houve um movimento de mercadores árabes para viver nas ilhas africanas longe da costa, e as populações africanas de ilhas como Pemba, Mafia e Zanzibar ficaram conhecidas por sua concentração no comércio de embarcações e mercadorias, e de pessoas para serem vendidas para escravidão, tiradas do continente. O tráfico árabe de escravizados no Oceano Índico era tão oneroso quanto o europeu no Oceano Atlântico. Nenhuma das práticas era aceitável. Ambas eram monstruosas em sua brutalidade e exploração dos africanos.

Quando a história de Kilwa foi escrita em kissuaíli, em 1520, a língua do povo Banto que ocupava agora a costa havia se tornado um tipo de língua franca para a África Oriental. Quase todos os falantes do banto tinham o kissuaíli como segunda língua, ou podiam falá-lo com um pouco de prática. Assim, o povo africano logo africanizou todos os elementos culturais que haviam sido fornecidos pelos árabes e persas. Na verdade, o primeiro sultão de Kilwa, Ali Selimani, um xhirazi, casou com a filha do rei africano que ele depôs. Seu filho, meio-africano, tornou-se o segundo sultão de Kilwa. Com o tempo, os casamentos de comerciantes árabes e persas – que viajavam desacompanhados – com as mulheres locais africanizariam a sociedade suaíli. Embora o povo permanecesse africano, o ensino do alcorão e do *hadith* manteve-o firmemente controlado pela cultura islâmica. As famílias governantes foram completamente islamizadas, enquanto as massas de africanos continuaram a praticar sua religião tradicional.

No começo do século X EC a costa Suaíli inteira, chamada Zanj, estava sob o controle de um rei que governava todas as áreas costeiras de sua capital em Sofala. O povo esperava que ele mantivesse um governo democrático, que servisse aos seus interesses no interior e aos dos comerciantes ao longo da costa. Ele poderia ser deposto pelo conselho governante caso esse sentisse que havia se tornado tirânico. Esse era o padrão dos governos africanos ao longo da região. No século XIV havia ao menos 40 cidades que declaravam estar sob a autoridade do rei governante. De Mogadíscio, no norte, a Sofala, essas cidades praticavam o Islã, seguiam o alcorão, comercializavam com a Ásia e a Arábia e se envolviam em ataques no interior em busca de marfim e de pessoas que podiam ser raptadas e levadas à costa para serem vendidas para a escravidão. Cidades-estados, algumas apenas com uma cidadezinha onde havia uma mesquita e algumas casas, tornaram-se a norma no século XVI. A costa se tornara muito longa e muito perigosa para ser controlada como uma nação. Agora, a cultura suaíli se transformara em estados Suaílis. Alguns deles foram construídos inteiramente de pedra coral e mostravam grande beleza. Lugares como Kilwa, Pate, Malindi e Zanzibar refletiam a combinação de criatividade africana e temas islâmicos na estrutura e na estética das edificações.

Figura 10.2 – Antigo forte de Zanzibar

Fonte: Foto de Muhammad Mahdi Karim/GNU Free Documentation License, Version 1.2

Durante a fase de cidade-Estado, muitas das cidades atuavam independentemente e eram governadas por seu próprio sultão. Em vários períodos houve conflitos, rivalidades e disputas em que uma cidade poderia conquistar outra e governá-la, assim como a capital principal do sultão. Essa era a situação quando Kilwa dominava todos os territórios entre Sofala e Zanzibar no começo do século XIV, mas após várias décadas de conflitos e disputas dinásticas as cidades reafirmariam sua independência por volta de 1390. Pouco depois, a costa foi visitada pelo explorador da dinastia chinesa Ming, Cheng Ho (Sheng He).

Cheng Ho era um eunuco muçulmano bem adequado para lidar com os governantes islâmicos do sul da Ásia e África Oriental (MOTE, 1995). Ele fez sete viagens para o sul da Ásia e para a África. Contudo, a sétima foi a mais importante para o comércio entre a costa suaíli e a China. Sua primeira viagem de longa distância foi entre 1405-1407, com 62 embarcações carregando 18 mil homens para a Índia. Durante a sétima, entre 1431-1433, seus marinheiros chegaram à costa leste da África, provavelmente ao oeste da África do Sul, alcançando Mogadíscio e Malindi. Com certeza, o desenvolvimento da construção de navios e das técnicas de navegação chineses nas rotas marítimas asiáticas tornaram as viagens de Cheng Ho possíveis. Missões da costa africana chegaram à China quatro vezes, como foi anotado nos registros da Dinastia Ming. Essas expedições forneceram o mesmo tipo de linhas de comunicação entre África e China que existiu entre África e Índia por centenas de anos.

A organização social

A organização social da sociedade Suaíli era composta de quatro classes: a classe governante, a classe mercante, os artesãos e escriturários, e os trabalhadores braçais. A classe governante era constituída por aqueles cuja ascendência remontava a ancestrais árabes e persas. Eram muçulmanos praticantes. Como governantes, viviam em extraordinário luxo em palácios ornados, decorados com marfim e madeiras nobres. Usavam vestimentas de seda e algodão muitas vezes importadas da China, e comiam os melhores vegetais e frutas produzidos ao longo da costa. A classe governante era hereditária, por isso todos os sultões se considerarem árabes ou persas, embora muitas vezes tivessem fenótipo e compleição física africanos. A classe mercante era africana e árabe, e constituída por aqueles que possuíam embarcações, chamadas *dhows*, que podiam transitar nas águas fora da costa da África e talvez viajar para a Índia. Eram também lojistas que enriqueceram com a produção de algodão, contas de conchas e vários tipos e cores de contas de vidro. A terceira classe era constituída de artesãos e escriturários falantes do kissuaíli, oficiais da corte e capitães de navios. Muitas dessas pessoas falavam árabe e kissuaíli, e podiam ser convocadas pelos mercadores e pela classe governante para ajudá-los se necessário. Contudo, não eram necessariamente muçulmanos praticantes como os mercadores e os governantes. Um quarto nível era o dos trabalhadores braçais, que eram muito frequentemente pessoas escravizadas ou servos que haviam sido tomados do continente e levados às ilhas, ou pessoas locais que se recusavam a se tornar muçulmanas e, portanto, ficavam fora dos benefícios distribuídos àqueles que praticavam o Islã.

Os trabalhadores cuidavam da agricultura que apoiava a economia. Os alimentos eram produzidos em uma escala para satisfazer o consumo doméstico e não interesses comerciais. Os agricultores cultivavam cana de açúcar, figos, laranjas, limões e muitos vegetais. Era possível encontrar jardins privados em cidades como Mobasa, Malindi e Kilwa. Grandes rebanhos de ovelhas, gado e aves eram mantidos pelos ricos nas cidades.

De acordo com Seth Kordzo Gadzekpo:

> Havia um comércio lucrativo entre a costa suaíli de um lado e a Índia e a China do outro. Kilwa, Malindi e Mombasa eram grandes depósitos comerciais. Navios da Índia e da China traziam tecidos de algodão e de seda, trigo, contas cinza/vermelhas e amarelas, lanças,

machados, facas e porcelana aos portos suaílis. Nas cidades portuárias de Kilwa, Malindi e Mombasa as mercadorias eram transportadas em pequenas embarcações chamadas "zambucos" para a costa de Sofala onde eram permutadas por cera, ouro e especialmente marfim "macio" para a manufatura de móveis e puxadores na China (GADZEKPO, 1999, p. 112).

Sem dúvida, por um tempo considerável, a costa Suaíli foi uma importante protagonista na história africana. No século X EC, artesãos locais já estavam produzindo implementos de ferro, e, no século XIV, o comércio entre a costa leste da África e Índia, Arábia e China estava bem-estabelecido. O historiador al-Masudi disse que, no século X, o povo Zanj já estava usando ornamentos de ferro. Haviam aprendido também a usar bronze e prata para manufaturar produtos como bainhas de espadas, sofás, cadeiras e mesas. Além disso, o comércio com a Ásia levou para a África Oriental muitos produtos como seda, e, assim, com o tempo, os portugueses, os primeiros europeus a contornar o Cabo da Boa Esperança, chegaram à África Oriental no século XV e encontraram uma longa tradição de comércio entre a África e a Ásia. Seriam necessários centenas de anos para que a Europa suplantasse a Ásia nas mentes dos africanos do leste, e mesmo quando a Europa ocupou e controlou a costa leste, resquícios do contato asiático permaneceram.

Talvez a conexão asiática não fosse vista claramente no povo Malgaxe, cujo país, Madagascar, era um reino independente antes da colonização francesa. Situado fora da costa sudeste da África no Oceano Índico, Madagascar é a quarta maior ilha do mundo (aproximadamente 20 milhões de pessoas viviam lá em 2006). Era composta de grupos étnicos africanos, malásios, indonésios, indianos, franceses, comorianos e árabes, além de todas as combinações desses grupos. Mais da metade da população se considera religiosamente africana; os demais são cristãos e muçulmanos. Contudo, devido à forte presença asiática, o impacto cultural da

Ásia, particularmente Índia e Malásia, representa um fator importante na vida do país.

Embora a história Malgaxe no continente africano remonte a 700 EC, quando os indonésios migraram para a ilha, lá havia uma forte presença asiática. O Rei Andrianampoinimerina (1787-1810) governou o reino mais proeminente da ilha, e seu filho Radama I (1810-1828) foi responsável por unificar a ilha inteira. Chamado o fundador da nação Malgaxe, Radama I desfruta de um *status* elevado na memória do país. Contudo, a ocupação francesa em 1885, imediatamente após a Conferência das Potências Europeias de Berlim determinar a divisão da África, deu aos malgaxes uma razão para se tornarem ainda mais unificados em resistência à França.

O país de Maurício, cerca de 900 quilômetros ao leste de Madagascar, está no extremo leste em relação a todos os países africanos, e, portanto, é mais profundamente estabelecido na cultura asiática do que quase qualquer outro, embora tenha mudado de mãos entre as potências europeias várias vezes. Foi ocupado, pela primeira vez, pelos portugueses, em 1505. Depois, pelos holandeses, em 1638, pelos franceses, na década de 1700, e pelos britânicos, em 1810. Tornou-se um país independente em 1968, quando a população estava completamente crioulizada. Entre as comunidades asiáticas estão os falantes das línguas indianas hindi, urdu, tamil, telugu, marathi, bhojpuri e gujarati. Há grupos derivados da África e da Europa, além de misturas de chineses, africanos e indianos. Embora essa nação africana, distante no Oceano Índico, receba a menor influência do continente, permanece firmemente na esfera de influência política e econômica africana. Como as nações no próprio continente, Madagascar e Maurício, bem como Cabo Verde e outras ilhas, veem-se sob a luz da herança africana, mesmo que essa não seja mais do que a história migratória do povo.

O declínio dos estados núbios cristãos

Em torno da época dos estados Suaílis na costa do Oceano Índico, começaram a surgir mudanças no arranjo de seis séculos entre a Núbia cristã e o Egito muçulmano. O acordo, chamado o *bakt*, havia mantido as duas nações interdependentes fora uma fórmula para a tolerância que havia sido efetiva durante o reino dos Fatímidas, no Egito. Contudo, o período dos Aiúbidas (1171-1250) e dos Mamelucos (1250-1517) testemunhou a deterioração da relação entre os dois países do Nilo. Isso se deveu à "pressão crescente do Cairo sobre uma Núbia enfraquecida e à crescente, e destrutiva, infiltração de grupos nômades árabes" (KROPACEK, 1997, p. 159).

Havia dois reinos núbios que constituíam a fronteira entre o Egito e a Núbia: Mukurra, no Norte, com sua capital em Dunkula, e Alwa, no Sul. A sucessão para o trono era matrilinear, com o filho da irmã do rei anterior sendo o próximo na linha para o trono. O rei da Núbia estava em bons termos com o patriarca da Alexandria porque foi o protetor do rei; eram ambos cristãos e o rei núbio prestava tributo ao seu patriarca. Contudo, os núbios se tornaram cada vez mais uma força sólida para os governantes Fatímidas do Egito. Eles constituíam o núcleo dos soldados Fatímidas, e eram protegidos pela mãe núbia de al-Mustansir. Todavia, quando os Aiúbidas chegaram ao poder, os núbios atacaram o Egito em 1172 e foram expulsos por Turanshah, o irmão de Salah al-Din (Saladin). Isso levou à arabização e islamização da Núbia. Incluiu o casamento forçado com os Banu al-kanz, um povo já misturado de descendentes núbios e árabes, que seria agora remisturado, por assim dizer, com o acréscimo do sangue árabe. Os Aiúbidas e os mamelucos atacaram os *kabilias* dos nômades beduínos, levando-os para dentro da Núbia (KROPACEK, 1997, p. 161).

Um erro político de proporções massivas ocorreu quando o Rei Dawud da Núbia atacou e conquistou um porto egípcio no Mar Vermelho. O Sultão Baybars respondeu enviando uma expedição à capital de Dawud e depondo-o. Seu sobrinho, Shakanda, foi colocado no trono, e concordou em ser um vassalo do Egito. Concordou também em pagar ao Egito metade da receita do país. Logo os mamelucos e os árabes – os primeiros, vindos da Rússia ou Albânia – transformaram a Núbia em um país a ser atacado e pilhado (KROPACEK, 1997, p. 161).

O Rei Shamamun da Núbia dispensou a guarnição mameluca posicionada em Dunkula. Acreditando que pudesse ter enfurecido demais os governantes egípcios, buscou o perdão do Sultão Kalaun, que, por estar em luta contra os cruzados, aceitou e pediu aos núbios que pagassem tributo. Quando o Rei Karanbas assumiu o trono na Núbia, deixou de pagar, o que levou o sultão a enviar uma expedição punitiva, e junto um pretendente ao trono chamado Sanbu, que era muçulmano. Foi sua investidura no trono Núbio, em 1294, que marcou o começo oficial da conversão da Núbia cristã ao Islã. Sanbu transformou muitas das principais igrejas em mesquitas. Logo foi derrotado e morto por Kanz al-Daula. A reação do Cairo foi tentar restaurar o deposto Karanbas, o rei Núbio que havia agora se convertido ao Islã após ser mantido no Cairo.

Embora Mukurra tenha caído em uma forma de anarquia, com facções concorrentes lutando pela supremacia, o país estava se transformando em um país islâmico sem jamais ter sido anexado pelo Egito. Foi minado de fora e de dentro pela infiltração de muitos árabes étnicos, que atacavam cada aspecto da sociedade. Kropacek escreve: "a miscigenação, que, de acordo com o princípio núbio de sucessão, dava aos filhos de pais árabes e mães núbias o direito à propriedade de seus tios maternos, acelerou a arabização e islamização em meio a uma situação aparentemente caótica" (KROPACEK, 1997, p. 162).

Com Alwa, mais tarde, aconteceu o mesmo que com Mukurra. O reino, de acordo com registros de Ibn Salaym, no século X, e de Abu Salih, no século XIII, tinha 400 igrejas e muitos mercados de escravizados. Imigrantes árabes, que haviam se infiltrado e casado localmente, assumiram o controle dos pastos e terminaram minando a autoridade central durante a segunda metade do século XV (KROPACEK, 1997, p. 162). Assim, explorado pelos árabes e outros grupos africanos das regiões centrais e do leste do Sudão, o reino Alwa caiu em 1504.

Logo não havia mais reis cristãos, mas as práticas do cristianismo sobreviveram durante vários anos. O padre português Francesco Alvarez, que visitou a Etiópia em 1520, disse que os núbios ainda tinham 150 igrejas em antigos castelos. O povo da Núbia enviou uma delegação à corte etíope solicitando sacerdotes cristãos. Talvez, a religião cristã tivesse sobrevivido caso suas raízes fossem mais profundas entre as massas. Foi uma religião das elites núbias, e o clérigo copta orava a santos dos quais nenhum era núbio. Kropacek afirma que: "embora os afrescos nas igrejas revelassem as faces de bispos negros autóctones, a religião não se tornou nativa no sentido em que o Islã se tornou, por exemplo" (KROPACEK, 1997, p. 163). Embora o cristianismo núbio tenha prosseguido mais tempo do que o cristianismo egípcio, ambos cedo abriram mão de muito de sua religião nativa para receber influências externas. Assim, o ataque agressivo às instituições de poder resultou na perda de grande parte do caráter da Núbia ao longo dos próximos séculos.

Asante: o reino Akan de ouro

O desenvolvimento do povo Akan em um grupo poderoso ocorreu ao longo de vários séculos. Com o declínio dos impérios Sahelianos de Gana, Mali e Songhay, especialmente do último, várias famílias de artesãos, comerciantes e militares se mudaram para o sul. Os *dyulas* – uma classe profissional de comerciantes dos grupos étnicos Bamana, Soninke e Malinke – migraram para a região do Rio Volta Superior durante o século XIV, e eram conhecidos por comercializar ouro e nozes de cola em pequena escala. Logo surgiria o povo Akan da região de florestas – provavelmente, o resultado de uma combinação desses povos remanescentes dos impérios Sahelianos e nativos. Eles tomaram conta do comércio de ouro e se tornaram os mercadores mais agressivos na área. Mais tarde, seriam envolvidos no tráfico de escravizados como colaboradores de europeus e árabes.

Como outros povos da região de floresta, os Akans eram agricultores habilidosos, e participavam no comércio como um modo suplementar de obtenção de produtos que não podiam ordinariamente obter da agricultura. Eram acostumados a sobreviver na floresta, desmatando e plantando pequenos lotes de terra, e contendo o rápido crescimento do matagal pela técnica da derrubada e queimada. Uma das características duradouras do povo akan era a força com que foram capazes de conter a invasão da floresta. Eram necessários gênio e energia particulares para existir em meio a uma floresta agressiva, sempre pronta a sobrevir ao desatento e cobrir uma área com vegetação.

Um reino de ouro surgiu do chão da floresta durante o século XV. Os estados Akans, daqueles povos falantes do twi, tornaram-se poderosos mineradores de ouro e agricultores. Eles comercializaram com o povo Wangara do Sahel, e com outros povos de floresta em Gana, Togo e Costa do Marfim atuais. Mas foi no século XVI que os estados Akans se tornaram militar e economicamente fortes o bastante para negociar com os comerciantes portugueses aparentemente ubíquos na costa. Dois reinos, Denkyra e Akwamu, foram imediatamente vistos como os estados líderes dos Akans. Nessa época, o reino Fante, localizado próximo à costa, já havia exercido suas opções políticas com os portugueses. Em 1482, os Fantes, durante o governo do Rei Kewme Ansah, haviam sido seriamente atacados pelos portugueses, que desembarcaram para estabelecer uma fortaleza que foi chamada El Mina. Os Fantes em breve serviriam como intermediários entre os portugueses, os holandeses, que mais tarde ocuparam a costa, e os povos do interior.

348

Figura 10.3 – Osabarima Nana Adusei Peasa IV, Tafohene, Akyem, Gana

Fonte: © Molefi Kete Asante

O reino de Asante, que se tornaria o mais temido dos Akans, originou-se de uma coleção de cidades com a criatividade de dois indivíduos extraordinários, Okomfo Anokye e Osei Tutu I. O primeiro foi um sacerdote filósofo, o segundo estava destinado a se tornar o rei fundador do mais aclamado reino dos Akans, a nação Asante (WILKS, 1975).

Com certeza, houve reis e sacerdotes antes, mas a reunião de Okomfo Anokye, cerca de dez anos mais velho, e Osei Tutu foi uma repetição de Imhotep e Zoser no antigo Kemet. Foi necessário um filósofo, pensador e sacerdote, por assim dizer, para interpretar e explicar as condições, desafios e possibilidades do reinado. Foi o papel do rei, herdado dos ancestrais, agir. Ambos os personagens desempenharam seus papéis com destreza e com habilidade histórica. Nenhum outro sacerdote filósofo dos Akans chegou ao ponto criativo e à visão intelectual de Okomfo Anokye.

Figura 10.4 – Professor Botwe-Asamoah com rainhas e princesas em Tafo, Gana

Fonte: © Molefi Kete Asante

Seu nome de nascimento era Kwame Agyei, mas era chamado também Frempong Manso, de acordo com a antiga tradição africana. Vemos a tradição de ter mais de um nome ao longo da história africana, e Okomfo Anokye estava exatamente dentro do círculo do pensamento africano. A denominação "Kotowbere" é conhecida e usada entre o povo Asante. Seu nome completo é por vezes apresentado como Kwame Agyei Frempong Nokye Kotowbere. Era considerado o neto de Amoa Gyata de Bona-Bom em Adanse, mas alguns registros dizem que pode ter sido o filho de um homem chamado Kyei Birie com uma mulher chamada Dwirawira Kwa de Adanse-Akrokyere (ANTI, 1973, p. 8). Outro registro diz que Okomfo Anokye era o filho de "Ano, um pai quieto e fisicamente fraco, e Manubea, uma mãe enérgica, sentimental e faladora", que eram de Awukugua, na divisão Nifa do Estado Akuapem (ANTI, 1973, p. 8). Há mais para substanciar essa descrição devido aos extensos detalhes dados sobre a vida de Okomfo em Akuapem. É provável que várias famílias tenham tentado reivindicar o popular sacerdote quando passou a ser um ícone nacional. Contudo, é mais provável que tenha nascido na região de Akuapen.

De acordo com historiadores locais, quando nasceu, em Awukugua, Akuapem, já estava segurando em sua mão direita a cauda branca curta de uma vaca. Na língua twi, isso é chamado *bodua*. O menino Aokye fechava sua mão esquerda tão fortemente que ninguém podia abri-la. A parteira que lhe deu à luz tentou abrir sua mão porque suspeitou que ele tivesse vindo ao mundo com algo. O pai foi chamado para auxiliar, e quando tocou a mão esquerda da criança ela abriu os olhos e olhou para ele. Ele então abriu a misteriosa mão, mostrando-a ao seu pai e dizendo na língua guan, a mais antiga falada em Gana: "Ano, kye", que significa "Ano, veja", e deu ao seu pai um talismã de ervas. Daquele momento em diante, foi chamado Okomfo, que significava sacerdote. Outra versão dessa história é a de que a mãe e o pai tivessem ido dormir quando não conseguiram abrir a mão esquerda da criança. À noite, a mãe sentiu algo cair sobre ela, e era um talismã. Ela se dirigiu ao esposo e disse: "Ano, veja". Por isso lhe deram o nome Ano-Kye, Anokye. O povo da cidade pensava que a criança fosse a encarnação do velho avô Obiri Agyei, um ex-médico e herbário. Claramente, a tradição via Okomfo Anokye como alguém capaz de realizar grandes feitos, incluindo milagres da natureza.

Figura 10.5 – Okyeame, linguista da corte, Akyem, Gana

Fonte: © Molefi Kete Asante

No século XVII, o reino de Denkyira era o Estado mais poderoso no interior do que hoje é Gana. Ele controlava todos os outros estados e era uma fonte importante de comércio de ouro e entes humanos com os holandeses em El Mina. Adanse, o Estado que competira com Denkyira, fora enfraquecido por guerras e conflitos internos por poder, e consequentemente muitas pessoas de Adanse se mudaram para Asante, Kotoku e Akyem-Abuakwa. Agora, Denkyira era proeminente entre os estados Akans.

Nana Boa Amponsem, rei de Denkyira, derrotou muitos estados vizinhos e impôs tributos a todos eles. Asante não existia como um Estado unificado na época, mas já estava começando a se afirmar a partir de sua cidade principal, Kwaman, que mais tarde se chamaria Kumasi. Dessa cidade, filósofos, sacerdotes, aventureiros e historiadores orais espalharam as notícias da herança akan. Eles cantavam em twi e o tocador de tambor tocava no *fontomfrom* e no *atumpan* a sabedoria antiga:

> O rio cruza o caminho,
> O caminho cruza o rio.
> Quem é mais velho?
> O rio é de muito tempo atrás.

Figura 10.6 – Exposição de um novo rei, Akyem, Gana

Fonte: © Molefi Kete Asante

Dois eventos mudariam a história da região: primeiro, Okomfo Anokye migraria para Denkyira e seria forçado a partir logo em seguida. Segundo, Osei Tutu, o jovem líder militar de Kwaman, se tornaria rei de um Estado unificado após a morte de Nana Obiri Yeboa. Okomfo Anokye viajou ao Estado de Denkyira após deixar sua área natal de Akuapem, onde serviu sob a tutela dos sacerdotes e do rei de Nyanaw. Foi lá que Anokye encontrou, pela primeira vez, Psei Tutu, que era mais jovem e fora enviado a Akuapem para ser educado. Houve algumas dificuldades com os oficiais em Nyanaw, particularmente o fato de que Nana Ansa Sasraku I, de Nyanaw, considerava a incrível habilidade de Anokye em curar doenças e profetizar corretamente eventos futuros como uma ameaça à sua autoridade como chefe espiritual e líder político. Em Denkyira, Anokye enfrentou dificuldades similares com o conselheiro espiritual chefe de Nana Amponsem, Kyerekye. Ele era o sacerdote mais famoso entre o povo falante do akan antes do surgimento de Okomfo Anokye. Suas habilidades profissionais como médico, herbário e profeta eram bem conhecidas ao longo do país. Mas Anokye era capaz de fazer ainda mais do que Kyerekye, e logo conquistou a confiança da população, para a consternação de Kyerekye (ANTI, 1973, p. 25). A inveja da parte do líder espiritual residente terminou levando à demissão de Anokye da corte Denkyira, de Nana Boa Amponsem. Ele, então, se dirigiu para a cidade de Kewman e para a corte do rei, Nana Obiri Yeboa. Como Kewaman ainda era um Estado súdito de Denkyira, o sacerdote se deslocou ainda mais para o norte e encontrou abrigo em uma pequena aldeia por cerca de um ano. Quando retornou a Kwaman, estava doente e coberto de feridas. O ano era 1677, Nana Yeboa estava morto e havia uma enorme disputa entre as duas famílias reais sobre quem deveria suceder o rei, com cada família reivindicando a banqueta. Uma família era da linha Agona, e a outra, da linha Oyoko. O regente após a morte do rei foi Adu Gyamfi da linha Agona. Okomfo Anokye tentou encontrar trabalho com a regência, sem sucesso. Em uma decisão importante, juntou-se à fa-

354

mília oposta, a Oyoko, e ao seu líder, Adoma Akosua. Essa família teve compaixão pelo sacerdote, e lhe deu comida, casa e proteção. Em troca, ele serviu à família com sua sabedoria, experiência e conhecimento da natureza. Além disso, pediram-lhe que os ajudasse a trazer a banqueta (o reino) para a Família Oyoko. Quando Adu Gyamfi ouviu sobre esse arranjo, afastou Okomfo Anokye de Kwaman, que fugiu para Dwabe e permaneceu no palácio de Nana Akrasi, o Dwabenhene. Mais tarde, Anokye teve de partir em direção à cidade de Obi, onde permaneceu até que Osei Tutu I chegasse ao poder. Ele havia ido a Nyanaw para ser educado e treinado, e, durante o tempo que ficou fora, Nana Adu Gyamfi havia resolvido a disputa pela liderança. Em 1680, quando Osei Tutu I tinha 36 anos, retornou de Nyanaw para assumir o reino.

Okomfo Anokye foi defrontado por um dilema. Conhecia Osei Tutu havia 17 anos, desde o tempo em que ambos estavam em Nyanaw. Mas ele também se envolveu em intrigas contra a Família Agona, da qual Osei Tutu era parte. Além disso, o velho Adu Gyamfi ainda vivia, e tinha contado a Osei Tutu sobre os feitos de Okomfo Anokye contra a família. Todavia, com um golpe de ousadia e de gênio, Olomfo Anokye deixou Obi, foi ter diretamente com seu amigo Nana Akrasi, de Dwaben, e lhe disse que Onyame, o deus do céu, havia lhe ordenado tornar Asante uma grande nação. Nana Akrasi foi então informar Osei Tutu sobre a missão de Anokye. Com certeza, Nana Osei Tutu nada podia decidir sem o conselho de anciões, e não podia aceitar a missão de Deus de Anokye.

Foi necessário que Okomfo Anokye provasse sua genuinidade, pois não era possível simplesmente aceitar que estivesse dizendo a verdade. O povo de Kwaman e das cidades vizinhas haviam visto muitos charlatães virem e irem e por isso exigiam que Anokye fosse testado. Sem seu conhecimento, foram feitas duas pequenas casas de barro nas quais foram colocadas duas vacas, uma preta e outra branca. Os anciões pediram a Okomfo Anokye que dissesse em que casa estava a vaca preta. Em vez de atender ao pedido, Anokye apontou para a casa na qual a vaca branca havia sido colocada e disse que ela continha uma vaca marrom. Os anciões se olharam, sabendo que haviam colocado uma vaca branca na casa. Abriam a porta e, para sua surpresa, encontraram uma vaca marrom. Nesse momento, Anokye lhes disse que a outra casa continha uma vaca que era preta e branca. Eles abriram aquela porta e, certamente, havia uma vaca preta e branca lá. Daí em diante, Anokye não mais precisou mostrar suas habilidades para o povo de Kwaman.

Os anciões perguntaram a Okomfo Anokye a qual clã ou família ele pertencia, e ele respondeu que à Agona. E, então, foi encaminhado à família para que lhe providenciassem acomodação permanente. Ele recebeu cidadania com todos os seus direitos e se tornou o sacerdote chefe e o rei da cidade de Agona.

Como muitos filósofos e visionários, Okomfo Anokye passou muitas horas contemplando o futuro de sua sociedade. Um dia, após uma forte chuva acompanhada de trovões e granizo, Okomfo Anokye estava relaxando em uma cadeira na antecâmara de sua casa em Kwaman (Kumasi). Em um transe, ele viu uma grande assembleia de reis e anciões que pertenciam à realeza passada de Asante. Próximo deles havia um grande rio cujas águas se moviam rapidamente.

De acordo com a história, o lugar da reunião estava cercado por escuridão e melancolia. Então, surgiu uma nuvem que parecia de fumaça que cobriu toda a área e pairou sobre as cabeças dos dignitários da assembleia. Em um espaço aberto diante deles, crânios e ossos humanos foram empilhados com pedaços de tambores quebrados, adornos de cabeça danificados, sandálias com tiras rompidas, guarda-chuvas e pó de ouro (ANTI, 1973, p. 29). Ainda em transe, Okomfo Anokye pôde ver uma pequena casa não distante da assembleia na qual Osei Tutu estava sentado. Então, viu um homem emergir da assembleia e caminhar em direção à pequena casa em que Osei Tutu estava sentado. O homem estava carregando sobre sua cabeça uma banqueta que estava pousada de lado em uma panela de latão, e que havia sido coberta com um tecido *adinkra*. O homem estava em movimento, mas seus pés nunca tocavam o chão, e a banqueta que estava carregando nunca parecia tocar sua cabeça.

Logo atrás do homem com a banqueta, reis e anciões em procissão entraram na sala diante de Osei Tutu. Nesse momento a cortina de fumaça pareceu se mover de forma a proteger a banqueta. Só então Osei Tutu se levantou e impediu a procissão de prosseguir. Quando a fumaça se dissipou, as pessoas na procissão haviam ido e apenas o homem com a banqueta ficou com Osei Tutu. Logo em seguida, o homem deixou a banqueta e desapareceu. Anokye, então, chamou Osei Tutu e a rainha-mãe e lhes relatou o sonho. Logo Anokye recebeu uma Banqueta de Ouro de presente. Então, ele a deu de presente a Osei Tutu. Em alguns dias, Osei Tutu e a rainha-mãe de Kokofu chamaram os outros reis de Asante e ordenaram que fizessem um juramento à Banqueta de Ouro.

Uma versão mais mágica da Banqueta de Ouro é a de que Anokye, em meio a trovões e granizo, fez vir do céu uma banqueta de madeira adornada com ouro, e ela flutuou levemente até os joelhos de Osei Tutu.

O que sabemos agora é que, devido ao gênio de Okomfo Anokye, Kwaman foi capaz de trazer mais três estados para sua confederação graças à Banqueta de Ouro. Isso permitiu ao rei de Kwaman, agora chamada Kumasi, tornar-se o asantehene, ou seja, o rei da nação Asante. Ele não era mais apenas o rei de Kumasi, mas também o governante de vários estados. Isso também permitiu a Asante ser poderosa o bastante para desafiar Denkyira. Usando os sábios conselhos de Anokye, Osei Tutu foi capaz de consolidar suas vitórias contra os inimigos de Asante. A política de Anokye era admitir novos estados na confederação em termos iguais, com cada um retendo seus costumes e os dias cerimoniais elevados. Ele instituiu um conselho para checar o poder do rei. O medo e reverência pela Banqueta de Ouro ajudou Anokye e Tutu a organizarem e controlarem o Estado de Asante. Assim, esse poderoso reino foi o resultado do gênio filosófico e político de Anokye e do gênio militar e administrativo de Osei Tutu I.

Em 1700, Asante havia conquistado Denkyira, submetido outros estados Akans e controlado as jazidas de ouro. O sucessor de Osei Tutu foi o rei guerreiro Nana Opoku Ware I (1717-1750). Durante seu reinado, os reinos vizinhos comentavam que Asante era uma nação militar suprema. Eles diziam: "Mate mil, e mais mil virão!"

Tomando seu lugar próximo aos grandes generais da África, Opoku Ware conseguiu, com sua habilidade e a reverência que tinha pela Banqueta de Ouro, avançar o império em áreas jamais sonhadas nos dias de Osei Tutu. Ele foi um rei imperial, que expandiu as fronteiras de Asante para cobrir grande parte da Gana atual. O Império Asante se estendeu da região das savanas do norte até as águas do Oceano Atlântico ao sul. Shillington diz que "os governantes de Asante vendiam seus prisioneiros de guerra para traficantes de escravizados na costa [...]. Mas nunca se tornaram muito dependentes do tráfico para a receita da corte" (SHILLINGTON, 1989, p. 195). Tampouco, o reino Asante usou pessoas escravizadas para a mineração do ouro, que era a base real da riqueza do império. De fato, aqueles que trabalhavam nas jazidas de ouro tinham de ser os mais confiáveis para o asantehene, uma vez que todo o ouro pertencia à casa real. Por mais que Asante estivesse envolvido no tráfico de prisioneiros de guerra, nunca se tornou uma sociedade cuja forma principal de produção fosse a escravização de outros. Além disso, a escravidão não era conhecida nas sociedades africanas e permaneceu uma prática realizada em seu grau mais elevado de desumanidade nas Américas. Asante mais tarde confrontaria os britânicos em um esforço para manter a Costa do Ouro livre da invasão colonial. Eles fracassariam, mas em sua resistência feroz criariam medo nos corações dos brancos com quem combateram na floresta. A Grã-Bretanha aplicou uma forma de política prática para a conquista da Costa do Ouro, mas isso significava que os britânicos tinham de ignorar os fatos concretos da história, que indicavam que o povo da área não seria escravizado por muito tempo. Na verdade, outros reinos, especialmente dos akans, lidariam com os agentes coloniais britânicos com resistência. A Rainha Aframoa Dipo do reino Akyem se recusou a assinar uma caução com os britânicos. Suas ações colocaram seu nome indelevelmente nos corações de seu povo, mas o povo Tafo perdeu sua supremacia entre os nobres de Akyem. Os britânicos, quando obtiveram o controle, transferiram a supremacia a um monarca mais flexível, o rei de Kyebi.

Zulu: o povo Nguni celeste

Talvez nenhuma nação tenha nascido da guerra e do sangue como a nação Zulu. Antes de 1819, era relativamente desconhecida mesmo na África do Sul, onde era cercada por estados muito mais antigos e mais estabelecidos como Xhosa, Swazi e Soto. Contudo, a entrada dramática da nação Zulu na história africana como uma protagonista importante derruba todas as comparações com outras sociedades no sul da África. Todavia, as origens desse Estado são encontradas nas lendas dos próprios povos. O primeiro nome na memória do povo Zulu é o de Luzumane, que foi o pai de Malandela. Acredita-se que Malandela tenha nascido por volta de 1591 e tenha vivido até 1627. Estabeleceu-se na colina Mandawe e teve dois filhos com sua esposa Nizinja, Qwabe e Zulu.

Após sua morte, seu filho mais velho, Qwabe, partiu para formar seu próprio clã. Zulu, o mais jovem, tornou-se o protetor de sua mãe. Ele viveu de 1627 a 1709. Na medida em que cresceu em estatura, foi capaz de estabelecer sua própria autoridade e dar seu nome à linha familiar, tornando-se o fundador do famoso clã zulu. Ele foi sucedido por Punga, que morreu sem um herdeiro e foi sucedido por seu irmão, Mageba. Ele herdou a viúva de seu irmão e com ela deixou filhos em nome de seu irmão, tendo com sua própria esposa um filho chamado Ndaba. Ndaba viveu de 1697 a 1763. Seu filho mais velho, Xoko, separou-se para formar seu próprio clã gazini. Ndaba foi sucedido por seu filho mais jovem, Jama, que nasceu em 1727 e morreu em 1781, deixando um filho pequeno, Senzangakona, como herdeiro. Por ser menor de idade, sua irmã mais velha, Mkabayi, e vários tios serviram como regentes até 1783. Ele governou por 33 anos e teve muitas esposas e vários filhos, dentre eles os famosos Shaka, Dingane, Mpande, Mhlangana e Sigujana, seu herdeiro escolhido. Quando Senzangakona morreu, Sigujana se tornou rei e foi imediatamente assassinado aos 26 anos. Acredita-se que Shaka tenha ordenado Ngwadi (também seu meio-irmão) a matar seu meio-irmão, que viveu de 1790 a 1816. Esse assassinato estabeleceu um padrão que terminaria no próprio assassinato de Shaka anos mais tarde.

A ascensão de Shaka Zulu à posição mais elevada de autoridade entre os Zulus foi um dos momentos mais importantes da história africana. Ele nasceu em 1787 de uma relação extraconjugal do rei, Senzangakona, com Nandi, que terminaria se tornando sua terceira esposa. Porém, tão logo ela e seu filho foram viver no complexo habitacional do rei, ele os exilou. Shaka tinha apenas 6 anos.

Como podemos esperar, o jovem Shaka teve uma infância infeliz porque sua mãe, como uma exilada, tinha poucos amigos. Eles finalmente fizeram amizade com um poderoso rei mtetwa, Dingiswayo, que lançou Shaka em uma carreira militar. Ele também o ajudou a assumir a liderança do clã zulu de Sigujana.

Imediatamente, Shaka iniciou seu treinamento militar com a ideia de expansão do território por conquista. Quando Dingiswayo morreu, ele assumiu a liderança dos Mtetwa e usou o exército desse povo para lutar contra todos os seus inimigos, incluindo Zwide, o grande rei dos Ndwandwes. Derrotando Zwide, o jovem Shaka combinou as forças dos maiores clãs falantes do Nguni e criou a nação Zulu.

Shaka reinou em Zulu de 1816 a 1828, um dos períodos mais históricos e momentosos dos anais da África. Quando morreu, aos 41 anos, assassinado por dois de seus irmãos, Dingane e Mhlangana, e um de seus amigos mais próximos, Mbopa, havia deixado um registro de massacre e conquista militar sem precedentes no sul da África. Estima-se que aproximadamente um milhão de pessoas tenham sido mortas ou ficado sem teto pelas guerras de Shaka. Os vagabundos sem-teto eram chamados "mfengu" e se vincularam a grupos que não haviam sido derrotados ou dispersos pelos Mfecanes.

Devemos ter claro que Shaka não era insano ou irracional. Ele era como todos os líderes militares que acreditavam que suas missões são tão importantes que estão dispostos a sacrificar suas vidas e as vidas de outras pessoas para atingir seus objetivos. Do mesmo modo que chamamos outros generais de guerra sanguinários e violentos (Ramsés, Alexandre, Sundiata, Napoleão, Aníbal, Gengis Khan, Sonni Ali Ber), devemos também atribuir esses qualificativos a Shaka. Do modo como historiadores explicam algumas das motivações para essas explosões violentas na história, as ações de Shaka podem também ser interpretadas à luz da ameaça que ele percebia às portas dos céus. Fortalecer sua nação e impedir sua dominação se tornaram seu desejo ardente.

A palavra "zulu" significa "céu" em inglês. As pessoas são chamadas amazulu e seu país ou região é chamado kwazulu, literalmente, o "lugar do zulu". Vários fatores contribuíram para o surgimento de Zulu como uma nação militar que acreditava que a terra, como a chuva, não pertencesse a ninguém. Estava simplesmente lá para todos compartilharem. Mas essa não era a filosofia dos brancos que entraram na África do Sul no Cabo sob o comando de van Riebeck, em 1652, 33 anos após os primeiros africanos terem desembarcado em Jamestown, na Virgínia. Assim, devemos estabelecer o contexto para a aparição de um líder como Shaka.

Os brancos introduziram uma noção de posse privada da terra que era um anátema tanto para os africanos que encontraram quanto para seus ancestrais. Esse foi o principal fator que levaria a desacordos entre eles e os europeus. O grupo de van Riebeck enfrentou os Khoi-sans locais e o povo San no Cabo. Logo enfrentariam os Xhosas, que compartilhavam a mesma filosofia africana dos Zulus, Tswanas, Sotos e Khoi-sans com relação à terra. Os europeus seriam enfrentados por uma cultura obstinada, proveniente de milhares de anos de experiência, e mesmo quando a Europa não fosse mais dominante politicamente, eles lembrariam da força de vontade africana.

Considera-se que Vasco da Gama tenha visitado a África do Sul no fim da década de 1400, mas os africanos habitavam o país desde o começo do tempo humano. Ondas de imigrantes da Europa e Ásia se encontraram nos jardins, montanhas, campos, cidades e aldeias estabelecidos pelos ancestrais africanos milhares de anos atrás. Em 2006, 45 milhões de pessoas chamavam a África do Sul de lar, mas somente os africanos a veem como seu lar original. Para os Zulus, um grupo falante do Nguni, o lado do Oceano Índico da África do Sul é seu lar, a despeito do fato de que os primeiros deles possam ter se originado de um dos outros grupos étnicos africanos.

Fiz a digressão precedente para sugerir que as guerras de Shaka não estiveram desconectadas dos eventos que ocorriam em outras partes da África do Sul. Na época de Shaka, os britânicos já haviam avançado a Natal, buscando lucros e terras. Na verdade, ele havia aquiescido no estabelecimento de postos comerciais e missionários britânicos enquanto tentava proteger os Zulus do destino dos Xhosas e outros grupos étnicos do sudeste e sul, que haviam sido pacificados pelas guerras com os brancos. Os Zulus não seriam pacificados. Não se submeteriam ao controle dos britânicos nem se tornariam vítimas dos ataques cada vez mais abrangentes às terras africanas.

Os grupos étnicos sul-africanos terminaram sendo envolvidos em um ciclo gigante de turbulência e caos das políticas agressivamente racistas dos invasores europeus. Eles perturbaram os protocolos gerais para cooperação e comunidade de grupo com uma ideia assertiva da posse individual e privada da terra. Não há dúvida de que os africanos, a despeito das diferenças raciais e culturais, poderiam ter conseguido viver lado a lado com os brancos. O que não era tolerável era a ideia de que os brancos pudessem simplesmente assumir o controle das terras que outros povos, em comum acordo, viam como a terra de seus ancestrais. Trazendo tradições de posse documental, atos jurídicos e leis europeias, que negavam as regras e princípios de centenas de anos da comunidade africana, os brancos logo "possuiriam" a terra dos Khoi-sans e dos Sans e invadiriam as terras dos Xhosas enquando esses lutavam várias guerras. Os britânicos foram os primeiros brancos a envolver o povo local em guerras. Eles lutariam pela terra. Os bravos líderes Xhosas os enfrentaram no campo de batalha várias vezes, mas terminaram permitindo que controlassem a terra de seus ancestrais. As armas dos colonizadores brancos eram mais mortais, embora seus soldados não fossem mais bravos do que os Xhosas.

Nas primeiras décadas do século XIX, a região inteira do sul da África estava sob um reino de terror, horror e caos. O avanço dos brancos ao interior colocou vários grupos étnicos em conflito entre si, de modo que ninguém pôde permanecer na terra de seus ancestrais. Essas guerras travadas entre 1816 e 1840 foram chamadas pelo nome nguni de *mfecane*. Os Sotos chamaram essa época de *difaqane*. Ambas as palavras têm o significado de caos em termos gráficos. A primeira significa "o esmagamento", e a segunda, "a dispersão". O povo foi esmagado e depois disperso. Muitos grupos étnicos perderam suas casas, suas aldeias, seu senso de propósito e sua vontade de viver. Apenas os fortes sobreviveram.

Os principais protagonistas no *mfecane* foram os reinos Mtetwa, Ndwandwe e Ngwane, embora as operações militares envolvessem muito mais comunidades étnicas. Nunca antes essas nações haviam ido à guerra por recursos limitados de uma forma tão brutal quanto nesse período de instabilidade. Um efeito dominó provocado pelas ações agressivas dos colonizadores brancos no Sul confinou milhares de pessoas em um turbilhão de terror. Além da competição por recursos e da fome madlatule no fim do século XVIII, a região presenciou o aumento da militarização de jovens e de grupos de mulheres usada para expandir as terras de pastagens para o gado. Eles levariam os animais para novos territórios para pastarem, muitas vezes criando problemas com o povo vizinho. Pequenos reinos buscariam a proteção de reinos maiores, caso sentissem que suas terras de pastagem fossem cobiçadas por outros.

A situação era extremamente volátil entre 1816 e 1819. O grande rei militar Dingiswayo liderou seu povo, o Mtetwa, contra o Ndwandwe. Então, na grande batalha, a última entre eles, os Ndwandwes pareciam ter vencido quando Dingiswayo foi morto e suas forças espalhadas pela terra. Como a história sempre mostrou, é nos momentos entre força e fraqueza que um catalisador aparece para mover o pêndulo numa direção ou noutra. É por isso que o provérbio africano diz: "devemos observar não onde alguém escorrega, mas onde cai".

Shaka, um jovem tenente do exército de Dingiswayo, surgiu para desafiar a dominação dos Ndwandwes. Como líder dos Zulus, um reino menor – na verdade, meramente uma coleção de algumas centenas de pessoas –, Shaka liderou as forças mtetwas e forçou o exército ndwandwe ao norte do Rio Pongola. A guerra foi longa e devastadora. Custou centenas de vidas, mas, no fim, a vanguarda zulu dos Mtetwas foi bem-sucedida. As forças remanescentes dos Ndwandwes provocaram caos ao longo da região central leste do continente por muitos anos. Eles constituíram um exército predatório de soldados arruinados e derrotados em busca de um lugar para si.

Não demoraria muito para que o bravo jovem General Shaka estabelecesse a si e a seu reino como a maior força militar entre os rios Pongola e Tugela. Expandindo seu reino Zulu pela incorporação de pequenos reinos, buscou vigorosamente uma política imperial. A nação Zulu era composta de um forte núcleo zulu, mas incluía vários outros grupos étnicos. O território Zulu foi então estendido ao norte na direção das montanhas Drakensber, e seus exércitos conquistaram áreas no sul tão distantes quanto o Rio Umzimkulu.

Shaka foi um gênio militar que amava tanto seu povo que estava disposto a dedicar sua vida à expansão da cultura zulu. Foi também um visionário, que buscou melhorar a administração. Procurou embelezar a capital, Ulundi, criando novos cercados para o gado, e substituindo as antigas latrinas com a construção de novas mais distantes do palácio. Ele também ordenou a construção de novos muros em torno da cidade.

Um fator no poder dos Zulus foi a criatividade militar e a autoridade imposta por Shaka. Ele governou com um pulso firme como o mestre *djembe* tocando o tambor no ritmo. Essa criatividade foi demonstrada de duas formas principais, inovações que levaram à crença de que os zulus eram invencíveis: a disciplina militar intensiva em sistemas de treinamento de soldados e a invenção da lança curta chamada *assegai*. A *assegai* substituiu a lança longa. que os soldados tinham de lançar e então esperar para ver se alguém do outro lado era atingido antes de se rearmarem. Com ela, os soldados zulus podiam se mover mais rápido e com mais eficiência. Eles combinavam disciplina, novas armas militares e uma impiedosa vontade de vencer para obterem sucesso. Shaka organizava seu exército em dois regimentos de acordo com grupos etários e gênero. Cada regimento era treinado com a ideia de conquista.

Quando uma região ou um reino havia sido conquistado, Shaka substituía o rei por um *induna* (general), que tinha de prestar contas diretamente ao rei dos reis. Aqueles que aceitavam rapidamente o governo de Shaka podiam se tornar *indunas*. Aqueles que se recusavam a se submeter à sua autoridade eram mortos; suas famílias, literalmente aniquiladas. Na verdade, aldeias inteiras eram destruídas e desapareciam da Terra nas mãos das tropas de Shaka. Eles não tinham piedade e não a pediam. Incorporar todos os homens e mulheres jovens do povo conquistado em seu próprio exército tornava Shaka, de fato, poderoso. Em 1824, Shaka insistiu que todos os soldados permanecessem a serviço do Estado até que chegassem aos 30 anos. Além disso, eram proibidos de casar e usar sapatos. A ideia era que seus pés deviam ser resistentes de modo que pudessem correr rapidamente e sentir pouca dor quando se aproximassem de seus inimigos. Shaka era visto como o modelo perfeito de seus próprios ensinamentos. Foi o governante absoluto sob o céu.

De tempos em tempos, outros líderes surgiram para deixar sua marca na história da região. Um dos mais importantes durante o começo do século XIX foi um jovem que havia crescido durante o amargo período de guerra de extermínio. Ele foi vítima e participante. Mzilikazi, o jovem rei dos Khumalos, tornou-se um dos amigos e *indunas* mais próximos de Shaka. Ele nasceu por volta de 1805, filho de um chefe sob o governo do rei supremo dos Ndwandwes, Zwide, um dos mais temidos de todos os reis no sul da África. Quando seu pai foi morto, Mzilikazi assumiu a liderança de seu povo e o mudou para a capital de Shaka, transferindo a lealdade que tinha para com Zwide para Shaka. Ele teve permissão para formar seu próprio regimento e manter sobre ele a autoridade hereditária e militar. Shaka nunca permitiu esse poder a outros reis ao se incorporarem à nação Zulu. Contudo, essa exceção se mostraria um sério erro para Shaka quando Mzilikazi o desafiou após um ataque a outro reino e se recusou a lhe trazer os espólios que seu regimento havia tomado. Ele se via como um combatente corajoso e um líder capaz, e como o rei hereditário dos Ndebeles. Não se submeteu a Shaka, mas teve de fugir com seu povo do território dos Zulus. Em 1825, o jovem Mzilikazi era um grande rei militar. Seu Estado era itinerante, movendo-se através das grandes planícies e montanhas da África do Sul, em busca de uma pátria. Ele trouxe para si todo o povo remanescente que havia sido destituído pela seca e pela guerra e o moldou à nação Ndebele, com o clã Khumalo em seu núcleo. Essa organização de povos dispersos e destituídos lhes permitiu se protegerem de ataques de grupos maiores. Todos os povos que foram incorporados a esse novo Estado tinham de aprender a língua zulu, comer sua comida, usar sua vestimenta e lutar como os zulus. O povo Tswana os chamava "Matabele", mas na língua zulu ou nguni essa palavra é "Ndebele". Mzilikazi levou essa nação integrada e doutrinada para o norte até o território que é agora chamado Zimbábue. O Estado criado por ele foi um dos primeiros no sul da África baseado em capacidades, talentos e habilidades. Muitos dos líderes do povo Ndebele eram de grupos étnicos diferentes dos zulus. Assim, como alguns diziam, as guerras do sul eram provocadas não por ódios étnicos, mas por recursos limitados e adversidades econômicas resultantes da expansão descontrolada dos brancos do Cabo.

Como Mzilikazi e Shaka, outro rei chamado Lepoqo, mais popularmente conhecido como Moshoeshoe, era o filho de um rei menos importante que se tornou famoso por pura coragem, persistência, inteligência e carisma. Seu clã Mokoteli havia sido expulso do Vale Caledon pelos constantes ataques dos Tlokwas, Hlubis e Ngwanes. Moshoeshoe formou a nação Lesoto, que sobreviveu como um país independente até os dias de hoje. Reis menores viram seus povos expulsos de suas pátrias e dispersos pela Terra. No caso do povo Ngwane, durante o governo de Sobhuza, eles foram obrigados a atravessar o vale e não puderam contar com seus aliados para apoiá-los em seu Estado enfraquecido. Mas Moshoeshoe reivindicou seu reinado enquanto seu pai ainda estava vivo, e em 1821-1823 consolidou uma mudança da capital, saindo da montanha de cume achatado Butha Buthe, que fora a fortaleza de seu pai, para um novo lugar chamado Thaba Bosiu. Ele aprendera muito cedo que se seu exército recuasse para o topo da montanha teria uma vantagem sobre qualquer inimigo que o perseguisse. Assim, quando encontrou Thaba Bosiu, que era mais fortificado do que Butha Buthe, ficou excitado. O lugar ficava a cerca de 128 quilômetros da fortaleza de seu pai, mas era cercado por penhascos íngremes e tinha poucos caminhos estreitos até o topo. A fortaleza era inexpugnável a muitos exércitos a menos que usassem artilharia moderna. Assim como Mzilikazi, Moshoeshoe trouxe muitos povos diferentes para sua nação, embora fosse basoto. Alguns dos líderes eram falantes do nguni. Qualquer um que quisesse se proteger da guerra poderia se candidatar a membro da nação Lesoto. Ele exigia que os recém-chegados aprendessem o soto, assim como Mzilikazi exigia que o povo falasse nguni.

Diplomata habilidoso, Moshoeshoe era capaz de obter armas e cobertores dos britânicos sem abrir mão de seu reino. Ele os convidou para virem ao seu reino para ensinarem religião, mas seus motivos parecem ter sido políticos. Contanto que os britânicos os vissem como um povo pacífico com relações amigáveis com os brancos, eles não os atacariam.

Mais cedo, ao ficar sem um de seus mais fortes apoiadores e defensores, Shaka havia ficado cada vez mais ressentido. Ele havia sido abandonado por aqueles que ele ajudara, apoiara com sua generosidade, tomara como amigos quando necessitavam fugir de seus inimigos, e a quem dera acesso aos seus segredos militares mais importantes. Ele ficou mais triste com a perda de Mzilikazi do que em relação a todos os outros *indunas*, porque eles haviam crescido juntos e lutado em inúmeras batalhas, com seus escudos protegendo um ao outro, competindo um com o outro pelos atos mais bravos e falando sobre a expansão da nação Zulu. Como alguém poderia estar tão próximo dele e não compreender seu desejo de bem comum? Por que Mzilikazi derrotaria o inimigo dos Zulus e não traria os espólios da vitória de volta ao seu rei? Por inveja? Seria o fato de que Mzilikazi desejava comandar seu próprio clã, como Shaka comandou os Zulus e formou uma nação? Mzilikazi pensava que o clã Khumalo poderia ser tão magnificente a ponto de desafiar até mesmo o próprio elefante poderoso? Após forças expedicionárias malsucedidas enviadas quando Mzilikazi e seu clã retornaram à capital de Shaka, ele ficou ainda mais ressentido. Foi como se uma cortina tivesse sido baixada ao longo do palco da vida de Shaka.

Em seus momentos mais fracos agora, com a maior parte de seu formidável exército em batalha com outro inimigo e longe da capital, o poderoso touro ficou exposto a perigos físicos que não esperava. Shaka estava tão preocupado com o estado da nação, com a proteção de mulheres e crianças e com o treinamento dos jovens soldados, que não viu a conspiração de seus próprios irmãos contra ele. Seu assassinato colocou seu meio-irmão, Dingane, no poder como o rei absoluto dos Zulus, em 1828.

Dingane adotou uma forte posição contra a intrusão dos brancos nas terras zulus. Ele enfrentou os líderes dos agricultores *boers* (holandeses) que haviam começado a se mover para o interior para escapar da dominação britânica e os avisou sobre a violação do território zulu. Quando um dos *voortrekkers* (invasores boers) se recusou a aderir aos decretos de Dingane, foi morto em um esforço para frear a penetração dos brancos nas terras africanas. Logo os *boers*, que haviam combatido os britânicos no Cabo e outros grupos étnicos africanos em sua jornada para o interior, declararam guerra aos Zulus. Em 16 de setembro de 1938 o exército de Dingane enfrentou o exército *boer* de Andries Pretorius no Rio de Sangue. Em uma das piores derrotas para a nação Zulu, o exército de Dingane perdeu mais de 3 mil soldados. Inclusive alguns dos líderes mais experientes do exército zulu, homens que haviam servido durante o governo de Shaka.

Os zulus cruzaram o Rio Tugela, e esse rio passou a ser aceito como a fronteira sul dos Zulus. Em 1840, um irmão mais jovem de Dingane, chamado Mpande, liderou um golpe real com a ajuda dos *boers* e se tornou rei. Por 32 anos, os Zulus não ameaçaram os *boers* nem participaram em qualquer esforço para impedir sua expansão. Foi um período calmo, comprado com farsa, manipulação e a venda de direitos de nascimento e tradições dos ancestrais africanos. Como os reis adotaram a religião dos invasores, não cultuavam mais seus ancestrais ou aceitavam os protocolos do passado como desejáveis. Muitos dos novos *indunas* escolheriam nomes e adotariam práticas não zulus e se recusariam a ser identificados com seus ancestrais.

Em 1842, devido à fraqueza da nação Zulu, sob o governo de Mpande, a região de Natal se tornou uma colônia britânica. Uma revivificação era quase necessária. Caberia ao filho de Mpande, Ceteswayo, um forte nacionalista, tentar recuperar o orgulho dos zulus. A nação perdera com seu pai e ele cresceu com a percepção de que a elite zulu havia ficado incomodada com Mpande por ele ter permitido que os brancos invadissem terras Zulus adicionais.

Os brancos que haviam sido capazes de aplacar o pai acharam o filho implacável. Eles o temiam, e quando os brancos não conseguiram súditos reais que se voltassem contra o rei, prepararam-se para a batalha.

Enquanto isso, Ceteswayo estava estendendo sua autoridade àqueles zulus que haviam se recusado a se submeter à autoridade de Mpande porque o consideravam um títere dos colonizadores brancos. Ele achou difícil colocar alguns dos grupos sob seu controle, mas terminou conseguindo remodelar a nação zulu em uma força poderosa oferecendo a seus líderes um papel em sua administração. Seu herói era seu tio Shaka. Ele admirava a disciplina e a honestidade de propósitos que Shaka exibira. Essas eram qualidades que traziam respeito e dignidade aos Zulus, e haviam feito com que os inimigos da nação fossem prudentes e temerosos. Foi provavelmente durante o reinado de Ceteswayo que os Zulus, esperando retomar seu destino, adotaram a famosa Declaração Zulu:

> *A Declaração Zulu (excerto)*
> Eu sou
> Eu estou vivo;
> Eu sou consciente e atento;
> Eu sou único;
> Eu sou quem eu digo que sou;
> Eu sou o valor Uqobo (essência);
> Eu sempre evoluo interior e exteriormente em resposta ao desafio de minha natureza;
> Eu estou diante da humanidade;
> A face da humanidade é minha face.
> Eu me contemplo e vejo tudo em mim.
> Eu percebo; aquilo que percebo é a forma.
> A forma é um valor imutável.
> O valor é a consciência eterna;
> A consciência é aquilo no qual todas as coisas têm sua origem:
> Ela não muda; existe da eternidade à eternidade;
> É um conjunto de conjuntos de si;
> Está sempre evoluindo em resposta ao desafio de sua natureza...

Meu próximo tem uma mente;
Ele, também, compreende todas as coisas.
Meu próximo e eu temos as mesmas origens;
Temos a mesma experiência de vida e um destino comum;
Somos os lados anversos e reversos de uma entidade;
Somos iguais imutáveis;
Somos as faces que se veem uma na outra;
Somos mutuamente complementos satisfatórios;
Somos simultaneamente valores legítimos;
A tristeza de meu próximo é minha tristeza.
Sua alegria é minha alegria.
Ele e eu somos mutuamente gratificados quando nos ajudamos em momentos de necessidade.
Sua sobrevivência é uma precondição da minha sobrevivência.
Aquilo que é pedido livremente ou livremente dado é amor;
Amor imposto é um crime contra a humanidade.
Eu sou o soberano de minha vida;
Meu próximo é o soberano de sua vida;
A sociedade é uma soberania coletiva;
Ela existe para garantir que meu próximo e eu realizemos a promessa de sermos humanos.
Não tenho direito a coisa alguma que eu negar a meu próximo (ASANTE; ABARRY 1996, p. 371-378).

No fim da década de 1870, Ceteswayo tornou a nação Zulu formidável novamente, e os britânicos ficaram temerosos que ele pudesse liderar uma guerra para os africanos reconquistarem o território inteiro de Natal ao Cabo. O medo era palpável. Negociantes e mercadores alertaram os oficiais britânicos sobre a destruição iminente. Os missionários disseram aos funcionários coloniais que eram incapazes de fazer "o trabalho do Senhor" entre os Zulus desde a ascensão de Ceteswayo. O rei permaneceu em seu complexo habitacional cercado por seus *indunas*, planejando formas de fortalecer os regimentos agrupados por idade. Não havia indicação de agressão contra os brancos, somente estratégias defensivas para impedi-los de novos avanços contra as terras zulus.

Ceteswayo já vira isso antes; onde quer que os brancos fossem, construíam cercas e muros para impedir o acesso do povo local à terra em que seus ancestrais foram enterrados.

O palco estava montado para uma das batalhas mais dramáticas na história zulu. De certo modo, foi um palco montado não pelos Zulus, mas pelos britânicos. Um dos membros seniores da administração de Ceteswayo teve uma discussão com sua esposa. Ela subsequentemente fugiu da região sob o controle dos Zulus e foi para a parte de Natal controlada pelos britânicos. O *induna* zulu foi de aldeia em aldeia até descobri-la em um povoado sob o controle dos oficiais britânicos. Ele a matou na briga resultante e fugiu para sua própria aldeia controlada por Ceteswayo. O que começou como um conflito doméstico e terminou com um assassinato, e que deveria ter sido tratado pela lei e pelas regras zulus, tornou-se um pretexto para os britânicos lançarem uma guerra total contra a nação Zulu.

Inquestionavelmente, a batalha de Isandlwana foi provocada por um ato claro de agressão da parte dos oficiais britânicos. Sir Henry Bartle Frere, alto comissário britânico na África do Sul, acreditou que poderia impedir a formação de uma nação Zulu robusta, dinâmica e independente caso agisse rapidamente para restringir o poder de Ceteswayo. Essa era sua chance. Ele usou a disputa doméstica e o assassinato como uma querela entre ele e o grande Rei Ceteswayo kaMpande. Em outras palavras, ele escolheu uma luta acreditando que os soldados britânicos, munidos de armas, revólveres e canhões superiores, pudessem derrotar facilmente o exército zulu ainda muito dependente dos métodos que Shaka utilizava meio século antes. Em uma mostra de arrogância, em dezembro de 1878, os britânicos apresentaram um ultimato a Ceteswayo para que entregasse seu induna para ser processado nas cortes britânicas. Certamente, esse ultimato foi rejeitado pelo homem que se considerava o Rei do Céu.

Sob a liderança de Frederic Thesiger, visconde Chelmsford, os britânicos invadiram a Zululândia em três colunas em 10 a 11 de janeiro de 1879. 14 mil soldados, que incluíam cerca de 7 mil africanos que os britânicos haviam recolhido como carregadores, servos e combatentes de guerras africanas anteriores, entraram na Zululândia.

Houve vários conflitos. Pegos de surpresa, os Zulus combateram a coluna do Coronel Pearson no Rio Nyeazane e foram duramente derrotados. Eles combateram também a coluna liderada pelo Coronel Wood, em uma batalha inconclusa próximo à Montanha Hlobane. A poderosa coluna central das forças britânicas estava sob o comando pessoal do lorde Chelmsford.

O exército de Ceteswayo enfrentou os britânicos e seus aliados africanos nas encostas da Montanha Isandlwana. A batalha testou os soldados como poucas batalhas o fizeram. Os soldados zulus atacaram com uma velocidade-relâmpago, levando a batalha diretamente ao inimigo. Usando a *assegai*, a arma inventada por Shaka, despedaçaram seus inimigos e deixaram um exemplo horrível de agonia em massa sob o quente verão do sul da África. Os homens sem pernas e braços gritavam até morrer. Quando os soldados de Ceteswayo supervisionavam o campo de batalha, mataram todos os que estavam agonizando como um ato de bondade. Os Zulus acreditavam que era importante não permitir ao inimigo a vergonha de uma morte sofrida. Essa ação foi mal-interpretada por historiadores britânicos anteriores, que afirmaram que esse havia sido um "ato de barbarismo". Uma vez mais, diferenças culturais entre os dois povos foram interpretadas pelos britânicos a seu favor, quando, de fato, a ação mais horrenda foi liderar homens à morte por um pretexto para a guerra forçado oficialmente. Àquela época, criar um pretexto para guerra como uma tática de apropriação de terras tornara-se uma prática britânica aceita.

Vamos fazer uma digressão, olhando para outro exemplo de africanos se defendendo contra falsos pretextos para a guerra, quando, de fato, o objetivo de alguns brancos era se apropriar de terras e recursos. O caso em questão é quando os sapadores britânicos inventaram uma razão para tomar as terras do Tiv na

Nigéria. Em 8 de janeiro de 1900, uma semana após os britânicos terem instituído uma entidade que chamaram Protetorado do Norte da Nigéria, um grupo de sapadores britânicos, junto aos seus carregadores, foram expulsos quando tentavam instalar uma linha de telégrafo através das terras agrícolas de Tiv. Os Tivs se opuseram veementemente ao pisoteamento de seus inhames e outros vegetais, cuidadosamente arranjados, como era seu costume, ao redor de suas habitações familiares. De acordo com Akiga Sai, o oficial comandante britânico decidiu que os Tivs deveriam ser "quebrados" por desafiarem os homens brancos (SAI, 1990, p. 274). Além disso, não ficou bem para a autoimagem colonial britânica e para "o prestígio do homem branco" serem desafiados pelo povo que consideravam "selvagens". Todavia, quando os britânicos enviaram um grupo para combater os Tivs, foram repelidos, o que comprometeu ainda mais o *status* britânico. Nesse caso, como na situação na África do Sul, os britânicos falharam em avaliar adequadamente as condições para a guerra. O Tiv foi o primeiro povo a lutar contra a administração colonial na Nigéria. Sir Frederick Lugard, o alto comissário, considerou a campanha como um sucesso e descreveu os Tivs como adversários dignos que foram castigados pela metralhadora (*Maxim gun*) e transformados em pessoas que merecem ser parte do Império Britânico. Na verdade, os Tivs eram considerados "agricultores industriosos e de físico excelente, além de bravos guerreiros, embora sem lei, traiçoeiros, intratáveis, indiferentes a tudo, exceto à punição extremamente severa" (LUGARD, 1902). Os Tivs resistiram à dominação e a primeira batalha contra os britânicos levou a seis anos de instabilidade, conflitos e confrontos. Finalmente, a linha telegráfica teve de contornar as terras de Tiv. Com muita frustração, os britânicos afirmaram que o Tiv era um povo truculento e que seu território não era seguro para os brancos.

Na batalha de Isandlwana, somente 55 britânicos e 300 africanos que lutaram junto aos britânicos sobreviveram. Estima-se que a coluna central que foi exterminada pelos Zulus tenha começado com um total de 2.800 homens. Os Zulus não faziam prisioneiros. Os britânicos jamais haviam sofrido uma derrota assim nas mãos de um povo africano. Essa derrota criou a falsa impressão e o pejorativo equivocado de que o "povo zulu era belicoso". Os britânicos usariam essa designação várias vezes na África, do mesmo modo como os brancos a usaram na América do Norte em referência a alguns povos indígenas, como os apaches. Qualquer povo que defendesse a si ou a seus territórios contra os brancos era chamado "belicoso", quando o termo poderia ser mais acuradamente aplicado àqueles que estavam tentando tomar as terras desses povos.

Cinco meses após a derrota em Isandlwana, os britânicos organizaram outra missão para enfrentar os zulus. Nessa campanha, o príncipe imperial exilado da França, Luís Napoleão, que estava servindo com o exército colonial britânico, foi morto em um confronto com as forças de Ceteswayo. Os britânicos enviaram reforços e avançaram em direção à capital no fim de junho e depois se prepararam para um ataque final a Ceteswayo. Em 4 de julho de 1879, as forças de Chelmsford tomaram Ulundi e reduziram a cidade a cinzas, como era a prática britânica. Contudo, os Zulus não foram embora, e só depois de muitos meses os britânicos se sentiram confiantes o bastante para governar a Zululândia. As tropas de lorde Wolseley capturaram o Rei Ceteswayo e o enviaram ao exílio na Cidade do Cabo. Seu país foi dividido entre 13 chefes pró-britânicos, uma ação deliberada da parte dos britânicos, que levou a uma década de guerras sangrentas entre os povos. Em 1906 houve uma rebelião zulu contra o governo britânico em Natal. Os britânicos conseguiram obter o controle da região colocando um líder contra o outro e distribuindo recompensas e presentes àqueles que apoiassem a coroa britânica contra seus próprios interesses. Entre os lealistas zulus, falava-se mal daqueles que aceitavam os presentes e atendiam aos interesses dos colonizadores.

As guerras Xhosas contra a invasão

Uma história dos Zulus, com lições tiradas das narrativas concomitantes sobre os Sotos e Ndebeles, não está completa sem uma discussão sobre o papel dos Xhosas na luta pela liberdade na África do Sul. Eles lutaram muitas guerras contra os brancos em um esforço inútil para assegurar suas terras. Após cada onda de colonizadores brancos, eles tentavam renovar seus esforços para interromper o ciclo de sofrimento que afetava a comunidade africana. No entanto, os brancos, com suas armas de fogo, sempre eram capazes de aniquilar os soldados Xhosas. Isso não encerrou as guerras, e houve muitas batalhas durante a expansão branca.

As batalhas ferozes chamadas Xhosa-britânicos ou Guerras de Fronteira foram realmente ataques e contra-ataques entre dois inimigos. Nada indicava um vencedor ou um perdedor nessa série de guerras. Com certeza, isso não permaneceria assim. Os britânicos introduziram a ideia de guerra total, que era estranha ao povo Xhosa. Mesmo antes do Zulu Shaka, os britânicos haviam recorrido a esse uso de poder e de destruição em massa. Na Quarta Guerra de 1811-1812, os Xhosas sabiam como se proteger dos britânicos, que tentaram matar todo povo do Rio Fish, com o objetivo de eliminar todas as ameaças dos Xhosas à sua autoridade. Uma vez mais, a resistência Xhosa foi forte o bastante para impedir sua destruição, de modo que os britânicos esperaram por outra oportunidade para atacá-los, o que viria alguns anos mais tarde. Na Quinta Guerra de 1818-1819, os britânicos intervieram em uma guerra entre dois grupos Xhosas. Eles escolheram dividir os africanos e conquistá-los, uma estratégia que havia funcionado em outros conflitos. Desse ponto de vista, as batalhas entre os Xhosas e os britânicos assumiram um padrão regular. Os últimos tentariam se expandir, os primeiros reagiriam. Quando um guarda militar britânico foi morto por africanos em 1846, os britânicos buscaram retaliação. A história é que um homem havia sido acusado de roubar um machado. Ele fugiu, indo ao rei Xhosa, e esse se recusou a entregá-lo aos brancos. Esses, então, começaram o que foi chamado a Guerra do Machado.

Incapazes de subjugar com sucesso os Xhosas, os britânicos tentaram uma nova tática. Eles temiam que os Xhosas tentassem retomar as terras que os britânicos haviam ocupado no Cabo, de modo que criaram uma barreira de terra vazia entre os rios Fish e Keiskama e construíram várias fortalezas para proteger o Cabo. Eles também reassentaram os Khoi-sans e pessoas de cor (descendentes de africanos e europeus) junto ao Vale do Rio Kat. Esse passaria a ser um padrão repetido pelos brancos mesmo durante o século XX. Os camponeses que foram jogados nessas novas terras não conseguiram torná-las economicamente viáveis e, assim, a colônia fracassou. Enquanto isso, os Xhosas se preparavam para uma Sexta Guerra com os britânicos, que ocorreu em 1834-1835. Quando terminou, os Xhosas haviam perdido ainda mais de suas terras, e os agricultores brancos, principalmente *boers*, juntaram-se aos britânicos numa jornada ao norte e ao leste para ocupar o território deixado pelos Xhosas que se mudaram mais para o leste e norte.

Deveríamos mencionar que a resistência africana à invasão branca foi constante e vigorosa. Nenhuma nação africana, e certamente não a Xhosa, permitiu que os invasores brancos ocupassem as terras de seus ancestrais sem luta. Todavia, entre 1830 e 1840, os *boers* lutaram para atingir o centro das terras Xhosas. O ressentimento no âmago da nação xhosa cresceu por gerações. Eles acreditavam que haviam sido roubados de sua pátria legítima. Com certeza, o movimento dos xhosa para o norte significava que muitos outros grupos étnicos tiveram suas terras desrespeitadas, e a escassez de terras de pastagens para o gado e de terras aráveis para o povo criou tensões que levariam a conflitos e caos monumentais.

O reino de Baganda

As guerras do Vale do Nilo nos séculos XIII e XIV levaram muitos refugiados para o que é agora a Uganda moderna. Entre esses grupos estavam os ancestrais do reino de Baganda (singular, Muganda). Eles constituem o maior grupo étnico da Uganda atual, embora representem apenas cerca de 20% da população. Uganda é uma nação imensamente diversa. Contudo, devemos seu nome, o termo suaíli para Buganda, ao fato de as autoridades britânicas, em 1894, terem dado à região inteira o nome de Protetorado de Uganda.

Como vimos em outros lugares, os britânicos acreditavam que fosse necessário reduzir o poder das maiores potências. Então, tinham que derrotar Baganda a fim de estabelecer autoridade sobre o território. Todavia, nunca dominaram os Bagandas. Eles simplesmente tentaram inscrever na lei e em sua história uma realidade que seria aceita por outros. O território dos Bagandas é limitado pelo Lago Nyanza (chamado pela administração colonial "Vitória") no sul, o Rio Nilo no Leste e o Lago Kyoga no norte. Eles foram governados por um poderoso *kabaka* (rei), e constituíram a maior ameaça ao governo britânico no século XIX, e o grupo mais forte na região por séculos, embora o país abrigasse uma imensa diversidade de grupos.

Há indicações de que caçadores-coletores tenham estado na região dos Grandes Lagos (os Grandes Lagos são Nyanza, Rutanzige (Edward), Kivu, Tanganyika, Albert e Kyoga), incluindo a Uganda moderna, por milhares de anos. Há aproximadamente 5 mil anos, as ricas áreas férteis de pastagens na região dos lagos atraiu inúmeros grupos étnicos de pastores e agricultores. Eles vieram principalmente do Norte e do Leste, provavelmente do Sudão e da Etiópia atuais. Há indícios de que os Bagandas possam ter derivado do povo Luo do Sudão. Outros acreditam que fossem remanescentes do povo que migrou da Etiópia para a região dos lagos. Africanos de ambas as fontes do norte provavelmente migraram para o que é a atual Uganda. Na verdade, a diversidade de ambas as regiões, Sudão e Etiópia, é tão grande que é difícil dizer qual dos grupos étnicos das regiões contribuiu com mais material humano para os Bagandas. É provável que os falantes das línguas omótica, sudanesa e cuxítica tenham se encontrado nas áreas férteis da região dos lagos.

Qualquer que seja o caso com relação ao povo original, sabemos que o primeiro rei dos Bagandas era chamado Kintu, e que foi coroado em 1380. Ele foi um rei poderoso e sua história é agora envolta em lendas sobre sua grandeza. Kintu se tornou o primeiro *kabaka*, ou seja, rei de Buganda.

Obviamente, na área de Uganda, como em todas as partes da África, havia um enorme potencial para misturar e miscigenar. Habilidades com criação de gado e estilos de vida pastorais foram rapidamente adquiridas por todas as pessoas na região. Partilhar conhecimentos sobre o cultivo da terra com pastores era o papel dos agricultores sedentários responsáveis por plantar alimentos para suas famílias. Na época de Kintu, no século XIV, o povo já havia descoberto a fundição de ferro. Não seriam mais considerados povos da Idade da Pedra quando os instrumentos de pedra deram lugar a ferramentas e equipamentos mais fortes e duráveis.

Até onde os registros arqueológicos revelaram, a região permaneceu bastante ocupada durante os primeiros 500 anos após Kintu. Os padrões de migração permaneceram como nas eras anteriores, ou seja, pessoas vindas do Norte para a área de Buganda para se estabelecerem, cultivarem a terra e criarem gado.

De acordo com todas as estimativas, durante o fim do século XII e começo do século XIII, a região dos Grandes Lagos foi o caldeirão cultural, a geradora de culturas, conceitos, conhecimento e povos. É tentador falar dessa geradora em termos raciais como fizeram os escritores europeus, mas isso desconsideraria o movimento histórico geral que estava ocorrendo no continente e particularmente nessa região. Por exemplo, sabemos que a mistura de povos pastorais com agrários ajudou a criar um reino poderoso, o Bunyoro, que significa "terra dos nyoros", na região de Kitara a sudeste do Lago Albert. A língua dominante desses povos era o banto, embora essa possa não ter sido a língua original. Suas dinastias governantes vieram do clã Chwezi (Bacwezi), descendentes de alguns dos primeiros imigrantes da área. Eles influenciaram os Bagandas, que viviam nas margens noroeste do Lago Nyanza, assim como os Acholis, que viviam a leste do Lago Rutanzige.

No século XV, o clã governante Chwezi em Bunyoro e Buganda havia sido derrotado, removido do poder, ou exaurido pela dificuldade de equilibrar as demandas de pastores e agricultores e pelo enfrentamento dos desafios de novos invasores do norte e do sul. O que sabemos é que outra família governante apareceu na década de 1400. Essa foi a Dinastia Bito, que havia lutado para chegar ao poder, integrando suas instituições com as dos Bagandas e Bunyoros. Logo, os casamentos entre a dinastia governante Bito e as massas do povo Baganda criaram um reino muito poderoso. Esse reino é chamado Buganda e é governado pelos *kabakas*.

Muitos estudiosos acreditam que os Bagandas tenham ocupado Buganda a partir do Oeste e do Leste. O povo Busoga do Leste e o Bunyoro do oeste se fundiram com os Bagandas falantes do banto. Ambos os grupos são influenciados pela crença baganda nos espíritos super-humanos como *mizumu*, *misambwa* e *balubaale*. Os *mizumus* são espíritos de pessoas mortas, porque somente o corpo apodrece; as almas continuam a viver. Os misambwas são objetos naturais, pedras, árvores, etc., que foram possuídos pelos *mizumus*. Os *balubaales* são aqueles cujas características excepcionais na vida continuaram a existir em sua morte.

Os Bagandas acreditam que o ente supremo, Katonda, seja também o criador do universo e que não tenham pais nem filhos. Todavia, Katonda era considerado um dos 73 *balubaale* em Buganda. Em tempos antigos, havia três templos para Katonda. Todos tinham oficiais permanentes do clã Njovu cuidando dos rituais e cerimônias. Embora outros *balubaales* tivessem funções específicas como as de deus do relâmpago, deus do céu, deus do Lago Wamala, Mukasa, deus do Lago Nyanza, Musoke, o deus do arco-íris, Kitaka, deus da Terra e Musisi, deus dos terremotos, o ente supremo, Katonda, era simplesmente o Criador. A religião baganda tornava o povo muito consistente e forte. Sua fé, por assim dizer, era mais poderosa do que a de seus inimigos. Havia muitos templos ao longo de Buganda. Cada um era atendido por um sacerdote e um médium. Os sacerdotes ocupavam um papel central na sociedade, e eram usualmente chamados pelos reis e pelas massas para consultas especiais. Os reis tinham santuários especiais de culto. A irmã real era conhecida como Nnaalinya. Ela sempre assumia a responsabilidade pelo templo do rei. Há uma tradição em Buganda segundo a qual o *kabala* Nakibinge criou a ideia do *balubaale* para obter o controle das mentes do povo.

Um dos mais notórios *kabakas* do século XIX foi Mutesa I. Ele permitiu que traficantes árabes de escravizados entrassem em seu reino e usassem a capital de Kampala para sua atividade. Certamente, o *kabaka* compartilhava da riqueza gerada por esse comércio ilegal, não ético e vil de entes humanos. O reino Bunyoro teve sua própria revitalização temporária quando combateu os turcos otomanos no Egito para anexar o norte de Uganda. Omakuma (rei) Kabalega foi o rei que conduziu com sucesso a campanha de guerra contra os traficantes árabes de escravizados.

Durante meados do século XIX, viajantes europeus estavam visitando o reino de Buganda. Richard Burton e John Speke foram os primeiros a visitar a região dos Grandes Lagos em 1858. Speke, que buscava pela fonte do Rio Nilo, voltou à região quatro anos mais tarde e identificou para os europeus a fonte do rio fluindo do Lago Nyanza em Jinja. Sob o pretexto de que desejava interromper o tráfico árabe de escravizados, o governo britânico decidiu substituir seu cônsul do sultanado de Zanzibar, que estivera encarregado dos interesses britânicos. Missionários e negociantes, estimulados pelas atividades de Henry Stanley e David Livingstone nas décadas de 1860 e 1870, foram a todas as partes da África Oriental buscar almas a serem salvas. Eles encontraram resistência e oposição. Todavia, a convergência de ambições europeias na África Oriental significava que o reino de Buganda estava sob grande pressão. Quando o governo britânico, esperando se antecipar à Alemanha, à França e ao rei belga, Leopoldo, declarou um protetorado em Zanzibar em 1890, não demoraria muito para que o antigo reino de Buganda também caísse diante da Bandeira Britânica. Assim, em 1894, negociações com o Kabaka Mutesa colocaram o reino de Buganda sob um protetorado britânico. Cerca de um ano depois, a Grã-Bretanha colocou Uganda inteiramente sob a administração do Protetorado Africano Oriental, que também incluía o Quênia. Antes do fim do século, a Grã-Bretanha anexou o Sudão em prol do Egito, ganhando com isso o controle completo sobre a Bacia do Nilo.

O kabaka manteve sua autoridade através de um sistema de governo indireto que permitia aos Bagandas serem treinados como funcionários públicos para o resto de Uganda. Pessoas do norte, Acholis e Langos, foram recrutadas para servir nas forças armadas, enquanto os Bagandas eram escriturários, burocratas e administradores que serviam aos interesses britânicos. Esse padrão seria a base para o conflito interétnico por muitos anos ainda. De fato, os britânicos introduziram indianos na população, inicialmente como funcionários e trabalhadores de nível inferior, empregados na construção da estrada de ferro de Quênia a Uganda, e depois como mercadores intermediários. Os africanos rejeitaram categoricamente propostas para servir aos britânicos como trabalhadores em seu próprio país. Eles foram punidos pelos oficiais coloniais, que deram aos indianos o direito de abrir lojas, mas negaram aos locais o mesmo acesso aos mercados africanos maiores. Essa ação da parte do governo colonial britânico levaria a rebeliões mais turbulentas na sociedade ugandense.

Congo: uma bacia e um caldeirão

O povoamento da Bacia do Congo se deu a partir do norte e do sul, como resultado de um longo processo de migração e integração de populações do noroeste, norte e sudeste. Algumas das primeiras evidências do *homo sapiens* usando utensílios para cálculos vem do Ishongee do Congo. É uma calculadora feita de osso. Outras evidências foram encontradas, como anzóis de pesca, machados de mão e raspadores de pedra, que remontam a 28 mil anos antes do presente. Os humanos vêm ocupando a Bacia do Congo por um longo período.

Vários grupos de humanos pequenos como os Twas e os Ituris viveram nas áreas de floresta da Bacia do Congo, que inclui grandes partes da África Central, por mais tempo do que outros povos que migraram das regiões da Nigéria, Sudão e Zimbábue (WILLIS, 1964). Os Twas e Ituris podem ser chamados as mães e pais da região do Congo. Cultivadores de alimentos, entraram na região em grande número por volta de 500 AEC. Avançaram para as terras férteis da região dos Grandes Lagos, penetraram as florestas tropicais junto à costa atlântica e ocuparam grandes faixas das terras das savanas ao sul da Bacia do Congo.

A Bacia do Congo era um mecanismo poderoso para o resto da África, recebendo e enviando pessoas de várias regiões. Na verdade, o estabelecimento da família linguística adamawan-ubangian e das línguas sudanesas se expandiu na área. Outros grupos como Bandas, Ngbandis, Ngbakas e Zandes, vivendo ao sul do Rio Ubangi, são os descendentes modernos dos antigos Ubagianos, enquanto os Alurs, Manvus e Mangbetus parecem ser descendentes de migrantes que vieram do Sudão.

Atraídos pela generosidade das terras e águas da Bacia do Congo, as pessoas se mantiveram migrando para lá durante os primeiros 1.500 anos da EC. Muitos dos povos da região leste do Congo atual são relacionados aos povos de Ruanda, Burundi e Uganda, enquanto o grupo mongo de povos terminou se estabelecendo no centro da floresta tropical da bacia interna. Ao redor do lugar da atual Kinshasa, os povos Tio e Kuba formaram suas comunidades e comercializaram junto ao poderoso Rio Congo. Durante os séculos XIV e XV, quando o Grande Zimbábue estava em seu auge e outros reinos estavam surgindo no sul das savanas, o Congo tinha seu próprio reino importante.

O mais famoso de todos os reinos na Bacia do Congo foi o do povo Kongo (Bakongo). Ele entrou na história da África numa época crucial e trabalhou extremamente duro para prover a seu povo a melhor vida possível numa época de alta intriga e desonestidade política. Os reis do Kongo foram com frequência muito sábios e tinham a maior apreciação por conhecimento, ciência e arte. Foram apoiadores da diplomacia e do comércio.

Ao encontrar os portugueses, os europeus ubíquos do século XV, os Bakongos estabeleceram estreitas relações com seus líderes. Isso se mostraria um movimento imprudente da parte dos africanos. Assim, quando os portugueses chegaram ao território por volta de 1480, encontraram a nação do Kongo (o reino incluía grandes porções do que é agora Congo-Brazzaville e Angola) disposta a ser sua parceira e aliada. Rivais do Kongo incluíam os reinos de Lunda e Luba, que se estendiam do Lago Ubempa a Mbuji-Mayi. Por volta do século XVI, uma brilhante dinastia chegou ao poder e uniu esses dois reinos sob uma liderança, a Mwata Yamvo. Os reis expandiram o reino em um império, que não caiu até cerca de um século mais tarde quando confrontado pelos franceses e belgas. O ramo oriental do império estava centrado ao longo do Rio Luapula, na vizinhança do ativo reino Kazemba, com sua realeza Bemba em seu núcleo. Nessa região magnificamente diversa, o Império Lunda-Luba se viu desafiado, até que teve de ceder à supremacia do reino Kazemba durante os séculos XVIII e XIX.

Um dos piores capítulos da história da África foi escrito nessa região central do continente. Duas principais ações criaram para o povo do Congo uma câmara de horrores. Uma foi o comércio com os portugueses no lado oeste da bacia, e a outra foi o comércio com os árabes e Suaílis no lado leste da bacia. Isso submeteria a região a uma exploração massiva sob o governo do Rei Leopoldo da Bélgica, que considerava o Congo sua propriedade pessoal.

Parte V
O tempo do caos

As coisas desmoronam.
Chinua Achebe

11

Missionários, comerciantes e mercenários árabes e europeus

A história africana inclui uma tradição geral e duas invasões principais. Camadas de tradições cristãs europeias e islâmicas árabes deram à África um arranjo complexo de ideias. Cada uma, a seu modo, impactou a vida do continente. Uma chegou cedo e ficou até tarde; a outra chegou tarde e ficou até tarde. Contudo, as influências cristãs e islâmicas mudaram a estrutura do comportamento africano e criaram novas instituições que muitas vezes rivalizavam com, ou substituíram, as antigas tradições. Somente um país, Benin, permaneceu predominantemente dedicado a um modo de pensar africano. Outras nações, algumas muito rapidamente, cederam às duas invasões, tornando-se um pouco mais do que anexos às tradições culturais e religiosas de outros povos.

Quando a Europa entrou no longo sono da Era Branca (*White Ages*), que durou de cerca de 500 a 1000 EC, o subcontinente árabe foi lentamente acordando até o surgimento de Muhammad, o profeta de Meca. E, enquanto a Europa dormia, coberta por grandes lençóis de ignorância, essencialmente fora do palco da humanidade desde a massiva queda do Império Romano, que outrora fora considerado invulnerável, o Islã adquiriu estatura internacional nas asas do Corão e das espadas de guerreiros apaixonados. A fuga de Meca para Medina, e o retorno a Meca em triunfo, no século VII, deu ao Islã a força que necessitava para se promover como uma ideologia internacional. O General El As, a convite dos líderes africanos no Egito, veio à África para ajudar a expulsar os romanos em 639 EC. Esse auxílio foi valioso em um caso, mas em outro significava que os árabes permaneceriam na África, não apenas como conquistadores dos romanos, mas como ocupantes de cidades africanas deixadas pelas autoridades romanas sem governo. A lição que a África novamente aprenderia foi que pedidos de ajuda a exércitos fortes muitas vezes significam que partirão quando desejarem ou, como no caso dos exércitos árabes do Islã, jamais. Logo a língua árabe das elites governantes e a religião do Islã substituíram tanto a religião africana quanto a cristã, que havia se arraigado na costa em Rhacostas-Alexandria. O padrão estabelecido no Egito levaria a uma prática ao longo da África ocupada pelos árabes: os africanos que não fossem muçulmanos, e por vezes aqueles que eram, seriam maltratados, torturados e escravizados; e suas terras, desapropriadas. Como os europeus que viriam séculos mais tarde, os invasores árabes encontraram culturas africanas muito dispostas a aquiescer à "mágica do livro" em vez de às tradições de seus ancestrais. Foi uma lição que teria de ser aprendida muitas vezes, já que a vanguarda árabe, como os europeus mais tarde, usou a religião como a isca para fisgar os africanos.

O Islã no Egito

John Jackson, um dos gigantes da escrita africana, disse que civilizar a Europa era a missão dos Mouros africanos (JACKSON, 2001, p. 157). Na verdade, o advento da missão civilizadora fora estabelecido muito antes de o primeiro corpo de soldados cruzar o Estreito de Gibraltar em direção à Europa. Quando Muhammad começou sua carreira como profeta no século VII, deu início a muitas mudanças que afetariam o mundo. Considera-se que seu trabalho como profeta tenha começado por volta de 610 EC, em torno da mesma época que Heráclio estava estendendo seu governo sobre o Império Romano. Alfred Butler (1993) escreveu em *The Arab invasion of Egypt* [A invasão árabe do Egito] que tanto

Heráclio como Muhammad experienciaram perigos e desencorajamento por 12 anos e depois emergiram vitoriosos. Em 622 EC, Heráclio começou sua expedição para a Cilícia para resgatar a Cruz Sagrada e retomar porções do império dos persas. No mesmo ano, Muhammad realizou sua fuga de Meca para Medina, para se preparar para a guerra para conquistar a Europa e tomar o santuário da Caaba. Rei e profeta continuaram a enfrentar seus inimigos e a obter vitórias sucessivas. Muhammad queria que Roma, uma nação de fiéis, obtivesse a vitória sobre os persas, os quais considerava pagãos. Para Muhammad, pelo menos os romanos haviam se tornado cristãos, fiéis.

Todavia, com a vitória de Heráclio sobre os persas, o profeta viu uma oportunidade de tentar estabelecer um império e a dominação. Regozijou-se ao ver Roma e Pérsia, as maiores potências da época, exauridas por suas batalhas. Como Butler escreveu: "o momento da maior glória de Heráclio pode bem ter sido também o momento de maior encorajamento de Muhammad" (BUTLER, 1992, p. 139). Em 627, Muhammad ordenou que fossem escritas cartas, seladas com as palavras "Muhammad, o Apóstolo de Deus", a alguns dos maiores líderes do mundo, para que proclamassem lealdade ao Islã e vissem Muhammad como o vice-regente do Mais Elevado. As cartas foram enviadas a príncipes do Iêmen, Omã, Yamamay e Bahrein, e também a al-Harith, príncipe dos sarracenos na Síria, a George, governador da Alexandria e vice-rei do Egito, para o *negus* (rei dos reis) da Abissínia, a Chosroes, rei da Pérsia, e a Heráclio, imperador de Roma. Dois dos príncipes da Arábia, Yamamay e Bahrein, enviaram respostas aceitáveis. Os príncipes do Iêmen e Omã responderam negativamente.

O *negus* da Abissínia enviou uma resposta polida, dizendo nem sim nem não. A Abissínia permaneceu uma potência que não se curvou ao Islã. O governador do Egito prometeu considerar a mensagem e tratou o enviado, Hatib, com respeito, enviando-lhe de volta com duas jovens coptas, Maria e Shirin, uma mula, um burro e um saco de dinheiro. Consequentemente, Maria, a egípcia, tornou-se muçulmana e uma grande favorita entre as esposas de Muhammad. Ela morreu em 636 e nunca viu a escravização do Egito pelos árabes.

O rei persa rasgou em pedaços a carta do profeta e escreveu ordens ao governador da província de Hamyar para lhe enviar a cabeça do impostor. Quando Muhammad soube da fúria de Chosroes, ele perguntou: "então, Deus deve rasgar seu reino como ele rasgou minha carta?" (cf. BUTLER, 1992, p. 143).

Heráclio não levou a sério a sugestão do chefe tribal árabe exigindo que se submetesse ao Islã. Em vez disso, suas legiões endurecidas pelas guerras avançaram para Jerusalém. Enquanto estavam celebrando lá o retorno da cruz, um regimento de 3 mil cavaleiros árabes estava cruzando o deserto para vingar o assassinato de seu mensageiro a Roma. Eles começariam uma guerra e, embora tenham sofrido duramente no início, terminariam com a conquista islâmica de Constantinopla em 1453. Naquele ano, 831 anos após a fuga para Medina, o nome do profeta árabe foi exibido nas paredes da Catedral de Santa Sofia.

A caminho de Muta, o exército sarraceno sob o comando de Said foi brutalmente atacado pelos exércitos cristãos. Muitos cavaleiros perderam suas vidas e somente a liderança de Khalid, dali em diante chamado "Espada de Deus", salvou-os da completa destruição. Eles caminharam com dificuldade de volta a Medina, onde Muhammad estava impávido. Ele colocou o General Amir Ibn al-As no comando de uma pequena força para patrulhar as fronteiras com a Síria. Duas conquistas consolidaram o controle de Muhammad, a de Hunain e a de Meca. Muhammad começou a criar um exército de 100 mil homens, mas logo descobriu que sem os hipócritas só conseguiria reunir uma força de 30 mil homens. Khalid, com uma força de somente 400, capturou o oásis de Dumah, seu chefe, o castelo, 3 mil camelos e 400 armaduras de malha, e forçou o chefe a abandonar o cristianismo (BUTLER, 1992, p. 145).

O palco estava montado para a batalha com os romanos pela nação africana do Egito. Muhammad organizou uma consagração solene da Caaba na primavera de 632. Dois meses depois, convocou uma guerra contra o Império Romano. Ele deu o comando ao filho de Said, Ousman. Três dias após a indicação de Ousman, o profeta morreu, mas colocou em ação a união da Arábia e o desejo do Islã de conquistar o mundo. Quando o Islã capturou Damasco na Síria e Jerusalém, Ousman e seus seguidores guerreiros voltaram sua atenção ao Egito.

Na época de Ousman, muitos cristãos egípcios, os coptas, haviam adotado nomes gregos ou hebreus. Como foi o caso cm Benjamin, o filho de uma rica família copta, que se tornou o "Pastor do rebanho cristão" e patriarca dos coptas. A partir de 621, Benjamin, da província de Buhaira, aos 35 anos, passou a ser identificado como assistente de Andrônico, o patriarca da igreja copta, que, antes de morrer, o indicou para assumir seu lugar. Contudo, o manto foi colocado sobre seus ombros na Catedral de São Marcos em Alexandria. Benjamin morreu em 662 EC, após 39 anos na posição. Assim, ele serviu durante o período de grande tensão entre Roma e Pérsia, pelo Egito, e esteve no posto durante a conquista do Egito pelos exércitos árabes. Embora Roma não estivesse sob ameaça da Pérsia ou Arábia durante os anos iniciais de Benjamin como patriarca, na época em que morreu, a África estava severamente modificada em termos de política e religião. Butler diz que com a morte de Andrônico e ascensão de Benjamin à liderança da igreja egípcia, deve ter havido fracos rumores

> trazidos pelas caravanas árabes com relação ao surgimento do profeta de Meca; mas nem o mais louco sonhador poderia ter imaginado que no período de 20 anos seguintes os persas seriam expulsos do Egito novamente pelos romanos, e que o poder restaurado de Roma seria extinto e encerrado para sempre pelas [...] legiões de Muhammad (BUTLER, 1992, p. 172).

Quando Heráclio retornou ao Egito para derrotar os persas pela segunda vez, nomeou Ciro, bispo de Fase no Cáucaso, ao arcebispado melquita de Alexandria. Esse foi um erro terrível, porque sua impopularidade era tão grande quanto a popularidade de Benjamin. Trazer um bispo europeu impopular do Cáucaso para a África, numa cidade multicultural, não foi o bastante para o imperador romano. Heráclio também fez Ciro liderar uma campanha para erradicar a versão copta da religião. Com suas ações, Ciro impossibilitou os adeptos da fé copta de aceitarem o governo romano. O repúdio e o ódio com que via o povo tornaram Ciro um tirano que gerou ódio pelo Império Romano. Com as ações do imperador romano, ao apontar Ciro, e as de Ciro, ao perseguir os coptas, o país estava pronto para ser entregue à conquista árabe. Ele era referido como um gênio mau, era chamado al-Mukaukas pelo povo e se tornou uma figura patética na história egípcia.

Houve duas falhas fatais nas decisões tomadas por Ciro. Primeiro, não consultou o líder dos coptas, Benjamin, que teria lhe aconselhado sobre suas perspectivas no Egito. Segundo, não consultou as massas do povo do Egito, que não vivia em Alexandria, mas no Alto Egito em Waset (Tebas) e cidades no Médio Egito.

Quando Ciro desembarcou em Alexandria, em 631, o patriarca copta, Benjamin, fugiu. Como, desde o avanço de Ciro, os homens não lhe procuravam para orientação, ele passou a crer que pretendiam removê-lo do poder. Alguns cristãos acreditavam que ele tivesse sido avisado por um anjo a deixar a cidade porque Ciro estava chegando para prejudicar a ele e outros cristãos (BUTLER, 1992, p. 176). Antes de partir, escreveu aos bispos da Igreja no Egito para fugirem para as montanhas e esperarem dez anos, porque haveria muita perseguição aos fiéis. O próprio Benjamin deixou Alexandria à noite com apenas dois companheiros e viajou ao oásis de El Mina, entre Alexandria e Barca. Essa cidade recebeu seu nome provavelmente devido ao antigo fundador da nação egípcia, Menes, que, então, havia sido incorporado ao panteão como um dos santos da igreja. Benjamin não permaneceu lá por muito tempo porque os beduínos se recusaram a lhe permitir a reconstrução das igrejas que se deterioraram. Ele se dirigiu mais ao sul para o interior do Egito, passando as pirâmides, até chegar à cidade de Kus, abrigando-se aí em um pequeno monastério no deserto.

A grande maioria silente de egípcios, o povo negro que permaneceu convencido de que sua antiga religião era correta, não foi considerada na equação do poder. É fácil ver as atividades do povo da Alexandria como realidades política e social do povo egípcio. Contudo, a cidade de Alexandria tinha uma grande massa de pessoas com antecedentes grego, persa, judaico e romano além da população africana durante esse período. Os coptas eram um povo miscigenado que manteve a língua egípcia com o alfabeto grego. Muitos deles eram descendentes de ancestrais africanos e gregos miscigenados.

Figura 11.1 – Monges coptas

Fonte: Wikimedia Commons/American Colony (Jerusalem). Photo Dept. photographer

Agora, quando Ciro assumiu seu papel como patriarca de Alexandria, também recebeu o título de vice-rei do Egito, um título civil. Combinar essas duas posições em uma pessoa foi um modo de o imperador de Roma dar-lhe poder absoluto. Ciro afirmava que viera para a África em paz, a fim de resolver a desavença entre as comunhões melquita e copta da Igreja cristã. Muito poucos coptas acreditavam nele, porque viram o terror que infligia aos seus adeptos.

Cristianismo e Islã na porta da África

O problema predominante nas comunidades cristãs versava sobre a natureza de Cristo. Os monofisistas, como Ciro, acreditavam que Cristo tivesse apenas uma natureza. Os outros, principalmente os coptas, acreditavam que Cristo tivesse uma natureza espiritual e uma física. Ciro propôs um acordo, que foi rejeitado pelos coptas. Havia pouca diferença entre essa ideia e a ideia de "uma vontade e uma operação" adotada pelos monofisistas. Nem persuasão nem fúria podiam romper a determinação dos coptas em sua fé. Assim, Ciro recorreu a medidas mais duras para levar unidade à Igreja. Ele essencialmente confinou a nação ao ordenar as guarnições próximas a Memphis, Pelúsio e Athrib e Nikiou a exercer o domínio sobre as áreas locais pela força. Havia também uma guarnição em Syene (Aswan). A Igreja copta não estava contente com os persas nem, agora, com a Igreja do Estado dos romanos. Ciro, o Mukaukas, começou a perseguir os coptas em outubro de 631. Bispos melquitas foram enviados para substituir bispos coptas. Durante esse período, Benjamin permaneceu livre, mudando-se de um esconderijo a outro. Mas a busca por ele era intensa. Como não o encontravam, Ciro atacava os coptas o tempo inteiro. Foi nesse momento que o futuro da nação egípcia esteve mais vulnerável às influências externas.

O movimento do Islã na Arábia, que já vinha conquistando as cidades da Síria, não pareceu tão ruim aos egípcios, tendo em vista como estavam vivendo sob o patriarca e vice-rei apontado pelos romanos. De fato, Butler acredita que:

> quando eles ouviram que mesmo os muçulmanos garantiam uma medida de tolerância para os cristãos, talvez tenham sentido que a sujeição aos muçulmanos tornaria a vida menos insuportável, que o jugo de Muhammad seria mais leve do que o do Imperador Heráclio, extremamente cristão (BUTLER, 1992, p. 192).

O povo do Egito queria que os muçulmanos entrassem no país em um esforço para se livrarem dos opressores romanos. Embora Heráclio pretendesse que Ciro fosse um pacificador, ele se tornou um tirano, e foi grandemente responsável pelo avanço do Islã na África. Incapaz de realizar o acordo religioso, sem outra visão para a unidade religiosa que não a da força, o patriarca e vice-rei do país criou uma horrenda tempestade de resistência e protesto. O único modo que Ciro conseguiu encontrar para lidar com a situação foi a violência. Assim, inadvertidamente, preparou o caminho para que os muçulmanos entrassem no país como os salvadores do povo contra a ocupação romana e as forças cristãs em conflito, um lado das quais era apoiado pelo imperador de Roma enquanto o outro estava lutando para salvar sua vida.

O General Amir Ibn al-As acreditava que a conquista do Egito, que veio após a rendição de Jerusalém ao califa muçulmano, Omar, seria muito fácil. Ele convenceu Omar de "que não havia país no mundo ao mesmo tempo tão rico e tão indefeso" como o Egito (BUTLER, 1992, p. 194). Ele também argumentou que Aretion, o governador romano de Jerusalém, havia fugido para o Egito para reunir as forças da Roma imperial contra os muçulmanos. Tomar o Egito, na mente de al-As, aumentaria enormemente o poder muçulmano (BUTLER, 1992, p. 195). Omar, subsequentemente, deu a Amir al-As permissão para tomar o Egito. Ele marchou com seus soldados e cavaleiros, não mais do que 4 mil deles, de Cesareia à fronteira egípcio-palestina. Quando chegou à fronteira,

Omar enviou um mensageiro até ele com uma carta que dizia que se chegasse ao Egito poderia ir adiante, mas se ainda não tivesse cruzado a fronteira deveria retornar. Omar foi convencido por Ousman de que essa era uma aventura perigosa. Sabendo que a carta poderia conter apenas dúvidas da parte de Omar, o general cruzou a fronteira e então abriu a carta, leu-a em voz alta e disse a seus homens que, como haviam sido ordenados a avançar, deveriam ir adiante. Da aldeia de Arish, ao longo da costa marítima, começava a Grande Muralha do Egito, que ia até a margem leste do Nilo. Considera-se que tenha sido construída por Senurset e já havia sido derrubada em muitos pontos, mesmo nessa época da história. Não podia parar exército algum, embora tivesse sido seu propósito quando Senurset governou o Egito.

Em 12 de dezembro de 639, o exército do General Amir Ibn al-As celebrou o Dia do Sacrifício muçulmano no Egito. Esse grupo de irmãos, quase literalmente, com grande parte do exército vindo do mesmo clã, viu-se como irrefreável.

Quem foi esse conquistador do Egito ocupado chamado Amir Ibn al-As? Diz-se que Muhammad o admirava como o melhor muçulmano e o mais confiável dos homens (BUTLER, 1992, p. 202). Ele pertencia ao clã Quraish e era altamente considerado como uma pessoa de honestidade, conhecimento e coragem. Talvez a maior distinção a ser mencionada sobre al-As é a de que foi designado comandante militar pessoalmente pelo profeta, que, segundo relatos, disse: "estou despachando-te como comandante de um exército. Que Alá te mantenha seguro e te dê muita riqueza" (BUTLER, 1992, p. 202). Al-As respondeu ao profeta que não se tornara muçulmano com vistas à riqueza, e Muhammad respondeu que a riqueza honesta é boa para um homem honesto. Não há dúvida de que al-As tenha sido um guerreiro forte e um grande tático porque Abu Bakr, o sucessor de Muhammad, enviou-o em uma expedição à Síria, onde também se distinguiu.

Quando o exército árabe atacou o Egito, primeiro capturou a cidade fortificada de Pelúsio, que parecia ser fracamente defendida.

A cidade continha muitos monumentos e igrejas, que foram destruídos com a subjugação após um mês de batalha com o exército árabe. A perda de Pelúsio pelos romanos foi o começo do fim de sua ocupação do Egito. Ciro, o patriarca-títere do Cáucaso, temia que a queda do governo romano não tardaria. Em 640, o exército de al-As foi aumentado por muitos beduínos que se juntaram à sua campanha contra os romanos. Teodoro, o comandante responsável por todas as tropas romanas no Egito, não compreendeu imediatamente a seriedade do problema que seu exército enfrentava. Acredita-se que tenha considerado a situação com um ataque de algumas centenas de beduínos vindos do deserto. Logo descobriu que as terras do Egito eram uma recompensa a ser disputada pelas forças do Islã e as de Roma.

Os coptas, que representavam a Igreja cristã, foram encorajados por alguns de seus líderes a apoiar os muçulmanos uma vez que ambos os grupos, muçulmanos e cristãos, compartilhavam uma identificação comum com Abraão. O mesmo não poderia ser dito sobre os romanos.

Do outro lado, as massas de negros locais não eram cristãs nem muçulmanas. Eles não apoiavam os coptas, nem os romanos, nem os muçulmanos. A vasta maioria dos africanos permaneceu leal às antigas tradições. Eram tradicionalistas que aderiram aos princípios e ensinamentos dos próprios egípcios antigos. Desestimulados pela pesada tributação dos gregos, romanos e persas, as massas de egípcios tinham habilidade limitada para se insurgir contra os invasores estrangeiros. No século VII EC estavam exauridos pelo ônus de seus conquistadores. Sobretudo, haviam deixado suas políticas e defesas a estrangeiros por tanto tempo que não tinham a vontade nem a habilidade para se defenderem. A disputa pelo Egito no século VII foi, portanto, uma luta entre Arábia e Roma. A recompensa para os vitoriosos era o maior monumento à realização humana no mundo antigo, o Kemet. Quem quer que vencesse a batalha seria capaz de inscrever seu nome e sua cultura nas tradições, história e realizações do povo negro por centenas de anos. As populações negras do Egito, há muito inativas, exploradas biológica, social e economicamente, cessariam de exercer liderança espiritual e intelectual sobre uma sociedade civil que seus ancestrais haviam criado na aurora da história.

Com a ascensão de Abu Bakr como califa, ou seja, Khalifah, ou sucessor de Muhammad, a fé islâmica assumiu uma missão de banir da Arábia toda religião, exceto o Islã, extinguindo a arte e a cultura que haviam florescido com cristãos e judeus. Na África houve períodos alternados de tentativas ferozes de converter africanos e momentos de coexistência pacífica com filosofias e crenças africanas. Em muitos casos, como outras religiões agressivas, o Islã buscou substituir ideias africanas por novas ideias. A ação foi enormemente bem-sucedida após vários séculos no norte e oeste, mas mesmo aí a resistência interna a ideologias estrangeiras, como vimos na resistência ao cristianismo, significava que os africanos sempre retornavam aos ancestrais. Contudo, acredito que isso tenha sido muito mais difícil no caso do Islã do que no do cristianismo devido ao seu conceito totalizante que resultava em um dilema "ou-ou". Contudo, vemos em alguns praticantes, como no caso da Rainha Asma'u, uma tendência a combinar conceitos, moldar as ideias na direção de formas africanas mais convenientes de conhecer e viver.

Nana Asma'u: poeta e professora do Califado Sokoto

As mulheres sempre desempenharam papéis importantes na história da África, embora, muitas vezes, as narrativas escritas por homens as tenham marginalizado. Nana Asma'u vint Shehu Usman dan Fodio, a filha de Usman dan Fodio, viveu entre 1793 e 1864, e foi ofuscada pela personalidade e figura grandiosas de seu pai. Todavia, com certeza, foi uma figura meritoriamente importante como professora, poeta e princesa, de modo que o povo Hausa-Fulani no norte da Nigéria tem elevada consideração por ela (YUSHA'U, 2004).

Há razões para a reputação crescente de Nana Asma'u como uma pessoa independente entre os historiadores africanos. Em primeiro lugar, enquanto seu pai estava estabelecendo o Califado Sokoto, ela tentava despertar as mulheres para a educação e independência, tornando-se, assim, uma das primeiras mulheres muçulmanas mencionadas no norte da Nigéria a expressar opiniões definidas sobre o papel das mulheres. Segundo, Nana Asma'u é vista como uma precursora de um mulherismo africano (*African womanism*), que é diferente do feminismo europeu porque ela articulava uma linha de pensamento que ensinava o papel complementar das mulheres na família. Terceiro, Asma'u sobreviveu a muitos dos líderes do califado e se tornou uma das principais intérpretes e fontes de informações sobre o período, elevando o lugar das mulheres e insistindo em sua educação. No livro escrito por Mack e Boyd, em que destacam o fato de ela ter conquistado uma visão da educação relativamente subrelatada na literatura. Seu livro foi apropriadamente chamado *One woman's jihad: Nana Asma'u, scholar and scribe* [A jihad de uma mulher: Nana Asma'u, estudiosa e escriba] e é um padrão de referência para aqueles interessados no papel das mulheres no Islã (MACK; BOYD, 2000).

Nana Asma'u foi educada em estudos corânicos, mas colocava um valor elevado na educação universal. Ela recebeu uma educação islâmica, mas encontrou seu caminho na direção dos exemplos da tradição sufista qadiriyyah, que é aprender e ensinar. Aprender sem ensinar é um anátema para essa tradição. Dado seu interesse pelo ensino, sentiu que tinha de ensinar, mas, para ensinarmos, devemos ter algo para ensinar. Ela se tornou uma autora na mesma linha de seu pai. Ela falava quatro línguas – fula, hausa, tamachek e árabe – e isso lhe deu acesso a muitos outros intelectuais. Sua prosa narrativa é chamada "Wakar gewaye", "A jornada", e representa seu testemunho das batalhas da Guerra dos Fulani.

Nana Asma'u assumia uma postura refinada e impressionava líderes de governos estrangeiros com seu vasto conhecimento.

Foi conselheira de Muhammad Belo quando assumiu o Califado Sokoto e ocupou um lugar especial entre os membros de sua família. Escreveu mais de 60 manuscritos sobreviventes em Fula e Hausa, com escrita árabe. Assim, durante o século XIX, poucas mulheres no mundo excederam sua produção criativa, cuja poesia incluía lamentações, elegias, panegíricos, histórias e admoestações. O que torna seu trabalho tão importante na história africana é o fato de ter se concentrado nas mulheres líderes e nos direitos das mulheres em uma comunidade de valores baseada na lei islâmica. Independentemente das tradições a partir das quais as pessoas desenvolvem seus valores, é notável que essa destemida mulher africana tenha emergido como uma voz forte na defesa do que acreditava.

Em 1830, Nana Asma'u organizou um grupo de professoras chamadas *jajis* que viajavam pelo califado educando mulheres em suas casas. Essas *jajis* usavam os escritos de Nana Asma'u e outros estudiosos sufistas para treinar mulheres no aperfeiçoamento da irmandade. Ela ritualizou o sucesso dessas mulheres, concedendo-lhes um chapéu, *malfa*, e símbolo tradicional de posição, um turbante vermelho que ela copiou das sacerdotisas boris de Gobir. Em breve, as mulheres islâmicas, portando turbantes vermelhos das sacerdotisas boris, tornaram-se um símbolo comum da professora (BOYD, 1989).

A Guerra Continental Afro-Europeia de 150 anos

Os africanos tiveram de resistir à amarga ocupação europeia e o desmembramento dos séculos XIX e XX. Quando o tráfico europeu de escravizados terminou no século XIX, a Europa ainda não concluíra a exploração da África. A energia que restou na África após a cruel escravidão seria agora sugada pelos abutres políticos e econômicos dos continentes europeus e americanos. Eles viam a África como uma presa fácil, como Omar e o General as-As viram o Egito após a conquista de Jerusalém.

No começo do século XIX, a descentralização de ideias e ideais africanos havia iniciado seriamente. O continente destroçado por forças maliciosas de comércio, religião e guerras experienciaria um estupor político, cultural e social tão danoso que nem mesmo os grandes gigantes da resistência – Shaka, Behanzin, Frederick Douglass, Nanny, Nat Turner, Lat Dior, Zumbi, Nehanda ou Yaa Asantewaa – puderam tirar o continente de seu sono. Chocados com a violência cultural e física dos invasores, muitos africanos se resignaram à acomodação.

O único modo de ver o envolvimento entre África e Europa de 1807, a data em que a Grã-Bretanha baniu o tráfico de escravizados, a 1957, a data que a Costa do Ouro se tornou independente e escolheu o nome do antigo império de Gana, é como uma longa e amarga guerra continental, uma guerra brutal que foi travada entre dois continentes pela riqueza material de um deles.

A África não declarou guerra à Europa, mas essa declarou guerra àquela. Não foi uma guerra que seria travada em termos convencionais, com exércitos regulares respeitando um ao outro. Seria uma guerra travada do lado europeu com intriga, astúcia, avareza, traição e massacres brutais. A África usaria todos os seus recursos para defender seu povo e seu território. Do lado africano, a guerra seria travada com táticas de guerrilha, sabotagem, não cooperação com os colonizadores europeus, e a destruição de plantações e negócios. No fim, a guerra esgotaria a boa vontade e introduziria mais suspeita nas relações entre africanos e europeus. Quando terminou, a África conquistaria sua independência política em relação às potências colonizadoras, mas ainda lutaria para abandonar o controle mental e psicológico no continente.

No começo do século XIX, a Grã-Bretanha estava sozinha na Europa como a senhora dos mares e o maior país escravocrata do mundo. Era incomparável em número de navios dedicados ao infame tráfico de escravizados. Liverpool sozinha, sem falar de outras cidades inglesas, abrigava aproximadamente 60% de todos os navios de escravizados. Eles navegavam pelo Rio Mersey até o frio Atlântico, em direção ao sul para a costa oeste da África, carregados de bugigangas, contas, cobertores e braceletes que os traficantes de escravizados usariam para negociar com várias comunidades africanas a fim de obter acesso às aldeias do continente.

Muitas vezes, em troca de algumas bugigangas, reis e chefes das cidades costeiras deixariam os traficantes passar por seus territórios para atacarem aldeias do interior. Quando haviam carregado os navios com africanos, os traficantes brancos rumavam às ilhas caribenhas e Américas com sua carga humana. No Caribe ou nas Américas, venderiam as vítimas raptadas a outros brancos, e então carregariam suas embarcações com rum e algodão destinados aos mercados da Europa. Essa passagem para a Europa com mercadorias para acrescentar à riqueza dos traficantes era considerada por alguns dos capitães dos navios de escravizados como triunfal. Eles faziam a viagem até a África, cruzavam a perigosa Passagem Intermediária, e agora rumavam para casa. Como a vida poderia ser mais doce do que isso para os traficantes? Se tomarmos Liverpool como exemplo, o tráfico de escravizados havia construído enormes companhias como Cunard e encorajado alguns dos cidadãos mais proeminentes do país a se envolverem no negócio da escravidão. Certamente, havia os resistentes como William Roscoe, um advogado que dedicou a maior parte de sua vida à abolição.

O palco está montado para o confronto dos impérios

Entre 1492 e 1885, o poder e alcance continental da Europa eram incontestáveis por qualquer outra área do mundo. Centenas de toneladas de ouro e outros metais e minerais preciosos eram retirados das Américas para enriquecer a Europa. Milhões de africanos seriam desalojados durante esse período e enviados através do oceano às Américas e ao Caribe, tornando os europeus que possuíam plantações e negócios naqueles lugares ricos e poderosos.

Esse período não foi o da dominação da África, nem da Arábia, mas das nações europeias agindo em conjunto na pilhagem da África. Sem o controle do compasso moral que havia castigado os exércitos de Rá durante o governo de Ramsés II, ou dos obstáculos físicos que haviam restringido os exércitos de Sonni Ali Ber, o alcance da Europa, devido ao mar, era global.

A África era a recompensa, e grande parte das nações europeias importantes eram as competidoras. Enquanto isso, os ataques incessantes dos exércitos marroquinos ao poderoso Império Songhay serviram para ofertar a recompensa aos competidores europeus mais rápidos e mais brutais. Em ruínas devido aos quase cem anos de guerra de baixa intensidade que finalmente terminou com a deposição do império em 1594, pouco mais de cem anos após Colombo ter desembarcado nas Américas, o Império Songhay, sucessor dos impérios de Gana e Mali, desintegrou-se, e o flanco oeste da África estava pronto para ser picado entre as nações europeias. O Império Songhay havia sido fundado na meia-noite do Império Mali, por volta de 1464 EC, e terminou derrotado pelos marroquinos em 1591, na batalha de Tondibi. Seu nome derivava do núcleo do grupo étnico real, o Sonrai. Terminaria abrangendo o povo do Níger, Mali, Burkina Faso e outras nações. Suas principais cidades seriam as antigas cidades de Koukia e Gao, que haviam surgido antes do século XI. Songhay seria conquistada por Mali em 1325 e libertada pelo Príncipe Ali Kolen, em 1335. Dessa época em diante, esse grande reino se tornou merecidamente um império e seu grande rei guerreiro, Sunni Ali Ber, estabeleceu-o como uma potência a ser reconhecida como o Sahel da África às vésperas da queda de Mali. Após completar suas vitórias sucessivas, Sunni Ali Ber havia transformado seu reino num império.

Figura 11.2 – O "Colosso" de Cecil Rhodes, desenho de Edward Linley Sambourne

No extremo do deserto

O Deserto do Saara é chamado "Tenere", no país do Níger. Resquícios arqueológicos indicam que há 5 mil anos havia condições favoráveis para agricultura e criação de animais. A esse respeito é importante a descoberta feita por Paul Sereno em 2006 no deserto de um cemitério, que revelava que as terras haviam sido habitáveis. Sereno liderava um grupo da Universidade de Chicago quando encontraram os restos de uma mulher e duas crianças de 5 mil anos enterrados no deserto. O interessante é que os restos foram encontrados junto a fósseis de animais que não tipicamente vivem em desertos. Esses achados se encaixam na narrativa há muito estabelecida de que o Saara tenha sido uma área verde há muitos milhares de anos. Isso significa que a desertificação, que começou por volta de 5000 AEC, pode ter aumentado o movimento de populações humanas para o sul e para o leste. Consequentemente, verificamos populações africanas se aproximando mais de áreas ribeirinhas e lacustres. Não admira que as pessoas tenham se agrupado ao longo do Rio Nilo e do Lago Chade, duas áreas que permitiam a agricultura e as pastagens para criação de animais.

Impérios do Níger

Um grupo rico e poderoso emergiu na região do país que é hoje chamado Níger. Usualmente, os historiadores falam da região como uma "zona de trânsito", no sentido de que era simplesmente atravessada quando mercadores e aventureiros se deslocavam de regiões produtivas e ricas do sul para regiões de comércio ativo no norte do deserto. Contudo, havia reinos que haviam sido estabelecidos na região durante o quinto milênio AEC, quando os africanos começaram a se mover para áreas mais verdes. Essa não foi uma migração rápida. Alguns assentamentos se mantiveram em seus antigos locais e permaneceram na região até que fossem atingidos pelo avanço das areias. Todavia, por volta do século V AEC, parece que os reinos do Níger prosperaram devido ao comércio transaariano entre os povos Tamaschek, Kanouri, Fulbe, Hausa e Amazigh, que usavam o camelo como o veículo de transporte no deserto (DECALO; JAMES 1979).

Entre as cidades que cresceram para abastecer os comerciantes com equipamentos, acomodações e logística estavam Zinder e Agadez, ambas com áreas férteis. De fato, a primeira se tornou um centro importante para o comércio entre Kano e Bornu, enriquecendo com aqueles que chegavam à cidade em busca de suprimentos e ajudantes adicionais na rota das caravanas. Zinder começou como uma cidade hausa, formalmente chamada Birini, mas acrescentou duas outras áreas: Zengou, um subúrbio onde o povo Tamaschek se assentara centenas de anos antes, e Sabongari, uma nova cidade, para aqueles que visitavam, mas não tinham um distrito tradicional convencional.

Agadez, situada no centro do Níger, é a mais importante do Saara. Desenvolveu-se durante o período do Império Songhay e fundou sua glória como um refúgio Tamaschek contra a atividade comercial constante dos mercadores migrantes. Por vários séculos, o povo dessa região foi uma ponte no deserto entre a África mediterrânea e a tropical.

Norte da Nigéria no século XIX

Uma mistura explosiva de religião e política dominou a região que agora é o norte da Nigéria durante o primeiro quarto do século XIX. Uma extensa penetração do Islã, a partir do Norte e do Leste nos estados Hausas, produziu um caldeirão de influências africanas e islâmico-árabes em uma sociedade que se tornava cada vez mais assertiva, tanto cultural como politicamente. Clérigos muçulmanos (*mallams*), predominantemente de origem Fulani, estavam no centro da corte real Hausa. Surgiram controvérsias nos estados Hausas em torno do problema da devoção religiosa e logo a irmandade quadiriyah emergiu como uma força importante na pregação do Islã. Embora muitos dos clérigos fossem Fulanis que seguiam os ensinamentos de Usman dan Fodio, foram influenciados, como ele, pelo proeminente Professor Hausa, Abd as Salam, e por Jibril, que era um Taureg e o primeiro clérigo a decretar uma *jihad* religiosa contra os estados Hausas. Assim, o movimento pela *jihad* se tornou multiétnico, e os clérigos Fulanis terminaram assumindo sua liderança.

A amarga luta pelo controle dos estados Hausas teve impactos humanos e políticos nos governantes Hausas, que se retiraram de suas terras de origem e construíram massivas cidades muradas para garantir sua sobrevivência contra a crescente capacidade militar da jihad liderada pelos fulanis. Entre essas cidades independentes estavam Katsina, Kano, Abuja e Argungu. Mesmo o antigo império de Borno foi afligido pelos problemas religiosos, competições, disputas por propriedade e sucessão.

O que se tornou claro, já no fim do século XVIII, foi a presença de uma resistência de jihadistas muçulmanos que pretendiam perturbar as famílias governantes Hausa e Borno. Por exemplo, a cidade de Abuja se tornou o refúgio para a Dinastia Zaria que havia fugido de sua cidade. Na mesma linha, Kebbi perdeu seu reino para Argungu, e Maradi no Níger se tornou a cidade fortificada para a Dinastia Katsina. Esses abrigos Hausas deram mais liberdade de alçar para o poder e a influência crescentes de Usman dan Fodio e seu massacre dos Fulanis.

Aceita-se, geralmente, que o Califado Sokoto tenha sido iniciado pela pregação e luta de Usman dan Fodio. O califado que se estabeleceu em torno da base de dan Fodio em Sokoto era uma confederação de emirados que reconhecia sua autoridade superior como sultão e comandante dos exércitos dos fiéis. Quando morreu, em 1817, seu filho, Muhammad Bello, se tornou o líder imediato do califado, mas depois uma disputa com seu tio, Abdullahi, gerou uma divisão nas regiões leste e oeste. Bello manteve a autoridade como o governante superior na capital gêmea de Gwandu, estabelecida na região oeste, e que controlava uma área que se estendia ao Mali e à moderna Burkina Faso. Contudo, Gwandu nunca conseguiu rivalizar Sokoto, que exercia poder sobre os emirados do leste. De fato, os emirados do leste eram mais numerosos e maiores do que os do Oeste, o que reforçou a primazia do califa em Sokoto.

Sokoto era o distrito capital para todos os emirados importantes sob sua autoridade. Usman dan Fodio e sua família foram bem-sucedidos em criar o maior e mais influente império na África Ocidental desde o governo do Império Songhay. Dominando os emirados e reinos Hausas, alguns dos quais se tornaram emirados, sob pena de perder a autoridade, os governantes Fulanis controlaram Kano, o maior dos emirados Hausas, assim como o importante emirado Fulani de Adamawa. Quando os Fulanis foram expulsos de Borno, se refugiaram em Adamawa, e então começaram o processo de controlar os emirados até Illorin no Sul e Yola no Leste, na área que é agora Camarões. Geográfica e historicamente, Illorin era uma cidade ioruba, mas foi capturada pelo califado em 1830 quando a cavalaria de Oyo (Ioruba), a elite de cavaleiros do rei, revoltou-se e jurou lealdade ao Califado Sokoto. Muitos estudiosos aceitam que a cavalaria fosse constituída basicamente de muçulmanos anteriormente derrotados e escravizados que trabalhavam para o rei ioruba. Assim, a revolta poderia ter sido antecipada, dados os argumentos faccionais, as intrigas escandalosas e as maquinações políticas do Oyo Mesi, os sete conselheiros governantes iorubas liderados pelos Bashoruns. A confederação Ioruba foi desfeita na década de 1820, de modo que o chefe da cavalaria sabia que o rei não seria capaz de resistir a uma revolta de seus cavaleiros de elite. Logo Oyo Mesi se mudou mais para o sul.

O Califado Sokoto raramente é ensinado na história africana, ainda que seja um dos mais importantes indicadores dos estudos sahelianos na África. Quase nenhum aspecto da história africana do século XIX, do Senegal e da Mauritânia à Somália e ao Sudão, pode ser entendido sem o Califado Sokoto. Ele afetava os conceitos de lei, a vida cotidiana, tecnologia, educação religiosa, filosofia e memória. Se causou a destruição das culturas e civilização africanas locais, criando mais caos e desordem do que teria ocorrido, essa discussão continuará. Na verdade, pode ser que o surgimento da *jihad* de Boko Haram "contra a educação ocidental" seja inspirada pela *jihad* de Usman dan Fodio. Compreender essa ligação possível pode jogar luz na extensão geográfica da influência do Boko Haram no começo do século XXI. Países como Níger, Mali, Camarões, Burkina Faso, Nigéria e Chade ainda lidam com as consequências de guerras religiosas e ideologias conflitantes de cultura.

A grandeza de Benin

Quase sozinho na África Ocidental, o antigo Império Benin, com sua impressionante capital em Edo, se colocou como a sentinela no centro do continente do século XI ao começo do século XXI. Era altamente organizado, profundamente filosófico em seu caráter e suas mitoformas, original e criativo, mas também marcial. Havia anexado muitos reinos e lhes dado a cultura bini. Fundado por governantes chamados os Reis do Céu ou Ogiso, o império conhecido como Igodomigodo influenciava quase toda atividade, da agricultura à pesca, na região. Um dos líderes mais antigos, Ere, governou no século XII, mas, quando morreu, ocorreu uma revolta palaciana que colocou o príncipe coroado Ekaladerhan contra seu tio paterno. No fim, o povo preferiu o príncipe ao tio, mas, com seus guerreiros, Ekaladerhan se tornou o líder ioruba Oduduwa.

Visitantes holandeses escreveram entusiasticamente sobre Benin. Uma gravura de Amsterdã, de 1668, da "Nauwkeurige Beschrijvinge der Afrikaansche Gewesten", de Olfert Dapper, diz:

> O palácio ou corte do rei é um quadrado, e é tão grande quanto a cidade de *Haarlem,* inteiramente cercado por um muro especial, como aquele que cerca a cidade. É dividido em vários magníficos palácios, casas e apartamentos dos cortesões, e é constituído de belas e longas galerias quadradas, quase tão grandes quanto o Exchange em Amsterdã, mas uma maior do que a outra, construídas sobre pilares de madeira, de cima a baixo cobertas com cobre fundido, sobre o qual são gravadas as imagens de suas explorações bélicas e batalhas (RYDER, 1969).

Além disso, durante o mesmo século, o holandês David van Nyendael deu um testemunho de Benin, em 1699:

> O rei de Benin pode em um único dia dispor de 20 mil homens prontos para a guerra, e, se necessário, 180 mil, e por isso tem uma grande influência entre todos os povos vizinhos [...]. Sua autoridade alcança muitas cidades e aldeias. Não há rei nas proximidades que, na posse de tantas cidades belas, seja seu igual (RYDER, 1969).

Benin continuaria a prosperar, com assentamentos protegidos dispersos ao longo de seu território, até o encontro com os britânicos. Após matar vários espiões e oficiais britânicos que haviam se aventurado ao interior para contatar o obá, Benin foi considerada um alvo da agressão britânica. O obá resistiu aos britânicos vigorosamente, recusando-se a assinar qualquer acordo que tornasse a Grã-Bretanha a soberana de Benin. As tropas britânicas destruíram a capital, incendiaram os templos sagrados e pilharam as obras de arte de Benin, levando consigo a imagem de Iyoba Idia, de valor incalculável.

A rainha de Benin, Iyoba Idia

Iyoba Idia, uma rainha do século XVI, popularmente conhecida como "Isia ne Iye Edigie", foi uma renomada rainha-guerreira, administradora habilidosa e primeira Iyoba (rainha-mãe) do reino de Bini (Benin), na atual Nigéria. O semblante de Iyoba Idia é um dos mais conhecidos das mulheres da realeza africana na categoria de Amósis Nefertari, Cleópatra, Nefertite e Nefertari, a esposa de Ramsés II. Sua face nos contempla de incontáveis pedestais de museus ao redor do mundo. Foi extensamente reproduzida em bandejas, copos e pratos comemorativos, joias, placas de marfim e latão, e em tecidos – especificamente, materiais African George do povo Igbo e particularmente das marcas Intorica e Indian Madras, tecidos de algodão com estampas africadas a cera e camisetas. Idia foi primeiro uma *olori* (esposa real) do Obá Ozolua, assim como uma estrategista miliar com habilidades místicas, tendo se tornado antes uma *iyoba* e mãe do Obá Esigie (1504-1550 EC). O Obá Esigie foi o primeiro rei de Benin a ascender ao trono com o título *esigie*, "grande imperador real", por volta de 1504, e foi o primeiro líder na região do oeste africano a estabelecer relações diplomáticas com um país europeu.

Com muitas líderes na história africana, a Rainha Idia tinha enormes poderes espirituais. Quando era criança, um médico fez incisões em sua testa e implantou ervas medicinais. Quando cresceu, dominava o conhecimento sobre todas as plantas na região edo, sabendo que remédios usar para doenças físicas e mentais, distinguindo-se com sua memória nas práticas herdadas de seus ancestrais (M'BOW; EBOHON, 2005, p. 38). Reconhecida por suas percepções apuradas sobre a cultura edo, foi capaz de remover dois príncipes da linhagem direta da casa real e impor sua vontade à linha dinástica, tornando seu filho, Esigie, o rei supremo de Edo.

A Conferência de Berlim

No inverno de 1884-1885, no Unter den Linden, a pedido do chanceler alemão Otto von Bismarck, figuras importantes da Europa e alguns representantes dos Estados Unidos vieram para a Conferência de Berlim sobre a África. Foi um encontro de cúpula que teve impacto abrangente na Europa e em suas relações com a África. As nações europeias nessa época já haviam roubado da África grande parte de seu trabalho jovem no tráfico de escravizados. A horrível exploração havia sido encerrada em meados do século, com o Esquadrão Africano Britânico patrulhando as costas atlânticas da África e da América para proibir o movimento de navios de escravizados. Na época da conferência, emancipação já havia ocorrido em toda parte, exceto no Brasil, onde os africanos escravizados seriam libertados apenas em 1888.

Novas formas de exploração da África foram encontradas, e com o declínio do tráfico de escravizados os antigos traficantes europeus descobriram que assentamento e colonização podiam aumentar enormemente sua riqueza se simplesmente explorassem a abundância material do continente. Os líderes africanos não se envolveram nessa decisão. A Europa simplesmente declararia seus interesses na África. Assim, a Conferência de Berlim foi a primeira assembleia europeia convocada com o propósito de decidir o destino de um continente inteiro. Isso não havia acontecido no caso da Ásia ou das Américas. Mas, devido ao imenso tamanho da África e aos numerosos interesses europeus como resíduos das atividades escravagistas, a conferência foi concebida como um modo de evitar os perigos de uma batalha sangrenta entre potências europeias pela África. Afinal, a escravidão havia demonstrado a futilidade da luta das nações europeias umas contra as outras para controlar seus interesses, e o *asiento* havia servido como um instrumento útil no estabelecimento de protocolos entre as nações. Nos interstícios das atividades das companhias escravocratas e de colonização, a situação política para as nações europeias na África não era totalmente clara. Como a escravidão terminara, parecia que a questão de controlar interesses em certas regiões do continente estava legitimamente sobre a mesa novamente. Além disso, o Rei Leopoldo, da Bélgica, havia declarado uma colônia pessoal de aproximadamente 80 vezes o tamanho do país que governava. O território da Bélgica equivalia ao do Estado de Maryland nos Estados Unidos; o do Congo correspondia ao dos Estados Unidos a leste do Rio Mississipi. Além disso, Leopoldo nunca viajara ao Congo, ainda que pudesse exercer seu domínio pessoal sobre o território através de seus representantes. Foi o testemunho deles que convenceu outros europeus de que ele deveria ter permissão para manter o Congo como sua colônia pessoal. Mais tarde, claro, a Bélgica tomaria o Congo como sua posse estatal.

Na época da conferência, a Alemanha já havia estabelecido sua autoridade sobre áreas do Togo, Camarões e sul da África Ocidental (Namíbia). Isso foi um tipo de ataque furtivo aos interesses da Grã-Bretanha e França. As potências europeias estavam num jogo de xadrez em todo o continente africano antes dessa conferência. A França havia tomado a Tunísia em 1881, para sobrepujar a Itália, que estava de olho no país. O Egito estava profundamente endividado, como a Tunísia antes, e os franceses e britânicos combinaram de exercer o controle daquele país africano em um pacto anglo-francês. Contudo, houve muitas situações de resistência, embora os europeus tivessem conseguido obter uma deposição do quediva Ismail Pasha em 1879. Ele fora proclamado vice-rei otomano no Egito com a morte de seu tio, Said Pasha. Foi considerado um líder progressista e foi responsável por completar a construção do Canal de Suez. Além disso, trabalhou para criar uma infraestrutura mais forte para o país. Foi sucedido por seu filho, Tewfik Pasha, que logo seria pressionado a ceder a administração financeira do país às forças estrangeiras da Grã-Bretanha e da França. Nacionalistas no Egito forçaram a indicação de um ministro de guerra falante do árabe, Ahmed Orabi. A reação britânica foi rápida e brutal. Derrotaram o exército de Orabi em Tel el-Kabir e bombardearam cidades da Alexandria e Ismailiyya. Subsequentemente, a Grã-Bretanha obteve a vantagem sobre a França nos assuntos do Egito e indicou líderes títeres.

O Chanceler Bismarck esperava que as nações europeias estabelecessem princípios básicos para lidarem umas com as outras na Europa e África. Um modo de consolidar sua relação era discutir o futuro da Europa na África. Como veremos adiante, a guerra de 150 anos entre Europa e África foi completamente mobilizada em 1884. O que os portugueses haviam desencadeado no século XV com a exploração e comércio com a África, terminando por iniciar o tráfico de escravizados, era agora um vale-tudo entre as nações europeias. As nações e reinos africanos estavam reagindo com indignação e insubordinação ao longo do continente em milhares de incidentes de resistência à imposição das influências estrangeiras, uma continuação às reações provocadas pelo próprio tráfico de escravizados. Dada a intensificação da revolução industrial na Europa, as nações no encontro de Berlim estavam lutando para garantir a continuidade de sua vantagem comercial nos mercados de trabalho e matérias-primas.

Confrontos violentos entre nações europeias por imposições territoriais foram considerados desnecessários. Embora a convocação para a conferência em Berlim tenha sido iniciativa do Chanceler Bismarck, foram os portugueses – os primeiros europeus na África – que insistiram na realização de uma conferência europeia internacional para organizar as várias áreas de influência europeia na África. Assim, representantes da Grã-Bretanha, Áustria-Hungria, França, Rússia, Alemanha, Estados Unidos, Portugal, Dinamarca, Espanha, Itália, Países Baixos, Suécia, Bélgica e Turquia se encontraram entre 15 de novembro de 1884 e 26 de fevereiro de 1885.

O tema abrangente da conferência foi a suspenção da brutalidade e escravidão no Congo e a promoção de humanitarismo para com a África, mas, na realidade, a conferência foi sobre um método para dividir o continente entre as potências europeias. Houve algumas resoluções vazias sobre bem-estar social da África e o fim do tráfico árabe de escravizados, mas o propósito central da conferência apareceu em vários artigos substantivos. Entre as principais provisões, de acordo com os capítulos importantes encontrados na Ata Geral da Conferência de Berlim sobre a África Ocidental, de 26 de fevereiro de 1885, estavam as seguintes:

> **Capítulo 1: sobre a Bacia do Congo e territórios adjacentes**
>
> 1. O comércio de todas as nações deve desfrutar de completa liberdade.
>
> 2. Todas as bandeiras, sem distinção de nacionalidade, devem ter livre acesso a toda linha costeira dos territórios [...].
>
> 3. Mercadorias de qualquer origem, importadas a essas regiões, independentemente da bandeira, por mar ou rio, ou terra, não devem estar sujeitas a quaisquer outros impostos que não aqueles que possam ser cobrados como compensação justa pelos custos nos interesses do comércio.

4. Mercadorias importadas a essas regiões devem permanecer livres de taxas de importação e trânsito, sujeitas a revisão após 20 anos.

5. Nenhum poder que exerça ou deva exercer direitos soberanos nas regiões [...] terá garantia de concessão de monopólio ou favorecimento de qualquer tipo em termos de comércio.

6. Toda potência que exerça direitos soberanos ou influências nos territórios mencionados se compromete a observar a preservação das tribos nativas, a cuidar da melhoria das condições de seu bem-estar moral e material e de auxiliar na supressão da escravidão, e especialmente do Tráfico de Escravizados. Elas devem, sem distinção de credo ou nação, proteger e favorecer todas as instituições religiosas, científicas ou de caridade e iniciativas criadas e organizadas para os fins acima, ou que visem a instruir os nativos e a levar-lhes as bençãos da civilização. Missionários, cientistas e exploradores cristãos, com seus seguidores, propriedades e coleções, devem igualmente ser objetos de proteção especial. A liberdade de consciência e tolerância religiosa são expressamente garantidas aos nativos, não menos do que aos súditos e aos estrangeiros [...].

Capítulo 2: documento relativo ao tráfico de escravizados

9. As potências que exercem ou exercerão direitos soberanos ou influência nos territórios que formam a Bacia do Congo declaram que esses territórios não podem servir como um mercado ou meio de trânsito para o tráfico de escravizados, de qualquer raça que possam ser. Cada uma das potências se compromete a empregar todos os meios ao seu dispor para terminar com esse tráfico e para punir aqueles que nele se envolvam.

Capítulo 4: ata de navegação do Congo

13. A navegação do Congo, sem excetuar seus ramos e canais, é e deverá permanecer livre para os navios mercantes de todas as nações igualmente [...] os súditos e bandeiras de todas as nações devem ser tratados em todos os aspectos em uma base de perfeita igualda-

de [...] nenhum privilégio exclusivo de navegação será concedido a companhias, corporações ou quaisquer pessoas privadas [...].

Capítulo 5: ata de navegação do Níger
26. A navegação do Níger, sem excetuar qualquer de seus ramos e canais, é e deverá permanecer inteiramente livre para navios mercantes de todas as nações igualmente.

Capítulo 6: sobre novas ocupações das costas da África
34. Qualquer potência que daqui para frente tomar posse de uma faixa de terra nas costas do continente africano fora de suas posses presentes, ou que, não tendo posse anterior, adquiri-las e assumir um protetorado [...] deve acompanhar um ato ou outro com uma notificação endereçada às outras potências signatárias da presente Ata, a fim de lhes permitir protestar contra a mesma, caso exista qualquer base para isso.
35. As potências signatárias da presente Ata reconhecem a obrigação de garantir o estabelecimento da autoridade nas regiões por elas ocupadas nas costas do continente africano de modo a proteger direitos existentes, e, conforme o caso, liberdade de comércio e de trânsito sob as condições acima acordadas.
36. As potências signatárias da presente Ata geral se reservam o direito de, oportunamente, por acordo mútuo, introduzir a esse respeito modificações ou melhorias, cuja utilidade tenha sido comprovada pela experiência (CONFERÊNCIA DE BERLIM, 26 fev. 1885).

A Conferência de Berlim foi um dos atos mais arrogantes na história política moderna. A Europa e seus compatriotas americanos e turcos decidiram o destino da África sem consideração pelos direitos políticos, sociais ou legais africanos. Na verdade, as nações brancas não acreditavam que o povo africano tivesse direitos a serem considerados. À medida que a usurpação europeia se tornou mais clara para as nações e povos africanos, revoltas irromperiam ao longo do continente. Três novas doutrinas imperialistas foram expostas pela Conferência de Berlim:

> 1. *A doutrina das esferas de influência*, pela qual a Europa estabelecia seu direito de controlar a linha costeira africana;
> 2. *A doutrina da ocupação efetiva*, pela qual a Europa estabelecia a ideia de que podia ocupar um país inteiro pelo controle do comércio ao longo da costa;
> 3. *A doutrina da proteção europeia de seus agentes*, especialmente missionários, exploradores e cientistas que se servissem dos recursos do povo africano (CONFERÊNCIA DE BERLIM, 26 fev. 1885).

Assim, as nações europeias haviam justificado seu ato de dividir o continente africano entre si sem sequer discutir essa decisão com os africanos. Com certeza, eles jamais puderam aceitar esse arranjo como natural, necessário ou permanente. Lutariam com cada vez mais força para expulsar a Europa da África. Contudo, as fronteiras arbitrárias impostas pelos europeus afligiriam o povo africano até o século XXI, pois dividiram nações e grupos étnicos em governos separados, e colocaram grupos potencialmente inimigos sob o mesmo governo. Por exemplo, o povo Akan, que se via como um único povo, foi dividido entre Gana e a Costa do Marfim; o Ewe, entre Togo e Gana; o Ioruba, entre Nigéria e Dahomey (Benin). Inúmeras outras comunidades étnicas foram assim divididas arbitrariamente e sem consideração por sua história ou cultura. Vários "especialistas" brancos surgiram para explicar e executar essa política, e para impor o governo imperial da Europa à África.

Bimbia: sítio patrimonial em Camarões

A ocupação da África foi o primeiro instrumento de controle completo, e em nenhum lugar isso foi praticado mais do que na costa de Camarões. Bimbia rivaliza Quidah, Badagry, Elmina, Goree e Pointe Noire nos brutais anais dos postos europeus de escravizados, na costa oeste da África. Bimbia, agora um Sítio Patrimonial da

Unesco, estava localizada na região sudoeste de Camarões ao sul do famoso Monte Camarão e muito próximo ao estuário Wouri. Consistia de três pequenas aldeias – Dikolo, Boa Ngombe e Nona Billofe – e outrora teve uma população de 2.500 pessoas.

Contudo, embora fosse importante como uma fábrica de escravizados do século XVII ao XIX, particularmente, a história de Bimbia remonta a centenas de anos antes. O povo dominante da área, o Isubu, é de migrantes da região de Mboko, mais a sudoeste do majestoso Monte Camarão. Eles foram liderados pelo ousado aventureiro Isuwa na Monanga, que decidiu que o povo deveria se mudar para mais próximo do mar e em uma direção diferente da montanha vulcânica muitas vezes turbulenta.

Os portugueses foram o primeiro povo branco a chegar a Bimbia. Quando desembarcaram lá em 1472 – 20 anos antes de Colombo chegar ao Caribe –, os habitantes locais ficaram curiosos por sua compleição, roupas e costumes. Mal sabiam que esse desembarque em sua linha costeira fértil e montanhosa significaria morte e destruição para milhares de africanos.

A partir desse primeiro contato, os europeus – especialmente os portugueses e mais tarde os espanhóis, ingleses e alemães – estabeleceram postos de comércio no estuário para comercializar nozes de cola, marfim, pimenta e, com o tempo, o lugar se tornaria uma estação para o trânsito de africanos capturados para a escravidão. Muitos africanos do interior foram enviados de Bimbia para Fernando Po, Príncipe, Nnobon e São Tomé. Ao fim do século XVI, as aldeias de Bimbia rivalizavam a cidade portuária de Douala no comércio.

Bimbia se tornou sinônimo de um grotesco inferno de horrores no qual africanos eram mantidos em fábricas à espera dos próximos navios de escravizados, açoitados durante o dia e estuprados à noite, alimentados somente com a pior comida servida em cochos como para porcos, que ainda são visíveis no sítio, e marcados com ferros quentes para indicar a qual companhia europeia privada pertenciam.

418

Com certeza, os europeus viam todos os africanos, mesmo os reis da região, como incivilizados, embora tenham encontrado povos que não apenas foram capazes de negociar livre e inteligentemente com eles, mas também de resisti-los quando quiseram escravizar africanos provenientes das costas. De fato, um homem local, Ekum'a Makundu, tornou-se um pirata que liderou marinheiros contra os traficantes espanhóis de escravizados. O nome de Ekum'a permanece nas línguas do povo nas aldeias vizinhas por seu heroísmo. Finalmente, um tipo de entendimento foi conquistado quando os espanhóis, tentando continuar o comércio de mercadorias, fizeram um pacto de paz. Contudo, o tráfico de escravizados terminou em 1844, e depois novamente em 1848, quando o Rei Bile (a quem os ingleses tentaram chamar Rei Williams, como se fosse um título bem-vindo para o rei dos Isubus) assinou dois tratados para impedir a ocorrência de tráfico de escravizados em seu território (DELANCEY; DELANCEY, 2000).

Um território muitas vezes chamado "Pequena África" devido à vasta variedade de fauna e flora, assim como de povos e geografia, o lugar chamado pelos portugueses de Rio dos Camarões atraiu muitos aventureiros, soldados e colonialistas. No norte do país, o Império Fulani criou reinos e *fondoms*. Em 1884, a Alemanha nomeou a região "Kamerun", e a declarou uma colônia de alemães. Assim, a doutrina imperial foi colocada em prática enquanto a Conferência de Berlim estava em curso. Contudo, o povo da África resistiu tanto quanto pôde à presença invasora dos exércitos de missionários e mercadores europeus. Em Camarões, a resistência muitas vezes assumiu a forma da continuação das normas culturais enquanto o povo conseguisse mantê-las. Vários grupos como os Koms mantiveram seu sistema matrilinear.

O povo matrilinear Kom e suas práticas sociais

A mistura étnica e linguística da África é a mais complexa do mundo, e há inúmeros pequenos grupos étnicos que raramente são representados na história geral da África. Os Koms do noroeste de Camarões é um desses grupos, com uma ascendência rica, imersa na tradição e representativa de muitos outros pequenos grupos no continente.

Uma pessoa poderia passar sua vida estudando os mais de 250 grupos étnicos de Camarões. Os maiores são os Bamilekes e os Bamouns. Outros grupos, alguns muito numerosos, incluem os Dualas, os Bassas, os Kirkas, os Saras, os Bakas e os Fulbes ou Fulanis. Contudo, os Koms, e seus parentes, os Tikars, estão entre os melhores inovadores artísticos de Camarões.

Nesta seção, gostaria de examinar um intrigante aspecto da sociedade Kom, sua matrilinearidade. Cheikh Anta Diop acreditava que em um determinado momento na história a esmagadora maioria das sociedades étnicas africanas fosse matrilinear. A chegada dos árabes e europeus ao continente iniciou a prática da patrilinearidade, com suas religiões orientadas em função do sexo e seus ensinamentos patriarcais. Alguns povos africanos resistiram ao ataque à matrilinearidade.

O povo Kom de Camarões é um desses povos que resistiu, embora esteja sendo forçado a aceitar alguns aspectos do patriarcado.

Os Koms estão relacionados ao povo Tikar e são menos de um milhão, mas sua cultura, especialmente em escultura e outras formas de arte, tem sido importante ao longo de sua história em Camarões. Embora os Bamilekes e os Bamouns representem uma grande porção da população de Camarões, há grupos como os Bassas, Dualas, Ewondos, Bulus, Fangs, Kirdis, Bakas, Makas, Fulbes e aproximadamente 200 outros, por vezes chegando aos milhares em termos populacionais. No entanto, a maioria é agora patrilinear.

Os Koms são um dos principais grupos étnicos do Noroeste, e são governados a partir de Laikom, a capital onde o Fon, o rei supremo, governa o reino. Embora os homens dominem a política

Kom, a sucessão é ainda matrilinear, e nenhum homem herda do pai. A linhagem na cultura Kom reside no lado da mãe e não do pai. Quando um homem adulto Kom morre, a posse de sua propriedade, incluindo seu complexo habitacional, esposas e filhos, são transferidos para seu sobrinho (filho de sua irmã) e não para seu filho. O processo de sucessão matrilinear na sociedade Kom se torna muito mais problemático quando um homem morre sem ter um sobrinho para herdar sua propriedade.

Nomeação e herança de propriedade

Entre os Koms as mulheres são consideradas as curadoras da cultura. Isso se relaciona ao parentesco que é traçado através da linha materna. O sobrinho de um homem, o filho da sua irmã, herda sua propriedade. Sobrinhos sucedem os tios.

Cada filha assume os nomes de uma mulher mais velha ou ancestral. Uma menina pode também receber um nome resultante da combinação dos nomes de mães e avós. Na verdade, a menina, entre os Koms, é a portadora da continuação da linhagem. Nomes são como uma herança entre os Koms. Quando nomeiam uma criança, estão mantendo a memória da pessoa viva, e procuram fazer com que ela imite ou siga os passos dessa pessoa. O pai e a mãe nomeiam as filhas em homenagem a suas mulheres favoritas. Os nomes não são necessariamente sensíveis ao gênero. Por exemplo, uma menina e um menino podem ser chamados Ndim[1].

Os maiores clãs dos Koms são Ikui, Itsinalah, Achaff, Ndohtitichia, Ndoh Nabang, Avem, Mbeba, Ijinasung e Kijem. Um clã é composto por sua própria linhagem. Por exemplo, o filho biológico de uma mulher do clã Ndohtitichia é um membro da linhagem dos Titichia, que é o grande matriclã.

Uma criança nascida de uma mulher Ndohtitichia é automaticamente um membro desse clã, mas uma criança adotada do

---

1. Ngwainmbi, E.K. (2017). Carta pessoal, 8 de junho.

clã Achaff desfrutará do pertencimento aos dois clãs. O filho da criança adotada é capaz de herdar do tio de sua mãe, embora ela o tenha adotado[2].

Ao longo do país os vários grupos matrilineares coexistem em 50 aldeias e estão dispersos na área Kom. Integrantes do clã conhecem membros de sua linhagem. Eles se enlutam pelos mortos e juntos celebram nascimentos, casamentos e outros eventos felizes. O exemplo Kom mostra que mulheres do lado matrilinear tendem a ter direitos de sucessão, de cultivar a terra e outros tipos de direitos de propriedade mais fortes do que as irmãs patrilineares que são membros de outros grupos étnicos.

O sistema de herança matrilinear retroage ao que foi discutido por Cheikh Anta Diop (1976) em seu livro *The cultural unity of black Africa* [A unidade cultural da África negra]. Ele chama sua visão a Teoria dos Dois Berços, argumentando que, devido ao clima severo na Europa e Ásia, os humanos originais que migraram àqueles continentes perderam pigmentação e desenvolveram certos valores que haviam sustentado os humanos na África. Eles adotaram ideias xenófobas, agressivas, individualistas e nômades. Diop vê um contraste nas sociedades de africanos que permaneceram no continente original. Elas tenderam a ser pacíficas, xenófilas, cooperativas, vivendo um estilo de vida sedentário em uma zona climática e ambiental menos estressante. Ele afirma que esses dois berços criaram os instintos, costumes e conceitos culturais que tornaram as duas divisões distintas após uma longa separação. Na verdade, ele sustenta que essas características e traços societais são refletidas nas ações atuais dos povos em tempos contemporâneos. Em sua revisão da "Teoria dos Dois Berços" de Diop, Jacob Carruthers diz que ela foi

> baseada na presunção de que o ramo da família humana conhecida como europeus sejam, na realidade, euro-africanos, que foram transformados e transmuta-

---

2. Ngwainmbi, E.K. (2017). Carta pessoal, 8 de junho.

dos em um tipo humano diferente pelo ambiente frio, duro e exigente da Europa antiga (Carruthers, 1977, p. 46-48).

É geralmente aceito que as numerosas comunidades matrilineares na África estejam exibindo um traço que remonte à história humana quando sociedades reconheciam o papel milagroso das mulheres no nascimento humano. Os Koms, como os Akans de Gana e muitas outras comunidades étnicas, retêm esses elementos antigos em sua estrutura social.

12

RESISTINDO AOS TRAFICANTES DE ESCRAVIZADOS EUROPEUS E ÁRABES

Um grande ganho seria obtido com a exploração do continente africano, e, durante a segunda parte do século XIX, o caldeirão que fervia era a vasta área da África Central. Aqui, nas florestas tropicais, os europeus e árabes arriscariam suas vidas na busca gananciosa por riqueza, e, nesse processo, infligiriam sofrimento absurdo ao continente africano. A Bacia do Congo se tornou rapidamente uma arena onde as forças da Europa e os árabes se encontraram em uma tentativa de subjugar o massivo país do Congo. Ambos fracassaram, mas em seus malogros puniram o inocente povo do Congo com um dos mais brutais tormentos testemunhados por humanos. Henry Morton Stanley, o americano naturalizado, que foi um representante do Rei Leopoldo no Congo, levou-lhe uma porção de supostos tratados que fizera com as nações africanas que lhe davam controle sobre a Bacia do Congo. Ele se tornou famoso como a pessoa que o *New York Herald* comissionara para ir à África encontrar o missionário David Livingstone. Depois, ele viajou pelo continente de leste a oeste, tornando-se o primeiro homem branco a fazer isso. Quando chegou na Europa com as notícias sobre sua jornada e a grande riqueza do Congo, não encontrou qualquer excitação na Grã-Bretanha, mas o Rei Leopoldo, da Bélgica interessou-se por seu trabalho e dispensou parte de sua fortuna comissionando-o para trabalhar para ele. Assim, os tratados com que presenteou Leopoldo fortaleceram o poder do

424

rei quando pediu aos europeus para legitimar seu governo sobre o Congo, o qual chamou Estado Livre do Congo. Certamente, não era um Estado livre. Sob o controle dos apaniguados de Leopoldo, tornar-se-ia um dos regimes escravocratas mais brutais da Europa.

Tippu Tip: o especulador árabe na África Oriental

Tippu Tip (1832-1905), um traficante de marfim e cativos africanos, ressentiu-se pelo fato de Stanley, devido à fortuna de Leopoldo, ter sido capaz de cobrir uma enorme área da Bacia do Congo, competindo com seus interesses comerciais. Ele o havia ajudado em sua expedição anterior pelo Congo, e agora que esse voltara ao território, sentia-se traído pelo oportunista Stanley. Ele atacou os oficiais e soldados do Estado Livre do Congo em uma guerra que durou vários anos. Filho de pai árabe e mãe africana, Tippu Tip era um caçador de escravizados consideravelmente cruel, raptando e matando homens e mulheres na Bacia do Congo. Era impiedoso com os africanos que capturava para o tráfico de escravizados. Era um nativo de Zanzibar que estabeleceu suas operações ao longo da costa leste e no interior. Ele tinha o fervor religioso do invasor muçulmano. Sua não aceitação e falta de respeito pelas religiões africanas tradicionais, e sua vontade econômica e política calculada e específica – para a qual a religião era usada como um instrumento contra os africanos que ele considerava infiéis –, o tornou um dos mais temíveis raptores. A área de controle de Tip cobria aproximadamente um terço das reivindicações de Leopoldo no Congo. Afirmando que devia lealdade ao sultão de Zanzibar, Tip foi capaz de manter o Estado Livre do Congo fora de sua base. Em 1887, o sultão lhe pediu para assumir o controle das províncias ao leste do país. Assim, Tip recebeu alguma proteção contra as forças do Estado Livre do Congo. Contudo, devido à sua brutalidade, algumas das cidades e aldeias africanas junto à costa se converteram ao Islã como um modo de evitar a conquista. Eles viveram sob a bandeira do Islã durante um período de condições econômicas e políticas instáveis. Em meu julgamento, isso se tornou, como em outros lugares, um dos resultados perigosos de religião e raça onde os povos que se misturaram aos árabes, devido às suas vantagens econômicas e militares, começaram a ter um sentimento de superioridade em relação aos seus irmãos e irmãs mais escuros. Logo esses africanos islamizados tentaram escravizar seus equivalentes mais escuros, sugerindo inclusive que fossem destituídos de humanidade. Devido ao seu papel no tráfico de escravizados do leste da África, Tip entrou para a história como um dos mais notórios traidores dos interesses africanos. Assim como o grupo vil de Leopoldo, que produzia riqueza na forma de lucros para grandes empresas e salários para os expatriados, os violentos mercadores da morte de Tippu Tip obtiveram enormes lucros e só prejudicaram os africanos (RODNEY, 1974, p. 152-153). Assim, a degradante escravização de africanos permanece o mais prejudicial e mais intenso sistema de exploração e ódio perpetrado nos últimos mil anos.

Rei Leopoldo e Henry Morton Stanley: invasores europeus

A concentração de Tippu Tip, na costa leste da África, deixou uma abertura para os belgas, franceses e britânicos competirem pelo direito de explorar africanos na região do Congo-Sudão. Todos queriam controlar a borracha, o marfim e a população. Cada um tentou ser mais esperto do que o outro, e nenhum desses brancos sentia qualquer coisa com relação aos pontos de vista africanos.

Outras batalhas ocorreram na Bacia do Congo entre reinos africanos e os homens de Stanley. Na análise final, os africanos não eram tão rudes nem tão bem armados quanto as tropas sob a proteção do dinheiro de Leopoldo. As tropas de Stanley tentaram ensinar uma lição aos africanos destruindo todas as aldeias ao longo do rio. Sua sub-rogação foi brutal, violando lugares sagrados, destruindo vínculos maritais, e negando as vidas de africanos ao longo do rio ao escravizar milhões no Congo.

Como desde o início, a ganância guiou as ações dos brancos no Congo. A borracha foi a chave para tentar subjugar o povo congolês. John Dunlop, o irlandês que inventou o pneu automotivo de borracha e começou a produzi-lo em 1890, jogou combustível na ganância de Leopoldo e de outros. De fato, Dunlop, Charles Goodyear e Charles Macintosh emprestaram seus nomes à indústria da borracha. Mas foi Dunlop que ajudou a desenvolver o apetite ocidental por essa matéria-prima para tubulação, isolamento e pneus.

Quando o Rei Leopoldo se endividou por fornecer dinheiro a Stanley e sua Force Publique – um tipo de polícia militar formada por aqueles que trabalhavam como soldados e chefes de plantação – foi a necessidade de borracha no mundo ocidental que deu a Leopoldo a maior fonte de renda. A descrição de Hochschild das cartas de Leopoldo é gráfica:

> Suas cartas desse período são repletas de números: preços de mercadorias dos mercados mundiais, taxas de juros sobre empréstimos, quantidades de rifles a serem transportados ao Congo, toneladas de borracha a serem transportadas para a Europa, e as dimensões exatas do arco triunfal em Bruxelas que ele estava planejando construir com seus lucros recentes (HOCHS-CHILD, 1998, p. 159).

Leopoldo não teve praticamente qualquer consideração pelo povo africano, que literalmente era obrigado a trabalhar até à morte pela Force Publique sob a direção de Stanley.

Na época em que os reis africanos souberam que não havia outro modo de impedir a conquista do Congo inteiro, Henry Morton Stanley havia acumulado uma força com mais de mil rifles de disparo rápido, quatro metralhadoras e uma dúzia de canhões. O assassinato em massa do povo congolês teve seu próprio ímpeto. Fome, privação e abusos de todo tipo foram impostos ao povo, que reagiu com sua característica resistência, somente para presenciar seus bravos homens e mulheres serem abatidos a sangue-frio.

Figura 12.1 – Rei Leopoldo II da Bélgica

Fonte:Wikimedia Commons/London Stereoscopic and Photographic Company

A heroica resistência do povo Budja e Kuba

Todavia, a resistência foi brava. Nada era mais vil e selvagem do que os operadores dos postos de coleta de borracha. Os operadores europeus fizeram que sua polícia e soldados executassem os crimes mais hediondos sem consideração pela humanidade do povo que estavam humilhando e matando. De fato, se uma aldeia não satisfazia qualquer cota imposta pelos oficiais de Leopoldo, a Force Publique, que incluía muitos africanos da costa oeste da África, seriam ordenados a matar todos na aldeia, homens, mulheres e crianças. De acordo com Hochschild,

> naquela época, quando ocorria de alguém testemunhar uma pilha de esqueletos ou de mãos decepadas, e um relato sobrevive, ele representa, é claro, apenas uma pequena proporção dos massacres realizados, somente algumas fagulhas de uma tempestade ígnea (HOCHSCHILD, 1998, p. 226).

A brutalidade da ocupação europeia do Congo foi ilustrada em *The heart of darkness* [O coração das trevas], de Joseph Conrad, particularmente onde o autor faz Kurz esboçar as palavras: "exterminem todos os brutos!" O interior ficou repleto de corpos, literalmente. Em uma descrição, o missionário sueco E.V. Sjöblom relata que viu "cadáveres flutuando no lago com a mão direita decepada, e quando voltei o oficial me contou por que foram mortos. Foi pela borracha. Quando cruzei o riacho, vi alguns cadáveres suspensos nos galhos sobre a água" (HOCHSCHILD, 1998, p. 227). Deveria ficar claro que o povo africano logo entenderia a extensão do terror que estava sendo perpetrado em seu território. Embora houvesse colaboradores negros, aqueles que eram pagos pelos brancos para ajudar na caça aos africanos, assim como havia africanos durante o tráfico de escravizados usados como colaboradores, muitos deles eram odiados pelo povo local. Muitas vezes, os brancos contratavam os africanos de grupos étnicos distantes das comunidades locais do Congo para trabalharem para a Force Publique.

O povo do Congo diz que, entre 1894 e 1895, Knut Svensoon, um oficial sueco da Force Publique, reunia pessoas em aldeias que não queriam ser escravizadas no negócio da plantação de borracha em um pátio, sob o pretexto de assinarem um tratado ou recrutarem trabalhadores e, então, sem aviso, abria fogo, matando homens, mulheres e crianças (HOCHSCHILD, 1998, p. 227). Os africanos aprenderam rapidamente que não podiam confiar em homens brancos armados. Um oficial, Charles Lemaire, escreveu em seu diário o seguinte:

> 28 de março de 1891 [...]. A aldeia de Bokanga foi incendiada [...]. 4 de abril de 1891: Uma parada em Bolébo [...]. Como quiseram nos encontrar somente com lanças e armas, a aldeia foi incendiada. Um nativo morreu [...]. 12 de abril de 1891: Ataque às aldeias Ikengos [...]. O grande chefe Elélé de Etchimanjindou foi morto e seu corpo jogado na água [...]. 14 de junho de 1891: Expedição contra os Lolivas que se recusaram a vir até a estação. Clima horrível; ataque feito sob chuva intensa. O grupo de aldeias era grande; não conseguimos destruir todas. Cerca de 15 negros morreram [...]. 14 de junho de 1891: Às 5h, envio dos Metchoudi de Zanzibar com cerca de 40 homens para incendiar Nkolé (HOCHSCHILD, 1998, p. 228).

Essa não é a descrição completa do registro muito estéril de Lemaire sobre os assassinatos em massa, e ele era somente um dos muitos oficiais da Force Publique exercendo esse poder sobre as vidas das pessoas. Havia ao menos 35 postos de plantação de borracha ao longo do rio e no interior. Conforme registros, só um deles usava mais de 40 mil cartuchos de munição por mês. As armas e munições não eram para matar animais, mas pessoas. Certamente, as pessoas sabiam que, quando os brancos entravam no território, isso significava perigo, e, "à medida que as notícias sobre o terror se espalhavam, centenas de milhares de pessoas fugiam de suas aldeias" (HOCHSCHILD, 1998, p. 229). Incapazes de encontrar as pessoas, os brancos e seus colaboradores muitas vezes incendiavam inteiramente as aldeias e as plantações. Todas as bananeiras eram destruídas, e os animais da aldeia, como bodes, galinhas e patos, eram roubados, não restando comida nem abrigo para as pessoas quando retornassem. Os africanos nada faziam para merecer esse tipo de tratamento. Na verdade, haviam acolhido os primeiros europeus como parceiros de comércio, mas a astúcia e ganância dos invasores não foram antecipadas pelos reis e conselheiros da corte mesmo das mais poderosas nações africanas. Contudo, houve muitos incidentes de revolta e resistência.

Inúmeros grupos étnicos se recusavam a honrar a vontade dos apaniguados de Leopoldo, que invadiam seu país. Os grupos que lutaram contra os brancos com grande heroísmo foram os Chokwes, os Boas, os Yakas, os Budjas e os Lubas. Mas não foram os únicos a resistirem à usurpação da soberania do povo africano em seu próprio continente. A lista é longa, como poderíamos esperar, mas vamos examinar brevemente alguns dos incidentes e guerras que devem ser vistos como exemplos legítimos de resistência africana diante das armas mais letais.

Mulume Niama e os heróis yakas

Os Yakas combateram os brancos por aproximadamente 12 anos. Quando foram finalmente derrotados em 1906, guardaram um ódio profundo pela selvageria infligida sobre seu povo pelos oficiais de Leopoldo. Outro povo com uma longa história de realizações na política e nas artes, o Chokwe, lutou por 20 anos contra a Force Publique de Henry Morton Stanley, que operou principalmente em uma política de dividir e conquistar. Os oficiais de Leopoldo diziam a um grupo que queriam ser amigos e aliados, depois os faziam lutar contra outro grupo. Tão logo os assim chamados aliados amigos os tivessem auxiliado no desarmamento do grupo-alvo, os brancos se voltariam contra os primeiros, talvez, usando outro grupo étnico do mesmo modo que os tinham usado. Por meio das alianças variáveis e da separação natural devido às terras e à política, o exército de Leopoldo foi capaz de cobrir um amplo território. Contudo, a força da resistência se mostrou mais determinada do que mesmo os oficiais brancos puderam imaginar. Mulume Niama, um estrategista militar e rei supremo do povo sanga, não estava contente com o modo como os brancos haviam entrado em seu país. Seus soldados ofereceram uma dura resistência a eles. O Rei Niama tinha um caráter forte, um estilo decisivo de liderança e a habilidade para explicar a seu povo os perigos que os esperavam caso os brancos obtivessem o controle. Lutando contra os brancos, que tinham artilharia e seus rifles e metralhadoras, os Sangas foram capazes de matar um oficial branco e três soldados. Os Sangas perderam alguns soldados também, mas acreditavam que haviam mostrado a habilidade de seu exército para lutar com dignidade. Niama levou suas tropas para uma grande caverna chamada Tshamakele, o que não foi uma boa ideia porque a Force Publique a cercou. Eles puseram fumaça nas três entradas da caverna e então esperaram por uma semana, enviando um emissário para ver se o rei se renderia. Niama rejeitava a exigência do emissário para se render. A Force Publique se recusou a perseguir os homens na caverna, sabendo que os Sangas a conheciam melhor do que eles. Contudo, a rejeição da exigência de rendição significava que o cerco duraria por outros três meses. Quando a Force Publique finalmente entrou na caverna, encontraram 178 corpos de soldados e o do rei, Mulume Niama, que haviam se recusado a ser escravizados da empresa de Leopoldo. Eles preferiram a morte à escravidão. Preferiram a morte com dignidade à vida com humilhação. Rapidamente a Force Publique tentou selar a caverna de modo que não se tornasse um lugar de veneração. Todavia, é um lugar de reverência porque a força de vontade e determinação dos soldados sangas e de seu líder, Mulume Niama, devem ser consideradas como marcas de dignidade.

Por volta dessa época, o povo Boa e o Budja uniram suas forças, recrutaram 5 mil soldados, e lutaram uma guerra de guerrilha a partir do interior da floresta tropical. Essa rebelião de nível inferior foi importante para desestabilizar a Force Publique. Contudo, havia tantas revoltas ocorrendo ao longo do país que é impossível dizer quais delas foram mais importantes para a sobrevivência dos povos congoleses.

O povo Budja se revoltou e inicialmente matou 30 soldados da Force Publique. A expedição punitiva, liderada por um homem branco chamado Edgar Canisius, seguiu os Budjas e queimou cada aldeia e cada casa encontrada que acreditava ser Budja. Na verdade, a fumaça pôde ser vista de muitos quilômetros, evidenciando a vingança cruel dos brancos. Mais de 100 brancos foram mortos enquanto usaram suas armas para obter vantagem sobre os Budjas. No fim, mas de 1.300 Budjas foram mortos nos ataques retaliatórios contra eles. Ficou claro que a única diferença entre vitória e derrota foi o rifle carregado pelos brancos e seus aliados.

A resistência desesperada do Rei Nzansu

Nzansu, um rei kongo, lutou contra os brancos que haviam criado uma rota de caravana próximo às corredeiras do Congo inferior. Essas rotas eram usadas pelos carregadores para levar marfim e borracha do interior para as cidades portuárias. Um agente do governo de Leopoldo, Eugene Rommel, estabeleceu um posto na área sem a permissão de Nzansu. Não era próprio nem costumeiro para uma pessoa construir um posto em uma terra comunitária ou ancestral sem primeiro seguir os protocolos locais. Como a operação de Leopoldo necessitava de cerca de 50 mil pessoas a cada ano para trabalhar como carregadores, soldados e espiões (sempre sob a direção dos brancos, é claro), Rommel acreditava que esse posto pudesse ajudar a fornecer essa força de trabalho. Sem dúvida, a força de trabalho que Rommel buscava era força de trabalho "forçada", não assalariada. Isso apresentou um problema, porque mesmo os missionários pagavam por seus carregadores. Nzansu encontrou seus conselheiros e decidiu que era necessário se rebelar contra o posto. E, assim, em 5 de dezembro de 1893, os africanos incendiaram o posto, depois se deslocaram a dois postos de brancos nas proximidades, e mataram seus oficiais. A ação foi rápida e furiosa, como um pequeno e rítmico redemoinho se movendo ao redor do Congo inferior. Um missionário sueco em Mukimbungu foi poupado. Outro missionário sueco, Karl Teodor Andersson, escreveu o seguinte para sua igreja na Suécia:

> O líder dos rebeldes, chefe Nzansu de Kasi, informou-nos que não deseja prejudicar nenhum de nós já que

> sempre mostramos que somos amigos do povo negro.
> Mas jurou morte aos homens do Estado. E qualquer
> um que conhece as condições aqui não pode ficar sur-
> preso (HOCHSCHILD, 1998, p. 125).

Podemos ver que os objetivos do rei eram claros, e não aleató-
rios ou irracionais, ou seja, punir aqueles que levassem sofrimento
e morte ao seu povo. A rota de caravana foi completamente blo-
queada pela ação de Nzansu e seus seguidores. Isso mostrou que
os brancos não estavam realmente no controle, contanto que os
africanos se unissem para bloquear as práticas avaras dos europeus. Uma vez mais, o objetivo dos europeus foi humilhar todos
os povos associados a Nzansu, e assim começaram um ataque
indiscriminado às aldeias, incendiando-as. Um dos missionários
suecos, C.N. Börrisson, comentou que "é estranho que o povo
que alega ser civilizado pense que pode tratar de qualquer modo
seu semelhante, mesmo que seja de uma cor diferente" (apud
HOCHSCHILD, 1998, p. 125-126).

Börrisson afirma que Nzansu tinha uma boa causa, tão boa
quanto a dos patriotas suecos Engelbrekt e Gustaf Wasa nos séculos
XV e XVI, respectivamente, quando combateram os invasores da
Suécia. Qual era o problema se Nzansu respondesse como um
membro da família real tinha de responder a fim de proteger seu
povo? Os insultos ao povo se acumulavam e o rei tinha de agir.
Börrisson disse que Rommel era um dos oficiais mais infames.
Aprisionava as mulheres das aldeias quando os homens se recusavam a trabalhar para os brancos. Raptava mulheres e meninas
e as tratava de modos desprezíveis. Centenas foram capturadas
e mantidas contra sua vontade simplesmente porque os brancos
não conseguiam fazer os homens trabalharem como escravizados
nas plantações de borracha. Börrisson pergunta:

> O que acontece a todas as mulheres quando são apri-
> sionadas? Algumas são libertadas quando seus espo-
> sos fizeram todo o possível para recuperar aquela que
> lhes é mais cara. Outras são forçadas a trabalharem

nos campos e também a trabalharem como prostitutas. Nossos homens mais respeitados aqui nos disseram com lágrimas em seus olhos e muita vergonha em seus corações que recentemente viram um grupo de setecentas mulheres acorrentadas juntas e transportadas para a costa em barcos a vapor [...]. Assim, alguém realmente pode se surpreender que os descontentes tenham finalmente vindo à tona? (apud HOCHS-CHILD, 1998, p. 126).

A guerrilha de Nzansu lutou por cinco anos contra a Force Publique de Leopoldo. Outro povo a se revoltar contra o terror da borracha foram os Kubas. Eles foram comandados por líderes religiosos que acreditavam que não seriam mortos pelas balas do homem branco por estarem protegidos por poderes sobrenaturais. Obviamente, foram derrubados pelas metralhadoras. Foi uma lição terrível; 180 Kubas foram mortos.

O sacrifício icônico de Kandolo pela dignidade africana

Como muitos dos soldados comuns na Force Publique de Leopoldo eram africanos da costa leste ou oeste da África, estavam muitas vezes prontos para se revoltar ou se amotinar. Eram necessárias tremendas punições para as mais leves ofensas para manter os soldados sob estrita disciplina. Devemos imaginar que esses soldados sentiam a dor do sofrimento que estavam infligindo aos desafortunados congoleses sob o comando dos oficiais brancos. Todos os oficiais comissionados e muitos sargentos eram brancos. Os ânimos eram geralmente exaltados e a fúria, rápida e contundente. Na verdade, uma das maiores revoltas ocorreu em 1895, quando um comandante de base chamado Mathieu Pelzer, um homem arrogante e vil, descobriu que sua concubina africana havia dormido com outro homem. Ele ordenou que a matassem, e, depois, que um soldado fosse punido. Mas, quando esse estava prestes a ser açoitado, um soldado negro chamado Kandolo pegou o açoite. Logo depois, liderou uma revolta contra Pelzer. Fugiu para a floresta, e foi perseguido e ferido. Em seguida, os soldados novamente encontraram sua trilha e atiraram nele.

Kandolo, em um uniforme branco, cavalgando um touro, aclamado como um herói, liderou seus soldados a outros postos da Force Publique. Eles mataram vários oficiais europeus e, por mais de meio ano, controlaram a região de Kasai no Congo, combatendo todas as expedições enviadas contra eles. Eles conseguiram repelir a Force Publique liderada por brancos, que acreditava que muitos dos seus haviam se juntado à população local e se integrado às suas comunidades étnicas. Eles lutaram contra a Force Publique por 13 anos, embora seu líder, Kandolo, tivesse sido fatalmente ferido em batalha, em 1897. Dois de seus ajudantes mais confiáveis, Yamba Yamba e Kimpuki, tornaram-se líderes do grupo e lutaram contra a Force Publique até 1908. Eles mataram 15 oficiais brancos, incluindo um americano de 26 anos de Nova Orleans, chamado Linday Burke, que estava no Congo a menos de dez meses.

As guerrilhas de Mulamba caçam a Force Publique

Hochschild narra os fatos de outra rebelião no extremo nordeste do Congo. Ocorreu por volta de 1897 e envolveu cerca de 6 mil soldados e carregadores. Eles marcharam para o norte através de densas florestas por meses, sob a liderança de vários brancos cujo ódio e aversão aos negros eram óbvias pelo tratamento que dispensavam aos seus soldados negros comuns. Sob a liderança de Mulamba, um soldado africano muito forte que conhecia o terreno do Congo e entendia táticas e estratégias militares, os soldados se revoltaram e encontraram simpatia entre os reis locais. Eles combateram a Force Publique ao longo de cerca de 966 quilômetros de floresta e savanas, fazendo emboscadas para obter munição e armas, e exibindo incrível coragem no campo de batalhas.

Um dia, o padre francês Auguste Achte chegou por acaso ao campo deles e achou que fosse o campo da Force Publique. Era bem disciplinado e organizado, e os líderes estavam vestidos com uniformes de oficiais bordados em ouro. Eles lhe disseram que haviam jurado matar todos os brancos, mas os líderes argumentaram que ele jamais havia ferido nem tratado uma pessoa negra com desrespeito. Eles questionaram uma dúzia ou mais de africanos que o conheciam, e o deixaram viver quando se certificaram de que não era um branco "mau". Mulamba lhe disse: "vamos alimentar você, oferecer-lhe café e lhe dar um presente feito de marfim, porque você não escreverá para a Europa dizendo que lhe roubamos". Ele foi libertado após cinco dias. Os guerreiros da liberdade africanos disseram ao Padre Achte que haviam matado seus oficiais belgas porque tratavam africanos como animais. Eles açoitavam os reis e soldados, e um oficial branco havia assassinado 60 homens negros em um único dia, porque não quiseram trabalhar no domingo; e outro oficial branco, depois de açoitar um soldado, esfregou sal e pimenta em seus ferimentos, e o jogou vivo no Rio Lualaba. Estou de acordo com a avaliação de Hochschild, segundo a qual as rebeliões contra a Force Publique "foram mais do que motins de soldados descontentes; foram precursores das guerras de guerrilha anticoloniais que abalaram o centro e o sul da África no começo da década de 1960" (HOCHSCHILD, 1998, p. 129). Contudo, eu acrescentaria que esses motins e rebeliões, como veremos, eram partes integrantes da guerra dos 150 anos.

George Washington Williams e William Sheppard: afro--americanos protestam contra a violência no Congo

Dois afro-americanos, George Washington Williams, um jornalista, e William Sheppard, um missionário no Congo, defenderam o povo africano. Williams foi a primeira pessoa a expor as atrocidades cometidas no Congo. Ele escreveu vigorosamente contra o Estado Livre do Congo e as políticas da Force Publique, tornando-se o primeiro a protestar contra o tratamento dispensado ao povo congolês. Ele nasceu na Pensilvânia, em 1894, e se alistou na quadragésima primeira unidade das Tropas de Cor do Exército da União dos Estados Unidos, provavelmente treinando no Camp

Freedom em La Mott, na Pensilvânia. Williams participou da ação na Guerra Civil próximo a Richmond e Petersburg, na Virgínia. Não contente em permanecer sentado em casa após a guerra, alistou-se no exército da República do México e lutou contra o ambicioso cunhado do Rei Leopoldo, o Imperador Maximiliano, que estava com seus olhos no México. De volta aos Estados Unidos, juntou-se ao exército americano e lutou contra os índios das planícies. Matriculou-se na Universidade Howard, mas não completou seu curso, embora tivesse realizado a graduação em teologia na Newton Theological Institution, próximo a Boston, Massachusetts. Após uma missão como pastor na Igreja Batista Twelfth Street, em Boston, mudou-se para Washington, DC, e começou um jornal, o *Commoner*. Insatisfeito com os desafios de ser um editor, Williams foi estudar direito e, aos 30 anos, foi eleito o primeiro membro negro da legislatura de Ohio. Serviu apenas um mandato. Logo foi chamado para completar um livro chamado *History of the negro race in America from 1619 to 1880: negroes as slaves, as soldiers, and as citizens, together with a preliminary consideration of the unity of the human family and historical sketch of Africa and an account of the negro governments of Sierra Leone and Liberia* [História da raça negra na América de 1619 a 1880: negros como escravizados, como soldados e como cidadãos, com uma consideração preliminar sobre a unidade da família humana e um esboço histórico da África e uma descrição dos governos negros de Serra Leoa e da Libéria]. Esse trabalho massivo foi publicado em dois volumes, em 1882 e 1883.

Sob alguns aspectos, George Washington Williams foi um dos primeiros historiadores modernos, usando não apenas fontes históricas, mas também enviando cartas para Igrejas perguntando sobre seus registros, a generais do exército perguntando sobre os soldados negros e realizando entrevistas com companheiros veteranos da guerra civil. Seu livro, de 1092 páginas, deu-lhe o reconhecimento de W.E.B. Du Bois, que lhe chamava "o maior historiador da raça" (HOCHSCHILD, 1998, p. 104). Williams tinha uma personalidade multidimensional, fazendo tudo que pudesse promover a causa do povo africano. Assim, quando teve a chance de ir para a Europa para escrever artigos para um sindicato da imprensa sobre a escravidão do Congo, aproveitou a oportunidade. Em 1890, começou sua viagem à África, primeiro, ao redor do continente, parando em vários lugares, palestrando no Cairo na Sociedade Geográfica Quediva e se tornando um membro do Clube Inglês de Zanzibar. Ele passou seis meses no Congo e ficou convencido de que o projeto do Congo era de humilhação para os africanos. Nas Cataratas Stanley, sua fúria irrompeu em uma acusadora Carta Aberta ao Rei Leopoldo, em que expressava seu horror com o tratamento dispensado ao povo africano. Em sua carta de 12 páginas fez as seguintes acusações:

1. Henry Stanley e seus assistentes brancos tentaram levar os africanos a acreditarem que os brancos tinham poderes sobrenaturais a fim de fazer os reis do Congo cederem suas terras a Leopoldo.

2. Stanley não era um herói, mas um tirano. Havia quebrado sua promessa, usado profanidade, era irascível e tirou as terras do povo.

3. Os postos ribeirinhos estabelecidos pelo exército de Leopoldo nada trouxeram senão destruição e morte ao povo. Esses postos forçavam o povo congolês a abastecê-los com cabras, aves, peixes e vegetais.

4. O governo de Leopoldo era excessivamente cruel com seus prisioneiros, usando correntes em torno de seus pescoços que produziam feridas nas quais moscas se fixavam.

5. Era uma fraude dizer que o Estado Livre do Congo estava produzindo hospitais e escolas. Havia poucos barracões não adequados para cavalos. Ele afirmava que nenhum dos oficiais falava qualquer língua africana.

6. Comerciantes e oficiais brancos estavam raptando mulheres africanas para usá-las como concubinas.

7. Os oficiais brancos estavam atirando nos aldeões para capturar suas mulheres, intimidar os sobreviventes para trabalharem como escravizados e por vezes apenas por esporte.

8. Em vez de Leopoldo ser um cruzado nobre antiescravidão, seu governo se envolveu no tráfico de escravizados, no varejo e atacado.

Williams foi uma figura heroica, abrindo a porta para outros condenarem a perseguição do povo congolês. Foi o primeiro a chamar atenção para o crime que estava sendo cometido contra a humanidade. Três meses após escrever a Carta Aberta, escreveu ao presidente dos Estados Unidos, Benjamin Harrison, relatando as condições no Congo.

Figura 12.2 – William H. Sheppard, William Morrison e homens Kuba

Fonte: Wikimedia Commons/Cortesia da Sociedade Histórica Presbiteriana, Igreja Presbiteriana (Estados Unidos) (Filadélfia, PA)

William Sheppard, outro afro-americano, também se encontraria com Henry Morton Stanley no Congo. Foi um explorador, intelectual e missionário. Fora ao Congo devido ao planejador racista do Alabama, o senador John Tyler Morgan, que levou os Estados Unidos a reconhecerem o Congo de Leopoldo e que queria encontrar um lugar para os afro-americanos emigrarem. Sheppard nasceu em 1865 na Virgínia e frequentou o Hampton Institute. Depois, estudou no Colored Theological Seminary, em Tuscaloosa, Alabama. Era um homem cheio de energia e dinamismo, o que se mostraria útil para seu trabalho no Congo. Ele salvou uma pessoa do afogamento, e resgatou alguns de um prédio de três andares em chamas, queimando-se no processo. Quando chegou ao Congo em maio de 1890, com um missionário branco chamado Samuel Lapsey, deveria estabelecer uma missão em Kasai. Os presbiterianos o haviam enviado como o missionário júnior de Lapsey, mas as condições, situações e exigências físicas do trabalho logo impeliram-no a uma posição natural de liderança (HOCHSCHILD, 1998, p. 151-153). Os africanos o acolheram imediatamente, chamando-o uma pessoa de graça, com personalidade luminosa e uma mente sagaz. Sheppard, orador e analista brilhante da situação, viajou aos Estados Unidos para denunciar a tortura, o abuso e a criminalidade dos brancos no Congo. Vendo-se como uma pessoa Kuba, acreditava que sua arte, entre as mais elevadas do mundo, deve ter sido a base para a arte egípcia. Ele se identificava com a cultura, estética e geralmente boa natureza do povo Kuba. Contudo, como missionário, permaneceu um professor e defensor. Sua defesa do povo Kuba contra a violência perpetrada pela Force Publique lhe redeu reconhecimento no Ocidente como um defensor do povo africano. Ele aprendeu a língua kuba e se tornou o único ocidental a falá-la. Em todos os sentidos, ele era um comunicador magistral. Os negros e os brancos apreciavam o fato de que sua postura tão positiva em relação à vida fizesse as pessoas ao seu redor felizes. Ele pedalou a primeira bicicleta na África Central. Quando teve um filho com uma mulher local não perdeu seu lugar na igreja. Na verdade, seu filho, Shapit, mais tarde dirigiria a imprensa impressa da missão. A descrição que Hochschild faz dele é muito apropriada:

> Alto e corpulento, ele se coloca entre um grupo de guerreiros negros com lanças e escudos, ele mesmo segurando uma lança. Ou, com um rifle, abre um grande sorriso, uma fila de homens com arcos e flechas distribuídos ao seu redor. Inúmeras vezes, Sheppard assume uma postura distinta. Está usando capacete de sol, camisa, gravata, terno de linho e sapatos de lona, todos brancos. Seu peito é projetado para fora, suas mãos confidentemente sobre seus quadris, e, em meio a um grupo de africanos, seu sorriso é cordial, orgulhoso e quase possessivo (HOCHSCHILD, 1998, p. 155).

Para mostrar sua apreciação pela cultura e pelas tradições do povo Kuba, Sheppard viajou sozinho para sua capital, Ifuca, em 1892, e foi interceptado pelos soldados do Rei Kot aMbweeky II, que havia anunciado que decapitaria qualquer um que entrasse em sua capital sem permissão. Porém, quando Sheppard foi levado a ele, ficou impressionado com o fato de que era um homem negro que falava kuba. Imediatamente, seus conselheiros lhe disseram que Sheppard era um espírito reencarnado de Bope Mekabe, um antigo rei. Desnecessário dizer que o rei o saudou com um grande banquete, o fez sentar em um trono de marfim e colocou sobre sua cabeça uma coroa de contas e penas. Ele era um verdadeiro Kuba agora.

Não muito depois desse evento, retornou aos Estados Unidos para um ciclo de palestras. Parou na Inglaterra, onde recebeu o título de Fellow da Royal Geographical Society. Os ingleses, arrogantemente, para homenageá-lo, deram seu nome a um lago que ele fora o primeiro estrangeiro a ver em Kuba. Obviamente, o lago tinha um nome Kuba e a ação da Royal Geographical Society foi mais uma forma de os europeus tentarem se apropriar da história e geografia da África. Ele não ficou impressionado. Conhecia as realidades no território do Congo e passou sua palestra descrevendo os homens que geriram a iniciativa de Leopoldo no Congo como uma irmandade de bandidos com o propósito de desmoralizar e humilhar um povo magnífico. Ele lembrou seu público das palavras de David Hume: "os humanos desejam e desejam, e não há fim para seu desejo". Ele havia visto a ganância, a completa e detestável ganância, dos oficiais europeus nas florestas tropicais do Congo e acreditava que fosse necessário, inclusive em nome de Deus, interrompê-la.

O príncipe de Futa Jallon

Em 1762, uma centena de anos antes de Leopoldo e Stanley pilharem o Congo, nascia Abdul-Rahman ibn Ibrahima Sori. Mais tarde, em 1829, morreria após uma horrenda experiência na escravidão americana. Em 1788, foi capturado durante as ferozes batalhas da *jihad* entre os Fulbes e outros africanos na região de Futa Jallon da Guiné. Quando o Islã entrou na África Ocidental entre os séculos XIII e XVI, muitos reinos foram derrubados nas guerras por dominação. Os Fulanis e seus parentes conseguiram estabelecer Tuta Toro, Futa Jallon, Futa Masina e os estados Sokotos nos séculos seguintes. Abdul-Rahman se tornou uma vítima nos conflitos jihadistas. Foi capturado e vendido aos traficantes de escravizados dos Estados Unidos, mas seu senhor, Thomas Foster, logo descobriu, por seu conhecimento, inteligência e personalidade, que era de nascimento nobre. Na verdade, foi um emir ou governador em seu país. Thomas se referia a ele como "príncipe" enquanto o manteve em cativeiro. Abdul-Rahman viveu 40 anos como escravizado, até ser libertado em 1828, após o sultão do Marrocos exigir sua libertação. O governo americano durante o mandato de John Quincy Adams o libertou. Sylviane Diouf (1998) escreveu uma das mais fascinantes descrições da vida de Abdul-Rahman no livro *Servants of Allah: African Muslins enslaved in the Americas* [Servos de Alá: muçulmanos africanos escravizados nas Américas].

Abdul-Rahman foi um *torodbe*, um clérigo muçulmano, de ascendência Fulbe, que nasceu na cidade de Timbo. Seu pai, de acordo com Diouf (1998), foi um rei cujo objetivo era solidificar a união islâmica de Futa Jallon, em 1776, o mesmo ano em que os americanos declararam independência. O jovem Abdul-Rahman viveu e estudou em Timbo, era versado nas ciências ensinadas nas escolas islâmicas e falava quatro línguas. Seu pai, Almani Sori, colocou-o no comando do regimento do exército e, em 1781, após retornar de Timbuktu, foi nomeado emir e logo conquistaria o povo de Bamana. Seu pai, então, colocou-o no comando de um exército de 2 mil soldados cujo objetivo era proteger a linha costeira e fortalecer o desenvolvimento econômico da área. Enquanto executava essa responsabilidade, foi capturado e depois vendido aos britânicos que o enviaram a Natchez, Mississippi. Em 1794, casou-se com Isabella, outra africana escravizada, e terminaram tendo uma família de cinco filhos e quatro filhas.

Devido ao seu conhecimento em agricultura e habilidades de liderança, tornou-se o "capataz" da plantação de Foster. Recebeu um pouco de liberdade para ter sua própria horta e vender mercadorias aos mercados de proprietários locais. Enquanto servia na plantação, encontrou um homem branco, Dr. John Cox, um cirurgião irlandês, que havia servido em um navio inglês na África Ocidental. Por alguma razão, foi abandonado por seu navio e chegou sozinho à cidade de Timbo, tornando-se o primeiro homem branco a entrar lá. Permaneceu em terra por seis meses e foi cuidado pelo clã de Abdul-Rahman. Cox pediu a Foster que lhe vendesse Rahman para que pudesse enviá-lo de volta para casa. Ele não foi atendido em seu pedido e morreu antes que Abdul-Rahman fosse libertado.

Em 1826, Abdul-Rahman escreveu uma carta para seus parentes na África que foi transmitida por Andrew Marschalk, um holandês local, que vivia no Mississippi, a um senador de lá, que fez com que a carta fosse encaminhada ao consulado americano no Marrocos. A carta fora escrita em árabe e, quando chegou ao sultão marroquino Abderrahmane, ele pediu que Abdul-Rahman fosse libertado. Thomas Foster concordou em libertá-lo sem pagamento e com a estipulação de que teria de deixar os Estados Unidos, porque não queria que vivesse como um homem livre. Abdul-Rahman tentou em vão conseguir dinheiro para pagar pela libertação de todos os seus filhos, mas só foi capaz de salvar dois filhos casados. O resto de sua família permaneceu escravizada. Esse caso se tornou um dos inconvenientes que Andrew Jackson usou contra John Quincy Adams em sua campanha presidencial. Abdul-Rahman e Isabella partiram para Monróvia, Libéria, onde morreram quatro meses depois. Mas ele nunca mais viu seu lar, Futa Jallon, nem seus filhos, que ficaram nos Estados Unidos.

A África descobre sua voz

A história da África é cheia de exemplos de pessoas que foram resilientes em sua recusa à dominação, mesmo que isso significasse se opor a outros africanos que promovessem ideias estrangeiras. Parece que, em muitos casos, o amor subjacente pelas terras ancestrais gerou uma resistência vigorosa. Embora seja verdade que os africanos nem sempre conseguiram manter a liberdade, as disputas foram constantes e agora são uma parte do registro histórico.

Cambaleando em decorrência do ataque do tráfico europeu de escravizados, os líderes africanos e suas nações estiveram em uma guerra persistente por muitas décadas entre os séculos XV e XIX. Em toda parte, as pessoas encontravam vontade para resistir. Líderes políticos lideraram movimentos de resistência, e quando não conseguiam ou não tinham disposição para fazê-lo, esses movimentos foram liderados por homens e mulheres comuns, alguns alegando serem guias espirituais que tinham conhecimentos das fraquezas militares dos brancos. Como em qualquer outro caso de grande tragédia nacional, os líderes e povos das nações africanas tentaram desesperadamente encontrar respostas para a perda de vidas e de terras perpetradas pelos europeus. Se uma nação é atacada por terroristas e centenas de pessoas são mortas como no 11 de setembro de 2001 nos Estados Unidos; se é bombardeada do céu como em Nagasaki e Hiroshima, ou se é atingida por um poderoso desastre natural como o tsunami de 2004 no sudeste da Ásia, as pessoas imediatamente buscam alguma resposta em suas crenças, religiões ou filosofias. As massas necessitam de respostas e quase sempre alguém se apresenta para explicar que as pessoas não foram abandonadas por sua religião. Já na época da Conferência de Berlim sobre a África, o povo do continente havia começado sua campanha pela independência. Eles haviam sido abalados pelas horrendas práticas de escravização dos europeus e agora sentiam que não poderiam deixar as potências europeias passar sem problemas.

A busca pelo império de Ismail, o Magnífico

Quando o líder egípcio Ismail Pasha, muitas vezes chamado "Ismail, o Magnífico", reduziu a Eritreia a um Estado vassalo no século XIX, olhou para a Etiópia como um possível território adjacente. O Egito havia herdado investimentos da abertura do Canal de Suez em 1869 e agora seu líder pensava que poderia criar sua própria esfera de influência. Com a conquista da Etiópia, os Quedivas seriam capazes de falar de um novo império egípcio abrangendo Egito, Sudão, Eritreia e Etiópia. Ultrapassaria qualquer império que jamais ocupou terras na África.

Mas a Etiópia não era um prêmio fácil e sua independência foi a mais longa de qualquer nação no mundo, com exceção da China. Além disso, enquanto Ismail Pasha estava considerando a invasão da Etiópia, vários infortúnios ocorreram no país. Houve a falência nacional de 1876 como resultado de expansão exagerada e má administração. Subsequentemente, a ascensão, em 1881, de Muhammad Ahmad, o *mahdi*, no Sudão, levou o Egito a abandonar seus soldados emboscados na Eritreia, sem recursos ou pagamento. Em 1882, a Grã-Bretanha ocupou o Egito, o qual ela já supervisionava. Os franceses, mantidos a distância no leste da África, estabeleceram uma colônia na Somalilândia francesa e instalaram uma base naval em Djibouti no Mar Vermelho. Em 1884, os egípcios estavam se retirando tanto da Eritreia como do Sudão.

A emergência do mahadi

A ascensão de Muhammad Ahmad no Sudão em 1881 foi uma indicação de que a Europa seria contestada no continente--mãe. Ahmad foi proclamado o *mahdi*, o guiado cujas ações são controladas por Deus, e logo depois tentaria recuperar o poder para o povo nativo do Sudão. Haveria um aumento da resistência africana ao longo do continente na última parte do século XIX e na primeira parte do século XX.

A Alemanha havia invadido Togo e Camarões no começo de 1884, meses antes da Conferência de Berlim e, em fevereiro, houve uma revolta contra essa ocupação. Durante o mesmo ano, os somalis lideraram uma resistência armada contra várias potências europeias, incluindo britânicos, franceses e italianos, todos desembarcando para promover seus objetivos imperiais. Mais uma indicação de que a Europa não seria capaz de repousar confortavelmente em sua ocupação foi a Rebelião Massingina em Nyasaland (Malawi), em 1884. Essa rebelião atingiu o núcleo do projeto colonialista. Após a assinatura do acordo de Berlim, que dividia o continente africano em zonas europeias de influência, mais de 20 grandes rebeliões ocorreram na África Central, incluindo os países de Angola, Moçambique, Nyasaland, norte da Rodésia (Zâmbia) e o Congo. Essas revoltas durariam até o começo da Primeira Guerra Mundial, em 1914.

O exército britânico atacou o *mahdi*, e o General Gordon foi derrotado na batalha de Cartum, em 1885. No ano seguinte, foi a vez da França sentir a pungência da fúria africana. O aclamado general e estrategista militar Samori Ture demonstrou inteligência e coragem ao moldar uma força disciplinada de infantaria e cavalaria para combater os franceses na África Ocidental. Usando diplomacia e guerra, o exército de Samori infligiu perdas severas aos franceses, derrotando-os em várias batalhas. Seriamente atacados na área da Guiné e Mali, os franceses invadiram a Costa do Marfim. Pode ter sido um desvio, mas não impediu o movimento de resistência a oeste.

Ahmadu Seku e Samori Ture confrontam a França na África Ocidental

Em 1889, os franceses foram enfrentados pelas forças de Ahmadu Seku, o líder do Império Tucolor, quando tentaram agressivamente se estabelecer de Dakar a Bamako. A ideia francesa era construir uma ferrovia que lhes desse o controle da área do Alto Níger, através de uma série de fortes ao longo dela. Isso violava todos os direitos da terra do povo Tucolor. Ahmadu Seku era filho e sucessor de al-Hajj Umar. Seu principal rival na área era Samori Ture, das forças mandinkas. Os dois líderes foram incapazes de se unir contra os franceses, que os levaram, enganosamente, a acreditar que a diplomacia estava funcionando. Os franceses encontrariam Ahmadu Seku e então desconsiderariam todos os acordos feitos com ele. Trataram Samori Ture do mesmo modo. O fato era que os franceses não tinham intenções de manter acordos entre eles e quaisquer africanos. Não acreditavam que os tivessem de manter, pois não viam os africanos do mesmo modo como viam os brancos.

Os franceses violaram os tratados que fizeram com Ahmadu Seku várias vezes. Ele fora inclusive persuadido a apoiá-los em sua guerra contra o Estado Futa Bondu de Mahmadu Lamine, situado entre o atual Senegal e a Gâmbia, entre 1885-1887. Em uma mostra de traição arrogante, o exército francês se voltou contra as forças de Ahmadu, lançando um ataque-surpresa a fortalezas e aldeias tucolores, em 1889. O que ficou claro nesse conflito, assim como nos anos seguintes, foi que as forças europeias não tinham soldados mais corajosos nem melhores generais, mas estavam no comando de um poder de fogo maior. Os franceses usavam uma artilharia que enviava projéteis poderosos contra as forças de Ahmadu Seku, destruindo seu exército, suas fortalezas e suas cidades. Mesmo quando os franceses derrotaram a cidade de Segu em 1890, o líder Tucolor se recusou a se render, tão grande era seu amor por seu país. Eles se refugiaram na cidade de Masina e de lá operaram ações de guerrilha até 1893. Usando a técnica de dividir e conquistar, que estava funcionando bem em lugares em que a ambição era maior que a lealdade, os franceses tornaram o irmão de Ahmadu seu rei títere em Masina. Ahmadu Seku teve, então, que fugir para Sokoto, onde morreu. Seus seguidores se dividiram em facções, e alguns se juntaram a forças ainda resistentes de Samori Ture, que estava determinado a expulsar os "infiéis e pagãos" franceses do país.

Samori Ture é o guerreiro mais lendário a combater o imperialismo colonial na África Ocidental. Foi um hábil general, talvez o maior líder militar na história da África Ocidental, com um *pedigree* que remonta ao monumental Sundiata. Os 30 mil soldados sob seu comando o seguiriam onde quer que fosse para combater os inimigos da África. Seu coração não era um joelho; ele não se curvou diante dos exércitos franceses. Em vez disso, deu sua coragem aos seus guerreiros e defendeu os princípios de seu país nativo. Tanto sua infantaria como sua cavalaria eram dotadas de armas importadas do país livre de Serra Leoa ou feitas por seus próprios ferreiros mandinkas. Apelar a um forte senso de nacionalismo Mandinka que remontava aos dias de glória do Império Mali era o bastante para encher seus quadros de guerreiros entusiastas.

A intriga e duplicidade francesas afastaram Samori de sua vigilância, e após uma série de tratados inúteis os franceses invadiram seu território a partir do Norte em 1891. Samori não queria enfrentar o exército francês – que continha muitos africanos da colônia do Senegal – em uma batalha aberta porque eles tinham artilharia e metralhadoras. Ele, então, se retirou da capital Bissandugu, usando uma política de terra arrasada, que eliminou todas as plantações e animais da área central do país. Foi uma retirada tática que negou ao exército francês quaisquer suprimentos, obrigando-os a abandonarem seu objetivo.

Samori Ture, o ousado camaleão, escapou para reorganizar seu exército e seu império, mas, como agora era visto como um ocupante estrangeiro, foi obrigado a diminuir o escopo de seu território. O Império Asante de Gana, em guerra com os britânicos, bloqueou sua expansão a leste, e o Império Mossi se posicionou ao norte, bloqueando avanços naquela direção. Samori tentou garantir um protetorado dos britânicos, pedindo-lhes para assumir o controle de seu império e protegê-lo dos franceses. Contudo, como os britânicos tinham os mesmos objetivos e interesses dos franceses, recusaram. Restou-lhe lutar contra os franceses. Shillington captura os últimos dias da máquina de guerra de Samori Ture com estas palavras:

> A despeito de ter sido excluído dos fornecedores de armas de Serra Leoa, o exército mandinka ainda obteve importantes vitórias contra os franceses. No fim, foi a fome que terminou derrotando as tropas de Samori nas montanhas do norte da Libéria em 1898. Ele se entregou aos franceses e se exilou em Gabão, onde morreu aos 70 anos em 1900 (SHILLINGTON, 1989, p. 309).

Seria o nome de Samori Ture que inspiraria a resistência e rebelião no século XX ao longo da África Ocidental.

Os franceses estavam muito ocupados com as rebeliões e revoltas na África Ocidental. Eles nunca puderam falar de falta de resistência para conquistar, porque sua experiência não foi senão um movimento de resistência após o outro uma vez que os líderes africanos e seus exércitos tentaram se livrar dessa imposição não natural sobre seu corpo político. Em 1891, os Baules da Costa do Marfim iniciaram uma resistência, que durou até 1902; Béhanzin, rei de Dahomey, iniciou outra, que durou de 1891 a 1894, quando foi preso pelos franceses e deportado para a Argélia, onde morreu, em 1906. Um padrão de prisões e exílios se tornou o modo europeu de lidar com a lealdade do povo aos seus reis e líderes. Essa prática foi seguida por todas as nações europeias.

O reino de Dahomey: a sabedoria de Béhanzin

A África viu dezenas de reinos militares organizados em sua longa história. Alguns travaram guerras de guerrilha contra os exércitos invasores; outros foram estados organizados. Dahomey, com sua capital em Abomey, foi um reino desses que se encontra entre os de Asante, Zulu, Peul, Ioruba, Ndebele, Hauda-Fulani, Jolof, Mande e outros reinos e impérios que combatiam em uma união estreita. A força de Dahomey pode ter-se devido a três fatores: organização militar, unidade religiosa e controle do comércio em sua região. A organização militar era notável pela força dos regimentos femininos. Outros exércitos na África também permitiram mulheres em batalhas, mas o treinamento e a habilidade superior das amazonas, como eram chamadas em Dahomey, tornaram o exército uma máquina de guerra formidável e eficiente. Uma comandante lendária, She-Dong Hong-Beh, liderou 6 mil mulheres contra a fortaleza Egba Ioruba, em Abeokuta, em 1851, cinco anos antes do nascimento de Béhanzin, que cresceu na corte ouvindo as histórias de vitórias de seu pai Glele, que era rei na época dos feitos de She-Dong.

Sob muitos aspectos, Béhanzin foi uma das mais surpreendentes personalidades do reino militar de Dahomey. Nasceu em 1844, filho favorito do Rei Glele, o décimo rei de Dahomey. Béhanzin assumiu o trono como o décimo primeiro rei aos 45 anos. Governou de 1889 a 1894. Seu exército consistia de 15 mil homens e 5 mil amazonas. Conhecido por seguir as tradições de seu pai, também foi brilhante em personalizar o reinado, de modo que o povo visse que era um rei original, não apenas o filho de seu pai. Ele usou as tradições e rituais da função para resistir à invasão francesa. Portando vários símbolos reais belos que o distinguiam de outros membros da realeza, Béhanzin, o rei-tubarão, mantinha um tubarão negro próximo de seu trono, fumava um longo cachimbo e vestia capas vermelhas brilhosas. Dois coqueiros formavam seu emblema, junto ao ovo, simbolizando seu próprio nome, "o ovo do mundo".

Quando chegou ao poder, viu-se rei em um país que havia sido destituído pelos franceses em 1882, quando declararam o controle sobre Porto Novo, um Estado vassalo de Abomey, sem discuti-lo com o rei ou as lideranças locais de Porto Novo. Foi a força bruta que permitiu aos franceses ocuparem o país. Após a Conferência de Berlim, chamada a "Conferência para a Disputa pelo Bolo Africano", os franceses estenderam seu controle sobre a costa oeste inteira de Porto Novo na direção do que é agora a Nigéria. O Rei Glele, por insistência de seu filho, Béhanzin, disse aos franceses que o povo Fon não poderia mais permitir suas ações.

Para se imporem aos africanos, os franceses decidiram reforçar seu exército com soldados adicionais e depois ocupar Cotonou, em 1890. O Rei Glele morreu repentinamente, e Béhanzin, como novo rei, teve de imediatamente se preparar para a guerra. Felizmente para ele, os alemães, que se opunham à ação francesa, apesar de serem um grande patrocinador da Conferência de Berlim, forneceram rifles a Dahomey. Na esperança de dissuadir os franceses de se estabelecerem muito firmemente no país, Béhanzin ordenou que seu exército queimasse as plantações de palma que os franceses haviam feito em Porto Novo e enviou seus homens para enfrentar o exército francês em Cotonou. Os franceses foram terrivelmente derrotados nessa batalha e propuseram um acordo com o rei. Béhanzin concordou, sob a condição de que os franceses pagassem uma anuidade pelas plantações e pelo uso do porto. Como os estados africanos aprenderam repetidamente, esse tratado não se manteria, porque os franceses jamais desistiriam de seu objetivo de controlar a região inteira. Após dois anos, se moveram para anexar Dahomey porque achavam que os alemães ou os britânicos fariam o mesmo. As disputas europeias se desdobraram em solo africano.

Contudo, Béhanzin continuou a aumentar seu exército para batalhas futuras. Prometera defender as terras ancestrais e queria muito proteger a soberania de Dahomey. Várias guerras foram travadas entre os franceses e seu exército. No fim, devido a armas mais poderosas e a um constante abastecimento de seus soldados, os franceses terminaram prevalecendo, atacando os santuários espirituais e florestas sagradas que consideravam a fonte da força Dahomeana.

O sábio Béhanzin decidiu interromper os massacres e se rendeu em 1894, mas se recusou a assinar qualquer documento ou tratado dando aos franceses autoridade sobre o país. Como punição, enviaram-no para o exílio na Martinica, uma ilha caribenha, e depois à Argélia, onde morreu.

Após enviarem Béhanzin e sua família imediata ao exílio, os franceses instalaram um títere chamado Agoliagbo, que permaneceu apenas alguns anos. Eles então declararam a posse de Dahomey, mas o povo permaneceu intimamente ligado às suas terras ancestrais. Ama Mazama escreveu:

> em contraste com indivíduos como Agoliagbo e outros como ele, que não lutaram realmente contra o governo colonial europeu na África, Béhanzin se tornou um símbolo pan-africano de integridade, coragem e resistência heroica contra a supremacia branca (MAZAMA, 2016).

A Afrocentricity International, a organização mundial pela consciência afrocêntrica, elevou-o, em 2016, ao *status* de super-herói da resistência africana, 110 anos após sua morte.

Os franceses não foram os únicos a estarem muito ocupados com a resistência. Os britânicos invadiram Ijebu (Ioruba), na África Ocidental, e Uganda, na África Oriental, no mesmo ano, 1892. O rei Ioruba, Ijebu, resistiu à invasão britânica com um exército de 7 mil a 10 mil homens, que, inicialmente, repeliu as forças britânicas. Quando os britânicos trouxeram a metralhadora para a frente de batalha, foram capazes de subjugar os Iorubas. Uma vez mais, não foi por falta de coragem ou vontade que a resistência africana perdeu, mas pela falta das armas mais sofisticadas da época.

O ano de 1893 viu os franceses invadirem a Guiné, declarando-a uma colônia do governo francês. Um ano depois, um sacerdote da religião mbona liderou um movimento no Congo, chamado Rebelião Massingire, que foi inspirada na sacerdotisa Maria Nkoie, que deveria tornar seus seguidores imunes às armas dos europeus. Esse projeto fracassou, e muitos dos seguidores dessa rebelião e do grupo de Nkoie foram mortos. Contudo, conseguiram amedrontar os invasores e enviar uma mensagem aos franceses. Um provérbio africano diz: "quem mexe com o cachorro, mexe com o dono do cachorro", e, aqui, as massas haviam ameaçado o próprio poder dos franceses. Dali em diante, esses nunca mais permitiram o surgimento de qualquer grupo de justiça espiritual ou social local sem se inserirem na organização. Todavia, os africanos, tão determinados a conquistar sua própria harmonia e paz social, foram corajosos na demonstração de novos métodos de resistência. Contudo, foram as formas antigas que haviam reaparecido na Etiópia.

A Etiópia se opõe à Europa

Yohannes IV, imperador da Etiópia, foi apresentado à altamente arriscada política internacional. A Europa não era unida nem discreta. Algumas nações disputavam posições de controle e poder na África do Norte. A Europa era direta e ousada, e o grande povo etíope teve de encontrar um modo de avançar. Enquanto toda a África parecia estar se defendendo contra a louca disputa europeia, algumas nações estavam tomando as maiores porções possíveis do bolo africano. Por exemplo, a França, essencialmente, "roubou" Túnis, e sua ação para tornar a Tunísia um protetorado foi chamada "o roubo de Túnis". Em 1882, um ano após a França tomar Túnis, os italianos formaram uma aliança com a Áustria e a Alemanha contra os franceses, no que se tornaria uma disputa por influência na Europa e na África. Estimulados por seus aliados e sentindo que os britânicos também os apoiavam, os italianos lançaram sua invasão na Eritreia.

Com efeito, os italianos viam sua busca por conquistar um território africano como parte de sua afirmação de poder, uma vez que não fazia muito tempo que a Itália se tornara um país. Vários reinos e principados haviam finalmente se unido em 1869 para constituírem uma nação, e dois anos depois, em 1871, Roma seria declarada a capital do reino da Itália, completando para muitas pessoas o *Risorgimento*, a ressurgência e restauração de uma grande nação. Os políticos e estrategistas previam uma nação gloriosa com todo o *status* imperial de uma nova Roma. Infelizmente, isso não aconteceu imediatamente, e muitos dos italianos viviam na completa pobreza.

Alguns nacionalistas italianos pensavam que uma aventura na África, uma parte do mundo que poderiam certamente dizer que fosse pior, possivelmente satisfariam o temperamento chauvinista da nova nação. Consequentemente, a declaração muito citada de Il Diritto dizia:

> a Itália deve estar pronta. O ano de 1885 decidirá seu destino como uma grande potência. É necessário sentir a responsabilidade da nova era para tornar novamente o homem forte sem medo de coisa alguma, com o amor sagrado da pátria, de toda a Itália, em nossos corações (PERRY, 2005, p. 196).

Assim, foi colocado em movimento a busca italiana por uma fama revivida às custas dos etíopes. Contudo, o que não estava claro para os italianos era o fato de que a nação etíope havia se tornado uma nação muito antes de muitas na Europa, e que o orgulho do povo etíope resultava não meramente do sucesso na guerra – e tivera muitas vitórias das quais se gabar – mas da arte, cultura, agricultura, ciência e filosofia. Assim, estava pronto o cenário em uma Europa renascente e uma Itália aspirante para um confronto histórico com a Etiópia.

A Conferência de Berlim de 1884-1885 havia acelerado a imaginação daquelas nações europeias que não haviam sido bem-sucedidas, antes da disputa pela África, em garantir seus territórios lá. A Itália, somente uma infante entre as nações europeias, logo viu sua oportunidade para entrar na disputa por uma das maiores recompensas de todas: a Abissínia (ou Etiópia, como mais tarde viria a se chamar).

Etiópia: o corajoso Menelik II defende o império

Menelik II, filho do reinado Shoa, tornou-se imperador da Etiópia em 25 de março de 1889, após derrotar os exércitos dos reinos do Tigre e de Amhara. Aproveitando-se da nova situação política, dois meses depois, os italianos, já na Eritreia, insistiam em que o imperador assinasse o Tratado de Wuchale, um documento cuja infâmia é mencionada até hoje pelos etíopes. Assim,

455

em 1893, a resistência etíope cresceu em um esforço que inspiraria o continente africano inteiro. A diplomacia havia fracassado entre a Etiópia e a Itália, e, quando o Imperador Menelik II viu que os italianos estavam se preparando para a guerra, importou 82 mil rifles e 28 canhões, e repudiou o irregular Tratado de Wuchale com a famosa declaração: "a Etiópia não necessita de ninguém; ela estende suas mãos a Deus".

Menelik II liderou a mais bem-sucedida campanha de guerra contra um exército colonizador europeu. Seu nome e seus feitos estão registrados na alma do povo etíope, e permanece um dos mais celebrados líderes mundiais de todos os tempos. Ele serviu como governador da província de Shoa por 25 anos e depois, em 1889, se tornou imperador. O que o levou à grandeza foi seu desejo de incorporar a melhor tecnologia ao seu país. Queria ver a Etiópia equivalente a qualquer outra nação. Ele construiu pontes, bibliotecas, linhas telegráficas, ferrovias, bancos, hotéis, hospitais, escolas, uma casa da moeda, jornais e um sistema postal. A ideia era modernizar o antigo reino. Mas essa também foi a época do expansionismo e imperialismo europeus. A Itália já havia declarado uma colônia no Mar Vermelho, a Eritreia. A guerra era inevitável, mas o imperador etíope acreditava que a vitória fosse certa.

A Etiópia permaneceu consciente das maquinações dos egípcios e dos europeus, mas se viu cada vez mais ameaçada nessa era de imperialismo. Consequentemente, a nação foi obrigada a assinar um tratado em 1884 com a Grã-Bretanha e o Egito. Esse arranjo significava que os etíopes poderiam usar Massawa, na Eritreia, como uma cidade portuária. Como o país estaria isolado do mar sem essa provisão, isso temporariamente criou boa vontade. Do outro lado, os britânicos ganhariam um aliado na Etiópia como uma defesa contra os interesses franceses no Chifre da África. Assim, com o Egito fora da Eritreia, os franceses restringidos na África Ocidental e impedidos em sua tentativa de estender suas asas imperiais sobre o Chifre, Londres traiu os etíopes e convidou os italianos para se mudarem para a Eritreia.

Menelik logo viu que a Itália não desistiria de seus objetivos na Etiópia. O Tratado de Wuchale fora escrito em amárico e italiano. Os italianos entendiam que o tratado dizia que todas as comunicações com nações estrangeiras tinham de se dar através deles. Os etíopes, por sua vez, entendiam que o texto dizia que, se quisessem, poderiam usar os italianos para se comunicar com forças estrangeiras. A Itália usou esse texto para declarar um protetorado sobre a Etiópia e foi rapidamente reconhecida pelas potências europeias. Para reforçar sua declaração, os italianos, auxiliados pelos britânicos e franceses, avançaram para a cidade de Adowa, na Etiópia, e a ocuparam em janeiro de 1896.

Enquanto discutiam o disputado texto, Menelik estava importando armas da França e da Rússia, e continuava a aumentar seu controle sobre a Etiópia, fortalecendo seu apoio entre os príncipes e organizando seus exércitos. A mobilização de seu exército e povo é vista como uma das preparações mais completas para guerra que qualquer nação africana jamais realizou para impedir uma força estrangeira de conquistar seu país. Menelik não queria ver sua religião, cultura ou soberania nas mãos de outra nação.

O Tratado de Wuchale se torna um instrumento de guerra

Os italianos consideravam que o Tratado de Wuchale dava--lhes controle sobre a Eritreia, a costa do Mar Vermelho, o Tigre e o nordeste da Etiópia. Menelik II ganharia apoio italiano para a legitimação de seu governo, como se necessitasse desse apoio de um Estado europeu, e 28 canhões e milhares de mosquetes, que, claramente, poderia utilizar. Logo ficou claro que o tratado bilíngue não dizia as mesmas coisas em amárico e em italiano. Na verdade, a cópia italiana não dava aos etíopes a "importante autonomia", descrita na versão etíope. Além disso, a versão italiana dizia que a Itália estabeleceria um protetorado na Etiópia. Isso era contrário à versão etíope que prometia que Menelik poderia, se achasse necessário, contatar governos estrangeiros por intermédio da Itália. Não havia orientação na versão etíope do tratado de que o imperador da Etiópia tivesse de usar a Itália como intermediária.

A cópia que Menelik II assinou e que os etíopes possuíam era diferente daquela que possuíam os italianos. Cinco meses depois, em outubro de 1889, a Itália informou efusivamente aos governos europeus que estava no controle de todos os assuntos da Etiópia, que, de acordo com o Tratado de Wuchale, era agora seu protetorado (GIGLIO, 1965; RUBENSON, 1964).

Sem hesitar nem analisar o tratado, uma maioria esmagadora de nações europeias aceitou a declaração da Itália. Somente a Rússia e o Império Otomano rejeitaram o acordo. A Rússia, em razão da subjugação de uma nação cristã ortodoxa por uma nação católica romana, e o Império Otomano porque alegava que a Eritreia lhe pertence. Quase todos os juízes objetivos acreditam que era improvável que o Imperador Menelik II tivesse dado aos italianos o controle sobre seus assuntos internacionais, uma vez que ele escrevera tanto à Rainha Vitória como ao imperador, ou *kaiser*, Wilhelm. Ele ficou sinceramente chocado quando, em 1890, lhe responderam dizendo que não poderiam negociar com a Etiópia, porque a Itália estava no controle do país, conforme o Artigo XVII do Tratado de Wuchale. Ele ficou furioso.

A Rainha Vitória havia enviado uma carta muito polida, indicando que não seria capaz de se comunicar com Menelik devido ao Artigo XVII. Contudo, o Imperador Wilhelm foi menos gentil e bastante vulgar, dizendo ao imperador que, como ele e o Rei Umberto I da Itália eram grandes amigos, jamais gostaria de se comunicar com Menelik novamente, porque isso seria uma violação do protetorado italiano e um grave insulto a Umberto. Além disso, Menelik logo saberia que os italianos só assinaram a versão amárica do tratado quando garantiram a Menelik que a versão deles era a mesma. Com certeza, o imperador havia assinado a versão amárica do tratado, e não a italiana. Esse foi o primeiro de uma série de problemas entre as duas nações.

A culpa pela falha no tratado foi atribuída ao Conde Pietro Antonelli, o ministro italiano em Adis Abeba. Embora a Itália o tivesse instruído a obter qualquer território que pudesse na Etiópia, ele achou que com a ascensão do Imperador Menelik II, o rei dos reis, a Itália não tinha tanto espaço para negociar quanto teria caso Menelik não tivesse colocado todos os reinos sob seu controle. Portanto, o que Antonelli fez foi mudar a escrita do Artigo XVII para dizer que a *Etiópia usaria a Itália* em vez de dizer que a *Etiópia poderia usar a Itália* em suas transações com outras potências.

Menelik só assinou o texto amárico, o que significava que estava consciente do conteúdo em amárico. Para ele, a ideia era que, se quisesse usar os serviços do rei da Itália, poderia, mas não que o tivesse de fazer. Menelik disse, em termos inequívocos, que jamais daria a outra nação poder sobre a Etiópia. Imediatamente, Antonelli foi chamado de volta à Itália, e lá começou a recorrer à propaganda racista sobre a qualidade da confiança entre pessoas negras. Na verdade, foram os italianos que tentaram enganar o imperador etíope. O racismo de Antonelli contra o povo etíope foi o desvio para o que ocorreria em alguns anos.

Menelik II consolidou sua força nas regiões e preparou seus oficiais para proteger a soberania do Estado etíope. Contudo, na Itália, Francesco Crispi, o primeiro-ministro, viu uma oportunidade para o país construir seu novo império romano na costa da África Oriental. O jornalista Kames Perry disse que "Crispi era um homem tolo, preconceituoso e muito perigoso" (PERRY, 2005).

A decisão de forçar a Etiópia a obedecer à versão italiana do Tratado de Wuchale foi tomada em Roma, mas seria de fato decidida no campo da Batalha de Adowa.

A Rússia se tornou grande fornecedora de armas para a Etiópia, uma vez que as alianças na Europa entre alemães, austríacos e italianos, que também estavam sendo cortejados pelos britânicos, deixaram a Etiópia sem qualquer fonte confiável de armamento. Em 1894, após criticar o Tratado de Wuchale, a Rússia recebeu uma delegação etíope em São Petersburgo e a enviou de volta, com armas e munição para defesa. A França, aliada da Rússia, apoiou a Etiópia, e, assim, ao fim de 1894, a cena estava completa, com exceção do protagonista. A Itália estava atuando nas margens de uma guerra total, cortando caminhos, intrometendo-se na Etiópia e recuando, forçando aldeões a fugirem e criando caos, mas ainda não tinha mostrado sua face completa e, assim, Menelik esperou e se organizou.

O poder de Menelik estava quase completo, e ele estava seguro em sua posição como líder da Etiópia. Temos sorte de ter a "Chronicle of the reign of Menelik II", de Guebre Sellassie, um trabalho magistral acessível a estudiosos e leitores comuns sobre a vida e época de Menelik II. Nessa narrativa penetrante, Sellassie nos mostra a vigorosa defesa que Menelik mostrou para a história africana, o que o posiciona quase sozinho na era moderna como um defensor das prerrogativas territoriais e do heroísmo histórico africanos diante de uma ameaça externa. O trabalho de Sellassie suscita uma compreensão crítica da preocupação de Menelik devido à sua erudição, atemporalidade e eloquência durante uma época de tremendas pressões.

Repudiando, constantemente, o Tratado de Wuchale a quem quer que ouvisse, mexeu com as emoções territoriais do povo etíope. Contudo, os italianos anexaram pequenos pedaços de terra, manifestaram-se contra o imperador em distritos distantes e, inclusive, cruzaram o Rio Mareb para a região de Tigray a partir da Eritreia, em dezembro de 1894. Graças à unidade africana e à fraternidade pan-etíope, os reinos que a Itália esperava que se levantassem contra o imperador, na verdade passaram para o lado de Menelik, a quem levaram as peras tradicionais, um símbolo de respeito e aliança. Consequentemente, Tekle Haymanot de Gojjam, Ras Mengesha Yohannes e o sultão de Aussa, com seu povo, se dirigiram a Menelik. Eles não seriam usados pelos italianos, que achavam que, por serem rebeldes, essas áreas se revoltariam contra o imperador. Com certeza, havia alguns grupos menores de etíopes que escolheram lutar do lado dos italianos, mas esses números eram minúsculos.

O confronto final ocorreu em Adowa, em 1º de março de 1896, e, quando terminou, o exército italiano havia sido decisivamente derrotado. Os italianos foram forçados a assinar o Tratado de Adis Abeba, que anulava o Tratado de Wuchale e reconhecia a independência da Etiópia.

A derrota da Itália para a Etiópia, como a da França pelos exércitos de Toussaint L'Overture e Dessalines no Haiti, em 1804, assinalaram ao mundo que os africanos defenderiam seus direitos e liberdades com seu sangue. Como historiadores geralmente observaram, a vitória da Etiópia não foi acidental. Foi uma vitória decisiva, planejada e executada por soldados brilhantes. Foi comparada às vitórias de Aníbal, Ramsés II e Tuthmoses III.

A Itália se equivocou completamente em relação à vontade da Etiópia. A arrogância da Europa estava em sua natureza expansiva, sua ambição imperial no continente da África e em sua asserção evidente de brutalidade crua, sem pensar que os africanos objetariam. O erro da Itália, no círculo europeu de imperialistas, era ter levado a Etiópia à conquista, uma civilização antiga que outrora fora considerada por Mani, o profeta, como uma das quatro grandes civilizações da antiguidade, junto à Pérsia, China e Roma.

A Etiópia desfruta de terras férteis nas montanhas e de clima moderado nos planaltos, além de ser perpassada por seções do Vale da Grande Fenda. Isso contrasta com as quentes e secas terras baixas, que estão abaixo do nível do mar e são muitas vezes vítimas de secas. Assim, é um país com grandes variedades de paisagem e topografia. O mesmo pode ser dito sobre seu povo, que também é diverso. Há mais de 40 diferentes grupos étnicos no país.

O cristianismo foi adotado pelos etíopes no século IV EC, e uma rica cultura se desenvolveu em torno dele com a língua ge'ez, uma das línguas escritas mais antigas da África (junto à medu neter [mdwm ntr] e à meroítica), como a fonte para Bíblias ilustradas e belas-artes. O "Kebra Nagast", ou o "Livro da glória dos reis" da Etiópia, escrito em ge'ez, foi o livro mais importante da tradição religiosa etíope. É uma obra antiga, tendo existido há pelo menos mil anos, e contém a história da linha salomônica de reis na Etiópia. O livro contém informações sobre como os etíopes perderam sua forma religiosa a fim de aceitar a religião de Israel. Um grande interesse pela história africana foi estimulado no Ocidente pela colonização europeia daquele continente. Muitos europeus acreditavam que o rei etíope, uma figura lendária chamada Prester John, fosse um dos grandes defensores do mundo cristão. Esse reino excitou a imaginação de europeus envolvidos em um conflito com o mundo islâmico. Espanha e Portugal tentaram descobrir nesse reino lendário um aliado contra o Islã e os otomanos.

As primeiras coleções de documentos do país do *negus*, que significa rei, vieram pelos escritos de Francisco Alvarez, um enviado de Emanuel, rei de Portugal, a David, rei da Etiópia, sob os auspícios do embaixador Rodrigo de Lima. Em documentos que detalham sua missão, Alvarez incluiu uma narrativa do rei da Etiópia, e uma descrição em português dos costumes e da cultura etíopes, que foi impressa em 1533. Entre as traduções mais completas do "Kebra Nagast" está o trabalho de Enrique Cornélio Agripa (1486-1535), "Historia de las cosas de Etiopia" (TOLEDO, 1528). Dentre os escritores, está também o padre jesuíta Manuel Almeida (1580-1646) com sua "Historia de Etiopia", que não parece ter sido publicada inteiramente. Manuel de Almeida foi enviado como missionário católico à Etiópia, e aprendeu sobre o "Kebra Nagast".

Seu manuscrito é importante para uma apreciação da cultura etíope. Seu irmão, Apollinare, também foi para a Etiópia como missionário e foi, com seus dois companheiros, apedrejado até a morte no Tigre. Foi apenas no fim do século XVIII que James Bruce de Kinnaird (1730-1994), famoso explorador britânico, publicou uma descrição de suas viagens na busca pelas fontes do Nilo, e que algumas informações sobre os conteúdos fabulosos de seu livro extraordinário passaram a ser conhecidas em um círculo seleto de estudiosos e teólogos. Quando estava para deixar Gondar, o rei etíope Takla Haymanot fez com que seu *wazir*, Ras Michael, lhe desse uma cópia do "Kebra Nagast". Não está claro quem criou o "Kebra Nagast". Na verdade, não ficou estabelecido quando foi escrito. Contudo, estudiosos acreditam que tenha sido criado durante a revivificação da linha salomônica de reis durante o reino de Yekuno Arnlak, de 1270 a 1285. Então, a Etiópia do século XIX era um país com uma fundação de dignidade, poder e orgulho nacional. Ela não seria uma presa fácil para qualquer nação. Nações buscando conquistar o país deveriam aprender essa lição.

Em 1868, a Etiópia foi invadida por 5 mil soldados britânicos e indianos enviados para castigar o *negus*, Tewodros II, por ter detido enviados e missionários. Ao ver em seu país tantos soldados estrangeiros que ele não podia controlar, Tewodros II se matou com um tiro, após ser abandonado por seus nobres. Seu exército enfraquecido havia sido derrotado em Magdala pelos britânicos e indianos, que logo se retirariam, deixando o reino de Tewodros abalado. Sua morte ocasionou uma luta pelo poder que, após quatro anos, resultou na ascensão de Kassai, o *ras*, ou senhor, do Tigre, uma das províncias. Proclamando-se *negus* Yohannes IV, Kassai teve de enfrentar muitas pressões externas. A década de 1870 foi uma época de dura resistência a repetidos ataques dos exércitos egípcios de Ismail Pasha, o vice-rei otomano que era líder do Egito. Os sonhos de Pasha de um grande Egito que incluía a Etiópia e os portos do Mar Vermelho, particularmente Massawa, levou-o a uma tentativa fútil de controlar a cidade portuária de Massawa. Seu exército sofreu derrotas terríveis nas mãos dos exércitos de Yohannes. Na batalha de Gura, em 7-9 de março de 1876, as forças etíopes derrubaram o exército egípcio de 20 mil soldados, que foi liderado por mercenários europeus e americanos, e os sobrepujou em uma surpreendente mostra da proeza militar etíope. O Egito jamais invadiria seu vizinho novamente, com ou sem apoio mercenário.

Menos de dez anos depois, em 1885, a Itália ocupou Massawa. No governo do Primeiro-ministro Francesco Crispi, a ambição italiana passou a ser a de ter seu próprio império colonial. Com a aprovação do governo britânico, que Crispi cortejara como aliado político, o exército italiano guarneceu Massawa. Com certeza, os etíopes consideraram esse um ato intolerável de provocação voluntária. Os etíopes foram comandados a assediar os italianos para onde quer que se movessem fora de Massawa e a não os deixar ter paz em lugar algum no país. Todavia, os italianos persistentemente mantiveram Massawa e tentaram expandir seus domínios na Eritreia, usando todos os tipos de técnicas cômicas como soltar balões para criar pânico e usar refletores para aterrorizar exércitos combatendo à noite. Em 26 de janeiro de 1887, os italianos moveram uma coluna de 550 homens para a guarnição de Saati, para aliviar os homens que lá estavam posicionados. Eles foram surpreendidos e massacrados em um vale estreito, escarpado, semelhante a um cânion. Foi uma derrota horrível para a Itália, com 430 mortos e 82 feridos; somente 48 homens sobreviveram ilesos. Os italianos chamaram esse o "Massacre Dogali"; os etíopes o viram como mais uma vitória contra um inimigo invasor. Em algum sentido, esse foi um evento precursor ao que ocorreria mais tarde ao exército italiano. Os italianos, cheios de ambições coloniais e subestimando a vontade dos africanos de defenderem sua nação, encontraram-se em uma guerra com um povo determinado. Coragem era a ordem do dia.

Parecendo estar cercado por todos os lados por inimigos querendo conquistar o reino antigo, Yohannes foi levado a lutar contra as forças do Mahdi em 12 de março de 1889. Na verdade, Yohannes levou uma força de 100 mil para Gallabat, uma cidade guarnecida egípcia através da cidade etíope de Meterna. A ideia era a Etiópia ajudar a aliviar os soldados egípcios presos e abrir um caminho para que pudessem receber suprimentos do Egito. Contudo, os mahadistas viram o exército etíope como intervencionista, que estaria entrando em um conflito que não era seu. Os dois exércitos africanos se confrontaram em Gallabat no sul do Sudão, e Yohannes foi morto. Em uma exibição horrenda da vitória sudanesa, o Califa Abdallahi ibn Mohammad mostrou a cabeça de Yohannes na ponta de uma estaca. Seu exército se retirou para a segurança das montanhas etíopes. Logo Ras Menelik de Shoa, o rival de Yohannes, tornou-se *negus* e foi coroado Menelik II, em Entotto, no lado sul do alto platô etíope. Ele deu um novo nome à cidade, Adis Abeba, que significa "nova flor", e a tornou um importante centro político.

A cerca de 805 quilômetros ao norte, o filho de Yohannes, Mangasha, reclamou o trono como o herdeiro de seu pai. Menelik concordou em dividir a província do Tigre, a sede de poder de Mangasha, com os italianos. Ele assinou o Tratado de Wuchale (Uccialli) em maio de 1889, que cedia aos italianos uma porção do território etíope ao sul até o Rio Mareb, cerca de 80 quilômetros ao sul de Asmara, e as terras baixas islâmicas de Bogos. Menelik receberia dos italianos rifles modernos e munição. O carregamento inicial de 5 mil rifles foi entregue, mas a munição foi cuidadosamente selecionada de modo que não servisse nos rifles. Armas adicionais foram compradas dos italianos, mas nunca foram entregues.

Menelik II foi rapidamente lembrado de que não poderia confiar nos italianos quando esses reivindicaram, sob o acordo de Berlim, a Etiópia inteira e se dirigiram para tomar a cidade de Adowa de Ras Mangasha, o líder local, que fora forçado a dividir parte da província tigreana com a Itália. Os italianos anunciaram que permaneceriam em Adowa até que Menelik II compreendesse o Tratado de Wuchale do mesmo modo que eles. Menelik se apercebeu então de que havia cometido um erro em ter confiado nas palavras de seus irmãos italianos cristãos. Como o *negus* de um império cristão, Menelik II se sentiu traído pelos italianos, que representavam o país católico romano da Itália. Ele nunca esqueceria a traição, e escreveu à Rainha Vitória da Grã-Bretanha dizendo:

> Não tenho qualquer intenção de ser um espectador indiferente, enquanto potências europeias distantes

> sustentam a ideia de dividir a África, pois a Etiópia existe há 14 séculos como uma ilha de cristianismo em um mar de pagãos. Acredito que Deus, que protegeu a Etiópia até hoje, irá protegê-la e aumentá-la, e não temo que permita que seja dividida e entregue a outras nações (MENELIK II apud PUGH, 2012. Disponível em: http://prezi.com/tht_3r7k2pnx/menelik-ii-and-ethiopia-1889-1913).

O governo de Vitória, ou seja, o governo britânico, era uma parte do plano italiano para entregar a Etiópia à nação europeia. Menelik não estava com medo nem completamente preocupado. Sua ideia era preparar o povo. Assim, enviou uma proclamação de mobilização que incluía as palavras:

> Inimigos chegaram a nós para arruinar nosso país e mudar nossa religião. Nossos inimigos começaram o problema avançando e penetrando no país como infiltrados. Com a ajuda de Deus não lhes entregarei meu país. Hoje, vocês são fortes, deem-me sua força; e aqueles que são fracos, deem-me suas preces (MENELIK II apud PUGH, 2012. Disponível em: http://prezi.com/tht_3r7k2pnx/menelik-ii-and-ethiopia-1889-1913).

Foi assim que a decisiva guerra começou. Em 29 de fevereiro de 1896, com estoques de alimento e munição diminuindo de ambos os lados, o general comandante italiano Oreste Baratieri fez o primeiro movimento no meio da noite. Enviou suas tropas na direção das forças etíopes. Contudo, errou no cálculo do impacto do terreno difícil, rochas, fissuras, cânions e colinas, e logo seu exército foi separado em pequenos grupos de homens sem comunicação entre si. Essa fraqueza foi observada pelo comandante etíope, Ras Makonnen (o pai do Imperador Haile Selassie), que ordenou seus soldados a explorarem o fato de os italianos estarem em pequenos grupos. Assim que o sol nasceu, os soldados pertencentes ao Imperador Menelik II e ao Imperador Taytu juntaram-se às forças de Ras Makonnen. Nesse dia, 1º de março, os italianos tiveram 11 mil baixas na pior derrota de uma nação europeia para uma nação africana. Baratieri foi exonerado de seu comando e a Itália experienciou humilhação nacional. Acredita-se que aproximadamente 10 mil etíopes também tenham perdido suas vidas, mas a vitória garantiu à Etiópia sua independência até 1935, quando Benito Mussolini tentou novamente derrotá-la.

Figura 12.3 – Imperador Menelik II

Fonte: Wikimedia Commons/Autor desconhecido

A vitória da Etiópia a tornou uma nação altamente reverenciada no continente. Os brancos até mesmo discutiam se era ou não uma nação africana, sem querer conceder que os italianos haviam sido derrotados pelos africanos. Sob alguns aspectos, a vitória dos etíopes continha as sementes do descontentamento posterior daquelas pessoas vivendo em Asmara e ao longo da costa que se definiam como eritreias. Em 1950, a ONU argumentou que a Eritreia deveria se tornar parte de uma Etiópia federada. Influenciada por inúmeros interesses, em 1962, a Eritreia decidiu encerrar a federação e se unificar completamente com a Etiópia. Contudo, essa não foi uma situação política com que todos os europeus concordaram. Oponentes da união começaram uma guerra de guerrilha de pequena escala, e a Frente de Libertação Eritreia (FLE) foi fundada. Inicialmente, a FLE era mais nacionalista e islâmica, e recebia ajuda do Iraque e da Síria. Logo mais cristãos começaram a se juntar, e a FLE se tornou cada vez mais anticapitalista. Divisões internas na FLE levaram à criação da rival Frente de Libertação Popular Eritreia (FLPE) em 1972, liderada por Osman Salah Sabbe, o ex-chefe da Liga Muçulmana.

Figura 12.4 – Imperador Haile Selassie

Fonte: Picryl/American Colony (Jerusalem). Photo Dept., photographer

Quando o imperador etíope Haile Selassie foi deposto em um golpe militar, em 1974, a FLPE e a FLE se uniram contra o governo etíope. Em 1976, as forças eritreias unidas expulsaram todas as forças governamentais da Eritreia. Houve ainda outra divisão na oposição eritreia quando Osman se desligou da FLPE e formou a

Frente de Libertação Popular-Frente de Libertação Eritreia (FLP--FLP), um movimento que refletiu rivalidades pessoais e divisões ideológicas. Os etíopes, com a ajuda da União Soviética e de Cuba, derrotaram os eritreus em 1978. Não foi uma vitória total para as forças etíopes, e houve um retorno a uma guerra de guerrilha mais limitada onde nenhum lado foi realmente capaz de assumir o controle. Houve conflitos contínuos entre as guerrilhas e as forças do governo ao longo da década de 1980, mas elas terminaram conseguindo obter vantagem, com várias vitórias importantes contra as forças etíopes. Em 1991, um referendo controlado pela ONU permitiu ao povo declarar sua independência, após uma retirada completa do exército etíope. Em 24 de maio de 1993, os eritreus declararam sua independência e nomearam Asmara sua capital. Imediatamente, o país teve de lidar com o fato de que sua infraestrutura inteira havia sido completamente destruída por 20 anos de guerra com a Etiópia. Houve pessoas deslocadas e refugiados ao longo do país, e uma fome para completar o problema da má infraestrutura. Contudo, os portos estrategicamente importantes do Mar Vermelho da Eritreia conseguiram ajudar a nação na recuperação. Ainda havia desconforto entre os dois inimigos. Membros de ambos os governos trabalharam juntos para derrubar o governo socialista, mas não conseguiram encontrar uma linguagem comum com relação às suas longas fronteiras. A área do Badme era pesadamente disputada, mas foi onde os eritreus posicionaram suas tropas de fronteira. Um tratado feito com os etíopes e italianos em 1903 delineou a fronteira eritreia nessa área. Contudo, a alegação da Etiópia era que o acordo com a Itália não era válido porque esse país não tinha direito ao território. Os etíopes não podiam aceitar o fato de que a nova realidade significava que estavam completamente isolados do Mar Vermelho, e os eritreus estavam exigindo enormes pagamentos pelo trânsito de mercadorias de e para a Etiópia. Assim, um problema que tomou fôlego no início da influência colonial da Itália, ou em sua tentativa, passou a dominar as vidas do povo eritreu e etíope por décadas.

A revolta Nehanda e Kaguvi no Zimbábue

Na parte sul da África, os povos Mashona e Matabele se rebelaram contra os invasores britânicos. Mapondera, um líder tradicional, liderou uma rebelião contra as forças de ocupadores da Grã-Bretanha. Essas revoltas foram violentamente reprimidas, mas levaram à Primeira Chimurenca sob a direção dos médiuns espíritas Nehanda e Kaguvi. Eles se revoltaram contra os impostos sobre suas casas e edificações em suas terras. Recusaram-se a pagar aos britânicos qualquer valor pela terra que lhes pertencia como herança de seus ancestrais. Ressentiam-se da intrusão do homem branco em seu território e prometeram lutar até a morte. Quando foram capturados em 1898, receberam a oportunidade de se retratar quanto ao que disseram contra a religião do homem branco. Kaguvi se retratou e foi enforcado. Nehanda se recusou a se retratar, e embora ela também tivesse sido enforcada, tornou-se a personagem mais sagrada na história do povo Mashona (Shona).

Na longa história da África, mulheres e homens se posicionaram nos momentos certos para deixar impressões indeléveis de suas gerações. Das perspectivas sombrias para a paz no sul da África durante o último quarto do século XIX, Nehanda Charwe Nyakasikana se ergueu para inspirar uma nação a se defender. Ela nasceu em 1840 como uma hera da Dinastia Hwata Mufakose do povo Shona. Aprendera, desde muito cedo, que fora escolhida para ser uma *svikiro*, uma médium espírita dos Shonas Zezurus. Com esse dom, tornou-se a maior líder espiritual dos Shonas, e não admira que com os brancos se movendo para o território de Ndelele e Shona, na década de 1890, ela seria ativada contra eles. Seria sua energia, resistência, oratória e conselho espiritual que elevaria a resistência a um nível nacional. A colonização de Mashonalândia e Matebelândia pela Companhia Britânica da África do Sul ameaçou a existência e paz do país. Seguindo o padrão típico de invasão branca do século XIX, os britânicos chegaram ao território com um terror brutal. A ideia era amedrontar o povo até a submissão. Inicialmente, a coluna de invasores recebera instruções ao chegarem ao país a partir da cidade do Cabo: "atirem em todo africano à vista, homens, mulheres, meninos, meninas e mesmo animais". Os Escoteiros de Selous, assim chamados devido ao seu líder, Frederick C. Selous, queriam garantir que ninguém que visse a coluna ficaria vivo para avisar aos reis que estrangeiros estavam invadindo.

Quando os brancos estabeleceram seus fortes de colonizadores, foram para o interior com a intenção de controlar a população. A estratégia era impor um imposto sobre a casa ou "cabana" do povo e, quando os africanos se recusaram a pagar, porque não tinham dinheiro europeu, os brancos insistiram em que trabalhassem para ganhar dinheiro para eles. Com certeza, esse tratamento severo no país de outros estava destinado a provocar fúria e ultraje.

O comissário britânico para a área, H.H. Pollard, era particularmente mau e cruel. Seus ataques bárbaros aos negros levaram o povo a se revoltar e a se recusar a pagar impostos sobre suas moradias. Os britânicos consideraram essa rebelião como "Perturbações Nativas" quando de fato eram eles que estavam perturbando o Estado e a paz africanos.

Os africanos chamaram a revolta "Chimurenga", como uma indicação da natureza espiritual de seu conflito. Haveria uma segunda guerra contra os brancos durante as décadas de 1960-1980 e seria chamada a Segunda Chimurenga.

Nehanda, como *svikiro*, canalizava um dos maiores ancestrais do povo Shona. Por isso o povo acreditava que Nehanda nunca morreria, porque, pelo que sabiam, ela sempre existira. Ela desempenhou um importante papel na Primeira Chimurenga. Foi a Mulher do Espírito de Leão, que dirigiu a guerra contra os brancos. Um líder espiritual, Kaguvi, foi seu parceiro na estratégia contra os brancos. Usando seu poder religioso, ela disse aos Shonas que o Deus Todo-poderoso, Mwari, estava incomodado com a presença dos brancos no país e que o povo tinha de expulsá-los. Quando os Shonas capturaram H.H. Pollard, levaram-no ao Vale Mazoe, onde

Nehanda vivia e mantinha seu santuário. Pollard foi despojado de seus pertences, isolado de outros brancos e obrigado a servir a *svikiro* por vários meses. Ele foi executado por seus crimes contra o povo Shona.

Os Shonas conseguiram retomar suas terras e devolver a posse ao povo. Contudo, os brancos haviam secretamente enviado mensagens à cidade do Cabo pedindo reforços após vários confrontos com os Shonas.

Em torno do fim de julho de 1896, novas tropas britânicas chegaram, armadas com metralhadoras Gatling de fabricação americana. Essas armas, criadas por Richard Jordan Gatling, mudariam a história das iniciativas coloniais através do mundo porque dariam aos colonizadores um recurso insuperável pela coragem dos resistentes. Richard Jordan não tinha amor algum pelo povo africano. Seu pai foi Jordan Gatling, um senhor de escravizdos que possuía uma massiva plantação autossuficiente de mais de mil acres na Carolina do Norte. Nas mãos dos britânicos, a metralhadora Gatling, com bastões de dinamite (outra invenção de guerra e morte europeia do século XIX, de autoria do sueco Alfred Nobel), foi uma arma de fogo formidável que não podia ser superada. Os britânicos mataram muitos Shonas, incendiaram suas aldeias e destruíram suas plantações. Os Shonas continuaram resistindo até o fim de 1897. Kaguvi se rendeu em outubro daquele ano. Nehanda evitou-os por um tempo mais longo, mas não conseguiu suportar ver como a opressão rapidamente abatia seu povo com as novas armas. Ela se rendeu para evitar o massacre de seu povo. Aprisionada, foi julgada segundo a tradição dos britânicos, que já sabiam que seria morta. O julgamento iniciou em 2 de março de 1898. Ambos os líderes foram considerados culpados e sentenciados ao enforcamento em 27 de abril de 1898. Durante sua detenção, Kaguvi e Nehanda foram pressionados a se converterem ao cristianismo. Kaguvi foi batizado e morto. Nehanda, por outro lado, permaneceu leal a seus ancestrais Shonas. Ela se recusou orgulhosamente a aceitar o deus branco. Conforme registros: "Pouco antes de ser enforcada,

Nehanda disse a seus captores que retornaria para lutar novamente contra eles" (MAZAMA, et al., 2016).

Outras rebeliões pulverizaram a história da África com pílulas amargas para os invasores brancos engolirem. Em 1900, Asante se revoltou contra a tributação direta, o trabalho forçado e a introdução da educação ocidental. Em Gana, os britânicos foram ainda mais exigentes e arrogantes do que pareciam em outros lugares. Lá, também pediram a Banqueta de Ouro, o símbolo da nação Asante. Uma rebelião, liderada pela eloquente rainha-mãe Asante Yaa Asantewaa de Ejisu, resistiu aos britânicos e manteve a santidade da Banqueta de Ouro. Quando foram forçados a apresentá-la, os Asantes deram-lhes uma banqueta folhada a ouro, mas mantiveram a banqueta real escondida. Os Asantes não tinham intenção de conceder aos britânicos o direito de exercer autoridade sobre eles. Eles prometeram atrapalhar a busca britânica por um império colonial na África Ocidental. As Guerras Asantes contra os britânicos começaram em 1805 e duraram uma centena de anos. Embora incapazes de prover seus exércitos com o mesmo tipo de armas que o setor industrial britânico, os Asantes mantiveram o exército britânico à distância com coragem, engenhosidade e bravura superiores. Com seu poder ameaçado, e sua liderança política e militar comprometida porque seu Rei Prempeh I havia sido enganado, capturado e exilado, Yaa Asantewaa convocou novamente uma guerra contra os britânicos.

Para piorar a situação, Frederick Hodgson, o representante britânico, disse ao povo que o Rei Prempeh I não seria libertado ou devolvido, exigindo que entregassem a Banqueta de Ouro. Os soldados foram para casa para se preparar para a guerra.

À noite, os chefes realizaram uma reunião secreta em Kumasim, da qual Yaa Asantewaa participou. Os chefes estavam discutindo como poderia guerrear contra os brancos e forçá-los a trazer de volta o Asantehene. Yaa Asantewaa viu que alguns deles estavam falando com grande cautela. Ela ficou agitada pelo fato de que a grande nação Asante havia permitido que os britânicos levassem o rei para a costa. Ela, repentinamente, falou de seu trono para a assembleia de líderes reais, dizendo as seguintes palavras:

> Vi que alguns de vocês temem ir adiante para lutar por nosso rei. Se fosse nos bravos velhos dias, os chefes não sentariam para ver seu rei levado sem disparar um tiro. Nenhum homem branco teria ousado falar aos chefes dos Asantes do modo como o governador falou a vocês, chefes, essa manhã. É verdade que a bravura dos Asantes não existe mais? Não acredito [...] se vocês, os homens de Asante, não forem adiante, então nós iremos. Nós, as mulheres, iremos. Convocarei minhas companheiras. Enfrentaremos os homens brancos. Lutaremos até a última de nós cair no campo de batalha (Encyclopaedia Africana, 1977, p. 204).

Quando terminou de falar, os reis Asantes prometeram unanimemente combater os homens brancos para resgatar seu rei supremo, o Asantehene Prempeh I.

A Guerra Yaa Asantewaa, como foi chamada, começou em 30 de setembro de 1900. Terminou com a terrível derrota dos Asantes e a captura e o exílio de Yaa Asantewaa nas ilhas Seychelles, onde morreu em 1921, sem jamais retornar a Gana. Todavia, sua memória é vívida nos rituais e práticas do povo Asante (EDGERTON, 1995).

Outras revoltas irromperam em toda África Ocidental. Os colonizadores aprenderam que a tirania estatal era um comércio cruel que lhes deu em troca maçãs podres. Um provérbio Zulu afirma que os Gnus podem ver o vento, mas o homem branco só poder ver de que modo está soprando. E o modo como estava soprando, no começo do século XX, era contra as estruturas de dominação colonial.

Houve a rebelião Ekumeku, na Nigéria, que começou em 1903; as rebeliões Mossis, em Louddigou e Fada N'gourma, de 1908 a 1914; a rebelião dos Gurunsis, em 1915-1916, na Volta Superior (Burkina Faso); e as revoltas dos Lobis e Dyulas, em Mali, em 1908-1909. Houve também a rebelião Manjanga no Congo, começando em 1890 e indo até 1905.

No lado leste do continente, Sayyid Muhammad liderou os somalis na revolta de 1895 até sua morte, em 1920. Ele acreditava que fosse o direito legítimo dos somalis se governarem, como o faziam desde a antiguidade, quando seu país se chamava Punte. Uma revolta em Madagascar, em 1904-1905, pretendia provocar a independência e terminar a ocupação colonial. Seria necessário muito tempo para que o povo Malagasy conquistasse sua vitória sobre o colonialismo, porque a tirania é sempre melhor organizada do que a liberdade. Todavia, a liberdade é uma energia irrefreável que terminaria reagrupando e desferindo o golpe final no tirano. Uma rebelião camponesa armada, chamada Sadiavahe, irrompeu dez anos depois em resposta ao imposto sobre o gado e uma conscrição compulsória para a Primeira Guerra Mundial em 1915. Em 1904, o povo Herero, do sul da África Ocidental (Namíbia), protestou contra a ocupação alemã e foi derrotado com metralhadoras; 65 mil pessoas foram assassinadas, representando três quartos da população falante do herero da Namíbia. Foi o maior massacre de africanos no continente. O povo Herero prometeu a seus filhos que não esqueceriam a época em que "o sangue fluiu ao mesmo tempo na rebelião".

Em agosto de 2004, o governo alemão ofereceu um pedido de desculpas pelo genocídio de 1904 durante a revolta Herero contra o governo alemão. Falando na aldeia Okakarara, a cerca de 282 quilômetros a nordeste da capital Windhoek, próximo do lugar em que a resistência Herero foi finalmente debelada, o ministro da cooperação e desenvolvimento econômico alemão Heidemarie Wieczorek-Zeul, representando o governo alemão, aceitou a responsabilidade moral e histórica na qual os alemães incorreram no começo do século XIX. O chefe supremo de todos os falantes do herero, Kuainma Riruako, embora satisfeito com o ato alemão, disse que a ação Herera não pararia ali porque, embora estivesse feliz com o pedido de desculpas, a Alemanha necessitaria pagar reparações. Em setembro de 2001, cerca de 200 Hereros, durante o governo de Riruako, abriram um processo na corte americana do distrito de Colúmbia exigindo 2 bilhões do governo alemão pelas atrocidades cometidas durante o governo colonial. A corte americana foi escolhida devido a uma lei de 215 anos, a Lei de Reclamação de Delitos Estrangeiros (Alien Tort Claims Act) de 1789, que permite essa ação civil. A Alemanha insistiu que não pagaria reparações, mas declarou que o país ajudaria a Namíbia com seu programa de reforma agrária, que busca comprar terras dos brancos para disponibilizá-las aos negros.

Os africanos exerceriam o direito de protestar e de lutar por sua liberdade. A Rebelião Maji Maji tentou expulsar os alemães de Tanganyika. Foi dirigida e planejada pelo profeta tradicional Kinjikitile Ngwale. Mais de 20 grupos étnicos diferentes estiveram envolvidos na rebelião, que se espalhou por cerca de 16 mil quilômetros quadrados. O povo se ressentia da tributação, do trabalho forçado e da opressão. Esse foi um movimento de massa destinado a destruir o brutal sistema alemão de ocupação colonial. Karl Peters introduziu a violência do tipo mais pessoal na África Oriental, matando qualquer rei africano que resistisse à ocupação alemã. Agora, o movimento Maji Maji, que significava "água sagrada", buscava igualar o escore e livrar o país dos alemães. Eles se moveram através do país com um suprimento de lanças, flechas e *maji maji* para destruir os fortes alemães. Usando talos de mileto ao redor de suas testas, marcharam para a batalha como se fossem invencíveis. Foram ao principal complexo habitacional dos alemães em Mahenge. Tão logo chegaram no alcance das metralhadoras que haviam sido posicionadas na fortaleza, sofreram o ataque letal desferido pelos alemães. Centenas de soldados maji maji morreram. Tão logo uma linha era derrubada, outra avançaria em seu lugar e, também, era abatida pela saraivada de balas que vinham das metralhadoras. Quando o povo Ngoni soube que os alemães estavam sendo atacados, enviaram um exército de 5 mil soldados para se juntar aos maji maji. Os alemães abandonaram seu acampamento em Mahenge com as metralhadoras e, em 21 de outubro de 1905, atacaram todo o exército Ngoni em seu acampamento.

Centenas mais foram mortos. Infelizmente, a água sagrada com que as pessoas se untavam não conseguiu impedir as balas de penetrarem seus corpos, e mais de 75 mil pessoas ao todo foram mortas pelos alemães durante o período de vingança da guerra Maji Maji. Rembe, outro profeta que afirmava ter poder de impedir as balas europeias de matarem uma pessoa, surgiu em Uganda em 1917. Ele fazia seus seguidores beberem a água *yakan*, que deveria vir de uma piscina no território de Lugbara onde uma serpente com cabeça humana dava oráculos. Ele foi preso e executado, e, embora uma dezena de policiais tenham sido mortos, a revolta foi rapidamente debelada.

Mas nada pôde impedir os africanos de se rebelarem contra seus inimigos. O fracasso do pensamento mágico não significava que o povo abandonaria seus sonhos de liberdade. Sob alguns aspectos, esse pensamento foi provocado por uma busca séria por algo sobrenatural para lidar com algo que não era claramente compreendido na época. Muitos anos depois, em 1987, Alice Lakwena lideraria um exército de 6 mil a Uganda, alegando que seus seguidores seriam protegidos das balas se usassem um unguento que ela lhes deu para proteção.

Muitas das revoltas não foram baseadas em magia. Na verdade, muito poucas delas o eram. Bambala de Zulu liderou uma breve rebelião contra os britânicos em 1906. Sua revolta, como muitas outras, baseou-se em uma rejeição do trabalho forçado, da tributação e da opressão. Mulama de Niasalândia (Malawi) liderou um movimento de resistência em 1909 e prometeu atacar todos os brancos que haviam espoliado a terra com violações das tradições sagradas do povo Tonga. O povo sudanês não ficaria satisfeito com a ocupação dos egípcios ou britânicos e se rebelaria em 1900, 1902 e 1904. A organização secreta VVS (Vy Vato Sakelike, que significa "forte e duro como pedra e fogo") começou em 1913, em Madagascar, quando vários estudantes de medicina a fundaram após terem sido influenciados por Ravelojaona, um ministro, que argumentava que o povo Malagasy deveria seguir o modelo japonês de aceitar o modernismo sem repudiar sua cultura. Isso foi considerado ensinamento herético pelos franceses, que capturaram os membros dessa sociedade e suprimiram violentamente a organização, matando alguns e prendendo outros de seus membros. Em Gana, Mensah Sarbah, o importante nacionalista cultural, exortou o povo ganense com essas palavras:

> É melhor ser chamado pelo próprio nome do que ser conhecido por um nome estrangeiro, pois é possível adquirir conhecimento ocidental e ser especialista em realizações científicas sem negligenciar a língua materna; a vestimenta dos africanos tem uma estreita semelhança com a dos gregos e romanos... e não deveria ser abandonada, mesmo que a pessoa se vista como os europeus durante as horas de trabalho. O Japão tem mostrado que é possível reter o costume nacional e ainda assim distinguir-se em sabedoria e conhecimento (SARBAH, 2012, p. xvii–xviii).

Sarbah identificou um problema importante ao lidar com as invasões europeias: não o fato de terem mudado as instituições externas do governo, mas de terem trazido uma cultura diferente. Na verdade, a preocupação de Sarbah era que os britânicos pudessem mudar a cultura e o pensamento do povo, não apenas suas instituições políticas.

Em 1913, Onyango Dande no Quênia tentou depor o governo britânico em seu país. Dois jovens, uma sacerdotisa chamada Siofume e um jovem chamado Kiamba, rebelaram-se contra os britânicos, em 1911. Assim, dois anos depois, quando Dande começou seu movimento, inspirou-se na resistência dos líderes anteriores. Os Giriamas do Quênia se rebelaram contra os britânicos em 1914 e os Acholis, em Uganda, se recusaram a se submeter ao trabalho forçado. A recusa africana a sucumbir ao trabalho forçado levou os britânicos avançar no processo de trazer indianos para trabalhar na África Oriental.

A revolta de Chilembwe contra a fraude nyasaland de 1885-1893

John Chilembwe surgiu em Niasalândia em tempo de lutar contra os crimes cometidos pelos britânicos contra seu povo. Em 1890, tornou-se aluno da missão da Igreja da Escócia em Blantyre. Foi na escola que observou pela primeira vez como os britânicos sistematicamente destituíram os africanos de sua cultura. Eles os forçavam a assumir nomes europeus, a vestir roupas europeias e a falar apenas inglês. Brilhante e vigoroso, o jovem Chilembwe absorveu tanta informação quanto conseguiu. Logo converteu-se à fé batista de Joseph Booth, um missionário britânico. Chilembwe foi seu assistente de 1892 até 1895. Booth parecia ser uma pessoa branca de melhor qualidade que outros que Chilembwe vira, trabalhando para várias Igrejas e não tendo lealdade denominacional. Chilembwe estava convencido de que os britânicos tinham de deixar o país. Ele era uma pessoa com grande orgulho africano e encontrou modos de se conectar a outros africanos. Em 1897, Booth o levou para os Estados Unidos, onde uma igreja batista subsidiou seus estudos em uma escola afro-americana. Na Union College da Virgínia, ele parece ter entrado em contato com o pensamento político e social afro-americano contemporâneo. Quando retornou a Niasalândia, em 1900, como ministro batista ordenado, fundou a Missão Industrial Providência [Providence Industrial Mission], que se desenvolveu em sete escolas. Antes e durante sua ausência do país, os missionários britânicos e comerciantes estavam rapidamente obtendo terras dos reis de Nyasa de forma fraudulenta.

Emissários brancos de Cecil John Rhodes, cujo monopólio fomenta hoje a bolsa Rhodes e de quem a Rodésia derivou seu nome, fizeram 23 tratados separados com reis e líderes de Niasalândia. Esses tratados foram supostamente negociados entre a Companhia Africana dos Lagos e os vários reis de Niasalândia. Alguns deles falam por si, como documentos inescrupulosos com tentativas ridículas de soar como se negociações reais tivessem ocorrido. Esses 23 "tratados" foram "negociados" entre 21 de abril e 24 de agosto de 1885 por um grupo da Companhia Africana dos Lagos liderado por John W. Moir e por suas testemunhas acompanhantes, William Harkness e Alexander Carnegie Ross. Eles começaram a viajar pelo Vale do Shire Inferior em 21 de abril, e se moveram lentamente em direção ao norte para Karonga. Chegaram lá em 16 de julho e selecionaram e adquiriram as terras melhores, mais férteis, mais bonitas, mais ricas em minerais e mais acessíveis do país, antes de retornarem ao sul para cuidadosamente verificar seu trabalho e identificar terras que lhes haviam escapado em seu caminho ao norte. Nessa viagem, eles escolheram propriedades em Chiradzulu, Ndirande e Soche. Esse grupo de fraudadores conseguiu até mesmo chegar às ilhas Likoma e Chisamula, no Lago Malawi, em 30 de julho daquele ano.

Moir, que adotou o nome africano de Mandala para propósitos de negociação, declarou ter selado contratos com todos os reis importantes da região, dando-lhe, à sua companhia e aos interesses de Rhodes, controle completo sobre as terras mais aráveis do país de Niasalândia. Quando os africanos souberam da extensão total da fraude, sua fúria latente se intensificou até começar a ferver em conversações, atividades e atitudes das massas da população. Os antigos reis não puderam explicar a fraude, e os missionários, que haviam apoiado os comerciantes brancos, não tinham justificativa escritural para o que acontecera. Quando os africanos aprenderam a ler em inglês, ficaram chocados com o que lhes disseram sobre o que os tratados significavam. Abaixo, um dos tratados originais propostos por Moir aos reis africanos. Esse é o texto *verbatim* do Tratado Número I, "negociado" com o chefe Ramakukan do povo Makololo.

Tratado n. 1

JOHN W. MOIR – aqui chamado Mandala –, administrador da Companhia Africana dos Lagos, Limitada, e Ramakukan, chefe dos Makololos. Encontramo-nos no dia 21 do mês de abril de 1885, a bordo do navio a vapor Lady Nyassa, em Tsape, no Rio Shire, para podermos discutir aquelas coisas de mútuo benefício.

Tendo ponderado bem, finalizamos o que pactuamos, aqui escrito, como segue:

Primeiro – Ramakukan declara que deseja que a Companhia continue comercializando. Que as coisas possam continuar como estão, Ramakukan concorda e consente com a doação de Kapene do país de Mandala, para ser o país da Companhia, ou seja, todo o país entre os dois riachos, Naperi e Mudi. Ramakukan também transfere toda estrada de Katunga para Mandala e Blantyre, e daí a Matope no Alto Shire, e o país dos lados da estrada; de um lado vinte braças, e do outro vinte braças. Ao mesmo tempo, ele também transfere 1,6 quilômetro quadrado de terra em Matope, próximo à aldeia de Chigaru, no Alto Shire.

Segundo – Ramakukan admite que os outros chefes devem entregar seus países à Companhia, e agora concorda com os Tratados que devem ser feitos neste mês.

Terceiro – Ao ceder o país ele também cede, amigavelmente, todos os direitos de governo sobre o país que agora é descrito.

Quarto – Ramakukan promete ser um bom amigo de Mandala, e da Companhia, e, com todo seu poder, ajudá-los, seus viajantes, todo o seu comércio, e todo seu transporte; e promete punir ou entregar qualquer pessoa de seu povo que, de outro modo, roubar ou cometer delitos.

Quinto – Ramakukan promete não fazer Tratados com nenhum outro europeu sem o consentimento escrito da Companhia.

Sexto – Se os empregados da Companhia necessitarem de pessoas, Ramakukan enviará pessoas para transporte ou trabalho.

Sétimo – A Companhia Africana dos Lagos tem o poder de comercializar com todos os Makololos e seus súditos.

Oitavo – Devido aos acordos que escrevemos, e devido a todos os direitos que Ramakukan deu à Companhia, eu, John W. Moir, dou-lhe uma arma de percussão, um pedaço de tecido, uma longa faca e um canivete. Eu, Ramakukan, recebi todos esses objetos.

Nono – A Companhia Africana dos Lagos dará a Ramakukan dois pedaços de tecido (cada peça com oito braças) a cada mês, se ele cumprir tudo que está escrito, e se ele permanecer o bom amigo da Companhia.
Décimo – A Companhia Africana dos Lagos tem todo poder para cobrar impostos de viajantes que passem por sua estrada. Ramakukan não sabe escrever e colocou sua marca a bordo do navio diante da presença das seguintes testemunhas:
William Harkness, engenheiro da Companhia; David, carpinteiro da Companhia; Kampata, filho mais velho de Ramakukan, e Tom Faulkner.

No fim do tratado havia um espaço para assinaturas. John W. Moir assinou pela Companhia Africana dos Lagos, um agente do grupo Rhodes-britânico e o Rei Ramakukan fez sua marca X. Testemunhas incluíam três homens brancos e Kampata, o filho do rei.

Quando esse tratado foi assinado, o parcimonioso escocês Moir redigiu o Tratado Número 2 no próximo dia, 22 de abril de 1885, com um pagamento ao chefe Mulilima de um pedaço de tecido e um par de sapatos, e ao seu irmão mais jovem, Massea, deu quatro braças de tecido. Ele andou para cima e para baixo no país, entregando um pedaço de tecido aqui e ali até terminar e não ter senão retalhos velhos para dar aos reis africanos. Vinte e três desses tratados foram executados.

O grupo do governo britânico Cecil Rhodes de Sir Harry H. Johnston (o comissário de Sua Majestade), Alfred Sharpe (procurador da Suprema Corte de Westminster), Henry E. Scott (médico missionário, Igreja da Missão Escocesa, Domasi), John Buchanan (cônsul interino da Sua Majestade), H.C. Marshall (caçador de elefantes e policial em Chiromo), B.L. Sclater (tenente da Marinha Real), Tenente-comandante Henry T. Keane (oficial comandante do *HMS Herald*), Allan Simpson (comerciante), Cecil Maguire (capitão, segundo H.C. Lancers) e várias pessoas inferiores, foram para cima e para baixo no país escolhendo cada vez mais terras. De 30 de setembro de 1890 a 12 de julho de 1893, eles impuseram tratados e atos de cessão a todos os principais chefes no protetorado, que, nesse meio-tempo, havia sofrido uma mudança nominal para a África Central Britânica. Esse exercício formalizou a primeira fraude de colonização, colocou o poder e a autoridade totais do governo imperial britânico por trás da aquisição de terras e abriu as portas para cada vez mais exigências por terras no futuro. Nada fora tão ofensivo para as comunidades africanas como a ganância irrestrita que encontraram no caráter dos europeus.

Muitos dos tratados incluíam um imposto anual a ser computado na taxa de seis xelins por casa, ou o valor de seis xelins em alimentos ou produtos comercializáveis. Eles também reivindicaram todos os direitos sobre minerais e mineração dentro dos territórios e determinaram plantações, obrigações e métodos de agricultura.

A fraude das terras da África Central Britânica/Niasalândia teve um impacto abrangente, na medida em que as exigências pelo trabalho forçado feitas aos proprietários legítimos das terras, ou guardiões, como os africanos diriam, montaram o cenário para rebeliões em 1911-1912, a de Chilembwe de 1915, a de 1953 e a de 1958-1959, e a expulsão final da Grã-Bretanha de seus territórios da África Central. É impossível ver os tratados de qualquer outro modo que não ganância inescrupulosa, onerosa e obscena, reduzindo reis e seu povo a escravizados servis e subservientes.

Foi nesse contexto que John Chilembwe, que viajou para fora do país e retornou, viu-se como um dos libertadores escolhidos de seu povo. Assim, em 1915, Chilembwe organizou e liderou uma revolta contra o governo britânico. Essa revolta ocorreu durante a Primeira Guerra Mundial, em protesto contra a conscrição dos malawianos ao exército britânico e o tratamento dos trabalhadores nas plantações. Nesse mesmo ano, os britânicos já estavam combatendo os alemães no norte de Niasalândia. A revolta começou em 23 de janeiro de 1915 e terminou com a morte de Chilembwe, em 4 de fevereiro de 1915.

O elemento espiritual na resistência

Muitos dos movimentos de resistência foram comandados por líderes espirituais porque viam a presença dos brancos em seu país como uma indicação de que as deidades e ancestrais sagrados tivessem se enfurecido. Esses sinais de violação exigiram atenção espiritual. Era necessário haver sacrifício a fim de remover os brancos opressivos do país. Os líderes espirituais também tinham a habilidade de usar motivação psicológica para mobilizar seus seguidores contra as forças invasoras, como os líderes das guerras modernas que insistem em que suas forças são "invencíveis", ou como muitos presidentes americanos que enfrentaram guerras repetiram aos seus soldados e ao povo, *ad infinitum*: "somos a nação mais forte sobre a face da Terra", "não seremos impedidos em nossos objetivos", "vamos arrasar" e "nossos soldados são os mais bem preparados do mundo". Essas afirmações foram usualmente feitas para inspirar e motivar os soldados a arriscarem suas vidas por seus objetivos. Desnecessário dizer que muitos desses soldados foram mortos, e sua invencibilidade se mostrou nada mais do que a retórica da guerra. Do mesmo modo, os líderes espirituais da África que viram o perigo das invasões europeias também disseram ao seu povo que, se combatessem os inimigos da nação, venceriam, porque seriam protegidos da morte pelo óleo, a água ou o mileto dado a eles pelo líder espiritual. Certamente, homens e mulheres morreram vítimas das balas disparadas pelas armas europeias, como homens e mulheres morreram em todas as guerras, mesmo aqueles que ouviram de seus líderes que eram invencíveis. Todavia, é o talento dos líderes espirituais como motivadores e corajosos generais de guerra, em quase todos os casos dispostos a se colocarem à frente das linhas daqueles que desafiam as armas dos europeus com armas de baixa tecnologia, que deve ser aplaudido no conflito contra a opressão. Eles acreditavam em sua causa e estavam dispostos a morrer para provar que estavam certos. Seus filhos colheram o benefício de seu sacrifício, e colocaram seus nomes nos livros ancestrais como homens e mulheres bravos e corajosos que sabiam que a opressão era desumana.

Múltiplas estratégias contra a invasão europeia

Adu Boahen, um dos historiadores africanos mais importantes, declarou que rebeliões, revoltas e insurreições contra os europeus foram apenas um método coletivo de ataque contra a invasão. Para ele, essas expressões populares de resistência foram acompanhadas de outras formas de luta contra a dominação. Ele escreve:

> Outra estratégia adotada com frequência foi a migração ou fuga através das fronteiras internacionais. Essa estratégia foi particularmente popular entre os africanos nas colônias francesas, belgas, alemãs e portuguesas, principalmente pelo trabalho forçado descontrolado, tributação direta opressiva, cultivo compulsório das plantações e, no caso das colônias francesas, o *indigenat*, ou seja, a forma arbitrária e crua de administrar justiça e uso de punição corporal (BOAHEN, 1987, p. 66).

Isso significava que um grande número de pessoas ia de um país para outro quando se sentia subjugado pelas condições opressivas. Logo descobririam que deixar a Costa do Marfim por Gana, pelo norte da Rodésia (Zâmbia) ou pelo sul da Rodésia (Zimbábue) não resolveria seus problemas, porque teriam de lutar contra o racismo, a discriminação e a brutalidade em todos os países. Adu Boahen diz que

> 50 mil africanos que viviam no Vale Zambesi fugiram para o sul da Rodésia e Niasalândia, entre 1895 e 1907. Os Ovambos e os Bakongos de Angola, bem como os Shonas e os Chewas, de Moçambique, escaparam pelas fronteiras para Niasalândia para lá se juntarem aos seus parentes (BOAHEN, 1987, p. 66).

Outros africanos se mudaram para partes inacessíveis de seu país, fora do alcance dos oficiais brancos que o haviam invadido.

Essa prática foi especialmente seguida nas regiões montanhosas e de floresta do Congo e do Gambo ao sul de Angola.

Uma cultura de sociedades Maroons foi estabelecida nas Américas durante o período de escravidão, e, na África, durante a guerra continental de 150 anos – pessoas que usaram a mesma técnica para evitar os brancos. Adu Boahen chama os líderes dessas comunidades "líderes de comando" (BOAHEN, 1987, p. 67), que é um termo razoável para eles. No Brasil, durante o período de escravidão, os líderes mais famosos dos quilombos, Zumba Ganga e Zumbi, eram chamados líderes quilombolas. Esses termos, "comando" e "líder quilombola", evidenciam o conhecimento e a habilidade marciais desses líderes. Além das revoltas, que pareciam ocorrer em toda parte onde houvesse condições opressivas, e das migrações que ocorriam quando as pessoas decidiam se colocar fora da autoridade dos europeus, houve resistência passiva das massas da população que permaneceram nos territórios sob o controle dos brancos. Muito semelhante aos múltiplos níveis de resistência que encontramos na história das Américas, no continente africano as pessoas dominavam a técnica de criar caos para os brancos. Faziam isso praticando o absenteísmo do trabalho ou da escola, sabotando equipamentos usados para produção, ou simplesmente rejeitando qualquer forma de instituição ou processo branco que contradissesse as instituições tradicionais. Não havia forma de os brancos convencerem os nacionalistas radicais de que sua língua, comida e vestimenta fossem melhores que a dos africanos, e assim por diante. Eles eram inflexíveis em sua resistência à imposição das instituições brancas. Nada poderia satisfazer mais os nacionalistas africanos do que ter as massas de pessoas resistindo a enviar seus filhos a escolas e igrejas europeias. Todavia, essas instituições eram precisamente aquelas nas quais os brancos insistiam, a fim de minar as autoridades tradicionais. Na medida em que os brancos eram bem-sucedidos, eram capazes de transmitir seus valores à sociedade africana. Em alguns casos, os resultados eram confusão e frustração profundas da parte dos africanos. Devemos fazer uma distinção entre os tradicionalistas-nacionalistas, as pessoas rurais e as elites urbanas.

Um modo pelo qual a elite urbana foi capaz de avançar no sistema colonial foi a adoção tão rápida quanto possível dos modos e comportamentos dos brancos. Eles desprezavam aqueles que retinham línguas africanas e fracassavam em aprender as europeias. Para alguns deles, seus nomes, forma de vestir, religião e casas eram considerados "inferiores" àqueles dos brancos. No momento em que os africanos aceitavam a sociedade branca como "superior" às suas sociedades, a única coisa que lhes restava era tornar o colonialismo razoável e confortável. Eles queriam que os brancos lhes permitissem participar de suas instituições econômicas e educacionais, queriam ter a liberdade de trocar de igreja como os brancos, e queriam ser representados nos vários conselhos e legislaturas que os brancos haviam criado nas colônias. Essa foi a rede cultural que capturou alguns africanos.

A elite usou vários meios ao seu dispor para fazer reformas. Eles escreviam colunas em jornais, romances, poesia, diatribes, peças teatrais e panfletos contra a discriminação do sistema. A elite educada no Ocidente logo se tornaria mais popular nas cidades do que as elites tradicionais. Eles eram familiarizados com os modos dos brancos e também tinham acesso às novas tecnologias. Adu Boahen escreve:

> Entre 1890 e 1919, cerca de dez jornais foram fundados apenas em Gana, seja em Accra ou na Costa do Cabo, entre os quais estavam o *Gold Coast Aborigines* (1898), o *Gold Coast Free Press* (1899) e o *Gold Coast Leader* (1902). Cinco foram fundados na Nigéria: o *Lagos Standard* (1895), o *Lagos Weekly Record* (1891), o *Nigerian Chronicle* (1908), o *Nigerian Pioneer* (1914) e o *Nigerian Times* (1910). T. Jabavu fundou o primeiro jornal africano, *Imvozaba Ntsundu* (Opinião Nativa), impresso tanto em inglês como em xhosa; e, em 1915, lá havia cinco jornais importantes. Em 1907 foi fundado o *Ebifa Mu Uganda* em Uganda (BOAHEN, 1987, p. 68).

Todos os jornais africanos atacavam o colonialismo. Não havia um que achasse que qualquer coisa boa pudesse vir da ocupação europeia. Embora os europeus discutissem se os franceses ou os britânicos tinham o melhor sistema de colonialismo, os africanos sabiam que ambos os sistemas, assim como os sistemas coloniais dos espanhóis, italianos, alemães e portugueses, tinham a intenção de impedir os africanos de terem direitos plenos sobre suas terras. O que poderia ser mais humilhante do que ter de aprender com ocupantes brancos, que odiavam a ideia de que os africanos fossem iguais a eles? Os colonizadores buscaram várias estratégias para induzir uma pequena minoria de africanos aos seus sistemas. Os franceses usavam a assimilação; os britânicos, a colaboração de alguns reis e grupos étnicos locais; os portugueses, o casamento com as mulheres locais; e os alemães tentavam eliminar todas as potências rivais em uma região. Nenhuma dessas estratégias foi efetiva em silenciar todos os protestos ou em extinguir a vontade das massas de pessoas de se revoltarem contra a injustiça. Todos os estados europeus tentaram destruir os estados africanos. Assim, os britânicos combateram os estados Zulu, Shona, Kikuyu, Asante, Akyem e Hausa-Fulani. Os franceses trabalharam para minar os reis de Futa Jalon, Tukulor e Dahomey, embora esse último tenha sido enfraquecido pelas primeiras incursões da família brasileiro-portuguesa dos Souza, que havia corrompido a corte de Dahomey. Os espanhóis, por sua vez, introduziram planos de contrato de trabalho que coagiam reis a fornecer milhares de africanos para trabalhar em plantações de cana, cacau e borracha em Fernando Po e outras ilhas. Os portugueses, com suas grandes colônias em Moçambique e Angola, dependiam muito da criação de uma classe intermediária composta dos filhos dos colonizadores portugueses com africanas. Essa classe seria a chave para eliminar todas as formas de resistência ao governo português. Houve algumas exceções a essas estratégias gerais. Em alguns casos, as potências coloniais criaram minipaíses (*pocket countries*) dentro das colônias, que se baseavam em enclaves de pessoas consideradas problemáticas ou mais difíceis de controlar.

Assim, Lesoto e Swazilândia foram autorizados a existir como países que espelhavam suas identidades étnicas, embora fossem cercados pela África do Sul.

A cultura europeia cresceu para dominar o país local a ponto de fazer com que as massas rurais realmente não importassem muito, uma vez que os europeus muitas vezes estabeleciam seus próprios enclaves longe dos negros. Essa psicologia de enclave seria introduzida como parte da estratégia colonizadora. Ou os africanos seriam isolados, ou os brancos. A Argélia foi uma colônia assim. Os franceses a consideraram um departamento da França, e a governaram como se fosse uma parte constituinte da França, a despeito da falta de "francesidade" nas massas de pessoas do país. A força das armas criava a realidade, e, como tal, estava destinada a criar ondas de resistências que terminariam levando à deposição do governo francês.

O governo britânico instituiu a doutrina do governo indireto de suas colônias. Frederick Lugard argumentou em seu livro de 1922, *The dual mandate in British tropical Africa* [O mandato dual na África tropical britânica], que era melhor usar os líderes locais para o controle governamental britânico em vez de depender de colonizadores que administrassem as colônias. Lugard argumentava que havia aplicado esse princípio ao seu governo da Nigéria. Se não conseguisse encontrar reis hereditários de que gostasse, ele os substituiria por títeres que colaborassem com os britânicos. A França também achou esse padrão de governo útil em alguns casos. Eles foram capazes de corromper alguns dos líderes tradicionais, que desfrutavam de recompensas materiais de colusão com os colonizadores. Por vezes, onde não havia reis supremos tradicionais, os colonizadores introduziam sua própria estrutura real para o colonizado. Contudo, os africanos não aceitaram passivamente a asserção da Europa. Houve várias formas de o povo africano rechaçar uma cultura agressiva e desrespeitosa.

Reescrevendo a narrativa na escrita

Durante esse período, os africanos ao longo do continente estavam reenergizando sistemas de escrita, inventando e mantendo comunicações simbólicas criadas por seus ancestrais como uma forma de expressar ideias verdadeiramente africanas. Nada é tão implausível quanto a ideia de que os africanos não tenham uma escrita. Em um sentido, no Ocidente a escrita tornou-se mais do que uma forma de comunicação ao se converter em um tipo de padrão para a civilização. Sabemos que os africanos sempre tiveram métodos para o registro de informações. O osso de Lebombo e os calculadores de ossos de Isonghee eram métodos funcionais de armazenar informações criados há milhares de anos pelo povo africano. Na verdade, os primeiros tipos de desenhos, pictogramas e pinturas rupestres eram africanos. Do mesmo modo como os estudiosos tiveram de reescrever as histórias distorcidas das realidades sociais e políticas africanas, isso também vale para tópicos como sistemas de escrita. A história da África deve incluir o espírito criativo do povo que inventou a pintura e escrita rupestres, e usou pela primeira vez o papiro.

Sistemas africanos de escrita

Saki Mafundikwa, em seu livro *African alphabets* [Alfabetos africanos], apresenta este argumento:

> Se toda escrita é armazenamento de informações, então, toda escrita tem valor igual. Cada sociedade armazena informações essenciais à sua sobrevivência, as informações que lhe permite funcionar eficientemente. Na verdade, não há diferença entre pinturas rupestres pré-históricas, auxiliares de memória (dispositivos mnemônicos), calendários pictóricos (*wintercounts*), registros de contas, cordas com nós, escritas pictográficas, silábicas e consonantais, ou o alfabeto (MAFUNDIKWA, 2000, p. 3).

Ele prossegue, dizendo:

> Não há escritas primitivas, quaisquer precursores da escrita, quaisquer escritas transicionais como tais (termos frequentemente usados em livros que tratam da história da escrita), mas somente sociedades em um nível particular de desenvolvimento econômico e social usando certas formas de armazenamento de informações. Se uma forma de armazenamento de informações satisfaz seu propósito no que se refere a uma sociedade particular, então, é (para essa sociedade particular) uma escrita "apropriada" (MAFUNDIKWA, 2000, p. 3).

O que Mafundikwa compreende é a funcionalidade das respostas criativas humanas ao armazenamento de informações. É por isso que é fácil dizer que não há "escritas primitivas, quaisquer precursores da escrita", e assim por diante. Do anonimato da interação social e de encontros com o ambiente e o meio, os humanos promovem escritas, pintura e outras formas de texto. É isso que o autor quer dizer com a expressão escrita "apropriada".

Várias formas de escrita apropriada são ubíquas ao longo da África. Dos primeiros momentos em que os humanos conceberam a possibilidade de registrar imagens de crianças, mulheres, homens e animais, separados ou em comunidade, a ideia de armazenamento escrito ou em pinturas se tornou uma realidade. No auge da era pictográfica no mundo antigo, os Kemitas chegaram à conclusão de que a escrita, ou seja, a escrita apropriada, era sagrada. Como tal, a escrita era vista inicialmente como algo que deveria ser feito pelos sacerdotes e sacerdotisas que haviam estudado o poder e misticismo de colocar imagens em superfícies. Assim, o começo do armazenamento de informações é a sociedade africana.

Os africanos produziram muitas escritas, incluindo, claro, a ciKam, a escrita mais antiga conhecida. Mas, além desse sistema, os africanos vinham inventando a escrita por um longo tempo.

Uma lista de sistemas escritos indica que o continente africano tem sido um dos produtores mais prodigiosos de escrita. Aqui, uma lista de escritas africanas: vai, mende, loma, kpelle, bassa, gola, mandinka, bamana, wolof, gerze, fula, bete, nsibidi, guro, bamun, bagam, ibibio-efik, ioruba, a silabária djuka levada por africanos ao Suriname na América do Sul, a escrita ge'ez, tifinagh (para as línguas amazighs), a adlam para os fulfuldes etc. Há também uma variação da nsibidi encontrada em Cuba (anaforuana) e no Haiti (veve).

Uma das histórias de invenção mais dramáticas é a do Rei Ibrahim Njoya. Ele tinha apenas 19 anos quando assumiu o trono do reino de Bamun e permaneceu no posto por mais de 40 anos. Njoya era um gênio visionário e queria ter um sistema independente de escrita, não conectado à escrita arábica ou à romana, a fim de criar uma língua secreta da corte. Aparentemente, Njoya foi inspirado por um sonho, no qual fora orientado a desenhar a mão de um homem em um quadro e depois lavar seu desenho e beber a água. Ele, então, pediu a alguns de seus súditos mais instruídos para desenharem diferentes objetos e nomeá-los. Quando obteve os resultados, experimentou até ter completado um sistema de escrita com 466 símbolos pictográficos e ideográficos. Após isso, estabeleceu uma série de escolas, referidas como "casas de livros", ao longo do reino de Bamun, nas quais centenas de seus súditos aprendiam a ler e a escrever. Oficiais da corte faziam coleções de literatura, volumes de história, costumes e tradições, um livro de regras de conduta para a corte, uma farmacopeia e uma coleção de mapas do reino. Njoya, então, criou uma biblioteca e uma coleção etnográfica em seu palácio e encorajou o desenvolvimento de tecelagem e tingimento sob seu patrocínio.

Figura 12.5 – Figura ancestral Bamun, Camarões

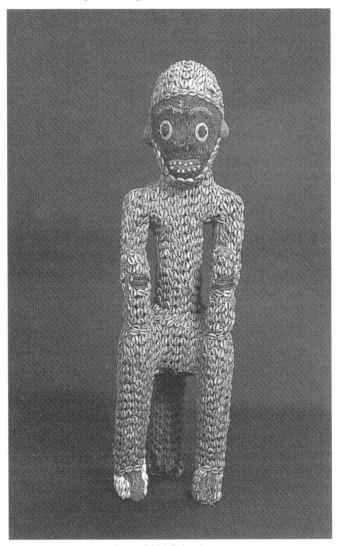

Fonte: © Molefi Kete Asante

Um intelecto original e um estudioso brilhante, Njoya foi uma das mentes mais criativas da África nos séculos XIX e XX. Os franceses desprezaram suas criações e, em uma tentativa de destruir suas escolas e suas realizações, depuseram-no em 1931 e o exilaram em Yaoundé, onde morreu humilhado e falido dois anos mais tarde. Contudo, tornou-se um ícone na história da África. As figuras de 12.6 a 12.12 mostram alguns exemplos de escritas africanas.

Figura 12.6 – A escrita silabária vai (Libéria)

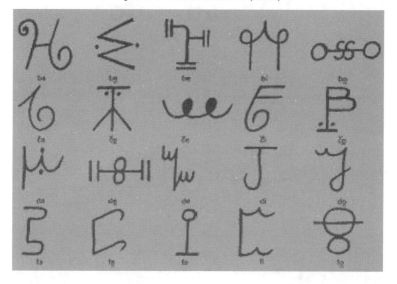

Figura 12.7 – A escrita silabária mende (Serra Leoa), concebida por volta de 1920 por Kisimi Kamala

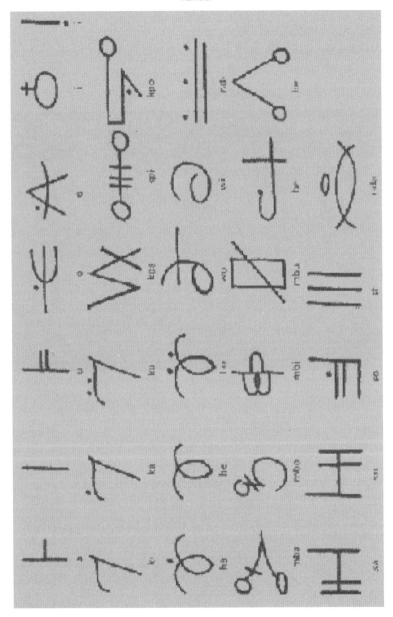

Figura 12.8 – A escrita silabária "ma-sa-ba" bamana (Mali), concebida por Woyo Couloubayi na região de Kaarta do Mali em 1930.

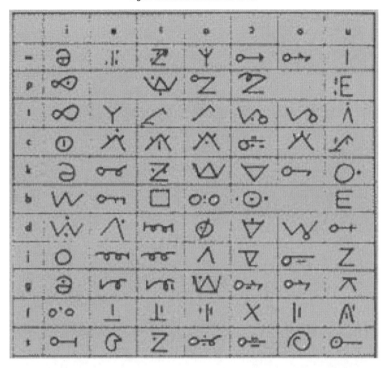

Figura 12.9 – A escrita silabária Banum (Shü-mom) (Camarões)

Figura 12.10 – A escrita silabária Nsibidi (Nsibiri) (Nigéria e Camarões), uma escrita inventada pelo povo Ejagham do sudeste da Nigéria e sudoeste de Camarões

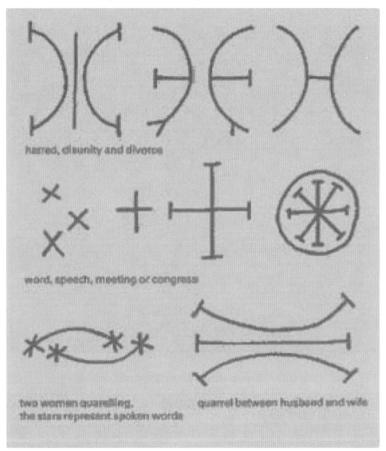

Figura 12.11 – Variação da escrita nsibidi nas Américas: a escrita anaforuana de Cuba

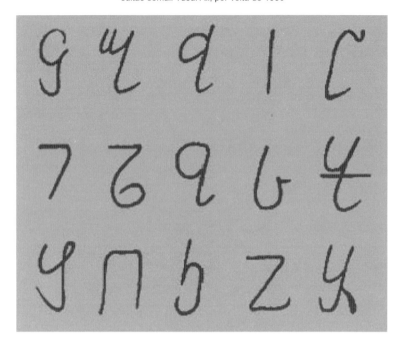

Figura 12.12 – A escrita silabária somali (Somália), desenvolvida por Isman Yusuf, filho do sultão somali Yusuf Ali, por volta de 1930

Parte VI
A época da reconstrução

Somos os vivos e os mortos. Vamos prosseguir e fazer. Vamos abrir um caminho.

Miriam Makeba

13

A África reconquista a consciência em uma explosão pan-africana

A África reconquistou suas bases políticas durante a luta por independência no século XX. Mais do que qualquer outro século nos últimos 500 anos, o século XX deve ser declarado um século de liberdade africana. Uma explosão de movimentos pela liberdade, que ocorreram tanto na África quanto fora dela, tiveram influência direta na natureza do desenvolvimento africano. Esse foi um período em que os africanos retomaram a discussão sobre o futuro de seu continente, criaram organizações mundiais para mobilizar o povo e iniciaram grupos nativos para lutarem pela independência da repressão e opressão coloniais. O gato gigante estava fora do saco e nunca seria capturado e colocado naquela posição novamente. Os participantes dessa era de liberdade foram Henry Sylvester Williams, W.E.B. Du Bois, Marcus Garvey, Anna Julia Cooper, Kwame Nkrumah, George Padmore, Nnamdi Azikiwe, Julius Nyerere, Haile Selassie, Gamel A. Nasser, Sekou Toure, Léopold Senghor, Patrice Lumumba, Jomo Kenyatta, Nelson Mandela, Abdoulaye Wade, Marcelino dos Santos, Samora Machel, Robert Mugabe, Eduardo Mondlane e muitos outros. Eles representam a África em toda sua glória, do discurso sobre a liberdade à visão dos Estados Unidos da África. Para começar, a África necessitava de uma ideologia que orientasse o debate e levasse a uma visão comum do futuro. Isso foi fornecido pelos Congressos Pan-africanos. Embora tivessem seus próprios problemas internos e ideológicos, esses congressos foram vistos como catalisadores. Mas assim devem ser vistos junto ao poderoso movimento de Marcus Garvey, chamado Associação Universal para o Melhoramento Negro e Liga das Comunidades Africanas [Universal Negro Improvement Association and African Communities League].

O Movimento Pan-africano

O termo "pan-africanismo" passou a significar a unidade dos africanos e a eliminação da dominação racial branca do continente da África. Foi esse movimento que gerou a discussão política sobre a unidade africana durante a maior parte do século XX. Na verdade, os Congressos Pan-africanos do século XX se iniciaram na Diáspora Africana, moldando, com isso, o discurso sobre o pan-africanismo no contexto da africanidade mundial. Todas as discussões sobre a unidade africana devem retroagir aos dias em que os africanos no Caribe e nas Américas convocaram a solidariedade entre todos os povos africanos.

Ocorrendo logo após a Conferência de Berlim, o Movimento Pan-africano foi rápido e determinado, embora a primeira conferência carecesse de clareza e propósito. Henry Sylvester Williams, um advogado trinitário praticante em Londres, convocou a Conferência Pan-africana em Londres, em 1900. Muitas vezes, esse congresso não é propriamente considerado como um dos congressos importantes por vários fatores. O discurso de abertura foi feito por um inglês, o bispo de Londres, que era considerado liberal, no contexto da Inglaterra da época, e que desejava ver os africanos educados o bastante para serem capazes de ter um senso de responsabilidade que os levasse ao autogoverno. Em suma, o bispo acreditava que os africanos ainda não estavam prontos, devido à falta de inteligência, civilização ou cultura para governar. A conferência teve outro problema que seria questionado por algumas das forças mais progressivas do mundo africano. Os 30 ou mais representantes peticionaram à Rainha Vitória, por meio do governo britânico, que examinasse o tratamento dos africanos na África do Sul e na Rodésia.

Du Bois liderou a delegação afro-americana, que incluía várias mulheres, notadamente Anna Jones, que estava no comitê executivo, e Anna Julia Cooper. Um dos líderes que redigiu a petição à Rainha Vitória foi Anna Julia Cooper, a mulher africana da América que obteve um doutoramento na Sorbonne. O memorial para a rainha incluiu os seguintes atos de injustiça perpetrados por brancos contra o povo na África:

1. O sistema de trabalho confinado, degradante e ilegal, vigente em Kimberley e na Rodésia;

2. O assim chamado trabalho servil, ou seja, a escravidão legalizada de homens, mulheres e crianças africanos pelos colonos brancos;

3. O sistema de trabalho compulsório em obras públicas;

4. O sistema de "passes" ou senhas diários usados para pessoas de cor;

5. As regulações locais com tendência a segregar e degradar os africanos, como o toque de recolher; a proibição do uso de caminhos pelos africanos e o uso de transportes públicos separados;

6. Dificuldades na aquisição de imóveis; e

7. Dificuldades na obtenção do direito de voto.

Em resposta ao memorial à Rainha Vitória, seu respondente escreveu o seguinte a Henry Sylvester Williams, o secretário-geral da conferência:

> Senhor. Estou orientado pelo meu Secretário Chamberlain a declarar que ele recebeu ordens da rainha para lhe informar que o Memorial da Conferência Pan-africana, solicitando a situação das raças nativas na África do Sul, foi apresentado à Sua Majestade, e que ela amavelmente ordenou-o a respondê-lo em

nome de seu governo. O senhor Chamberlain consequentemente deseja assegurar aos membros da Conferência Pan-americana que, estabelecendo as linhas nas quais a administração dos territórios conquistados será conduzida, o governo de Sua Majestade não desconsiderará os interesses e o bem-estar das raças nativas (HOOKER, 1974, p. 24).

Com certeza, os africanos não ficaram convencidos de que a Rainha Vitória faria qualquer coisa para aliviar as condições dos africanos nos "territórios conquistados". Ao contrário, a opressão nesses territórios foi intensificada nos anos seguintes. Ao fim da Primeira Guerra Mundial, o mapa da África havia mudado novamente, conforme as nações europeias que venceram ou perderam a guerra. A Alemanha foi a maior perdedora e a Grã-Bretanha se tornou a grande vencedora.

William Edward B. Du Bois, o estudioso afro-americano, participou da primeira conferência e ficou impressionado com o fato de Henry Sylvester Williams ter considerado a ideia de uma reunião que reunisse africanos importantes vindos de diversas partes do mundo. Somente 19 anos depois outro congresso seria convocado, dessa vez pelo próprio Du Bois. Ele havia tomado notas na conferência de 1900 e estava em ascensão como o intelectual líder de ascendência africana em sua época. Ele havia obtido seu Ph.D. em história, em Harvard, após estudar em Berlim e Fisk. Sua tese sobre a supressão do tráfico de escravizados foi aceita e publicada pela Universidade.

O Primeiro Congresso Pan-africano

O primeiro Congresso Pan-africano, dirigido por W.E.B. Du Bois, ocorreu em Paris. Representou a África de um certo modo, mas foi principalmente uma conferência de africanos da diáspora, uma vez que dos 57 representantes de 15 países, somente 12 deles vinham de nove países africanos. 16 vinham dos Estados Unidos da América e 21, do Caribe. Muitos deles já residiam na

França, porque os Estados Unidos e todas as nações coloniais se recusaram a emitir vistos para africanos virem à conferência. O *New York Evening Globe*, de 22 de fevereiro de 1919, descreveu a conferência como "a primeira assembleia do tipo na história, e tem por seu objeto a redação de um apelo à Conferência de Paz para dar à raça negra da África uma chance de se desenvolver sem o impedimento de outras raças".

A despeito das dificuldades experienciadas pelos representantes, eles estavam comprometidos a mostrar às Forças Aliadas na Conferência de Paz, com os alemães derrotados, que os africanos estavam prontos e dispostos a retomar seus territórios. Isso provocou uma certa agitação da parte das potências coloniais. Elas haviam recém-derrotado os alemães na guerra e não tinham intenção alguma em dar qualquer poder aos africanos.

Os representantes do Congresso pediram especificamente que as colônias alemãs fossem entregues a uma organização internacional em vez de serem administradas pelas várias potências coloniais. As resoluções do Congresso diziam em parte:

> (a) Que as Potências Aliadas e Associadas estabeleçam um código de lei para a proteção internacional dos nativos da África, similar ao código internacional proposto para o trabalho.
>
> (b) Que a Liga das Nações estabeleça um escritório permanente, encarregado do dever especial de supervisionar a aplicação dessas leis ao bem-estar político, social e econômico dos nativos.
>
> (c) Os negros do mundo exigem que, daqui em diante, os nativos da África e os povos de descendentes de africanos sejam governados de acordo com os seguintes princípios:
>
> 1. A terra e seus recursos naturais devem ser mantidos em fideicomisso pelos nativos, que devem permanentemente ter posse efetiva de tanta terra quanto possam lucrativamente desenvolver.
>
> 2. Capital: o investimento de capital e a cessão de concessões devem ser regulados de modo a impedir a exploração dos nativos e a exaustão da riqueza natural

do país. Concessões devem sempre estar limitadas no tempo e sujeitas ao controle estatal. As necessidades sociais crescentes dos nativos devem ser consideradas e os lucros, tributados para o benefício social e material dos nativos.

3. Trabalho: a escravidão e a punição corporal devem ser abolidas, assim como o trabalho forçado, exceto em punição por crime; e as condições gerais do trabalho devem ser prescritas e reguladas pelo Estado.

4. Educação: deve ser o direito de cada criança nativa aprender a ler e escrever sua língua e a língua da nação administradora, com fundos públicos, e receber instrução técnica em algum ramo da indústria. O Estado deve também educar o maior número possível de nativos em instrução técnica superior, em algum ramo da indústria. O Estado deve também educar o maior número possível de nativos em formação superior técnica e cultural e manter um corpo docente de nativos...

5. O Estado: os nativos da África devem ter o direito de participar do governo na medida em que seu desenvolvimento permita, em conformidade ao princípio de que o governo existe para os nativos, e não os nativos para o governo. Eles devem imediatamente ter permissão para participar do governo local e tribal, de acordo com o uso antigo, e essa participação deve gradualmente se estender, à medida que a educação e a experiência progridam, aos altos oficiais do Estado, para que, com o tempo, a África seja governada por consentimento dos africanos [...]. Sempre que demonstrado que os nativos africanos não estejam recebendo tratamento justo nas mãos de qualquer Estado ou que qualquer Estado deliberadamente exclua seus cidadãos civilizados ou súditos de ascendência negra de seu corpo político e cultural, deve ser o dever da Liga das Nações levar o tema ao mundo civilizado (GEISS, 1974, p. 23-24).

O *New York Herald*, de 24 de fevereiro de 1919, escreveu:

Nada há de desarrazoado no programa redigido no Congresso Pan-africano que foi sediado em Paris na última semana. Exige que as Potências Aliadas e Associadas formulem um código internacional de lei para a proteção das nações da África, e criem, como uma seção da Liga das Nações, um escritório permanente para garantir a observância dessas leis e, com isso, favorecer os interesses raciais, políticos e econômicos dos nativos.

O Segundo Congresso Pan-africano

Um Segundo Congresso Pan-africano foi convocado, e Du Bois foi nele trabalhar. Com a ideia da Pan-África tendo sido, então, estabelecida, ele desejava construir um movimento verdadeiro. Se levarmos o Congresso de 1900 em consideração, essa seria a terceira conferência. Mas Du Bois estava preocupado principalmente com seus próprios congressos, e raramente falava do primeiro do mesmo modo. Contudo, na conferência de 1921, a segunda de Du Bois, a ideia havia amadurecido completamente. Ele planejou para que o Congresso ocorresse em Londres, Bruxelas e Paris, em agosto e setembro de 1921. Dos 113 representantes, 41 eram da África, 35 vinham dos Estados Unidos, 24 representavam africanos das Américas, vivendo na Europa, e 7 eram das Índias Orientais. Assim, a representação africana estava mais forte do que antes. Eles vieram na maioria, mas não em todos os casos, como indivíduos, e mais raramente como representantes de organizações ou grupos. Mas Du Bois acreditava que o movimento estava começando a sentir o impacto de várias outras ações mundiais. Primeiro de tudo, havia a determinação, da parte de elementos na Grã-Bretanha, Bélgica e outros lugares, de intensificar a exploração de suas colônias africanas para recuperarem o dinheiro perdido com a guerra. Eles não queriam ver quaisquer atividades que parecessem políticas da parte dos africanos. Assim, também, havia a presença de Marcus Garvey, um dos mais poderosos oradores antieuropeus de sua época, um organizador e agitador que priorizava a raça e que liderava uma mobilização popular, em vez de um movimento de intelectuais. A retórica de Garvey assustava não apenas brancos, mas também muitos africanos, que estavam determinados a extrair certas concessões dos brancos. Ele foi capaz de galvanizar as massas de pessoas de formas que fizeram os congressos de Du Bois parecerem assuntos da mente da elite, e não um movimento geral, como Du Bois dissera almejar com o Movimento Pan-africano. Du Bois afirmaria que Garvey usara propaganda excessiva e, portanto, introduzira o medo na equação política.

Os encontros de Londres do Congresso ocorreram na Central Hall, em frente à Westminster Abbey, em 28 e 29 de agosto de 1921. Os de Paris ocorreram em 31 de agosto e 1-2 de setembro. Os encontros foram acolhidos calorosamente na Bélgica no Palais Mondial, mas houve oposição porque alguns políticos o viram como parte do Movimento de Garvey. Isso foi prova suficiente para alguns africanos de que os brancos não tinham intenção alguma de os ver livres. Se os belgas ficaram tão confusos com o encontro, pensando que fosse um grupo de Garvey, então, sabiam muito pouco sobre o grupo de Du Bois e também não se importaram em saber. Na verdade, o *Neptune*, de Bruxelas, escreveu, em 14 de junho:

> Foi feito o anúncio [...] de um Congresso Pan-africano organizado pela instigação da Associação Nacional para o Avanço das Pessoas de Cor [National association for the Advancement of Colored People] de Nova York. É interessante observar que essa associação é dirigida por personagens que dizem ter recebido, nos Estados Unidos, remuneração de Moscou (bolchevique). A associação já organizou sua propaganda no Baixo Congo e não devemos nos surpreender se algum dia provocar graves dificuldades na aldeia Negra de Kinshasa, composta de todos os vadios das várias tribos da Colônia, exceto por algumas centenas de trabalhadores.

O Congresso na Bélgica foi basicamente de brancos. Usualmente, não é mencionado como um dos encontros importantes. Contudo, resoluções que foram aprovadas unanimemente em Londres criticavam as práticas da Bélgica. Isso resultou em uma oposição exacerbada nos círculos políticos de Bruxelas e foi feita uma tentativa de se substituir uma declaração inócua sobre boa-vontade e investigação que Blaise Diagne, servindo aos interesses da Europa em vez da África, afirmou adotar diante de uma clara maioria em oposição.

No encontro de Paris, as resoluções originais de Londres, com algumas pequenas correções, foram adotadas. Elas eram, em parte:

> Ao mundo: a absoluta igualdade racial, física, política e social é a pedra fundamental do mundo e do progresso humano. Ninguém nega grandes diferenças de talentos, capacidades e realizações entre indivíduos de todas as raças, mas a voz da ciência, religião e política praticamente está negando a existência de super-raças, ou de raças, natural, inevitável e eternamente inferiores determinadas por Deus.
>
> Que no vasto escopo de tempo, um grupo, em sua técnica industrial, ou organização social, ou visão espiritual, deva ficar anos atrás de outro, ou disparar na frente, ou venha a diferir decididamente em pensamento, realizações e ideais, é prova da riqueza essencial e variedade da natureza humana, e não da coexistência de semideuses e macacos na forma humana. A doutrina da igualdade racial não interfere na liberdade individual: ao contrário, ela a completa. E, de todos os vários critérios dos quais as massas foram no passado prejulgadas e classificadas, que a cor da pele e textura do cabelo é claramente a mais fortuita e idiota...
>
> 1. O reconhecimento de pessoas como civilizadas a despeito de sua raça ou cor.
>
> 2. Autogoverno local para grupos atrasados, deliberadamente aumentando à medida que experiência e conhecimento crescem para completar o autogoverno sob a limitação de um mundo autogovernado.
>
> 3. Educação no autoconhecimento, na verdade científica e na técnica industrial, não separada da arte da beleza.
>
> 4. Liberdade em sua própria religião e costumes sociais e com o direito de ser diferente e não conformista.

5. Cooperação com o resto do mundo em governo, indústria e arte em bases de justiça, liberdade e paz.

6. A devolução aos Negros de sua terra e seus frutos naturais, e a defesa contra a ganância descontrolada do capital investido.

7. O estabelecimento sob a Liga das Nações de uma instituição internacional para o estudo dos problemas negros.

8. O estabelecimento de uma seção internacional do Departamento do Trabalho da Liga das Nações, encarregada da proteção ao trabalho nativo (GEISS, 1974, p. 43).

Du Bois finaliza as resoluções com as seguintes palavras:

> Em algumas palavras e pensamentos como esses, buscamos expressar nossa vontade e ideal, e o fim de nosso esforço incansável. Em nosso auxílio, convocamos todas as pessoas da Terra que amam a justiça e a compaixão. Das profundezas, clamamos aos senhores surdos e mudos do mundo. Das profundezas, clamamos a nossas próprias almas dormentes. A resposta está escrita nas estrelas.

As resoluções desse Congresso Pan-africano de 1921 foram mais longe do que as dos anteriores e estabeleceram o conceito na mente do mundo. Duas organizações de direitos civis foram fundadas, a Associação Nacional para o Avanço das Pessoas de Cor e o Congresso Nacional Africano, que enfatizaria o Movimento Pan-africano. Uma havia sido fundada nos Estados Unidos, a outra na África do Sul.

O Terceiro Congresso Pan-africano

O Terceiro Congresso Pan-africano ocorreu em Londres e em Lisboa. Du Bois teve uma discussão com o Secretariado de Paris do Movimento Pan-africano e foi adiante com uma conferência a despeito do fato de que Paris queria atrasá-la. O encontro ocorreu em Londres e depois em Lisboa, em 1923. O Congresso não

512

teve preparação nem divulgação adequadas, e, assim, a sessão de Londres foi pequena e passou despercebida. Contudo, o encontro do Congresso em Lisboa foi mais bem-sucedido. Onze países estiveram representados, principalmente da África portuguesa. A Liga Africana (uma grande associação de africanos nos territórios controlados por portugueses, com centrais em Lisboa) esteve no comando. Foi uma federação de todas as associações nativas espalhadas ao longo das cinco províncias da África controladas pelos portugueses.

As seguintes exigências foram feitas em nome dos africanos no encontro de Lisboa:

1. Uma voz em seu próprio governo.
2. O direito de acesso à terra e aos seus recursos.
3. Julgamento por júris de seus pares sob formas de lei estabelecidas.
4. Educação elementar para todos; treinamento amplo na técnica industrial moderna; e treinamento superior de talentos selecionados.
5. O desenvolvimento da África para o benefício dos africanos, e não meramente para o lucro dos europeus.
6. A abolição do tráfico de escravizados e de bebidas.
7. O desarmamento mundial e a abolição da guerra; mas, isso falhando, e enquanto os brancos portarem armas contra os negros, o direito de os negros portarem armas para sua própria defesa.
8. A organização do comércio e indústria de modo a reverter os principais objetos do capital e trabalho para o bem-estar de muitos em vez do enriquecimento de poucos (GEISS, 1974, p. 50).

O Quarto Congresso Pan-africano

O Quarto Congresso Pan-africano ocorreu em Nova York, em 1927. Treze países estiveram representados, embora a representação africana tenha sido pequena. Houve 208 representantes de 22 estados americanos e de 10 países estrangeiros. A África foi representada por membros da Costa do Ouro, Serra Leoa, Libéria e Nigéria. O chefe Amoah III, da Costa do Ouro, falou ao

Congresso. Entre as resoluções estavam os seguintes pontos sobre o que os africanos necessitavam:

1. Uma voz em seu próprio governo.

2. Direitos nativos à terra e aos seus recursos naturais.

3. Educação moderna para todas as crianças.

4. O desenvolvimento da África pelos africanos e não meramente para o lucro dos europeus.

5. A reorganização do comércio e da indústria de modo a reverter o principal objeto do capital e trabalho para o bem-estar de muitos em vez do enriquecimento de poucos.

6. O tratamento de pessoas civilizadas como civilizadas a despeito de diferenças de nascimento, raça ou cor.

Mesmo que Du Bois tivesse tentado manter viva a mobilização, percebeu que o Movimento Pan-africano estava perdendo terreno desde 1921. Marcus Garvey superou a iniciativa com seu movimento de massa, que atraiu mais de dez milhões de pessoas como membros pagantes em 1925. Du Bois lutou para remediar o declínio do movimento convocando uma conferência em 1929, em Túnis. Preparações elaboradas foram iniciadas, mas, então, o governo francês, muito polida, mas firmemente, informou a Du Bois que esse Congresso Pan-africano de africanos só poderia ocorrer em Marselha ou em qualquer outra cidade francesa, menos na África. Além desse golpe político, a Grande Depressão terminou com todos os seus planos.

O Quinto Congresso Pan-africano

O Quinto Congresso Pan-africano ocorreu em Manchester, Inglaterra, em 1945. Foi convocado por uma assembleia de representantes sindicais africanos que participavam de um encontro na Inglaterra. Após consultas e correspondências com vários indivíduos, uma Federação Pan-africana foi organizada para patrocinar o Congresso.

A União de Estudantes Africanos Ocidentais [West African Students Union] (UEAO) de Londres foi um dos principais grupos a apoiar uma convocação para o Congresso. Esses estudantes haviam sido influenciados pelo Movimento de Garvey, na década de 1920, e acreditavam que agora era necessário que os africanos defendessem seus interesses. Não era mais razoável nem correto pedir ou implorar aos brancos por coisa alguma; dizia-se até que os africanos tinham de se projetar como capazes de lidar com seus próprios assuntos.

O Quinto Congresso Pan-africano foi, sob muitos aspectos, o mais histórico, pois as figuras que lá se reuniram foram adiante e fizeram história durante as duas décadas seguintes: Du Bois, Padmore, Nkrumah, Amy Ashwood Garvey, Kenyatta – todos eram representantes excepcionais. O Quinto Congresso foi a vela de ignição para a descolonização na África e no Caribe. Marcou um avanço importante na participação de trabalhadores na causa pan-africana. Exigiu um fim para o governo colonial e a discriminação racial. Estabeleceu a vanguarda africana contra o imperialismo e pelos direitos humanos. As exigências econômicas do manifesto do Congresso Pan-africano foram importantes para uma nova construção do mundo internacional. Em 1945, Du Bois era um homem ativo de 73 anos, e foi o presidente honorário do encontro. Amy Ashwood, a primeira esposa de Marcus Garvey, presidiu a primeira sessão. Contudo, o aspecto mais poderoso do Congresso de Manchester, que ocorreu logo após a guerra na Europa, foi o fato de que uma nova geração de líderes continentais estava sendo treinada e preparada para assumir o continente. Os pan-africanistas do continente da África, incluindo Kwame Nkrumah e Jomo Kenyatta, levariam a visão de independência para seu povo com um novo vigor.

Nkurmah logo se tornaria a principal voz e o espírito organizador do pan-africanismo. Ele reverenciava o lendário W.E.B. Du Bois. Embora diferissem sobre alguns pontos, ele exemplificava o provérbio africano: "uma pessoa que presta respeito aos grandes

prepara o caminho para sua própria grandeza". Como Botwe-
-Asamoah (2005) e Poe (2003) compreenderam em seus livros
sobre Nkurmah, ele se tornaria a vanguarda para a interpretação
ideológica e filosófica do conflito de libertação. Ele mostraria tanto
habilidade organizacional como disciplina intelectual. Botwe-
-Asamoah escreve

> Em 1945, Du Bois convidou Nkrumah para se afiliar
> ao comitê internacional, que redigiu as quatro resolu-
> ções sobre a questão colonial para as Nações Unidas;
> essas resoluções se tornaram parte da Carta da ONU
> sobre a Declaração dos Direitos Humanos. Kwame
> Nkrumah e Du Bois também redigiram as duas decla-
> rações no Quinto Congresso Pan-africano (BOTWE-
> -ASAMOAH, 2005, p. 9).

Poe escreve confiantemente que:

> A moeda política de Nkrumah foi valorizada por sua
> associação com essa conferência histórica. Sua habili-
> dade para organizar e articular os interesses do movi-
> mento de liberação impressionou vários intelectuais e
> organizadores trabalhistas, que afetariam a história da
> África e do mundo (POE, 2003, p. 89).

Ao fim da década de 1940 e 1950, Nkrumah promoveu a ideia
de uma Federação Africana Ocidental independente, vista como o
primeiro passo na direção dos Estados Unidos da África. Quando,
em março de 1957, tornou-se líder do novo Estado independente
de Gana, uma de suas primeiras ideias foi usar sua nova posição
para ajudar outros africanos a transcenderem as antigas fronteiras
coloniais e a trabalharem para unir o continente. Ele convocou uma
Conferência de Estados Independentes em 1958, embora nesse
estágio houvesse apenas oito países independentes na África. Ele
também passou imediatamente à assistência da Guiné independente, quando a França a vitimou ao rejeitar sua afiliação à zona
franca africana pós-colonial. Nkrumah e o líder guinéu Sekou
Toure concordaram em uma união de seus dois países, que esperavam prefigurar uma unidade africana mais ampla. Sua visão era

profunda, vinda de alguém que era tanto um africano continental como um estudioso da libertação africana. Seu trabalho foi um sucessor digno do trabalho de Du Bois e Garvey.

Cheikh Amadu Bamba Mbacke: um senhor sufista

O autor senegalês Cheikh Babou escreveu um dos melhores livros sobre a vida e o trabalho do grande líder da irmandade sufista, Amadu Bamba Mbacke, que nasceu em 1850 e morreu em 1927. Sua vida abrangeu a Conferência de Berlim e a Primeira Guerra Europeia Internacional. Quando alguém se aproxima da cidade sagrada de Touba, fundada por Bamba, em 1887, cinco anos depois de ter criado a irmandade mouride, em 1883, é muito comum agora ver a reunião de peregrinos de várias partes da África em seu caminho até a mesquita ou santuário do fundador de Muridiyya. Babou não dedica muito tempo à discussão de temas comuns tratados com frequência nas narrativas sobre a criação da irmandade sufista muridiyya, provavelmente porque a relação de Amadu Bamba com o ambiente social e político já foi intensamente abordada. O que Babou quer saber é: quem é Amadu Bamba Mbacke como um pensador e um homem espiritual intelectual? Muito antes de Gandhi ou Martin Luther King Jr., Bamba enfatizava em seus ensinamentos a doutrina do Maat, que é muitas vezes confundida com pacifismo. Ele ensinava o trabalho disciplinado, caráter, boas maneiras, ordem e harmonia. Muitas vezes chamado *marabuto asceta* por sua integridade, estudo e por ter escrito muitos ensaios, panfletos e tratados religiosos, Bamba era visto como um revivalista do Islã, porque produziu um novo Islã de orientação africana que promovia a reconciliação do espiritual com o terreno. Mais de 2 mil escritos foram atribuídos a ele e sua biblioteca pessoal permanece uma atração turística na cidade de Touba. Acredita-se que a influência de Bamba tenha aumentado quando os franceses o torturaram e o exilaram (BABOU, 2007).

Embora muitos de seus seguidores tenham se voltado ao cultivo do amendoim e controlassem muitas plantações, a maior parte da classe clerical se manteve promovendo as histórias mágicas sobre o brilhantismo de Bamba. Quando os franceses o puseram em uma fornalha, dizem que ele se sentou nela e tomou um chá com Muhammad. Quando os franceses o puseram em um barco para levá-lo ao exílio em Gabão, ele quebrou seus grilhões, colocou seu tapete de preces no mar e orou. Quando atiraram nele e o deixaram para morrer, foi visto na aldeia adjacente ensinando. Quando o puseram em um antro de leões famintos, os leões foram dormir a seu lado. Essas eram as narrativas que fortaleceram a imagem e influência de um dos maiores líderes espirituais da África (ASANTE, 2007). Como Chaminuka e Okofo Anokye, líderes espirituais dos Shonas e Akans, o poder de Bamba vinha diretamente do modo que se portava junto às pessoas.

Assim, em seu livro *Fighting the greater Jihad* [Combatendo na grande jihad], Babou não explora o cultivo do amendoim como algo relacionado aos muridiyya, embora exista essa evidência. Possivelmente evitando ao máximo qualquer hagiografia, Babou, contudo, enfatiza a importância de Amadu Bamba no panteão dos pensadores e escritores africanos. Ele o situa como uma presença necessária no âmago da desordem política e social que acometeu a região durante as batalhas com os franceses (BABOU, 2007).

O que sabemos é que os ancestrais de Cheikh Amadu Bamba Mbacke vieram do reino de Futa Toro para o reino de Wolof de Jolof, cinco ou seis gerações antes de seu nascimento. Eles não chegaram a Jolof como muçulmanos. Isso só ocorreu após terem permanecido no reino por alguns anos. Eles aprenderam o Islã e emergiram ao longo dos anos como parte da hierarquia clerical da região. Certamente, em uma família grande, como no caso dos Mbakes, havia disputas internas e nem todos os seus membros queriam seguir os ensinamentos de Amadu Bamba. Esse foi o cenário tanto para seu surgimento quanto para a denúncia de seu trabalho por outros membros da família.

Desde o início de seus estudos de filosofia e do Corão, ficou claro para Bamba que sua inclinação para a espiritualidade era pessoalmente intensa demais para muitos membros de sua família. No entendimento de Babou, seu pai, Momar Anta Sali, era muito mais político do que espiritual. Na verdade, Momar era um aliado próximo do Rei Latjor, do reino de Kayor, que seria duramente derrotado na batalha com os franceses, na qual perderam a vida grande parte de seus generais e muitos líderes de reinos aliados, como o de Jolof. Desde o começo, Amadu Bamba Mbacke manteve sua distância, inclusive de seu pai, e não quis se envolver com política.

Os franceses vitoriosos desenvolveram uma relação estreita de trabalho com vários dos reis locais de Wolof, que puderam ver que Amadu Bamba, embora não um político, estava tendo uma enorme influência sobre a população. Esses reis levaram os franceses a temerem Bamba, e o conseguiram, porque foram incapazes de suborná-lo ou de trazê-lo para sua órbita de controle. Era como se não soubessem o que ele estava fazendo com as massas de pessoas, mas tinham uma ideia clara de que estava fazendo algo. As pessoas vinham até ele, ouviam-no e acreditavam em suas palavras. O fato de que não cortejasse o favor dos reis os enfureceu, e sua fúria afitou os franceses, dando-lhes coragem para enviar Amadu Bamba ao exílio em Gabão e depois à Mauritânia. Em *Combatendo na grande jihad*, Babou argumenta que a situação política de Wolof complicou o problema com os franceses. Parece que a imposição colonial francesa agravou o processo político de Wolof, que havia estado relativamente tranquilo com Amadu Bamba antes da dominação francesa. Quem dirá que os franceses não aprenderam como dividir e conquistar os africanos com os portugueses, espanhóis e ingleses? Na verdade, pode haver evidências de que entendessem isso muito bem.

Embora houvesse aqueles que se opunham a algumas ideias e ações de Cheikh Amadu, como seu discípulo Ibra Fall, não podemos jamais esquecer que o principal objetivo de Amadu Bamba foi realizado na criação da muririyya. Não podemos ver isso como uma forma de excepcionalismo africano ou como uma irrupção de gênio criativo que não existe em qualquer outro lugar do mundo africano. O que Cheikh Mbacke fez foi a mesma coisa que qualquer filósofo confiante e reflexivo teria feito (LAUNAY, 2012).

A Guerra Europeia Internacional

Os povos africanos foram levados ao conflito entre potências europeias durante o que se tornou conhecido como Segunda Guerra Mundial. Uma ruptura do que fora visto como uma Pax Europa, após a Primeira Guerra Europeia Internacional, levou a França e a Grã-Bretanha a tomarem um lado e os regimes fascistas da Alemanha, Itália, Portugal e Espanha, o outro, em 1939. O Japão se aliaria à Alemanha.

A Alemanha foi o primeiro país a invadir outras nações europeias, levando, com isso, as colônias a um confronto direto com a guerra entre os europeus. O pacto do Eixo incluía Itália, Alemanha e Japão como os principais antagonistas, e os Aliados incluíam Grã-Bretanha, França e Estados Unidos. A África seria levada imediatamente para a guerra, quando a Itália tentou expandir seu poder no continente. Os italianos tiveram pouco sucesso durante o século XIX na disputa pela África. Eles haviam posicionado alguns soldados na Eritreia e ao longo das costas somalis, mas os etíopes, sob seu brilhante Imperador Menelik II, os repeliram na Batalha de Adowa, em 1896. Após a derrota em Adowa, eles capturaram a Líbia em 1911-1913. Contudo, Grupos líbios no Deserto Oriental combateram os italianos até 1931, matando centenas de seus soldados. Os italianos terminaram usando dezenas de milhares de soldados, criando campos de concentração para civis presos, câmaras de tortura para líderes da resistência e bombardeios massivos de cidades e aldeias para subjugar os líbios, chegando a manter cerca de 100 mil pessoas nos campos. Quando capturaram Umar al-Mukhtar, em 1931, rapidamente o executaram e a resistência se extinguiu. Acredita-se que esse tenha sido o ensaio de Mussolini para sua segunda tentativa de invadir a Etiópia.

Quando Ras Tafari se tornou imperador da Etiópia, em 1930, o país permaneceu o único Estado africano, exceto a Libéria, livre da dominação colonial. Tafari adotou o nome Haile Selassie I e a Etiópia se tornou um membro da Liga das Nações. Pensava-se que a afiliação da Etiópia a protegeria de ser atacada por qualquer uma das potências europeias. Haile Selassie tinha muita consciência da luta de seu parente distante Menelik com os italianos; alguns deles ainda viviam em várias regiões do país como comerciantes e negociantes. Cinco anos depois de sua ascensão ao trono imperial, Haile Selassie teve de enfrentar um exército de 120 mil soldados italianos vindo da Somália e Eritreia. A brutalidade da invasão italiana foi monumental, e o uso de gás venenoso contra os soldados e a população civil levou os etíopes a se renderem. Haile Selassie se escondeu fora da Etiópia e terminou falando para a Liga das Nações em Genebra sobre as condições de seu povo. As nações europeias riram dele e os repórteres de notícias na Europa o viam como um líder patético. Fortalecido aos olhos de seu povo e das populações africanas ao redor do mundo, Haile Selassie inspirou muitos negros nas Américas a se unirem na luta pela libertação da Etiópia. Mussolini, contudo, ocupou o país por cinco anos, terminando por ser expulso pelas forças combinadas dos etíopes e dos Aliados em 1941. Aqui, temos um exemplo no qual a política complexa de interesses coloniais da Grã-Bretanha se fundiu aos de Haile Selassie, da Etiópia. A Itália invadiu o Egito ocupado pelos britânicos, a partir da Líbia, e isso enfureceu a Grã-Bretanha, que atacou as forças italianas, fazendo-as recuar de volta à Líbia. A derrota dos italianos no Egito levou diretamente ao apoio britânico à invasão da Etiópia para remover os italianos. Haile Selassie se moveu ao sul do Sudão para liderar os patriotas etíopes na retomada de seu país. Junto aos britânicos estavam soldados da África do Sul, que não podiam portar armas, como os da Nigéria, Gana e Serra Leoa. Os belgas enviaram soldados do Congo, e os franceses enviaram um pequeno grupo de africanos que viviam perto de Brazzaville para se juntar à libertação da Etiópia.

Em 1941, a Alemanha nazista despachou seu Afrika Korps com o objetivo de apoiar os italianos na Líbia. Ao longo da costa, os alemães fizeram ataques contra os britânicos e os fizeram recuar de volta ao Egito. Houve receio de que a Alexandria caísse para as forças do Eixo, que o Canal de Suez fosse perdido e que os campos de petróleo da Arábia passassem ao controle do Eixo. A Alemanha queria tomar o Chade e retomar Camarões, que havia sido perdido na Primeira Guerra Europeia Internacional. Contudo, os Aliados avançaram a linha alemã e italiana no oeste do Egito, na Batalha de El Alamein, em outubro de 1942. Quando os americanos e britânicos atacaram a partir do Marrocos e da Argélia, os alemães e italianos foram forçados a se render em 1945, na Tunísia. A guerra na África havia sido vencida pelos Aliados.

Kinshasa no centro do universo

Há três megalópoles de línguas mundiais na África que ofuscam todas as outras cidades em sua vizinhança: Lagos, na Nigéria; Cairo, no Egito; e Kinshasa, na República Democrática do Congo. Lagos é centro vital da nação mais populosa da África; o Cairo, embora na África, é a nação mais populosa entre os povos falantes do árabe. Assim, a África tem a maior cidade falante de inglês no mundo, Lagos; a maior cidade falante do árabe do mundo, o Cairo; também a maior cidade falante do francês do mundo, Kinshasa.

Kinshasa não é tão famosa nem tão rica quanto o Cairo e Lagos; todavia, é uma das mais dinâmicas do continente. Prevê-se que, na atual taxa de crescimento, Kinshasa logo ultrapasse o Cairo, a segunda maior cidade do continente. Lagos, como Kinshasa, tem uma população jovem que continuará a alimentar o crescimento demográfico na África.

Há duas razões principais para a massiva expansão populacional em Kinshasa. Primeiro, a República Democrática do Congo experienciou a mais longa guerra internacional desde a Segunda Guerra Europeia Internacional, e o povo das áreas afetadas, principalmente as províncias do nordeste, estão ocupando os subúrbios da cidade. Segundo, Kinshasa, como a capital e a maior cidade na RDC, é lar da sociedade civil mais visível, onde cidadãos podem encontrar trabalho, orientação e oportunidades para viver.

Os africanos vivem na área da cidade há aproximadamente mil anos. Contudo, o aventureiro imperialista Henry Morton Stanley, que estava a serviço do Rei Leopoldo II da Bélgica, renomeou a aldeia como Leopoldville, em um ato de dominação em honra ao rei que havia reivindicado o controle sobre um território, chamado ironicamente Estado Livre do Congo.

Situada na margem sul do Rio Congo, a cidade de Kinshasa está nas proximidades de Brazzaville, a capital da República do Congo, na margem norte do rio. A população combinada de ambas as cidades é de mais de 20 milhões de pessoas, tornando a área uma das mais densamente povoadas em toda África. Historicamente, essa região pertencia ao reino do Kongo, uma das grandes potências medievais da África Central, e um reino que testemunhou a desintegração de sua autoridade com a chegada dos traficantes portugueses de escravizados. Mais tarde ela se tornaria a posse privada de um homem, o Rei Leopoldo II, que nunca pôs os pés em seu solo. Quando os mercadores e militares belgas chegaram à região, exerceram uma marca brutal de controle que incluía a amputação de membros e a desfiguração de faces das pessoas que se recusavam a obedecer à autoridade dos brancos que ocupavam o território. Criar terror se tornou a marca da ocupação belga sob a liderança de Henry Morton Stanley, que serviu como representante do Rei Leopoldo. A cidade de Kinshasa foi conectada com a cidade costeira de Matadi, em 1898 e, em 1920, a agregação de pequenas aldeias, que não continham mais de 20 mil pessoas, foi nomeada a capital do Congo Belga.

Decisões humanas muitas vezes têm efeitos camaleônicos nas sociedades. As coisas nem sempre são como parecem e as transformações podem ser inteiramente diferentes das intenções humanas. Assim, em 1960, o Congo havia sentido o forte vento da mudança, a Tempestade Tropical Africana de Protesto que estava engolfando cada área onde os negros se sentiam perseguidos, violados e oprimidos pela hostilidade racial. Os negros nos Estados Unidos expressaram fortes sentimentos de justiça durante o Movimento Revolucionário Negro e o Movimento pelos Direitos Civis; africanos na América do Sul, Brasil e Colômbia, sentiram as pontadas da liberdade e esperaram por seu momento para chegar à consciência; e africanos, no Caribe, lutaram por sua independência. Na África, o espírito de independência e liberdade em Gana, Nigéria, Senegal, Sudão, Egito e em outras nações, ao longo de um período de dez anos, de 1950 a 1960, foi espetacular.

Nkrumah e o surgimento da independência de Gana

Quando Kwame Nkrumah desceu da prancha de embarque do navio britânico em Accra, em 1947, encontrou uma sociedade já à beira da mudança política. Sua estada na América do Norte e no Reino Unido o tornou um homem diferente daquele professor de escola que havia partido para a universidade. Por outro lado, descobriu que seu país estava igualmente mudado e intenso. Manifestações de rua, protestos de veteranos, reclamações de mulheres trabalhadoras, petições de funcionários públicos e palestras religiosas contra a opressão colonial caíam sobre a administração colonial britânica como uma tempestade tropical. Nada havia no sistema colonial que não fosse tocado, incendiado ou testado pela determinação africana por se libertar do governo britânico. Na verdade, Nkrumah encontrou uma mistura de eventos, indignações políticas e sociais prontas para se reunirem em um movimento.

Nkrumah foi um operador político experienciado, tendo colaborado com o eminente estudioso W.E.B. Du Bois e o ativista marxista trinitário George Padmore. Os três – Du Bois, o mais velho; Padmore, o do meio; e Nkrumah, o mais jovem – foram a influência decisiva do Quinto Congresso Pan-africano em Manchester. Agora que a Convenção da Costa do Ouro Unida (CCOU) [United Gold Coast Convention] o convidara para auxiliar na luta anticolonial contra a Grã-Bretanha, ele chegou com o desejo apaixonado de partilhar com seu país as lições que aprendera na América e na Inglaterra.

Embora a CCOU se considerasse um partido gradualista, os oficiais coloniais britânicos sentiram que qualquer agitação contra o governo britânico era contrária aos seus interesses. Consequentemente, junto a outros funcionários da CCOU, Nkrumah foi preso por incitar as massas contra os britânicos. Trabalhadores, veteranos que haviam lutado com os britânicos na Segunda Guerra Europeia Internacional, agricultores que estavam sendo explorados e pessoas comuns fartas do colonialismo não necessitaram de muito encorajamento para se organizar contra o regime. Nkrumah saiu da prisão mais determinado do que nunca a organizar uma resistência ao regime colonial. Na verdade, sua popularidade cresceu entre as massas, que exigiam cada vez mais uma atitude mais militante em relação ao imperialismo. Com uma retórica ecoando A. Philip Randolph, Marcus Garvey, W.E.B. Du Bois, George Padmore e outros dos Estados Unidos e do Caribe, Nkrumah prenunciou o fim do colonialismo britânico na Costa do Ouro. Ele criou o Comitê Sobre a Organização Jovem (COJ) [Commitee on Youth Organization], que terminou se tornando o grupo mais disciplinado na CCOU. Em vez de acolherem Nkrumah, os antigos líderes da organização tentaram isolar esse instigador que haviam trazido ao seu seio. Eles não queriam participar em sua insistência na independência política imediata à colônia da Costa do Ouro. Mais tarde, Nkrumah foi isolado pela liderança superior da CCOU, que objetou suas exigências.

Nkrumah não seria intimidado. Se a CCOU não se movesse rapidamente para se organizar contra as forças coloniais, então ele usaria a COJ para criar um movimento político que exigiria a independência agora. Assim, com seus principais colegas na COJ, ele convocou um encontro das massas e, em 12 de junho de 1949, mais de 30 mil pessoas compareceram a um encontro para criar o Partido da Convenção do Povo (PCP) [Convention People's Party]. O pacto estava feito e a luta, selada. Nas semanas seguintes, o PCP se preparou para abolir o governo colonial britânico da Costa do Ouro. Usando sua extensa rede estabelecida durante seus anos no exterior, Nkrumah criou vínculos com grupos pan-africanos ao longo da África. Menos de seis meses depois de ter formado o PCP, Nkrumah convocou greves massivas em uma campanha de ação positiva contra o país, liderando uma rebelião geral e uma revolta ao longo da Costa do Ouro. Com certeza, os oficiais coloniais ficaram descontentes com essas greves e com a rebelião geral na colônia, e prenderam Nkrumah, acusando-o de sedição.

Sucesso e unidade

Os colegas de Nkrumah no PCP continuaram sua luta pela independência total e, mesmo que alguns deles tivessem sido presos, conseguiram pressionar os oficiais coloniais a convocar uma eleição popular em 1951. O PCP teve uma vitória esmagadora e Nkrumah foi libertado da prisão e nomeado líder de assuntos governamentais. Essa fórmula foi um arranjo transicional que resultou na independência de Gana, em 6 de março de 1957.

No Dia da Independência, Nkrumah, agora, primeiro-ministro, fez um poderoso discurso que declarava que a independência de Gana seria sem sentido a menos que estivesse conectada com a libertação do continente africano. Esse foi o apelo mais claro por uma unidade africana feita por um africano em solo africano. A visão de Nkrumah se tornou a posição intelectual e ideológica dominante de todos os líderes africanos progressistas. Para solidificar a política externa do governo sobre a questão da unidade africana, Nkrumah escolheu um caribenho, George Padmore, como seu conselheiro oficial sobre assuntos africanos. Padmore criou o Escritório de Assuntos Africanos com a missão de promover outros movimentos de libertação na África.

Liderada por Nkrumah, a Primeira Conferência de Estados Africanos Independentes foi convocada em 1958, com a participação de oito nações. Em dezembro daquele ano, Nkrumah convocou outro encontro, a Primeira Conferência do Povo Pan-africano, sediada em Accra, que reuniu 62 movimentos de libertação nacional, o maior número jamais reunido da África e dos Estados Unidos. Essa conferência lançou Patrice Lumumba, do Congo, como uma figura carismática importante do anticolonialismo africano. Sua luta contra a autoridade colonial belga foi promovida no cenário internacional na Conferência do Povo Pan-africano.

Em 1960, Gana se tornou uma república e adotou sua própria constituição, tornando Kwame Nkrumah o presidente do governo. Em breve, as facções de políticos corroeriam o núcleo do PCP e abririam espaço para outros críticos de Nkrumah. Alguns de seus colegas acreditavam que ele passava muito tempo falando sobre o resto do continente e não dedicava tempo suficiente para os assuntos de Gana. Eles não estavam tão comprometidos com o pan-africanismo como ele, e não viam o socialismo como a solução para os problemas da África como professava Nkrumah. Nenhuma transformação total da sociedade era possível, dada a compreensão limitada daqueles que trabalhavam junto a Nkrumah. Muitos foram incapazes de ter a visão mais ampla da unidade africana e, certamente, não queriam que Gana fosse sacrificada no altar da libertação africana.

Após a independência do Egito em 1952, Gana pode ter sido o primeiro país a conquistar sua independência com uma prolongada luta contra o colonialismo, mas não teve a primeira organização dedicada à liberdade africana. Essa honra pertence ao Congresso Nacional Africano da África do Sul.

Tanzânia: de colônia relutante a nação dinâmica

O povo da Tanzânia lutou por sua libertação de uma astuciosa colonização alemã que começou quando Karl Peters liderou uma expedição à África Oriental no fim do século XIX, a fim de obter para a Alemanha uma base na África. Peters, com o Conde Pfeil e Karl Juhlke, deve fazer parte da vanguarda colonial mais decepcionante que já afligiu a África. Assim, por meio de fraude e suborno, os alemães alegaram ter feito tratados com governantes africanos de Ukaguru, Uzigua e Usagara. Por meio de acordos espúrios, os africanos aparentemente entregaram seu território aos alemães. Quando a força expedicionária alemã retornou a Berlim, Peters apresentou esses tratados espúrios – alguns preparados e criados por ele após assassinar alguns dos reis africanos – ao *kaiser*, que, em 1885, decretou a Carta Imperial, colocando, assim, os tratados de Peters sob proteção imperial. Com certeza, isso provocou algum conflito com os árabes, que também reivindicavam parte do mesmo território. O Sultão Said Barghash declarou suas pretensões às terras identificadas por Peters. Contudo, tanto os alemães como os árabes eram invasores, e as revoltas africanas contra o colonialismo eram contra todas as formas de opressão aos povos nativos. Sob a direção de Abushiri bin Salim, um proprietário de plantações árabe, centenas de pessoas se insurgiram contra os alemães. Ainda assim, os sentimentos anticolonialistas do povo africano é que foram expressos em ultrage universal. A reação dos alemães foi severa e imediata. Eles receberam reforços da Europa, recrutaram alguns mercenários africanos, e então capturaram e executaram Abushiri em 15 de dezembro de 1889. Tendo removido a principal força militarizada contra o regime alemão, a potência colonial estava ávida por se estabelecer firmemente na África Oriental. A partir das áreas costeiras, os alemães avançaram ao interior até se depararem com o povo Hehe, governado pelo grande Rei Mkwawa. As forças especiais Hehes emboscaram uma grande força alemã e praticamente a eliminaram em uma batalha de um dia. Todavia, os Hehes também tiveram muitas perdas, cerca de 700 soldados de elite de Mkwawa, segundo alguns relatos. Os alemães recuaram para a costa e pediram a Berlim que enviasse reforços a fim de destruir a máquina militar dos Hehes. Enquanto isso, o Rei Mkwawa aumentou e expandiu as fortificações de sua capital, Kalenga, a fim de repelir os alemães, caso tentassem capturar o reino no futuro. Os alemães foram de aldeia em aldeia matando seus líderes em uma demonstração de poder. Após uma extensiva campanha de combates no interior, onde as forças Hehes eram mais fracas, as forças coloniais atacaram a base de Mkwawa e capturaram gado e um grande depósito de armas. Mkwawa escapou com alguns de seus apoiadores leais e, por quase cinco anos, resistiu aos invasores coloniais em uma perturbadora guerra de guerrilha. Quando não conseguiu mais lutar devido aos ferimentos e à saúde debilitada, em 1898, o rei cometeu suicídio para evitar ser capturado pelos alemães. Historiadores registram que foi a dura resistência do reino Hehe que retardou a conquista alemã no interior do país. Os dez anos de conflito, de 1888 a 1898, devem ser vistos como um dos grandes conflitos heroicos pela independência africana. No fim, embora os alemães tenham conseguido subjugar os Hehes, a história de resistência se tornou uma narrativa nacional e internacional de coragem feroz.

Um ano após derrotar o reino Hehe, os alemães começaram a confiscar terras africanas para grandes plantações comerciais. Eles se estabeleceram em algumas das terras mais aráveis e impuseram um sistema direto de governo das aldeias africanas. O padrão de governo criado por eles pode ser chamado *akidadom*, porque seguiram o sistema usado pelos árabes em suas plantações ao longo da costa. Eles contrataram indivíduos chamados *akidas*, capatazes gerais de grandes grupos de trabalhadores forçados, uma forma de escravidão, no cultivo de sisal, algodão e borracha. Isso significava que o povo local fora reduzido a camponeses que podiam ser usados como trabalhadores baratos em troca de pouca recompensa.

Os *akidas*, enviados a todas as partes da colônia alemã, eram muitas vezes árabes ou africanos falantes do suaíli que também sabiam alemão. Eles recolhiam impostos, mantinham a lei alemã e serviam como magistrados em seus distritos. Podiam ser auxiliados por governantes locais conhecidos como *jumbes*, mas não necessariamente. Como podemos esperar, essa forma de governo era corrupta, mesquinha e vingativa. *Akidas* tinham o poder da vida e da morte em seus distritos e eram ressentidos pelas massas africanas. Eles regularmente abusavam de sua autoridade e ocultavam informações de seus senhores alemães, que não entendiam prontamente suaíli ou que temiam ir ao interior. Incapazes ou relutantes para lidar com o povo no interior, os alemães achavam os *akidas* rentáveis, dado o fardo de manter o povo controlado e trabalhando. Os *akidas* tinham de se reportar aos seus *jumbes*, e esses àqueles em suas aldeias.

Contudo, um *akida* poderia ocultar os recursos que coletasse do povo, aumentar sua própria receita, abusar dos *jumbes*, apropriar-se de receitas tributárias e criar caos suficiente entre os africanos para se revoltarem contra os alemães. Como a administração alemã sob Julius von Sodden, o primeiro governador colonial, queria que os impostos fossem em dinheiro e não em mercadorias, isso significava que alguma forma de coerção tinha de ser usada para fazer com que os africanos trabalhassem por salários de modo que pudessem pagar impostos. Houve uma resistência de grande escala à política alemã, e em 1905 a Rebelião Maji eclodiu.

Os historiadores G.C.K. Gwassa e John Iliffe mostraram que os Majis começaram em Nandete, no Estado de Kilwa. Os africanos haviam tolerado insultos, abusos e discriminação em seu próprio país e estavam fartos. Em breve, combatentes armados com mosquetes, velhos rifles, arcos e flechas e facões confrontaram o pesadamente militarizado exército alemão em um campo de batalha aberto e foram derrotados. Seu apelo aos poderes extraordinários e à medicina ervanária foi inefetiva contra as metralhadoras Gatling. Ataques de guerrilha aos alemães os mantiveram em conflito por dois anos, mas, no fim, os alemães prevaleceram. Estima-se que 250 mil pessoas, principalmente africanos, tenham morrido no curso da guerra. Até aquela época, a Rebelião Maji foi a resistência mais violenta a uma invasão armada na África.

Após o fim da guerra Maji, em 1907, os alemães começaram a construir uma ferrovia de Dar es Salaam a Kigoma, na costa leste do Lago Tanganyika. O projeto foi completado em março de 1914, pouco antes da eclosão da Primeira Guerra Mundial. O objetivo era assegurar que os cultivos comerciais de algodão, sisal, amendoim e café pudessem chegar ao porto.

A derrota dos alemães na Primeira Guerra Mundial significou que os britânicos, após o Tratado de Versalhes, assumiriam o que era chamado a África Oriental Alemã e a renomeariam Tanganyika. Os britânicos instituíram uma administração civil no topo da estrutura alemã quando integraram Tanganyika ao seu próprio império. Em 1929, permitiram a criação da Associação Africana Tanganyika a fim de envolver mais africanos na administração britânica. Inconscientemente, os britânicos simplesmente abriram a porta para o movimento, a União Nacional Africana Tanganyika (Unat) [Tanganyika African National Union], que foi criada em 1954 e levou à independência em 1961.

Julius Nyerere chegou à política nacional e apresentou uma ideia metaética para o país. Transcendendo as afiliações étnicas e introduzindo uma base teórica e filosófica para a unidade nacional, Nyerere mudou a natureza das associações políticas. Quando a Segunda Guerra Mundial terminou, muitos africanos que haviam lutado pela African Rifles do rei britânico voltaram para casa e encontraram um modo de canalizar suas posições anticoloniais em associações.

Julius Kambarage Nyerere nasceu em 1922, no Lago Província, na margem leste do Lago Vitória. Foi um dos 26 filhos do rei de Zanaki, Nyerere Burito. Começou a escola aos 12 anos, e tinha de caminhar cerca de 42 quilômetros até Musoma, onde ficava a escola. Após completar sua formação elementar, passou a frequentar a escola secundária em uma escola da missão católica romana, em Tabora, onde também foi batizado. Mais tarde teve formação como professor no Makerere College, em Uganda, onde foi transformado politicamente. Ele e seus colegas tanzanianos fundaram a Associação de Bem-Estar Social Africana de Tanganyika [Tanganyika African Welfare Association], um dos muitos movimentos anticoloniais.

Após a universidade, Nyerere foi um dos poucos africanos a ir para a Universidade de Edinburgo, onde recebeu seu título de mestre. Ao retornar à Tanzânia, tornou-se professor na St. Francis School, em Pugu, aos arredores de Dar es Salaam, onde foi o primeiro professor africano com mestrado. Em 1954, Nyerere foi eleito presidente da Unat, onde reuniu diferentes facções nacionalistas em uma organização.

Nyerere promoveu as ideias de valores culturais e filosofia africanos, falando muitas vezes de *ujamaa* e da necessidade de criar aldeias *ujamaas* onde houvesse economia cooperativa. Ele reuniu nacionalistas para fomentar o espírito do pan-africanismo a fim de livrar o continente do colonialismo e do imperialismo.

O Congresso Nacional Africano e o conflito sul-africano

Em 8 de janeiro de 1912, o Congresso Nacional Africano nasceu na África do Sul a partir de um esforço unido da parte de africanos nas quatro regiões distintas do país para protestar ao governo imperial britânico contra o tratamento que os africanos recebiam nas mãos dos brancos. A Grã-Bretanha se recusou a ouvir a delegação que viajara a Londres e lhes disse para retornarem à África do Sul e trabalharem com os brancos. Em vez disso, os africanos formaram o Congresso Nacional Africano (CNA) [African National Congress]. Chamado o Congresso Nacional Nativo Sul-Africano até 1923, a organização teve como seu primeiro presidente John Dube. O poeta Sol Plaatje e o escritor Albert Luthuli, um futuro vencedor do Prêmio Nobel da Paz, foram alguns dos fundadores.

Um ano mais tarde, o Congresso Nacional Africano enviou uma delegação à Grã-Bretanha para protestar contra a Lei de Terras (Land Act) de 1913. Entre os membros da delegação estavam nomes excepcionais como Msane, Mapikela, Rubusana e Plaatje. Eles concluíram que tinham de processar sua própria causa e, a partir da fundação do CNA, a organização representou os elementos tradicionais e modernos, mineradores e agricultores, além de pessoas urbanas e rurais, embora as mulheres só tenham começado a se filiar a partir de 1931 e a se tornar membros completos em 1943.

A criação da Liga da Juventude do CNA, em 1944, por vários membros jovens, incluindo Nelson Mandela, Walter Sisulu e Oliver Tambo, sugeria que uma geração nova, mais vigorosa, estava comprometida com uma ação de massa contra o regime minoritário branco. Aliados ao Congresso Indiano de Natal [Natal Indian Congress] e ao Congresso Indiano de Transvaal [Transvaal Indian Congress] em 1947, o Congresso Nacional Africano ampliou efetivamente sua base e sua oposição ao governo branco. Quando o grupo político Afrikaner votou majoritariamente pelo Partido Nacional, em 1948, e criou uma política chamada *apartheid*, sinalizou à CNA que a luta seria difícil. Africanos e indianos foram removidos dos registros eleitorais. Leis de residência e mobilidade ficaram mais rígidas, de modo que os negros não pudessem participar das atividades políticas. Essas leis foram injustas e imorais e iam contra todas as tradições do povo africano, uma vez que, em nenhuma parte do mundo africano, as pessoas eram restringidas por sua raça ou cor.

Em junho de 1952, o CNA se uniu a outros grupos em uma campanha de resistência contra as restrições. Eles deliberadamente violaram as leis, seguindo o exemplo da resistência pacífica de Mahatma Gandhi às forças coloniais britânicas na Índia. Os brancos simplesmente aprovaram novas leis proibindo encontros. Em um Congresso do Povo, em junho de 1955, a coalizão de grupos do CNA contra o *apartheid* adotou a Carta da Liberdade (Freedom Charter), o documento fundamental da luta *antiapartheid*. A Carta da Liberdade foi um documento progressista que exigia direitos iguais independentemente da raça. Os brancos atingiram o núcleo do movimento, prendendo 156 membros do CNA em 1956, que foram processados por traição e, depois de cinco anos, absolvidos.

O Congresso Nacional Africano se tornou cada vez mais interessado em alianças com membros indianos e brancos e com grupos que eram comprometidos com os mesmos princípios. Isso levou a uma divisão, com uma facção sob liderança e direção de Robert Sobukwe, chamada Congresso Pan-africanista (CPA) [Pan-Africanist Congress].

É importante compreender que a história do Congresso Nacional Africano é a das campanhas contra todas as práticas discriminatórias de *apartheid*. O grupo combateu as Leis do Passe (Pass Laws), que exigiam que os negros portassem um cartão de identidade o tempo inteiro para justificar estarem nas assim chamadas áreas de brancos. A primeira campanha do CNA contra as Leis do Passe deveria iniciar em 31 de março de 1960. Mas o CPA organizou protestos pacíficos em 21 de março de 1960, e se antecipou ao CNA. No mais brutal confronto da época, os manifestantes não violentos foram atacados pelo governo branco, 69 pessoas foram mortas e 180 feridas no que foi chamado o Massacre de Sharpeville. Esse terminaria sendo um dos ícones da luta, uma vez que os africanos lembravam uns aos outros: "nunca se esqueça de Sharpeville!"

O CNA e o CPA foram banidos de toda atividade política pelo regime branco. Passaram à clandestinidade para manter seu trabalho vivo. Uma oposição internacional ao regime do *apartheid* aumentou nas décadas de 1960 e 1970. A independência africana estava irrompendo ao longo de todo continente, afro-americanos estavam se movendo política e socialmente, e o ar estava impregnado de perspectivas de libertação na África do Sul. Albert Luthuli, o líder do CNA, venceu o Prêmio Nobel da Paz em 1960, um feito que seria repetido por Nelson Mandela em 1993.

Nelson Rolihlahla Mandela se tornou o ícone do Congresso Nacional Africano por muitos anos, alimentando a resistência com sua disciplina de tipo *maasai* e sua atitude insolente em relação à punição. Nada o desviava do objetivo último, e não podia ser persuadido a abandonar a vitória. Ele nascera em Transkei, África do Sul, em 18 de julho de 1918. Seu pai era o chefe Henry Mandela dos Tembus. O próprio Mandela fora educado na Universidade de Fort

Hare e na Universidade de Witwatersrand, e formou-se em Direito, em 1942. Ele se uniu ao Congresso Nacional Africano, em 1944, e se engajou na resistência contra as políticas de *apartheid* do Partido Nacional após 1948.

Em uma demonstração dramática de liderança moral, o CNA se uniu a outros grupos *antiapartheid* e adotou a Carta de Liberdade em 26 de junho de 1956, em um Congresso do Povo em Kliptown.

Figura 13.1 – Nelson Mandela

Fonte: Wikimedia Commons/Kingkongphoto & www.celebrity-photos.com from Laurel
CC BY-SA 2.0

A Carta da Liberdade

Nós, o Povo da África do Sul, declaramos para que todo nosso país e o mundo saibam:

que a África do Sul pertence a todos que vivem nela, negros e brancos, e que nenhum governo pode justamente impor autoridade, a menos que seja baseado na vontade de todo o povo;

que nosso povo foi expropriado de seu direito de nascença à terra, liberdade e paz por uma forma de governo fundada na injustiça e desigualdade;

que nosso país jamais será próspero ou livre até que todo nosso povo viva em irmandade, desfrutando de direitos e oportunidades iguais;

que somente um Estado democrático, baseado na vontade de todo o povo, pode garantir a todos seu direito de nascença sem distinção de cor, raça, sexo ou crença;

E, portanto, nós, o povo da África do Sul, negros e brancos, juntos, compatriotas e irmãos iguais, adotamos esta Carta da Liberdade;

E prometemos lutar juntos, sem poupar esforço nem coragem, até que as mudanças democráticas aqui estabelecidas sejam conquistadas.

O povo deve governar!
Cada homem e mulher deve ter o direito de votar em um candidato e de se colocar como um candidato a todas as instituições legislativas;

Todas as pessoas têm o direito de participar da administração do país;

Os direitos das pessoas devem ser os mesmos, independentemente de raça, cor ou sexo;

Todas as instituições de governo minoritário, assembleias consultivas, conselhos e autoridades devem ser substituídos por órgãos democráticos de autogoverno.

Todos os grupos nacionais devem ter direitos iguais!
Deve haver *status* igual nas instituições do Estado, nas cortes e nas escolas para todos os grupos e raças nacionais;

Todas as pessoas devem ter direito igual de usar sua própria língua, e de desenvolver sua própria cultura popular e seus costumes;
Todos os grupos nacionais devem ser protegidos pela lei contra insultos à sua raça e ao orgulho nacional;
A propagação e prática de discriminação nacional de raça ou cor e de desprezo deve ser um crime punível;
Todas as leis e práticas de *apartheid* devem ser abandonadas.

Figura 13.2 – O nome de Nelson Mandela em uma rua em Guadalupe

Fonte: Molefi Kete Asante

O povo deve compartilhar a riqueza do país!
A riqueza nacional de nosso país, a herança dos sul--africanos, deve ser restaurada ao povo;
A riqueza mineral sob o solo, os bancos e a indústria de monopólio devem ser transferidos para a posse do povo como um todo;
Todas as demais indústrias e comércios devem ser controlados para auxiliar o bem-estar do povo; Todas as pessoas devem ter direitos iguais a comercializar

onde escolherem, a manufaturar e a participar em todas as operações comerciais, ocupações e profissões.

A terra deve ser compartilhada entre aqueles que a cultivam!
Restrições à posse da terra em base racial devem ser extintas, e todas as terras divididas entre aqueles que as cultivam para banir a fome e a necessidade de terras;
O Estado deve ajudar os camponeses com implementos, sementes, tratores e barragens para poupar o solo e auxiliar os agricultores;
A liberdade de movimento deve ser garantida a todos que trabalham na terra;
Todos devem ter o direito de ocupar a terra onde quer que escolham;
As pessoas não devem ser expropriadas de seu gado, e o trabalho forçado e as prisões agrícolas devem ser abolidos.

Todos devem ser iguais diante da lei!
Ninguém deve ser preso, deportado ou restringido sem um julgamento justo; ninguém deve ser condenado por ordem de qualquer oficial de governo;
As cortes devem representar todas as pessoas;
A prisão deve ser somente por crimes sérios contra as pessoas, e deve visar à reeducação, não à vingança;
A força policial e o exército devem estar abertos a todos em uma base igual e devem ser os auxiliares e protetores do povo;
Todas as leis que discriminam com base em raça, cor ou crença devem ser repelidas.

Todos devem desfrutar de direitos humanos iguais!
A lei deve garantir a todos o direito de falar, organizar--se, reunir-se, publicar, pregar, cultuar e educar seus filhos;
A privacidade da casa aos ataques policiais deve estar protegida pela lei;
Todos devem ser livres para viajar sem restrição do interior para cidade, de província para província e da África do Sul para o exterior;

Deve haver trabalho e segurança!

Todos que trabalham devem ser livres para formar sindicatos, eleger seus representantes e fazer acordos salariais com seus empregadores;

O Estado deve reconhecer a todos o direito e o dever ao trabalho e à obtenção de benefícios de desemprego completos;

Homens e mulheres de todas as raças devem receber pagamento igual por trabalho igual;

Deve haver uma semana de 40 horas de trabalho, um salário-mínimo nacional, licença anual paga, licença médica para todos os trabalhadores, e licença-maternidade, com pagamento integral de salário, para todas as mães trabalhadoras;

Mineiros, trabalhadores domésticos, trabalhadores agrícolas e funcionários públicos devem ter os mesmos direitos que todos aqueles que trabalham;

O trabalho infantil, o trabalho em recinto, o sistema Tot e o trabalho importado devem ser abolidos.

As portas do aprendizado e da cultura devem ser abertas!

O governo deve descobrir, desenvolver e encorajar o talento nacional para o melhoramento de nossa vida cultural;

Todos os tesouros culturais da humanidade devem estar abertos a todos, pelo livre intercâmbio de livros, ideias e contato com outros países;

O objetivo da educação deve ser o de ensinar aos jovens a amarem seu povo e sua cultura, a honrar a irmandade, a liberdade e a paz humanas;

A educação deve ser gratuita, compulsória, universal e igual para todas as crianças; a educação superior e a formação técnica devem estar abertas a todos, por meio de subsídios e bolsas estatais concedidas com base em mérito;

O analfabetismo adulto deve ser extinto por um plano estatal de educação em massa;

Os professores devem ter todos os direitos de outros cidadãos;

A segregação racial na vida cultural, no esporte e na educação deve ser abolida.

Deve haver habitação, segurança e conforto!

Todas as pessoas devem ter o direito de viver onde escolherem, de terem moradia decente e de criarem suas famílias em conforto e segurança;

Espaços habitacionais não utilizados devem ser disponibilizados às pessoas;

Aluguéis e preços devem ser diminuídos, os alimentos devem ser abundantes e ninguém deve passar fome;

Um esquema de saúde preventivo deve ser operado pelo Estado;

Assistência médica e hospitalização gratuitas devem ser fornecidas a todos, com atenção especial a mães e crianças;

As favelas devem ser demolidas, e novos subúrbios construídos nos quais todos tenham transporte, estradas, iluminação, espaços de recreação, creches e centros sociais;

Os idosos, órfãos, portadores de necessidades especiais e os doentes devem ser cuidados pelo Estado;

Repouso, lazer e recreação deve ser o direito de todos;

Locais cercados e guetos devem ser abolidos, e leis que separem famílias devem ser repelidas.

Deve haver paz e amizade!

A África do Sul deve ser um Estado completamente independente que respeita os direitos e soberania de todas as nações;

A África do Sul deve se esforçar para manter a paz mundial e a resolução de todas as disputas internas por negociação – não pela guerra;

A paz e a amizade entre todos os nossos povos devem ser garantidas pela manutenção de direitos, oportunidades e *status* iguais a todos;

As pessoas dos protetorados de Basutolândia, Bechuanalândia e Swazilândia devem ser livres para decidir por si seu próprio futuro;

O direito de todos os povos da África à independência e ao autogoverno deve ser reconhecido, e deve ser à base de estreita cooperação.

Permita que todas as pessoas que amam seu povo e seu país digam agora, como dizemos aqui:

LUTAREMOS POR ESSAS LIBERDADES, LADO
A LADO, POR TODA A NOSSA VIDA, ATÉ QUE
CONQUISTEMOS NOSSA LIBERDADE.

Umkhonto we Sizwe

Quando o CNA foi banido, em 1960, por tentar executar a
Carta da Liberdade, Nelson Mandela argumentou em favor de
estabelecer uma ala militar dentro do partido. Em junho de 1961,
os executivos do CNA consideraram sua proposta sobre o uso da
violência, e concordaram que aqueles membros que desejassem
se envolver na campanha de Mandela não seriam impedidos pelo
CNA. Afinal, a violência do regime contra as massas de sul-africanos havia se tornado endêmica. O CNA se tornou clandestino.
Deixou de ser visível na superfície como uma organização pelos
direitos civis ou de resistência, mas se manteve trabalhando. Uma
vez clandestino, decidiu que tinha de usar sabotagem para manter
a luta contra a força do regime. Eles tinham de visar e sabotar
recursos e equipamentos do governo, evitando a todo custo o
derramamento de sangue. A Umkhonto we Sizwe, literalmente,
"a Lança da Nação", havia se tornado efetivamente a ala militar
do CNA em 1961. Logo após sua formação, seu primeiro líder,
Nelson Mandela, foi preso novamente, em 1962. Vários outros
membros do CNA também foram presos. Em 12 de junho de
1964 oito dos acusados, incluindo Mandela, foram sentenciados
à prisão perpétua. De 1964 a 1982, Mandela ficou encarcerado
na prisão da Ilha de Robben, da Cidade do Cabo. Após, foi para
a prisão Pollsmoor, no continente. Muitos protestos irromperam
ao redor do mundo em um esforço para extinguir o *apartheid* e
o regime minoritário na África do Sul. Winnie Mandela, a esposa
de Nelson Mandela, manteve seu nome e sua história vivos na
imprensa e no coração do povo. Ela foi a força visível do poder
dentro do país para o CNA durante a década de 1980, mantendo
viva a campanha para libertar seu esposo. Contudo, Oliver Tambo

e a liderança do CNA eram profundamente comprometidos com a luta armada e política do lado de fora também.

Durante seus anos na prisão, a reputação de Nelson Mandela cresceu constantemente. Ele era aceito amplamente como o líder negro mais importante na África do Sul, e se tornou um símbolo potente de resistência quando o movimento *antiapartheid* reuniu força. Recusou-se consistentemente a comprometer sua posição política para obter sua liberdade. Após ser libertado, em 18 de fevereiro de 1990, dedicou-se completamente ao trabalho de sua vida, lutando para atingir os objetivos que ele e outros haviam estabelecido quase quatro décadas antes. Em 1991, na primeira conferência nacional do CNA a ocorrer na África do Sul desde que a organização fora banida em 1960, Mandela foi eleito seu presidente, e seu amigo e colega de longa data, Oliver Tambo, tornou-se o dirigente nacional da organização.

Em 1990, F.W. de Klerk removeu o banimento do Congresso Nacional Africano e do Congresso Pan-africanista. Em abril de 1994, a coalizão do Partido Comunista Sul-Africano, o Congresso dos Sindicatos Sul-Africanos e o CNA tiveram uma vitória decisiva na eleição geral. Nelson Mandela foi nomeado o primeiro presidente negro da África do Sul.

Mas a luta na África do Sul era longa e aquela não fora simplesmente a vitória do CNA. Várias forças e partidos haviam criado uma situação interna no país, obviamente orientados pelo CNA e pelo CPA, que levou à radicalização das massas, particularmente, os estudantes. Vários líderes sul-africanos emergiram como participantes no conflito pela transformação.

O Bispo Desmond Tutu foi uma das vozes mais importantes. Combinando um zelo cristão a uma argumentação africana e a uma consciência cultural, Tutu articulou uma nova abordagem à questão das relações. O termo *ubuntu*, das línguas zulu e xhosa, que significa uma união de lealdades e relações, tornou-se um termo operativo para o novo país.

Na verdade, Tutu foi nomeado arcebispo da Igreja anglicana e permaneceu comprometido com a ideologia do *ubuntu*, mesmo que a Comissão de Reconciliação e Verdade, que ele presidia, tivesse provocado muita controvérsia na nação. Houve aqueles que acreditavam que o trabalho da Comissão fosse o de "enegrecer" os crimes dos brancos contra as massas negras. Eles não pensavam que fosse um movimento legítimo para o governo da África do Sul, uma vez que muitas pessoas haviam sofrido nas mãos do *apartheid*. Contudo, Tutu e a Comissão estavam trabalhando sob princípios diferentes daqueles estabelecidos pela religião cristã branca, apresentados nos púlpitos da África do Sul. A Comissão adotou uma visão africana, baseada no compartilhamento e na promoção da humanidade com e entre todos. Esse *ubuntu* foi a ética moral central da Comissão.

Tutu diria, mais tarde, sobre o *ubuntu*:

> Uma pessoa com ubuntu é aberta e disponível a outras, apoiadora das outras, não se sente ameaçada quando outras são capazes e boas, pois ela tem uma autoconfiança, que vem do conhecimento, de que pertence a um todo maior e é diminuída quando outras são humilhadas ou torturadas ou oprimidas (LOUW, 1998).

O estudioso zimbabuano Stanlake Samkange expressava uma filosofia similar nas décadas de 1970 e 1980, afirmando que o *ubuntu* era uma filosofia bantu baseada na resposta africana ao ambiente. Na África do Sul, amplamente constituída por falantes do bantu, o *ubuntu* era claramente a filosofia mais confiável dos tempos modernos. Enfatizava a necessidade de unidade e consenso na tomada de decisões, assim como a necessidade de uma ética adequadamente humanitária que permeie essas decisões.

Assim, o conceito de *ubuntu* fala da pessoa e de suas múltiplas relações com outros, e enfatiza sua importância como um conceito espiritual, afirmando que, embora a expressão zulu *umuntu ngumuntu ngabantu* ("uma pessoa é uma pessoa através de outras pessoas") possa não ter conotações morais no contexto da cultura europeia, no mundo africano, ela sugere que, ao nos comportarmos com humanidade, nós nos tornamos ancestrais dignos de respeito ou veneração. Aqueles que sustentam o princípio do *ubuntu* ao longo de suas vidas atingirão na morte uma unidade com aqueles ainda vivos, completando, assim, o ciclo da vida.

Mangaliso Robert Sobukwe e o Congresso Pan-africanista

Mangaliso Robert Sobukwe, fundador do Congresso Pan--africanista, nasceu em Graaff-Reinet, em 1924. Grande parte das crianças africanas que eram educadas frequentaram escolas missionárias. Sobukwe frequentou as escolas da missão da Igreja e depois a venerável Universidade de Fort Hare. Foi lá que mostrou, pela primeira vez, interesse em política e se tornou secretário-geral da Liga Jovem do Congresso Nacional Africano.

Embora a escola tivesse professores brancos, Sobukwe mostrou coragem ao argumentar contra o racismo e a supremacia branca em suas classes e nos locais públicos do campus. Após se graduar em Fort Hare, lecionou em Standerton, próximo a Johannesburg, e na Universidade de Witwatersrand.

Os eventos na África do Sul aguçaram sua mente e acende-ram nele uma emoção tão apaixonada e poderosa que sabia que o *apartheid* tinha de terminar para que seu povo conquistasse autoconfiança, desenvolvimento econômico e liberdade social. Ele se tornou politicamente mais ativo, direto e destemido, e logo se identificaria com os membros do Congresso Nacional Africano, que estavam comprometidos com os negros, manifestando auto-determinação e autodefinição. Ele se tornou um dos principais nacionalistas africanos dentro do CNA. Em 1958, separou-se do CNA para formar o CPA, uma organização exclusivamente afri-cana que ele esperava que lideraria a batalha contra o *apartheid*. Em 1959, foi eleito presidente do Congresso Pan-africanista. A seu ver, não era próprio para os brancos ou indianos assumirem a carga da liderança da luta contra a dominação branca. Os negros tinham de assumir a liderança.

Em 21 de março de 1960 – o dia do massacre de Sharpeville, quando negros foram abatidos nas ruas – Mangaliso Robert Sobukwe foi preso sob a acusação de incitamento à rebelião e revolta perto de uma estação policial, em Soweto. Ele foi sentenciado a três anos de prisão. Quando essa sentença expirou, foi detido sob uma emenda especial à Lei de Supressão do Comunismo e mantido na Ilha de Robben por seis anos.

Em sua libertação, em 1969, o regime de minoria branca expressou seu receio, apresentando-lhe uma ordem de banimento de cinco anos e lhe enviando para Kimberley. Tão logo sua primeira ordem de banimento foi completada, uma segunda lhe foi apresentada, em 1974. Contudo, Sobukwe usou esse tempo sabiamente e se tornou um dos ícones do movimento de resistência. Ele completou uma graduação em economia por correspondência na Universidade de Londres, qualificando-se como advogado, em 1975.

Mangaliso Robert Sobukwe é reconhecido como uma das fontes de inspiração para o movimento de Consciência Negra, que se fortaleceu com Bantu Steve Biko, na década de 1970. Sobukwe argumentou que os africanos tinham de provar para si mesmos e para o mundo que podiam se bastar. Para isso, o povo africano tinha de se libertar sem a ajuda de não negros. Sobukwe era um homem humilde com uma mente brilhante e uma dignidade reverente. Quando morreu, em 1978, deixou um vazio no país, mas já tinha se tornado um espírito de grande poder.

As massas que visitaram a Ilha de Robben, o infame campo de prisioneiros, muitas vezes perguntam: por que o governo do *apartheid* colocou Sobukwe em uma cela longe de outros prisioneiros? Ele não recebeu uma cela simples, única, ou uma cela com um companheiro, mas foi colocado em uma cabine isolada longe de outros prisioneiros, onde não poderia conversar nem ouvir os outros falando. Ele ficava sob vigilância 24 horas por dia, com guardas prisionais e cães de guarda. Contudo, manteve seu brilhantismo e inteligência e foi capaz de demonstrar a seus inimigos que podia sobreviver. A ideia era que o senso de nacionalismo africano e pan-africanismo de Sobukwe era mais perigoso do que as ideias comunistas de seus camaradas do Congresso Nacional Africano. Como um nacionalista pan-africano, Sobukwe via a África do Sul como um país negro que, quando libertado, jamais ameaçaria os brancos como eles haviam ameaçado os negros (POGRUND, 2006).

O massacre de Sharpeville

Não podemos esquecer que o massacre de Sharpeville, que eletrificou a nação, ocorreu porque jovens estudantes se recusaram a se submeter às exigências e regras do *apartheid*. Embora seja verdade que houvesse oposição às políticas do governo pelo CNA, houve ressentimento e reação de seus membros chamados "africanistas", que queriam um confronto mais direto com o *apartheid*. Em 1956, o CNA desenvolveu uma Carta da Liberdade, que se comprometia com uma África do Sul que pertencesse a todas as pessoas. Todavia, a marcha pacífica, que ocorreu em junho de 1956, levou à prisão de 156 líderes *antiapartheid* e ao julgamento por traição que durou até 1961.

Os africanistas seguiam uma filosofia segundo a qual um nacionalismo africano assertivo era necessário para mobilizar o país contra o racismo e o *apartheid*, e eles defendiam uma estratégia de ação em massa (boicotes, greves, desobediência civil e não cooperação).

Embora o CPA e o CNA não concordassem sobre a política, ambos lutaram pelos direitos das massas. Contudo, tornaram-se cada vez mais competitivos, com cada partido buscando atraí-las. O CNA planejou o início de uma campanha de manifestações contra as Leis do Passe para o começo de abril de 1960. Não querendo ficar para trás, o CPA anunciou uma manifestação similar, para começar dez dias antes, sequestrando, assim, a campanha do CNA.

O Congresso Pan-africanista convocou "homens africanos em cada cidade e aldeia [...] a deixarem seus passes em casa, juntarem-se às manifestações e, se presos, não oferecer fiança, nem defesa nem multa" (MAZRUI, 1982, p. 269-270).

Em 16 de março de 1960, Sobukwe escreveu ao comissário de polícia, o Major-general Rademeyer, declarando que o CPA realizaria uma campanha de protestos não violentos, disciplinados e contínuos de cinco dias contra as Leis do Passe, com início em 21 de março. Na conferência de imprensa de 18 de março, Sobukwe declarou ainda:

> Apelei ao povo africano para que se certificasse de que essa campanha seja conduzida em um espírito de absoluta não violência e estou certo de que considerarão meu apelo. Se o outro lado assim desejar, vamos lhes oferecer uma oportunidade de manifestar ao mundo quão brutais podem ser (GERHART, 1979, p. 235).

A polícia dos brancos não desapontou os resistentes militantes. Mostraram ao mundo não apenas sua brutalidade selvagem como também atiraram em pessoas inocentes. Sessenta e nove foram mortas e mais de 180 ficaram feridas. Foi o dia mais violento na luta. Como se poderia esperar, a violência da parte da polícia eletrificou o movimento, pois milhares de jovens se tornaram líderes da noite para o dia.

Os nomes dos jovens líderes da África do Sul estão iluminados em ouro nas mentes do povo. Com o crescimento da Consciência Negra veio um jovem, Bantu Stephen Biko, que foi lançado na arena internacional por sua coragem, talento e capacidade.

Bantu Stephen Biko e a Consciência Negra na África do Sul

Em 18 de dezembro de 1946 nasceu uma criança no município de Ginsberg, nos arredores da cidade de King William, no Cabo Oriental da África do Sul. Desde que entrou na escola, tudo indicava que ele seria um problema para o sistema de *apartheid* de opressão racial na África do Sul. Biko não entendia por que deveria se submeter às regras contra protestos quando criança. Foi expulso de sua primeira escola, Lovedale, por comportamento *antiestablishment* e foi enviado para a escola católica romana, Seção Africana, onde se mostrou promissor como um futuro profissional e líder da medicina. Contudo, na escola de medicina, começou a se envolver com o União Nacional de Estudantes Sul-Africanos (Unesa) [National Union of South African Students], uma organização considerada progressista. Mas a união era dominada por estudantes liberais brancos que se recusavam a ver os direitos e as necessidades dos estudantes negros como importantes. Não demorou muito para Biko deixá-la. Em 1969, fundou a Organização dos Estudantes Sul-Africanos (Oesa) [South African Students Organisation], que se dedicava a fornecer assistência jurídica e médica para comunidades desfavorecidas. A Oesa teve um profundo impacto em muitos jovens estudantes. Biko tinha a ideia de que os negros devem se ajudar e, a qualquer preço, não depender dos brancos, que haviam abusado e violado os seus direitos. Na verdade, Biko e seus companheiros criaram uma organização que adotou grande parte da filosofia política do Congresso Pan-africanista de Sobukwe. Contudo, a Oesa tinha um escopo limitado e não podia entregar a mensagem de resistência ao *apartheid*, que Biko passava cada vez mais a representar.

Assim, em 1972, Bantu Stephen Biko foi um dos fundadores da Convenção do Povo Negro (CPN) [Black People's Convention], trabalhando no desenvolvimento social e econômico das pessoas negras ao redor de Durban. O CPN efetivamente reunia aproximadamente 75 diferentes grupos e associações de Consciência Negra, como o Movimento de Estudantes Sul-Africanos (Mesa) [South African Students Moviment], que desempenhou um papel importante nas rebeliões históricas de 1976, a Associação Nacional das Organizações de Jovens (Anoj) [National Association of Youth Organisations] e o Programa de Trabalhadores Negros (PTN) [Black Workers' Project], que apoiava trabalhadores negros cujos sindicatos não eram reconhecidos pelo regime minoritário racista branco. Nada eletrificou mais os jovens do que a manifestação contra a educação pró-*apartheid* em que o jovem Hector Pieterson, de apenas 13 anos, tornou-se um mártir da resistência internacional à opressão. Essa manifestação de 16 de junho de 1976 se tornou uma rebelião de milhares de estudantes que exigiam um sistema educacional não discriminatório, em que pudessem estudar em uma língua de sua escolha. A manifestação começou pacificamente, com os estudantes marchando da Naledi High School para Orlando Stadium, reunindo mais estudantes das escolas ao longo do caminho. Quando chegaram a Matsike High (agora, Orlando High), a polícia interveio e ordenou que as crianças se dispersassem. Elas começaram a cantar "Nkosi Sikelele", e, antes que pudessem ser dispersadas, a polícia abriu fogo. Os jovens, junto a outros veteranos que protestavam contra o abuso negligente dos direitos humanos, marcharam mesmo diante de gás lacrimejante, balas e cassetetes, cantando canções de bravura, e se transformaram em uma falange de extraordinária coragem e resistência. Um observador relatou que "o companheiro Hector Pieterson, o jovem mártir de apenas 13 anos, foi a primeira vítima da selvageria deliberada, e, quando caiu, ficou ali esguichando sangue e lágrimas, enquanto um pai em prantos levava para casa o cadáver de sua própria filha" (SOWETO TOURS, s.d.). Mbuyisa Makhuba recolheu o corpo inerte de Hector do chão e caminhou com ele. Ele tinha apenas 18 anos. Após esse dia, passou à clandestinidade e nunca mais se ouviu falar dele. Sam Nzima, um fotógrafo que capturou o evento, levou em seu carro Mbuyisa, Hector e sua irmã Antoinette à Clínica Naledi, onde Hector foi declarado morto. Centenas de pessoas foram mortas em Soweto naquele dia em que a educação Bantu foi condenada pela coragem dos estudantes e a selvageria dos assassinos. Eles caíram naquele dia, mas liberaram um turbilhão fervoroso de eventos de revolta dos negros. Por meio de sua coragem e de sua luta contra um sistema mau, pessoas como Hector Pieterson e outros jovens guerreiros obstinados perderam suas vidas para que outros pudessem ser libertados.

Figura 13.3 – Steve Biko

Fonte: Wikimedia Commons/IsiXhosa

Essa era a arena, a época que tornou Biko o rebelde, o intérprete do espírito jovem da África do Sul. Bantu Stephen Biko foi eleito o primeiro presidente do CPN e foi imediatamente dispensado da escola de medicina. O jovem, que havia mostrado tanta promessa e fora um líder entre os estudantes, escolheu viver seu destino com as massas de seu povo. Começou a trabalhar em tempo integral para o Programa da Comunidade Negra (PCN) [Black Community Programme], em Durban, uma unidade importante do movimento de Consciência Negra. Mas, devido a suas atividades contra o *apartheid*, o governo o baniu em 1973. Durante o banimento, Biko ficou restrito à sua própria cidade,

King William, no Cabo Oriental. Ele não pôde mais apoiar o Programa Educacional de Consciência Negra (PECN) [Black Consciousness Educational Programme], em Durban, mas pôde continuar trabalhando para a CPN: ele ajudou a criar o Fundo Fiduciário Zimele [Zimele Trust Fund], que ajudava prisioneiros políticos e suas famílias. Biko foi eleito presidente honorário do PCN em janeiro de 1977. Ele tinha muitos apoiadores no município de Ginsberg e isso lhe permitiu continuar seu trabalho, influenciando jovens que não foram banidos. Contudo, foi detido, interrogado e ameaçado quatro vezes, entre agosto de 1975 e setembro de 1977, sob a legislação antiterrorismo destinada a impedir os negros de protestar contra a opressão.

Em 21 de agosto de 1977, Biko foi detido pela polícia de segurança do Cabo Oriental e enviado a Porto Elizabeth. Da cela da polícia de Walmer, em Porto Elizabeth, foi transportado para outro interrogatório na central da polícia de segurança. Em 7 de setembro, a polícia informou que Biko havia sofrido um ferimento na cabeça durante um interrogatório, após o qual passou a agir estranha e não cooperativamente. Os médicos brancos que o examinaram nu, deitado sobre um colchonete e acorrentado a uma grade de metal, em uma cela sombria, desconsideraram sinais claros de danos neurológicos. A situação ficou mais bizarra nos dias seguintes e ele foi colocado em isolamento. Em 11 de setembro de 1977, Steve Biko caiu em um estado contínuo de semiconsciência e o médico da polícia, acreditando que ele estivesse prestes a morrer, recomendou uma transferência a um hospital. Seus captores, contudo, transportaram-no para Pretória, a aproximadamente 1.200 quilômetros – uma jornada de 12 horas, que ele fez deitado nu na traseira de uma Land Rover. Algumas horas mais tarde, em 12 de setembro, sozinho e ainda nu, deitado no chão de uma cela na Prisão Central de Pretória, Bantu Stephen Biko, um dos maiores heróis da África do Sul, morreu de danos cerebrais. Seu sofrimento fora cruel, brutal, incivilizado e representativo da consciência desfigurada e de uma dominação racial insana.

O ministro da Justiça sul-africano, James Kruger, sugeriu inicialmente um acobertamento, dizendo que Biko havia morrido em uma greve de fome e que sua morte "o deixara indiferente". A história da greve de fome foi abandonada após a pressão da imprensa negra e da mídia internacional, especialmente de Donald Woods, o editor do *Daily Dispatch*, de Londres, ter sugerido que era um acobertamento. A investigação revelou que Biko morrera de dano cerebral, mas o juiz não conseguiu encontrar um responsável, decidindo que Biko havia morrido como resultado de ferimentos sofridos durante uma luta com a polícia de segurança, enquanto estava detido. Não houve quem pudesse narrar a história a partir da perspectiva de Biko. Nenhum policial se apresentou com ferimentos supostamente sofridos na luta com Biko.

As circunstâncias da morte de Biko, com tentativas deliberadas de explicá-la por suas próprias ações, criaram um turbilhão de manifestações, protestos e denúncias contra o regime dos brancos. Biko se tornou imediatamente um mártir pela justiça e liberdade, incitando os jovens da África do Sul a exigirem o fim do *apartheid*. Muitos se juntaram ao Movimento de Consciência Negra, e outros recorreram à afiliação à ala armada do CNA. Não poderia haver justificação para essa brutalidade e violência contra um povo lutando por seus direitos. A posição moral estava do lado dos brancos como nunca antes e o fim do *apartheid* podia ser visto claramente na incapacidade do regime de impedir seu próprio povo de criticar o sistema.

O governo respondeu ao prenúncio do fim do modo que sabia: baniu vários indivíduos (incluindo Donald Woods) e organizações, especialmente aqueles grupos de Consciência Negra estreitamente associados a Biko. O Conselho de Segurança das Nações Unidas finalmente respondeu impondo um embargo ao armamento contra a África do Sul.

A família de Bantu Stephen Biko processou o Estado e obteve, em 1979, um acordo por danos de R65.000, equivalente na época a 25.000 dólares. Ele deixou uma esposa e dois filhos.

Os três médicos conectados ao caso de Biko foram inicialmente exonerados pelo Comitê Disciplinar Médico Sul-Africano. Foi apenas em uma segunda investigação, em 1985, oito anos após a morte de Biko, que uma ação foi feita contra os médicos. Os oficiais policiais responsáveis pela morte de Biko pediram anistia durante as audiências da Comissão de Reconciliação e Verdade que ocorreram em Porto Elizabeth, em 1997. A família de Biko não pedia à Comissão para se pronunciar sobre sua morte. Contudo, a Comissão se reportou a ela com a seguinte descrição:

> A Comissão considera que a morte em detenção do sr. Bantu Stephen Biko, em 12 de setembro de 1977, foi uma incontestável violação de direitos humanos. O magistrado Marthinus Prins descobriu que os membros da SAP não foram implicados em sua morte. A descoberta do magistrado contribuiu para a criação de uma cultura de impunidade na SAP. A despeito da investigação não ter encontrado um responsável por sua morte, a Comissão pensa que, em vista do fato de que Biko morreu em custódia de oficiais de polícia, as probabilidades são que ele tenha morrido como resultado de ferimentos sofridos durante sua detenção (TRUTH AND RECONCILIATION COMMISSION OF SOUTH AFRICA REPORT, 1999).

A dominação do CNA na África do Sul

Embora o CNA permanecesse o partido dominante na política sul-africana, a liderança reconhecia cada vez mais a necessidade de acomodar todos os elementos da população sul-africana. Assim, o CNA fez uma coalizão com o Partido da Liberdade Inkatha nas eleições de 1995 e 1999, na região de KwaZulu, em Natal. Contudo, na eleição de 2004, o Partido da Liberdade Inkatha se juntou a outro, a Aliança Democrática. Mas o CNA foi capaz de conquistar toda oposição na eleição, com Thabo Mbeki recebendo aprovação esmagadora de sua nação.

A fragmentação brutal do CNA foi estabelecida pela convenção política que ocorreu em 2007, durante a segunda administração do Presidente Mbeki. Em 16-20 de dezembro de 2007, o CNA fez uma conferência nacional histórica, sua quinquagésima segunda conferência nacional, que forçaria a aposentadoria de Thabo Mbeki e introduziria Jacob Zuma na presidência do CNA. A conferência nacional, realizada a cada cinco anos, é o corpo de tomada de decisões mais oficiais, porque decide lideranças, políticas, programas e emendas constitucionais, e elege o comitê executivo nacional. Quatro mil representantes se concentraram na conferência em Polokwane.

Em abril de 2004, Mbeki foi reeleito para o posto superior no CNA, e o partido capturou 70% dos votos na eleição nacional. Um ano depois, em 2005, Mbeki removeu seu Vice-Presidente Jacob Zuma de seu posto porque estava implicado em vários escândalos. Contudo, Zuma permaneceu vice-presidente do CNA. Alguns apoiadores de Zuma acreditavam que as acusações contra ele fossem políticas e acusaram Mbeki de abandoná-lo enquanto enfrentava acusações de estupro e investigações por corrupção. A liderança do CNA ficou claramente dividida entre Mbeki e Zuma.

Embora seguidores de Mbeki tivessem tentado fazê-lo pedir a mudança da constituição, de modo que pudesse concorrer a um terceiro mandato, ele declinou após servir 15 anos como líder do país. Mesmo quando Mandela era presidente, o país fora efetivamente liderado pelo vice-presidente, Thabo Mbeki. Contudo, Mbeki pensou que pudesse concorrer pela posição de presidente do CNA, uma vez que era um partido político e não o governo. Contudo, na conferência nacional que ocorreu em Polokwane, em dezembro de 2007, ele perdeu a eleição para Jacob Zuma. Zuma, como líder do CNA, tornou-se o candidato do CNA para a presidência da nação, em 2009. Em setembro de 2008, a Corte Superior determinou que os problemas de Jacob Zuma foram politicamente motivados.

Mbeki perdeu rapidamente a confiança de figuras importantes em seu partido e formalmente renunciou em 21 de setembro de 2008. No dia seguinte, o parlamento se reuniu e aceitou a renúncia. Kgalema Motlanthe se tornou o presidente substituto até a eleição de 2009.

Uma facção do CNA formou um partido chamado COPE para rivalizar com o CNA tradicional. Mbeki não estava interessado em qualquer ataque ao CNA, que havia sido seu partido tanto como o de qualquer outro político moderno. No dia da eleição, em 22 de abril de 2009, ele anunciou que seu voto era um segredo. Ele insistiu que seus seguidores votassem livremente e não por alguma lealdade histórica ou por medo.

As dificuldades do CNA são típicas de um partido político dominante. Promessas são feitas, mas não são mantidas. As pessoas se cansam de desculpas, os partidos provinciais colapsam, as políticas não trazem alívio às massas. Mas, mesmo assim, o CNA persiste e permanece o partido tradicional de libertação. As alternativas a ele são consideradas piores. Indubitavelmente, o CNA, com todos os seus detratores, continuará a ser o partido político dominante da África do Sul, devido à sua exigência histórica por justiça e democracia. Contudo, a Aliança Democrática, o partido de base branca do Cabo, e o novo partido de distribuição de terras de Julius Malema, os Guerreiros da Liberdade Econômica (GLE) [Economic Freedom Fighters], retirarão alguns dos eleitores tradicionais.

Thavo Mbeki, o presidente pós-*apartheid* que serviu por mais tempo na história sul-africana – nove anos e cem dias – permanece um dos intelectuais mais formidáveis da África do Sul. Todavia, foi enquanto era vice-presidente no governo de Mandela que fez seu discurso mais duradouro sobre o Renascimento Africano, no qual disse:

> Ouso dizer que essa confiança, em parte, deriva de uma redescoberta de nós mesmos, do fato de que, necessariamente, com autocrítica, temos de empreender uma viagem de descoberta de nossos próprios antece-

dentes, de nosso próprio passado, como africanos. E quando a arqueologia apresenta evidências diárias de uma primazia africana na evolução histórica da emergência da pessoa humana descrita na ciência como *homo sapiens*, como podemos ser senão confiantes de que somos capazes de efetivar o renascimento da África? Quando o mundo das belas-artes nos fala da criatividade dos núbios do Sudão e de seu impacto decisivo nas criações imaginativas reverenciadas e eternas da terra africana dos faraós – como podemos ser senão confiantes de que seremos bem-sucedidos como parteiros do renascimento de nosso continente? E quando recordamos que os exércitos africanos em Omduraman, no Sudão, e em Isandhlwana, na África do Sul, excederam militarmente em estratégia e contingente e derrotaram os poderosos exércitos do poderoso e arrogante Império Britânico, nos anos setenta do último século, como podemos ser senão confiantes de que, por meio de nossos esforços, a África recuperará seu lugar entre os continentes de nosso universo? (MBEKI, 1998).

Cyril Ramaphosa assumiu a presidência em 1º de fevereiro de 2018, após Jacob Zuma ter servido por oito anos e 264 dias no posto. Mandela, Mbeki, Kgalema Motlanthe e Zuma haviam-no precedido. Durante uma época de intenso debate sobre o futuro do país, quando os membros jovens do histórico CNA estavam ansiosos para falar sobre redistribuição de terras, e os sul-africanos comuns ainda estavam sofrendo com a falta de emprego, Ramaphosa teria de usar todas as suas habilidades e ferramentas para manter o país unido e pacífico. Já víamos, após a morte de Winnie Madikizela Mandela, em 2 de abril de 2018, áreas políticas e econômicas onde há lacunas de liderança e grupos menores de brancos e negros que estão exortando suas forças para preencher esses espaços. Claramente, o CNA está sob pressão na região do Cabo e nos grandes centros urbanos, embora seja improvável que qualquer grupo o derrote nacionalmente num futuro próximo.

A revolta Mau-Mau no Quênia

A Revolta Mau-Mau foi um movimento dos quenianos para expulsar os colonos britânicos de suas terras. Começou em 1952 e durou até 1960. Criou uma cisão na comunidade branca, colocando colonizadores brancos contra o Ministério do Interior, em Londres, e contra os oficias britânicos, no Quênia. Esse movimento de revolta dos quenianos montou o cenário para sua independência.

É difícil dizer o que o termo "mau" de fato significa. Na verdade, sempre houve controvérsia sobre seu significado. É o nome de uma série de colinas no Quênia, mas pode também ser um acrônimo que estaria pelo kisuaíli "Mzungu Aende Ulaya, Mwafrika Apate Uhuru" (homem branco volte para casa e deixe os africanos serem independentes).

No centro do movimento estavam os Kikuyus, com apoio de membros dos grupos étnicos Embu e Meru. A maior parte dos Kikuyus chamava o grupo "Muingi" (Movimento), "Muma wa Uiguano" (Juramento de Unidade), ou a "KCA", para a Associação Central Kikuyu [Kikuyu Central Association], que motivou a insurgência.

Havia muitas razões para a revolta. Uma delas era econômica, mas as principais eram as políticas abusivas e discriminatórias e o comportamento dos colonizadores britânicos. A ocupação da terra "roubada" pelos europeus havia se tornado um amargo pomo de discórdia, uma vez que o povo não sentia que os brancos tivessem alguma intenção de deixar a terra que haviam tomado pela força. As melhores terras, nas áreas mais altas do país, onde o clima é frio comparado ao restante das regiões, foram tomadas pelos brancos. Em 1948, mais de um milhão de Kikuyus foram expulsos de suas terras para uma área de aproximadamente 3.200 quilômetros quadrados, enquanto 30 mil brancos ocupavam 19 mil quilômetros quadrados! As terras agrícolas mais férteis estavam nas mãos dos brancos.

Esse era claramente um exemplo dos brancos que vinham com a Bíblia para trocá-la pelas terras do povo. Quando chegaram pela primeira vez, como diz o adágio, "os africanos tinham a terra e os brancos, a Bíblia". Isso foi mais claro no Quênia do que em qualquer outro lugar na África Ocidental e representava a intenção dos brancos de tornar os africanos arrendatários de suas próprias terras. Não havia forma de os negros ganharem dinheiro ou pagarem os impostos que os brancos impunham sem trabalhar para eles. Na década de 1940, os colonizadores exigiam cada vez mais trabalho com cada vez mais dias dedicados às plantações dos colonos, caso os africanos quisessem trabalhar em seu próprio pedaço de terra. Em outras palavras, os brancos não permitiriam aos africanos a agricultura de subsistência para suas próprias famílias a menos que trabalhassem mais horas primeiro em suas plantações. Os brancos queriam transformar os agricultores em trabalhadores forçados, escravizados na terra, e isso criou um ódio feroz contra os colonos brancos. Em 1953, metade dos Kikuyus não tinha direito algum às terras de seus ancestrais. A pobreza aumentou, o desemprego estava descontrolado, ocorreu desorientação social e mental, e os pequenos territórios reservados aos africanos estavam superpovoados. Embora seja verdade que alguns Kikuyus tivessem garantido alguns direitos mais do que as massas em um esforço para dividir o grupo, a principal batalha do movimento mau-mau era contra os colonizadores brancos. Era um "movimento da terra".

Por volta de 1947, o Conselho Geral da Associação Central Kikuyu, que havia sido banido pelos colonos brancos, tomou uma decisão de lutar contra a apropriação de terras pelos brancos. Os membros se vincularam por meio de um ritual de juramento de sangue, que era tradicional entre os Kikuyus. Os juramentos inicialmente eram pela desobediência civil, mas à medida que o movimento avançava, os membros do movimento fizeram juramentos que os obrigavam a lutar e a matar europeus.

Quando a câmara municipal de Nairóbi, administrada por brancos, recebeu um alvará real para a cidade, os sindicatos convocaram um boicote. Eles paralisaram a cidade e se provaram uma grande dor de cabeça para o governo colonial branco. Nacionalistas africanos radicais confrontaram africanos que se viam como leais à administração colonial britânica. Em 1940, um movimento chamado "Grupo Quarenta" nasceu de ex-integrantes do exército que haviam sido circuncisados. Eles exigiam, por meio da União Africana Queniana [Kenia Africa Union], que a administração colonial removesse a legislação discriminatória, para a inclusão dos africanos na câmara legislativa. Eles queriam que uma nova proposta fosse adotada, dando aos cinco milhões de africanos uma representação justa nessa câmara. O governo colonial propôs um sistema que tinha as seguintes provisões:

- 30 mil brancos receberiam 14 representantes;
- 100 mil indianos receberiam 6 representantes;
- 24 mil árabes receberiam 1 representante; e
- 5 milhões de africanos receberiam 5 representantes a serem nomeados pelo governo.

Era óbvio que o povo tinha de confrontar a situação injusta. Um comitê central foi criado, em 1951, por radicais urbanos para organizar a campanha de juramento e formar esquadrões armados para impor políticas, proteger membros e matar informantes e colaboradores. Ativistas matavam seus oponentes, queimavam as casas de europeus, incapacitavam seus animais e sabotavam os agricultores brancos, queimando suas plantações.

Jomo Kenyatta, que fora eleito presidente da União Africana Queniana, foi pressionado pelos britânicos a fazer discursos condenando o movimento Mau-Mau. A ideia era ameaçá-lo, caso não falasse contra o movimento, mas como Kenyatta, que era tão esperto quanto seus inimigos, não fez o que os britânicos lhe pediram, assumiram que fosse um membro ou, talvez, o líder do grupo.

Planos para matar Kenyatta logo foram descobertos. Contudo, antes que pudessem matá-lo, ele foi preso pelas autoridades britânicas, que o declararam chefe do Mau-Mau. Sua prisão lhe conferiu mais carisma. Foi visto como um leão de coragem, vencendo todos os sinais de fraqueza nas massas. O povo encontrou inspiração em sua disciplina, inteligência e comprometimento, embora sua liderança do mau-mau fosse controversa. Contudo, ele manipulou os britânicos, o que o tornou o líder indiscutível das massas quenianas.

Colonos brancos haviam prendido uma centena de líderes Kikuyu com Kenyatta, detendo ainda mais 8 mil nos próximos 25 dias. Os britânicos pensavam que isso decapitaria a revolta, mas, duas semanas depois das prisões, a revolta se intensificou. Uma emergência foi declarada e os britânicos enviaram aviões, o 2nd Battalion of the King's Rifles, e o navio de guerra "Kenya" ao porto de Mombasa. Com base na revolta do povo, eles temiam um massacre de brancos, o que não se materializou.

Contudo, em janeiro de 1953, o comitê central havia adotado uma nova ação, se renomeando Conselho de Liberdade, com duas alas, uma ativa e outra passiva. A passiva forneceria armas e equipamento, e a ativa, também chamada Terra e Liberdade, na verdade, executaria ações contra o regime colonial branco. Eles estavam equipados com *simis* (espadas longas), *kibokos* (chicotes de pele de rinoceronte) e *pangas* (facões). Alguns tentavam fazer suas próprias armas, mas muitas delas explodiam quando eram disparadas. De qualquer modo, tinham cerca de 500 armas e coragem suficiente para portá-las por um longo tempo.

Figura 13.4 – Jomo Kenyatta, líder nacionalista africano.

Fonte: Wikimedia Commons/Photography department - Government Press Office

Eles foram bem-sucedidos com as massas, que lhes davam comida e roupas. O exército da ala Terra e Liberdade matava colaboradores e atacava propriedades agrícolas isoladas. Eles viajavam em bandos de cerca de 100 homens, retornando à floresta para proteger sua base secreta, após atacarem essas propriedades. Tinham uma estrutura de célula, que lhes permitia saber quem estava operando em qual cenário do conflito. Tinham juízes que podiam multar aqueles que se associavam aos que não eram do movimento Mau-Mau. Os três líderes mais ativos eram Stanley Mathenge, Waruhiu Itote (General China), líder do Monte Mau no Quênia, e Dedan Kimathi, líder da Floresta Mau em Aberdare.

Os britânicos reagiram ao movimento, usando africanos convertidos ao cristianismo como parte da força de segurança oficial. Essa se tornou a Guarda de Defesa Interna Kikuyu [Kikuyu Home Guard], em 1953, e o objetivo desse grupo era se infiltrar no movimento Mau-Mau e liderar atividades de espionagem e ataques punitivos contra eles. Em 26 de março de 1953, aproximadamente 3 mil integrantes do movimento atacaram a aldeia de Lari, conhecida por apoiar os britânicos, e mataram 70 pessoas. Esse ataque foi usado pelos britânicos para pintar uma imagem dos membros do Mau-Mau como sanguinários.

Alguns brancos tentaram se disfarçar de africanos para evitar o movimento. Usaram disfarces inclusive para capturar e matar Kikuyus. Mais de 125 deles foram mortos nas buscas feitas na floresta Aberdare por soldados britânicos. O regime colonial branco prendeu milhares de pessoas, mantendo 77 mil Kikuyus em campos e instituindo uma vigilância compulsória, que removeu mais de um milhão deles. Em 1954, os britânicos mataram 24 dos 41 líderes presos e prenderam mais 5.500. Dedan Kimathi foi o último membro do movimento a ser capturado, em 21 de outubro de 1956, em Nyeri, com 13 membros companheiros compatriotas. Ele foi enforcado no começo de 1957, encerrando efetivamente a revolta que, em três anos, colocaria o Quênia na estrada da autodeterminação e independência. Uma conferência parlamentar, em janeiro de 1960, concordou que os quenianos tivessem um governo majoritário baseado em "uma pessoa, um voto".

A brutalidade da vingança britânica de mortes e enforcamentos foi desarrazoada. Por exemplo, os membros do Mau mataram 32 colonos, mas as forças de segurança podem ter matado 50 mil africanos. Somente 63 soldados britânicos foram mortos, além de 3 asiáticos e 524 colaboradores africanos. Contudo, os britânicos enforcaram 35 membros do Mau-Mau nos primeiros oito meses de sua emergência, e, em 1954, haviam enforcado 756, sendo que 508 deles por ofensas menores que assassinato. Ao fim da emergência do movimento, mais de mil rebeldes africanos haviam sido enforcados. Uma comparação interessante é o fato de que somente 8 guerrilheiros foram enforcados durante a rebelião Sionista na Palestina, por volta do fim da década de 1940 (ANDERSON, 2005; ELKINS, 2005).

Os grupos de Monróvia-Casablanca

Duas principais tendências políticas se formaram durante a primeira década do movimento pela independência africana, 1955-1965. As ideias de cada grupo foram expressas por políticos que escolhiam um lado ou outro do tema da unidade africana. De um lado estava o grupo de Monróvia, assim chamado porque era um bloco informal de nações que adotavam as mesmas visões sobre o pan-africanismo. Monróvia era a capital da Libéria, e seu presidente, o principal patrono desse grupo. Eles buscavam uma unidade branda, baseada em estados independentes cooperando e trabalhando em harmonia, mas sem qualquer tipo de integração política. Do outro lado estava o grupo de Casablanca, que acreditava que tinha de haver uma integração total de estados africanos para produzir uma forma de unidade africana. Em 1963, os dois grupos se combinaram para formar a Organização pela unidade Africana, a despeito do fato de, em uma ocasião, Kwame Nkrumah ter abandonado o debate para ir ao aeroporto e ter sido persuadido a voltar por Haile Selassie e Julius Nyerere. Em 8 de maio de 1961 um grupo de nações, incluindo Nigéria, Serra Leoa, Libéria, Togo, Costa do Marfim, Camarões, Senegal, Dahomey, República da Malagásia, Chade, Volta Superior, Níger, República Popular do Congo, Gabão, República Centro-Africana, Etiópia, Somália e Tunísia, reuniram-se por quatro dias, na Monróvia, para articular sua abordagem moderada à questão da unidade africana. Eles argumentavam que nações independentes tinham de proteger suas identidades e sua soberania. O autogoverno era maior do que o chamado pan-africanismo em sua visão. É fácil ver que as ideias do grupo de Monróvia têm sido sustentadas por gerações. Na verdade, a Organização da Unidade Africana não era mais do que um reflexo de uma integração frouxa, quase mínima, do continente.

Figura 13.5 – Chinua Achebe

Fonte: Wikimedia Commons/Carlo Bavagnoli

O grupo ou bloco de Casablanca acreditava que o pan-africanismo era o futuro do continente. Os integrantes desse grupo eram vistos como mais radicais do que os do grupo de Monróvia. Entre as nações envolvidas nesse grupo estavam Argélia, Egito, Gana, Guiné, Líbia, Mali e Marrocos. O grupo se encontrou em 7 de janeiro de 1961, em Casablanca, sob a liderança de três das vozes mais proeminentes da África: Kwame Nkrumah, Gamal Abdel-Nasser e Sekou Toure, que representavam Gana, Egito e Guiné, respectivamente. Eles acreditavam na ideia de uma África unida. Em suas mentes, o que a Europa havia feito ao criar as várias organizações econômicas, comerciais e políticas (aquelas que terminariam se tornando a União Europeia) também era possível na África, para derrotar todos os interesses coloniais, promover a paz e permitir aos africanos se verem como um povo. O fato de que os líderes falavam de temas geopolíticos e de influência global os isolava mais dos valores do grupo de Monróvia.

O grupo de Casablanca acreditava que os governos nacionais deveriam estar dispostos a ceder parte de seu poder a uma federação maior, internacional e supranacional. Nkrumah convocou um exército africano para lutar contra o domínio colonial. Emergindo como o líder do Movimento Pan-africano, ele argumentava que a "África deve se unir!"

Sob determinados aspectos, o grupo de Casablanca era uma resposta ao encontro do grupo de Brazzaville, em 19 de dezembro de 1960, no qual a República Centro-Africana, Camarões, Costa do Marfim, República Popular do Congo, Dahomey, Mauritânia, Gabão, Volta Superior (a atual Burkina Faso), Senegal, Níger, Chade e Madagascar anunciaram uma abordagem gradualista à convocação pela unidade pan-africana. Enquanto o grupo de Brazzaville evanesceu e se tornou o centro do grupo de Monróvia, o grupo de Casablanca atraía a atenção intelectual, política e internacional para seu vigoroso apoio pela unidade africana.

A aparição de narrativas do poder

As fugas de Chinua Achebe à proeminência

Chinua Achebe tinha 30 anos quando a Nigéria conquistou sua independência da Grã-Bretanha, em 1960. Ele nasceu em 16 de novembro de 1930 e recebeu o nome de Albert Chinualumogu Achebe. Dois anos antes da independência, seu primeiro romance *Things fall apart* [As coisas desmoronam] ([1958] 1986) foi publicado, e o levou, juntamente à sua nação, à consciência mundial. Esse permanece o livro da literatura africana moderna que mais circulou. Na época da sua morte, em 21 de março de 2013, havia atingido uma estatura mítica como o maior contador de histórias de sua geração.

Achebe cresceu na cidade de Ogido, na região nigeriana falante do igbo, onde se mostrou um aluno excepcional, impressionando o diretor de sua escola com seus hábitos vorazes de leitura e rápida compreensão de temas. A experiência colonial de sua juventude o levou a questionar os valores dos europeus e a buscar a fonte de seus próprios fundamentos. Não surpreende que tenha se interessado por religião, tradições africanas e confronto de culturas. O fato é que sua família se moveu das tradições para a nova fé protestante. Isso o levou, como um ávido leitor e estudante, a buscar tanto conhecimento quanto conseguisse sobre religião e ética. Na Universidade de Ibadan, naquela época uma associada à Universidade de Londres, ele se destacou como aluno e encontrou muitos livros que provocaram sua consciência sobre a cultura. Seu trabalho com os Nigerian Broadcasting Services o colocou diante da realidade das histórias de nigerianos comuns. Ele, então, publicou *No longer at ease* [Não mais à vontade], em 1960, *A man of people* [Um homem do povo], em 1966, e *Anthills of the savannah* [Formigueiros das savanas], em 1987. Na época de seus últimos livros já havia conquistado fama como romancista.

Achebe defendia o uso da língua do colonizador em seus romances, e suas visões contrastariam profundamente com aquelas sustentadas pelo escritor queniano Ngugi wa Thiong'o. Embora Achebe criticasse o retrato que Joseph Conrad fez da África no livro *Heart of darkness* [O coração das trevas], chamando-o um "absoluto racista", muitos escritores africanos permaneceram ambivalentes sobre seu compromisso com a autonomia africana. Outros o consideravam um dos maiores defensores da África com relação à afirmação cultural. Na verdade, ele aceitou ser um dos editores seniores da *Encyclopedia of African Religion* [Enciclopédia da Religião Africana], a fim de promover o poder da cultura e dos valores africanos.

A Guerra de Biafra na Nigéria, na década de 1960, tentou separar a região majoritariamente falante do igbo do resto do país, devido a ressentimentos não resolvidos. Achebe se tornou rapidamente um promotor de Biafra e atuou como um embaixador da nova nação. Ele apelou aos Estados Unidos e à Grã-Bretanha para intervirem de modo a proteger o povo de Biafra do regime militar da Nigéria. O governo retomou Biafra em 1970, e Achebe entrou brevemente na política, mas depois fugiu para o exílio nos Estados Unidos por alguns anos. Retornou à Nigéria, onde um acidente de carro o deixou parcialmente paralisado. Partiu novamente para os Estados Unidos em 1990. Encontrou rapidamente uma audiência acolhedora e uma recepção favorável em várias universidades. Lecionou na Universidade de Massachusetts, em Amherst, no Bard College e na Brown University de 2009 até sua morte, em 2013.

O que o tornava tão poderoso era sua narrativa franca e descomplicada. Ele tratava do encontro africano com as tradições e valores ocidentais, e mostrava que a África não era menos experiente que o Ocidente no que se referisse à criação da sociedade. Seu estilo estava fundado na tradição Igbo de oratória e contação de histórias, recheado de provérbios, enigmas e histórias comuns.

A formação escolar na África durante os regimes coloniais atacava consistentemente o núcleo das línguas e da cultura africanas. Achebe recorda que, quando foi completamente doutrinado, assumiu o lado dos personagens brancos nos livros europeus que lia.

Encontrou-se aliado aos europeus "contra os selvagens" e inclusive desenvolveu uma aversão psicológica aos africanos (EZENWA-OHAETO, 1997, p. 26-27). Contudo, na época em que deixou Ibadan, estava convencido de que os brancos que colonizaram a África tinham a intenção de afirmar seu domínio. Seus olhos foram abertos a uma nova perspectiva crítica sobre a literatura europeia. Entre os estudantes que frequentavam a universidade estavam o poeta Elechi Amadi, o dramaturgo John Pepper Clark, o ganhador do Prêmio Nobel, Wole Soyinka, e o poeta e ensaísta Christopher Okigbo. Quando Achebe completou seus exames, recebeu um grau de segunda classe, ao invés do mais elevado, e sentiu que sua carreira estava prejudicada. De volta a Ogidi, ponderou sobre seu destino até que lhe convidaram para ensinar inglês na escola Merchant of Light, em Oba. Lecionou lá por quatro meses até receber a proposta de trabalho na Nigerian Broadcasting Services (NBS), o que significava que teria de se mudar para Lagos, a capital. O trabalho no Departamento de Conversações da NBS lhe deu tempo para ler *People of the city* [O povo da cidade], de *Cyprian Ekwensi*, publicado em 1954, e *Palm-wine drinkard* [O bebedor de vinho de palmeira], de Amos Tutuola, publicado em 1952.

As coisas desmoronam foi publicado pela Heinemann Publishers, em Londres, recebendo críticas entusiasmadas. A Heinemann imprimiu inicialmente 2 mil cópias, em capa dura, do livro, em 17 de junho de 1958. Embora a imprensa britânica parecesse amar o livro, a recepção nigeriana foi um pouco mais reservada. De fato, um romance escrito por um aluno agradou alguns da Universidade de Ibadan (EZENWA-OHAETO, 1997, p. 63). Outros, é claro, aplaudiam o feito do romance enquanto liam os conflitos de Okonkwo, o personagem principal, com um grau de familiaridade e empatia. Okonkwo se debatia com a história de seu pai como um tocador de flauta preguiçoso e devedor insolvente. Além dessa situação pessoal está a crise que emerge quando missionários brancos entram na aldeia de Umuofia. O livro de Achebe apresenta o conflito entre as tradições Igbos e a religião europeia de um modo tal que os leitores são levados a avaliar a condição de colonialismo e a levantar questões de valor, lugar, hipocrisia e dominação.

Aproximadamente dez milhões de cópias de seu livro foram vendidas ao redor do mundo, tornando Achebe o escritor africano mais popular de todos os tempos. Um de seus atributos duradouros, além de seu estilo narrativo, era sua disposição de encorajar outros escritores.

Durante a conferência de escritores de Makerere em Kampala, em 1962, à qual compareceram vários autores negros, incluindo Kofi Awoonor, de Gana, Langston Hughes, dos Estados Unidos, e Wole Soyinka, Achebe recebeu um manuscrito de um estudante chamado James Ngugi, que mais tarde usaria seu nome Gikuyu, Ngugi wa Thiong'o. O romance *Weep not, child* [Não chore, criança] foi selecionado por Achebe como um dos primeiros títulos na Série Escritores Africanos da Heinemann. Ele foi convidado a ser o editor geral da série e se tornou uma das grandes forças literárias na África. Em 1979, a Nigéria lhe concedeu o Prêmio de Mérito Nacional Nigeriano. Achebe recebeu mais de 30 premiações honorárias de seis nações diferentes. Conquistou o Prêmio de Poesia da Commonwealth, uma bolsa de estudos da Academia Americana de Artes e Letras, uma afiliação honorária estrangeira na Academia Americana de Artes e Ciências, a Ordem Nacional Nigeriana de Mérito, o Prêmio da Paz do German Book Trade, o Prêmio Internacional Man Booker e o Dorothy and Lillian Gish Award for Literature.

Sua coragem para expressar o que pensava foi conquistada com a confiança em suas habilidades literárias. Algumas pessoas pensavam que não recebeu o Prêmio Nobel de Literatura por seu ataque ao racismo de Joseph Conrad. Todavia, quando Wole Soyyinka recebeu o prêmio, Achebe se juntou a outros escritores africanos na celebração da realização, dizendo que Soyinka havia manifestado uma "estupenda demonstração de energia e vitalidade" (EZENWA-OHAETO, 1997, p. 250). Achebe sempre entendeu que o Prêmio Nobel era um prêmio europeu, não africano e, certa vez, disse isso ao *Quality Weekly*, em uma entrevista sobre a premiação. Um famoso provérbio Igbo diz: "Onye ji onye n'ani ji onwe ya" (aquele que mantém outro no lodo deve permanecer no lodo para segurá-lo lá). Achebe permanece um dos mais poderosos defensores da África.

Wole Soyinka recebe o manto ogúnico

Akinwande Oluwole Soyinka, conhecido como Wole Soyinka entres seus compatriotas e contemporâneos, é quem mais se aproxima de ser considerado um homem das letras africano. Nascido em uma proeminente família Ioruba em Abeokuta, Nigéria, em 13 de julho de 1934, Soyinka parecia destinado, desde o início, a se tornar um escritor que perturbaria o *status quo*. Na época em que recebeu o Prêmio Nobel de Literatura, em 1986, havia completado um *corpus* de obras digno dos mais ativos e prolíficos escritores criativos. Seu gênero escolhido parece ter sido o dramatúrgico, mas se tornaria um exímio romancista, poeta, memorialista e ensaísta.

Soyinka teve sua formação elementar na Escola Primária de St. Peter, onde ganhou muitos prêmios de escrita e composição. Quando tinha 12 anos, foi aceito no Government College, uma das escolas secundárias de elite na Nigéria. A posição de seu pai como pastor anglicano e a proeminência de sua mãe como membro da família Ransome-Kuti lhe deu uma noção das operações da administração colonial e do papel da elite negra em auxiliar as massas no conhecimento de seus direitos e responsabilidades. Quando terminou o Government College, foi aceito na University College, uma afiliada da Universidade de Londres. Sem restrições afrocêntricas, o jovem Wole Soyinka mergulhou em seus estudos de literatura inglesa e grega e de história grega, dominando todas as nuanças da literatura ocidental. Foi para a Leeds University com a intenção de cursar um mestrado em literatura e teatro, mas descobriu muito cedo seu talento para a dramaturgia baseada em sua cultura Ioruba, muitas vezes trazendo suas experiências culturais de infância para suas produções cênicas. Sua memória, *Aké: the years of childhood* [Aké: os anos da infância], explica sua orientação ao conhecimento e à literatura e fornece uma vívida descrição de suas experiências infantis.

Em 1954, mudou-se para a Inglaterra e começou uma busca ávida por uma carreira como escritor. Foi supervisionado, em Leed, por seu mentor Wilson Knight de 1954 a 1957, e prestou considerável atenção à edição de revistas enquanto se concentrava no desenvolvimento de suas habilidades como escritor.

Quando a Nigéria conquistou sua independência, Soyinka descobriu uma realidade política inteiramente nova que necessitava de crítica. Para ele, o preço da independência não poderia ser simplesmente pago pela mudança de cor da liderança. Tinha de ser demonstrado no caráter dos líderes. Seus ataques aos líderes africanos dentro e fora da Nigéria apontavam para uma revolta intelectual contra a corrupção no governo. Embora ele possa ter exagerado ou talvez julgado mal a natureza e a extensão da corrupção política no continente, pelo menos alertou o público para a facilidade com que os líderes africanos pareciam usar a confiança do povo para roubar o tesouro público. Se fôssemos criticar Soyinka, deveríamos incluir uma avaliação real da corrupção pública manifesta dos líderes africanos comparada à de outros líderes, ou teríamos de considerar a realidade do Estado colonial corrupto herdado que capturou muitos dos políticos da nova realidade africana. Contudo, como Achebe, Ngugi e outros pensadores africanos importantes desejavam, ele lutou para que os africanos fossem melhores do que seus antigos opressores. No fim, não seria capaz de mudar a África e, durante o governo de Sani Abacha (1993-1998), deixou a Nigéria em uma motocicleta. Mais tarde, assumiu uma função docente na Cornell University, e depois na Emory University, em Atlanta, como o Woodruff Professor of the Arts.

Quando o governo civil foi restaurado em seu país, Soyinka retornou, em 1999. Enquanto esteve ausente, permaneceu professor de Literatura Comparativa na Universidade Obafemi Awolowo, ou Universidade de Ife, como era chamada até 1999. Durante a primeira e a segunda décadas do século XXI, ele manteve as cátedras na Universidade de Nevada, em Las Vegas, e na Universidade de Marymount, em Los Angeles, na Califórnia.

O *corpus* do trabalho de Soyinka é enorme. Ele mostrou que escritores africanos são impressionantemente talentosos no gênero dramático criativo, embora não houvesse dúvida alguma na mente de ninguém. Ele escreveu *Swamp dwellers* [Habitantes do pântano] (1958), sua primeira peça, enquanto estava na Inglaterra. Seu segundo trabalho, *The lion and the jewel* [O leão e a joia] (1959), uma comédia, trouxe-lhe muita atenção do público britânico. Ele havia escrito várias pequenas peças, incluindo *The invention* [A invenção], anterior a esses trabalhos importantes. Contudo, foi sua mudança para Londres e seu trabalho como professor declamador do Royal Court Theatre que criou nele a urgência para combinar as tradições do ioruba e as tradições do Ocidente.

Quando retornou à Nigéria como pesquisador da Rockfeller, em 1960, bem a tempo para a independência nigeriana, ele foi recebido com entusiasmo por uma comunidade de intelectuais e escritores familiarizados com seus trabalhos. Ele escreveu a sátira *The trials of brother Jero* [As atribulações do irmão Jero], e *A dance in the forest* [Uma dança na floresta]. Descontente com o estado do discurso cultural na África, escreveu um ensaio com o intuito de ser crítico à ideia de Negritude de Léopold Senghor. A afirmação muito e mal citada de Soyinka de que "o tigre não proclama sua tigretude" não entendia o sentido da declaração de Negritude de Senghor. Com certeza, esse não é um provérbio africano, como muitos afirmaram. É um dito moderno de um dos maiores escritores da África. Não há tigres na África. Contudo, o objetivo da crítica de Soyinka é afirmar que a natureza dos africanos é a negritude e um africano não tem de gritar isso. Isso é verdadeiro em um nível biológico e factual, mas não é verdadeiro a partir de uma perspectiva situacional ou psicológica para muitos africanos.

A declaração de Senghor, e a dos promotores de "o Negro é Belo" das décadas de 1960 e 1970 nos Estados Unidos, tinha a intenção de anunciar algo que havia sido ocultado, distorcido ou esquecido sobre o povo negro. Daí, o leão africano ou o tigre asiático a esse respeito podem simplesmente rugir para nos alertar sobre sua presença. Nada dessa controvérsia atrasou ou parou Soyinka. Ele seguiu adiante com *Death and the king's horseman* [Morte e o cavaleiro do rei] e outras peças e ensaios.

Poucos escritores se afetavam tanto com a política em seu país, a ponto de usarem qualquer oportunidade para se manifestar contra a ineficiência, estagnação, corrupção e políticas duras. Em 1964, ele se desligou de sua posição universitária porque objetava a imposição das regulações governamentais sobre a universidade. Foi preso por atividade política alguns meses depois e, então, usou seus talentos para fazer novas manifestações. Escreveu *Before the blackout* [Antes do blecaute] e a comédia *Kongi's Harvest* [A colheita de Kongi]. Várias outras peças e ensaios convenceram a Universidade de Lagos a nomeá-lo seu diretor e professor sênior. Seu trabalho era elogiado no exterior como brilhante e avançado. Ele recebeu o Grand Prix por *The road* [A estrada], e "A colheita de Kongi foi visto em Dakar, no World Festival of Negro Arts.

Um golpe militar, em 1966, convenceu Soyinka de que ninguém poderia ignorar o fato de que a Nigéria estava se desmantelando. Quando o governador militar Chukwuemeka Odumegwu Ojukwu se tornou cada vez mais determinado a criar uma nova nação chamada Biafra, Soyinka foi para Enugu, na parte sudeste da Nigéria, para se encontrar com ele, em agosto de 1967, para impedir a guerra civil. Esse encontro alarmou as autoridades nigerianas e Soyinka teve de passar à clandestinidade. Terminou sendo preso por 22 meses durante a guerra civil. Suas notas e poemas da prisão constituem uma verdadeira coleção de crítica antigoverno. Quando a guerra civil terminou, em 1969, Sonyinka e outros prisioneiros políticos receberam anistia. Ele foi para o sul da França para repouso e reabilitação e escreveu *The Bacchae of Euripides* [As bacantes de

573

Eurípides] e *Poems from prison* [Poemas da prisão]. Após viver na França, retornou à Nigéria e retomou sua posição como diretor da cátedra de drama. Com seu grupo teatral da Nigéria, viajou aos Estados Unidos para a estreia de *Madman and specialists* [O lunático e os especialistas], no Eugene O'Neill Memorial Theater em Waterford, Connecticut. A peça foi produzida em Ibadan no ano seguinte. Em 1971-1972, escreveu *Murderous angels* [Anjos assassinos], a autobiografia *The man died* [O homem morreu], baseada em suas notas durante sua prisão, *Season of anomy* [Estação de anomia], e *Collected plays* [Peças reunidas].

Na década de 1980, a fama de Soyinka como escritor e sua reputação como crítico e satírico da política africana estava firmemente estabelecida. Recebeu o Anisfield-Wolf Book Award, nos Estados Unidos, em 1983. Em 1986, recebeu o Prêmio Nobel de Literatura, tornando-se o primeiro africano a ser agraciado com o prêmio sueco, e, no mesmo ano, o Prêmio Agip de Literatura.

Após receber o Prêmio Nobel, Soyinka continuou sua crítica aos políticos. Na verdade, em seu discurso de aceitação, em 1986, criticou o governo do *apartheid* na África do Sul. Ele escreveria uma coleção de poemas, *Samarkand and other markets I have known* [Samarkand e outros mercados que conheci], e outra memória em 2006, *You must set forth at dawn* [Você deve partir ao amanhecer]. Ele cancelou um discurso de abertura em Bangkok, em 2006, para protestar contra o golpe militar naquele país. Exigindo o cancelamento das eleições nigerianas, em abril de 2007, Soyinka citou fraude e violência étnica e religiosa. De volta ao Reino Unido, em 2009, após um atentado a bomba, em um voo aos Estados Unidos, por um estudante nigeriano, Soyinka questionou a abertura das sociedades que permitiam a religiões apocalípticas pregarem violência contra as próprias sociedades nas quais viviam.

Reconhecido como um dos maiores autores do mundo, Soyinka tem doutorados honorários de Leeds, Harvard e Princeton. Contudo, é como o *iloye*, Akinlatun de Egbaland, que tem todos os direitos da aristocracia cultural ioruba. Para muitos de seus leitores, esse é o prêmio que testemunha sua aceitação na história da Nigéria e do mundo.

Ngugi wa Thiong'o emerge como um gigante literário

Durante um período de intensa atividade literária, um jovem chamado Ngugi wa Thiong'o emergiu como o talento mais politicamente consciente e hábil da África Oriental. Na verdade, Ngugi, como é muitas vezes chamado, modelou tanto a independência política como a literária, que os africanos buscavam desde a década de 1950. Ele nasceu em uma família camponesa no Quênia e, durante sua formação, foi um bom aluno em várias escolas, frequentando Makerere e depois Leeds.

Contudo, seu caminho para a fama literária e atenção política começou quando sobreviveu à Guerra Mau-Mau pela independência, que durou de 1952 a 1962. Essa guerra se tornaria o momento mais decisivo na história moderna do Quênia, porque introduziu um mito histórico que, mais tarde, abasteceria a política do país. Sua primeira obra teatral foi chamada *The black hermit* [O ermitão negro] e foi encenada no Teatro Nacional de Kampala, Uganda, em 1962, durante a celebração da independência do país. Mesmo que tenha sido apenas cinco anos após a independência de Gana, e menos ainda que as da Nigéria, Quênia e Uganda, sua ideia de escrever com tanta paixão desafiou o pensamento usual de muitos estudantes. Também chamou a atenção dos brancos que viviam na África Oriental, que acreditavam que sua voz fosse um novo elemento na história literária da religião. Ngugi escreveu contos, peças, romances e uma coluna para o jornal *Sunday Nation*. Essa produção o colocava em uma categoria especial entre os escritores africanos de sua geração. Ele publicaria vários romances após *Não chore, criança*, em 1964. Exploraria novas formas de romance e novos temas e inovações em ideologia e narrativa. Na verdade, Ngugi se convenceria que a África tinha de se voltar para seus próprios recursos, em busca de uma completa libertação.

Sua publicação de *A grain of wheat* [Um grão de trigo], em 1967, foi uma revelação ideológica, porque o jovem escritor buscou complicar o romance com perspectivas multinarrativas e introduzir normas culturais africanas como a ênfase no coletivo em vez do individual. Imediatamente foi visto como uma figura literária de classe mundial. A Universidade de Nairóbi o contratou, e, durante os dez anos de seu exercício lá, também lecionou em Makerere, em Kampala e na Northwestern University, nos Estados Unidos. O fato de estar sendo reconhecido como uma voz importante no mundo africano o pressionava a falar de modo a refletir o povo nativo. Ele não desapontou aqueles que acreditavam em seu caráter. Contudo, ao longo do caminho, envolveu-se em uma série de temas políticos nas universidades recentemente afirmativas da África.

Um dos temas que reverberariam ao redor do continente era o nome dos departamentos de língua inglesa. Ngugi pensava que os departamentos em Nairóbi e Makerere deveriam ser mudados para departamentos de literatura. O argumento tinha a ver com o posicionamento da literatura africana no estudo de tópicos literários. Como Makerere e Nairóbi ainda tinham professores brancos e alguns professores africanos, que acreditavam que nada havia de errado com a universidade africana ter departamentos de língua inglesa, onde a literatura africana era ensinada, iniciou-se uma disputa que teve implicações internacionais. Ngugi queria que houvesse um departamento de literatura direto, no qual se pudesse ensinar as literaturas da África, da Europa e do resto do mundo. Junto aos escritores Taban Lo Liyong e Awuor Anyumba, Ngugi escreveu um manifesto chamado "Sobre a abolição do Departamento de Língua Inglesa", que lançou o debate em termos considerados anticoloniais.

Em *Homecoming* [Voltando para casa] (1978), um livro de ensaios em literatura, Ngugi publicou o manifesto exigindo departamentos de literatura onde a literatura africana estivesse no centro e as outras literaturas fossem estudadas em relação à africana. O empoderamento da África se tornaria um tema constante em seu trabalho. Seus ensaios foram publicados em *Writers in politics* [Escritores na política], *Decolonising the mind* [Descolonizando a mente], *Moving the center* [Movendo o centro] e *Penpoints, gunpoints, and Dreams* [Pontas de canetas, pontas de armas e sonhos], assim como numerosos artigos em revistas e jornais.

Nunca recuando de controvérsia, Ngugi, em seu grande romance *Petals of blood* [Pétalas de sangue], publicado em 1977, criticou a condição neocolonial do Quênia ainda com roupagens do colonialismo britânico. O livro foi chamado "uma bomba" por um jornal queniano, *Kenya Weekly Review*. O *Sunday Times* de Londres disse que capturava todas as formas de poder.

Após *Pétalas de sangue*, publicou uma peça, *Ngaahika Ndeenda* [Casarei quando quiser], escrito com Ngugi wa Mirii. Encenada no teatro ao ar livre, no Centro Educacional e Cultural de Kamirithu, em Limuru, a peça foi considerada revolucionária por sua ênfase nas vidas dos quenianos comuns. O trabalho foi escrito em gikuyu, a língua materna de Ngugi, e se tornou seu rompimento com a língua colonial como a primeira língua de seus trabalhos. Essa decisão teve duas consequências para ele. Primeiro, foi preso em 31 de dezembro de 1977, e colocado na prisão de segurança máxima de Kamiti, sem acusações. Segundo, seu rompimento com o inglês provavelmente significava que deixaria de ser reconhecido na comunidade literária falante do inglês por sua genialidade. A Anistia Internacional o nomeou um prisioneiro da consciência e, em 1978, foi libertado, mas não conseguiu encontrar trabalho no Quênia.

Enquanto estava na prisão de Kamiti, o infatigável escritor escreveu sua memória *Detained: a writer's prison diary* [Detido: diário de prisão de um escritor], publicado em 1982, no mesmo ano em que publicou seu romance *Caitani Mutharabaini* [O demônio na cruz], também escrito em papel higiênico durante seu tempo na prisão.

Considerado uma pessoa ingrata, em seu próprio país, pelo governo do Presidente Moi, Ngugi foi ferido, ameaçado e assediado. Partiu para o exílio na Grã-Bretanha, em 1982, após o lançamento de *Devil on the cross* [O demônio na cruz], para evitar a ameaça à sua vida. Entre 1982 e 1989, ficou na Grã-Bretanha, e, então, nos Estados Unidos de 1989 a 2002. Em 1986, enquanto ainda estava na Grã-Bretanha, Ngugi foi a uma conferência em Harare, onde teve de ser protegido pela segurança zimbabuana devido a um esquadrão de assassinos do lado de fora do hotel. Ele publicou *Matigari*, outro romance em gikuyu, em 1986. Pensando que o principal personagem fosse real, o Presidente Moi ordenou a prisão de Ngugi, mas ao descobrir que o personagem era ficcional disse aos seus oficiais para "prenderem" o livro! O Presidente Moi mandou remover todos os livros de Ngugi das livrarias e instituições educacionais.

Ngugi é um dos escritores africanos mais populares a viver no Ocidente. Ele se envolveu em movimentos progressistas de ambos os lados do Atlântico, em comitês para libertar presos políticos e na promoção dos direitos humanos. Foi professor-visitante na Bayreuth University, escritor residente na Borough of Islington, em Londres, aluno de cinema na Suécia, professor em Yale, professor honorário nas Five Colleges (Amherst, Mount Holyoke, Hampshire, Smith, e na University of Massachusetts Amherst), professor de Literatura na Universidade de Nova York e professor honorário na Universidade da Califórnia, Los Angeles.

Em 2004, Nugugi e sua esposa, Njeeri, retornaram ao Quênia, após 22 anos no exílio e foram fisicamente atacados por quatro pistoleiros contratados. Eles escaparam, mas não sem um tremendo trauma. Ngugi não foi desencorajado por essas experiências. Fortaleceu-se e prometeu continuar a prover o mundo de sua visão da sociedade queniana. Seu trabalho *Wizard of the crow* [Feiticeiro do corvo] é considerado um de seus melhores livros. O título gikuyu do romance é *Murogi wa Kagogo*. Em 2014, seus trabalhos foram publicados e traduzidos em mais de 50 idiomas, e campanhas foram lançadas por nações africanas e outras nações para homenageá-lo com os prêmios mais elevados para um escritor. Como Wole Syinka e Chinua Achebe, Ngugi se ergueu muito acima de seu começo no Quênia rural para atingir fama e prestígio por seus talentos como escritor.

Essa não é uma história não familiar na África. O continente é uma terra de poetas, cantores, músicos, escritores e dramaturgos. Quando Atukwei Okai, o grande poeta ganense, retornou de Moscou, onde havia estudado com os melhores escritores russos, descobriu em seu país, Gana, entre seu povo, poetas e escritores que haviam sentado sob árvores de baobá e recitado suas palavras ao vento. E sua poesia inicial, *Flowerfall* [Queda de flores], *The oath of the fontomfrom* [O juramento do fontomfrom], *The anthill of the sea* [O formigueiro do mar] e *Longorligi Logarithms* [Logaritmo Longorfigi], ele expressou a alma da criança de aldeia que cresce e captura o mundo cosmopolita com os ritmos e a fluência dos provérbios e sabedoria africanos.

Todavia, estava claro, desde o início do movimento pela independência, que os escritores não seriam capazes de produzir sozinhos a transformação necessária. Não importa quão importante e efetivo um escritor possa ser, a transformação necessita de outras forças. No continente africano, como em outros continentes, apareceram homens e mulheres de consciência e determinação, cujo objetivo era derrubar a opressão por quaisquer meios necessários.

Ayi Kwei Armah e a reconstrução da cultura

Temos de colocar Ayi Kwei Armah, o escritor africano nascido em Gana, na categoria daqueles escritores que, após os primeiros gigantes, fez uma contribuição à libertação das mentes africanas. Embora Armah tenha sido educado em Achimota, Groton, Harvard e Colúmbia, viajou muito pela África e trabalhou na França e na Tanzânia antes de se estabelecer no Senegal. Inquestionavelmente um dos romancistas mais brilhantes e conscientes da África, tem um *corpus* que inclui *Fragments* [Fragmentos] (1971), *Why are we so blest?* [Por que somos tão abençoados] (1972), *Two thousand seasons* [Duas mil estações] (1973), *The healers* [Os curandeiros] (1979), *Osiris rising* [Surgimento de Osíris] (1995) e vários livros e ensaios.

Armah está preocupado com o que ocorre àqueles que visitaram ou viveram no Ocidente quando retornam à África. Ele acredita que a corrupção dos valores morais come o coração da África. Assim, volta frequentemente à história de alguém que abandonou uma universidade americana por estar dividido entre o Ocidente e a África. No fim, ele vê que é a própria africanidade que salva os protagonistas. Em *Duas mil estações*, Armah chega à escravidão de africanos e mostra como os predadores e destruidores vêm atacando a alma da África por milhares de anos. Devemos considerar Armah como o primeiro exemplo de um africano em busca da dissipação que vê em outros, e todos os seus romances são autobiográficos, uma vez que ele procura maior conhecimento do eu. Em *O surgimento de Osíris*, um de seus livros mais provocativos, ele desafia seus leitores a verem o papel central da África na criação da civilização. Talvez, esse homem, que cresceu falando o fante, a língua de seus pais, com a consciência de sua linhagem real Ga, por parte da linha de seu pai, e que viveu e lecionou nos Estados Unidos, França e Tanzânia, possa ser o escritor africano quintessencial de sua época.

Ama Ata Aidoo conquista o vácuo

Ama Ata Aidoo nasceu em Abeadzi Kyakor, em Gana. De ascendência real, seu pai fora um rei de Abeadzi Kyakor. Ela aprendeu as tradições africanas da casa real e os métodos ocidentais das escolas coloniais. Cursou a Universidade de Gana em Legon, obtendo um bacharelado em língua inglesa em 1964. Seus primeiros escritos foram em poesia. Em breve, começou a escrever e atuar com a dramaturga muito famosa, Efua Sutherland.

580

Poucos escritores africanos criaram em tantos gêneros como Aidoo. Ela escreveu memórias, ensaios, crítica, ficção, peças e poesia. Ousou assumir o problema épico na história recente, as consequências do tráfico de escravizados e do colonialismo, especialmente o dano que esses provocaram à humanidade, às relações e ao futuro da África.

Estreando com a peça *The dilemma of a ghost* [O dilema de um fantasma] (1971), apresentou-se em pé de igualdade com os escritores homens que haviam tratado desse tema do conflito com o Ocidente. Um homem africano que se casa com uma afro-americana se encontra numa situação profundamente complexa sem auxílio dela, que, por sua condição de opressão, não entende a África.

A segunda peça importante de Aidoo foi *Anowa* (1970), situada na sociedade tradicional em um tempo remoto da história. Aidoo conecta a peça a uma adolescente que rompe com as tradições dos pais e decide se casar com um estrangeiro que eles não conhecem, desafiando, assim, a escolha deles para seu esposo. O estrangeiro termina se mostrando um demônio, e a jovem agoniza sobre sua decisão e é punida pela maldade de seu esposo "atraente". Aidoo vai mais fundo no passado filosófico tradicional africano para buscar elementos para suas histórias e dramas. *No sweets here* [Aqui não tem doces] foi a primeira coleção de suas histórias.

Aidoo retorna ao conflito entre culturas em seu livro *Our sister Killjoy; or, reflections from a black-eyed squint* [Nossa irmã Killjoy; ou, reflexos de um olho negro entrecerrado]. O trabalho usa várias técnicas poéticas combinadas à prosa para permitir páginas de uma palavra ou alternância entre prosa e poesia como uma forma de diálogo entre conceitos no texto. Como uma experimentalista, Aidoo tirou seu próprio estilo cultural das tradições orais da África e as aplicou à sua criação literária.

Aidoo lecionou por muitos anos em Gana, nos Estados Unidos e no Quênia. Em 1983-1984 foi ministra da Educação durante o governo de Jerry Rawlings. Uma pan-africanista, Aidoo viveu em Harare, no Zimbábue, onde a encontrei pela primeira vez, e onde trabalhou pela Unidade do Desenvolvimento Curricular do Ministério da Educação por vários anos. Trabalhou também na Brown University, nos Estados Unidos, e retornou a Gana em 2010. Em Accra, trabalhou como diretora executiva de Mbaasem, uma fundação para promover o trabalho de escritoras ganenses e africanas. Sua terceira coleção de histórias, *Diplomatic pounds and other stories* [Cercados diplomáticos e outras histórias], foi publicada em 2012.

Frantz Fanon e a filosofia da revolução

Frantz Fanos chega à história da África como um cidadão da metrópole, mas rapidamente demonstra seu desgosto pela opressão que vê na Argélia. Escreve vários artigos e ensaios e trabalhos anticoloniais, que se tornaram clássicos do pensamento africano. Seu primeiro trabalho importante traduzido ao inglês é *Black skin, white masks* [Pele negra, máscaras brancas] (1952). Seu segundo trabalho, *The Wretched of the Earth* [Os miseráveis da Terra] (1961), estabeleceu Fanon como um dos escritores mais antieurocêntricos a serem produzidos no mundo africano. Quando deixou a Martinica, em 1943, sua inclinação foi se voluntariar para lutar junto aos Franceses Livres na Segunda Guerra Mundial. Estudou medicina e psiquiatria com uma bolsa na Universidade de Lyon. Embora sua especialidade fosse psiquiatria, começou a escrever ensaios políticos, peças e poemas. Mas foi sua tremenda compreensão dos efeitos do racismo nas pessoas negras que impulsionou seu trabalho para uma filosofia libertadora. *Pele negra, máscaras brancas*, ou, como foi chamado pela primeira vez, *An essay for the disalienation of blacks* [Um ensaio para a desalienação dos negros], foi baseado em suas experiências e palestras enquanto ainda vivia em Lyon. Fanon sabia que a negritude, em um mundo supremacista banco, era problemática para a psique da pessoa negra e também para a da pessoa branca, mas o impacto nos oprimidos era ainda maior do que no opressor. Na verdade, havia muitos negros que queriam evadir de sua condição, escapar de suas peles e se esconder detrás de máscaras. O fato de que fosse um estudante de Psicologia lhe concedeu a oportunidade de examinar a situação do povo colonizado. De fato, ele podia ver em sua própria condição existencial o problema da raça. Nada era normal sobre as condições dos africanos em um mundo controlado pelos brancos. Claramente, Fanon não era um afrocentrista nem um pan-africanista. Ele se considerava francês, e seu encontro com a discriminação francesa o levou a formar uma visão diferente de si e dos franceses. Ele estava convencido de que os brancos tinham uma visão profundamente negativa dos africanos, todos. Com certeza, o racismo ou o impacto do racismo minava o bem-estar dos africanos e os levava a verem o mundo por meio das distorções de uma norma branca universalizada para manter o domínio branco. O racismo era a principal doença da sociedade branca. Os africanos, na Argélia ou na França, assumiram a carga da cultura francesa falando a língua do colonizador. Se aceitassem a cultura, os costumes e as nuanças franceses, então, aceitavam a consciência coletiva do povo francês. Com certeza, os afrocentristas argumentavam que cada momento deve ser um momento de resistência ou, do contrário, desistimos da história e da cultura. De outro modo, fica claro que uma pessoa se tornará má, pecadora ou suja, diante da cultura europeia. Os negros que usam uma máscara branca, ou que, por experiência pessoal, estão à beira da insanidade. Quando uma pessoa africana, vivendo na Argélia, no Chade, no Senegal ou em Benin, pensa como um sujeito universal, participando de uma cultura que sugere igualdade, abstraída, aceita a branquitude como uma norma, internaliza os valores culturais brancos. Embora Fanon compreendesse isso sobre o impacto psicológico da internalização dos valores culturais brancos pelos africanos, foi incapaz de passar ao próximo nível, o de propor uma resposta de ação afrocêntrica. Sua análise e manifesto foram importantes em apontar a desconexão entre o corpo e a consciência africanos. Enquanto esteve trabalhando no hospital psiquiátrico em

Algiers, observou os problemas de seus pacientes que passaram a se ver como negações da branquitude dos colonizadores. Na concepção de Fanon, a branquitude necessita da negritude como uma negação para existir. Além disso, não podem existir sem a conquista imperial.

Fanon se tornou chefe do Departamento de Psiquiatria no Hospital Blida-Joinville, em Algiers, em 1953. Uma de suas primeiras tarefas foi integrar os departamentos e reformar o cuidado dos pacientes. Mas foi seu exercício nesse hospital que lhe deu os dados concretos de que necessitava para promover suas teorias de revolução. Ele se surpreendeu com a descrição do horror dispensado aos oprimidos. Com certeza, isso é algo que poderia ter sido obtido de seu estudo sobre a ocupação francesa da Martinica ou de Guadalupe, uma vez que a brutalidade da opressão é universal e basta estudarmos as histórias locais para vermos essa evidência. Todavia, foi talvez chocante, mais ainda para Fanon, uma vez que o povo sendo brutalizado era basicamente de árabes africanos.

Fanon se distanciou cada vez mais da perspectiva imperialista de sua cidadania francesa. Então, em 1956, formalmente, demitiu-se de seu posto para trabalhar pela causa da Revolução Argelina. Em sua carta de demissão, argumentou que a psicologia era incompatível com a iniciativa e a dominação coloniais. De fato, a forma de psicologia praticada em uma situação colonial não era ética:

> Se a psiquiatria é a técnica médica que visa a capacitar a pessoa a não mais ser uma estrangeira em seu ambiente, tenho para comigo a dívida de afirmar que os árabes, permanentemente estrangeiros em seu próprio país, vivem em um estado de absoluta despersonalização [...]. Os eventos na Argélia são a consequência lógica de uma tentativa abortada de descerebrar um povo (FANON, 1967).

Após sua demissão, foi para a Tunísia trabalhar com o movimento de independência argelino. Começou escrevendo para muitas publicações, mas, principalmente, para *Les Temps modernes*, de Jean-Paul Sartre, *Présence Africaine* e para o jornal da FLN [Frente de Libertação Nacional] *el Moudjahid*. Os trabalhos e ensaios publicados nas revistas foram coligidos após sua morte e publicados, em 1964, como *Toward the African Revolution* [Rumo à Revolução Africana]. Ele continuou a atender pacientes na Tunísia e viajou para Gana como embaixador do governo provisório da Argélia, tentando criar uma rota de abastecimento no Sul para o exército de libertação. Durante o tempo em que esteve lotado em Gana, desenvolveu leucemia e completou urgentemente seu grande livro, *Os miseráveis da Terra* ([1961] 1983). Nesse livro, argumenta que, a fim de superar negro e branco, deve haver violência absoluta que purifique e destrua essas categorias, destroce as ideias de branco bom e negro mau, e demonstre que, se os negros podem sofrer, os brancos também podem. Se os negros sangram, então, a violência contra os brancos mostrará que também podem sangrar e morrer. Essa era uma acusação poderosa a outras filosofias da Revolução Africana. Fanon acreditava que os camponeses no interior eram aqueles que poderiam produzir verdadeiramente a revolução porque não haviam sido tão afetados como os africanos ou árabes urbanizados, que viviam próximos aos opressores brancos e cujas psicologias estavam distorcidas por acreditarem que os brancos tivessem algo que eles não tivessem. Ele acreditava que o nacionalismo adotado pelas classes médias ou pelo proletariado urbano não poderia produzir a revolução total. Teria de ser o campesinato o criador da nova revolução. Fanon morreu em 6 de dezembro de 1961, no Instituto Nacional de Saúde, em Bethesda, Maryland, onde fora buscar tratamento. Após sua morte, sua fama se espalhou pelo mundo africano, e ele se tornou cada vez mais reconhecido como um dos pensadores africanos mais importantes do século XX.

A Frente de Libertação Nacional Argelina (FLN)

Em 1º de novembro de 1954, as guerrilhas da Frente de Libertação Nacional Argelina (FLN) lançaram uma série de ataques precisos contra a administração colonial francesa – postos policiais, instalações militares, depósitos, equipamentos de comunicação e prédios públicos – que chocaram as autoridades francesas e enviaram uma onda de júbilo à população nativa. A guerra contra a França havia começado seriamente. Ben Bella, um brilhante ativista e intelectual, criou a FLN como um movimento clandestino para combater os *colons* (coloniais), que detinham poder e prestígio sobre as massas de argelinos. Os coloniais eram principalmente franceses brancos, que trabalhavam para o serviço colonial francês. Operando a partir do Cairo e de Algiers, Ben Bella e outros oito ativistas – Ait Ahmed, Mohamed Boudiaf, Belcacem Krim, Rabah Bitat, Larbi Ben M'Hidi, Mourad Didouch, Moustafa Ben Boulaid e Mohamed Khider – eram os principais líderes da guerra argelina de independência. Eles eram os chefes históricos do movimento. Representantes da FLN divulgaram uma proclamação convocando todos os muçulmanos, árabes e africanos na Argélia a se erguerem e a ajudarem a restaurar o Estado soberano, democrático e social argelino dentro da estrutura de princípios do Islã. O ministro francês do Interior, mais tarde presidente do país, François Mitterrand, respondeu à FLN que a única negociação possível era a guerra. Isso estabeleceu o cenário para o confronto futuro. Na mente de Mitterrand, a Argélia era um departamento da França e constituía parte integral da República francesa. Os argelinos, de acordo com Mitterrand, há muito eram irrevogavelmente franceses. Ele foi inflexível quanto a "não poder haver secessão concebível" entre a Argélia e a França metropolitana. A ideia da FLN era diferente. Eles viam os franceses como colonizadores que haviam ocupado o país, imposto novos valores e criado as condições de opressão para as massas.

Os líderes do movimento estabeleceram seis regiões militares no país, chamadas *wilayat*, e indicaram seis líderes internos para dirigir cada uma dessas regiões. A Delegação Externa no Cairo, liderada por Ben Bella, Ait Ahmed e Mohamed Khider, era dedicada a obter armas e fundos para os comandantes *wilaya*, assim como suprimentos e apoio estrangeiro para a rebelião. A FLN foi um desdobramento do Comitê Revolucionário da Unidade e da Ação, que fora clandestino desde que Ben Bella fora expulso do país, em 1952. Após dois anos de preparação constante, em novembro de 1954, a FLN estava pronta. A proclamação de 1º de novembro de 1954 foi clara ao afirmar que usaria "todos os meios possíveis até a realização de nossos objetivos". Na verdade, os formuladores da proclamação tentaram minimizar todos os temas étnicos e de clã evitando os problemas que afligiam o movimento contra o colonialismo. Eles escreveram:

> Para esse fim, insistimos em especificar que somos independentes dos dois clãs que estão lutando pelo poder. Colocando o interesse nacional acima de todas as considerações triviais e errôneas de personalidade e prestígio, em conformidade com os princípios revolucionários, nossa ação é direta e unicamente contra o colonialismo, nosso único inimigo cego e obstinado, que sempre se recusou a conceder a mínima liberdade por meios pacíficos (BONHOMME; BOIVIN, 2010, p. 1.597).

Como um raio, o movimento da FLN, com sua proclamação como sua bandeira, espalhou seus ataques ao longo do país, matando agricultores europeus e forçando os outros a buscarem refúgio na Argélia, onde os antigos colonialistas franceses exigiram do governo que tomasse as medidas mais duras contra as guerrilhas. Em breve, a comunidade francesa havia aquiescido, enquanto grupos de justiceiros coloniais, com a aprovação tácita das autoridades, foram à caça, em *ratonnades* (caça aos ratos, que significa matar os árabes), contra a comunidade muçulmana e os suspeitos. Os justiceiros exigiam que o governo francês protegesse suas propriedades e vidas convocando um estado de emergência, a prisão de todos que exigissem a separação da França, e a pena de morte para aqueles que cometessem crimes politicamente motivados.

A FLN tentou cada vez mais forçar os colonos a sentir a vingança da insurgência. Eles atacaram a cidade de Phillippeville, em agosto de 1955, para levar a luta ao povo francês comum. Foi um ataque violento contra mulheres e bebês, mutilados e saudáveis, jovens e idosos. Ao todo, 123 pessoas morreram. Antes disso, a FLN só havia atacado alvos militares e governamentais, mas a mudança de táticas levou alarme à comunidade francesa.

Jacques Soustelle, o governador-geral francês, exigiu mais medidas repressivas contra a FLN. Em retaliação, os franceses afirmaram ter matado 1.273 guerrilheiros. Contudo, a FLN disse que 12 mil muçulmanos foram assassinados na orgia de mortes executada pelas autoridades francesas e pelos grupos de justiceiros. Não havia mais base neutra. A guerra estava declarada por ambos os lados e a batalha da Argélia havia começado.

As forças francesas chegaram a meio milhão na Argélia em 1956, incluindo aproximadamente 150 mil árabes, que serviam no exército francês. Unidades navais e aéreas foram rapidamente enviadas para o cenário. Uma vez que a França buscava desesperadamente manter a colônia africana da Argélia, unidades aéreas de elite e a Legião Estrangeira entraram na batalha.

Tornando-se mais organizada e deliberada, a FLN criou uma ala militar chamada "Exército de Libertação Nacional" (ELN) [Armée de Libération Nationale], que usava táticas de atacar e correr contra os franceses. Eles se especializaram em emboscadas, ataques noturnos, bombas ocultas em lugares públicos e a evitação de confrontos diretos com as principais forças francesas. Eles sabiam que não poderiam confrontar o poder de fogo francês. Obtiveram mais armas em ataques a depósitos de armas e a estações de polícia, mas a estratégia geral da liderança da FLN era frustrar os franceses nas áreas onde eram mais fracos. Eles atacavam fábricas, carros oficiais, plantações coloniais e acampamentos militares, e depois se misturavam novamente à comunidade como argelinos comuns. A ALN usou sequestros, assassinatos rituais, mutilações, invasões violentas de moradias e pequenas bombas em locais públicos contra colaboradores, traidores e oficiais franceses de ambos os gêneros. A ideia era perturbar totalmente a sociedade, de modo que ninguém estivesse seguro. Todos os oficiais coloniais africanos e árabes que serviam ao regime colonial eram suspeitos e poderiam ser sequestrados e mortos como exemplos de traidores.

A FLN logo controlou algumas partes do país, incluindo áreas montanhosas ao sul de Algiers e Oran. A organização iniciou uma administração militar que foi capaz de coletar impostos, suprimentos e recrutas. Em 1957, o comandante francês na Argélia, General Raoul Salan, desafiou a FLN com o sistema de *quadrillage*, dividindo o país em setores para serem policiados permanentemente por tropas de guarnição. Houve também uma campanha francesa impiedosa para suprimir operações rebeldes com o bombardeio de aldeias que eram suspeitas de abrigar e abastecer a insurgência. Aldeias inteiras foram colocadas sob a supervisão do exército francês para negar à FLN qualquer apoio entre a comunidade rural. Mais de dois milhões de argelinos foram removidos de suas aldeias durante o período de três anos entre 1957 e 1960. Eles foram reassentados em planícies abertas, longe de suas moradias nas montanhas, e muitos acharam as condições abismalmente precárias.

Incomodado com a perda na Indochina em Dien Bien Phu, em 1954, o público francês se cansou da guerra na Argélia no começo de 1960. Charles de Gaulle usou a palavra "autodeterminação" em referência à Argélia em um discurso, o que levou agitação às linhas da comunidade colonialista argelina. Eles achavam que haviam sido traídos e, por isso, organizaram insurreições contra o governo argelino, controlado pelos franceses, em janeiro de 1960 e abril de 1961. Divisões internas estavam agora reduzindo a vontade política do governo francês de prosseguir a guerra. De Gaulle não achava que o governo francês devesse continuar lutando a guerra pelos interesses econômicos da classe colonial na Argélia. Ele abandonou essa ideia e buscou uma negociação com a FLN. As conversações começaram em 1961, mas só ocorreram efetivamente em 12 de março de 1962, em Evian, quando concordaram que os colonos teriam proteção legal igual aos argelinos, durante um período de três anos com relação à propriedade, e participação nos assuntos cívicos e nos direitos culturais e civis. Os europeus teriam de se tornar cidadãos argelinos ou ser classificados como estrangeiros ao fim de três anos. Isso foi aprovado pelo eleitorado francês, com 91% de votos a favor.

Em 1º de julho de 1962, 6 milhões de argelinos de um eleitorado total de 6,5 milhões votaram unanimemente pela independência, após oito anos sangrentos de revolução. Quase um milhão de pessoas perderam suas vidas pela guerra, forme ou privação. Assim, 132 anos após os franceses terem entrado no país africano, ele era agora independente.

Derrubando o muro do colonialismo português

Os portugueses, livres da ocupação Moura em 1244, usaram sua independência para se qualificarem como o Estado europeu mais aventuroso. Eles foram os primeiros europeus a enfrentar africanos, em solo africano, quando derrotaram uma força marroquina e estabeleceram um assentamento em Ceuta, em 1415. No período de 30 anos depois da invasão de Ceuta, haviam descido a costa da África Oriental, onde raptaram 70 africanos e os levaram a Lisboa. Essas interações mudariam a face da história mundial por centenas de anos e perseguiriam os portugueses até a libertação de suas colônias durante o período de seu governo fascista.

Quatro colônias – Cabo Verde, Guiné-Bissau, Angola e Moçambique – foram as últimas possessões portuguesas a conquistar sua independência. Um muro econômico fora erigido em torno do continente africano durante um período em que Portugal estava entre as principais potências marítimas da Europa. Do bojo oeste do continente, os portugueses controlavam Cabo Verde e Guiné-Bissau; abaixo da linha costeira oeste, governavam em Angola; e, na linha leste do continente, ocupavam grande parte de Moçambique. O mais dramático sobre as colônias portuguesas é o fato de que vários dos intelectuais mais carismáticos da África se rebelaram para liderar o conflito contra os colonialistas.

O gênio cultural de Amilcar Cabral

Amilcar Cabral, um cabo-verdiano, fundou o Partido Africano da Independência da Guiné e Cabo Verde (PAIGC), em 1956. Com um fluxo constante de documentos inflamados e uma oratória poderosa, Cabral criou um movimento de massa composto de estudantes, trabalhadores e intelectuais que estavam preparados para questionar o direito dos portugueses de controlar o Cabo Verde e a Guiné-Bissau. Em 1959, o PAIGC estava pronto para lançar seu ataque contra as companhias e negócios portugueses, fechando o porto em Bissau. Estivadores foram os primeiros a entrar em greve, e outros segmentos da sociedade os seguiram. Em uma tentativa brutal de suprimir os grevistas, os portugueses entraram em pânico e mataram a tiros 50 trabalhadores africanos.

Não haveria retorno. O PAIGC adotou uma posição resoluta, e Amilcar Cabral, que escolheu o nome de guerra de Abel Djassi, decidiu que o povo tinha de lutar pela libertação completa de seus países dos portugueses. Embora usasse informações e teorias que aprendera lendo documentos marxistas, não era marxista. Ele se via como um nacionalista revolucionário comprometido com a luta para resgatar e reivindicar a cultura africana que havia sido destruída no pensamento e na prática pela dominação portuguesa. Cabral não era apenas um teórico. Foi um tático da mais elevada ordem. Em 1961, foi a Havana e proferiu um dos mais importantes discursos jamais feitos por um revolucionário sobre o papel da cultura. Ele declarou que "a maior arma de nossos inimigos é nossa própria fraqueza". Cabral acreditava que a fraqueza do povo resultava da falta de uma base cultural forte. Uma cultura nacional, que criasse um povo forte e determinado e o auxiliasse na definição de seus objetivos, não era apenas necessária, mas o único caminho na direção de uma Guiné e um Cabo Verde revolucionários.

As ilhas de Cabo Verde constituem um arquipélago no Oceano Atlântico a cerca de 480 quilômetros da costa africana. Na década de 1950, o Cabo Verde tinha cultura, costumes e tradições africanos. Marinheiros africanos do interior visitavam muitas vezes o arquipélago em seus longos barcos de pesca que podiam viajar por centenas de quilômetros no mar. Isso significa que os pescadores africanos provavelmente fizeram abrigos temporários nas ilhas.

As primeiras descobertas registradas por ocidentais sobre as ilhas foram feitas pelo marinheiro genovês António de Noli por volta de 1456. O rei português Alonso V o tornou governador do Cabo Verde. Diogo Gomes, que havia partido com António de Noli, deu o nome de Santiago a uma das ilhas. Mais tarde, 1462, colonizadores portugueses desembarcaram lá e fundaram a aldeia de Ribeira Grande, agora chamada Cidade Velha. Ela se tornou o primeiro assentamento europeu permanente nos trópicos. Durante o século XVI, Cabo Verde se tornou um grande porto de tráfico de escravizados. Marinheiros britânicos e franceses atacaram as ilhas em batalhas separadas contra os portugueses.

A meio-caminho das terras de transporte do Atlântico, Cabo Verde se tornou um centro de reabastecimento de navios após o declínio do tráfico europeu de escravizados. Na década de 1950, os colonizadores haviam se tornado inquietos e exigiram mais autonomia em relação a Portugal. Em 1956, Amilcar Cabral liderou um grupo de cabo-verdianos e guineanos no desenvolvimento de um partido político chamado Partido Africano da Independência da Guiné e Cabo Verde (PAIGC). Claramente, o PAIGC foi uma das organizações mais disciplinadas e virtuosas que lutaram contra os colonialistas durante sua história. Estava comprometida com a criação de uma nova teoria sobre o trabalho local, assim como com a criação de um caminho que pudesse ser usado para a libertação de outros povos africanos (AMILCAR CABRAL, 1973).

O PAIGC exigiu concessões nas áreas econômica, social e política. De sua central em Conakry, na Guiné, em 1961, foi capaz de organizar uma rebelião armada de 10 mil combatentes contra 35 mil soldados portugueses. Embora o ativista intelectual dinâmico Amilcar Cabral tivesse sido bem-sucedido em obter o controle sobre grandes porções da Guiné, enquanto permitia Portugal manter o controle sobre Cabo Verde, foi assassinado em 1973. A

Guiné declarou unilateralmente independência em 1974, o ano da Revolução de Abril em Portugal, e Luís Cabral, o meio-irmão de Amilcar, tornou-se o primeiro presidente da Guiné-Bissau. Cabo Verde conquistou sua independência em 1975.

Amilcar Lopes da Costa Cabral nasceu em 24 de setembro de 1924, e morreu em 20 de janeiro de 1973. Foi um dos agitadores anticoloniais mais importantes. Foi poeta, filósofo, revolucionário e teórico. Seu nome de guerra era Abel Djassi. Cabral não foi um marxista, mas inspirou muitos pensadores e ativistas socialistas com seu pensamento original sobre cultura. Foi também o teórico anticolonial mais potente da libertação da Guiné-Bissau e do Cabo Verde do controle português.

Os dons de Cabral eram muitos, mas poucos podiam superá-lo em argumentação sobre temas de teoria e prática, e como um orador e agitador inspirador ele trouxe mais pessoas à arena revolucionária do que todos os anticolonialistas antes dele. Mesmo hoje, a base da retórica anticolonialista dos neorrevolucionários está fundada nos princípios estabelecidos pela leitura atenta que Cabral fez das ideias socialistas. Ele foi um guerrilheiro que acreditava que era necessário saber como as forças coloniais organizavam suas armas de guerra psicológica e social contra as massas. Na verdade, Fidel Castro disse que Cabral foi "um dos líderes mais lúcidos e brilhantes da África, que instilou em nós uma tremenda confiança no futuro e sucesso de sua luta por libertação" (*Invent the Future*, 2014). É fácil ver por que Reiland Rabaka intitulou um de seus muitos livros *Concepts of Cabralism: Amilcar Cabral and African critical theory* [Conceitos do cabralismo: Amilcar Cabral e a teoria crítica africana], porque Cabral, de todos os revolucionários de sua época, criou um novo canal para pensadores africanos que não incluía uma entrega indiscriminada do conteúdo do navio para o porto do marxismo (RABAKA, 2014).

Em 1963, o conflito armado contra os portugueses começou com o apoio dos países socialistas, incluindo Cuba. Cabral iniciou a luta nas áreas rurais longe dos centros urbanos com grandes concentrações de portugueses. Seu exército consolidou o interior, estabeleceu escolas e clínicas, construiu estradas e poços para a população rural, organizou a agricultura e estabeleceu um governo local. Como os revolucionários haviam controlado grande parte do país em 1972, estavam preparados para declarar a Guiné-Bissau livre e independente. Em 20 de janeiro de 1973, Inocêncio Kani, um rival político, que havia conspirado com agentes portugueses, assassinou Cabral antes da declaração de independência. Oito meses depois, o país estaria livre, e seu meio-irmão, Luís Cabral, seria o primeiro presidente. O General Spinola comandou o exército português de 1968 a 1973 e pôde ver os sinais claros do fim do colonialismo. Mais tarde, ele participaria na revolução contra o antigo regime. Na verdade, a economia de Portugal estava morrendo porque não podia sustentar uma guerra contra Angola, Moçambique além de Guiné-Bissau e Cabo Verde. Quando Antônio de Oliveira Salazar adoeceu, em 1968, muitos da antiga guarda do estabelecimento português sabiam que o fim do colonialismo viria em breve. Salazar morreu em 1970, e Marcelo Caetano assumiu as rédeas do poder do regime do Estado Novo, mas enfrentaria a Revolução dos Cravos que depôs o regime em 25 de abril de 1974.

Pouco depois, as colônias portuguesas colapsaram como dominós. Em cada situação, contudo, havia indivíduos orientadores e partidos políticos que incitavam as massas a se rebelarem. Embora o nome de Amilcar Cabral se encontrasse junto aos de Frantz Fanton na África, e de Che Guevara na América do Sul, como um pensador revolucionário por excelência, o trabalho ativista de Agostinho Neto, Eduardo Mondlane e Samora Machel não pode ser subestimado. Eles foram figuras históricas, cujas visões de liberdade inspiraram suas nações.

O líder revolucionário, médico e poeta da libertação de Angola, Agostinho Neto

Agostinho Neto, junto a vários comunistas e socialistas, fundou o Movimento Popular para a Libertação de Angola (MPLA)

[Popular Movement for the Liberation of Angola], em 1956. O MPLA tinha sua maior força concentrada nas comunidades urbanas kimbundus e lusófonas. Neto se tornou presidente do MPLA como um membro da elite culta formada nas melhores universidades da Europa. Ele foi educado em Coimbra e Lisboa para ser médico, e, durante o tempo em que estava na universidade, foi preso pelo regime de Salazar por ações separatistas. Agora, de volta à Angola colonialista, era considerado novamente suspeito pelos portugueses. Eles o prenderam em 8 de junho de 1960, e seus pacientes e seguidores marcharam de Bengo a Catete para exigir sua liberdade. Os portugueses atiraram, matando 30 e ferindo outras 200 pessoas, no que foi chamado o Massacre de Icolo e Bengo. Neto foi enviado ao exílio em Cabo Verde e depois de volta à prisão em Lisboa. Mais tarde, escapou e foi para o Marrocos e depois ao Zaire (Congo), de onde continuou lutando pela libertação.

A situação piora

Em 1961, um grupo de manifestantes aliados ao MPLA atacou várias estações policiais e prisões a fim de libertar prisioneiros políticos que haviam sido presos pelas autoridades portuguesas. Trabalhadores de plantações de algodão, na província de Malanje, atacaram os oficiais coloniais, prédios públicos e a missão católica. A violência eclodiu na província e ataques esporádicos ocorreram em outras partes do país. Muitos agricultores portugueses e oficiais ricos voltaram a Portugal por temerem por suas vidas. Os brancos que não eram ricos o bastante para retornarem foram deixados sós e começaram a formar grupos para defender seus privilégios em Angola.

Seguindo o padrão europeu em regimes colonialistas, os portugueses responderam com a brutalidade e retaliações usuais em um esforço para levar medo aos corações dos angolanos. Eles organizaram grupos de justiceiros para aterrorizar aldeões africanos, isolar e assassinar líderes e seus seguidores, e para demonstrar que estavam dispostos a matar para proteger seu privilégio racial. Os grupos de justiceiros não eram controlados pelas autoridades militares ou civis. Eram grupos tomados por vingança e ódio, buscando somente restabelecer o que consideravam ter perdido: o elemento de medo nos africanos. Agora, parecia que, arbitrária como era a violência dirigida aos africanos, ela não foi o bastante para deter a rebelião. Ambos os grupos acharam que estava chegando o tempo para os confrontos pelo controle do país.

A resposta portuguesa à rebelião foi descrita como um bombardeio indiscriminado de pessoas inocentes. Eles usaram seu poder aéreo para atacar muitas aldeias, fazendo as pessoas saírem de suas casas e correrem para as fronteiras do Congo. Essa ação foi criticada por uma investigação das Nações Unidas e provocou uma mobilização das massas que ajudou os grupos de libertação a encontrarem recrutas.

Tentando desesperadamente manter sua rica colônia, Portugal buscou melhorar o país pavimentando mais estradas (aumentando a rede de estradas pavimentadas em 500%, em alguns anos) e estimulando o crescimento econômico entre os agricultores angolanos. Os produtores de café foram apoiados e o cultivo compulsório de algodão, que era como escravidão, foi abolido. Isso não satisfez os grupos de libertação, que agora sentiam a necessidade de avançar a independência. Era uma questão de "muito pouco, muito tarde".

Apenas durante a rebelião de 1961, mais de 40 mil africanos haviam sido desalojados, sem mencionar os milhares que o seriam nos anos seguintes. Muitas pessoas migraram para o Congo; outras foram mortas; muitos passaram fome ou morreram por doenças que resultaram das perturbações da rebelião. Os africanos simpáticos aos europeus, chamados "assimilados", também foram mortos. Alguns deles trabalhavam para os brancos como capatazes e administradores. Eles temiam por suas posições e sua sobrevivência. Assim, muitos deles exigiram o fim da rebelião e o apoio aos oficiais portugueses.

Uma intensificação da violência, na parte noroeste do enorme país, significava que os brancos não estavam seguros em parte alguma. O medo fora derrotado nos corações dos africanos, e as massas de angolanos, como massas históricas antes deles, voltaram-se contra seus opressores com uma fúria poderosa. Durante um período de três dias, os africanos da região de Bakongo, na Província de Uige, atacaram plantações isoladas de brancos em 40 ações coordenadas, matando centenas de colonos portugueses. Na Província Cuanza Norte, outros grupos africanos lutaram contra os agricultores e oficiais europeus nas áreas rurais. Eles se opunham às condições opressivas de trabalho, às práticas discriminatórias e aos insultos racistas proferidos pelos brancos. Nos meses seguintes, as tensões aumentaram e a violência prosseguiu ao longo do país e próximo à fronteira com o Congo. Os portugueses prenderam tantos líderes quantos puderam encontrar.

Uma questão de tempo

A Revolução Angolana não terminaria, mesmo com os líderes do MPLA na prisão. Em torno da capital Luanda, os portugueses mostraram absoluta desconsideração por mulheres e crianças, matando dezenas de manifestantes africanos. O movimento de Holden Roberto, apoiado basicamente pelo grupo étnico Bakongo, pegou o manto da libertação, e sua Frente Nacional de Libertação de Angola (FNLA) combateu no norte de Angola próximo à fronteira com o Congo.

A guerra pela independência angolana foi um conflito violento com várias potências internacionais auxiliando de um lado ou de outro. De fato, a FNLA estava baseada no Congo e, do outro lado da fronteira, não foi capaz de ser um fator substancial no movimento de libertação. Outro movimento, liderado por Jonas Malheiro Savimbi, foi chamado União Nacional para a Independência Total de Angola (Unita) [National Union for the Total Independence of Angola]. A base étnica para a Unita era basicamente a comunidade Ovimbundu, do sudeste de Angola. Como os portugueses haviam condenado universalmente o MPLA como um grupo comunista, os Estados Unidos, o Zaire, a África do Sul e algumas nações europeias apoiaram a Unita e, em um grau menor, a FNLA contra o MPLA. Na verdade, a Unita parecia determinada a combater o MPLA mais do que os colonialistas. Devido ao dinheiro e aos equipamentos dos governos ocidentais e da África do Sul, as forças de Savimbi se tornaram formidáveis unidades de guerra contra o MPLA. A África do Sul queria assegurar que o MPLA não se alinhasse ao Swapo, o braço armado do conflito na Namíbia, contra as forças *apartheid* sul-africanas. A situação era um arranjo clássico de divisões étnicas e regionais, a fim de manter o *status quo*. Consequentemente, quando o regime português do Estado Novo colapsou durante a Revolução dos Cravos em Lisboa, os angolanos voltaram suas armas cada vez mais uns contra os outros. Aqueles que não combateram os portugueses seriamente, como a Unita, agora chegavam para os espólios.

Os prospectos da independência angolana assustaram o governo sul-africano. Eles imediatamente planejaram invadir o país para impedir que Agostinho Neto, cuja reputação como poeta, médico e revolucionário estava crescendo, se tornasse presidente. O exército sul-africano chegou a Angola em uma invasão massiva a partir da Namíbia e viajou em direção ao norte para a capital Luanda. Guiné-Bissau enviou armas para o MPLA como um sinal de solidariedade, mas os Estados Unidos forneceram armas importantes para a FNLA e Unita, esperando inspirar a FLNA a liderar um ataque a partir do Norte. O objetivo era suprimir o MPLA no crisol de uma força liderada por negros e uma força liderada por brancos.

O golpe de Estado de 1974, em Portugal, que levou os militares ao poder, obrigou o governo a pedir a paz. Portugal entregou o poder aos três movimentos de libertação. Fortes diferenças ideológicas permaneceram entre os grupos, assim como difíceis problemas de personalidade entre os líderes. Um conflito armado terminou ocorrendo entre os grupos, com a Unita e a FNLA buscando tomar do MPLA o controle da capital Luanda. Como Luanda era a base do MPLA, ele estava essencialmente no controle da maioria da infraestrutura e da máquina política da nação. Em 1975, o regime branco da África do Sul enviou tropas para a parte sul de Angola em aliança com as forças da Unita, o governo de Mobutu enviou forças em apoio ao FNLA, e o governo cubano enviou tropas em auxílio ao MPLA. Contudo, o MPLA, com a ajuda cubana e uma forte ideologia de independência completa, manteve o controle de Luanda e dos campos de petróleo de Cabinda. A Unita e a FNLA foram para o interior e formaram um governo de coalizão na cidade de Huambo. Contudo, as ameaças de violência permaneceram extremamente altas para o país e Neto considerou suas opções.

Perante essas ameaças, ele foi adiante e declarou a independência, em 11 de novembro de 1975, e rapidamente buscou o apoio de Fidel Castro e do exército cubano. Castro enviou aproximadamente 15 mil soldados a Angola, com os quais os combatentes do MPLA foram capazes de expulsar os soldados sul-africanos e de manter as forças da Unita e da FNLA distantes. No fim de 1975 havia mais de 25 mil soldados cubanos em Angola em uma das manifestações mais importantes de solidariedade por um povo lutando contra o colonialismo. Quando Neto morreu de câncer, em 1979, o ministro do Planejamento, José Eduardo dos Santos, tornou-se presidente. O país ainda experienciaria muitos anos de conflito antes da vitória final do MPLA sobre todos os seus inimigos e uma tentativa de estabilizar a nação. Da perspectiva dos angolanos, a solidariedade das forças cubanas permitiu que Angola derrotasse as forças rebeldes no sul do país.

Cuba, uma pequena nação insular no Caribe, encontrou duas fontes de solidariedade com os angolanos. Primeiro, o país havia adotado um caminho socialista; segundo, o líder cubano, Fidel Castro, definia Cuba como um país afro-latino e não um país latino-americano. A maioria dos soldados que se voluntariaram para lutar na África era de origem africana. No total, mais de 50 mil soldados de Cuba ajudaram o governo angolano em duas campanhas separadas, 1974-1975 e 1988. A batalha pela Namíbia e África do Sul se intensificaria, e aquelas vitórias ajudariam a fortalecer a solidariedade da região sul-africana pela completa libertação.

Cuba interferiria novamente, em 1988, para apoiar as Forças Armadas pela Libertação de Angola (Fapla) em uma iniciativa contra a Unita. Essa intervenção foi necessária para interceptar diretamente as forças combinadas da Unita e da África do Sul em uma tentativa de destruir o MPLA. A Batalha de Cuito Cuanavale seria um momento decisivo para enfrentar a Unita e o Corpo de Defesa sul-africano em Mavinga. O conflito terminou em impasse, e logo todos os lados retomaram as negociações. Nelson Mandela acreditava que o papel das forças angolanas e cubanas havia sido crucial nos acordos que seriam assinados em Nova York, pelos quais os sul-africanos e os cubanos se retiraram de Angola, e a Namíbia se tornou independente. Mandela falou sobre a Batalha de Cuito Cuanavale como um dos grandes exemplos de africanos e cubanos lutando "para libertar o continente do flagelo do *apartheid*".

Eduardo Mondlane, Samora Machel, a Frelimo e a Guerra Moçambicana pela independência

No lado leste do continente, Portugal estava lidando com as aspirações do povo de Moçambique desde o começo da década de 1960. Diferente da situação de Angola, os revolucionários em Moçambique haviam forjado uma unidade que permaneceria constante durante a maior parte da luta pela independência. Eduardo Mondlane e seu vice, Samora Machel, haviam trabalhado juntos a outros em Dar es Salaam, Tanzânia, para formar a Frente de Libertação de Moçambique (Frelimo).

O pai da independência moçambicana, Eduardo Chivambo Mondlane, era o quarto filho de um rei Tsonga. Ele nasceu em 1920, durante a época em que os portugueses controlavam seu país. Ele foi um pastor até os 12 anos, cuidando das ovelhas de sua família, tempo durante o qual passou a amar a beleza de seu país.

Quando entrou na Witwatersrand University, em Johannesburgo, na África do Sul, esperava-se que fosse um aluno excepcional, mas o Partido Nacional da minoria branca chegou ao poder em 1949, na África do Sul, e Mondlane e outros negros foram expulsos da universidade. Então ele foi para a Universidade de Lisboa, onde formou a primeira união de estudantes moçambicanos. Contudo, Portugal era hostil aos estudantes africanos na década de 1950, e Mondlane se retirou da universidade após um ano devido à discriminação que lá sofria. Aos 31 anos, inscreveu-se e foi aceito no Oberlin College, em Ohio. Concluiu a graduação em Antropologia e Sociologia em 1953. Também fez cursos de pós-graduação na Case Western Reserve University, em Cleveland, Ohio.

Sem jamais tirar Moçambique de seus pensamentos, mesmo distante milhares de quilômetros, Mondlane trabalhou por um tempo como professor nos Estados Unidos, mas sempre comprometido com a liberdade de seu povo. Seu desprezo pelo controle português de Moçambique estava arraigado em seu ódio pelas políticas e atitudes racistas dos colonialistas e também pelo estilo autoritário do governo português.

Em 25 de julho de 1962, três organizações nacionalistas com base regional que lutavam contra o colonialismo português – a Mozambican African National Union [União Nacional Africana Moçambicana] (Unam), a National Democratic Union of Mozambique [União Democrática Nacional de Moçambique] (Udenamo) e a União Africana Nacional de Moçambique Independente [National African Union of Independent Mozambique] (Unami) – combinaram suas forças para formar uma frente. Assim, após a Frelimo ter sido fundada em junho de 1962, os líderes da organização selecionaram Mondlane para ser seu primeiro presidente. Ele fundou a central em Dar es Salaam, próximo a Moçambique, e começou a formar a ala militar da organização.

Claramente, nas mentes dos líderes da Frelimo, o único modo de o povo conquistar sua liberdade seria através da revolução socialista. Todos haviam visto os limites do governo capitalista e a brutalidade daqueles que pregavam a democracia. Mondlane era muito lúcido em suas posições teóricas. Ele acreditava que a base do movimento tinha de ser os camponeses. Contudo, esse líder carismático foi assassinado por Casimiro Emérito Rosa Teles Jordão Monteiro, um membro do serviço secreto português (Pide), em 1969. Monteiro usou um pacote-bomba colocado sob uma mesa para matar Mondlane, como havia feito para matar Humberto Delgado, um líder oposicionista da ditadura de Salazar. O assassino Monteiro se mudou para a África do Sul, onde morreu em 1993.

Após a morte de Mondlane, seu vice, Samora Machel, foi obrigado a assumir a liderança da Frelimo. O assassinato de Mondlane galvanizou muitos moçambicanos, que o viam como um mártir pela sua independência. O país conquistou sua independência em 1975, após lutar vigorosamente contra os portugueses. Quando a ala militar entrou em ação, foi capaz de retirar as regiões norte e central do país do controle dos portugueses. Com 7 mil guerrilheiros contra uma força de 60 mil soldados portugueses, a ala militar da Frelimo foi capaz de superar estrategicamente o exército português nas batalhas mais importantes durante a década de 1970. Em 1975, Portugal se dispôs a negociar com a Frelimo a independência do país. Samora Machel, um dos heróis mais celebrados da Frelimo, foi o primeiro presidente da República de Moçambique. Quase imediatamente, as forças reacionárias, controladas basicamente por interesses de agricultores brancos com apoio do regime da minoria branca na África do Sul e Rodésia, criaram caos armando grupos conservadores. Ian Smith, o líder do assentamento de colonos rodesianos, tentou perturbar a ordem do país apoiando o grupo corrupto de rivais insatisfeitos. Eles se chamavam a Resistência Nacional de Moçambique (Renamo) [Mozambican National Resistance], mas não eram mais do que um grupo de brutamontes políticos que recebiam dinheiro e armas e eram enviados para destruir pontes, explodir prédios e cortar fios elétricos em Moçambique.

As forças da Renamo eram substitutas dos regimes dos brancos. Eles incendiavam depósito de grãos, bombardeavam instalações de comunicação e matavam muitos profissionais. Todavia, a Frelimo foi capaz de subjugar os rebeldes e obter um tratado de paz em 1992. O país fora praticamente destruído por duas guerras, uma contra os portugueses, outra, internamente, contra o exército substituto abastecido pelos regimes sul-africanos e rodesianos. Contudo, embora muitos serviços tenham sido interrompidos e a infraestrutura do país seriamente prejudicada pelos conflitos internos, Samora Machel manteve a nação unida usando a retórica e a doutrina socialistas da Frelimo. O nome colonial da Universidade Lourengo Marques foi alterado para Universidade Eduardo Mondlane, situada na capital, cujo nome também fora mudado de Lourengo Marques para Maputo.

Samora Machel morreu em um acidente aéreo dentro da África do Sul quando retornava de uma reunião de cúpula na Zâmbia, em 19 de outubro de 1986. Ele tinha 53 anos.

Kenneth David Kaunda e a independência zambiana

Transbordando de violência nas vidas diárias dos africanos, o sul da África era um caldeirão de ódio. Poucos indivíduos podiam ter usado os postos de presidente e cidadão do mundo tão efetivamente como o presidente fundador da Zâmbia, Kenneth Kaunda, que estava no centro da guerra no sul da África.

Nascido em 28 de abril de 1924, Kenneth David Kaunda se tornou o fundador e primeiro chefe de Estado da República da Zâmbia (anteriormente, Rodésia do Norte). Ele foi o mais jovem de oito filhos nascidos na Estação da Missão Lubwa, na Rodésia do Norte, em uma família religiosa. Seu pai, o Reverendo David Kaunda, era um professor e missionário ordenado da Igreja da Escócia. Sua mãe foi uma das primeiras mulheres professoras no país. Ele foi encorajado por seus pais a buscar diligentemente o conhecimento nas páginas de todos os livros que lhe foram disponibilizados. Esse foi um bom conselho que o jovem Kaunda seguiu, e muito cedo havia uma marca de excelência no trabalho que fazia. Ele se destacou na Escola Secundária de Munali, em Lusaka. Após se formar, obteve um certificado de professor e retornou para casa para assumir o posto de diretor da escola na Missão Chinsali.

Contudo, em 1949, o Dr. H. Kamuzu Banda, que mais tarde lideraria o Malawi (anteriormente chamado Niasalândia), junto com Harry Nkumbula e outros, intensificaram sua luta contra a imposição da Grã-Bretanha de uma federação para a África Central, o que, em 1953, se tornaria a Federação da Rodésia e Niasalândia. Aos 25 anos, Kenneth Kaunda viajou pela Rodésia do Norte com um violão, cantando músicas originais sobre liberdade, inspirando as pessoas a resistirem aos britânicos. No processo, foi capaz de ajudar a estabelecer 116 filiais do Congresso Nacional Africano (CNA), a organização de direitos humanos mais antiga no sul da África. Em 1953, os membros do CNA o elegeram secretário-geral do partido. Certamente, como líder do CNA, ele se oporia aos britânicos, que prontamente o prenderam em Lusaka.

Kenneth Kaunda usou seu tempo na prisão para formular e desenvolver o conceito político revolucionário que terminou sendo chamado "humanismo zambiano", uma expressão de fé nos homens e mulheres comuns e uma crença na realização não violenta de todos os objetivos. Provavelmente, na mesma época em que Martin Luther King Jr. estava sendo influenciado pelo modelo de Gandhi, que havia ajudado a liderar os indianos para a liberdade, Kaunda também estava lendo e aprendendo com os mesmos livros. Ele deixou a prisão determinado a viver uma vida pessoal exemplar, renunciando a todas as formas de satisfação, incluindo tabaco, alimentos ricos e não saudáveis, e qualquer tipo de álcool. Tornou-se vegetariano. Buscou levar uma vida de espiritualidade, moderação e moralidade.

Kaunda se separou do CNA e formou o Congresso Nacional Africano da Zâmbia (Cnaz) [Zambia African Nacional Congress], que foi rapidamente banido pelas autoridades coloniais. Ele, primeiro, foi restringido; depois, preso e colocado na prisão de Salisbury (Harare). Sofria de uma tuberculose recorrente, mas, durante nove meses de solidão na prisão, o tempo inteiro regulado por sua disciplina pessoal, ele se recuperou completamente e, quando foi libertado em 1960, imediatamente formou e presidiu o Partido da Independência Nacional Unida (Pinu) [United National Independence Party], o partido político que, junto ao trabalho do Dr. Banda em seu Partido do Congresso do Malawi, na Niasalândia, terminaria derrubando a Federação da Rodésia e da Niasalândia. Ele foi eleito membro do Conselho Legislativo da Rodésia do Norte e ministro do governo e bem-estar social local no governo de coalizão do Partido da Independência Nacional Unida e do Congresso Nacional Africano em 1962. Em 1963, com a independência zambiana no horizonte, Kaunda se tornou primeiro-ministro, e, em 24 de outubro de 1964, presidente da nova República da Zâmbia.

Ele trabalhou com sua usual paixão e dedicação, muitas vezes 18 a 20 horas por dia. Era conhecido por tocar música para relaxamento. Contudo, havia pouco tempo para descansar devido às situações na África do Sul e no Zimbábue que tinham de ser resolvidas, e Kaunda se dedicou a ver todo o sul da África livre do colonialismo.

Ele se tornou dirigente dos estados da linha de frente na fronteira com a África do Sul, Namíbia e Zimbábue, cujo objetivo era depor o governo de minoria branca. Sua liderança e os muitos encontros, negociações e acordos que orquestrou foram críticos para a libertação de Nelson Mandela e para a transformação na África do Sul. Vendo-se como um homem espiritual, Kaunda escreveu sobre muitos temas, mas, muito frequentemente, sobre não violência e liberdade.

República Centro-Africana

A República Centro-Africana é mais interior do que muitas nações no continente africano. Faz fronteiras com Camarões a oeste, com o Sudão do Sul ao leste, com a República do Congo a sudoeste, e com o Chade ao norte. Cercado pela região, que é potencialmente a mais rica da Terra, a República Centro-Africana está entre as mais pobres das nações. Possui massivos depósitos de ouro, urânio, diamante, cobalto, madeira, cobre e recursos hídricos. Além disso, possui quantidades importantes de terras capazes de alimentar sua população. De acordo com o Índice de Desenvolvimento Humano (IDH) – usado para classificar países –, está posicionada como a mais baixa do mundo, em termos de desenvolvimento nacional (188 de 188). Todavia, está potencialmente entre as nações mais ricas do mundo. Com certeza, os problemas do país são determinados tanto interna como externamente. Há poucas pessoas com formação, um número limitado de instituições, má administração, tensões étnicas e religiosas, e intervenção estrangeira.

Dois terços do país estão na Bacia do Rio Ubangi (que deságua no Rio Congo) e um terço na Bacia do Rio Chari (que desemboca no Lago Chade). É consequentemente uma terra rica em recursos de todo tipo. Contudo, essa abundância significou várias invasões, irritações e guerras totais no país.

O país é antigo, tendo sido ocupado por humanos por milênios. Embora os franceses tenham estabelecido as fronteiras coloniais atuais durante a década de 1800, o povo tem interagido com os vizinhos dessas fronteiras por séculos. Após negociações, a República Centro-Africana conquistou independência da França em 1960. Uma série de autocratas governou o país com poderes quase ditatoriais de 1960 a 1993, quando Ange-Felix Patesi venceu uma eleição multipartidária. Contudo, o General François Bozizé mais tarde o removeu em um golpe, em 2003. Em 2004, uma guerra total estava ocorrendo no país. Vários protagonistas internos e externos intervieram, e um tratado de paz foi assinado em 2007. A paz foi intranquila, e, assim, em 2011, outro acordo de paz foi assinado. Todavia, uma guerra eclodiu novamente em 2012, levando a uma remoção étnica das minorias muçulmanas e a milhares de deslocamentos em 2013-2014.

Sob muitos aspectos, isso é reminiscente da fonte de movimento do povo Gbaya, que se originou na Nigéria e fugiu das *jihads* de Usman dan Fodio e dos Hausa-Fulanis, e se encontraram em Camarões, na República do Congo e na República Centro-Africana, devido a rebeliões religiosas. Eles resistiriam aos franceses na guerra de 1928 contra a conscrição ao trabalho forçado na Ferrovia Congo-Oceânica. A paz intranquila entre as facções beligerantes na República Centro-Africana tinha pouco a ver com o recente trabalho forçado, mas tinha muito a ver com a fonte religiosa do conflito. A ideia das tensões criadas por dois ou três diferentes propósitos, visões e objetivos na sociedade está na fonte de muitos conflitos humanos. Infelizmente, é uma narrativa antiga e esgotada.

Muito antes de Menes (3400 AEC) ter unido os 42 Sepats ao longo do Rio Nilo para criar a antiga nação do Kemet (Egito), a área, que agora é a República Centro-Africana, havia iniciado uma revolução neolítica. A desertificação do Saara havia forçado o povo africano a se realocar cerca de 10 mil anos atrás, começando a se estabelecer e a criar plantações de inhame, mileto e sorgo, em torno das bacias de Chari e Ubangi. Provavelmente não é necessário se referir a esse processo como "uma revolução agrícola", diferentemente do que alguns fazem. Não foi uma revolução agrícola nem uma revolução de peixe cozido, como alguns podem pensar. Eram apenas simples humanos fazendo o melhor possível com as situações e circunstâncias locais. Os habitantes dessa região tinham de dominar as florestas, montanhas e rios de suas terras, e todos os desenvolvimentos foram evolucionários e não revolucionários. Eles aprenderam a construir barcos e a se mover nos rios com alimentos e pessoas. Há numerosos exemplos de potes de cerâmica usados para transporte de líquidos e cereais secos. Alguns dos registros artísticos mais antigos da região são encontrados nesses potes.

Agora, parece óbvio, considerando os arredores, que a República Centro-Africana está no meio da zona artística africana central que inclui o Congo e Camarões.

Historicamente, os megálitos de Bouar, entre os mais extensos do mundo, mostram um alto nível de interação humana com o ambiente. Acredita-se geralmente que os megálitos de Bouar datem da Era Neolítica, cerca de 5490-2700 AEC. Há 70 diferentes grupos de megálitos na área Bouar. Estudiosos argumentaram que o ferro tenha chegado na área por volta de 1000 AEC, a partir da Nigéria e de Meroe, a capital de Kush, mas isso não explica como o povo tenha erigido esses megálitos mais de 3 mil anos antes de Stonehenge na Inglaterra. Assim, a região tão criticada da África Central está repleta de fontes materiais e espirituais (GORDON, 2012).

Resistindo aos escravizadores

Guerras afligiram a região inteira do que agora é a República Centro-Africana durante os séculos XVI e XVII. Tirando vantagem da insegurança política dos estados e reinos, escravizadores armados atacavam aldeias distantes em busca de vítimas. Muitas pessoas foram tomadas para a escravidão como parte das rotas do Saara e do Rio Nilo. Os capturados terminavam na Arábia, Europa e costa mediterrânea, e alguns na África do Norte e Ocidental.

Em 1875, Rabih al-Zubayr, um sultão do Sudão, governava o Alto Oubangui, que incluía a região que é agora a República Centro-Africana. Zubayr, que fora um soldado da cavalaria egípcia durante a guerra contra a Etiópia, tornou-se um comandante militar após deixar o exército egípcio, porque os conflitos com os vários reis que lutavam contra o tráfico de escravizados haviam se tornado um aspecto importante da vida em Cartum no século XIX. Ele obteve o controle de várias *zaribas*, bases fortificadas a partir das quais os exércitos muçulmanos faziam intervenções no sul do Sudão e na República Centro-Africana e tentavam estender seu poder para a região das florestas. Como sultão e governador de Bahr el-Ghazal e conquistador de Darfur, Rabih al-Zubayr mantinha uma disciplina severa e criou uma aura de crueldade em seu governo.

Ele estabeleceu um reino extenso e poderoso que incluía quase tudo do que hoje é a República Centro-Africana. Estender a influência islâmica na área significava que acabaria se tornando um caldeirão para tensões religiosas, que não diminuíram no século XXI. Tendo sido um cruzamento para a expansão Bantu do oeste para o leste e se encontrando no fim da fronteira sul do Alto Ubangui do sultão, a região estava apenas começando sua jornada moderna para o caos político.

A Europa invade

A disputa europeia pela África colocou o continente inteiro diante dos olhos dos colonizadores. No fim do século XIX, alemães, franceses e belgas queriam que as bacias do Ubangi-Shari fizessem parte de sua iniciativa colonial. Movendo-se para capitalizar sua presença na região, a França declarou Ubangi-Shari seu território, em 1894. No Tratado de Fez, no Marrocos, em 1911, a França cedeu uma grande porção das bacias do Sangha e Lobaye à Alemanha, que cedeu uma parte do atual Chade à França. Esse último país tomou todos os territórios durante a Primeira Grande Guerra Europeia. Não demoraria muito para que os franceses criassem a África Equatorial Francesa, com uma administração em Brazzaville.

Com a pilhagem do Congo pelo Rei Leopoldo, o objetivo da França na África Equatorial, como a colônia era chamada, era retirar todo o ouro, diamantes e recursos minerais do país e colocar os lucros nos cofres franceses. Os franceses forçaram os africanos a trabalharem até a morte em plantações, em minas e no cultivo de café e borracha. Foi registrado que, entre 1890 e 1940, metade da população da República Centro-Africana havia morrido (O'TOOLE, 1997, p. 111).

De modo semelhante à relação do Estado Livre do Congo com o Rei Leopoldo da Bélgica, as pessoas eram mantidas reféns até que produzissem os bens que os franceses exigiam. Eles introduziram a produção obrigatória do algodão, o trabalho obrigatório na construção de estradas e o trabalho forçado para a Ferrovia Congo-Oceânica durante as décadas de 1920 e 1930. Houve resistência entre os membros dos quatro maiores grupos étnicos: Baya-Mandja, Nzakara, Azande e Banda. O uso do *sango*, a língua franca, ajudou a promover um senso de unidade. Contudo, as pessoas morriam de doença do sono, exaustão e más condições de trabalho.

Barthelemy Boganda foi eleito com 9 mil votos para a Assembleia Nacional Francesa, em 1946, mas ficou desapontado com a falta de vigor contra o racismo que via na França. Voltou ao seu país e começou um movimento pela evolução social da África negra. Em 1957, foi eleito presidente do Grande Conselho da África Equatorial Francesa. Em um ano, o país foi renomeado e Boganda o declarou a República Centro-Africana. Quando morreu em um acidente aéreo, em 1959, seu primo, David Dacko, assumiu o partido político e se tornou o primeiro presidente do país independente.

Jean-Bedel Bokassa depôs o presidente e se declarou imperador da África Central, e, depois, presidente vitalício, em 1972. Quatro anos depois, o excêntrico líder se declarou Imperador Bokassa I do Império Africano Central, um papel ridículo para si e seu país. Ele não tinha apreço algum pelo bom governo e pela liderança consensual. Atacava estudantes que se manifestavam contra seu decreto que obrigava pais de crianças escolares a comprar uniformes da empresa de sua esposa. A França terminou intervindo e removeu Bokassa em 1979, reconduzindo Dacko. Ele permaneceu no posto por dois anos até que o General Adre Kolingba o depusesse e suspendesse a constituição. Em 1993, foi convencido por várias nações europeias e asiáticas a organizar eleições livres, as quais Patassé venceu.

Logo após sua eleição, Patassé conduziu uma remoção de muitos líderes da oposição. Isso criou desordem, medo e instabilidade na sociedade e logo passou a haver pouca confiança pública no governo. Houve vários motins contra o presidente, com destruição de propriedades. O Corpo de Paz Americano evacuou todos os seus voluntários, e outras organizações deixaram o país.

Uma missão militar interafricana trouxe a paz pelos Acordos de Bangui, em janeiro de 1997. Contudo, a missão africana foi logo substituída pela força de manutenção da paz da ONU. O Presidente Patassé venceu a eleição organizada em 2001 e ainda teve de enfrentar outra tentativa de golpe. Uma eleição foi organizada em 2001, que foi vencida por meio do apoio do líder rebelde congolês, Jean-Pierre Bemba, e de soldados fornecidos pelo Coronel Gaddafi da Líbia. Os apoiadores de Patassé atacaram vários oponentes políticos e continuaram o período de ressentimento.

Patassé acreditava que o General François Bozizé fosse o responsável pelas tentativas de golpe. O general fugiu para o Chade, e, depois de um ano, retornou com uma força leal para depor Patassé em um ataque-surpresa. Patassé estava fora do país, e seus soldados líbios e os rebeldes congoleses de Bemba não puderam deter as forças de Bozizé.

Vingança cria vingança, e a primeira coisa que François Bozizé fez foi suspender a constituição e tentar mostrar que estava aberto à oposição. Isso foi uma tentativa de mostrar generosidade e seriedade. Ele criou um Conselho Nacional de Transição de base ampla, para redigir uma nova constituição, e depois anunciou que renunciaria e concorreria ao posto junto com quaisquer outros quando a nova constituição fosse aprovada.

Em 2004, começou uma grande guerra, que levou a República Centro-Africana para o caos novamente. Aqueles na oposição ao governo se armaram para lutar por outra deposição. Em meio à crise, uma eleição for organizada. Em maio de 2005, Bozizé venceu uma eleição presidencial, que deliberadamente excluiu Patassé, e em

2006 o conflito entre os rebeldes e o governo prosseguiu. Bozizé pediu aos franceses para defenderem seu governo, e os franceses enviaram jatos Mirage para atacar os rebeldes. Em fevereiro de 2007, um acordo feito em Sirte, na Líbia, e o Acordo de Paz de Birao, em abril, buscaram um fim para as hostilidades, a libertação de prisioneiros políticos e a integração dos combatentes rebeldes ao exército.

Bozizé foi reeleito em 2011, mas a eleição foi considerada fraudulenta. Em novembro de 2012, Séléka, uma coalizão de grupos rebeldes principalmente do Norte, com algumas raízes islâmicas, assumiu o controle de cidades nas regiões do norte e central. Eles chegaram a um acordo de paz com o governo de Bozizé em janeiro de 2013. Havia muita desconfiança, e o acordo fracassou. Os grupos Séléka tomaram a capital e o presidente fugiu do país.

Michel Djotodia foi colocado como presidente e Bozizé foi indiciado por crimes contra a humanidade e por encorajar as pessoas a cometerem genocídio. O conflito de retaliação continuou, e em breve os grupos Séléka foram confrontados por um grupo de maioria cristã que se chamava Anti-Balaka. "Séléka" parece significar "coalizão". "Anti-Balaka" significa "contra o facão".

O Presidente Michael Djotodia desmobilizou o grupo Séléka e aparentemente cedeu a vantagem militar aos combatentes Anti-Balaka. Em 14 de dezembro de 2015, os líderes rebeldes Séléka que não haviam de fato se desmobilizado se reagruparam e declararam uma República de Logone independente.

Embora houvesse uma paz relativa na região, em 2017, irrupções de conflitos não eram incomuns. Havia uma divisão entre as comunidades e cidades cristãs no Sul e as comunidades muçulmanas no Norte. Ao longo dos últimos anos, a guerra fratricida dentro dos grupos, Séléka e Anti-Balaka, foi substituída pelo conflito entre os próprios grupos. Quaisquer historiadores da região devem se admirar com o dano o feito aos valores psicológicos, culturais e espirituais dos povos do Rio Ubangi-Chari pela brutalidade que sofreram nas mãos dos aventureiros estrangeiros cujas políticas cruéis romperam o tecido da sociedade civilizada. Quantas mãos decepadas devemos ver para nos tornarmos imunes a uma brutalidade assim? O futuro da República Centro-Africana dependerá do próprio povo, não da intervenção das Nações Unidas ou de organizações não governamentais. Uma nova geração de líderes com seus olhos no renascimento africano terá de retornar para a fonte do que foi o clássico segredo para a paz da África (KALCK, 2005).

PARTE VII
A ÉPOCA DA CONSOLIDAÇÃO

Nada resta, senão fazer Maat.

Maulana Karenga

14

A ÁFRICA CONSOLIDA A INDEPENDÊNCIA

No começo do século XXI, a África permanecia o continente menos explorado, assim como no começo do século XX. Contudo, também fora o continente mais explorado. As fronteiras da exploração econômica, na verdade, os novos locais de competição entre as potências mundiais, eram as áreas da África que permaneciam subdesenvolvidas em termos de recursos materiais.

Ao mesmo tempo que as ex-potências coloniais jogaram a África na economia global, impediram seu povo de dela participar em bases iguais às do mundo ocidental.

A África, portanto, permanecia uma área para a exploração de matérias-primas e para o consumo de mercadorias processadas vindas de outros lugares. O conflito pelas vastas quantidades de recursos africanos envolveu e envolve forças de todas as partes da Terra. A concorrência injusta ameaça os agricultores africanos no mercado mundial. Em lugares como Mali e Guiné, produtores de algodão, que cultivam plantações de boa qualidade, sentem-se incapazes de competir com os agricultores de países como os Estados Unidos, porque lá o governo dá subsídio (dinheiro) àqueles que produzem uma certa quantidade de algodão. Sem esses subsídios de seus governos, os agricultores africanos parecem incapazes de concorrer, quando de fato poderiam competir muito facilmente se os agricultores americanos não recebessem vantagens de seu governo. A integração africana no sistema mundial é desigual e muitas vezes injusta, e ainda assim, por meio do uso de produtos processados, os africanos estão partilhando da economia mundial como consumidores.

A África e a Segunda Guerra Mundial

Alemanha, Grã-Bretanha, Itália e França interferiram nas vidas dos africanos durante a Segunda Guerra Mundial. Todas essas potências eram nações coloniais determinadas a conservar suas colônias africanas e preservar seus privilégios brancos em países negros. França e Grã-Bretanha declararam guerra à Alemanha, em setembro de 1939, e isso significava que a guerra contra o fascismo envolveria o continente africano, porque a maioria das partes possuía colônias na África. Os fascistas acreditavam na força militar, no governo autocrático e ditatorial, na inferioridade dos povos minoritários e na destruição do socialismo.

Em maio de 1940, a maioria das grandes nações industriais havia se posicionado. Os italianos sob a ditadura militar de Mussolini entraram na guerra ao lado da Alemanha. O governo japonês logo se uniria a eles, reivindicando poder sobre as nações no Pacífico. Em junho de 1940, o poderoso exército alemão havia invadido a França e instalado um governo títere em Vichy, no sul da França. Isso levou a um movimento de resistência clandestino francês. Um general francês, Charles de Gaulle, formou no exílio um governo de Franceses Livres. Assim, os governos Vichy e de Franceses Livres teriam de lutar pelas colônias africanas.

Quase um ano mais tarde, os alemães envolveram a União Soviética, trazendo-a efetivamente para a guerra. Em 1941, os japoneses atacaram Pearl Harbor no Havaí, mostrando seu alcance militar na borda americana no Pacífico, mas também trouxeram os Estados Unidos para a guerra. Em 1942, os japoneses invadiram Malaya, Burma e as Índias Orientais Holandesas, criando hostilidades de britânicos e holandeses contra os japoneses. Não é necessária muita imaginação para ver que o mundo inteiro parecia estar se desconectando, exceto na África. Europa, Ásia e América do Norte entraram pesadamente na guerra de 1939 a 1945, mas não a maioria dos africanos.

Os italianos invadiram a Etiópia em 1935, com o propósito de ensinar uma lição àquela nação, a única que havia derrotado seu exército. Embora a Itália fosse uma potência relativamente fraca na Europa, acreditava que também merecia ter colônias africanas.

A era dos gigantes políticos

Poderíamos facilmente dizer que foi um período de inventividade, coragem, audácia e vontade, porque foi uma época em que mortais pensavam que, usando sua inteligência, sabedoria e poder, poderiam provocar um ressurgimento africano. Certamente, tentaram toda forma de vitória, examinando o passado em busca de direções para o futuro, aprendendo com suas experiências com o colonialismo europeu, aplicando a sabedoria proverbial das tradições orais dos ancestrais transmitidas pelos anciões contemporâneos, e mesmo assim muitas vezes fracassaram na realização dos objetivos que tão avidamente lutaram para atingir. Quem foram esses líderes e quais foram seus feitos?

Nas décadas de 1950 e 1960 surgiram vários líderes africanos que estabeleceram as bases para a realidade atual africana. Seus nomes são os mais ouvidos e discutidos no continente ainda hoje, e a impressão que deixaram em seus pares e na posteridade é longa e duradoura. Como pepitas de ouro saindo de uma massiva cratera cosmológica, os nomes e as personalidades que buscaram transformar um continente continuam a brilhar: Jawara, Nasser, Nkrumah, Nyerere, Senghor, Lumumba e Kenyatta.

O sindicalismo como uma força organizadora

No auge do período colonial, quando os europeus dominavam as economias das nações africanas, os sindicatos de trabalhadores proviam grupos orgânicos com interesses comuns que poderiam ser usados para frustrar o poder europeu. Isso foi visto claramente no caso da Gâmbia. Em 1951, J.C. Faye, um pregador, organizou o Partido Democrático (PD). Por volta da mesma época, I.M. Garba Jahumpa criou o Congresso Muçulmano da Gâmbia (CMG). Embora as duas organizações nacionalistas fossem baseadas em afiliações religiosas e étnicas, seriam os organizadores sindicais que tentariam aproximar os rivais étnicos e religiosos. Quando o conselho legislativo foi introduzido em 1947, o primeiro gambiano a conquistar um assento em uma eleição popular não foi o candidato do PD nem o candidato do CMG, mas Edward Francis Small, que fora apoiado por um sindicato de trabalhadores. O povo pareceu ter escolhido o candidato que não tinha vínculo estreito com uma religião ou com um grupo étnico.

Na época em que o movimento pela independência decolou na Gâmbia, outro líder apareceu: Dawda Jawara, um concorrente forte e inteligente e um orador talentoso. Ele criou o Partido Popular do Protetorado [Protectorate People's Party] às custas dos sindicatos trabalhistas na área metropolitana de Banjul. Banjul é a maior cidade da Gâmbia, e lá os sindicatos de trabalhadores protestavam contra tributação, trabalho forçado, discriminação racial e imperialismo cultural. Eles fizeram manifestações e lideraram greves até que a irrupção poderosa da resistência política, em 1961, criasse uma atmosfera que fosse instável demais para permitir a manutenção da situação colonialista.

Edward Francis Small, modelo e herói político de Jawara, organizou a União Defensiva Nativa da Gâmbia (UDNG) [Gambia Native Defensive Union], no começo da ocupação britânica. Em 1929, o Sindicato Bathurst (SB) [Bathurst Trade Union], estimulado pela retórica e liderança de Small, planejou e executou a primeira greve na história do país. Assim, quando a Gâmbia conquistou sua independência, em 18 de fevereiro de 1965, foi a culminação de uma resistência contínua à escravidão, colonização e humilhação.

Em 24 de abril de 1970, o país se tornou uma república e Dawda Kairaba Jawara assumiu a presidência. Ele foi reeleito cinco vezes para o cargo e liderou uma sociedade relativamente estável. Enquanto estava em Londres, houve uma tentativa de golpe organizada pelo Conselho Revolucionário Nacional, em 29 de julho de 1981. O conselho era composto de vários políticos de esquerda liderados pelo Partido Trabalhista Socialista e Revolucionário (PTSR) [Socialist and Revolutionary Labor Party], de Kukoi Samba Sanyang e elementos da força militar.

O governo senegalês enviou tropas à Gâmbia a pedido de Jawara e o golpe foi rapidamente suprimido. Contudo, em 1994, um tenente de 29 anos, Yahya A.J.J. Jammeh, chefe do Conselho de Governo Provisional das Forças Armadas [Armed Forces Provisional Ruling Council], depôs o governo de Jawara e imediatamente baniu toda a atividade política (cf. SARR, 2007).

Gamal Abdel Nasser e a revolta dos coronéis

Nasser nasceu na cidade de Alexandria, no norte do Baixo Egito, filho de um funcionário postal. Em breve, partiu da Alexandria para a cidade muito maior do Cairo, vivendo com seu tio, que era ativo na política contra as forças coloniais britânicas. Quando entrou no exército, logo obteve a patente de major e se engajou na guerra contra Israel, em 1948. Após a guerra terminar, Nasser e seus homens foram confinados por vários meses no que era chamado bolsão Faluja. Eles terminaram sendo autorizados a partir e retornar ao Egito quando um acordo de cessar-fogo foi assinado. Nasser nunca se esqueceu dessa experiência e a usou em sua própria preparação para tomar o poder. Como tenente-coronel do exército, criou o Movimento de Oficiais Livres, um grupo de oficiais militares abaixo dos 35 anos, que buscavam trazer novas ideias ao exército. Eles se sentiam traídos pelo Rei Farouk I do Egito, que era apoiado pelos britânicos. Em um sentido, todos esses oficiais tinham origens camponesas e pobres. Não se identificavam com as classes altas de liderança influenciadas por turcos, albaneses ou britânicos. De fato, acreditavam que Farouk fosse inefetivo, porque não sentia a paixão e a emoção das massas de egípcios. Assim, eles lideraram um golpe militar em 23 de julho de 1952 e depuseram o Rei Farouk. A pessoa que recebeu ostensivamente o poder foi o General Muhammad Naguib. Mas logo foi revelado que ele era um títere a fim de manter o apoio das forças armadas ao golpe, uma vez que esse fora organizado por oficiais juniores. Nasser, que foi nomeado ministro do Interior, foi o mentor do golpe. Não demorou muito para que ele conseguisse prender Naguib, acusando-o de apoiar uma organização secreta chamada Irmandade Muçulmana e de atentar contra sua vida. A Irmandade Muçulmana queria levar a lei da xaria e os princípios islâmicos para o governo. Nasser, por outro lado, queria garantir que nenhum grupo religioso se visse como um partido político. Todos os partidos políticos teriam de ser não religiosos. Assim, isso o colocou em um confronto direto com a Irmandade Muçulmana, um conflito que duraria muitos anos no Egito, mesmo depois de Nasser.

Em 25 de fevereiro de 1954 Nasser se tornou primeiro-ministro do Egito, com sua oposição e detratores tentando controlar o exército. Mesmo assim, foi capaz de vencer a luta pelo poder absoluto no país. Ele organizou uma eleição dois anos mais tarde, na qual o único candidato era ele, e se tornou o segundo presidente do Egito. Imediatamente, centralizou o Estado egípcio, aumentando o poder presidencial, instituindo a reforma agrária e nacionalizando a indústria. Além disso, foi capaz de apelar às massas com grandes projetos de obras públicas como a represa de Aswan.

Figura 14.1 – Presidente egípcio Gamal Abdel Nasser

Fonte: Wikimedia Commons/Stevan Kragujević – CC BY-SA 3.0

Nasser como visionário

O povo egípcio acreditava que Gamal Abdel Nasser fosse um visionário e que havia recuperado o heroísmo árabe. Essas podem ser as razões pelas quais é celebrado na história egípcia, porque estão envolvidas na natureza e caráter do próprio homem.

Como um visionário, ele incorporou a ideia de uma nação árabe unida e da unidade do continente africano. A realidade de ambas as visões se encontrava na integridade do caráter de Nasser, ou seja, em sua habilidade de conceber sua realização. Os povos do Egito e de outras partes da África passaram a acreditar que, se alguém poderia realizar o sonho de uma unidade africana ou de um nacionalismo árabe, esse seria Nasser, devido à sua forte retórica sobre ambos os temas. Ele tinha seus detratores, e houve atentados à sua vida. Mas o fato de ter escapado das armadilhas e planos de assassinato contra ele – incluindo uma tentativa de fato em 26 de outubro de 1954, em que o atirador, Mahmoud Abd al-Latif, errou seu alvo – lhe deu uma imagem de invencibilidade. Ele foi sempre capaz de se revestir das emoções da nação egípcia com a alegação de que ele e o povo eram um. Na verdade, nada poderia ser mais poderoso no arsenal de estratagemas retóricos de Nasser do que sua habilidade de manifestar que os desejos do povo egípcio e seus desejos eram os mesmos. A frase: "todos vocês são Gamal Abdel Nasser" seria ouvida mais de uma vez em sua carreira.

O nacionalismo árabe havia diminuído antes de Nasser assumir o Egito. Não havia um país árabe que tivesse conseguido promover o nacionalismo entre seu povo. Todos os países eram colonizados ou títeres das potências europeias. No caso do Egito, o rei estava sob a influência dos britânicos, e a única resistência organizada que capturou uma parte do sentimento árabe foi a Irmandade Muçulmana. O problema para os progressistas, e para aqueles que tinham uma visão maior do que a religiosa, era que essa era uma organização fundamentalista, e os líderes políticos do Egito não tinham intenção de permitir que se tornasse a voz nacional ou internacional dominante do país. Como líder do Egito, Nasser perseguiu a Irmandade Muçulmana porque acreditava que estivesse por trás das tentativas de golpe. Muitos de seus membros foram presos.

Essa situação forneceu a Nasser as condições precisas de que necessitava para estender sua alegação de ser o protetor do nacionalismo árabe. Ele queria ver uma combinação de nacionalismos árabes em uma grande união política ou nacional. Assim, liderou várias tentativas de obter esse resultado. Em 1958, forjou um acordo com a Síria para a unidade com o Egito. Essa foi a primeira República Árabe Unida. Nasser trabalhou duro para incluir o Iêmen na fusão, mas o projeto inteiro foi dissolvido após três anos e o Egito voltou às suas raízes africanas. Os problemas políticos, sem mencionar os culturais, pareciam insuperáveis mesmo com a mesma religião.

Contudo, Nasser não desistiu do sonho de uma grande nação árabe com o Egito em seu centro. Outra união com a Líbia e o Sudão foi tentada mais tarde. O resultado dessa iniciativa foi o mesmo que o anterior com a Síria e o Iêmen. No fim, as credenciais do Egito como o líder do mundo árabe seriam estabelecidas, e a imagem de Nasser, indelevelmente estampada na história árabe.

O Ocidente e Nasser

A promessa de Nasser, em 16 de janeiro de 1956, de que libertaria a Palestina movimentou várias forças internacionais contra o Egito. Em primeiro lugar, sua promessa – menos de dez anos após as nações europeias, lideradas pela Grã-Bretanha, terem trabalhado para estabelecer Israel – teve repercussões imediatas na comunidade internacional. Foi, por assim dizer, um curinga no arranjo político das nações.

Mais tarde naquele ano, Nasser foi além e denunciou o arranjo econômico entre a Grã-Bretanha e a França com o Canal de Suez. Ele anunciou que nacionalizaria o canal, uma vez que a Grã-Bretanha decidira não auxiliar o Egito na construção da represa de Aswan. Na formulação de Nasser, ele usaria as taxas do Canal de Suez para custear a construção da represa.

Nem a Grã-Bretanha nem a França apreciaram o que consideraram uma apropriação do canal por parte de Nasser. Uma campanha militar liderada por ambas as nações e apoiada pela jovem nação israelense forçou os egípcios a se retirarem do Porto Said em poucos dias. A resposta de Nasser, em termos de Guerra Fria, foi pedir aos Estados Unidos e à União Soviética, duas superpotências, que apoiassem a reivindicação do Egito e que forçassem os britânicos e franceses a ceder. Essa ação da parte de Nasser foi importante porque levou as duas potências concorrentes a uma disputa internacional para conquistar a influência na região africana. Israel foi pressionada a se retirar, e os franceses e britânicos também retiraram seus exércitos. Israel recebeu uma promessa de que não seria atacado pelas unidades *fedayeens* árabes que se originaram no Egito, e o Egito foi capaz de exercer mais soberania sobre o Canal de Suez.

Nasser se tornou um herói nacional e foi proclamado como vitorioso no conflito sobre o Canal de Suez. Ele não só havia garantido os direitos do Egito aos fundos do Canal como também estabeleceu relações com a União Soviética e com os Estados Unidos, rompendo os vínculos com a Grã-Bretanha em um novo alinhamento da política externa. Nenhuma nação colonizada havia anteriormente resistido à ex-nação colonial com tanto sucesso como o Egito. O entusiasmo era palpável. Nasser foi a inspiração para novos revolucionários. O Cairo foi a incubadora do nacionalismo árabe, e os líderes de outros movimentos nacionais se mudaram para a cidade para ficarem perto da sede de resistência à opressão colonial. Eles estavam lá como estudantes aos pés de um grande estudioso para obter quaisquer informações, noções e apoio que pudessem para suas explorações futuras.

Figura 14.2 – Presidente egípcio Anwar Sadat

Fonte: Wikimedia Commons/Autor desconhecido

Nasser era um ativista político e militar nos interesses da "nação árabe". Essa era sua visão, e ele, em grande parte, provocou a Guerra dos Seis Dias, em 1967. Fez várias exigências, inclusive a de que as Nações Unidas deixassem a Península do Sinai e a devolvessem ao Egito. Depois, bloqueou o porto israelense de Eilat, próximo ao extremo norte do Golfo de Acaba, e persuadiu a Jordânia e a Síria a se juntarem a ele na ação árabe unida contra Israel. A ofensiva de Israel na Guerra dos Seis Dias derrotou as forças árabes. Quando Nasser reconheceu que seus exércitos não podiam derrotar Israel, tentou renunciar ao posto. O povo o declarou um herói e ele permaneceu no poder. Também liderou a nação durante a guerra de 1969-1970, mas morreu de um ataque do coração apenas algumas semanas após o fim da guerra, em 28 de setembro de 1970. Seu sucessor, Anwar Sadat, fora um dos jovens generais que o considerava um grande herói. O legado de Nasser é mais do que o de um líder militar que levou algum orgulho ao povo árabe ao liderá-lo em guerras, mesmo que o Egito não as tenha vencido. No entanto, Sadat permanece o líder egípcio de estatura internacional mais altamente reconhecida. Diferente de Nasser, ele não construiu a grande represa de Aswan, mas tentou construir relações políticas que permitiriam ao povo árabe viver em paz com os judeus. Esse não era um objetivo universalmente respeitado pelo povo egípcio árabe, e Sadat foi assassinado logo após um acordo de paz com Israel.

Figura 14.3 – Presidente de Gana, Kwame Nkrumah

Fonte: Wikimedia Commons/Abbie Rowe - John F. Kennedy Presidential Library and Museum

Kwame Nkrumah sonha com a unidade africana

Kwame Nkrumah nasceu em 21 de setembro de 1909 e recebeu o nome de Francis Nwia-Kofi Ngonloma. Ele mudaria não somente seu nome como também o curso da história africana durante sua vida. Quando completou a famosa Escola Achimota, em Accra, frequentou curso no seminário católico romano, Amisano. Lecionando na escola católica romana no Estado histórico Akan de Akyem, enamorou-se pela educação. Sem dúvida, Nkrumah foi um professor magnético, muitas vezes demonstrando as características que o tornariam um dos líderes mais carismáticos da história.

Nkrumah tomou duas decisões principais que o diferenciariam dos alunos comuns que deixavam a colônia para estudar no exterior e voltar somente para servir aos interesses dos colonizadores. A primeira decisão foi tomada em 1935, quando foi aos Estados Unidos para estudar na Lincoln University, na Pensilvânia, a primeira faculdade estabelecida nos Estados Unidos para africanos e afro-americanos. Lá ele concluiu um bacharelado em Humanidades em 1939 e, depois, um mestrado em Educação da Universidade da Pensilvânia, em 1942. No ano seguinte, concluiu um mestrado em Filosofia na mesma universidade. Foi seu magistério na Lincoln University que chamou a atenção de muitos de seus contemporâneos. Ele fez em Lincoln o mesmo que fizera nas escolas de Akyem. Desafiava os alunos a olharem além da condição imediata do mundo africano e a visualizarem o que seria possível em uma África livre e independente, onde cada pessoa assumisse sua própria posição na vida e mostrasse absoluta determinação para se sobressair em tudo. Nkrumah acreditava que os afro-americanos sofriam da mesma falta de estima cultural, ignorância sobre as contribuições e história africanas, e dependência dos brancos que afligiam muitas nações africanas. Os estudantes africanos nos Estados Unidos e no Canadá começaram a consultá-lo sobre o futuro de seus estudos e o futuro da África. Nkrumah foi eleito presidente da Organização de Estudantes Africanos e logo foi considerado o pai do pan-africanismo na África. Ele foi enormemente influenciado por Du Bois, que considerava seu mentor, e se tornou o proponente mais franco de uma estratégia africana continental de pan-africanismo.

A segunda decisão crítica de Nkrumah foi deixar os Estados Unidos, em 1945. Ele foi para a Grã-Bretanha, a potência colonial que controlava a Costa do Ouro, tentar admissão na London School of Economics. Contudo, quando chegou a Londres, parecia que um outro propósito o esperava. George Padmore lhe perguntou se ele poderia ajudá-lo no desenvolvimento do Quinto Congresso Pan-africano, que havia sido convocado por Du Bois e por algumas outras pessoas eminentes de herança africana. O jovem Nkrumah aproveitou a oportunidade e foi imediatamente colocado em papéis de liderança no planejamento e na execução do Congresso. Ele chamava a atenção de muitas pessoas devido à sua dedicação ao trabalho. A experiência no Congresso Pan-africano de Manchester acendeu uma chama nele e, então, assumiu a descolonização da África como seu principal objetivo na vida. Foi eleito vice-presidente da União dos Estudantes Africanos Ocidentais, uma posição que assumiu seriamente, usando toda oportunidade para escrever a administradores, políticos e estadistas coloniais europeus sobre a necessidade da independência africana. Ninguém havia visto o continente em termos tão claros quanto Nkrumah logo após o Congresso Pan-africano de Manchester. Foi como se um véu tivesse sido retirado de seus olhos, e ele prometeu usar sua inteligência e ambição no interesse do continente. Foi um raro desejo em uma era cada vez mais vitimizada pela riqueza material que os indivíduos poderiam acumular se não fossem distraídos pelos objetivos políticos da independência. Nada pararia Nkrumah porque ele acreditava, como seus companheiros mais velhos em Manchester, que a Segunda Guerra Mundial havia exaurido as nações europeias, que não poderiam lutar contra a união de forças pela liberdade.

Dois anos após Manchester, ele retornou à Costa do Ouro para se tornar membro do importante partido anticolonial, a Convenção da Costa do Ouro Unida (CCOU) [United Gold Coast Convention], liderada pelo venerável intelectual Akyem Joseph B. Danquah. Ele não estava muito satisfeito, para dizer o mínimo, com o gradualismo da CCOU. Não acreditava que a Grã-Bretanha fosse garantir a independência com base nas petições e apelos junto ao escritório colonial. Era necessária uma posição mais agressiva em relação às autoridades. Nkrumah formou seu próprio partido, chamado Partido da Convenção Popular (PCP), com o propósito expresso de "autogoverno, agora!". Ele deixou a CCOU em 1949 e, perto do fim daquele ano, declarou uma campanha de "ação positiva", um movimento de massa de pessoas comuns baseado em boicotes, desaceleração do trabalho, greves, desobediência civil e comícios públicos. A ideia era demonstrar quão inepta e fraca era a administração colonial britânica diante do poder do povo. Ele foi detido semanas após a convocação pelos protestos positivos. As autoridades britânicas o enviaram à prisão em janeiro de 1950.

Nkrumah e seus colegas tornaram a situação insustentável para os britânicos, que decidiram deixar a Costa do Ouro. Em 1951, na eleição por assentos na Assembleia Legislativa, sob a administração colonial, Nkrumah conquistou um, enquanto ainda estava na prisão. De fato, seu partido político conquistou 34 de 38 assentos na Assembleia Legislativa. Ele foi libertado da prisão em fevereiro de 1951, e o governador, Charles Arden-Clarke, reconhecendo sua imensa popularidade, perguntou-lhe se poderia liderar um governo em cooperação com os britânicos com vistas à independência. Nkrumah concordou com esse arranjo, e após vários anos, com o *status* de "meio-livre e meio-escravizado", o país se tornou independente em 6 de março de 1957 e foi renomeado Gana, em referência ao antigo Império Africano Ocidental. As massas se referiam a Nkrumah como "Osagyefo" (líder vitorioso). Ele se tornou o primeiro-ministro, ou seja, a chefia de Estado permanecia na Grã-Bretanha. Contudo, em 1960, Gana foi declarada uma república e Kwame Nkrumah se tornou o primeiro presidente do país. Em 1963, por sua posição filosófica e ideológica sobre o pan-africanismo, Gana se tornou um dos membros fundadores da Organização da Unidade Africana.

Mais cedo, Nkrumah convidara W.E.B. Du Bois para vir a Gana como um cidadão permanente do mundo africano. Du Bois havia sido chamado para organizar a *Encyclopedia Africana*, um projeto que começara antes de sua morte em agosto de

1963. Gana homenageou Du Bois declarando como monumento nacional a casa em que viveu. Tanto Du Bois como sua esposa, Shirley Graham, foram sepultados nos jardins da última casa que tiveram juntos.

Como vários de seus contemporâneos, Nkrumah foi um intelectual com sua própria visão da África. Ele compreendia o impacto do capitalismo no continente e acreditava que teria um efeito duradouro. Os capitalistas haviam explorado o povo e se apropriado dos recursos, e o único modo de a África progredir era se libertar do laço dos capitalistas e encontrar uma acomodação com o socialismo porque esse respeitaria os valores do povo africano, se concebido da forma africana. Kwane Nkrumah não acreditava em ilusões. Estava claro para ele que o socialismo não era uma panaceia para todos os problemas. Era apenas um modo de desafiar o povo a se examinar para ver se era possível a África se erguer da degradação e desmoralização. Ele acreditava que era possível. É por isso que Gana o honra com monumentos e estátuas hoje, mesmo que tivesse seus detratores e inimigos. Talvez a contribuição mais reveladora para a África seja a análise própria do dano imperialista ao tecido social do continente. Ele acreditava que os imperialistas haviam tentado enfraquecer a estrutura de valores da África, bem como os desejos dos africanos. Por outro lado, passou a acreditar que o socialismo, particularmente, se respeitasse o modo afrocêntrico de ser e viver, poderia levar a África adiante.

Nkrumah insistia que Gana necessitava ter uma base industrial dedicada à subsistência dos ganenses e não aos antigos interesses coloniais. O sistema de comércio colonial nunca permitiria que o povo se tornasse economicamente independente. Se pudesse encorajar os líderes empresariais a reduzirem sua dependência do capital estrangeiro, a nação poderia se tornar independente de fato. Com certeza, os economistas agora acreditam que o abandono do setor de cacau, que fora um setor econômico forte, na direção de um setor mais industrializado incapacitou ambos. Gana gastou muito dinheiro em obras públicas massivas durante o período de

Nkrumah, e as elites permaneceram dependentes das importações ocidentais.

Embora Nkrumah permanecesse o líder intelectual e espiritual da ideia pan-africanista na África, o declínio econômico em seu país enfraqueceu sua habilidade de pôr em prática muitas de suas ideias. Houve um atentado à sua vida e uma agitação política porque muitos pensavam que o país havia gastado muito dinheiro em grandes projetos industriais de infraestrutura em portos, fábricas, navios, autoestradas e prédios oficiais, e não o bastante em aspectos mais sutis de desenvolvimento como educação, saúde e qualidade de vida. Nkrumah se entristecia ao perceber que o povo não era capaz de ver a longo prazo seu projeto político e o quanto ele amava o país e a África. Todavia, a agitação não diminuiu e foi exacerbada quando ele estabeleceu Gana como um Estado monopartidário, com ele como presidente vitalício, em 1964.

Em 24 de fevereiro de 1966, enquanto Nkrumah fazia uma visita de Estado a Pequim e Hanói, o governo de Gana foi deposto por um golpe militar de Estado apoiado pelos Estados Unidos. O embaixador americano, de origem africana, foi usado para ajudar a derrubar um dos primeiros países africanos a conquistar independência. Suas ações foram amplamente condenadas por afro-americanos em discursos e artigos. Nkrumah descobriu que tinha inimigos dentro e fora de seu governo. Ele nunca retornou a Gana, mas foi bem-recebido por muitos outros governos, incluindo o governo da Guiné, onde Sekou Toure, o presidente, nomeou-o copresidente do país em um ato de autêntica irmandade africana. Com receio do Ocidente, por seu papel em sua deposição, foi para a Romênia em busca de tratamento médico, onde morreu em 27 de abril de 1972. Foi inicialmente enterrado em sua cidade natal de Nkroful, mas o governo de Gana, mais tarde, transferiu seus restos mortais para uma bela tumba memorial nacional em Accra, a capital de Gana.

Em memória à luta e à tremenda energia que Nkrumah dedicou ao Congresso Pan-africano, um Sexto Congresso Pan-africano foi organizado em Dar es Salaam, na Tanzânia, em junho de 1974. Houve uma imensa campanha para que esse encontro ocorresse na Tanzânia, considerada na época o país de vanguarda da Revolução Africana. Walter Rodney, o intelectual guineano, estava vivendo lá e teve forte participação na campanha. Rodney também desenvolveu uma reputação como teórico e ativista pan-africanista. Ele tinha abertura e relações políticas com aqueles que estavam lutando para transformar a África e para tomá-la das forças externas. Ele era muito próximo de alguns dos líderes de movimentos de libertação na África, assim como de líderes políticos de organizações populares de territórios independentes. Junto a outros pan-africanistas, ele participou em discussões que levaram ao Sexto Congresso Pan-africano. Antes do Congresso, ele escreveu um artigo: "Rumo ao Sexto Congresso Pan-africano: aspectos da luta de classes internacional na África, Caribe e América". O Sexto CPA, como passou a ser chamado, tinha o potencial para se tornar o maior encontro desse tipo, pois fora o primeiro congresso organizado no continente africano, onde muitas nações eram agora independentes. Contudo, devido à grande diversidade de visões políticas, agendas internacionais e interferência externa, o Congresso não produziu a visão que se esperava. Um observador, o venerável John Henrik Clarke, comentou:

> O que poderia ter sido o mais importante Congresso Pan-africano e o primeiro a ser sediado em solo africano foi o Sexto Congresso Pan-africano. Foi o maior e mais diverso desses encontros. Foi difícil de administrar e muito pouco foi obtido. Um número excessivo de africanos de diferentes partes do mundo e da própria África vieram com diferentes agendas. Pouco se obteve, exceto algumas boas e más conversações e um infeliz conflito sobre ideologias (CLARKE, 1991).

Sua avaliação se tornou a conclusão semioficial sobre o encontro. Essencialmente, o Congresso demonstrou que muito trabalho tinha de ser feito para preparar o mundo africano para uma discussão profunda sobre ideologias políticas que competiam pela atenção dos estados independentes.

Cinco anos mais tarde, em 1977, haveria um encontro em Lagos, Nigéria, chamado o Festival dos Países Negros e Africanos. Mais de 100 mil representantes se reuniriam para celebrar as realizações dos povos africanos. Alguns dos mesmos argumentos que apareceram no Congresso Pan-africano em Dar es Salaam foram discutidos no Colóquio Intelectual. Os principais temas em Lagos foram similares aos de Dar es Salaam sobre representação, cultura, política e economia. O drama foi criado por dois incidentes, cada um demonstrando os problemas fundamentais de reunir grandes grupos sem um encontro preparatório. Houve uma mistura de funcionários de governo, representando estados-nações, com africanos da Diáspora, não representando Estado algum. Os últimos incluíam africanos do Brasil, Estados Unidos e Grã-Bretanha. Havia também africanos do Caribe, que representavam estados como Jamaica e Trinidad. Contudo, alguns africanos continentais tiveram dificuldade de considerar a Diáspora uma parte do mundo africano. Isso foi destacado quando o brasileiro Abdias do Nascimento, um dos grandes brasileiros africanos, foi questionado por que não representava o governo brasileiro e, de acordo com alguns, não deveria ter um lugar na mesa. Em vez disso, o lugar foi ocupado pelo representante branco do Brasil, enquanto o intelectual negro importante desse país era confrontado por alguns dos continentais. Seu caso foi assumido por outros da Diáspora, incluindo o líder da delegação americana, Maulana Karenga, que argumentou que não era intenção dos membros da Diáspora ter africanos continentais declarando quem era ou não um africano. Nascimento também se levantou e em um brilhante discurso defendeu sua posição, afirmando que o governo do Brasil era racista e não falava pelos interesses do povo negro. No fim, os líderes do colóquio tiveram que incluir na mesa Abdias do Nascimento e o representante brasileiro oficial. O segundo problema foi o da língua. Wole Soyinka, um nigeriano de etnicidade Ioruba, propôs a língua kisuaíli como uma língua franca para a África. Muitos africanos de outros grupos étnicos, surpresos, questionaram a escolha do kisuaíli, com alguns propondo suas próprias línguas, e o povo Ioruba afirmando que Soyinka havia esquecido de suas raízes. Apoiado por outros, ele argumentou que o kisuaíli é uma língua internacional falada por milhões de pessoas, embora o grupo étnico que a nomeie seja muito pequeno. No fim, isso foi resolvido em favor da língua kisuaíli, com uma recomendação de que todas as nações africanas apoiassem o ensino da língua. O problema dos países falantes do árabe também foi resolvido, com esses países ocupando seus lugares na mesa de intelectuais africanos.

Julius Nyerere e a ideologia do socialismo africano

Julius Kambarage Nyerere nasceu em 13 de abril de 1922. Seu pai, Mzee Burito, foi sub-rei do Zanaki. Quando Nyerere nasceu, o país era chamado Tanganyika e estava sob o controle dos britânicos, que conseguiram tomá-lo dos alemães durante a Primeira Guerra Mundial.

Havia algo no jovem Kambarage que outros viam e apreciavam. Ele nasceu para ser professor. Como muitos de seus contemporâneos, acreditava que uma resposta para o desenvolvimento da África era a educação das massas. Começou seu ensino muito antes de ter completado sua formação universitária. A ideia era ensinar o que sabia àqueles que sabiam menos. Foi essa disposição de compartilhar com os menos instruídos que lhe conferiu o apelido "Mwalimu" (professor, na língua suaíli), porque gostava da ideia de partilhar seu conhecimento com outros. Havia outros professores, mas havia também algo especial sobre o gênio de Mwalimu. Quando foi estudar economia na Universidade de Edimburgo, a comunidade esperava grandes coisas. Mwalimu poderia competir com os melhores alunos e não desapontaria as pessoas.

Quando retornou a Tanganyika, cofundou a União Nacional Africana de Tanganyika (Unat) [Tanganyika African National Union] e, mais tarde, a fundiu com o Partido Afro-Shirazi de Zanzibar, para formar o poderoso partido Chama Cha Mapinduzi (CCM), ou Movimento Revolucionário Popular [People's Revolutionary Movement]. Não havia dúvidas em sua mente de que qualquer partido que emergisse como um partido de vanguarda tinha de oferecer emprego, trabalhar pela igualdade social, criar oportunidades para distribuição igualitária de recursos e buscar a independência de Tanganyika.

Tanganyika conquistou a independência em 1961 e Nyerere se tornou primeiro-ministro. Quando o governo se integrou ao Zanzibar, para formar o Estado da Tanzânia, Nyerere foi eleito o primeiro presidente. Tão logo assumiu o poder, implementou uma agenda socialista. Sua ideia era criar uma transformação massiva que pudesse empoderar imediatamente as pessoas com um desenvolvimento econômico sustentável. Ele tinha formação em economia, acreditava no poder do momento econômico para mudar as sociedades e tinha conselheiros úteis e outros apoiadores ideológicos como Mohammed Babu, que insistia na mudança econômica para todos.

Para realizar as mudanças desejadas, Nyerere usou parte do que ele via como o modelo chinês, adaptando-o onde necessário. Buscou estreitar laços mais com os chineses do que com russos, americanos ou britânicos.

A política econômica tanzaniana foi a coletivização do sistema agrícola, conhecida como *ujamaa* ou "familiar". Na terminologia de Nyerere, isso não era socialismo como pregado por Marx, ou qualquer outro europeu; era uma ideia de economia familiar fundada em valores africanos. As pessoas, por vezes, o chamavam de socialista africano, mas seu objetivo era que seu país retornasse para o modo de vida e os valores tradicionais que havia aprendido quando jovem. Ele acreditava que a vida social e econômica deveria ser estruturada em torno da *ujamaa*, ou família estendida, encontrada na África tradicional. Com base no que havia aprendido com os anciões de sua aldeia, acreditava também que a *ujamaa* existira antes da chegada dos imperialistas europeus.

Ao retornar ao estado da *ujamaa*, o povo logo perderia de vista o modelo capitalista. Com efeito, Nyerere estava convencido de que os africanos já eram socialistas; tudo que necessitavam era retornar ao seu modo de vida tradicional e recapturá-lo. Ao repudiarem o capitalismo, as massas teriam o bastante para comer, e ninguém passaria fome ou careceria das necessidades básicas. O governo também instituiu uma política que dizia que ninguém poderia ter mais de uma casa para viver. Era uma situação ideal, baseada nos valores da *ujamaa*, mas infelizmente a incapacidade do governo para superar as realidades da economia global condenou o projeto. Durante o governo de Julius Nyerere, a Tanzânia, que havia sido o maior exportador de produtos agrícolas na África, passou a ser o maior importador. Desapontado com o fato de que seu programa *ujamaa* não melhorou a economia tanzaniana, Nyerere disse ao seu partido que não concorreria à reeleição em 1985. Com sua candura e franqueza usuais, disse em seu discurso de despedida: "fracassei. Vamos admitir".

Nyerere era respeitado por seus pares, elevado pelas massas e reverenciado como um estadista veterano da África. Viajou e palestrou em muitas conferências e universidades. Foi um dos membros fundadores da Organização da Unidade Africana, em 1963, e desempenhou um papel importante na deposição da ditadura opressiva de Idi Amin, em Uganda.

Léopold Sédar Senghor: o intelectual como presidente

Léopold Sédar Senghor nasceu em 1906, em Joal-la-Portugaise, uma pequena aldeia de pescadores, cerca de 112 quilômetros ao sul de Dakar. Seu pai, um rico comerciante, era de descendência nobre entre os Sereres. Sua mãe era Peul, e ele tinha orgulho de sua linhagem, que combinava dois dos principais grupos do Senegal. Passou os primeiros sete anos de sua vida em Djilor com sua mãe e tios maternos, aprendendo muitas das tradições e costumes dos Peuls. Aos 12 anos, frequentou a escola da missão católica de Ngazobil, onde se destacou em literatura. Estudou também no Libermann Seminary e no Lycée van Vollenhoven, completando sua formação secundária em 1928.

Conseguiu uma bolsa do Estado e foi enviado a Paris para frequentar o Lycée Louis-le-Grand, em 1931. Isso foi durante o período do movimento da Renascença do Harlem, do qual ele ouviu falar quando estava em Paris e lia muitos dos escritores. Ele ficou verdadeiramente impressionado com o modo como os poetas afro-americanos da Renascença do Harlem capturaram a essência da experiência africana nos Estados Unidos. Certamente, ele conhecia os poetas e escritores franceses como Rimbaud, Mallarmé, Baudelaire, Verlaine e Valéry. Entre os amigos de Senghor estavam jovens africanos do mundo inteiro, como Aimé Césaire, da Martinica, e Léon Damas, da Guiana Francesa, com quem formaria uma parceria intelectual e criaria a ideia de Negritude. Georges Pompidou, que se tornou presidente da França, também era seu amigo de longa data. Os senegaleses figuravam muito proeminentemente na sociedade francesa como estudiosos e soldados. Em 1932, Senghor recebeu a cidadania francesa, seguindo uma tradição que havia sido destacada por Blaise Diagne. Ele serviu em um regimento de infantaria colonial, e em 1935 obteve o grau de agregação em gramática.

Subsequentemente, Senghor trabalhou como professor no Lycée Descartes, em Tours, a partir de 1935 e, depois, lecionou em Paris, no Lycée Marcelin Berthelot. Quando a Segunda Guerra Mundial iniciou, juntou-se ao exército francês. Após ser capturado pelos alemães, passou 18 meses em um campo como prisioneiro de guerra. Durante esse período, aprendeu alemão e escreveu poemas que foram publicados em *Hosties noires* [Hóstias negras] (1948). Em 1944, Senghor foi nomeado professor de Línguas Africanas na Ecole Nationale de la France d'Outre-Mer. Sua primeira coletânea de poemas, *Chants d'ombre* [Cantos da sombra] (1945), foi inspirada pelo filósofo Henri Bergson. Esse foi o período da guerra, mas também um período de criatividade para Senghor. Em 1945 e 1946 foi eleito para representar o Senegal nas Assembleias Constituintes Francesas. Com a ajuda de Senghor, Alioune Diop, um intelectual senegalês que vivia em Paris, criou, em 1947, a *Présence Africaine*, uma revista cultural que tinha em seu conselho consultivo intelectuais franceses como Jean-Paul Sartre, André Gide e Albert Camus. De 1946 a 1958, foi continuamente reeleito para a Assembleia Nacional Francesa como um representante do Senegal. Quando rompeu com Lamine Guèye, um aliado dos socialistas franceses, Senghor criou um novo partido político, o Bloco Democrático Senegalês (BDS) [Bloc Démocratique Sénégalais]. Em 1948, casou-se com Ginette Eboué, a filha de um proeminente administrador colonial guianês. Eles tiveram dois filhos, mas o casamento terminou em divórcio. Sua segunda esposa, que era francesa, tinha suas origens familiares na Normandia. Quando o Senegal se juntou à República Sudanesa para formar a Federação de Mali, Senghor se tornou presidente da Assembleia Federal. Em agosto de 1960, o Senegal se separou da federação e Senghor foi eleito seu primeiro presidente. Ele recebeu vários prêmios internacionais como escritor, incluindo o Dag Hammarskjöld Prize (1965), o Prêmio da Paz do German Book Trade (1968), o Prêmio de Pesquisa Africano Haile Selassie (1973), e o Prêmio Apollinaire para Poesia (1974).

Figura 14.4 – Léopold Senghor, presidente do Senegal

Fonte: Wikimedia Commons/UNESCO Dominique Roger – CC BY-SA 3.0 igo

Os poemas de Senghor, escritos em francês, foram traduzidos para várias línguas: espanhol, inglês, alemão, russo, sueco, italiano, chinês, japonês, dentre outras. Em sua poesia, ele convida os leitores a sentirem o mundo supersensorial quase místico da África. Seus escritos de não ficção incluem basicamente temas como linguística, política e sociologia. Sua filosofia e o conceito de Negritude receberam atenção internacional. Após deixar a presidência em 1980, Senghor dividiu seu tempo entre Paris, Normandia e Dakar. Como Nyerere antes dele, Senghor demonstrou que nem todos os presidentes da independência queriam ser presidentes vitalícios. Em 1983, foi eleito para a Académie Française. Morreu na França, em 20 de dezembro de 2001.

Figura 14.5 – Ilha de Goree, Senegal

Fonte: Wikimedia Commons/Serenade – CC BY-SA 3.0

Patrice Lumumba e o assassinato da esperança

Patrice Emery Lumumba, um dos líderes mais icônicos da África, nasceu em 2 de julho de 1925, no mesmo ano que o nacionalista afro-americano, Malcolm X. Como ele, Lumumba deixaria uma marca indelével em sua época. Em sua curta carreira, ele se tornaria um dos líderes nacionalistas mais ardentes da África e se estabeleceria como um revolucionário com um imenso otimismo em relação ao seu país, a República Democrática do Congo. Quando o país declarou sua independência, em junho de 1960, Lumumba foi nomeado primeiro-ministro, um posto que ocuparia por menos de um ano, tendo sido forçado a renunciar em setembro de 1960 e assassinado em janeiro de 1961.

A criação de um revolucionário

Há muitas lições na vida e morte de Patrice Lumumba. Ele nasceu em Onalua, na província de Kasai, durante o governo belga do Congo. O jovem Lumumba foi educado em uma escola missionária cristã e, mais, tarde trabalhou como escriturário e jornalista em Leopoldville (Kinshasa) e em Stanleyville (Kisangani). Cedo, exibiu elementos de flexibilidade, literacia, independência e uma vontade intensa de fazer justiça e trazer harmonia e paz à sua sociedade. Como uma pessoa com uma personalidade dominante em discussões e debates, tornou-se o presidente regional de um sindicato congolês e se uniu ao Partido Liberal Belga, em 1955. Não demorou muito para que as autoridades coloniais o prendessem. Foi acusado, em 1957, de apropriação fraudulenta e mantido na prisão por um ano.

A prisão lhe deu tempo para reflexão política. Ele sabia que a liberdade não seria entregue aos congoleses sem agitação e resistência. Era sua ambição manifestar-se e se organizar pela liberdade. Como era um dos poucos africanos com alguma forma de educação no Congo Belga, dispendeu uma considerável energia buscando modos de fazer mudanças em seu país. Assim, quando foi libertado, ajudou a criar o Movimento Nacional Congolês (MNC) [Mouvement National Congolais], em 1957. Dois anos mais tarde, o governo belga anunciou um caminho de cinco anos para a independência. Nesse meio-tempo prenderam Lumumba novamente devido às suas atividades políticas, e, nas eleições locais de dezembro de 1959, o MNC venceu com uma maioria convincente a despeito de Lumumba estar preso. Isso foi reminiscente da situação que ocorreu em Gana, quando o partido de Kwame Nkrumah venceu enquanto ele estava aprisionado pelos britânicos. Os resultados dessa eleição do Congo forçaram as autoridades a iniciarem uma conferência sobre a independência em 1960. Na conclusão dos trabalhos, foi decidido que a independência deveria ser antecipada para junho de 1960, com eleições em maio do mesmo ano. Nada poderia ter chocado mais a comunidade africana do que esse movimento dos belgas, embora alguns acreditassem que esse era um simples jogo político, pois sabiam que não haviam preparado os africanos para a liderança. Achava-se que os africanos tentariam formar um governo, fracassariam, e teriam de chamar os belgas para consertar a situação. Não foi o que ocorreu. O primeiro governo foi formado por Lumumba e o MNC em 23 de junho de 1960, com Lumumba como primeiro-ministro e Joseph Kasavubu como presidente. O novo governo do Congo foi aclamado pelos africanos e progressistas em toda parte como uma ofensiva importante contra todas as formas de colonialismo.

Contudo, havia problemas inerentes no governo de um país tão vasto e rico. Com a falta de congoleses instruídos para assumir o controle de postos ministeriais para dirigir postos governamentais, o governo de Lumumba foi definido por agitação política e étnica, intriga internacional, paternalismo belga e sérias perturbações econômicas e políticas na rica Província de Katanga.

Figura 14.6 – Uma foto de Patrice Lumumba em 1960

Fonte: Wikimedia Commons/Fotógrafo desconhecido CC0

Quando a independência se deu em 1960, houve uma crise imediata, com o exército colocando diferentes elementos uns contra os outros e provocando vários ressentimentos sobre a administração e o próprio exército. Lumumba, praticamente abandonado pelos belgas que ele havia abandonado, pediu apoio aos Estados Unidos e às Nações Unidas. Inicialmente, ambos se recusaram a apoiar Lumumba, de modo que recorreu à União Soviética em busca de ajuda. Seria esse envolvimento de intervencionistas nos assuntos internos do país que se mostraria fatal para Lumumba. Ele foi o primeiro primeiro-ministro do país, mas, como a história mostrou, não governou. Uma crise de liderança fez com que o presidente, Joseph Kasavubu, e Moise Tshombe, o líder dos Katangas, derrubassem o primeiro-ministro. Assim, a crise do Congo resultou de tensões políticas e étnicas produzidas pela proximidade das classes aos ex-colonialistas e de apoio paternalista àqueles que favoreciam as potências ocidentais. A Grã-Bretanha e a França permaneceram neutras nos confrontos durante os debates nas Nações Unidas, e o Primeiro-ministro Lumumba, com o apoio dedicado de alguns revolucionários africanos, especialmente Kwame Nkrumah, permaneceu convencido de que poderia unir a nação a despeito do motim militar, da intriga do presidente e da convocação direta pela secessão na Província de Katanga.

Moise Tshombe, líder de Katanga, declarou independência da província em relação ao governo nacional em junho de 1960 com o apoio belga. O que parecera uma determinação belga de permitir a independência ao Congo quando as eleições foram antecipadas para 1960, mostrava-se agora de fato um plano para roubar do Congo sua região mais economicamente viável. Os belgas viam Katanga como uma das províncias onde os brancos poderiam retornar a uma posição protegida e ainda permanecer firmemente no controle da economia do país. Tshombe estava convencido de que os belgas lhe abasteceriam com todos os recursos de que necessitava para combater o governo central. Havia agora um desafio monumental à independência que o Congo conquistara.

Soldados das Nações Unidas foram enviados para auxiliar o exército pouco treinado de Lumumba e, ainda assim, a luta continuou, porque não havia um número suficiente de soldados. Em seu momento crítico, Lumumba pediu ajuda à União Soviética. Em setembro de 1960, Joseph Kasavubu, o presidente, destituiu Lumumba do governo, um ato rude de constitucionalidade dúbia. Contudo, em retaliação, Lumumba tentou destituir Kasavubu da presidência. Assim, apenas 67 dias após chegar ao poder, Patrice Lumumba, o símbolo das esperanças nacionais, foi destituído do posto.

Em 14 de setembro, um golpe de Estado liderado por um ex-policial, o Coronel Joseph Mobutu (que, mais tarde, ganharia notoriedade como o Presidente Mobutu Sese Seko), e apoiado por Kasavubu, foi bem-sucedido. Lumumba foi subjugado e preso por Mobutu em 1º de dezembro de 1960. Quando suas forças capturaram Lumumba, ele havia sido retirado secretamente de sua casa à noite no carro de um amigo diplomata que o visitava e estava sendo levado pela estrada em direção a Stanleyville (Kisangani). Os soldados de Mobutu, em uma perseguição intensa, terminaram encurralando Lumumba nas margens do Rio Sankuru. O mundo aguardava para saber o que ocorrera ao primeiro-ministro, que fora levado à cidade portuária de Francqui e voado à cidade de Leopoldville (Kinshasa) algemado como um criminoso comum. Isso representou um dos momentos mais baixos da história política africana. Mobutu, um homem de formação limitada, declarou que Lumumba seria julgado por incitar o exército à rebelião. Na verdade, ele havia apenas exercido o direito constitucional de primeiro-ministro.

Agora, havia se instaurado um mal-estar que criaria consternação no mundo político. Lumumba pediu aos soldados locais das Nações Unidas para protegê-lo de seus inimigos. A soberania nacional havia se dissolvido em uma série de disputas políticas. Sob ordens da central em Nova York, a ONU se recusou a ajudá-lo. Quando chegou a Leopoldville, apareceu espancado e humilhado diante de jornalistas e diplomatas do mundo inteiro.

Em um esforço que foi considerado hesitante e suspeito, Dag Hammarskjöld, o secretário-geral das Nações Unidas, fez um apelo ao Presidente Kasavubu para tratar Lumumba de acordo com o devido processo legal. A União Soviética respondeu imediatamente, denunciando Hammarskjöld e as potências ocidentais, incluindo os Estados Unidos e a Bélgica, por serem responsáveis pela prisão de Lumumba. O governo da União Soviética exigiu que Lumumba fosse imediatamente libertado.

Em 7 de dezembro, o Conselho de Segurança das Nações Unidas foi convocado a uma sessão para considerar as exigências soviéticas de que Lumumba fosse libertado e restituído como o chefe de governo do Congo, que as forças de Mobutu fossem desarmadas e que todos os belgas fossem evacuados do Congo. Lumumba havia se mostrado um amigo da União Soviética, um socialista e anti-imperialista, e os soviéticos acreditavam que as potências ocidentais tinham a intenção de manter a riqueza do Congo fora da esfera de influência comunista. Valerian Zorin, o representante soviético, recusou as exigências dos Estados Unidos de que se desqualificasse como presidente do Conselho de Segurança durante o debate. Dag Hammarskjöld tentou responder ao ataque dos soviéticos contra suas políticas dizendo que, se a força das Nações Unidas se retirasse da região, "temo que tudo desmoronará". Após um relatório da ONU, segundo o qual Lumumba havia sido maltratado pelas forças de Mobutu, em 9 de dezembro, os seguidores de Lumumba ameaçaram que prenderiam todos os belgas e "começariam a decapitar alguns deles", a menos que Lumumba fosse libertado em 48 horas.

A seriedade da situação foi intensificada pelo anúncio da retirada do Congo dos contingentes dos estados-membros das Nações Unidas da Iugoslávia, República Árabe Unida, Ceilão, Indonésia, Marrocos e Guiné. A resolução soviética pró-Lumumba foi vencida em 14 de dezembro por uma votação de oito a dois do Conselho de Segurança das Nações Unidas, liderada pelos Estados Unidos. No mesmo dia, uma resolução apoiada pelos americanos, que aumentava os poderes de Hammarskjöld para lidar com a situação no Congo, foi vetada pela União Soviética.

À medida que a situação piorava no Congo, os seguidores de Lumumba exigiam sua soltura, enquanto as forças de Mobutu intensificaram seus ataques a eles. Em uma das cenas mais caóticas nas notícias da televisão africana, Lumumba e seus compatriotas foram humilhados no palacete de Mobutu, onde soldados leais a ele espancaram o primeiro-ministro eleito diante das câmeras de televisão.

O país inteiro parecia estar colapsando. Em 17 de janeiro de 1961, o Primeiro-ministro Lumumba foi transportado da prisão militar em Thysville, próximo a Leopoldville, para uma prisão mais distante e supostamente mais segura em Jadotville, na Província de Katanga. Em um plano de assassinato, Lumumba e seus companheiros prisioneiros, Maurice Mpolo e Joseph Okito, foram espancados várias vezes pela polícia provincial ao chegarem na secessionista Katanga. Os belgas, que se ressentiam da mente independente de Lumumba, de sua defesa vigorosa dos direitos africanos e de seus esforços para reter a unidade do Congo, exigiam um fim decisivo para o conflito. Insistiam para que Lumumba fosse enviado ao Presidente Tshombe, do unilateralmente declarado Estado de Katanga. Lumumga fora brutalizado no voo para Elizabethville próximo a Jadotville. Quando passou às mãos dos soldados katangueses comandados pelos belgas, foi levado à Villa Browe antes de ser levado a Jadotville. Foi mantido e torturado ainda mais, tanto por soldados belgas como katangueses, enquanto o Presidente Tshombe e seu gabinete decidiam o que fazer com ele.

Tão profundo fora o ódio instilado contra Lumumba que as pessoas que o perseguiam só sabiam que agora era possível abusar de uma pessoa que havia sido eleita para presidir a nação. Era quase como se a violência fosse dirigida contra a vontade dos africanos de serem livres. Os ataques a Lumumba, Mpolo e Okito foram brutais e cruéis.

Com o mal-encarnado revelado no plano para impedir o surgimento de outro africano carismático que tivesse o melhor interesse do povo africano no coração, as forças de iniquidade jogaram Lumumba em outro comboio e se dirigiram para o interior. Nesse momento, estava faminto, não barbeado, em severo sofrimento devido a todos os ferimentos que não haviam sido tratados, e em um impossível estado de terror psíquico de que seu próprio povo, com a colaboração dos belgas, pudesse tratá-lo como se fosse um inimigo do Estado, quando, de fato, era sua melhor esperança. Naquela noite, quando o comboio parou ao lado de uma grande árvore, três esquadrões de tiro, comandados por um belga, foram reunidos. Outro belga tinha o comando-geral do lugar de execução. Lumumba e seus dois companheiros do governo foram alinhados diante da grande árvore. O Presidente Tshombe e dois outros ministros estavam presentes para as execuções, que ocorreram uma após a outra. Naquela noite, o Congo foi novamente mergulhado nas sombras da era do Rei Leopoldo, quando os africanos não tinham os direitos de que necessitavam para serem respeitados e onde o autodesprezo era real, perigoso e descontrolado. Seriam necessários muitos anos para o país se erguer acima da catástrofe de derrubar as árvores mais altas.

Após os assassinatos da noite de 17 de janeiro de 1961, os oficiais de Katanga nada disseram por três semanas. Rumores tomaram vida própria. Quando as mortes de Lumumba e seus compatriotas foram anunciadas na rádio de Katanga, disseram que ele havia tentado escapar e que aldeões enfurecidos haviam matado ele e seus companheiros. Isso foi uma mentira, mas muitos anos passariam antes que fosse descoberta. A Bélgica admitiu em 2002 que fora culpável e se desculpou ao povo congolês. Os belgas assumiram a "responsabilidade moral" e uma "porção irrefutável de responsabilidade nos eventos que levaram à morte de Lumumba". Documentos do governo dos Estados Unidos revelaram que a Agência Central de Inteligência, embora soubesse dos planos dos belgas, não teve atuação direta nos assassinatos.

O que podemos ver claramente na vida e morte de Lumumba é a paixão com que amou seu povo e desejou vê-lo livre de todos os vestígios do colonialismo, que, para ele, fora a fonte de toda a sorte de males encontrados no Congo. Atitudes de autodesprezo, elevação de brancos em relação a negros e conflito étnico eram princípios cardeais da desordem nacional. Quando examinamos os discursos e escritos de Patrice Lumumba, fica claro que sua retórica, como a de outros brilhantes e apaixonados defensores da liberdade, é o que anuncia seu carisma. Somos atraídos a esse espírito que é discreto, mas ao mesmo tempo capaz de mostrar como somos entidades distintas com nosso próprio senso de liberdade. A esse respeito, Lumumba foi tanto um gênio da oratória como aquele que penetrou profundamente na integridade de sua própria mente para estabelecer o que ele desejava.

Em 11 de dezembro de 1958 Lumumba foi a Accra como presidente do Movimento Nacional Congolês para participar de um encontro pan-africano internacional que fora convocado pelo Primeiro-ministro Kwame Nkrumah.

Falando extemporaneamente, declarou que o "objetivo fundamental de nosso movimento é libertar o povo congolês do regime colonialista e obter sua independência" (LUMUMBA, 1972, p. 57). Ele proclama, como todos os nacionalistas africanos do período diziam:

> Em nossas ações dirigidas à conquista da independência do Congo [...] não somos contra ninguém, mas simplesmente contra a dominação, as injustiças e os abusos, e desejamos meramente nos libertar dos grilhões do colonialismo e de todas as suas consequências (LUMUMBA, 1974, p. 57).

Lumumba reconhece que quase todos os discursos que o precederam falavam da paciência e generosidade africanas. Antes de partir para o Congo, declarou no discurso de Accra que era contra o colonialismo, imperialismo, tribalismo e separatismo religioso porque todos impediam a sociedade africana harmoniosa e pacífica.

Lumumba e sua delegação chegaram ao Congo diante de uma multidão entusiasmada. Assim, em 28 de dezembro de 1958, aproximadamente 10 mil pessoas se reuniram para ouvi-lo falar sobre o movimento pela independência. Ele declarou: "É hora de o povo congolês despertar de sua letargia, romper seu silêncio, superar o medo instilado nele, de modo a manifestar, pacífica, mas resolutamente, que são uma força a ser reconhecida" (LUMUMBA, 1972, p. 63). Ele destacou para o povo congolês seu direito de gozar dos frutos de seu país majestoso. Por que deveriam os colonizadores e colonialistas serem os únicos beneficiários da abundância do Congo? Todavia, ele argumentou, mesmo nesse discurso, pela possibilidade de uma transição pacífica para a independência. Assim, para ele, a "obtenção da independência é a condição *sine qua non* para a paz" (LUMUMBA, 1972, p. 65). Com certeza, ele sabia e reassegurava que

> a África está irrevogavelmente envolvida em um conflito impiedoso contra o colonizador por sua libertação. Deixe nossos compatriotas se juntarem a nós a fim de servirem à causa nacional mais efetivamente e de realizarem a vontade de um povo que busca se libertar das correntes do paternalismo e colonialismo (LUMUMBA, 1972, p. 67).

Há alguns discursos que nunca deveriam ser esquecidos e sua memória deveria ser marcada no cérebro de cada pessoa. Um discurso assim foi feito por Lumumba em 30 de junho de 1960, após o Rei Badouin, da Bélgica, ter feito um discurso paternalista durante a celebração da independência. Diante de africanos dispostos a assumirem seu país e a honrarem seus ancestrais, que haviam lutado e morrido pela liberdade, o rei da Bélgica uma vez mais os insultava. O Presidente Kasavubu se levantou e deu uma resposta que tentou mitigar as tensões entre os diplomatas, estadistas e congoleses comuns. Mas o momento da verdade veio quando, sem estar listado no programa, Lumumba foi à plataforma e ressuscitou o espírito de patriotismo e revolução africanos, dizendo:

> Congoleses e congolesas:
> Como combatentes pela independência que hoje são vitoriosos, saúdo vocês em nome do governo congolês. Peço a todos os meus amigos, a todos vocês que lutaram incessantemente ao nosso lado, que tornem esse 30 de junho de 1960 uma data ilustre que será indele-

velmente gravada em nossos corações, uma data cujo significado ensinará nossos filhos com orgulho, de modo que contarão aos seus filhos e aos filhos de seus filhos a gloriosa história de nossa luta pela liberdade (LUMUMBA, 1972).

Esse foi um momento de grande alegria para o povo. Mas Lumumba tinha outros assuntos para tratar no discurso. "Temos orgulho dessa luta entre lágrimas, fogo e sangue, no âmago de nosso coração, pois foi uma luta nobre e justa, uma luta indispensável para que puséssemos um fim à escravidão humilhante que nos fora imposta" (LUMUMBA, 1972).

O rei e os diplomatas belgas ficaram desconfortáveis, assim como alguns negros que assumiram o discurso como um ataque aos colonos. Nada disso perturbou Lumumba, que continuou:

> As feridas, que são as evidências do destino que experienciamos por oitenta anos sob um regime colonial, são muito recentes e dolorosas para que sejamos capazes de apagá-los de nossa memória. Trabalho árduo nos foi imposto em troca de salários que não nos permitiam satisfazer nossa fome, vestir-nos ou nos abrigar decentemente nem criar nossos filhos como criaturas muito caras a nós. Fomos vítimas de sarcasmos, insultos, golpes que fomos forçados a suportar de manhã, de tarde e à noite, porque éramos negros. Quem pode esquecer que as pessoas se dirigiam a um negro de uma forma familiar não porque fosse um amigo, certamente, mas porque a forma polida era destinada apenas aos brancos (LUMUMBA, 1972, 221).

Além disso, o Primeiro-ministro Lumumba encerrou seu discurso com um apelo à paz e à unidade no país. Ele pediu a proteção da propriedade e das pessoas e disse que todos os congoleses deveriam, agora, trabalhar pela independência econômica. Quando terminou de falar, o aplauso foi tremendo. Ele havia assumido a dor, o sofrimento e a alegria da libertação do povo em seu coração e os canalizado de volta.

Honra àqueles que lutaram pela liberdade nacional! Vida longa à independência e unidade africanas! Vida longa ao independente e soberano Congo! (LU-MUMBA, 1972).

Poucos homens ou mulheres jamais haviam sido tão unidos em pensamento, história, emoção e liberdade a uma audiência como essa carismática figura de humanidade do Congo.

A separação de um poder governante raramente é fácil, e em quase todos os casos as feridas de guerra – intelectual, espiritual e econômica – continuam muito depois de declarações e celebrações. A jubilação de Lumumba e de seus compatriotas teria vida breve porque, mesmo enquanto falava ao mundo sobre liberdade, prosperidade, proteção dos colonizadores, unidade dos africanos e amizade com belgas, os próprios belgas estavam expressando pensamentos mais nefastos, que buscavam minar a autoridade de Lumumba e a soberania do país.

A personalidade e integridade de Lumumba provocaram uma vigorosa oposição dos belgas e daqueles africanos que se opunham a ele por razões políticas e pessoais. Alguns eram obviamente agentes nativos que favoreciam o governo belga e fariam qualquer coisa para manter o controle branco no país, porque não acreditavam que os negros fossem capazes de governar. Eles não eram necessariamente uma classe média, mas um grupo intermediário constituído de indivíduos que agradavam seus supervisores belgas. Alguns, inclusive, tinham uma noção da vergonha daquilo que percebiam como a "arrogância" do primeiro-ministro contra os brancos, e outros simplesmente ansiavam por razões para se opor a Lumumba e ao Movimento Nacional Congolês.

Indignidades experienciadas pelo novo governo ocorreram diariamente, e os colonizadores belgas se ressentiam do fato de haverem perdido seu poder para ditar as ações no vasto país. Eles também temiam perder seu controle sobre a riqueza da nação.

A pouca estrutura política e militar que existia no país foi herdada dos belgas. De fato, o exército, a Força Publique, com toda sua horrível história, constituía as forças armadas e mantinha a maior parte dos oficiais brancos no comando. O General Janssens, um racista extremo com inclinações ditatoriais, permaneceu em seu posto na chefia do exército. Sua crueldade, seus comportamentos ofensivos e sua arrogância real eram reminiscentes da bestialidade e barbaridade de Henry Morton Stanley. Embora a maioria dos soldados fosse de negros, quase 99% dos oficiais era de brancos. Em 5 de julho de 1960, nem bem uma semana após as celebrações da Independência, o exército se amotinou no Baixo Congo e a insurreição logo se espalhou para unidades em outras províncias. Com receio de uma situação que pudesse se tornar incontrolável, na manhã seguinte o Primeiro-ministro Lumumba foi ao Camp Leopold II falar aos soldados. O General Janssens estava presente na assembleia.

Lumumba falou aos soldados em nome do governo. Ele não mencionou o General Janssens porque era muito claro que parte dos ressentimentos tinha a ver com as atitudes racistas daqueles no comando. Além disso, Lumumba tinha de estabelecer com os soldados uma ligação que demonstrasse seu controle da situação. Ele estava em um cenário difícil, porque, sem disciplina, o exército poderia degenerar, como ocorreu com algumas unidades, e aqueles que acreditavam nos comandantes brancos poderiam miná-lo.

A atitude de Lumumba foi histórica. Ele expressou ideias que sobreviveriam muito tempo após sua época. Ele disse aos soldados da assembleia que, "como primeiro-ministro e ministro de defesa da nação, vim aqui para cumprimentar vocês em nome do governo". Nenhuma afirmação mais direta poderia ter sido feita para indicar seu completo comando da situação. Todavia, Lumumba entendia o contexto desse discurso às 7h30 da manhã. Ele disse: "eu também quero agradecer pessoalmente à Force Publique, que é agora nosso exército nacional, pela forma que tem mantido a ordem durante esses meses recentes".

A realidade era como era, e ele sabia que a Força Publique tinha um passado vil, mas era agora seu exército, e ele foi adiante em seu discurso, comentando seu desejo de fazer melhorias visíveis nas vidas do povo congolês. Para começar, ele queria garantir seu apoio ao exército, e lhes disse: "tenho uma boa notícia para dar a vocês: todos os soldados e oficiais não comissionados serão promovidos, a partir de 1º de julho de 1960, ao próximo nível mais elevado, exceto recrutas em centros de treinamento".

Lumumba queria dar aos soldados algo tangível e, embora os comandantes brancos se opusessem a esse gesto, foi visto pela maioria dos soldados negros como um movimento de progresso. Também significava que seriam pagos no nível mais elevado a partir de 1º de julho.

Contudo, incluídas nessa tentativa de reparar os danos e de reduzir as tensões, estavam as perigosas nuvens da traição. Os negros estavam insatisfeitos, porque pensavam que as boas notícias não iriam longe; os oficiais brancos estavam desapontados, porque viam cada vez mais soldados negros ascendendo a níveis superiores. O que Lumumba tentou dar aos soldados negros e aos comandantes brancos era confiança. Ele disse: "promoções serão feitas com base no mérito. A nova reforma planejada para o exército removerá todos os traços de discriminação racial na corporação".

Em retrospecto, historiadores podem dizer que Lumumba não queria desmantelar a estrutura do exército da noite para o dia, mas ele claramente desejava ver soldados negros substituindo os oficiais brancos. Esse era o pensamento de um visionário, mas as massas comuns não podiam ver por que ele queria manter no posto a liderança que os havia oprimido. Na verdade, Lumumba tentou mitigar quaisquer medos que os soldados tivessem com relação à liderança, enfatizando que ele não era apenas o primeiro-ministro, mas também o ministro da Defesa.

À tarde, houve outras rebeliões no exército, que tenderam a envolver pessoas que estavam mal-informadas sobre a situação.

Lumumba foi à rádio garantir à população que haveria outras mudanças no exército. Ele disse ao povo congolês que tinha planos de promover congoleses que terminariam assumindo o comando das forças armadas. Ele também disse que seriam tomadas ações contra os "oficiais e suboficiais europeus que fossem responsáveis pela agitação no exército congolês".

Ele terminaria deixando claro que os belgas e seus aliados não estavam prestes a garantir a independência completa ao Congo, a despeito do que 30 de junho de 1960 mostrou ao mundo. Os líderes militares provocaram e agitaram políticos e pessoas comuns para desconfiarem da liderança de Lumumba. Os belgas usaram a antiga tática colonial de colocar um grupo étnico contra o outro a fim de controlar todos.

A República Democrática do Congo tem mais de 700 línguas, sendo lingala, kingwana, kikongo e tshiluba as mais faladas. A maior parte das pessoas com formação também fala francês. Lingala, como uma língua comercial, é usualmente vista como a língua franca para os congoleses. Contudo, o kingwana, uma forma de kisuaíli, é também popular em certas seções do país. Patrice Lumumba havia nascido Élias Okit'Asombo, em uma família Batetela que vivia na Província de Kasai. Seu grupo étnico era relacionado ao povo Mongo Maior, cuja história de envolvimento com o traficante de escravizados árabe Tippu Tip no ataque a aldeias Balubas permaneceu um assunto delicado no século XX. Os belgas, contudo, conscientes dos vários ressentimentos e sentimentos provocados por sua conquista dos reinos do Congo e das consequências de sua rivalidade com os árabes no leste do país, usaram tudo o que sabiam para incitar as agitações militares contra o governo.

Um profundo e sombrio declínio foi iniciado por uma combinação da contínua amotinação do exército e do comportamento nefasto dos europeus. Ficou claro que nem o Presidente Kasavubu nem o primeiro-ministro estavam no controle completo do território. Em 7 de julho, circularam relatos de que brancos haviam sido massacrados no Baixo Congo, e que paraquedistas belgas estavam chegando para atacar pessoas negras.

Esse interstício assustador e perturbador entre o que era e o que poderia ser se tornou um campo de batalha de conspirações e superconspirações imaginárias. Havia se espalhado o rumor de que a União Soviética viria ajudar seu amigo socialista.

O presidente e o primeiro-ministro voaram de um extremo do país ao outro para acalmar as tensões entre os soldados. Era como se Lumumba soubesse que estava no meio do tornado, mas era incapaz de impedir seu curso destrutivo. Ele acusou os oficiais militares belgas de sabotarem a república e estabelecerem um plano para assassiná-lo (LUMUMBA, 1972, p. 231). Preso em uma teia política que não tecera, Lumumba compreendia os revoltosos, mas não poderia apoiar sua indisciplina. Ele conhecia seus ressentimentos, e essa era sua força; ele tinha as mesmas mágoas e sentia a mesma vergonha. Contudo, os amotinados teriam matado Lumumba e Janssens, uma dupla improvável, porque odiavam políticos e líderes brancos e negros.

Em 11 de julho, a população europeia inteira de Luluabourg estava sendo posta em fuga pelos soldados rebeldes. Quando Lumumba e o Presidente Kasavubu chegaram a Kasai, começaram uma negociação com o cônsul belga, um homem chamado Swinnen, para permitir que os soldados belgas permanecessem na cidade. Lumumba escreveu a Swinnen e lhe disse que as condições para manter os soldados belgas na cidade de Luluabourg eram as seguintes:

1. A única missão dos soldados da Bélgica será ajudar o Exército Nacional Congolês a manter a ordem e a garantir a segurança das pessoas e das propriedades na Província de Kasai.

2. Qualquer nova requisição de soldados deve ter nossa aprovação anterior.

3. Os soldados belgas não agirão por iniciativa própria; obedecerão as ordens do comandante local do exército nacional, que responde ao meu governo.

4. A ação dos soldados belgas terminará imediatamente ao receberem ordens do governo da República do Congo para esse fim.

Essas condições foram aceitas, e Lumumba partiu para fazer outro discurso ao povo congolês. Ele citou os belgas como responsáveis por incitarem as animosidades e motivarem os soldados a se rebelarem. Ele não sabia que ao mesmo tempo em que estava falando, Moise Tshombe anunciava a secessão de Katanga e a declarava uma república independente. O Limpopo havia sido cruzado, o que significava que não havia caminho de volta, e as conspirações belgas haviam encontrado um títere disposto que garantiria que a província mais rica ficaria nas mãos dos industriais belgas. Tshombe denunciou o Primeiro-ministro Lumumba como a fonte dos problemas provocados porque havia trazido o comunismo internacional ao país. Em breve, foi revelado que os belgas haviam orquestrado essa secessão com Tshombe na liderança. Quando o Presidente Kasavubu foi a Katanga para intervir e falar com Tshombe, os belgas não autorizaram que seu avião pousasse.

Em poucos dias todas as relações com a Bélgica foram rompidas, enquanto Lumumba tentava desesperadamente colocar o país sob controle, uma vez que estava dividido em muitas partes. Os pilotos belgas se recusaram a levar o presidente ou o primeiro-ministro a locais de conflito. Mesmo o oficial vietnamita Mr. Dieu, da Sabena Airlines, não autorizou que um de seus aviões levasse o presidente e o primeiro-ministro pela nação até que tivesse permissão dos belgas, a qual não obteve. Enquanto o país caía em uma guerra sectária, a conspiração para depor o governo de Lumumba pelas autoridades americanas e belgas se complicou. Lumumba pediu ajuda da União Soviética e, quando os soviéticos entraram no conflito. viram que havia várias facções no país.

Os Estados Unidos temiam que a União Soviética usasse o Congo como uma base avançada para espalhar o comunismo na África e desafiar a influência ocidental.

Tanto os belgas como os americanos viam o Presidente Kasavubu como mais moderado do que Lumumba, de modo que poderiam organizar um golpe e tomarem o governo. Kasavubu, pensando que tinha o apoio das potências ocidentais, dispensou o primeiro-ministro, que em troca dispensou o presidente. Cada líder pediu a Mobutu, o chefe do Estado-Maior do exército, para prender o outro.

No fim, devido a suas tendências políticas contra os comunistas, Mobutu ordenou a captura de Lumumba, que fugiu para se salvar em Kisangani, onde recebeu armas dos soviéticos para defender seu governo. Contudo, em novembro de 1960, foi capturado com o apoio dos belgas e enviado a Katanga. Todavia, Mobutu, afirmando seu próprio poder, sentiu-se traído pela presença de um Lumumba vivo e, em 17 de janeiro de 1961, Mobuto ordenou que Lumumba fosse espancado publicamente. Ele foi assassinado no mesmo dia pelas forças de Moise Tshombe.

O mercenário belga Julien Gat liderou o pelotão de fuzilamento durante a execução.

Quase imediatamente, Mobutu assumiu o poder. Mais tarde, em 1965, declarou o controle completo do país. Cinco anos depois, nomeou a nação Zaire em uma ação que foi chamada "autenticidade". Ele também mudou seu próprio nome para Mobutu Sese Seko em 1972. Com um pulso forte e uma mão de ferro, debelou as perturbações e a violência ao longo da nação e liderou uma campanha para africanizá-la. Assim, a cidade de Leopoldville foi renomeada em homenagem à aldeia original que ocupou o lugar, Kinshasa. Dez anos depois de se tornar presidente, Mobutu organizou a luta do World Heavyweight Boxing entre Muhammad Ali e George Foreman. A cidade ficou famosa na África e em outros lugares e atraiu financiamentos e companhias manufatureiras. Contudo, desde que Mobutu fugiu do país em 1997, pouco foi feito para reconquistar o prestígio de Kinshasa. Má liderança política, nepotismo e as incessantes guerras com crueldades ultrajantes no Leste pesavam enormemente sobre o povo enquanto outros atores nacionais tentavam pacificar uma das mais ricas nações da África.

Uma história marmorizada, marcada pelo assassinato do líder mais carismático da África em sua época, para sempre coloriu a narrativa do nascimento do Congo como uma nação. Nenhuma outra ação na longa e problemática história do país poderia ter feito mais para gravar o nome de Lumumba nos corações de milhões de congoleses do que seu assassinato. Com a participação do secretário-geral das Nações Unidas, Dag Hammarskjöld, a tragédia política do golpe foi executada com um senso de necessidade para o Ocidente, mas fora sempre vista pelos africanos como prejudicial à unidade continental (NZONGOLA-NTALAJA, 2002).

Em uma virada de fatos históricos, ambos os governos belga e americano reconheceram sua parte na morte de Lumumba, respectivamente em 2002 e 2014 (GERARD; KUKLICK, 2015).

Como Martin Luther King Jr., um príncipe da paz morto pelas mãos de um assassino, Lumumba, que acreditava tão apaixonadamente que seu próprio povo o protegeria devido às qualidades inatas de bondade e não violência, "caiu, vítima da mais cruel das violências", como Jean-Paul Sartre diria na introdução a *Lumumba speaks* [Lumumba fala].

A Guerra Civil Nigeriana e o caminho para a autoridade legítima

Nada indica a dificuldade de estabelecer legitimidade e governo positivo nas nações criadas a partir das fronteiras feitas pela Europa mais do que a Guerra Civil Nigeriana de 1967 a 1970. Na verdade, como sabemos, a Nigéria, como outras nações, era uma criação artificial da era colonial. Numerosos grupos étnicos foram incluídos nas fronteiras do país. Devido às tensões que existiam entre esses grupos e a inabilidade do governo de estilo ocidental para acomodar a diversidade, era inevitável que houvesse problemas.

É possível dizer que a Guerra Civil Nigeriana tenha sido um conflito étnico com implicações políticas e econômicas. O fato de que esse conflito tenha levado à autoproclamada secessão das províncias a sudeste do país, chamada República de Biafra, denuncia seu caráter étnico como um problema concreto.

A sociedade colonial estava propensa a conflitos. Quando a Nigéria conquistou sua independência em 1960, era um imenso país de mais de 400 grupos étnicos, com volumosas populações nas três maiores regiões do país. Uma nação criada por um acordo entre nações europeias que tinham pouco interesse nas ideias dos africanos estava simplesmente esperando por uma explosão. À época da independência, os 60 milhões de pessoas da Nigéria incluíam os grandes grupos de Hausa-Fulanis, Iorubas e Igbos. Muitos grupos menores viviam nas fronteiras dessas três regiões gerais.

Na independência, os Hausas e os Igbos criaram uma aliança política conservadora que governou o país até 1966. Essa aliança impediu os iorubas de acessarem o poder. Assim, as regiões do norte e do sudeste tinham o controle efetivo do país. As pessoas com boa formação no povo Igbo se beneficiaram dessa aliança, pois ocuparam muitos postos importantes no país.

Embora os Iorubas apoiassem um partido progressista, socialista e reformista chamado Grupo de Ação, que mostrava antipatia pelo bloco muçulmano do Norte, acreditavam que mereciam melhor representação. Um "golpe palaciano" na região oeste levou a um grupo mais conservador, que buscou entrar em aliança com o norte dominado por muçulmanos. Essa nova aliança, chamada Aliança Nacional Nigeriana [Nigerian National Alliance], ameaçou diminuir os ganhos das elites Igbos.

Durante as eleições de 1965, a Aliança Nacional Nigeriana do norte islâmico e as forças conservadoras do Oeste contestaram as eleições contra a Grande Aliança Progressista Unida [United Progressive Grand Alliance] do Sudeste cristão, alguns elementos progressistas do Oeste e alguns do Norte. A Aliança Nacional Nigeriana obteve uma vitória esmagadora sob a liderança de Sir

Abubakar Tafawa Balewa. Imediatamente, membros da Grande Aliança Progressista Unida alegaram fraude eleitoral generalizada.

O descontentamento com as eleições levou a um golpe militar, em 15 de janeiro de 1966, por um quadro de oficiais juniores, principalmente majores e capitães. Quando as coisas se apaziguaram e a liderança emergiu, o General Aguyi Ironsi, chefe do exército nigeriano, ascendeu à posição de chefe de Estado da Nigéria. Havia uma percepção baseada na realidade de que o golpe beneficiaria principalmente o povo Igbo porque seus conspiradores e o General Ironsi eram Igbos. Ele aumentou a suspeita ao promover muitos oficiais Igbos em detrimento de outros grupos étnicos. Isso fez com que o povo declarasse que ele estava praticando uma política de chauvinismo étnico ou, no jargão da época, tribalismo. Os soldados Hausas e Iorubas se ressentiram das seleções étnicas. Essa situação criou sentimentos de hostilidade e de raiva entre os membros das forças armadas.

Consequentemente, poucos se surpreenderam quando pouco mais de seis meses após o primeiro golpe, em 29 de julho de 1966, oficiais do Norte executaram um contragolpe. Embora o levante tenha sido liderado pelo Tenente-coronel Murtala Muhammad – que se tornaria um futuro líder do país –, os líderes do golpe colocaram no poder o Tenente-coronel Yakubu Gowon. Em breve, tensões étnicas se intensificariam ao longo do país, enquanto discussões e debates sobre os méritos da política de golpes entravam em cada canto da vida pública e privada do corpo político relativamente novo da Nigéria.

No norte muçulmano do país, tensões pelo golpe e contragolpe provocaram um massacre em grande escala do povo Igbo que lá vivia. Muitos Igbos haviam migrado para aquela região como professores, médicos, comerciantes e lojistas, mas viram seus sonhos se esvaírem e muitos de seus companheiros Igbos cristãos mortos. Isso levou a um massivo êxodo de Igbos qualificados do Norte para seu lugar de origem no Sul. Grandes descobertas de petróleo na parte sudeste do país sugeriam aos habitantes locais que poderiam ser independentes e autossuficientes devido ao recurso natural e à sua população com formação. Contudo, como não estavam no controle do governo central, temiam que seus recursos fossem ser usados para apoiar o resto do país em vez do Sudeste. O medo de serem punidos pelo povo do Norte, agora no controle do Estado, levou a preparações políticas para lidar com a exclusão dos Igbos de suas posições de poder.

Nessa atmosfera, era quase previsível que um líder carismático surgiria para indicar que a situação política sugeria a secessão como a única alternativa à sujeição nas mãos do norte muçulmano. Assim, o governador militar indicado da região sudeste dominada pelos Igbos, Coronel Oumegwu Ojukwu, citando os massacres muçulmanos de cidadãos Igbos e a fraude eleitoral, com o apoio do parlamento do sul, proclamou a secessão da região sudeste da Nigéria como a República independente de Biafra, no início da manhã de 30 de maio de 1967. Somente quatro países reconheceram a nova república. Houve relatos de animosidade pessoal entre Gowon e Ojukwo, com algumas pessoas acreditando que o último se ressentisse do fato de que o primeiro não fosse o próximo oficial na linha do deposto Ironsi e que, portanto, não deveria chefiar o Estado. Considera-se que a ambição tenha desempenhado um papel no apelo de Ojukwo por uma Biafra independente. Quaisquer que tenham sido as motivações pessoais, permanece o fato de que a decisão de tomar Biafra da nação criou o drama que levou à guerra civil. O governo nigeriano lançou uma "ação policial", usando as forças armadas para retomar o território secessionista. Inicialmente, o exército nigeriano enfrentou dificuldades em ganhar território, e o sentimento internacional parecia se voltar a favor de Biafra, devido aos massacres do norte e à aparente inabilidade do exército nigeriano em vencer as defesas do exército menor de Biafra. Tempos de estresse, tensões ou guerra em nível nacional tendem a criar condições para liderança extraordinária, e as tropas de Biafra, conduzidas pelo tático brilhante e bravo comandante Coronel Banjo, cruzou o massivo Rio Níger e entrou na região do meio-oeste da Nigéria, lançando sucessivos ataques a alvos próximos à capital Lagos.

Esse movimento ousado das forças do Coronel Banjo provocaram uma rápida reorganização das forças nigerianas, que levou a uma contraofensiva que cessou a penetração de outras regiões da Nigéria pelos ataques rápidos de Banjo. Logo o exército de Biafra ficou hesitante em lutar, particularmente quando não tinha equipamento, recursos ou liderança próprios. Eles foram forçados de volta ao centro do país. A capital de Biafra, Enugu, terminou sendo capturada pelo exército nigeriano e o território central inteiro foi cercado com a ajuda de bloqueios aéreos, navais e terrestres. Houve resistência e ação de guerrilha constantes do território central de Biafra.

Os povos Igbo, Ijaw e Ibibio da região aprenderam a improvisar e criaram seus próprios suprimentos e equipamentos, construíram pontes e estradas, e consertaram aviões. Então, um impasse ocorreu a partir de 1968. Parecia que o governo nigeriano, mesmo com seus melhores oficiais, um deles chamado o Escorpião, não conseguiu avançar nas áreas remanescentes do território de Biafra. Houve uma iminente crise humanitária no território que estava recebendo simpatia da comunidade internacional, e campanhas para terminar a guerra aumentaram nos Estados Unidos, na Europa e nas Nações Unidas. Forças nigerianas sabotaram plantações de Biafra. Imagens de crianças passando fome sugeriam ao mundo que um genocídio estava ocorrendo. Numerosos europeus organizaram voos com ajuda humanitária para Biafra, carregando alimentos, medicamentos e armas. Biafra também tinha mercenários estrangeiros lutando a seu lado, o que dizem ter prolongado a guerra. Na verdade, os incitadores internacionais haviam previsto um *boom* petrolífero no sudeste da Nigéria se Biafra tivesse vencido. De qualquer modo, terminou havendo o *boom* petrolífero, mas os agentes que apoiavam o desmembramento da Nigéria tinham seus próprios bolsos para encher em vez que qualquer motivo altruísta para seu apoio.

Em 1970, a guerra havia exaurido grande parte dos recursos financeiros da Nigéria, depletado a ajuda internacional a Biafra e provocado um grande dano político ao orgulhoso povo nigeriano. O líder de Biafra, Oumegwu Ojukwo, escapou para a Costa do Marfim, e as forças de Biafra do General Philip Effiong, vice de Ojukwo, se renderam ao exército nigeriano. Não houve represálias, como algumas pessoas previram, e foram feitas tentativas de reconciliação.

Contudo, o impacto da guerra foi grande para o jovem país. Mas de um milhão de vidas foram perdidas, dinheiro para indústria (particularmente, a indústria petrolífera) também foi dissipado, a infraestrutura da nação foi severamente danificada na região sudeste, e milhares de crianças morreram de fome. Em uma tentativa heroica de restaurar a paz e a credibilidade, a reconstrução nigeriana, usando dinheiro do petróleo, foi rápida. Contudo, as antigas tensões étnicas não se extinguiram. Vários governos militares sucederam a administração de Gowon. Protestos continuaram no sudeste do país contra o uso pelo governo dos recursos do sudeste sem colocar o desenvolvimento da região no topo da lista de prioridades. Cada um no Sudeste sentia que estava sendo privado de uma justa parcela das receitas com o petróleo. Leis foram aprovadas exigindo que partidos políticos não pudessem ser baseados etnicamente.

A Guerra de Biafra, ou a Guerra Civil Nigeriana, foi finalmente terminada quando, na segunda-feira, dia 29 de maio de 2000, o *The Guardian* de Lagos escreveu que o Presidente Olusegun Obasanjo converteu em aposentadoria a dispensa de todos os militares que lutaram pelo Estado separatista de Biafra durante a Guerra Civil Nigeriana. Em uma transmissão nacional, ele disse que a decisão estava baseada no princípio de que "a justiça deve, em todas as épocas, ser temperada com compaixão". Isso poderia ter sido interpretado como uma tentativa de dar confiança aos Igbos como membros da nação, mas foi também um modo de Obasanjo levar a guerra a um termo. Ela havia perdurado por muito tempo como uma clivagem entre os povos do país. O povo Igbo sentia que fora maltratado pelo governo. Com a ação de Obasanjo, a ressurgência do sentimento pró-Biafra entre uma seção dos Igbos foi reduzida. A Nigéria poderia se orgulhar na forma da sabedoria africana dizendo que o "lagarto que pulou da alta árvore *iroko* para o chão declarava que se orgulhava de um tal feito mesmo que ninguém mais o fizesse".

Figura 14.7 – Presidente nigeriano Olusegun Obasanjo

Fonte: Wikimedia Commons/Helene C. Stikkel

Vários escritores, jornalistas e estudiosos nigerianos foram criados intelectualmente no caldeirão político da situação; ou seja, suas memórias foram estampadas pela necessidade de buscar harmonia e união. Entre os grandes que se destacaram estavam Chinua Achebe, Eghosa Osagie, Akin Euba, Adeniyi Coker, Ola Rotimi, Wole Soyinka, Doyin Abiola, M.K.O. Abiola, Molara Ogundipe, Ihechukwu Madubuike, Ugorji, Chinweizu, Emeka Nwadiora e inúmeros outros homens e mulheres de distinção.

Chinua Achebe é um dos maiores romancistas do século. Seu forte estilo narrativo, como em "As coisas desmoronam", classificou-o como um dos melhores contadores de histórias da história africana. Wole Soyinka, um ganhador do Prêmio Nobel de Literatura Dramática em 1986, está no escalão superior das figuras literárias mundiais. A Nigéria é um país com milhares de homens e mulheres cultos cujo compromisso é encontrar unidade e paz. Uma dessas pessoas foi Ken Saro-wiwa, o agitador instigador que foi executado no sudeste do país na década de 1990 enquanto fazia campanha para frear a poluição, exploração da terra e devastação das vidas das pessoas de sua região. Há também o genial Chinweizu, jornalista, que luta contra todos os tipos de opressão, principalmente mental, a fim de reafirmar a verdade de uma realidade africana. Seu primeiro trabalho de grande escala, *The West and the rest of us* [O Ocidente e o resto de nós] (1975), é uma descrição histórica da dominação ocidental do desenvolvimento mundial, especialmente da África. Um trabalho impressionante de síntese, o livro critica fortemente as elites governantes da África e argumenta em favor de uma dissolução dos valores eurocêntricos dominantes e por uma reconstrução da sociedade africana no estabelecimento da unidade pan-africana política e econômica.

Como Chinweizu no campo literário, na área musical, Fela Anikulapo Kuti tentou expandir o caso cultural de modo que os africanos fossem os líderes de seu próprio som. Sua música era política, e os 77 álbuns e 135 canções que produziu representam um testemunho político. Ele nasceu em Abeokuta, Nigéria, em

1938, e em breve se tornou cantor, músico e compositor. Sua intenção era usar sua arte para lutar pelas pessoas comuns. Isso o levou a ser criticado, assediado e inclusive aprisionado pelo governo nigeriano. Quando morreu, em 1977, tinha apenas 58 anos, mas havia se imortalizado com sua luta constante contra todas as formas de opressão.

O líbio Jamahiriya

A história da Líbia na África é longa. De fato, é uma história que se compara à do Kemet e da Núbia na Antiguidade. Lemos sobre os líbios nos textos egípcios, e parece que, mesmo que possam ter se originado em algum outro lugar, estiveram no território por muito tempo. No curso histórico. em um momento ou outro. os povos africanos líbios nativos, como o Toubou e o Daza, foram conquistados e as terras, colonizadas por gregos, turcos, romanos, árabes e Amazighs.

A ocupação e o controle do país pelos turcos otomanos desde o século XVI até 1911, quando os italianos tomaram a Líbia dos turcos como um esforço final para ocupar uma colônia africana como outros europeus haviam feito, foi um momento histórico definidor. O que representou foi o fato de que os turcos otomanos haviam feito muito pouco para preservar a antiga civilização da Líbia, ou para sugerir que a população africana expressasse sua profunda tradição histórica separada do Islã.

De 1945 a 1951 a Líbia estava sob a administração das Nações Unidas, após o governo italiano perder a colônia durante a Segunda Guerra Mundial. Tornou-se uma nação independente em 1951, com um rei de ascendência turca. A história do país, bem como a da África, mudou quando um oficial militar berbere, Muammar al-Gaddafi, liderou um golpe de Estado que depôs o Rei Idris, em 1969.

Gaddafi buscou uma política de nacionalização dos recursos do país, livrando a nação das influências ocidentais e assumindo o *establishment* militar do país pelos interesses do povo líbio. Forças britânicas e americanas foram compelidas a deixar as bases que haviam ocupado desde a derrota dos italianos. Além disso, milhares de descendentes de colonos italianos foram forçados a abandonar suas casas na Líbia.

Adotando uma posição pró-africana, Gaddafi aumentou as exportações de petróleo para outras nações africanas, assumiu participação majoritária em todas as companhias de petróleo, e iniciou incentivos para líbios e outros para refino e distribuição de petróleo. Isso não foi tudo que Gaddafi mudou. Ele tornou a Líbia essencialmente autossuficiente em alimentos pelo desenvolvimento da agricultura, encorajando agricultores a adotarem métodos cooperativos, e utilizando áreas desérticas pela busca de políticas de desenvolvimento de abastecimento de água.

O Coronel Gaddafi era famoso por seu apoio a movimentos de libertação. Isso lhe trouxe muitos inimigos, mas também muito respeito. Assumindo uma política estrangeira ativista, a Líbia ocupou uma seção norte do Chade, inspirou uma guerra chadiana, introduziu muitos soldados e armas no país e desempenhou o papel de apoiador do ex-presidente chadiano, Goukouni Oueddei. O ex-presidente tinha o apoio de 5 mil soldados líbios, que controlaram o norte do país como uma consequência do impasse militar e político de 1983. O resto do país era controlado por Hissene Habre, apoiado por 3.200 legionários franceses. Logo após o impasse, Líbia e França concordaram em retirar seus soldados porque nenhum país queria arriscar um confronto direto, e, assim, conversações secretas foram mantidas em setembro de 1984. Os franceses se retiraram do país, mas os líbios não saíram imediatamente, o que levou o governo francês a ordenar o retorno de suas tropas, que conseguiram fazer os líbios recuarem para a região de Aouzou, no Chade, rica em recursos minerais como ouro, urânio, cassiterita e bauxita.

Havia outra razão para a política de Gaddafi em relação ao Chade. Ele queria criar uma união pan-africana com outro país, tendo tentado isso com a Tunísia, o Sudão, o Marrocos e o Egito. Além disso, havia um ponto na sua direção filosófica: ele queria mostrar que africanos e árabes poderiam viver em uma única nação. Sempre um visionário, Gaddafi criou um exército popular e comitês revolucionários formados por pessoas com fortes credenciais políticas.

Figura 14.8 – Líder líbio Muammar Gaddafi

Fonte: Wikimedia Commons/U.S. Navy photo by Mass Communication Specialist 2nd Class Jesse B. Awalt

Gaddafi assumiu um papel de liderança na União Africana, sendo um de seus apoiadores principais na criação, em 2002, da união para substituir a Organização da Unidade Africana. Como um estadista veterano, ele frequentemente falava a outros líderes africanos sobre sua responsabilidade para com o continente. Ele investiu milhões de dólares excedentes na construção da capacidade, unidade e consciência africanas e na elevação do papel da África no mundo. Na cúpula de líderes africanos de 2005, organizada sob os auspícios da União Africana em Sirte, na Líbia, o Coronel

Gaddafi disse aos líderes que não havia razão para a África ter de apelar a estrangeiros para policiar o continente, quando tinha mais de 2,5 milhões de homens e mulheres em seu próprio exército. O problema, concluiu ele, era que não havia um único governo da África que pudesse comandar esses soldados pelo interesse de uma África unida. A morte de Gaddafi prejudicou severamente a direção da União Africana para uma visão de unidade. Nenhum outro líder africano teve os recursos ou o carisma para exercer o papel central de impulsionar a África para a ideia dos Estados Unidos da África.

O massacre de Ruanda de 1994

É fácil ver que forças internacionais e externas criaram o caos na África sem ver que, em muitos casos, o povo africano deveria ser responsabilizado pelas vidas e filosofias do continente. Seja genocídio, escravidão, abuso de mulheres ou corrupção política, os africanos devem estar na posição de condenar ultrajes humanos que existem em nome do povo da África. Tome a situação de Ruanda como exemplo.

Em 1994, houve um massacre organizado de aproximadamente um milhão de Tutsis étnicos e seus apoiadores Hutus, em um período de cem dias. Como é de se esperar, há todos os tipos de explicações, críticas e justificações. Há aqueles que buscam explicação na história, dizendo que, antes da independência, os Tutsis haviam sido colocados em posições de influência no exército e na burocracia, e que, quando a independência foi obtida, os Hutus, que eram a maioria, foram capazes de eleger seu povo para os cargos de comando. Isso enfureceu os Tutsis, que, sem o apoio dos europeus, agora estavam fora do poder. Assim, afirma-se que, quando o avião do presidente hutu foi derrubado no país, foi uma ação dos Tutsis. Eles foram culpados pela morte do presidente, que havia sido eleito pela maioria do povo do país. Assim, devemos assumir que houve um elemento étnico para o massacre. Contudo, essa não é a história toda. O que pareceu serem ataques espontâneos e descontrolados à minoria étnica Tutsi pode ter sido planejado e sistematicamente executado pelas autoridades governantes. O genocídio de Ruanda se destaca como historicamente importante não somente pelo número massivo de pessoas que foram mortas em um período tão curto de tempo, mas também pelo modo como a Europa e a América responderam às atrocidades. A despeito das informações fornecidas antes de os ataques começarem, e da cobertura da mídia internacional de notícias refletindo a verdadeira escala de violência enquanto o genocídio ocorria, praticamente todas as nações ocidentais se recusaram a intervir. As Nações Unidas se recusaram a autorizar sua operação de pacificação em Ruanda, sob o comando do General Roméo Dallaire, a adotar uma ação positiva para frear o massacre. Ao redor do mundo houve sérias recriminações e culpabilizações por permitirem que os assassinatos prosseguissem. O presidente dos Estados Unidos, Bill Clinton, foi a Ruanda e se desculpou pela inação de seu governo durante a crise.

O movimento rebelde Tutsi exilado, conhecido como Frente Patriótica Ruandesa [Rwandese Patriotic Front], liderado por Paul Kagame, depôs o governo e assumiu o poder para pôr um fim aos assassinatos. Após o genocídio, represálias esporádicas foram muitas vezes feitas contra os Hutus étnicos, levando centenas de milhares a fugirem para o leste da República Democrática do Congo.

Será necessário muito tempo para que a memória da violência seja apagada, se é que isso é possível. Ruanda é um país pequeno, e nenhum setor foi poupado pela erupção genocida, que provocou sofrimento indizível. Os tribunais, júris e historiadores jamais serão capazes de registrar adequadamente o que ocorreu durante aquele fatídico ano de 1994, que viverá na memória da nação e do povo africano como um dos piores na história, quando um povo negro destruiu outro povo negro em busca de vingança. O caos reinou e sua contenção exigiu os esforços de um pequeno grupo comprometido de homens e mulheres que acreditavam que era possível para

Hutus e Tutsis, parentes que tinham histórias e religiões similares e uma mesma língua, viverem em harmonia em uma terra linda e celebrada, inserida na região dos Grandes Lagos da África.

Três outras guerras resultaram do genocídio em Ruanda. A Primeira e a Segunda Guerras do Congo e a Guerra Civil Burundiana foram parte do mesmo mal social e político que degenerou em insanidade de massa.

A Primeira Guerra Civil do Congo durou dois anos (1996-1997) e levou à deposição do Presidente Mobutu Sese Seko por rebeldes apoiados por duas potências estrangeiras, Uganda e Ruanda. Laurent-Désiré Kabila se declarou presidente e mudou o nome da nação de volta para República Democrática do Congo. A primeira guerra estabeleceu os fundamentos para a Segunda Guerra do Congo, que começou em 2 de agosto de 1998. Mobutu controlava o Zaire desde a deposição do popular Patrice Lumumba. Houve tremenda pressão sobre Mobutu para libertar o país, mas ele não se dispôs a implementar uma reforma ampla, isolando aliados tanto interna como internacionalmente.

Uma resistência longa e severa ao governo de Mobutu continuou ao longo do país, com exceção de sua própria região. A oposição incluía marxistas e várias minorias étnicas e regionais que se opunham à dominação da região de Kinshasa sobre o resto da nação. Kabila, e os Katangueses étnicos, combateram o governo de Mobutu por décadas. Quando o genocídio de Ruanda ocorreu e resultou na fuga de mais de dois milhões de refugiados Hutus, após a Frente Patriótica Ruandesa, controlada por Tutsis, assumir o país, em 1994, a frente do Congo foi pressionada. Entre os refugiados no Congo havia membros dos *interahamwes*, grupos de milícia vinculados a partidos políticos que tomaram parte no genocídio. Eles estabeleceram acampamentos no leste do Congo dos quais atacavam Tutsis, tanto ruandeses como os que viviam no Congo, que são chamados Banyamulenges. Mobutu apoiava os extremistas Hutus por razões políticas e pouco fez para impedir o Congo de ser usado por eles. Em novembro de 1996, quando o vice-governador da província do sul, Kivi, ordenou que os Banyamulenges deixassem o país ou enfrentassem a pena de morte, eles se rebelaram. Agora, as forças anti-Mobutu se combinavam para formar a Aliança das Forças Democráticas para Libertação do Zaire (AFDL) [Alliance of Democratic Forces for Liberation of Zaire].

A AFDL recebeu o apoio dos líderes dos estados dos Grandes Lagos africanos, particularmente de Paul Kagame, de Ruanda, e de Yoweri Museveni, de Uganda. Algumas das forças de Mobutu se juntaram às forças de Laurent-Désiré Kabila quando marcharam a partir do Leste sobre a cidade de Kinshasa. A resistência se desintegrou, as forças de Mobutu fugiram e ele teve de fazer as malas e partir do país. Kabila tomou o poder em 17 de maio de 1997, mudando dramaticamente a situação política. Ele se tornou rapidamente suspeito de ser autoritário. Muitas das forças democráticas o abandonaram.

Houve um conflito renovado com os grupos minoritários do Leste, que exigiam autonomia. Kabila se voltou contra seus antigos aliados ruandeses quando mostraram pouco sinal de que se retirariam do Congo. Kabila os acusou de tentarem se apropriar dos recursos minerais da região. Além disso, sua excessiva confiança nos ruandeses para o controle político e militar levou as forças pró-democracia a acusarem-no de ser um títere político de Ruanda. Em agosto de 1998, Kabila removeu todos os Tutsis étnicos de seu governo e expulsou todos os funcionários ruandeses e ugandeses da República Democrática do Congo. Os dois países então se voltaram contra seu antigo cliente, enviando tropas para ajudar os rebeldes que tentavam depor Kabila. Isso provocou a Segunda Guerra do Congo.

A Segunda Guerra do Congo

A Segunda Guerra do Congo ocorreu basicamente na República Democrática do Congo. Durou de 1998 a 2002. A paz foi elusiva. Foi a maior guerra entre estados na história moderna da

África, envolvendo nove nações africanas (Congo, Ruanda, Uganda, Burundi, Zimbabwe, Angola, Namíbia, Tanzânia e Zâmbia), assim como 20 grupos armados. Foi a primeira guerra verdadeiramente continental africana. Alguns se referem a ela como a Guerra Mundial da África. O Comitê Internacional de Resgate estimou que 3,5 milhões de pessoas morreram, principalmente de fome e por doenças provocadas pelo conflito mais mortal desde a Segunda Guerra Mundial, liderada pela Europa. Milhões de pessoas foram deslocadas, perderam suas plantações e casas e foram asiladas em outros países.

A despeito de várias iniciativas e acordos parcialmente bem-sucedidos que levaram a um fim oficial da guerra em 2002, muitos dos grupos armados não se desfizeram e um nível reduzido de conflito continuou até setembro de 2005.

A situação no Congo era frequentemente muito confusa, com soldados de Ruanda e de Uganda, assim como Hemas e Lendus, lutando entre si, e vários outros exércitos nacionais tentando distinguir os verdadeiros vilões dos não vilões. Em meio a essas complexidades, o novo Presidente Joseph Kabila, filho do presidente anterior, tentou dar nova vida ao acordo de paz de 1999. As Nações Unidas acusavam Uganda de sistematicamente pilhar os vastos recursos naturais do Congo para vendê-los a nações estrangeiras. A região inteira havia sido enormemente devastada pelo poder militar, muitas vezes por substitutos, postos à disposição dos vários partidos belicosos.

A origem da Guerra Civil do Burundi pode ser situada em alguns dos mesmos problemas perturbadores que afetavam o Congo e Ruanda. As primeiras eleições nacionais multipartidárias do Burundi ocorreram em 27 de junho de 1993. Na época, Melchior Ndadaye, da Frente pela Democracia no Burundi [Front for Democracy in Burundi], venceu a eleição presidencial – a primeira pessoa do grupo étnico Hutu a se tornar presidente desde que o país se tornou independente da Bélgica em 1962. Os Hutus são o grupo étnico majoritário, cerca de 85% do país, mas o governo era dominado pelos Tutsis, por meio da União pelo Progresso Nacional [Union for National Progress]. Contudo, em 21 de outubro de 1993, Ndadaye foi assassinado em um golpe de Estado por oficiais militares Tutsis. Isso produziu uma imediata onda de violência da parte do povo Hutu, que resultou em muitas mortes. Na verdade, os Hutus buscaram vingança em uma tentativa de manter seu controle do poder. O Conselho Nacional pela Defesa da Democracia, também chamado Forças pela Defesa da Democracia, era o maior grupo rebelde Hutu no país. A capital Bujumbura se tornou o centro de ação política e militar do país.

Cristianismo e nacionalização

Na África, os únicos países em que havia o cristianismo antes do século XVII eram Etiópia, Egito, Líbia, Tunísia, Núbia e Congo. Somente a Etiópia manteve o cristianismo desde os primeiros tempos e desenvolveu uma hierarquia que representava a nacionalização da fé cristã. Durante o período de tráfico de escravizados e colonização pela Europa, os missionários trouxeram o cristianismo como um instrumento de controle para o continente. Eles vieram com a Bíblia e as armas e usaram ambos para conquistar os territórios da África. Esses missionários foram a primeira linha de ofensa da cultura europeia e, geralmente, tentavam organizar congregações locais conforme àquelas que conheciam em seus países de origem, mas, ao fim do século XIX, muitos cristãos africanos, acusando os europeus de apostasia, formaram denominações independentes.

Houve dois movimentos importantes entre os cristãos africanos. O primeiro, muitas vezes referido como etíope, tendeu a seguir o padrão da organização eclesial legado pelos missionários, e seu desejo por independência representava resistência a missionários estrangeiros, que eram muitas vezes o epítome do racismo. Assim, no período entre 1884 e a Primeira Guerra Mundial em 1914, novas Igrejas africanas floresceram quando o etiopianismo atingiu um ponto elevado. Um segundo movimento é comumente chamado sionismo no sul da África, com suas origens remontando à Igreja Católica Cristã na cidade de Sião, Illinois, nos Estados Unidos. Sua ênfase era na cura divina e na construção de cidades sagradas livres de pecado e doenças.

Durante o século XX e no século XXI, a expansão do cristianismo na África parecia ser o resultado dos esforços missionários de Igrejas africanas independentes, às vezes chamadas Igrejas africanas instituídas ou Igrejas nacionais africanas (INA). Elas tendem a florescer devido ao poder e influência de profetas e profetisas carismáticos, que expressam uma relação única com a divindade e um conhecimento especial do poder de Deus. Esses grupos usualmente se desenvolveram fora da atenção das denominações mais tradicionais como batistas, católicos, presbiterianos, luteranos e metodistas, e, assim, sua história não é muito conhecida ou registrada. Contudo, é impossível escrever a história da África sem mencionar o impacto que essas Igrejas tiveram sobre as massas de pessoas. Alguns países, como Uganda e Quênia, pareciam especialmente maduros para grupos como o Exército de Resistência do Senhor, liderado por uma profetisa que, por um período no fim do século XX, provocou caos em aldeias de Uganda. Outros grupos, como Luo Nomiya, Legio Maria, Espírito Santo Musanda (Roho), Espírito Santo Ruwe (Roho), Mowal, Singruok, Luong Mogik (Último Apelo de Deus), Fweny, Nineve Israel Africana e Igreja Cristã Musanda, proliferaram no oeste do Quênia. Na África Ocidental encontramos a Igreja Celestial de Cristo, as Igrejas Pentecostais Nigerianas, a Igreja do Exército de Cristo, a Igreja Cristã Redimida de Deus e o Movimento Serafim e Querubim. Em Gana, a Igreja do Senhor Aladura e outros grupos tenderam a misturar ideias pentecostais com as das igrejas originadas na África. Entre o povo Duala em Camarões, está um grupo de quase uma centena de denominações, chamado Curas costeiros, dedicados a uma prática de cura. Elas são por vezes referidas como o Movimento das Novas Religiões [New Religions Movement] (MNR). Muitas INAs criaram seus próprios lugares sagrados, e o conceito de Cura Divina na Igreja Apostólica Cristã é um fenômeno da África Ocidental. Mas o fenômeno das Igrejas independentes africanas não é simplesmente africano oriental ou africano ocidental. Estão em todo o continente. No sul da África, podemos encontrar a Igreja do Doce Coração das Nuvens (Umutima Uwalowa wa Makumbi), por vezes referida como Igreja Mutima ou Movimento Ba Emilio em homenagem ao fundador, Emilio Mulolani Chishimba, na Zâmbia. Também no sul da África podemos encontrar a ama Nazaretha ou Movimento Isaiah Shembe entre o povo rural zulu de Natal.

Em alguns casos, o crescimento de Igrejas nacionais ou independentes pode ser vinculado diretamente a condições políticas ou sociais. Por exemplo, Ruanda tinha inicialmente poucas igrejas nacionais, uma vez que o povo que não praticava a religião africana tradicional era quase todo católico romano até o genocídio de 1994. Os Hutus e Tutsis praticavam a mesma religião e iam às mesmas missas. Desde o tempo do caos, contudo, tem havido um crescimento explosivo de igrejas originadas na África.

Igrejas tradicionais mais estabelecidas, com a Igreja Ortodoxa Africana ou Igreja Ortodoxa Etíope, geraram movimentos mais recentes como a Igreja Católica Etíope em Sião, a Igreja Oruuano e a Igreja da África na Namíbia. Contudo, algumas Igrejas nacionais mostraram uma flexibilidade inusual quanto a trabalhar com movimentos espirituais menores do Ocidente, como a Igreja Harrist, na Costa do Marfim, a Igreja da Cura Espiritual de Botsuana e a Igreja de Moshoeshoe, em Lesoto, que têm programas conjuntos com as missões menonitas. Quem está tentando influenciar quem?

Com certeza, muitas dessas Igrejas se inspiram nas práticas religiosas tradicionais de sociedades africanas. Por exemplo, a Igreja Legio Maria do Quênia tem *jucheckos* ou "cheiradores", cujo trabalho é cheirar recém-chegados na entrada para verificar se têm más intenções. Essa não é uma prática cristã histórica, mas é algo que alguns curas tradicionais são capazes de fazer.

O movimento de Negritude

Estreitamente identificado com os intelectuais africanos Leopold Senghor, Aimé Césaire, Léon Damas e Jacques Rabemananjara, o movimento de Negritude está profundamente enraizado no mundo africano internacional. Em 1921, os afro-cubanos começaram um movimento chamado Negrismo, que celebrava a música, os ritmos, a arte, o folclore e a literatura africanos. O haitiano Jacques Roumain publicou a revista *La Revue Indigene* para iniciar o movimento de indigenismo nas Antilhas. Em 1930, o poeta Léon Damas terminara "Pigments", chamado o Manifesto de Negritude, que afirmava que "o homem branco raptou negros e matou nosso povo e agora quer nos clarear e branquear, mas só queremos ser negros". Logo após seu livro ser publicado, ele se encontrou com Léopold Senghor e Aimé Césaire, também estudantes em Paris, para discutir uma ideologia que promovesse a cultura africana. Damas era da Guiana Francesa; Césaire, da Martinica; e Senghor, do Senegal.

Uma revista chamada *La Revue du Monde Noir*, publicada em 1931, levou à criação de um clube onde escritores negros se encontravam. Um grupo mais revolucionário publicou *Légitime Defense*, uma revista marxista escrita principalmente por estudantes martinicanos. Ambos os grupos chamaram a atenção dos estudantes africanos até que, em 1934, os "três pais" editaram a revista *L'Etudiant Noir*, com o objetivo de derrubar as barreiras nacionais entre estudantes africanos no continente e na Diáspora. Em 1939, Aimé Césaire publicou seu *Cahier d'un retour au pays natal* [Memórias de um retorno ao país natal] e usou a palavra "negritude", explicando que fora concebida como uma celebração da herança africana com relação às fronteiras e nacionalidades.

Por volta de 19( ), Paris recebeu outro grupo de estudantes que chegaram próximo ao fim dos anos universitários dos líderes da Negritude. Eles incluíam Cheikh Anta Diop, que viera um ou dois anos antes. Joseph Ki-Zerbo e Abdoulaye Wade. Esses se tornariam dois dos estudiosos mais reconhecidos do mundo africano. Diop realizou seus estudos em física e depois em outros campos, incluindo história e linguística. Ki-Zerbo e Wade eram membros do Movimento pela Libertação Africana [Movement for African Liberation], um grupo de estudantes dedicado à libertação última do continente africano, que iniciou suas atividades em 1958, com Ki-Zerbo servindo como presidente geral e Wade, como o líder da seção senegalesa. Esses não eram os Negritudinistas e sua ideia era falar sobre as realidades das condições do continente. Eles queriam a libertação política, social e econômica, insistindo em que a libertação cultural fosse um produto de pessoas livres. Como vimos com os ícones do movimento da Negritude e o Movimento pela Libertação Africana, o continente não tinha poucos heróis. Na verdade, praticamente cada era teve sua liderança africana que se apresentava em uma tentativa de transformar as realidades política e econômica do povo no continente.

A luta política e militar pela independência do Zimbábue

Em 1890, Cecil John Rhodes, um dos mais ardentes imperialistas, enviou um grupo de soldados brancos do Cabo da África do Sul para o norte, com o objetivo de estabelecer uma colônia no interior da África, sob a direção de Frederick Courteney Selous (1851-1917). Mais cedo, aos 19 anos, Selous havia viajado para o país do povo Matebele para encontrar o Rei Lobenguela. Em um dos mitos mais abrangentes sobre negociações entre africanos e europeus, diz-se que Selous fez Lobenguela assinar documentos que davam aos brancos o direito às terras sob seu controle. Isso não era possível nem crível, uma vez que, como o rei não possuía as terras de seus ancestrais, não poderia conceder aos brancos direitos a elas. Discute-se se Selous e seus companheiros realmente fizeram Lobenguela assinar qualquer documento, uma vez que ele não falava nem lia qualquer língua europeia. Contudo, Rhodes, trabalhando com a ideia de um distrito imperial britânico a partir do Cabo do Cairo, necessitava consolidar as terras do sul.

A coluna de 300 soldados de Selous recebeu a ordem de atirar em qualquer africano à vista até que tivessem estabelecido seu forte próximo à atual Harare. Quando o Forte Salisbry foi construído, os soldados britânicos fizeram contato com as famílias reais do povo Mashona, que não sabiam que os brancos haviam invadido seu território. Selous e os que o seguiam em breve exigiram que o povo Mashona pagasse impostos sobre suas casas. Essa ação naturalmente provocaria uma resposta violenta por parte dos líderes dos Mashonas, que acreditavam que a intenção dos brancos era roubar as terras de seus ancestrais.

Dois líderes religiosos, Nehanda, uma sacerdotisa, e Kaguvi, um sacerdote, organizaram uma campanha militar contra a imposição britânica. Essa reação foi chamada a Primeira Chimurenga, uma vez que fora o primeiro grande confronto entre os Mashonas e os britânicos. A Segunda Chimurenga seria o conflito pela independência liderado pelos partidos políticos revolucionários durante a década de 1970.

Os brancos derrotaram a resistência africana e nomearam o país Rodésia. A parte sul se tornou o Zimbábue; a parte norte, a Zâmbia em sua independência. O Zimbábue é um país isolado do mar entre os rios Limpopo e Zambezi. Faz fronteira ao leste com Moçambique e a oeste com Botsuana. Ao sul do Rio Limpopo o país faz fronteira com a África do Sul. Ao norte, através do Zambezi, faz fronteira com a Zâmbia.

A crise que levaria à violência política e militar foi iniciada pela dominação branca da maioria do povo em sua própria terra. Os rodesianos, como os brancos eram chamados em homenagem a Cecil John Rhodes, acreditavam que tinham um direito inerente de governar porque eram um mundo superior, e, quanto mais dominassem o mundo, melhor para o mundo. Eles acreditavam que essa doutrina justificava tudo que faziam para produzir uma ordem mundial branca em meio a uma população de maioria negra. Os africanos não podiam participar do governo porque a segregação era absoluta. Os brancos aprovavam leis que estabeleciam um sistema de educação inferior e impediam os africanos de se encontrarem em locais públicos. Eles emitiram decretos que mantinham válida a situação desigual. As terras eram distribuídas aos brancos com base na raça em total desconsideração à filosofia Mashona de distribuição de terras. Inicialmente, cerca de 6 mil brancos se apropriaram de quase 75% das melhores terras do país e deixaram as piores para mais de 650 mil agricultores africanos. Outra desapropriação de terras africanas ocorreu durante o tempo da ocupação branca de 1890 a 1979. Em 1979, a população negra possuía menos de 15% das terras.

Os zimbabuanos não estavam satisfeitos com o governo branco de minoria. Houve muitos atos de revolta civil ao longo do período de governo colonial, e na década de 1960 a filosofia nacionalista havia conquistado proeminência entre zimbabuanos importantes, especialmente aqueles que haviam frequentado escolas na África do Sul e em outras nações. A Universidade de Fort Hare na África do Sul foi uma incubadora de discurso político sobre a resistência colonial. Quando o intelectual Sanley Stanlake, autor da filosofia *ubuntu*, recebeu seu direito de ingerir bebidas alcoólicas, isso foi considerado um tipo de vitória. Contudo, a maioria do povo era camponesa e pouco se importava com o direito de ingerir bebidas alcoólicas quando estavam sofrendo por falta de terras, proibições mesquinhas, linguagem hostil, discriminação econômica e a persistência de abuso cultural e físico. Assim, não admira que, em 1960, o Partido Democrático Nacional tenha sido fundado com o objetivo de garantir o governo da maioria. Eles protestaram, peticionaram e realizaram sabotagens e incêndios em uma tentativa de forçar o governo britânico a abrir mão do poder do país à maioria africana.

O governo branco baniu rapidamente o PDN em 1961 e tentou prender todos os líderes que conseguiu encontrar. O grupo se reconstituiu sob o nome de União do Povo Africano do Zimbábue (Upaz) [Zimbabwe African People's Union], elegendo Joshua Nkomo como seu presidente, que declarou que a organização buscaria obter um sistema "uma pessoa, um voto", unificar o povo africano, eliminar todas as formas de opressão e garantir os valores tradicionais do povo africano, que eram baseados na harmonia e boa vontade. Claramente, a Upaz se posicionava contra a ideia rodesiana de privilégio e superioridade brancos. Contudo, o governo de minoria branca era obstinado e arrogante em suas transações com a Upaz, e os nacionalistas decidiram se tornar mais revolucionários. Eles se convenceram de que seria necessário usar de violência para desalojar a minoria branca estabelecida. Em 1963, os rodesianos brancos baniram a Upaz, que tinha dois anos de formação. Contudo, a organização seguiu o exemplo do Congresso Nacional Africano na África do Sul e se tornou clandestina. As tensões criadas pela pressão do governo branco levaram a conflitos internos no partido. Em breve, ele se dividiu e outra organização chamada União Nacional Africana do Zimbábue (Unaz) [Zimbabwe African National Union] foi formada, sob a liderança de Ndabaningi Sithole e com a participação ativa de nacionalistas como Enos Nkala, Edgar Tekere, Leopold Takawira, Henry Hamadziripi e Herbert Chitepo. Enos Nkala convidara Sithole e os outros para se encontrarem em sua casa, nos subúrbios de Highfields, em 5 de agosto de 1963. Embora a política étnica não fosse tão dividida como em outras partes do continente, ainda havia problemas de interesses maioria x minoria, e o pequeno povo Ndau se alinhou ao Partido Ndonga Unaz, que mais tarde passou a se chamar Unaz Mwenje. Esse partido, fortemente influenciado pela ideologia cristã do Reverendo Sithole, opunha-se a todas as formas de conflito violento. Mugabe foi preso em 1964 por subversão e passou dez anos na prisão. Quando foi libertado, ele e Edgar Tekere foram a Moçambique para continuar a luta revolucionária. Por outro lado, Herbert Chitepo se tornou líder da Unaz propriamente dito e, quando foi assassinado na Zâmbia, Robert Gabriel Gushongo Mugabe, em Moçambique, tornou-se o único líder. O grupo étnico majoritário dos Shonas seguiu a Unaz de Mugage, e atendeu ao seu apelo por uma Segunda Chimurenga e por uma agenda mais militante contra o regime minoritário racista. Em meados da década de 1970, as organizações revolucionárias estavam prontas para lançar seu ataque frontal contra o governo minoritário. Com adeptos dentro e fora do país e com o apoio crescente de nações socialistas, a Unaz e a Upaz se tornaram mais ativas na oposição aos rodesianos.

Os dois grupos formaram a Frente Patriótica (FP), em 1976, como uma aliança política e militar entre a Upaz e a Unaz. A Frente Patriótica incluiu a Upaz, liderada por Joshua Nkomo, operando a partir da Zâmbia, e a Unaz, liderada por Robert Mugage, que operava a partir da vizinha Moçambique. Com o apoio de ramos militares, a frente revolucionária estava completa como uma unidade de combate, atormentando os rodesianos do norte e do leste. A ala militar da Upaz era conhecida como Exército Revolucionário do Povo do Zimbábue (ERPZ) [Zimbabwe People's Revolutionary Army], e os combatentes da Unaz eram conhecidos como Exército de Libertação Nacional do Zimbábue (ELNZ) [African Zimbabwe National Liberation Army]. Após combaterem vigorosamente os rodesianos por quatro anos ao longo do país, o objetivo foi atingido em 1980 com a independência formal do Zimbábue. Contudo, durante a campanha para a eleição de 1980, os parceiros da aliança da Frente Patriótica se dividiram e concorreram separadamente como Unaz-Frente Patriótica (Unaz-FP) e Frente Patriótica-Upaz (FP-Upaz). A eleição foi vencida por Robert Mugabe e a Unaz-FP, com Jushua Nkomo e sua FP-Upaz mantendo um bastião nas províncias de Matabeleland. Mugabe reconhecia a força política de Nkomo, e, caso fosse do grupo étnico majoritário dos Mashonas, teria sido visto como o pai da revolução. Isso não quer dizer que Nkomo não seja reconhecido como um dos principais arquitetos da libertação da nação, porque, como todos os fundadores do novo regime, ele se comprometeu sem medo com a deposição do governo de minoria branca. Contudo, concretamente, foi Robert Mugabe e seu partido político, Unaz-FP, que venceu a eleição. Ele é corretamente o pai da independência zimbabuana.

Em 22 de novembro de 2017 o longo governo de Robert Mugabe chegou rapidamente a um fim. Mesmo um pai pode ser criticado quando o contexto inteiro é compreendido. Nem o Gukuruhundi nem o Movimento pela Mudança Democrática (MMD) [Movement for Democratic Change] puderam depor o presidente que liderou seu país por 37 anos. O Gukuruhundi foi o assassinato do povo Ndebele nas mãos do exército zimbabuano durante o período de 1983-1984. Condenado pela comunidade internacional por essa guerra étnica contra a minoria Ndebele, Mugabe a chamou de um momento de loucura, indicando que o nervosismo ao longo da nação, com ameaças de brancos e outros de revogar a independência, tornou os líderes militares sensíveis à crítica. Embora esse período de ataque étnico tivesse permanecido impregnado de um ressentimento silencioso no povo, ninguém previa que o Gukuruhundi viesse a derrubar o presidente.

Por outro lado, as sanções contra o governo de Mugabe lideradas pelos Estados Unidos e pela Grã-Bretanha criaram caos na economia do país, e muitas pessoas viam a privação econômica do país mais como o resultado dessas sanções do que de qualquer crime de Mugabe ou de seu governo. Os zimbabuanos foram capazes de dar a Mugabe o benefício da dúvida quando se tratou de suas batalhas contra os britânicos e americanos. Isso foi especialmente verdadeiro quando o Ocidente tentou depor Mugabe por fomentar o MMD como um partido de oposição. O MMD se dividiu em dois grupos: Movimento pela Mudança Democrática Tsvangirai, nomeado em homenagem ao seu fundador Morgan-Tsvangirai, e o Movimento pela Mudança Democrática-Ncube. O segundo grupo foi nomeado por seu fundador, Welshman Ncube. Nenhum dos dois pôde derrotar a Unaz-FP, que afirmava que eles queriam revogar a revolução ao devolver o país aos brancos. O MMD-T não conseguiu encontrar a força necessária para se livrar dessa caracterização. Os zimbabuanos aceitaram o argumento da Unaz--FP de que o ataque ao governo era simplesmente por redistribuir as terras que os brancos haviam antes tirado de seus ancestrais.

A fruta geralmente apodrece a partir de dentro. Durante os últimos meses do governo de Mugabe, a Unaz-FP lutava por posições no partido governante. Há versões longas e curtas das disputas internas no partido, mas os fatos principais são que a primeira-dama Grace Mugabe, esposa do presidente, tentou garantir sua sucessão ao posto ao encorajar seu esposo a remover alguns de seus colegas veteranos, incluindo o vice-presidente, Emmerson Mnangagwa. Quando esse foi removido em 6 de novembro de 2017, assinalou aos militares que um golpe dos membros jovens da Unaz-FP havia assumido o partido. Também circulava o rumor de que Grace Mugabe pode ter tirado vantagem do estado mental do velho Mugabe ao lhe sugerir quem deveria remover do posto, abrindo, assim, seu caminho para a presidência.

Em 14 de novembro de 2017 as Forças de Defesa do Zimbábue assumiram o controle da empresa de radiodifusão estatal do país [Zimbabwe Broadcasting Corporation] e, no dia seguinte, divulgaram uma declaração de que o Presidente Robert Mugage e sua família estavam sento mantidos sob custódia protetiva. O chefe das Forças de Defesa zimbabuanas, General Constantino Chiwenga anunciou que a remoção dos veteranos de guerra tinha de cessar, e que os militares não estavam interessados em um golpe de Estado, mas que garantiriam que o primeiro vice-presidente Mnangagwa, retornasse ao posto. Em 21 de novembro, o Presidente Mugabe, aos 93 anos, enviou uma carta ao parlamento zimbabuano renunciando à presidência. O segundo vice-presidente, Phelekezeia Mphoko, tornou-se o presidente interino. Emerson Mnangawa, de 75 anos, tornou-se o presidente do Zimbábue em 24 de novembro de 2017. Havia muitas discussões sobre o governo de Robert Mugabe que faziam pouco sentido a estudiosos africanos eruditos. Por exemplo, como a afrocentrista Ama Mazama assinalou: "Ramsés II reinou por 66 anos e pode ser que Pepi II tenha reinado por 62. Embora Mugabe tenha governado por 37 anos, não está na categoria de Ramsés e Pepi" (MAZAMA, 2017).

A libertadora, Freedom Nymubaya

Em 1890, Cecil John Rhodes enviou um grupo de colonos brancos caçadores da colônia do Cabo para Mashonalândia. Ao chegarem lá, eles fizeram um acampamento e começaram uma colônia nomeada Rhodes. Sua capital foi chamada Forte Salisbury. Eles mataram brutalmente os líderes dos Mashonas. Uma série de rebeliões africanas foi debelada com armas de fogo, mas esses movimentos Chimurenga, denominados resistência divina, permaneceram como uma parte da consciência do povo que sentiu os golpes brutais dos látegos do povo branco.

Uma guerra resultante durou do fim da década de 1960 a 1979. Mais de 40 mil pessoas foram mortas, e, mesmo em 2017, havia artigos no jornal nacional expressando o ressentimento gerado pela ocupação e pela guerra.

Quando a Segunda Chimurenga terminou, Freedom Nyamubaya tinha apenas 23 anos, mas era uma guerrilheira com a Unaz desde os 14. Incomodada com a arrogância dos missionários brancos que haviam entrado em sua aldeia para ensinar a mensagem cristã. Freedom, que era uma criança inteligente e confiante, fazia perguntas que irritavam os pregadores e professores brancos. Aborrecida com a escola e excitada com as explorações de seus amigos que haviam ido a Moçambique para se juntar aos companheiros, uma noite reuniu outros cinco adolescentes e partiu para a fronteira.

Freedom adotou o nome de guerra "Tichaona Freedom", declarando: "Quero liberdade!" Não demoraria muito até que fosse reconhecida pela liderança da Unaz como uma líder militar potencial. Ela foi colocada no comando de uma força de 6 mil pessoas para enfrentar o exército rodesiano.

Quando Freedom Nwamubaya morreu, em 5 de julho de 2015, havia conquistado estatura icônica e heroica como poeta, dançarina, agricultora e guerrilheira celebrada. Trabalhara como arquivista para o Instituto de Comunicação de Massa zimbabuano, e fora eleita secretária da educação na primeira conferência da União Nacional Africana do Zimbábue.

Revolucionária dedicada desde cedo, Freedom Nyamubaya abandonou a escola em sua aldeia natal de Uzumba, na Província Oriental, quando completou 15 anos, para se juntar ao Exército de Libertação Nacional do Zimbábue (ELNZ) [Zimbabwe National Liberation Army]. Tornando-se uma das poucas mulheres operadoras de campo, Freedom aprendia rápido, dominando as habilidades de organização, análise e execução de projetos. Ela fundou os Serviços de Treinamento de Gerenciamento Comunitário para o Desenvolvimento Rural e Urbano (STGCDRU) [Management Outreach Training Services for Rural and Urban Development] em Marondera, Zimbábue.

Dentre suas publicações estão *On the road again: poems during and after the National Liberation of Zimbabwe* [Na estrada novamente: poemas durante e após a Libertação Nacional do Zimbábue] e *Dusk and dawn* [Entardecer e alvorecer]. Ela também é coautora do livro chamado *Ndangariro*. Mais tarde, editou *Writing still: new stories from Zimbabwe* [Ainda escrevendo: novas histórias do Zimbábue].

Redistribuição de terras e nacionalização: dois pilares da verdadeira independência no Zimbábue

Uma das principais diferenças culturais entre africanos e europeus é a concepção e o tratamento da terra. Os valores tradicionais africanos estão em conflito com o modo como os europeus entendem a posse e o uso da terra. Os zimbabuanos acreditam que os colonizadores que chegaram às suas terras aplicaram os costumes e regras britânicos às terras africanas. Entre os africanos, é impossível a posse da terra, uma vez que é uma dádiva coletiva dos ancestrais, e somente o rei pode conceder o uso dela. Consequentemente, os africanos viam a apropriação britânica da terra pela força, por trapaças e acordos falsos como um mecanismo desonesto para desapropriar os descendentes dos ancestrais do uso de suas próprias terras. E mesmo se alguém usasse a definição europeia de posse de terra, os 70% das terras zimbabuanas que os 6 mil brancos controlavam não eram mais do que um roubo comum. Essa é a situação que deve ser compreendida para se entender como a história foi cruel com os cuidadores das terras dos ancestrais.

Como uma parte do Lancaster House Agreement de 1979, que permitiu eleições independentes no Zimbábue, Mugabe aceitou o conceito de "comprador disposto, vendedor disposto" como uma concessão à minoria branca. Além disso, como parte do acordo, os britânicos insistiram que a redistribuição de terras fosse interrompida por um período de 10 anos. A ideia do "comprador disposto, vendedor disposto" era de que se um agricultor branco quisesse vender terras, e o governo quisesse comprá-las, um preço seria estabelecido para a venda, e o governo britânico pagaria a compensação ao agricultor branco. Em 1997, o governo de Tony Blair na Grã-Bretanha havia se aborrecido com a lei que exigia que a ilha pagasse os agricultores britânicos. Em resposta à recalcitrância britânica quanto aos pagamentos pela terra, o parlamento zimbabuano aprovou um programa acelerado de reforma agrária em 6 de abril de 2000, que permitia a tomada de terras pertencentes aos brancos sem reembolso ou pagamento. Isso abriu a porta para a redistribuição de terras a camponeses, líderes tradicionais e veteranos de guerra. Tony Blair achou que, ao se recusar a dar ao governo de Mugabe o dinheiro para a compra das terras, o presidente zimbabuano perderia popularidade. Foi um equívoco. A reforma agrária acelerada enfraqueceu qualquer reação dos agricultores rurais. Agora, o governo poderia confiscar, sem compensação, a terra pertencente a brancos, para redistribuição a agricultores negros. Veteranos de guerra, alguns dos que haviam esperado por quase 20 anos para receberem terras pelas quais haviam lutado durante a Segunda Chimurenga, começaram a invadir as propriedades dos brancos.

O Zimbábue foi suspenso da Comunidade das Nações e, em retaliação, em 8 de dezembro de 2003, Mugabe retirou o país daquela associação. A despeito das sanções impostas ao seu governo pelo Reino Unido, Estados Unidos e outras potências ocidentais, Mugabe manteve o poder e reafirmou a visão econômica de sua nação. Em 2005, seu governo fez uma grande campanha para limpar uma área contaminada e perigosa de sem-tetos, para reassentá-los em abrigos melhores. Essa ação, chamada Operação Murambatsvina (Expulsar do Lixo), provocou a fúria das nações ocidentais em relação ao Zimbábue, por um programa que qualquer uma delas também teria realizado sem hesitação.

Enquanto isso, em um esforço para contrabalançar a mensagem populista de Mugabe, a oposição de negros e brancos descontentes criou um partido político chamado Movimento pela Mudança Democrática. O líder do grupo, Morgan Tsvangirai, usou a imagem dos buldôzers derrubando barracos de caixa de papelão como uma estratégia de propaganda. Contudo, Mugabe foi adiante para criar a nacionalização do poder, assinando a Lei de Nacionalização e Empoderamento Negro em 9 de março de 2008. Dizendo que tinha um mandato para continuar a nacionalização do poder econômico sem pausa, Mugabe esboçou planos para dar aos negros o controle do setor econômico.

Mugabe colocou efetivamente o MMD nos bancos de trás da política zimbabuana ao afirmar que tinha o apoio financeiro ocidental e que Morgan Tsvangirai estava servindo aos interesses da classe agrícola branca no Zimbábue. Foi difícil para Tsvangirai escapar dessa situação política e organizar uma oposição razoável a Gushongo. Em 2008, Tsvangirai concordou com um segundo turno com Tobert Mugabe, mas mudou de ideia porque temeu violência. Certamente a eleição ainda foi mantida, e Mugabe conseguiu receber 2.150.269 votos (85,5%), enquanto seu oponente, Tsvangirai, obtene apenas 233.000 (9,3%) no segundo turno de votação.

Logo depois, o Reino Unido anunciou uma política de apropriação de bens estrangeiros pertencentes a Mugabe, e um banco confiscou a conta de uma pessoa chamada Sam Mugabe, que era um cidadão britânico de 23 anos. O banco teve de devolver a conta porque a pessoa não tinha relação com Mugabe. A resposta de Robert Mugabe a essa política de assédio foi afirmar que não tinha bens britânicos.

Eleição presidencial de 2013: prelúdio do fim

Mugabe foi reeleito em 2013 com 61% dos votos. O secretário-geral da ONU Ban Ki-moon, que acompanhou atentamente as eleições no Zimbábue, congratulou o povo zimbabuano por uma eleição pacífica e por exercer seus direitos democráticos. A coisa mais importante foi que a vontade do povo do país foi respeitada. A União Africana (UA) endossou as eleições gerais zimbabuanas, que tinha no lugar um time de observadores liderado pelo Presidente-geral Olusegun Obasanjo, ex-presidente da Nigéria. Vários líderes mundiais exigiram o fim das sanções econômicas ao governo zimbabuano. Contudo, todos os astutos observadores que ouviam as vozes das pessoas envolvidas com o governo e com os setores comerciais da sociedade sabiam que o fim do predomínio do venerável e resiliente líder estava próximo. Seriam necessários quatro anos para que o Presidente Mugabe fosse forçado a se aposentar, mas o país aceitou seu fim político com paz e tranquilidade.

Robert Mugabe como um símbolo icônico da resistência: a virada para o Oriente

A provocadora viagem de Mugabe à China em julho de 2005 tinha a intenção de enviar um sinal ao Ocidente de que ele a via como uma importante aliada no futuro do Zimbábue. Embora ele tivesse agitado a Grã-Bretanha e os Estados Unidos ao se mover contra os agricultores brancos que haviam ocupado a terra do povo Shona por mais de cem anos, permaneceu popular entre o povo africano.

Ao abrir a porta para um comércio mais intensivo com a China, o Zimbábue evitou o estrangulamento imposto à sua economia pelos Estados Unidos e pela Europa e redistribuiu as terras, que os brancos ocupavam ilegalmente desde 1898, para as massas de zimbabuanos pobres, que haviam sido roubadas de seu direito de nascença, quando os brancos invadiram e tomaram as terras de seus ancestrais pela força das armas. Robert Mugabe instituiu uma política de "olhar para o Oriente", que rompeu uma dependência de cem anos de seu país em relação ao Ocidente. Ele agressivamente buscou relações com países árabes e asiáticos durante a primeira parte do século XXI. Uma relação simbiótica entre o Zimbábue – com as maiores reservas mundiais de platina, cobre, níquel, urânio e outros minerais – e a China – a economia de crescimento mais rápido do mundo – se tornou uma marca da campanha de Mugabe pelo apoio chinês. Outros países na África, como Sudão e Angola, também têm relações poderosas com a China. A África e a Ásia talvez sejam capazes de construir relações políticas e econômicas em bases de igualdade e equanimidade de formas que a Europa e a África não foram capazes de realizar, devido à escravidão e à colonização. Isso não significa dizer que não haverá fortes relações entre certos setores na África e Europa. O mundo é interconectado e dinâmico, e nenhum continente ou nação pode ficar de fora dos movimentos da história. Claramente, contudo, o futuro do continente africano envolverá um relacionamento cada vez mais consciente com a Ásia, uma vez que mais países se afastam dos vestígios da Europa colonial.

Swapo e a luta pela libertação da Namíbia

O deserto namíbio é geralmente considerado o mais antigo do mundo. O país da Namíbia se encontra no extremo sudoeste do continente africano ao sul de Angola, cercado no oeste pelo Oceano

Atlântico, compartilhando fronteiras ao leste e sul com Botsuana e com a África do Sul. Esse antigo país, quase imperceptível ao resto do continente africano, sofreu uma das lutas anticoloniais mais duras para conquistar sua independência.

Os povos San, Nama e Damara existem na Namíbia ao menos há 2 mil anos, e saudaram os Ovambos, Hereros, Gobabis e Okkahandjas, que migraram na Expansão Bantu durante os séculos XII e XIV. No século XVIII, os Oorlams, cruzando o Rio Orange a partir do Sul, entraram na área onde encontraram uma vida próspera próxima ao povo nômade Nama. Assim, o povoamento da Namíbia por africanos migrando de uma área e se estabelecendo em outra tinha uma longa tradição antes da chegada dos europeus.

Na época em que os navegadores marítimos portugueses chegaram, Diogo Cão, em 1485, e Bartolomeu Dias, em 1486, o país agora chamado Namíbia já era habitado por numerosos africanos. Cão erigiu várias estelas para indicar lugares que havia atingido ao longo da costa namíbia. Seria Bartolomeu Dias que percorreria o cabo da África do Sul e reivindicaria uma rota para a Índia para outros navegadores europeus. Tanto Dias como Cão encontraram suas mortes no sul da África.

Talvez porque o país não fosse densamente povoado e porque o deserto namíbio fosse sinistro, os europeus não se aventuraram em massa na região até séculos depois dos exploradores portugueses. Contudo, alguns europeus cruzaram o território durante o século XIX como caçadores, comerciantes e missionários.

Adolf Luderitz, um alemão de Bremen, pediu ao Chanceler Bismarck, em 16 de novembro de 1882, proteção para um posto avançado que queria construir na costa. Aparentemente, quando seu pedido foi concedido, o assistente de Luderitz, Heinrich Vogelsang, supostamente comprou terras do rei local para criar uma aldeia em uma enseada chamada Angra Pequena pelo explorador português Dias. Mais tarde, os alemães a nomearam a cidade Luderitz. Em 1884, os alemães tomaram a aldeia sob sua proteção e enviaram um canhoneiro, o SMS Nautilus, para a área para conter invasões dos britânicos.

Kletus Likuwa escreveu no trabalho "Posse de terras na Namíbia: Traçando a história e formas de desapropriação" que "alguns líderes e comunidades tradicionais acreditavam que os missionários haviam pavimentado o caminho para a conquista colonial e para a consequente perda das terras nativas e, por isso, resistiram à sua presença" (LIKUWA, 2015). Likuwa menciona o exemplo do Rei Nyangana de Vagciriku, no Kavango, que cita Biefert dizendo:

> Um dia, ele [o Rei Nyangana] veio até mim e disse que tinha algo pesado em sua mente [havia algo que o preocupava] e me pediu ajuda. Dali em diante, narrou extensamente que alguns anos antes, após a desaforçmada guerra com os alemães, vários Vahereros cruzaram suas terras e o avisaram [alertaram] sobre os missionários e que um dia ele experienciaria o mesmo que experienciaram. Eles também costumavam acomodar missionários, mas, depois, os soldados chegavam e esses agora haviam tomado suas terras. Nisso, [o rei] Njangana [Nyangana] usou uma expressão que em tempos antigos era frequentemente ouvida nas terras Hereros: "o vagão destruiu o povo Herero" (BIERFERT, 1938).

Traçando a presença dos missionários europeus no território, Likuwa argumenta que a Sociedade de Missionários Rhenish estivera na Baía de Walvis já em 1842 e terminaria tendo onze estações entre o povo Nana e sete outras entre os Hereros (LIKUWA, 2015) Os missionários finlandeses abriram postos avançados nas terras dos Ovambos em 1870. Não detidos pelos tempos difíceis que enfrentavam na conquista do controle dos territórios, os missionários persistiram em tentar se estabelecer em Kavango. Em 1910, os missionários católicos, após muitas rejeições, conseguiram estabelecer sua missão. O Rei Diyeve de Hambukushu já havia resistido aos europeus em 1883, mais de 40 anos após os missionários rhenish terem entrado no país (VOLTZ, 2006). Como em outras áreas da

África colonizada, o trabalho dos missionários muitas vezes precedeu a exploração do povo por comerciantes e exércitos. Assim, na Namíbia, os missionários estabeleceram comunidades-âncora para assentamentos permanentes de terras africanas.

De fato, essas ações integravam expressão de dominação e superioridade dos europeus durante seu imperialismo. Assim, o interesse pela Namíbia capturou a atenção de Otto von Bismarck, chanceler da Alemanha. Buscando estabelecer o controle sobre a área ao declará-la um protetorado, o Império Alemão reivindicou as terras em 1884, antes do fim da Conferência de Berlim, em fevereiro de 1885. Apoiados por uma doutrina de ocupação, os alemães acolheram em sua comunidade os "dorsland trekkers", agricultores bôeres que haviam migrado da África do Sul e decidido permanecer na Namíbia. Esses agricultores haviam partido a pé da África do Sul para Angola em uma série de jornadas para encontrar mais terras cultiváveis. Mais de 3 mil morreram no deserto, e é por isso que na língua afrikaans eles se chamavam "dorsland", que significa "terra árida". Embora o Império Alemão tenha iniciado lentamente a consolidação de seus recursos em torno de Windhoek, capitalizando sobre os missionários e comerciantes e também sobre os agricultores bôeres que já haviam chegado à região, esse desenvolvimento não ficou despercebido nem pelos africanos nem pelos britânicos.

Os Namas e Hereros tiveram conflitos ocasionais por terras, e a guerra de 1880 foi a brecha que os alemães estavam buscando. Missionários que acompanhavam os Oorlams muitas vezes encorajavam disputas porque muitos Hereros não aceitaram, no início, a religião cristã. A Alemanha impôs uma colonização hostil e brutal ao povo namíbio. A intervenção na guerra de 1880 deu à Alemanha a vantagem no estabelecimento dos termos de paz entre os vários grupos étnicos. Na verdade, a Alemanha começou uma operação agressiva de colocar um grupo contra o outro que lhes trouxe uma quantidade inusual de poder para dominar todos os grupos.

A Alemanha chamou a colônia de África Sudoeste Alemã e começou a pôr sua própria infraestrutura em funcionamento. Impor a autoridade alemã imperial sobre o território significava que o alemão se tornaria a língua oficial e os costumes e tradições alemãs seriam institucionalizados. Os britânicos imediatamente tomaram a Baía de Walvis, o ancoradouro de mar profundo e um dos portos mais importantes da costa.

Contudo, o Império Alemão reforçou seu controle sobre a colônia, e em 1904 o povo Nama e Herero se armaram para enfrentar os invasores. Heróis cujos nomes jamais serão esquecidos, o General Herero Samuel Maharero e o General Nama Hendrik Witbooi, confrontaram os alemães com a coragem de um povo disposto a morrer por dignidade. O general alemão Lothar von Trotha, que via a batalha como um conflito racial, derrotou os Hereros na Batalha de Waterberg, no extremo do Deserto do Kalahari, em agosto de 1904. Quando os Hereros recuaram para o Deserto de Omaheke, os alemães os perseguiram, envenenaram os poços e fecharam todas as saídas; a primeira leva de pessoas morreu de desidratação. Alguns meses mais tarde, em outubro, os líderes de guerra Namas confrontaram os alemães e foram alvejados pela artilharia e pelas metralhadoras. Por três anos os africanos lutaram contra uma força alemã altamente mecanizada, usando a relativamente nova metralhadora Gatling e veículos pesados. No fim, os alemães recorreram a uma das técnicas mais bárbaras usadas em guerras até aquela época.

Um guia do exército alemão, Jan Cloete, relembra:

> Eu estava presente quando os Hereros foram derrotados em uma batalha nas proximidades de Waterberg. Após a batalha, todos os homens, mulheres e crianças que caíram nas mãos alemãs, feridos ou não, foram impiedosamente mortos. Então, os alemães buscaram o resto deles, e todos que encontraram na beira de estradas e na savana de areia (*sandveld*) foram alvejados e golpeados com baionetas até a morte. A massa de homens e mulheres Herera estava desarmada e, assim,

incapaz de oferecer resistência. Eles estavam tentando fugir com seu gado (DRECHSLER, 1980).

Os alemães mataram metade da população Nama e aproximadamente 80% da população Herera. No total, mais de 10 mil Namas e aproximadamente 70 mil Hereros foram mortos. Mulheres eram capturadas e feitas de escravas sexuais. Em muitos casos, mulheres e crianças eram mortas para que não fugissem. O líder alemão Von Trotha tinha intenções assassinas de aniquilar completamente a nação Herero. Em 3 de outubro de 1904, ele deu uma ordem de extermínio que declarava: "dentro das fronteiras alemãs, cada Herero encontrado, armado ou não, com gado ou não, será morto. Não aceitarei mais mulheres e crianças".

Um dia depois, ele escreveu: "acredito que essa nação, como uma nação, deva ser exterminada [...] prefiro exterminá-los inteiramente do que permitir que infectem nossos soldados com suas doenças" (HORST, 1980).

Embora essas ordens tivessem sido rescindidas alguns meses depois e substituídas por uma que ordenava capturar prisioneiros e colocá-los em campos de concentração, o resultado foi praticamente o mesmo. Mais de 90% de todos os prisioneiros mantidos em campos de concentração pelos alemães morreram por abuso, desidratação e fome. De fato, a ideia alemã era que, como os africanos eram não humanos, não poderia haver tratamento "humanitário" do povo africano.

Os alemães detiveram muitas pessoas e sistematicamente as desapropriavam de terras e pertences, enviavam-nas ao deserto para morrer e forçavam outros à escravidão. O que os alemães impuseram aos africanos na Namíbia ofuscou o que o *apartheid* faria em 1948 na África do Sul.

A Primeira Grande Guerra Europeia Internacional pôs fim à colônia alemã. As forças britânicas da África do Sul derrotaram o exército alemão, e, em 1920, a Liga das Nações decretou que a colônia fosse entregue ao Reino Unido e administrada pela África do Sul. Todas as leis da África do Sul passaram a valer no sudoeste da África. Assim, quando o *apartheid* foi aplicado à África do Sul, também foi adotado no sudoeste da África.

Em 1973, as Nações Unidas reconheceram a resistência crescente no país, que se chamava Organização Popular do Sudoeste da África (Opsoa) [South West Africa People's Organization]. Embora a organização fosse liderada pelos Ovambos, incluía membros de todos os grupos étnicos. A guerrilha foi prolongada e se tornou uma guerra muito frustrante para o exército sul-africano. Recebeu uma administração interina em 1985, e, depois, a independência completa foi obtida em 1990. A Baía de Walvis só seria devolvida ao país em 1994.

O primeiro presidente eleito democraticamente foi Sam Shafishuna Nujoma. Ele era um dos revolucionários namíbios mais famosos como membro fundador da Opsoa em 1960. Ele também criou o Exército de Libertação dos Povos da Namíbia [Peoples Liberation Army of Namibia] (ELPN) em 1962. Após 23 anos de luta pela independência, Nujuno recebeu a aprovação de um povo orgulhoso. Serviu três mandatos como presidente e, quando deixou o posto o país, fez uma transição de poder pacífica a Hifikepunye Pohamba em 2005.

Nujoma e Pohamba foram cercados em suas histórias por narrativas de bravura e coragem daqueles namíbios que lutaram e morreram pela liberdade. Outros apoiaram a democracia como líderes na oposição e unidade. Theo-Ben Gurirab, um ex-primeiro-ministro, também foi presidente da Assembleia Geral da ONU. Centenas de intelectuais, ativistas e políticos namíbios foram um rico acréscimo ao mosaico texturizado que constitui a longa história desse nobre povo.

Sudão: em busca da harmonia

O Sudão, outrora o maior país da África até a independência do Sudão do Sul, raramente viu paz até sua própria independência. Houve um acordo de paz entre os insurgentes sudaneses do Sul, os Anya Nyas, e o governo sudanês em 1972. O conflito foi retomado em 1983 e transformou o Sul em um campo de batalhas. O governo foi incapaz de estabelecer controle completo sobre o país até um acordo em janeiro de 2005 entre o Movimento de Libertação do Povo do Sul (MLPS) [Southern People's Liberation Movement] e o governo sudanês. Devemos aceitar que o líder do Exército de Libertação do Povo do Sul (Elps) [Southern People's Liberation Army], John Garang, tentou diligentemente garantir que, mesmo com a brutalidade da guerra civil, nenhum grupo envolvido em conflito com outro criasse hostilidades tão vis e obscenas que não fossem capazes de encontrar uma confiança mútua quando viesse a paz. Quando ele morreu, logo após a guerra terminar, adquiriu estatura nacional por sua dedicação à liberdade, ainda que restassem elementos sociais locais que tivessem de ser trabalhados.

As bases para o conflito eram complexas. Eram religiosas, regionais e econômicas. De fato, a parte sul do país é o celeiro da nação, a região rica em minerais, especialmente petróleo, e a área da população mais politicamente agressiva. É muito fácil pensar que o conflito no Sudão seja basicamente entre duas religiões ou entre povos que têm respostas diferentes à cultura. Há elementos de conflitos religiosos e linguísticos nos problemas que ameaçaram o país, mas esses eram muitas vezes temas substitutos para os conflitos econômicos mais profundos. Quem deveria controlar a produção energética, os recursos econômicos e a riqueza da nação? Embora seja fácil ver que a região do Norte seja baseada no árabe e na fé islâmica, enquanto o Sul tende a usar as línguas e culturas africanas, cada área permanece muito diversa a seu próprio modo. Há alguns muçulmanos no Sul, e há alguns não falantes do árabe e cristãos no Norte.

Um país tão antigo como o Sudão tem problemas antigos. A insurgência no Sul, que tanto drenou sua energia e custou dois milhões de vidas, tem suas origens na pré-independência do país. Em 18 de agosto de 1955, o Corpo Equatorial, uma unidade militar composta de habitantes do sul, amotinou-se em Torit. Eles se recusaram a se render às autoridades governamentais sudanesas, e muitos amotinados desapareceram, escondendo-se com suas armas, marcando o início da primeira guerra no sul do Sudão. Ao fim da década de 1960, a guerra resultara na morte de cerca de 500 mil pessoas. Aproximadamente um milhão de pessoas no Sul se esconderam nas florestas ou escaparam para campos de refugiados nos países vizinhos. Em 1969, os rebeldes foram capazes de obter armas e suprimentos de fora do país. Acredita-se que armas dos Anya Nyas tenham vindo pela Etiópia e Uganda. Eles também compraram armas dos rebeldes congoleses. Operações do governo contra os rebeldes declinaram, após o golpe de 1969, e diminuíram com os acordos de Adis Abeba de 1972. Esses acordos prometeram autonomia para a região do sul.

A guerra civil sudanesa eclodiu novamente em 1983, quando o Presidente Nimeiri impôs a xaria, um código islâmico, e, em 1997, havia provocado a morte de mais de 1,5 milhão de sudaneses. A principal facção insurgente é a MLPS, um corpo criado pelo Elps.

O Elps foi formado em 1983, quando o Tenente-coronel John Garang, das Forças Armadas do Povo do Sudão (Faps) [Sudan People's Armed Forces] foi enviado a Bor para debelar um motim de 500 soldados do Sul, que estavam resistindo ordens para serem movidos para o norte. Em vez de pôr fim ao motim, Garang encorajou outros em outras guarnições e se tornou o líder efetivo da rebelião contra o governo de Cartum. Garang, um Dinka nascido em uma família cristã, estudara no Grinnell College, Iowa. Conhecia bem os Estados Unidos, tendo estudado também em Fort Benning, na Geórgia, e obtido um título de pós-graduação em economia na Iowa State University. Estima-se que na época do acordo de 2005 o Elps tivesse mais de 100 mil soldados. Após 1983, havia se dividido em três facções principais: a facção Elps Torit, liderada por John Garang; a facção Elps Bahr-al-Ghazal, liderada por Carabino Kuany Bol; e o Movimento pela Independência do Sudão do Sul, liderado por

Riek Machar. Essas divisões internas tiveram de ser superadas para produzir o tratado de paz de 2005.

O Movimento/Exército de Libertação do Povo do Sudão (M/Elps) e seus aliados do norte na Aliança Democrática Nacional (ADN) realizaram ofensivas militares bem-sucedidas nas áreas ao longo das fronteiras com a Etiópia e Eritreia. Em 1996, o governo dos Estados Unidos decidiu enviar 20 milhões de dólares em equipamentos militares através dos estados da "linha de frente" da Etiópia, Eritreia e Uganda, para ajudar a oposição sudanesa a depor o regime de Cartum. Oficiais americanos negaram que a ajuda militar para o ELPM e para as Forças Aliadas Sudanesas (FAS), descrita como "não letal", incluindo rádios, uniformes, boras e tendas, fosse direcionada ao Sudão, embora pareça improvável que houvesse outros alvos. Em alguns registros, o Pentágono e a CIA consideravam que o Sudão estivesse atrás apenas do Irã como base de operações para o terrorismo internacional.

O tratado de paz de 2005 exigia que John Garang se tornasse vice-presidente da República do Sudão. No fim de julho de 2005, cerca de três semanas após ter iniciado no posto, foi morto numa colisão de helicóptero devido ao mau tempo. Centenas de milhares de pessoas saíram para ver seu corpo no cortejo pelas ruas de Juba, a maior cidade no Sudão do Sul. Seu corpo foi levado à pequena Old Saints Cathedral.

Garang permanecerá vivo através de sua visão, pensamentos e princípios porque lutou por aqueles que haviam sido marginalizados em seu próprio país. Embora sua morte tenha chocado o continente e devastado seus seguidores, sua contribuição fez dele uma das principais personalidades carismáticas da África. Alguns temiam que o acordo de janeiro de 2005 para terminar 21 anos de guerra norte-sul seria rompido.

Contudo, o governo sudanês do Presidente Bashir, em uma mostra de unidade norte-sul, trouxe os ex-combatentes do M/Elps de Garang para carregarem seu caixão com integrantes do exército sudanês. Ex-inimigo de Garang e depois parceiro na paz, o presidente sudanês Omar Hassan al-Bashir recebeu o caixão de um avião com o presidente sul-africano Thabo Mbeki e o enviado da ONU Jan Pronk. O governo sudanês imediatamente anunciou que o sucessor de Garang seria Salva Kiir, que havia prometido a implementação do acordo de paz. Intelectuais sudaneses como Mou Thiik e o venerável Francis Deng teriam papéis importantes para desempenhar em uma união mais autêntica do Sudão.

No começo do século XXI, o Sudão teve de lidar com o problema contínuo em Darfur. Como muitos dos problemas do Sudão, esse não parece ter um passado recente, mas distante. O povo de Darfur, uma região noroeste do país, diferente do povo do sul, que combateu o governo central por mais de vinte anos, é de muçulmanos. Os habitantes do sul são basicamente tradicionalistas africanos e cristãos. Contudo, o povo que está sendo perseguido em Darfur é de africanos e muçulmanos. Eles aceitaram a mesma religião e as mesmas práticas que os árabes no governo, mas são étnica e culturalmente africanos, o que significa que sua primeira língua é uma língua africana nativa. Por outro lado, a região de Darfur também inclui um grupo de árabes nômades que cria gado e camelos sobre as terras agrícolas que são dos ancestrais do povo de Darfur. Em 1987, aproximadamente 30 grupos de árabes formaram uma aliança para penetrar nas terras do povo Fur. Eles foram bem-sucedidos em criar uma reação quando os grupos africanos formaram organizações, o Exército de Libertação Sudanês e o Movimento de Justiça e Igualdade [Justice and Equality Movement], ambos vinculados ao político Hassan al-Turabi, para lutar pelos seus direitos e para defender suas terras. Conflitos sangrentos seguiram e, em 2006, milhares, principalmente africanos, haviam sido mortos em uma guerra contínua entre o direito de usar as terras para pastagem e o direito de usá-las para cultivo agrícola.

Os problemas sudaneses são antigos e podem retroagir à conquista árabe da Núbia e de reinos vizinhos do século X ao XVII. O resultado das invasões dos árabes, um povo que, em sua origem, havia conquistado o Egito no século VII EC, criou numerosas revoltas, rebeliões e represálias. Como muitos árabes sudaneses são fenotipicamente africanos, o problema do arabismo é essencialmente cultural. Há uma expressão entre os sudaneses que se veem com núbios, Bejas, Dinkas, Nuers, Shilluks etc., que diz sobre a população árabe: "eles são os únicos que esqueceram a língua, o alimento e a história de suas avós". Essa referência ao ataque às mulheres africanas durante a invasão árabe muitas vezes provoca raiva, mas aumenta a clarificação da situação étnica e cultural no país. De modo crescente, o povo africano tem exigido menos ênfase na cultura árabe e mais na vontade das massas de estudar línguas, religiões e culturas africanas.

De acordo com estimativas recentes, o Sudão é aproximadamente 85% africano e 15% árabe e, ainda assim, os africanos têm lutado para efetivamente se expressarem no país. Mais de 2 milhões de pessoas foram deslocadas, e aproximadamente 400 mil foram mortas, em uma forma de genocídio reminiscente de várias campanhas de limpeza étnica em outras arenas do mundo. Um grupo de milícias árabes, que se chamavam jajaweed, organizaram-se com o que parece ser um apoio ao governo para atacar africanos em Darfur. A milícia janjaweed entrava em uma aldeia, reduzindo-a a cinzas, estuprava as mulheres, matava os homens e ia para a próxima aldeia. Um movimento internacional foi lançado pela União Africana e pelas Nações Unidas para frear o genocídio e salvar o povo do Sudão.

Assim, enquanto no sul o problema era uma imposição do nacionalismo religioso árabe em um país de maioria negra e africana, no oeste do país o problema, que era o da terra e da água, tornou-se o da limpeza étnica. Aqueles que se classificam como árabes muitas vezes não parecem diferentes dos que se classificam como africanos. É mais língua do que realidade, onde os que falam árabe são considerados árabes, enquanto aqueles cuja primeira língua é africana são africanos, a despeito de sua religião muçulmana. A única esperança do Sudão é um nacionalismo não religioso e não sectário, baseado na boa vontade. Claramente, a imposição de uma religião ou outra não criará condições para unidade na enorme nação.

Uma breve história da Costa do Marfim: política e caos

Os primeiros humanos na área que hoje é chamada Costa do Marfim provavelmente apareceram entre 15000 e 10000 AEC como indicado nas armas, machados polidos e resquícios de ferramentas de pesca e cozinha antigos. Traços de assentamentos humanos são encontrados ao longo da região. Contudo, os primeiros habitantes conhecidos da Costa do Marfim deixaram vestígios dispersos ao longo do território. Vários grupos étnicos como os Ehotilés, Kotrowous, Zéhiris, Egas e Diès se mudaram para a área antes do século XVI e se integraram aos grupos nativos. Todos esses grupos eram sedentários e agrários, embora também praticassem a caça e a pesca.

Vários estados importantes floresceram na área antes da chegada dos europeus. Um reino no Norte, estabelecido pelo povo muçulmano Juula, era chamado Império Kung. Os Senufos confrontaram os Kongs brevemente, mas foram para o Sul e permanecem independentes do Islã. Eles viviam sob o Império Malo antes da islamização dos Juulas. Um povo artístico, os Senufos criaram algumas das narrativas da criação mais fortes da África Ocidental e mostraram suas crenças nas esculturas concretas de pássaros primordiais.

Viver com a presença dos Senufos e outros grupos étnicos significava que os Kongs estavam sempre sob a pressão de defender sua religião. Samori Ture, o grande rei guerreiro, destruiu a cidade de Kong em 1895. Antes, o reino Abron emergiu em torno do Jaman como um grupo Akan que fugiu dos exércitos conquistadores da Confederação Asante. Em meados do século XVIII, outro povo Akan estabeleceu o reino Baule em Sakasso. Dois reinos Agnis, Indenie e Sanwi, também se formaram a partir dos assentamentos Baules.

Os franceses assinaram tratados com os reis de Assini e de Grand Bassam, supostamente dando autoridade aos franceses para falarem em seu favor. Assim foi feita a abertura para os missionários, comerciantes e mercenários entrarem no território. Revoltas eram comuns, e os franceses só obtiveram o controle completo sobre a área em 1915. Contudo, os africanos reclamavam e protestavam pelo controle do território quando a França consolidou seu poder sobre o povo basicamente Baule, que era próximo ao Akan, de Gana. Na época do Congresso Pan-africano de Manchester, em 1945, a Costa do Marfim estava firmemente na órbita francesa.

Durante a Segunda Grande Guerra Europeia (Segunda Guerra Mundial), a França dependia de suas colônias africanas para apoio físico e material, e em 1946 os franceses mostraram sua gratidão à África concedendo cidadania a todos os africanos sujeitos à França. Dez anos mais tarde, a França transferiu parte da autoridade colonial mantida em Paris para as colônias e removeu todas as desigualdades eleitorais. Dois anos mais tarde, em 1958, Paris adotou uma política que permitia ao povo da Costa do Marfim participar no autogoverno. Certamente, o povo não estava satisfeito com a participação limitada; queria ser completamente livre.

Os franceses haviam calculado que os marfinenses com formação desejariam ser assimilados e não buscar independência, mas erraram, porque tanto a elite quanto as massas quiseram independência.

O país passou por uma independência artificial como uma república autônoma na Comunidade Francesa, resultante de um referendo que dava esse *status* a todos os membros do grupo da Federação da África Ocidental Francesa, exceto Guiné, que havia votado contra a associação em 1958. O povo da Costa do Marfim declarou sua independência em 7 de agosto de 1960, com Abidjan como sua capital.

A Costa do Marfim, como uma ex-colônia francesa, herdou da França no momento da independência o halo do sucesso econômico. Havia cafés franceses nos principais bulevares, butiques francesas no centro de Abidjan e diplomatas e funcionários que consideravam a cidade seu lar na época da independência. Sob muitos aspectos, a Costa do Marfim foi um dos melhores exemplos do paradigma capitalista da África. A área conhecida como Cocody, em Abidjan, era universalmente conhecida como um dos melhores endereços na África.

A aparição de Félix Houphouët-Boigny como líder do novo país independente sinalizou aos franceses uma continuação da relação especial que fora encorajada entre as duas nações. Houphouët-Boigny, filho de um rei Baule, formou a primeira união de produtores de cacau em 1944, com o objetivo de garantir melhores condições de trabalho aos proprietários das plantações e melhores preços para os pequenos agricultores. Logo ele atingiu a proeminência e em poucos anos foi eleito ao parlamento francês em Paris. Um ano depois, os franceses aboliram o trabalho forçado nas plantações. Ele era um favorito dos políticos franceses, um parceiro em dinheiro e poder; buscando agradar as classes altas, elites poderosas e autoridades franceses, logo abandonou sua posição política mais radical em apoio aos agricultores. Os franceses responderam, tornando-o o primeiro-ministro africano em um governo europeu. Na época em que a França estava disposta a conceder independência à Costa do Marfim, Félix Houphouët-Boigny não tinha concorrentes. Ele se tornou o pai da independência em 1960 e trabalhou para manter o país na axila da França.

Contudo, como outras regiões colonizadas da África, a Costa do Marfim era uma nação artificial que fora criada a partir de vários grupos étnicos importantes reunidos pelo poder do governo francês. Foi a completa audácia da personalidade de Houphouët-Boigny que substituiu o governo francês e manteve o país unido durante seu mandato, apesar da presença dos problemas políticos étnicos e regionais que tinham de ser suprimidos. A nação foi formada com porções de Baules, Krus, Senufos, Lobis, Malinkes e várias outras populações étnicas menores. Com efeito, os franceses haviam mantido o poder ao incluírem em sua colônia não um povo dominante, mas vários grupos étnicos, como um modo de equilibrar o poder. Contudo, passaram esse poder a um Baule, cujos ancestrais eram os mesmos que os Asantes de Gana, que viviam do outro lado da fronteira. Houphouët-Boigny era, portanto, um Akan. Mas outros grupos de africanos marfinenses tinham grandes porções de suas populações em outros países também. Os Lobis são encontrados em Mali, os Krus, na Libéria, os Maliknes, na Guiné e os Senufos vivem também em Burkina Faso. O fato de o país da Costa do Marfim ser constituído desses grupos atesta sua diversidade e energia. Mas o capitalismo também criou enormes tensões, fissuras e desorientações culturais nesse país ricamente dotado localizado na floresta tropical da zona do Sahel da África Ocidental. Houve muitas migrações étnicas, bem como etnicidades que foram incorporadas à colônia francesa quando era administrada pela França. Esse multiculturalismo com vínculos externos, por assim dizer, em outros países serviu como um ponto forte e um ponto fraco na administração do país.

Dois fatores críticos levaram ao declínio do poder marfinense na virada do século: (1) a surpreendente dependência da generosidade francesa e; (2) as chamas lentas das tensões étnicas. Quando a França invadiu o país na década de 1840 e forçou os chefes locais a ceder aos comerciantes franceses um monopólio ao longo da costa, foi o primeiro passo para o controle último da economia da área pela França. O segundo passo tinha de ser militar, e os franceses construíram bases navais para repelir os comerciantes não franceses quando começaram uma conquista sistemática e brutal do interior. O exército Mandinka ofereceu uma dura resistência, que durou vários anos na década de 1890, antes que os franceses fossem capazes de subjugá-los. No lado leste do país, os Baules lideraram uma campanha de guerrilha de ataque e fuga contra os interesses franceses que durou até 1917.

Quando os franceses haviam "pacificado" os vários grupos étnicos, buscaram o controle da economia ditando as exportações do país, que eram basicamente de plantações de cacau, café e óleo de palma ao longo da costa. Em breve, a Costa do Marfim tinha a maior população de colonos brancos da África Ocidental. Os franceses não eram apenas burocratas; eram colonos com intenção de obter sustento para suas famílias no país. Nem os britânicos nem os franceses foram capazes de garantir uma base colonial forte em outros países da África Central ou Ocidental. Contudo, na Costa do Marfim, os franceses terminaram na posse de um terço das plantações de cacau, banana e café, forçando os africanos a uma quase-escravidão. Esse sistema desprezível de trabalho forçado se tornou a marca da ocupação francesa.

Muitas pessoas ficaram com raiva da ocupação francesa por sua arrogância e por sua crença de que mereciam privilégios em um país africano. Na época, foi o país mais próspero da África. Mais de 40% das exportações totais da região vinham da Costa do Marfim. O governo de Houphouët-Boigny deu aos agricultores bons preços para estimular mais a produção. A produção de café aumentou significativamente, catapultando a Costa do Marfim ao terceiro lugar em produção total, atrás do Brasil e da Colômbia. Com o cacau ocorreu o mesmo. Em 1979, o país era o principal produtor de cacau do mundo, tornando-se também o principal líder exportador africano de abacaxi e óleo de palma. Grande parte do sucesso tinha a ver com as políticas de exportação francesas, conexões econômicas externas com os mercados europeus e o desejo dos colonos de mostrar que podiam transformar o país para superar os países africanos vizinhos que haviam forçado os europeus a partir. Foi diferente na Costa do Marfim, onde os franceses afluíram ao país. A comunidade francesa cresceu de 10 mil em 1960 para mais de 50 mil no fim da década de 1970. Eles vieram como professores, burocratas, conselheiros e administradores agrícolas e industriais. A taxa de crescimento de vinte anos, de aproximadamente 10%, foi a mais alta dos países não exportadores de petróleo durante o mesmo período.

As sementes de problemas políticos surgiram porque Houphouët-Boigny governou com mãos de ferro. Com efeito, a ideia democrática foi suprimida no país, a fim de promover a agenda capitalista. Os líderes do país não queriam que houvesse qualquer liberdade de expressão, ou seja, críticas às condições do país. Não havia imprensa livre e existia apenas um partido. Houphouët-Boigny também gastou milhões de dólares transformando sua cidade, Yamoussoukro, na nova capital, onde construiu a maior catedral do mundo, provocando consternação no país e mostrando que tinha pouca apreciação pela cultura religiosa africana. E se ele tivesse erigido, em vez disso, o maior, mais expressivo, mais moderno santuário aos ancestrais africanos? Seu regime político em breve havia se tornado o alvo de piadas devido ao modo como gastava o dinheiro gerado pela economia. Mas, então, veio a terrível recessão do começo da década de 1980 e uma seca no país, que tiveram impactos na economia marfinense. Além disso, a excessiva extração de madeira e a queda dos preços do açúcar levaram o endividamento externo do país a triplicar.

Quando centenas de funcionários públicos entraram em greve em 1990, estava claro que o brilho da economia marfinense havia evanescido. Estudantes protestaram contra a administração governamental do orçamento, corrupção provocada pelos subornos franceses aos políticos e oficiais marfinenses e à falta de democracia. As manifestações estudantis se repetiriam nos anos seguintes e as fissuras na nação romperiam na virada do século, colocando habitantes do Norte contra os do Sul, agricultores contra empresários e nacionalistas contra conservadores. Na época da morte de Houphouët-Boigny, em 1993, o país havia se tornado uma democracia multipartidária e o cuidadosamente escolhido Henri Konan Bédié se tornou seu líder.

Em outubro de 1995 o Presidente Bédié obteve uma vitória esmagadora na reeleição contra uma oposição desorganizada e confusa. Ele fortaleceu seu controle da vida política, enviando várias centenas de opositores para a cadeia. Adotando a armadura de um ditador, cometeu o erro fatal de muitos líderes africanos: tentou destruir toda a oposição. Todavia, parecia que a perspectiva econômica estava melhorando porque a inflação diminuiu, e a dívida externa estava sendo administrada em decorrência da melhora econômica. Bédié desperdiçou essa oportunidade ao aderir à política étnica que aumentou mais a divisão na nação. O politicamente astuto Houphouët-Boigny havia sido muito cuidadoso em evitar qualquer conflito étnico, e deixou o acesso à nacionalidade marfinense aberto para imigrantes de Burkina Faso, Guiné e outras nações. Por outro lado, ao concorrer à futura eleição presidencial, Bédié enfatizou o conceito de "Marfinidade" (*Ivorité*) para excluir seu principal rival, Alassane Ouattara, que tinha somente um de seus pais de nacionalidade marfinense. Esse princípio inautêntico criado pelos países colonizadores, dada a natureza das nações africanas, despedaçaria qualquer sentido real de unidade na nação. A ideia de que somente aqueles nascidos na Costa do Marfim poderiam ocupar postos políticos ou servir no exército era anátema ao padrão estabelecido durante o governo de Houphouët-Boigny.

O país explodiu em um golpe militar em 1999, que viu o General Robert Guéï assumir o posto. Bédié fugiu para o exílio na França. O golpe teve o efeito de reduzir o crime e a corrupção. Contudo, uma eleição foi organizada em outubro de 2000, na qual Laurent Gbagbo e Robert Guéï concorreram pela presidência. Houve muita agitação durante a campanha, e a tentativa de Guéï de fraudar a eleição levou a uma nova rebelião pública, resultando na morte de 180 pessoas e em sua rápida substituição pelo vencedor provável da eleição, Gbagbo.

Uma vez mais Alassane Ouattara foi desqualificado pela corte suprema do país, que baseou sua inelegibilidade em sua nacionalidade burkinabé. A desqualificação de Ouattara provocou conflitos de ruas nas quais seus apoiadores, principalmente do norte muçulmano do país, confrontaram a polícia de choque na capital, Yamoussoukro. Além disso, em 19 de setembro de 2002, soldados se amotinaram e ganharam o controle da parte norte do país. Na metrópole de Abidjan, as centrais de polícia foram tomadas pelos rebeldes, e o ex-Presidente Guéï foi morto com 15 pessoas em sua casa. Durante a rebelião, Alassane Ouattara se refugiou na embaixada francesa. Ocorreram tantas revoltas, algumas sem foco, que no tumulto um golpe militar foi tentado. Muitos oponentes de Gbagbo foram sumariamente executados por justiceiros.

Um cessar-fogo foi convocado, mas foi breve, e o conflito pelas melhores áreas de cultivo de cacau recomeçou. A França enviou tropas para manter os limites do cessar-fogo, e milícias, incluindo comandantes militares e combatentes de Serra Leoa e da Libéria, aproveitaram a crise para tomar o território marfinense. Um grande confronto ocorreu quando soldados franceses foram mortos e a França destruiu a força aérea marfinense atacando aviões de combate em terra. Gbagbo ficou furioso, mas incapaz de contra-atacar. Seus apoiadores sentiram que os franceses haviam mostrado que estavam do lado dos rebeldes. Contudo, em janeiro de 2003, o Presidente Gbagbo e líderes rebeldes assinaram acordos criando um "governo de unidade nacional". Toques de recolher foram suspensos e os soldados franceses limparam a fronteira rebelde do oeste do país.

O governo se mostrou extremamente instável. Em março de 2004, 120 pessoas foram mortas em um protesto da oposição. Um relatório posterior concluiu que os assassinatos foram pré--planejados. Apesar da atuação de soldados das tropas de paz das Nações Unidas, as relações entre Gbagbo e a oposição continuaram a deteriorar. Obviamente, os franceses têm um grande interesse pelo país devido à tremenda quantidade de recursos franceses lá dispendidos, mas também reconhecem o perigo de serem derrotados por um recém-fundado nacionalismo baseado nas posições antifrancesas dos jovens. Retirar-se de um iminente desastre nacional não é fácil, mas parecia que o país tinha muito mais a experienciar.

Contudo, nove soldados franceses foram mortos em 6 de novembro de 2004, e a retaliação francesa com a destruição da força aérea marfinense em Yamoussoukro levou a violentos protestos no país. Ao fim de 2004 o país estava dividido, com os rebeldes ocupando o norte e o governo, o sul. Uma nova eleição foi organizada em 2010 e os resultados estavam em discussão. O candidato do norte, Alassane Ouattara, foi considerado o vencedor pela comunidade internacional e o Presidente Gbagbo foi declarado o vencedor pela Comissão Eleitoral Independente. Ambos os candidatos fizeram o juramento do posto e o país mergulhou novamente no caos. A França declarou seu apoio a Ouattara e solicitou a Gbagbo que renunciasse. Negociações não puderam resolver o conflito; centenas de pessoas foram mortas e outras em Abidjan fugiram para o interior. A França, sempre atuando em suas ex-colônias, adotou ação militar contra o presidente e bombardeou sua sede. Em seguida, os franceses, com o auxílio dos rebeldes que apoiavam Ouattara, prenderam Gbagbo em 11 de abril de 2011. Em novembro, ele foi transportado para Haia na Europa e se tornou o primeiro chefe de Estado a ser indiciado pela Corte Criminal Internacional.

A retórica socialista e a realidade em Moçambique

Samora Moïsès Machel nasceu em 1933 e foi educado em escolas católicas em Moçambique. Não demorou muito para que sentisse que tinha de combater os ocupantes portugueses de seu país. Machel frequentava a escola católica, mas quando não estava em aula tinha de trabalhar nos campos. Estudou para se tornar enfermeiro, uma das poucas profissões abertas a moçambicanos negros naquela época. Começou suas primeiras atividades políticas em um hospital, onde protestou contra o fato de que enfermeiros negros recebiam menos do que brancos para fazer o mesmo trabalho. Mais tarde, contou a um repórter quão ruim era o tratamento médico para os pobres de Moçambique, dizendo: "o cachorro dos ricos recebe mais em termos de vacinação, medicamentos e cuidados médicos do que os trabalhadores que constroem a riqueza dos ricos" (KREBS, 1986). Isso estabeleceu sua perspectiva sobre distinções de classe em uma sociedade capitalista. Dadas suas origens camponesas, Machel achou os ensinamentos de Marx muito úteis para compreender e apreciar a perseguição e opressão das massas moçambicanas. Ele tornou sua vida a revolução contra os portugueses. Podemos dizer que a rebeldia contra Portugal não era nova para Machel. Seus avós e bisavós haviam lutado contra os portugueses no século XIX. Em 1962 ele se juntou à Frente pela Libertação de Moçambique (Frelimo), como era chamada, dedicada a criar uma Moçambique independente. Em 1963 deixou Moçambique e viajou a várias outras nações africanas, onde recebeu treinamento militar. Em 1964 retornou a Moçambique e liderou o primeiro ataque de guerrilha da Frelimo contra os portugueses no norte do país. Liderou as forças de guerrilha, também em 1968, e se tornou o presidente da organização em 1969. Machel era um líder de campo com seus homens, conduzindo-os em combate e partilhando com eles os perigos e adversidades. Isso fez dele um líder de guerrilha especial. Ele não dava entrevistas em algum abrigo seguro, mas estava ativamente envolvido com a guerra contra a opressão. Acreditava na guerra de guerrilha, e o exército da Frelimo se estabeleceu entre os camponeses de Moçambique. Ele era um revolucionário dedicado não apenas a expulsar os portugueses do país, mas também a mudar radicalmente a sociedade. Ele disse:

> de todas as coisas que fizemos, a mais importante – aquela que a história registrará como a principal contribuição de nossa geração – é que compreendemos como transformar o conflito armado em uma revolução; que nos apercebemos de que era essencial criar uma nova mentalidade para construir uma nova sociedade (MANDELA, 1999).

Os objetivos de Machel se realizaram quando o exército revolucionário enfraqueceu Portugal, e, após o golpe do país em 1974, os portugueses foram forçados a deixar Moçambique. O novo governo revolucionário, liderado por Machel, assumiu o comando do país em 25 de junho de 1975. Machel se tornou o primeiro presidente e era carinhosamente referido como "Presidente Samora", devido à sua relação com as pessoas comuns. Comprometido em criar um

Estado marxista, Machel foi confrontado por dificuldades econômicas extremas, incluindo dependência de um regime sul-africano minoritário e hostil, ajuda soviética não confiável, guerra civil na vizinha Rodésia (agora, Zimbábue) e uma resistência de guerrilha com apoio sul-africano em seu próprio país. Ele era um dos líderes mais populares e manteve essa popularidade ao longo de seu mandato. Machel colocou seus princípios revolucionários em prática. Convocou a "nacionalização" (posse governamental) das plantações e propriedades portuguesas. Implantou rapidamente escolas públicas e clínicas de saúde para os camponeses. Convocou a Frelimo para se organizar em um partido leninista. Claramente, Machel se via como um internacionalista que apoiava e permitia que revolucionários, combatendo regimes minoritários brancos na Rodésia e na África do Sul, operassem em Moçambique. Logo depois de sua independência, Moçambique foi atacada por esses dois países com uma organização anti-Frelimo chamada Resistência Nacional Moçambicana (Renamo). Vizinhos mais hostis e poderosos de Machel estrangularam a economia moçambicana, mas mesmo assim ele não renunciaria seu apoio aos revolucionários do Zimbábue e da África do Sul. As atividades do Renamo incluíam a morte de camponeses, a destruição de escolas e hospitais construídos pela Frelimo, e a explosão de linhas ferroviárias e instalações hidroelétricas. Foi um dos principais exemplos do que pode acontecer quando as bajulações feitas pelo Ocidente são consideradas mais importantes do que a liberdade humana. Machel lutou contra essas tendências, tentando ensinar a seu povo como se tornar autossuficiente e poderoso.

Samora Machel foi morto em um acidente aéreo em 20 de outubro de 1986. Embora vários anos antes de o avião cair, Machel tenha assinado um pacto de não agressão com a África do Sul, muitos moçambicanos acreditavam que o governo minoritário daquele país tivesse provocado o acidente. Em 6 de outubro de 1986, apenas duas semanas antes, soldados sul-africanos foram feridos por minas terrestres próximo do lugar onde as fronteiras de Moçambique, África do Sul e Swazilândia convergem. O fato de que o avião de Machel tenha caído quase no mesmo lugar onde os soldados sul-africanos foram feridos fez muitos acreditarem que os sul-africanos estivessem por trás do acidente. Outros acreditam que pode ter sido o trabalho de agentes brancos, que derrubaram o avião a tiros, enquanto outros pensam que foi um acidente devido ao mau tempo. Permanece ainda sem solução.

Nelson Mandela fez um discurso na abertura do Memorial de Samora Machel em Mbuzini em 20 de janeiro de 1999. Ele disse:

> Quando nos esforçávamos, há doze anos, para compreender a tragédia que havia sobrevindo a nós todos, nossa única certeza era que os povos de Moçambique, África do Sul, África e além, haviam sido privados de um gigante. Lamentamos com Moçambique pela perda de um estadista, soldado e intelectual que consideramos nosso líder também. Ele nos foi tirado, mesmo quando um novo sul da África estava lutando para nascer em meio aos estertores da ordem colonial e do *apartheid* (MANDELA, 1999).

Unidade nigeriana: um exemplo de complexidade

Desde que os britânicos forçaram inúmeros grupos étnicos e reinos africanos a formar uma meganação chamada Nigéria, o país tem tido muita dificuldade para descobrir seu centro. Em 1901, a região se tornou um protetorado britânico quando civilizações mais antigas do que a própria Grã-Bretanha passaram à autoridade do Império Britânico. Shaw (2010) escreveu em seu livro sobre as primeiras iniciativas da nação insular da Grã-Bretanha para controlar a Nigéria. Os assentamentos humanos no que agora é a Nigéria datam de 11000 AEC e ao reino de Nri, o Império Oyo, e ao reino de Benin. Durante o século XI, estados Hausas, no Norte, passaram à influência de clérigos islâmicos do Egito e Sudão, e, no século XV, os monges agostinianos e capuchinhos trouxeram o cristianismo. Em 1851, os britânicos capturaram o Porto de

Lagos dos portugueses e o anexaram em 1861. Ativistas e políticos nigerianos foram capazes de conquistar a independência em 1960, mas sete anos depois o país se envolveu em uma guerra civil que durou até 1970. Esse "Elefante da África" teve várias ditaduras militares, mas desde 1999 tem tido governos democráticos estáveis.

Como uma colônia, sob administração britânica, o país foi gerido como um rico recurso agrícola para o Império Britânico, como outras nações conquistadas. Quando a nação obteve sua independência em 1960, todos os sentimentos étnicos e nacionais pré-coloniais voltaram a assombrar a nova nação (UDOFIA, 1981).

Grupos nacionais como os Hausas, Iorubas e Igbos e outros tentaram explorar as vantagens de uma nação unida, mas rapidamente incorreram em preconceitos seccionais e regionais. Logo após a independência, o povo Igbo se mudou para o norte, o Hausa, para o oeste, o Ioruba viajou e trabalhou no leste, e assim por diante, no período de união feliz do vasto país. Qualquer pessoa podia ir livremente a qualquer lugar na Nigéria.

Embora o país tenha claudicado de uma realização a outra desde 2010, tornando-se em 2014 a maior economia da África ao ultrapassar a África do Sul, permaneceu difícil de governar. As suspeitas e hostilidades entre regiões ainda exacerbam ações competitivas intensas. Um país assim tão grande tem muitas facções, interesses e conflitos. Por exemplo, a solução da disputa de fronteira camaronesa e nigeriana significava que, quando territórios foram para Camarões, o grupo étnico Bakassi ficou sem uma política governamental agressiva de remoção segura que os colocasse em ilhas inabitadas no território nigeriano quando perderam suas terras peninsulares. Com os protestos do petróleo e o conflito dos Vingadores do Delta do Níger (VDN) [Níger Delta Avengers] para se separarem da Nigéria, do mesmo modo que o Sudão do Sul se separou do Sudão, tensões étnicas subjacentes tornam os problemas mais graves. De fato, os VDN pediram à comunidade internacional para defender seus interesses contra o governo e as companhias petrolíferas. A organização retroagia às atividades do brilhante ambientalista e ativista pelos direitos humanos Ken Saro-Wiwa, que conseguiu chamar a atenção internacional para os abusos do governo e das companhias petrolíferas. Ele começou a voltar sua atenção à injustiça em 1990 e foi preso várias vezes pelo governo nigeriano, iniciando uma causa célebre pelo mundo. Saro-Wiwa foi preso em junho de 1993, mas solto após um mês. Quando quatro chefes Ogonis, conservadores acusados de se apropriarem de fundos da Shell Oil Company e de fazer transações com o governo, foram brutalmente assassinados em 21 de maio de 1994, Ken Saro-Wiwa infelizmente tentou entrar em Ogonilândia e foi impedido. Ele foi preso e processado por tentar criar perturbações. Negou as acusações, mas foi mantido na prisão por um ano, e, então, julgado culpado por incitação e sentenciado à morte por um tribunal especialmente reunido. Saro-Wiwa e aliados que lutavam por justiça ficaram conhecidos como os Nove Ogoni. Algumas testemunhas, que admitiram mais tarde terem sido subornadas pelo governo, afirmaram que Saro--Wiwa havia se envolvido nos assassinatos. Duas delas retiraram seu testemunho contra ele. Embora o julgamento de Saro-Wiwa tivesse sido criticado internacionalmente por muitos líderes e grupos de direitos humanos e por ele ter recebido premiações de grupos internacionais como o Right Livelihood Award [Prêmio da Sustentabilidade] e o Prêmio Ambiental Goldman, os oficiais do governo o perseguiram. Era como se as forças de ódio, uma vez lançadas contra um defensor dos pobres, não pudessem ser detidas e, em 10 de novembro de 1995, Ken Saro-Wiwa, junto a seus nove compatriotas, foram enforcados e enterrados no cemitério Port Harcourt. Na verdade, em 1989, Saro-Wiwa havia antecipado sua execução em sua carta satírica a Zole, *Africa kills her sun* [África mata seu sol]. A morte dele e de seus companheiros Ogonis não deteve os protestos, porque no Delta do Níger da Nigéria ainda está claro que a massiva riqueza petrolífera da região não havia beneficiado a população local como poderia e deveria, diante dos intermináveis apelos por distribuição igualitária.

Uma torrente de retórica política, muitas vezes sem ideologia, afirma que o país está tão fraturado ao longo de linhas étnicas, sociais, legais, geográficas, religiosas e culturais que nunca poderá ser uma sociedade funcional. As vozes negativas são mais altas do que aquelas que apelam a uma unidade nacional. Com um país fragmentado, devido à imposição britânica de uma união que nunca foi natural nem conquistada nem negociada com os povos afetados, é difícil ver como a classe gerencial nigeriana, sem uma ideologia apaixonada, será capaz de administrar uma sociedade complexa como essa. Pode ser necessário revisar, se não desfazer completamente, o vínculo que constituiu a unidade nigeriana, a fim de fazer uma nação melhor. Em 1953, o povo Hausa – que outrora acreditou que a colônia nigeriana poderia ser independente – considerou a secessão. Cada vez mais, as vozes estridentes recitam o mantra de que a Nigéria é uma expressão geográfica, não uma nação, no mesmo sentido em que os franceses ou os britânicos são nações. A designação "nigerianos" não fala de uma nação, mas daqueles que vivem dentro dos limites estabelecidos pelos colonialistas ingleses que criaram o país. Eles citam o chefe Obafemi Awolowo, que dizia em 1947: "desde 1914, o governo britânico tem tentado transformar a Nigéria em um país" (COLEMAN, 1958). Por outro lado, Alhaji Abubakar Tafawa Balewa disse:

> mas os próprios nigerianos são historicamente diferentes em suas origens, em suas crenças religiosas e costumes e não mostram quaisquer sinais de disposição para se unirem [...]. A unidade nigeriana é somente uma invenção britânica (SULLIVAN, 2001).

O Dr. Nnamdi Azikiwe argumentou em 1964 que

> é melhor para nós e para muitos admiradores estrangeiros que nos [Nigéria] desintegremos em paz e não em partes. Se os políticos fracassarem em considerar esse alerta, vou me aventurar a predizer que a experiência da República Democrática do Congo será um jogo infantil, caso chegue nossa vez de desempenhar um papel tão trágico (FALOLA, 1999, p. 41-47).

Sem lugar para chauvinismo étnico

Viajamos pelas diversas áreas da Nigéria com uma admiração por quanto o povo se orgulha de suas regiões. O orgulho pode com frequência cruzar fronteiras do decoro e se tornar chauvinista. Esse é um perigo presente na Nigéria, especialmente quando uma região dá um ultimato ao povo de outra região para desocupar suas casas e terras e voltar às suas terras nativas. Governo sem integridade ou disciplina moral cria seu próprio caos ao polarizar a vida pública e manifestar as expressões mais elementares de etnocentrismo. Nenhuma sociedade pode sair do caos para as crises, da incompetência para a corrupção, e permanecer uma sociedade estável. Somente aqueles que acreditam em uma ideologia pan-africana de ação afrocêntrica podem impedir que a sociedade exploda em uma cena caótica de represálias e vingança.

A Nigéria não é um país pobre, embora a maioria dos nigerianos seja. A classe rica na Nigéria desfruta de uma qualidade de vida que está entre as mais altas do mundo, enquanto os pobres em alguns casos estão no fundo do barril econômico. Chegará o dia em que o povo nigeriano apresentará um líder que supere muitas das contradições de etnicidade, classe, língua e região, que esteja disposto a canalizar os ressentimentos e reclamações das massas na direção de uma resolução que crie uma democracia social que possa banir o etnocentrismo, assim como a constituição sul-africana baniu o racismo.

15

Na direção dos Estados Unidos da África sem concessões

Criação da União Africana

Em 1948, Cheikh Anta Diop, um jovem senegalês, propôs a um grupo de estudantes africanos em Paris que a nova *intelligentsia* deveria trabalhar para um renascimento africano. A base desse renascimento, na mente de Diop, seria uma nova construção das ciências e ciências sociais desconectadas das teorias e doutrinas de superioridade racial branca, que levaram à escravização e à colonização. Encontrando inspiração nos negritudinistas, incluindo seu companheiro senegalês Léopold Senghor, Cheikh Anta Diop acreditava que estavam corretos em exigir uma apreciação das coisas africanas, mas que necessitavam de um fundamento científico. Sua missão, conforme entendia seu papel na época e como disse a Alioune Diop, o editor de *Présence Africaine*, era oferecer uma plataforma a partir da qual poderiam ser lançadas novas energias na direção de um renascimento africano.

Em 1923, a resistência havia sido suprimida, e as forças progressistas estavam esperando por outro dia bom para começar o movimento pela remoção das forças coloniais. Mas, por agora, durante o harmatão, era possível ouvir apenas a voz de uma criança chorando de noite, um sinal da chegada de um perturbador da "paz" hegemônica que fora estabelecida pelos estudiosos ocidentais e colonialistas europeus.

Na Europa, na época do nascimento de Diop, a Alemanha havia sido derrotada na Primeira Guerra Mundial, e a França estava em ascensão. Talvez, alguns franceses tenham inclusive sonhado com um retorno ao período da glória napoleônica. Nada parecia deter a arrogância francesa em sua conquista do território africano. Tendo derrotado as forças de Lat Dior e terminado a ferrovia do Senegal a Mali, os franceses conectaram duas partes de seus vastos recursos africanos. Logo após o nascimento de Cheikh Anta Diop, o espírito suprimido do povo, a despeito dos esforços dos franceses de se separarem de Blaise Diagne, tornou-se outra estação de resistência clandestina da irmandade Mouride.

Diop descendia de uma famosa e importante família Mouride. Seu avô, Mor Samba Diop, era o imã importante da região, e um oponente do colonialismo francês. Seu pai morreu quando ele era muito jovem, e foi sua formidável mãe, Maguette Diop Massamba Sassoum, que desempenhou um importante papel em sua formação inicial e em lhe prover de uma visão de uma África unida.

A Senhora Diop era uma mulher brilhante, dotada de inteligência, integridade e discernimento político. Ela enviou seu filho para a escola na cidade de Diourbel, onde ele passou um tempo considerável aprendendo com os homens instruídos da ordem muçulmana Mouride. Essa era a tradição de sua família. Ele viajou em companhia de seu avô entre Diourbel e a cidade sagrada de Touba, no interior senegalês. Tendo pessoalmente percorrido aquela estrada, sei que a jornada deveria ser considerável nos dias da juventude de Diop. Contudo, Touba era, por todos os propósitos práticos e religiosos, igual a qualquer cidade no mundo como um centro de debate, estudo e aprendizagem superior. Cheikh Anta Diop era um descendente dessa tradição.

Havia no Senegal uma forte cultura educacional entre a elite Mouride na época, e os homens jovens que participavam dela eram os mais nobres da história senegalesa. Entre os jovens da época de Cheikh Anta Diop estava Cheikh M'Backe, o neto de Cheikh Amadou Bamba, fundador da ordem Mouride. M'Backe também herdou sua liderança. Conhecido por sua erudição, formação e abertura a novas ideias, Cheikh M'Backe, que morreu em 1978, era um amigo de longa data de seu primo Cheikh Anta Diop, que viveu até 1986. Embora seus caminhos divergissem em termos de tradição religiosa, sempre foram amigos, discutindo temas políticos e sociais da época. Ambos tinham herdado a ideia de que a África poderia ser unida sob sua própria bandeira a partir de sua ampla herança intelectual e política. Nada os impediria de afirmar a noção de que a África nada devia, em particular, a Meca que não pudesse ser encontrado em Touba ou em quaisquer outros locais sagrados do continente.

O jovem Cheikh Anta admirava a magia e acuidade religiosa de seu primo mais velho, ainda que jamais tivesse se tornado um imã ou líder espiritual do Islã. Devido à sua perspectiva sobre a vida, viria a se tornar um seguidor dedicado da ciência e da investigação. Tinha inclinação para a física, mas obteria formação em sociologia, antropologia, filosofia, linguística e conhecimentos técnicos em datação de carbono.

A teoria dos dois berços de Cheikh Anta Diop

Cheikh Anta Diop tentou extrair exemplos extremos do que chamava a teoria dos dois berços de desenvolvimento social. Para ele, o berço do sul, como exemplificado pelo modelo egípcio, tendia a representar os principais aspectos da cultura africana. Por outro lado, o berço do norte, como visto no modelo grego, representava o que se tornou a cultura europeia. Diop não pretendia que esses elementos fossem vistos como inevitáveis ou necessariamente presentes em todos os casos, mas apresentou essas ideias como marcos do extremo em ambos os casos.

O modelo do berço egípcio do Sul

1. Abundância de recursos vitais.

2. Agricultura sedentária.

3. Natureza gentil, idealista, pacífica, com um espírito de justiça.

4. Família matriarcal.

5. Emancipação das mulheres na vida doméstica.

6. Estado territorial.

7. Xenofilia.

8. Cosmopolitismo.

9. Coletivismo social.

10. Solidariedade material de direito para o indivíduo que torna a miséria moral ou material desconhecida.

11. Ideia de paz, justiça, bondade e otimismo.

12. A literatura enfatiza novos contos, fábulas e comédias.

O modelo do berço grego do Norte

1. Escassez de recursos.

2. Caça nômade (pirataria).

3. Natureza belicosa feroz com espírito de sobrevivência.

4. Família patriarcal.

5. Degradação/escravização das mulheres.

6. Cidade-Estado (fortaleza).

7. Xenofobia.

8. Paroquialismo.

9. Individualismo.

10. Solidão moral.

Embora Cheikh Anta Diop tenha formulado algumas dessas ideias quando jovem, foi somente depois de ter ido à Europa que essas ideias e a da negritude dos egípcios antigos o propeliriam às linhas de frente dos intelectuais africanos. A partir de suas contribuições era óbvio que suas primeiras influências e contatos fertilizaram seu cérebro e lhe deram uma perspectiva sobre o conhecimento que inspiraria milhões de pessoas. Assim, sua formação foi importante em sua evolução como pensador.

Diop foi amigo e colega de escola de Mor Sourang, filho de um rico empresário, e Doudou Thiam, que se tornou o chefe da diplomacia senegalesa. Ambos eram conhecidos de longa data e podemos considerar que tiveram um impacto na agilidade da mente do jovem Diop. Mor Sourang serviu ao *establishment* político com sua brilhante construção de posições diplomáticas no interesse do país.

Contudo, foi entre Cheikh Anta Diop e Cheikh M'Backe que houve uma relação estreita de amizade e fraternidade no interesse da visão africana. Cheikh M'Backe descendia, da parte de sua mãe, de Lat Dior Ngone Latyr Diop, que foi o último *damel* de Cayor, ou seja, o último dos imperadores do Império Wolof que havia combatido os franceses até a morte. De acordo com Pathé Diagne, o apelido de Cheikh M'Backe era "o Leão de Fatma" (DIAGNE, 1997, p. 38). De fato, Diop nomearia um de seus filhos em homenagem a M'Backe. Diagne acredita que essa foi uma relação formadora para Diop. Na verdade, se olharmos para as evidências, parece que o mais velho, Cheikh M'Backe, foi a influência-chave no desenvolvimento ideológico de Cheikh Anta. Durante sua juventude, foi Cheikh M'Backe que assumiu a liderança na exposição do pan-africanismo de Cheikh Anta e a possibilidade de derrotar o colonialismo francês (DIAGNE, 1997, p. 38).

Foi sob a tutela de Cheikh M'Backe que Cheikh Anta aprendeu os perigos e terrores da dominação francesa. Com certeza, essa não foi uma relação de uma via, ainda que o mais velho tenha sido muito influente. Cheikh M'Backe ficou impressionado com o talento, a vontade de aprender e a disciplina do jovem Cheikh Anta, que lhe fazia muitas perguntas e mostrou, desde muito cedo, o tipo de curiosidade necessária para a formação superior. Sempre respeitoso para com os mais velhos, o jovem Diop muitas vezes sentou com eles, enquanto discutiam religião, política e história. Nunca assumindo um papel arrogante na conversação com eles, praticava comedimento, reflexão e respostas inteligentes, embora, claro, não com eles, mas mentalmente, pensando, planejando como responder perguntas difíceis, ao ouvir seus discursos. Ele desenvolveu um hábito de tentar encontrar as melhores metáforas, histórias e provérbios tradicionais para formular argumentos. Essa reflexão o seguiria ao longo de sua vida, e ele manifestaria a mesma humildade de caráter até sua morte.

Cheikh M'Backe acreditava que a capacidade do jovem Cheikh Anta de dominar a sabedoria proverbial dos veteranos e o conhecimento dos imãs indicava um destino brilhante para o jovem. Ele o encorajou a estudar diligentemente e a se aplicar sabiamente. Assim, Cheikh Anta frequentou a escola francesa em Diourbel, mas depois, na década de 1940, foi para o Lycée Faidherbe, em St. Louis, na Ilha de Sor, onde Cheikh M'Backe vivia na época. Ele se destacou como aluno e em suas tarefas enquanto estudou no Lycée.

Figura 15.1 – Universidade Cheikh Anta Diop, Dakar, Senegal.

Fonte: Foto de Rignese/GNU Free Documentation License, Version 1.2

St. Louis era a capital colonial do Senegal. Foi o lugar onde os franceses estabeleceram sua zona de conforto. Foi a incubadora da administração colonial, mas também o lugar onde africanos de todos os territórios franceses se reuniam para discutir o futuro das colônias. De Mali, Costa do Marfim, Guiné, Argélia, Mauritânia, Chade, Níger e Volta superior, agora, Burkina Faso, os intelectuais vinham para St. Louis por ser o lugar onde o debate sobre a presença colonial francesa era mais intenso.

A presença de Diop em St. Louis foi benéfica para seu crescimento intelectual porque lhe permitiu ver como os franceses educavam os senegaleses, e isso inspirou seu desejo de resistir ao sistema colonial. Ele viu a desigualdade e o mau uso das mulheres africanas pelos homens franceses, particularmente a criação da grande população mulata, que não existia em Dakar. Ele observou a estratégia de "dividir para governar" dos franceses, que buscava enfatizar diferenças étnicas entre o povo africano. Assim, antes que Dakar emergisse como sede do poder, St. Louis, no Norte, era a capital cosmopolita do mundo afro-francês. Tinha todas as contradições de uma cidade assim, que não passaram despercebidas pelo jovem Diop.

Ele se formou no crisol da St. Louis de 1940-1950. Entre os pan-africanistas que visitaram a cidade antes dos dias de estudante de Cheikh Anta Diop estava o gigante intelectual Edward Wilmot Blyden. Nascido nas Ilhas Virgens, viveu na Libéria e em Serra Leoa no fim do século XIX e início do XX. Encontrou uma comunidade de senegaleses jovens que se dedicavam à mudança revolucionária em sua condição. Blyden pode ter encontrado Seydi Ababacar Sy, Lamine Guèye, Ngalandou Diouf, Mar Diop, Cekuta Diop, Lamine Senghor, Emile Fauré, Adolphe Mathurin, Tojo Tuwalu e Kouyate Garang. Diop não havia nascido ainda, quando Blyden deixou sua casa em Freetown para visitar outras cidades coloniais na África Ocidental, incluindo St. Louis. Seria apenas através das conversações entre seus professores e os anciões na comunidade de St. Louis que Diop conheceria as pesquisas históricas e os sentimentos políticos desse famoso estudioso. Todavia, o próprio ambiente social, intelectual e político, mais do que todos os outros contextos, era rico em discussão e discurso, e foi precisamente o meio que formou Cheikh Anta Diop.

Acredita-se que ele também tenha sido exposto ao trabalho de Marcus Garvey em St. Louis. Um senegalês chamado Sar Djim Ndiaye, que conheceu Diop, deu uma entrevista alguns meses após sua morte, em 1986, na qual disse que havia ido distribuir informações sobre Marcus Garvey, em St. Louis, nas décadas de 1920 e 1930, e seu amigo, Sama Lam Sar, lembrou que a influência de Marcus Garvey foi muito forte lá no período entre 1930-1940. Quando visitei o túmulo de Diop em Caytou em 1990, os anciões da cidade me disseram que ele havia sido grandemente influenciado pelo garveysmo. Nunca vi isso registrado nos escritos de Cheikh Anta. De acordo com Diagne (1997, p. 38), Diop também fora influenciado pelo nacionalismo militante de Adama Lo e Lamine Guèye, que se tornou deputado do Palácio Bourbon. Sem dúvida, Diop teve contato com os trabalhos de Eric Williams, Jacques Price-Mars, Richard Wright, Louis Achille, Léopold Senghor e R. Ménil quando esteve em St. Louis. Com certeza, como era um súdito da França, também fora muito exposto aos filósofos, poetas, cientistas e romancistas franceses. Ele conhecia a cultura francesa, poderíamos dizer, tão bem quanto qualquer pessoa francesa. Todavia, encontraria sua missão na defesa da cultura africana em meio à incessante e muitas vezes brutal busca francesa por dominação.

Havia uma tradição entre os africanos falantes do francês de defender a raça africana. Em 1920, *Messager Dahoméen* [Mensageiro dahomeano] foi publicado por Max Bloncourt em L. Hunkanrin, com a ideia de corrigir algumas das informações falsas sobre o mundo negro. Outros livros e artigos foram publicados nessa linha, incluindo *Ligue universelle de défense de la race noire* [Liga universal de defesa da raça negra], em 1924, de René Maran e Kodjo Tovalou, que haviam sido influenciados por Marcus Garvey.

Tão grande era o espectro de Garvey, que influenciou africanos que falavam francês, português, espanhol e inglês.

Diop tinha suas próprias ideias sobre o renascimento da África. Para ele era possível sugerir uma unidade cultural do continente que estivesse manifesta em tudo que os africanos faziam. Além disso, a África pré-colonial tirava sua energia e seus recursos dessa afinidade de experiências. Os livros *The cultural unity of black Africa* [A unidade cultural da África negra] e *Pre-colonial black Africa* [África negra pré-colonial], como foram chamados em inglês, tentavam estabelecer a particularidade da afinidade africana. Os africanos expressavam suas relações com a natureza e as pessoas de um modo muito semelhante. Isso não era dizer que outros povos não tivessem valores similares, mas que identificava traços comuns entre as culturas africanas. Para Diop, como um pan-africanista, era necessário e útil aos estudiosos reavaliarem a relação das sociedades africanas com o antigo Egito. Assim, o Egito se tornou necessário para uma historiografia completa do continente africano, ou seja, sem ele seria impossível entender a história africana.

O nascimento da União Africana

A União Africana (UA) nasceu na assembleia seminal dos estados africanos, organizada em julho de 2002 na África do Sul. Nesse encontro, a antiga Organização da Unidade Africana (OUA) [Organization of African Unity] foi aposentada e uma organização mais nova e dinâmica foi criada na direção da unidade continental. A OUA existia desde maio de 1963. Foi uma criação dos primeiros pensadores da independência: Kwame Nkrumah, G.A. Nasser, Milton Obote, Ben Bella e Julius Nyerere. Também recebeu o apoio do Imperador Haile Selassie da Etiópia, que tornou a capital do país, Adis Abeba, o lar da OUA, onde se estabeleceu sua central. Embora a OUA tenha tido um começo auspicioso, entrou rapidamente em disputas faccionais. Milton Obote, o presidente de Uganda, assumiu a tarefa de criticar os Estados Unidos por seu papel em apoiar regimes brancos na África e a discriminação contra afro-americanos. Foi uma afirmação benvinda de liderança africana na comunidade afro-americana. Contudo, criou problemas e dificuldades imediatas para seu país, uma vez que os Estados Unidos passaram a isolar Obote. De fato, acredita-se que ele possa ter enviado uma carta ao Presidente John Kennedy em prol de certos estados da África. Seu embaixador nas Nações Unidas, Apollo Kironde, escreveu ao presidente americano dizendo:

> seu pronunciamento, embora atrasado, mostrou que é sua visão e intenção, como presidente dos Estados Unidos da América, tornar possível para cada pessoa americana, independentemente de sua raça, cor ou credo, desfrutar dos privilégios e facilidades de ser americana sem medo de interferência ou represálias (KENNEDY, 1963).

O pessoal de Kennedy rejeitou a carta do embaixador de Uganda em nome de Milton Obote. A razão para essa rejeição foi que Obote havia escrito uma carta aberta anterior ao presidente americano, na qual explicava que os ministros das relações exteriores da África haviam aprovado resoluções condenando a República da África do Sul e suas políticas de *apartheid*, e condenando as políticas racistas dos portugueses em Angola e Moçambique e as da minoria de colonos brancos na Rodésia do Sul, mas que sentiam que uma cortina de ferro havia sido cerrada sobre os eventos que estavam ocorrendo em Birmingham, Alabama, nos Estados Unidos.

Em vez de responder ao presidente ugandense, um memorando de William H. Brubeck, secretário executivo do Departamento de Estado, a McGeorge Bundy, intitulado "Impropriedade de responder à carta aberta do primeiro-ministro de Uganda de 23 de maio ao presidente com relação à situação racial em Birminghan", acusava Uganda de essencialmente tentar incitar problemas. Aparentemente, outras nações africanas foram pressionadas e não adotaram o que os Estados Unidos viam como a abordagem crítica de Uganda ao problema racial nos Estados Unidos. O Presidente Obote pode ter demonstrado suas melhores intenções internacionais com sua posição firme contra o racismo e o *apartheid* nesse momento. Ele apontou para a hipocrisia do governo americano em tentar projetar liderança no trabalho pela democracia e liberdade, enquanto negros estavam sendo assassinados no Alabama. Contudo, ele e sua nação sofreriam como resultado de tentativas para minar sua legitimidade e liderança. Essa disputa com os Estados Unidos seria um evento que criaria controvérsias e facções entre as nações africanas, quando a Guerra Fria as levou a tomarem partido. Com o estabelecimento da União Africana, uma organização dedicada à integração da África em uma só nação, os líderes africanos esperavam uma nova energia para reduzir atritos e divisões.

O caráter da União Africana

Dois objetivos consumiram os primeiros anos da União Africana: o desenvolvimento e os Estados Unidos da África. O que estava em jogo na criação da União era a autoridade e o controle da agenda de desenvolvimento para a África. Os estados-membros entendiam claramente que tinham de assumir a responsabilidade pelo continente, e não permitir que nações e forças externas influenciassem o processo de desenvolvimento. Na independência, praticamente todos os estados africanos e seus líderes estavam vinculados a dívidas feitas pelos governos coloniais. Isso significava que muito dificilmente poderiam se concentrar na definição de relações políticas e sociais entre estados.

Nenhum país africano estava na posição de contrariar interesses ocidentais que abertamente os discriminavam. Em alguns casos, em 2005, alguns países europeus pagariam a exportadores africanos de petróleo somente $27 por barril enquanto o petróleo era vendido no mercado mundial por $60 o barril. Consequentemente, desde 1960, muitas tentativas ousadas foram feitas para organizar e orientar as aspirações africanas na direção de uma unidade política maior baseada na liberdade, igualdade e justiça.

O que era necessário nesse momento, conforme muitos observadores, era um quadro de líderes africanos que estivessem dispostos a usar capital político para mostrar a capacidade da África de competir e trabalhar pelo progresso. Países individuais tinham dado grandes passos.

Várias nações africanas e seus líderes emergiram como promotores principais de aspectos da União Africana. Na verdade, Thabo Mbeki, o presidente sul-africano, havia declarado a participação de seu país na criação da União Africana. Ele foi apoiado por uma forte economia e pelo fato de Nelson Mandela, o primeiro presidente democraticamente eleito da África do Sul, ser o símbolo mais poderoso de moralidade e ética da África. Além disso, a constituição sul-africana é considerada uma das mais progressistas do mundo. Foi redigida em 1994, após as primeiras eleições não raciais no país. Ativamente promulgada pelo venerável Presidente Mandela, a lei passou a vigorar em 10 de dezembro de 1996. Entre as provisões dessa constituição da República da África do Sul estavam: democracia multipartidária, sufrágio adulto universal, governo quase federal, não racismo, não sexismo, liberdades civis, separação de poderes, um judiciário imparcial e a proteção de línguas e culturas nativas.

Após muitos anos na oposição, Abdoulaye Wade foi eleito presidente do Senegal em abril de 2000. Aclamado como um defensor do povo, Wade logo escolheu um grupo de homens e mulheres jovens e com excelente formação para ocupar os postos superiores de seu governo. Assim, o Senegal, sob a liderança do Presidente Abdoulaye Wade, posicionou-se como um líder intelectual e cultural no mundo africano. Cheikh Tidiane Gadio, ministro sênior das Relações Exteriores por aproximadamente dez anos, fez enormes progressos na promoção da integração da Diáspora Africana na União Africana. Wade, demonstrando seu comprometimento com a unidade africana, disse em 12 de novembro de 2005: "se pudéssemos unir a África amanhã, serviria de bom grado como governador do Senegal" (ABUJA, 2005). Seu pronunciamento foi tomado como um desafio colocado a outros presidentes de nações africanas. Visto como assumindo uma posição altruísta e não chauvinista, Wade mais tarde complicaria seu papel histórico buscando consolidar o máximo poder possível nas mãos de sua família. Delegou a seu filho, Karim, as pastas de relações internacionais, transportes aéreos, desenvolvimento e infraestrutura. Quando foi derrotado, em 2012, por Macky Sall, Karim foi submetido a uma intensa investigação por acumular uma fortuna estimada em \$1,3 bilhão. Em abril de 2013, Karim Wade, o homem que fora chamado o Ministro do Céu e da Terra, foi preso, e a popularidade do veterano Wade caiu vertiginosamente, embora houvesse muitas pessoas que aplaudissem sua visão de uma África poderosa, com o Senegal como um de seus centros intelectuais importantes.

A Nigéria, a nação mais populosa da África, com aproximadamente 200 milhões de pessoas, está prestes a jogar sua imensa capacidade na ideia dos Estados Unidos da África. Anos de conflito sectário interno lhe roubaram seus melhores talentos ou direcionaram incorretamente as energias das pessoas mais capazes para disputas nacionais. Porém, é verdade que o ex-Presidente Olusegun Mathew Okikiola Aremu Obasanjo, fez mais progresso na arena internacional do que o governante anterior, Goodluck Jonathan, cujo foco em tornar o país seguro política e economicamente, no entanto, levou-o a afirmar o peso completo de Aso Rock.

Figura 15.2 – Abdoulaye Wade

Fonte: Wikimedia Commons/Roosewelt Pinheiro/ABr - Agência Brasil

Outrora, a Líbia, sob a liderança de Muammar al-Gaddafi, foi uma apoiadora assertiva e financiadora dos Estados Unidos da África. Desde a morte de Gaddafi, em 20 de outubro de 2011, o país se afastou de seus parceiros africanos e se concentrou mais nas atividades da Liga Árabe. Onde Gaddafi se via como um africano, muitos dos atuais líderes da Líbia afirmam uma identidade mais árabe.

Financiando a União Africana

Em 2017, não parecia que a União Africana se tornaria independente no financiamento de seus orçamentos operacionais ou de paz e segurança. Houve alguns bons esforços genuínos para chegar à solução do problema do financiamento, mas, infelizmente, em vão. Em 2017, cinco nações – Argélia, Egito, Líbia, Nigéria e África do Sul – continuavam a arcar com o ônus de apoiar a UA e, atualmente, nenhuma nação fornece sua parcela total do orçamento. Um painel de alto nível propôs uma taxa de hospitalidade como um modo de lidar com o problema. Estados-membros foram solicitados por esse painel a imporem dois dólares a diárias de hotéis na África, ou uma taxa de dez dólares às passagens aéreas da e para a África. Isso poderia levantar uma quantidade considerável de dinheiro. Contudo, os propósitos jamais foram aprovados, e a situação permanece basicamente estagnada. Poucas nações africanas arcam com o ônus de fazer a UA funcionar e, em anos recentes, a vasta maioria de financiamento para paz e segurança vem da Europa ou da Turquia.

Claramente, o desenvolvimento africano através da UA está vinculado à agenda 2063 e aos Objetivos de Desenvolvimento Sustentável (ODS), chamada Agenda 2030. Esses programas exigem financiamento para desenvolvimento, e muitas nações estão olhando para a China. Não temos de acusar a China de assumir agendas africanas, como tem sido feito em alguns círculos. A China está simplesmente descobrindo sozinha como entrar melhor no lucrativo mercado africano, com força competitiva.

A "Primavera Árabe" na África

A onda de manifestações e protestos que se originou no pequeno país africano da Tunísia e afetou grande parte do mundo muçulmano árabe é referida como a Primavera Árabe, mas há alguns que a veem como o Inverno da Tristeza. Quando Tarek al-Tayeb Mohamed Bouazizi, de 26 anos, ateou fogo a si, em 17 de dezembro de 2010, após autoridades tunisianas confiscarem as mercadorias que vendia, ele deu início a uma poderosa revolução que vinha esperando pouco abaixo da superfície do mundo árabe. A ira e a violência públicas contra vários regimes árabes na África do Norte e no sudoeste da Ásia colocou muitos deles de joelhos. A morte de Bouazizi levou à deposição do Presidente Zine El Abidine Ben Ali, após 23 anos no poder. Subsequentemente, nove nações africanas com grandes populações árabes experienciaram violentos protestos contra as classes governantes. Um continente que teve líderes como Nasser, Nkrumah, Haile Selassie e Mandela logo experienciaria revoltas massivas, que fragmentariam a ordem estabelecida e levariam nações como Egito, Líbia e Tunísia a um impasse. Em 2014, a totalidade das implicações políticas ainda não estava clara, de tão perturbadores que eram alguns dos problemas engendrados pelas revoluções. Por exemplo, as populações negras da Tunísia e da Líbia reclamavam do mau tratamento nas mãos dos novos governantes. No Egito, as minorias cópticas e núbias tiveram suas vidas e meios de subsistência ameaçados. Em 29 de abril de 2013, um prédio na seção Lafayette de Túnis que abrigava muitos estudantes africanos do Sul foi apedrejado por tunisianos locais, alguns deles os chamando de "macacos". A polícia chegou ao lugar e prendeu o homem negro que a havia chamado para protegê-los, um exemplo típico do racismo em vigor na sociedade. A situação não era melhor na Líbia após a Primavera Árabe. Na verdade, pode ter sido pior do que na Tunísia. Alex Newman escreveu:

> Segundo informações, a Otan e forças rebeldes, apoia-das pelos Estados Unidos na Líbia, estão realizando ataques sistemáticos contra a população negra no que alguns analistas chamaram crimes de guerra e inclusi-ve genocídio, gerando condenação mundial de grupos e oficiais de direitos humanos. Relatos e evidências fotográficas indicam que várias atrocidades, incluindo execuções em massa, têm ocorrido nas últimas sema-nas. Muitas vítimas negras foram encontradas com suas mãos amarradas atrás das costas e balas em seus crânios. Campos de prisioneiros horríveis, estupros sistemáticos, torturas, linchamentos e pilhagens de comércios de proprietários negros também foram re-gistrados. E incontáveis africanos subsaarianos foram forçados a fugir de suas casas na Líbia para evitar o mesmo destino (NEWMAN, 2011).

Dados os tremendos desapontamentos da África desde a remo-ção de Ben Ali, o assassinato de Gaddafi e a deposição de Mubarak, a Primavera Árabe na África permaneceu não demonstrada em relação à visão de uma África unida. O tempo será o porta-voz mais articulado para o período.

A União Africana e a iniciativa pela unidade

Nesse meio-tempo, a União Africana está correndo para acompanhar as mudanças no panorama político. Durante o período da OUA, o continente foi obrigado a ter várias ondas de iniciativas de integração regional a fim de combater os desafios reais da globalização, imperialismo e marginalização continental ou nacional. Contudo, o que a União Africana entendeu, e o que os atores políticos da África têm argumentado, é que a decisão da África tem de ser uma união continental, com a cooperação e o apoio da Diáspora disposta. A União Africana é a descendente direta da pletora de iniciativas para a união regional. Essa compreensão tem estado sob severa pressão desde que um grupo de intelectuais exigiu um novo tipo de União Africana, na crença de que são claras as evidências de que a antiga ideia de união está morta.

Regionalismo como prelúdio da União

As economias dos estados africanos foram estruturalmente desarticuladas na independência, e algumas permanecem numa condição fraca. Elas não se relacionavam entre si, mas haviam se desenvolvido como agregações coloniais conectadas ao cordão umbilical de centros metropolitanos coloniais. Eram muitas vezes antagônicas entre si devido às conexões com os centros metropolitanos dos antigos estados coloniais. Isso deve ser entendido como algo muito natural, no sentido de que essas novas nações tinham pouco mais, além disso, para começar.

Contudo, foi problemático quando a Zâmbia não pôde vender cobre para seu vizinho Congo sem primeiro passar por Londres, ou o Congo não poderia vender petróleo para a Zâmbia sem passar pela Bélgica ou pela França. O que era perturbador para muitos observadores era o fato de que estados individuais da África pareciam contentes em entregar sua agenda de desenvolvimento para agências de desenvolvimento externas e nações estrangeiras.

Após a independência, a elite política buscou a cooperação regional e tendeu a favorecer formas de maximizar suas relações com as potências coloniais anteriores. Assim, o primeiro estágio dos arranjos para a integração africana se concentrou na promoção do comércio através de esquemas de liberalização baseados na criação de áreas de livre-mercado.

Era claro para muitos observadores que entre as principais restrições características das economias africanas, que forçavam a integração regional, estavam as economias de escala relativamente pequenas, a falta de organização racional nas economias, em decorrência da herança colonial de dependência, e a importação de bens intermediários e de capital. Esses fatores criaram muitas combinações de nações, dentre as quais está a União Econômica e Aduaneira da África Central (UEAAC, 1964) [Customs and Economic Union of Central Africa], mais tarde a Comunidade Econômica e Monetária da África Central (Cemac) [Central African Economic and Monetary Community] e todas as seguintes:

- a Comunidade Africana Oriental (EAC, 1967-1977) [East African Community], agora Cooperação Africana Oriental [East African Cooperation];

- a Comunidade Econômica Africana Ocidental (CEACO, 1972) [West African Economic Community];

- a Comunidade Econômica dos Estados Africanos Ocidentais (CEEAO, 1975) [Economic Community of West African States];

- a União Econômica e Monetária da África Ocidental [West African Economic and Monetary Union] (UEMOA, 1990);

- a Área de Comércio Preferencial [Preferential Trade Area] (PTA, 1980), agora Mercado Comum para a África Oriental e do Sul (COMESA, 1999) [Common Market for East and Southern Africa];

- a Conferência de Coordenação do Desenvolvimento Sul--africano (SADCC, 1980) [Southern African Development Coordinating Conference], agora Comunidade de Desenvolvimento do Sul da África [Southern Africa Development Community]; e

• a União dos Estados Árabes do Magreb (UMA, 1988) [Union of Maghreb Arab States] (LEVINE; NAGAR, 2016).

A despeito da proliferação de instituições de integração regional no continente africano, os benefícios não foram os esperados. Assumiu-se que a ordem internacional ajudaria significativamente a alterar a condição africana. Mas isso não ocorreu. O internacionalismo se tornou a palavra de ordem e o o *slogan* de algumas economias africanas, talvez porque os líderes acreditassem que isso lhes permitiria obter recursos do Ocidente. Isso também se mostrou fútil.

O que está claro é que os estados africanos pareciam contentes em entregar sua agenda de progresso a agências de desenvolvimento externas e consultores estrangeiros. O que se espera é que a criação da UA tenha uma influência moderadora nesse tipo de comportamento.

Podemos recordar que o Plano de Ação de Lagos (PAL) [Lagos Plan of Action], que era a implementação da Estratégia de Monróvia para o Desenvolvimento Econômico da África [Monrovia Strategy for the Economic Development of Africa] (adotada em julho de 1979), tentou criar integração e desenvolvimento planejado. Na época, o PAL foi a declaração mais abrangente e sistemática da visão de líderes da África sobre o desenvolvimento do continente. O plano desagradou os patronos da África, mas todos concordavam que os problemas econômicos do continente eram parcialmente provocados por sua dependência das agências estrangeiras e abertura à exploração econômica e política, e, assim, havia uma necessidade de autossuficiência. As instituições de Bretton Woods e do Ocidente não aceitavam a abordagem do Plano Lagos. Isso levou alguns líderes africanos a rejeitarem o projeto. Como eram muito dependentes, algumas das nações africanas tiveram de reformar suas economias conforme as linhas sugeridas pelas instituições de Bretton Woods.

NPDA: Nova Parceria para o Desenvolvimento da África

A estrutura estratégica da NPDA [New Partnership for Africa's Development] tem origem em um mandato dado pela OUA aos cinco chefes de Estado iniciais (Argélia, Egito, Nigéria, Senegal, África do Sul) para desenvolver uma configuração para o desenvolvimento socioeconômico da África. A trigésima sétima cúpula da OUA, em julho de 2001, adotou formalmente o documento da estrutura estratégica. Foi um documento visionário, aceito com a ideia de libertar o continente da sujeição da dependência da ajuda europeia e americana e de concessões para o desenvolvimento, porque os líderes africanos reconheceram a impossibilidade de desenvolver o continente segundo os interesses da África se a dependência do Ocidente continuasse no mesmo ritmo de antes. Eles pretendiam descobrir uma nova abordagem para o desenvolvimento dos setores industriais e de informação africanos.

A NPDA foi pensada para tratar dos contínuos desafios que o continente enfrenta. Problemas tais como os níveis crescentes de pobreza provocados pela má distribuição e falta de redes de transporte, subdesenvolvimento capital, falta de capacidades educacionais e informacionais, falta de água potável e a contínua marginalização industrial da África necessitavam de uma nova intervenção radical, conduzida por líderes africanos, para desenvolver uma visão que garantisse o renascimento e a renovação necessários do continente africano.

Os objetivos da NPDA eram diretos na medida em que incluíam a erradicação da pobreza, colocando as nações africanas individual e coletivamente no caminho do crescimento e desenvolvimento sustentável, sem vincular o crescimento da África à exploração ocidental de recursos africanos, intensificando a integração benéfica da África à economia global e acelerando o empoderamento feminino.

A fim de efetuar as mudanças necessárias para produzir o crescimento sustentável do continente e mudar as condições materiais do povo, os líderes africanos concordaram que havia alguns princípios fundamentais que tinham de ser aceitos:

- Boa governança como uma exigência básica para a paz, segurança e desenvolvimento político e socioeconômico sustentável;

- A posse e liderança africanas, assim como a ampla e profunda participação de todos os setores da sociedade;

- Ancoramento do desenvolvimento da África em seus recursos e na capacidade de seu povo;

- Parceria entre e dentre os povos africanos;

- Aceleração da integração regional e continental;

- Construção da competitividade dos países e continente africanos;

- Formação de uma nova parceria internacional que mude a relação desigual entre a África e o mundo desenvolvido; e

- Garantia de que todas as parcerias da NPDA estejam vinculadas aos objetivos de desenvolvimento do milênio e a outros objetivos de desenvolvimentos e metas acordados.

Os líderes africanos tentaram criar uma resposta holística, abrangente, às necessidades do continente para garantir crescimento e desenvolvimento sustentáveis. Claramente, restam muitos objetivos a serem atingidos: mais problemas críticos na governança, questões de direitos humanos, saúde e bem-estar social e ideias de decência nas relações políticas. Todavia, o Kilimanjaro das decisões sobre o futuro da África havia sido escalado, e a NPDA é uma oportunidade para a liderança da África ver o panorama inteiro do continente enquanto trabalha nos objetivos de integração de estados e desses à economia global do futuro. Mas, a fim de produzir esse novo domínio de crescimento sustentável, a África necessitaria garantir que houvesse:

- Paz e segurança;

- Democracia e boa governança política, econômica e corporativa;

- Cooperação e integração regionais; e

• Desenvolvimento de habilidades.

Além disso, deve haver um esforço concentrado para realizar reformas políticas e aumento de investimentos nos seguintes setores prioritários: agricultura; desenvolvimento humano com foco na saúde, educação, ciência e tecnologia, e no desenvolvimento de capacidades; melhoria da infraestrutura, incluindo Tecnologia de Informação e Comunicação (TIC), energia, transporte, água e saneamento; promoção de diversificação de produção e exportação, particularmente com relação a agroindústrias, mineração, beneficiamento mineral e turismo; aceleração do comércio intra-africano e melhoria de acesso aos mercados de países desenvolvidos; e proteção e melhoria ambientais.

O que os líderes tentaram fazer com seu documento e a estrutura visionária que implicava era sugerir que os estados tinham de:

• Aumentar a poupança e os investimentos;

• Melhorar a participação da África no comércio global;

• Atrair investimentos estrangeiros diretos; e

• Aumentar os fluxos de capital com redução do endividamento.

Ninguém poderia prever o futuro do projeto ou determinar quais seriam as consequências diretas da NPDA, mas os criadores da estrutura acreditavam que a África se tornaria mais efetiva na prevenção de conflitos e no estabelecimento de uma paz duradoura no continente, com a adoção de princípios de democracia e boa governança política, econômica e corporativa. Eles queriam ver a proteção dos direitos humanos, programas efetivos de erradicação da pobreza e o aumento dos níveis de poupança nacional e de investimentos tanto nacionais quanto estrangeiros.

A estrutura convocava a África a atingir a capacidade desejada de desenvolvimento político, coordenação e negociação na arena internacional, como uma garantia de que teria um envolvimento benéfico na economia global, especialmente em temas de comércio e acesso aos mercados. Esse era o único modo pelo qual parcerias genuínas poderiam ser estabelecidas entre a África e os países desenvolvidos, com base na aceitação de um verdadeiro respeito mútuo e responsabilização autêntica. Entre os principais objetivos operacionais está a implementação de programas de infraestrutura regionais de curto prazo, particularmente cobrindo transportes, energia, água e saneamento. As ideias foram importantes no contexto dos desafios crescentes à saúde do povo africano. Por exemplo, a crise do HIV atingiu a África talvez mais duramente do que qualquer outro continente.

A crise do HIV

A África permanece a região do mundo mais afetada pelo HIV e pela Aids. Estima-se que 25,4 milhões de pessoas estivessem vivendo com o HIV em 2005. Em um ano, a epidemia tirou a vida de cerca de 2,3 milhões de pessoas na África. Cerca de dois milhões de crianças com menos de 15 anos estão vivendo com o HIV, e mais de 12 milhões de crianças se tornaram órfãs pela Aids. Alguns países são afetados mais do que outros. Em alguns países africanos, a epidemia cresceu apesar das campanhas de seus governos em prol do sexo seguro. Alguns países viram um aumento acentuado na prevalência do HIV entre mulheres grávidas. Em Camarões, a taxa de HIV mais do que dobrou para mais de 11% entre pessoas de 20 a 24 anos entre os anos de 1998 e 2000, e o país agora está lidando com o fato de que há uma epidemia. Taxas de infecção pelo HIV variam grandemente entre os países.

Na Somália e em Gâmbia, a prevalência é abaixo de 2% da população adulta, enquanto na África do Sul e na Zâmbia é de cerca de 4%. Em quatro países do sul da África, a taxa de prevalência nacional de adultos com HIV aumentou mais do que se considerava possível, e agora excede os 24%. Esses países são Botsuana (37,3%), Lesoto (28,9%), Swazilândia (38,8%) e Zimbábue (24,6%). A África Ocidental é menos afetada pela infecção do HIV, mas as taxas de prevalência em alguns países estão aumentando. Na África Ocidental e Central, estima-se que a prevalência do HIV tenha excedido 5% em vários países, incluindo Camarões (6,9%), República Africana do Congo (13,5%), Costa do Marfim (7%) e Nigéria (5,4%). Até recentemente, a taxa de prevalência nacional havia permanecido relativamente baixa na Nigéria, o país mais populoso da África Subsaariana. A taxa cresceu lentamente de 1,9%, em 1993, para 5,4%, em 2003. Mas alguns estados na Nigéria já estão experienciando taxas de prevalência do HIV tão altas quanto as encontradas agora em Camarões. Estima-se que cerca de 3,5 milhões de nigerianos estejam vivendo com HIV.

A infecção pelo HIV no leste da África varia entre taxas de prevalência em adultos de 2,7% na Eritreia a 8,8% na Tanzânia. Em Uganda, a prevalência no interior entre a população adulta é de 4,1%.

A prevalência das infecções pelo HIV entre a população adulta de um país – ou seja, o percentual da população adulta vivendo com HIV – é uma medida do estado geral da epidemia em um país. Mas isso não diz se a infecção é recente ou ocorreu a uma década atrás. Estados-membros da União Africana reconhecem que o HIV/AIDS impacta o desenvolvimento econômico da África, e isso, por sua vez, afeta a habilidade da África de lutar contra o vírus.

A África acolhendo suas diásporas

A NPDA passou a existir como um programa da União Africana destinado a atingir seus objetivos de desenvolvimento. A autoridade mais elevada do processo de implementação da NPDA era a Cúpula de Chefes de Estado e de Governo da União Africana [Heads of State and Government Summit of the African Union], conhecida anteriormente como OUA.

O Comitê de Implementação de Chefes de Estado e de Governo (Cice) [Heads of State and Government Implementation Committee] era constituído de três estados por região da UA, como determinado pela cúpula da OUA de julho de 2001 e ratificado pela cúpula da UA de julho de 2002. O Cicec se reporta à cúpula da UA anualmente.

O comitê orientador da NPDA é constituído de representantes pessoais dos chefes de Estado e governo da NPDA. Esse comitê supervisiona projetos e programas de desenvolvimento para o continente, país por país. O secretariado da NPDA coordena e implementa os principais projetos humanitários e comerciais.

Junto à iniciativa da NPDA veio um apelo para a inclusão de africanos da Diáspora na União Africana como uma sexta região. Os protocolos para efetivar essa realidade se mostraram muito complexos. Contudo, membros-chave da União Africana, incluindo Senegal, África do Sul e Nigéria, permanecem comprometidos com a ideia de que africanos que descendem dos que foram tirados do continente contra sua vontade deveriam ter um lugar na assembleia que representa o mundo africano.

Uma série de conferências, iniciada primeiramente pelo Presidente Abdoulaye Wade do Senegal, ocorreu em Nova York e em Dakar em 2003-2004, visando a realizar conversações sobre a inclusão de africanos das Américas e da Europa na União Africana. Por fim, a União Africana, sob a coordenação do Presidente Alpha Oumar Konaré, assumiu a liderança do continente e aceitou a proposta, originalmente criada pelo Dr. Cheikh Tidiane Gadio, o incansável ministro sênior de assuntos internacionais do Senegal, de formar uma conferência intelectual africana como um prelúdio para discussões mais detalhadas sobre a incorporação da Diáspora na União Africana como a sexta região.

Assim, a Primeira Conferência de Intelectuais da África e da Diáspora, organizada pela União Africana em colaboração com a República do Senegal, foi realizada no Hotel Le Méridien, em Dakar, Senegal, em 6-9 de outubro de 2004. Aproximadamente 700 intelectuais e homens e mulheres de cultura da África e suas

Diásporas na América do Norte, Central e Sul, Caribe, Europa e mundo árabe participaram da conferência.

O encontro foi agraciado pela presença de chefes de Estado, de governo ou vice-presidentes da África do Sul, Cabo Verde, Mali, Nigéria, Uganda, Senegal e Gâmbia. Presentes também estavam representantes de governos de outros estados-membros, assim como das organizações internacionais e das Nações Unidas. O tema geral era "África no Século XXI: Integração e Renascimento". Para facilitar a deliberação, esse tema geral foi dividido em seis subtemas, a saber:

1. Pan-africanismo no século XXI;

2. Contribuição de intelectuais da África e da Diáspora para o fortalecimento da integração africana no contexto global do século XXI;

3. Relações entre a África e suas Diásporas;

4. A identidade africana em um contexto multicultural;

5. O lugar da África no mundo; e

6. África, ciência e tecnologia: riscos e perspectivas.

Presidente: Sr. Adigun Ade Abiodun

Vice-presidente: Professor Iba Der Thiam

Vice-presidente: Srta. Martha Johnson

Vice-presidente: Sr. Edem Kodjo

Vice-presidente: Srta. Zen Tadese

Relatora: Srta. Théophile Obenga (auxiliada pelo Sr. Alioune Sall).

O Departamento da Conferência foi eleito por aclamação em um encontro na central da União Africana por um grupo seleto de estudiosos:

A conferência em Dakar, em 9 de outubro de 2004, foi aberta com um discurso de Alpha Oumar Konaré, presidente da Comissão da União Africana, que expressou sua imensa alegria em participar do evento. Ele prestou uma merecida homenagem a Maïtre Abdoulaye Wade, presidente da República do Senegal, e ao líder irmão Muammar al-Gaddafi, cuja nação fez uma importante contribuição à União Africana para a conferência. Gaddafi sempre foi ativo no apoio à unidade da África, e sua presença, por meio de seus substitutos e representantes, assim como seu próprio discurso aos delegados, foi sentida nas discussões e discursos da conferência.

O Presidente Konaré discutiu a resistência demonstrada pelos povos da África e chamou os africanos a criarem e resistirem ao mesmo tempo em que prestam atenção às novas modalidades mundiais. Ele citou vários desafios postos diante da África, como o financiamento do desenvolvimento, o desenvolvimento das línguas africanas e do conhecimento nativo, a integração da ciência à cultura, a luta pela integração que define a África, sem referência às suas particularidades linguísticas ou geográficas e a contribuição para a implementação de programas iniciados pela União Africana e pela NPDA.

O Presidente Wade se pronunciou e também reconheceu o líder "irmão" Gaddafi da Líbia pelo apoio desde o começo à ideia de uma Conferência de Intelectuais da África e da Diáspora. Wade também observou que Alpha Oumar Konaré havia administrado os assuntos do continente de uma maneira hábil que beneficiou a África. Mas, então, como um intelectual, formado em Economia e História, o Presidente Wade apresentou seu desafio aos intelectuais reunidos. Primeiro, ele traçou os eventos que levaram à conferência, com menção especial ao Primeiro Congresso de Escritores e Artistas Negros, ocorrido em 1956, e ao primeiro Encontro de Intelectuais Africanos de 1996.

Wade falou fervorosamente sobre os pais fundadores do pan-africanismo e seus sucessores, que tinham um firme compromisso com a causa da África. Destacando o papel crucial a ser desempenhado pela Diáspora, Wade recordou a iniciativa de declará-la a sexta região da África, com um coordenador e um representante da União Africana encarregados das relações com a Diáspora.

Dada a proeminência de Abdoulaye Wade na década de 1990 como um pan-africanista, sua ignominiosa queda do posto mais elevado para um líder africano criou repercussões no mundo africano. Ele foi uma voz importante para criatividade, união e dignidade africanas. Todavia, o fato de que tentou tornar seu filho, Karim, seu sucessor danificou a imagem que milhares de pessoas tinham dele. Em um movimento descuidado para garantir seu legado pessoal, o Presidente Wade apelou à legislatura senegalesa para mudar as leis para lhe permitirem concorrer a um terceiro mandato como presidente. Quando sua tentativa de vencer a eleição fracassou, fez tudo que pôde para criar as condições para seu filho sucedê-lo, inclusive lhe entregando quatro ministérios no governo. Quando Macky Sall foi eleito presidente em 2011, pôs um fim à pretendida dinastia de Abdoulaye Wade. Infelizmente, Wade será lembrado mais pela massiva estátua africana olhando para o Oceano Atlântico em Dakar do que pela visão que tinha de um continente africano unido.

Uma mesa-redonda presidencial incluiu Thabo Mbeki (África do Sul), Yoweri Museveni (Uganda), Pedro Pires (Cabo Verde), Amadou Toumani Toure (Mali) e Abdoulaye Wade (Senegal). Além disso, Isatou Njie-Saidy (vice-presidente de Gâmbia) e os representantes dos chefes de Estado da Argélia e do Gabão também participaram.

Figura 15.3 – Líder do Congresso Nacional Africano Thabo Mbeki

Fonte: Wikimedia Commons/Antônio Milena/ABr - Agência Brasil CC BY 3.0 br

O Presidente Thabo Mbeki apresentou dois pontos: primeiro, que a conferência pertencia aos intelectuais e não aos chefes de Estado e, segundo, que um denominador comum entre todos os presentes era o compromisso de mudar a África para melhor.

O líder líbio Muammar al-Gaddafi apresentou os seguintes pontos:

• Língua: deveríamos reabilitar as línguas africanas, escolhendo três ou quatro delas, com alfabetos específicos que não estejam ligados ao alfabeto latino, que deforma nossas línguas nativas. Ele alertou que caso perdêssemos nossas línguas perderíamos nossas origens, nossas raízes, nossas culturas.

• Religião africana: deveríamos retornar às nossas raízes, e, nesse sentido, aproximarmo-nos de nossas religiões originais.

• Moradia africana: necessitamos reabilitar e preservar os abrigos africanos tradicionais, porque são adequados às nossas condições climáticas.

• Tradições africanas: essas deveriam ser preservadas, incluindo nossa culinária.

• Estabilidade da África: Gaddafi elogiou os pais fundadores da OUA, que libertaram seu povo do jugo do colonialismo e disseram que o poder deveria ser entregue ao povo, que é o único guardião da legitimidade, através dos Congressos do Povo.

• Unidade: a África deve se unir de modo a adquirir maiores poderes de negociação. Gaddafi sugeriu um ministro de comércio, um ministro de assuntos exteriores e um ministro de defesa para o continente inteiro, assim como um Congresso Africano com poderes reais.

• A Diáspora Africana deveria auxiliar a África e contribuir para seu desenvolvimento econômico.

Claramente, Gaddafi foi um presidente africano que teve uma abordagem inteiramente afrocêntrica para o continente e seus problemas. Ele compreendia as implicações totais da ideia de unidade no contexto daquilo que coloca os africanos no centro de sua própria história. Isso não quer dizer que o Presidente Pires de Cabo Verde ou o Presidente Museveni de Uganda não tivessem ideias úteis; é apenas que Gaddafi parece ter capturado o espírito dos intelectuais reunidos em Dakar.

Onze intelectuais de diversas partes do mundo africano foram escolhidos para importantes discursos plenários sobre os seis temas-chave da conferência. Eles foram Tony Martin, Elikia M'Bokolo, Suleymane Bachir Diagne, Mahmood Mamdani, Samir Amin, Théophile Obenga, Adigun Ade Abiodun, Thandika Mkandawire, Mamadou Diouf, Henri Hogbe Nlend, e Molefi Kete Asante. Respondentes e participantes elaboraram as ideias apresentadas por esses intelectuais em um esforço para descobrir bases comuns e projetar atividades futuras. Várias mulheres falaram sobre o protocolo da União Africana para uma representação de 50-50 entre homens e mulheres em todos os seus programas. Elas denunciaram o fato de somente duas mulheres terem recebido papéis relevantes como intelectuais ou respondentes importantes sobre os temas. A liderança aceitou a crítica, liderada pela Professora Sheila Walker, e prometeu implementar as políticas da União Africana no futuro.

No fim, o Presidente Wade disse que a redescoberta pela África de sua Diáspora era como quando alguém descobre uma folha perdida de uma partitura. Por outro lado, podemos dizer que a Diáspora tem muito trabalho a fazer para se reconectar com suas raízes. Essas medidas estão sendo tomadas na América do Sul, Central e do Norte assim como no Caribe, na Europa e no Chifre Árabe. De fato, após o Encontro de Intelectuais Africanos de Dakar, houve inúmeras iniciativas ao longo do mundo árabe. Dois problemas passaram ao primeiro plano. Primeiro, organizações não governamentais em várias nações tentaram introduzir suas ideias no discurso em torno da integração da Diáspora na União Africana. Isso foi especialmente verdade com relação a grupos representando eleitorados e persuasões políticas dos Estados Unidos. Segundo, tensões entre os membros das delegações árabe-africanas e da Diáspora do Brasil, Cuba, Estados Unidos e Caribe, especialmente Trinidad, tiveram de ser mediadas e tiveram de ser tratadas com muito cuidado, uma vez que temas como representação, orientação política, herança e cidadania estavam sobre a mesa após o encontro.

O governo do Brasil, com o segundo maior número de africanos, concordou em promover o Segundo Congresso de Intelectuais Africanos, em julho de 2006. O Presidente Lula do Brasil pediu aos ministros da cultura e das relações exteriores para coordenarem o trabalho com a União Africana.

Ao longo do mundo africano, ou seja, no continente e na Diáspora, grupos de estudiosos e diplomatas se encontraram na primeira parte do século XXI para formular estratégias de implementação dos Estados Unidos da África. Um dos principais comitês tentou, sob a autoridade da União Africana, redigir um preâmbulo para a constituição dos Estados Unidos da África que apontasse o continente e sua Diáspora para uma direção racional. Uma proposta assim foi formulada do seguinte modo:

Esboço de um preâmbulo da Constituição do Estado Federativo Africano ou Estados Unidos da África

As nações, reinos, territórios e povos da África com respeito aos ancestrais se dedicam ao interesse unido do povo africano.

Declaramos um compromisso com a liberdade, harmonia, ordem, equilíbrio, justiça e reciprocidade em todas as nossas relações entre nós.

Somos um povo coletivo com longas tradições de intensificação de um vínculo comum, portanto, comprometemo-nos com a comunidade africana, com uma vigilância persistente para afastar o caos.

Declaramos que os direitos humanos são universais, independentemente de lugar de origem, identidade étnica, gênero ou religião.

Nada é mais importante para nossa unidade do que um compromisso com o caráter nacional, o ponto central de um avanço construtivo na direção da realização das esperanças e desejos de nossos povos.

Enfatizamos o destino comum do continente africano, a inculcação de uma transformação revolucionária, social e econômica baseada em princípios africanos e a intenção de defender o continente de qualquer dominação colonial.

Entramos neste pacto entre nós voluntariamente, acreditando que os humanos são essencialmente bons, que verdade e justiça são fontes de força, e que nossa posteridade valorizará as tradições liberadas por nossa união.

Esse esboço de um preâmbulo nunca foi aceito ou aprovado pela União Africana. Permaneceu uma das numerosas reações a pedidos informais ou formais para se pensar sobre a missão pan-africana sob a direção do Professor Barney Pityana da África do Sul.

A Ceeao atrai interessados

A Comunidade Econômica dos Estados Africanos Ocidentais [Economic Community of West African States] (Ceeao) é um dos blocos sub-regionais mais bem-sucedidos da África. É constituído de 15 estados-membros que buscam integração política e econômica na região oeste africana. Os membros são Benin, Costa do Marfim, Gâmbia, Gana, Guiné, Guiné-Bissau, Libéria, Mali, Níger, Nigéria, Senegal, Serra Leoa, Togo, Cabo Verde e Burkina Faso. Uma coleção de estados protagonistas como essa sempre atrairá aqueles que buscam obter uma vantagem em suas oposições.

Assim, no dia 4 de junho de 2017, quando os chefes de Estado estavam reunidos na quinquagésima primeira cúpula em Monróvia, Libéria, tiveram a visita especial do primeiro-ministro israelense Benjamin Netanyahu. Ele fez um discurso no qual declarava que a África e Israel compartilhavam uma afinidade natural e histórias similares. Como os líderes do Egito e da China, os líderes israelenses veem o continente africano, com seus vastos recursos e uma população jovem, como a região mais importante do mundo para o futuro de seus países. Netanyahu queria aumentar a influência de Israel nas decisões econômicas e políticas das nações ocidentais africanas como uma forma de fortalecer a base do futuro de Israel. Um modo de atingir esse objetivo seria ter um status de observador na União Africana. Netanyahu, demandando esse *status*, disse aos chefes de Estado africanos que Israel deveria ser novamente "um Estado observador da União Africana [...]. Eu acredito fervorosamente que seja do interesse de vocês também, do interesse da África. E espero que todos vocês apoiem esse objetivo" (NETANYAHU, 2017). Em 2016 ele havia visitado a África Oriental com o mesmo propósito: África e Israel necessitavam um do outro. Durante a escrita deste livro, o tema permanece sobre a mesa devido a sérias objeções à presença de Israel por alguns dos estados-membros. Além disso, o fato de que Israel mantém milhares de refugiados em Holot, "as Areias", sem liberdade para buscar trabalho, é um problema persistente que faz a visita de Netanyahu à África parecer inautêntica. Contudo, em Israel, dizem que ele se gaba: "em minhas visitas à África e em conversações com líderes africanos, criei uma base de países dispostos a absorver esses infiltradores" (*USA TODAY*, 2017).

Quando Netanyahu falou no encontro na Libéria, a Nigéria não estava presente ao discurso ou à cúpula dos chefes de Estado por suas razões. Em seu discurso na cúpula, Netanyahu tentou garantir aos estados africanos ocidentais seu apoio a objetivos tecnológicos, agrícolas e econômicos. Ele disse aos delegados: "com determinação e convicção, vocês conquistarão sua independência [...]. Essa é nossa história. Nosso povo também teve sua independência negada" (NETANYAHU, 2017). Certamente, não passou despercebido pelos delegados que o maior elefante na audiência era o problema palestino.

Houve alguns outros participantes não membros na cúpula, incluindo o Secretário-geral da ONU Antonio Guterres, o presidente da comissão da UA Moussa Faki, e uma delegação marroquina promovendo sua candidatura à afiliação ao Ceeao. Contudo, o Rei Muhammad VI do Marrocos faltou ao evento devido à presença do líder israelense.

Israel ocupara o *status* de observador durante a antiga Organização da Unidade Africana, mas quando essa foi dissolvida, em 2002, e a União Africana foi estabelecida em Sirte, na Líbia, Israel perdeu seu *status*. O líder líbio Muammar Gaddafi acusou Israel de promover guerras africanas e de apoiar o regime do *apartheid* na África do Sul. Em vez de Israel como um observador, as nações africanas incluíram o Estado da Palestina, um fato que irritou os líderes israelenses. Ter *status* de observador aumenta a legitimidade de Israel na África e promove uma plataforma para discussões bilaterais com nações-membros. Alguns membros temiam que Israel quisesse usar sua influência econômica para pressionar os africanos a apoiarem os israelenses contra os palestinos no mundo da política real.

O Marrocos, que recentemente voltou a fazer parte da União Africana, após ter estado fora por muitos anos devido a disputa pelo Saara do oeste, assumiu uma posição contra Israel como observador. O debate sobre quem está tentando influenciar as nações africanas parece desconsiderar a agência das próprias nações africanas. Evidenciando a fraqueza da União Africana e, claro, dos estados individuais, o problema nunca foi o que a África faria, mas quem poderia influenciar os africanos. Na verdade, no ano anterior Netanyahu havia deixado uma impressão tão forte na África Oriental que não hesitou em assumir que Quênia, Tanzânia, Uganda e Ruanda já estavam apoiando sua campanha para *status* de observador na UA. Acordos bilaterais foram concluídos, e a Tanzânia concordou em enviar um embaixador a Israel.

Amilcar Cabral, o líder lendário da luta na Guiné Bissau, declarou em um de seus famosos discursos em 1961, em Havana, que uma das maiores armas contra os africanos era "nossa fraqueza". Manobrando as nações africanas como um presidente americano, Netanyahu estava ávido para colocar as nações fracas do seu lado. Com efeito, em votações nas Nações Unidas, cada nação tem somente um voto na Assembleia Geral. O que surpreendeu foi a ousadia com que Netanyahu declarou seu objetivo: "há 54 países na África. Se vocês mudarem o padrão de votação de uma maioria deles, imediatamente os trarão de um lado para o outro. Queremos erodir a oposição e transformá-la em apoio".

O Senegal promoveu uma Resolução da ONU condenando Israel pela construção de assentamentos nas áreas palestinas, em dezembro de 2016. Israel retirou seu embaixador de Dakar e, no encontro da Ceeao, na Monróvia, Netanyahu reparou relações com o Senegal. Aceita-se geralmente que o presidente da Ceeao, Marcel Alain De Souza, que visitou Israel em 2016, assinou uma declaração para maior cooperação econômica entre o país e a comunidade e, provavelmente, firmou o convite do primeiro-ministro israelense.

756

O modo como a pressão de Israel por influência se desenrolará nas principais nações do continente, como Argélia, Nigéria e África do Sul, determinará parte do destino de ambas relações intracontinentais e intercontinentais. Outros interessados já começaram seus investimentos no continente.

Os africanos respondem aos problemas de interesses de unificação e de afiliações

O século XXI iniciou com várias crises atingindo o continente como feridas abertas não tratadas em muitas sociedades africanas. Algumas dessas eram antigas pendências, por assim dizer, das pilhagens do século XX, mas a preponderância dos problemas parece ter sido infligida pelas tensões resultantes de governar populações multiétnicas e multirreligiosas, cujos recursos eram avidamente perseguidos por vários grupos internacionais. Assim, suas características sociais, culturais, religiosas e econômicas definiam o conflito da África. As seções seguintes destacam alguns dos problemas intratáveis do século XXI, ou seja, aqueles que impedem o desenvolvimento de uma África unida convocada por seus primeiros líderes.

Quatro tipos importantes de conflitos

Quatro tipos importantes de conflito afligem a África: conflitos de fatos, conflitos de interesses, conflitos de valores e conflitos estruturais. Consequentemente, cada um deles tem características especiais.

Conflitos de fatos na África tendem a ser mal-entendidos ou há má comunicação geral sobre um conjunto particular de informações geográficas ou históricas. Um conflito de fatos existe quando dois partidos, nações ou grupos étnicos ou religiosos com visões diferentes sobre o que ocorreu ou o que foi dito em um encontro, qual a intenção de uma ação internacional particular, quem, de fato, possuía certo território ancestral, ou quem realmente representava o que foi dito a um terceiro. Há, muitas vezes, narrativas históricas ou tradicionais que acompanham conflitos de fato. Vamos examinar o exemplo do Sudão e do Sudão do Sul.

O país do Sudão do Sul conquistou sua independência em 2011. Nessa época, o Sul, que consistia de dois grandes grupos étnicos do povo Dinka e do Nuer, havia lutado duas guerras contra o Sudão. uma guerra de 1955 a 1972, a outra entre 1983 e 2005. Mais de 2,5 milhões de pessoas foram mortas e mais de cinco milhões foram deslocadas nessas guerras. Desde a independência do Sudão do Sul, a relação entre os dois países tem sido dominada por vários conflitos, incluindo aqueles pelo Grande Oleoduto do Nilo e pelas regiões disputadas de Abyei e Heglig. Em janeiro de 2012, o Sudão do Sul fechou todos os seus campos de petróleo em uma disputa sobre as tarifas que o Sudão exigia para o trânsito de petróleo. Debates sobre a natureza desse conflito muitas vezes constituem desinformação, equívocos e tentativas de tirar vantagens.

Em maio de 2011, após três dias de confrontos entre sudaneses do sul e forças sudaneses, o governo do Sudão-Karthoum tomou o controle de Abyei, uma região de fronteira disputada que é rica em petróleo. Abyei representava um conflito de fatos, embora a disputa tivesse uma realidade histórica e tradicional séria, além da disputa imediata sobre a quem pertencia a região. Após o bombardeio do Sudão do Sul pelo governo de Karthoum, Juba, a capital do Sudão do Sul, declarou que a guerra havia sido iniciada pelo Sudão. Por fim, o Sudão do Sul retirou suas forças militares de Abyei. Sob a resolução do Conselho de Segurança das Nações Unidas de 27 de junho de 2011, a Força de Segurança Interina das Nações Unidas para Abyei, uma força de manutenção da paz composta principalmente por soldados etíopes, foi empregada na região. Heglig, outra cidade no sul do Sudão, e Abyei permaneciam temas sensíveis em 2014, a despeito das ações adotadas em 2012 e 2013 para reduzir as tensões.

Conflitos de interesses ocorrem quando duas ou mais nações desejam a mesma posição, o mesmo território, um objeto de prestígio como regiões petrolíferas ou minerais, ou relações especiais com parceiros comerciais, e assim por diante. Portanto, eles se encontram competindo pelos mesmos interesses materiais que podem estar relacionados ao crescimento futuro de uma região ou país. Vamos tomar como exemplo, de uma forma limitada, um aspecto da situação na República Democrática do Congo (RDC).

O caldeirão da guerra do Congo, uma faixa de terror, alarmou a África inteira e tirou mais de 8 milhões de vidas. Alguns estimaram inclusive que o número é desconhecido devido a doenças e desnutrição. Nada como o caldeirão do Congo existiu desde os dias das guerras do Rei Leopoldo pela borracha. O escopo de dor e sofrimento é inacreditável. Mas no centro da situação está um conflito de interesses: Quem deve controlar a riqueza de uma das nações mais ricas do mundo?

O conflito continua a ser alimentado pela disputa pela vasta riqueza mineral do país, com todos os lados e partidos tirando vantagem da falta de ordem para saquear os recursos naturais. Forças externas, aquelas com o poder de manufaturar e vender armas, e aquelas com os meios econômicos para manipular os cidadãos comuns contra seus interesses a fim de estabelecer o controle sobre os recursos, estão no centro desse conflito. Podemos ver que outras áreas de turbulência na RDC também têm suas raízes em conflitos de interesses. Embora existam sérios problemas em torno do controle dos recursos no Congo, não podemos esquecer ou negligenciar o impacto do genocídio de Ruanda sobre os problemas no leste do Congo. Batalhas entre os grupos Tutsi e Hutu, reivindicando ressentimentos desse tipo, deixaram aldeias inteiras abandonadas por anos. Somente no fim de 2013 o governo da RDC foi capaz de recuperar o controle completo da importante cidade de Goma, cujo nome ficou associado com os piores tipos de crimes de guerra cometidos na África. Assim, as guerras no Congo revelaram quatro esferas de conflito, ataques de vingança, animosidades étnicas e envolvimento internacional.

A rebelião Enyele em Equateur, RDC, é um antigo conflito de interesses sobre quem tem o direito histórico de pescar em certas águas no território. Como a pastagem de gado, o direito a pescar em certos rios e lagos aumenta as tensões étnicas. Esses conflitos podem evoluir para conflitos de poder entre direitos políticos e econômicos. Em 2013, os rebeldes do Exército da Resistência do Senhor (ERS) [Lord's Resistence Army] permaneciam ativos numa tentativa de controlar o noroeste da RDC. De todas as organizações antigovernamentais africanas, o ERS é um dos mais estranhos, em termos de propósito e visão. É constituído por um grupo fundado por Alice Auma em 1986. Auma se casou duas vezes, mas foi incapaz de ter filhos e, então, em 1985, foi relatado que havia ficado insana e incapaz de ouvir ou de falar. Seu pai a levou a 11 médicos diferentes, mas nenhum foi capaz de curá-la. Auma fugiu para a floresta e, após 40 dias, emergiu como o espírito médium de um oficial militar morto chamado Lakwena. Ela mudou seu nome para Alice Auma Lakwena, tornando-se o oráculo de Lakwena. Ela dizia que ele a havia pedido para liderar o Movimento Espiritual Sagrado contra o Presidente Yoweri Museveni, a fim de libertar o povo Acholi de seus problemas passados. Contudo, ela morreu em um campo de refugiados no norte do Quênia, em 8 de janeiro de 2007, antes que pudesse executar sua missão. O sobrinho de Auma, Joseph Kony, assumiu o movimento, prometendo completar a missão que ela havia iniciado. Entre 2009 e 2014, 200 mil refugiados deixaram a área de violência.

Há também os rebeldes no setor noroeste da República Democrática do Congo. O líder de guerra rebelde de Uganda, Kony, era mais jovem do que Alice Auma, sua tia, e acreditava muito nos poderes carismáticos dela. Entre os ensinamentos de Kony estava o de que o Movimento do Espírito Sagrado seria o instrumento para o povo acholi tomar a capital Kampala como um modo de redimir o povo por sua violência passada contra os civis do triângulo Luwero e instutir um paraíso sobre a Terra.

O fato importante é que Kony usava argumentos similares aos de sua tia quando assumiu o desafio de seguir seus passos. Ele queria que seus seguidores o considerassem um profeta de Deus, que viera à Terra para trazer paz e preparar o povo de Uganda para o novo reino. Certamente, essa ideia de um novo reino conflitava com a realidade política do governo civil. Em 1988, o Exército Democrático do Povo de Uganda (Edpu) [Uganda People's Democratic Army] assinou um acordo com o governo ugandense para cessar a guerra, mas Kony se recusou em assentir com o Acordo de Paz Gulu. Em vez disso, organizou seus soldados em uma facção chamada Exército Democrático Cristão de Uganda [Uganda Christian Democratic Army] (Edcu) para continuar a luta. Em 1991, o Edcu emergiu como uma força combatente conectada ao Exército de Resistência do Senhor.

Como um dos conflitos internos persistentes nas nações da África, as batalhas do ERS contra o governo têm perturbado Uganda desde o fim de 1992. A organização tem sido responsável por algumas das atividades mais odiosas contra a sociedade, incluindo estupros, tortura e destruição de lares e plantações. Ao criar um clima de medo, o ERS tem operado como um grupo criminoso, transformando-se como um camaleão, dependendo do clima político e social. Tem inclusive desestabilizado outras áreas da África Central Oriental ao se aliar a grupos como o Exército para a Libertação de Ruanda (Elir) [Army for the Liberation of Rwanda].

Conhecido por sua abdução de crianças, estupros de meninas e terror, o ERS criou caos para líderes de Uganda, Sudão do Sul e RDC. Crianças são a maioria dos combatentes do ERS. Acredita-se que mais de 5 mil delas tenham sido raptadas e forçadas a lutar. Forçadas a estudarem os Dez Mandamentos bíblicos e a matar seus inimigos a fim de criar uma sociedade baseada nesses mandamentos, as crianças eram muitas vezes confusas e deprimidas. Na virada do século XXI, o ERS transferiu seus ataques de Uganda, que foram incapazes de destruir, para outras áreas na África Oriental, incluindo o Sudão, a República Centro-Africana e a

República Democrática do Congo. Campanhas militares conjuntas continuam a rastrear a organização e reduzir sua efetividade contra as autoridades legítimas nas várias nações.

Não podemos subestimar o medo e terror provocado nos corações do povo Kivu pelos rebeldes ruandeses e congoleses na área. Essa é uma região do leste do Congo onde milícias rebeldes têm operado desde o genocídio ruandês. Um grupo, o M23, foi criado em 4 de abril de 2012, por cerca de 300 ex-membros do Congresso Nacional pela Defesa do Povo (CNDP) [National Congress for the Defense of the People]. Outros grupos expressaram vários ressentimentos, incluindo má governança, falta de desenvolvimento em sua região, inobservância de direitos humanos e falta de democracia. Contudo, o M23, citando a incapacidade ou falta de disposição do governo da República Democrática do Congo para implementar as condições de um acordo feito em 23 de março de 2009, exigiu a deposição do Presidente Kabila. Acreditava-se amplamente que o governo ruandês fosse o principal apoiador do M23. Liderado pelo General Bosco Ntaganda, muitas vezes referido como o "Exterminador", por sua capacidade e determinação para derrotar o exército da RDC, o M23 criou um reino de terror na região de Kivus, após o Presidente Kabila ter decretado uma ordem de prisão a Ntaganda, em 11 de abril de 2012, uma semana após a criação do grupo rebelde.

A internacionalização da guerra do leste do Congo deve ser vista à luz do genocídio ruandês de 1994. De fato, os soldados do M23 eram principalmente Tutsis que se opunham à milícia Hutu, as Forças Democráticas para a Libertação de Ruanda (FDLR) [Democratic Forces for the Liberation of Rwanda], que eram compostas por muitos membros da Interahamwe, a força que executou a maior parte dos atos genocidas em Ruanda. Assim, o M23, com um núcleo de soldados Tutsis, também se aliou ao Mai-Mai, um grupo de milícias locais que tinha seus próprios ressentimentos contra o governo e as milícias Hutus. Quando o M23 usou as aldeias locais como fontes de conscritos para lutar junto a seus soldados, muitos dos comitês de defesa armados nas aldeias se recusaram a usar suas armas para combater o M23, colocando, assim, a região inteira em conflitos entre milícias concorrentes e o exército da RDC.

O M23 obteve muitos ganhos militares nos meses iniciais de operação e basicamente levou a RDC a se retirar de várias cidades importantes. A captura de Goma foi o ponto alto do poder do M23. Goma era uma cidade de um milhão de habitantes, e sua capitulação ao M23 deslocou mais de 140 mil pessoas, que deixaram suas casas e fugiram para a floresta. A Segunda Guerra do Congo terminou em 2003. Agora, o governo buscava qualquer modo de concluir a guerra com o M23.

Em 24 de fevereiro de 2013, 11 nações que tinham interesses na área devido a operações de fronteiras ou de recursos assinaram um acordo que trouxe paz à região. Finalmente, em 7 de novembro de 2013, após várias batalhas severas com o governo, o M23, encurralado em uma região pequena e indefensável do país próximo à fronteira com Ruanda, rendeu-se.

Agora, dirigimo-nos aos rebeldes Ituris. Um acordo de 2007 deu luz verde para companhias internacionais explorarem os campos petrolíferos próximos ao Lago Albert. O povo Ituri sentiu que isso era uma invasão de suas terras. Diferenças étnicas entre os Lendus e os Hemas, grupos agrícolas e pastorais, respectivamente, incitaram a agitação política. Esses grupos tiveram uma história de conflito até 2007, devido às complicações provocadas por grupos armados na área que apoiavam um grupo ou o outro. De fato, a Segunda Guerra do Congo trouxe milhares de pequenas armas para a região, e com uma abundância assim de recursos naturais e riquezas a área se tornou uma terra virtual de criminalidade. Um grupo de combatente se chamava Frente Nacionalista e Integracionista (FNI) [Nationalist and Integrationist Front] e favorecia os Lendus; o outro grupo, a União de Patriotas Congoleses (UPC) [Union of Congolese Patriots], afirmava lutar pelo povo Huma. Esse conflito provocara aproximadamente 100 mil mortes até 2012 e havia deslocado milhares de pessoas.

Durante o período colonial, os colonialistas belgas favoreceram os hemas, o que significava que havia diferenças em educação, riqueza e *status* entre os dois grupos após a independência. Claramente, os povos são estreitamente relacionados, com os Hemas falando tanto lendu quanto hema, e os Lendus se casando com os Hemas muito regularmente, e vice-versa.

Todavia, as comunidades étnicas tinham ressentimentos excepcionais relacionados à terra. Houve conflitos violentos antes, em 1972, 1985 e 1996. Grande parte da animosidade girava em torno de uma lei de uso da terra de 1973 que permitia a compra de terras que não fossem habitadas. Essa lei significou numerosas disputas pelo uso da terra. Podemos dizer que o genocídio ruandês de 1994 aumentou as tensões ao longo da região. De fato, a região dos Grandes Lagos reverberava com reações psicológicas e emocionais à instabilidade criada por essa violenta irrupção, na qual aproximadamente 800 mil pessoas morreram. A reação foi que os refugiados Hutus vieram para a região e isso, dentre outras coisas, levou à Primeira Guerra do Congo. Na época da Segunda Guerra do Congo, em 1998, os problemas que levaram à Primeira Guerra do Congo não haviam sido completamente resolvidos. As batalhas entre os Lendus e os Hemas assumiram alguns dos aspectos dos conflitos entre Hutus e Tutsis.

Não havia senão problemas em uma região problemática do mundo. Durante a Segunda Guerra do Congo, a República Democrática do Congo perdeu o controle de sua região norte, incluindo a província Oriental. A Força de Defesa do Povo de Uganda (FDPU) [Uganda People's Defense Force] e o Reagrupamento pela Democracia Congolesa (RDC-K) [Rally for Congolese Democracy], sob a liderança de Wamba dia Wamba, foi responsável por levar uma imensa quantidade de rifles de ataque à região.

Há uma crença de que os Lendus se veem como relacionados aos Hutus e os Hemas se veem como relacionados aos Tutsis, criando, assim, uma base mais ampla para a intensidade da violência na região. James Kazini é a pessoa que criou a nova província de Ituri perto da província Orientale do Leste. Kazini era o líder do FDPU e, embora tivesse criado a província de Ituri contra os desejos de muitos outros líderes políticos e militares, a ação convenceu os Lendus de que Uganda apoiava os Hemas. Kazini apontou um Hema como governador da região. Ocorreu violência na província, resultando no massacre de Blukea, no qual 400 Hemas foram mortos.

Conflitos de valores se relacionam a crenças que dois grupos podem ter sobre vida, morte, o futuro do universo, moralidade, relações e seu lugar no mundo mais amplo. No nível da vida cotidiana, as pessoas têm suas preferências e aversões. Uma pessoa pode acreditar que muitos humanos não querem trabalhar, e, por isso, é crítica àqueles que parecem extremamente pobres. O valor de outra pessoa pode ser que os vizinhos deveriam ajudar aqueles que são menos afortunados. Muitos conflitos de valores nos estados africanos dependem de mitos, emoções, crenças religiosas, perspectivas filosóficas e abordagens gerais ao comportamento humano.

Na África, esses conflitos de valores são muitas vezes baseados em tradição e geração, e o confronto de tradição com tradição gera novas e perigosas realidades. Um argumento defende que a tradição de uma nação ou segmento particular de uma nação é a própria e a outra tradição é imprópria, inclusive falsa. Isso é, em seu núcleo, um conflito religioso. Esses se mostraram muito mais sinistros do que outros conflitos, porque a crença em uma bandeira divina, que pode ser bradada à vontade para inspirar fidelidade, muitas vezes se mostra capaz de promover mais as paixões do que cultura, etnicidade ou interesses. Essas diferenças de orientações de valores são fontes importantes de competição africana. Para exemplos desses tipos de conflitos podemos olhar para as realidades de rebeliões fundamentalistas islâmicas.

O conflito do Boko Haram na Nigéria, Chade e Níger é um desses conflitos. Em 2013, uma força conjunta, constituída de 100 soldados desses três países, confrontou militantes do Boko Haram na cidade de Baga, no nordeste da Nigéria, nas margens do Lago Chade. Em 14 de abril de 2014, o Boko Haram capturou mais de 250 meninas de uma escola pública, o que resultou em uma busca massiva por elas. Para demonstrarmos que esse é um conflito de valores, temos de considerar que uma maioria dos soldados que interceptaram o Boko Haram era de muçulmanos. Contudo, a interpretação do Islã por grupos de fiéis concorrentes tem o potencial de criar desafios severos a sociedades africanas, sem mencionar a animosidade inter-religiosa em certos setores. Contudo, a habilidade desses grupos religiosos de criar problemas societais atinge o núcleo das nações multiculturais, diversas e pluralistas africanas. A imposição de um conjunto particular de valores religiosos sempre leva à rebelião em um povo de orientação democrática.

O Boko Haram é um grupo islâmico ultraextremo que tenta forçar o povo da Nigéria a aceitar a versão mais fundamental da lei islâmica chamada xaria. O termo "*boko haram*" significa "oposto à educação ocidental", e os devotos dessa ideologia levaram o caos à parte norte da Nigéria. Em maio de 2014, o Boko Haram atacou a capital Abuja, matando 70 pessoas em uma parada de trânsito. Essa ação ocorreu após um ataque concertado em estabelecimentos educacionais como igrejas e escolas em 2012, a retirada forçada de milhares de crianças de instituições educacionais em 2013 e o rapto de mais de uma centena de estudantes meninas pouco antes do bombardeio de Abuja.

O Boko Haram não deve ser confundido com a operação jihadista internacional da al-Qaeda, no norte africano islâmico, ou com os extremistas al-Shabab da Somália. Eles são similares somente no fato de que acreditam ser os únicos a terem a interpretação correta do Islã. A al-Qaeda e o al-Shabab têm ambições mais globais do que o Boko Haram, que é um movimento contra o que considera ser errado. A despeito de seu ataque ao complexo da ONU em Abuja em agosto de 2011, o Boko Haram não parece inclinado a atacar os interesses materiais do Ocidente, somente nigerianos. A organização visa ao governo do país, especialmente sua influência no Norte, onde meninas e meninos estão indo à escola e muitas pessoas estão buscando uma relação melhor com valores tradicionais ou mesmo com sentimentos cristãos.

Conflitos estruturais se referem àqueles criados pelas características geográficas ou climáticas de uma região. Uma nação pode ser uma ilha, ou uma sociedade pode viver no deserto, ou em uma floresta tropical, ou no topo de montanhas. Esses fatos contribuem para as realidades estruturais em relação às quais as nações podem competir. Em uma época, os Estados Unidos – que se estendem do Oceano Atlântico ao Oceano Pacífico – estiveram estranhamente preocupados com a ideia de serem um país de dois oceanos. A tensão dizia respeito a defender a costa pacífica. Isso finalmente cessou após a Segunda Guerra Mundial e o bombardeio do Japão. Contudo, interesses geográficos estão na raiz de muitos conflitos. Se um povo do deserto quer se mudar para áreas agrícolas, isso produzirá tensões. Se um povo agrário deseja se encerrar e resistir à invasão de pastores, isso produzirá tensões. Esses são conflitos estruturais, porque nada que esses povos fizeram criou essas situações dramáticas. A natureza as criou. Por exemplo, a ameaça lançada em março de 2014 contra Etiópia pelo Egito, Arábia Saudita e Sudão sobre as águas do Nilo está relacionada à situação estrutural dos países. A Etiópia, concordaremos, tem tanto direito às suas águas quanto qualquer outra nação. O Rio Abay é um rio etíope. Um país individual jamais pode provocar conflitos estruturais. Em vez disso, esses tipos de conflitos resultam além do controle de qualquer grupo ou nação. Eles podem ser geográficos ou relacionados ao clima.

Os conflitos internos do Sudão são outro exemplo de conflitos estruturais. O governo de Cartum do Sudão parece ser afligido por guerras de todos os lados. Os núbios estão protestando. Os Bejas estão com raiva. O povo do Nilo Azul está resistindo. O povo do sul de Kordofan está incomodado. Os Darfurianos estão deslocados, degradados e determinados a se libertarem. Além disso, os sudaneses do sul votaram para criar seu próprio país em 2011 (ASANTE, 2013a).

A fim de lidar com essa situação, o Cartum terá de criar uma resposta mais democrática a essa diversidade. Isso significará que a assim chamada minoria árabe perderá efetivamente poder político, devido a esmagadora população do povo não árabe. Essa não é uma situação ruim; é a única solução viável e pacífica para as aspirações das vastas massas do país. A imposição funciona somente por um breve período de tempo até que o povo se organize e se rebele. Cartum, como Pretória nos dias do *apartheid*, não deve olhar para longe para ver por que todos estão se rebelando contra a autoridade central.

Houve argumentos simplistas propostos no início sobre pastores e agricultores. Isso parecia razoável, superficialmente, como talvez o problema estrutural central envolvido na guerra darfuriana. Contudo, pastores e agricultores têm vivido em proximidade por séculos na África sem grandes guerras. O que parecia diferente era a imposição ao povo darfuriano de um caminho cultural que não estava preparado para adotar. Eles eram muçulmanos, mas eram africanos, e sua resistência era quanto a serem forçados a sair de sua estrutura cultural para outra.

Assim, alguns conflitos na África exibem as marcas de vários tipos em um. Esses híbridos são muito mais difíceis de resolver pela sua complexidade. Raça, expansão étnica e imperialismo cultural devem ser acrescentados aos problemas internos e externos que afetam o continente africano. Os africanos parecem saber muito bem como falar do racismo branco na África, mas não aprenderam ainda a língua do racismo árabe-africano (ASANTE, 2013a). Isso é um pouco diferente da dominação ou influência religiosa. O racismo existe mesmo quando dois grupos têm a mesma religião. É por isso que a comunidade muçulmana do sul do Sudão pensava ser necessário se separar do norte. Aqueles muçulmanos do sul sentiam a mesma tensão, por serem africanos e negros, que os outros povos Dinka e Nuer haviam sentido. Na verdade, como vimos, o problema é sempre o do respeito e não do ódio mútuo.

Como em outras regiões, os africanos estão em conflito sobre muitos problemas, como a limpeza étnica em Darfur, o impacto do aquecimento global nas áreas ribeirinhas, o conflito pelo petróleo e minerais em nações pobres, o impacto da globalização, a ocidentalização, a poluição dos mares, a arabização das áreas tradicionalmente africanas, a migração massiva de africanos para o norte da África em direção à Europa e a militarização de crianças-soldados. Debates de qualquer um desses problemas normalmente produzem opiniões divergentes. Essas são discussões sensíveis, mas necessárias, para a paz. Soluções de problemas substanciais e duradouros requerem coragem. Raramente encontramos na África uma solução para problemas sem a coragem para dizer a verdade ao poder.

É incorreto assumirmos que os africanos não têm prestado atenção a esses problemas, a despeito das evidências esmagadoras da intervenção externa na maior parte dos conflitos. De fato, a União Africana tem buscado desde 2002, dentre outras coisas:

> – Defender a soberania, integridade territorial e independência de seus estados-membros;
> – Acelerar a integração política e socioeconômica do continente;
> – Promover e defender posições comuns africanas sobre problemas de interesse para o continente e seus povos;
> – Encorajar a cooperação internacional, levando devidamente em conta a Carta das Nações Unidas e a Declaração Universal de Direitos Humanos;
> – Promover a paz, segurança e estabilidade no continente; e

– Promover e proteger os direitos humanos e dos povos de acordo com a Carta Africana sobre os Direitos Humanos e dos Povos e outros instrumentos de direitos humanos relevantes (extraído do Constitutive Act of the African Union [Ato Constitutivo da União Africana], artigo 3, Objetivos, disponível em: http://www1.uneca.org/Portals/ngm/Documents/Conventions%20and%20Resolutions/constitution.pdf).

Com efeito, uma África livre dos vestígios do colonialismo em todas as suas dimensões – econômica, filosófica e cultural – traria estabilidade ao continente e a tiraria da condição, especialmente em sua realidade fragmentada como estados-nações, de uma região altamente disputada por manipuladores políticos internacionais. Kwame Nkrumah tinha para a África uma visão assim, que era, além de política, cultural e filosófica (ASANTE, 2013b).

O caso especial da República Centro-Africana

A luta pelos recursos africanos deve definir as próximas gerações de seu povo. Esses recursos deveriam ser controlados pelo povo da África ou por forças externas em benefício de povos de fora do continente? Essa é uma questão que tem afligido a República Centro-Africana (RCA) desde 2013.

A República Centro-Africana está localizada no centro da África a uma distância igual entre o Cabo da Boa Esperança e o Mediterrâneo, e entre o Atlântico e o Golfo de Aden. Está isolada do mar, com os portos mais próximos a aproximadamente mil quilômetros de distância em Douala em Camarões e Pointe Noire no Congo. O povo da região viveu muito pacificamente por séculos até a chegada das influências árabes e europeias no século XX. Os ataques ao povo, a fim de subjugá-lo, incluíram assassinatos, estupros e desconsideração descontrolada pelos costumes ou tradições locais. Consequentemente, o povo da África Central pode ter desenvolvido uma das respostas mais toscas à sua realidade histórica: voltaram-se, de fato, uns contra os outros com a violência vista nas práticas dos invasores. As forças da República Centro--Africana atacaram a escravidão, o colonialismo, a servidão e o imperialismo, mas se viu enfraquecida pela imensidão do desafio.

Alguns estudiosos registraram em detalhes a ocupação francesa na região. De fato, como a República Centro-Africana era tão distante das fontes de poder europeias, levou algum tempo para que a França pudesse dizer que controlava efetivamente a área. Os franceses nomearam a área Oubangui-Chari. O nome foi mudado em 1958, e dois anos depois, em agosto de 1960, a nação se tornou independente, ainda com um forte controle francês. A língua nacional é o sango, e a língua oficial permanecia o francês em 2014.

Barthelemy Boganda é considerado o pai da nação. Ele era um pan-africanista que iniciou o apelo aos Estados Unidos da África, que começaria com a República Centro-Africana, Gabão, Camarões e Congo. Era uma perspectiva visionária para o futuro da África, mas Boganda não viu esse sonho se realizar. Ele não queria que o projeto fracassasse por se basear em estados pequenos. Preferiu o Estado regional maior como o começo do processo. Considera-se que os franceses tenham sabotado seu plano e que ele tenha sido morto em um acidente logo após sua eleição para liderar o país. Podemos dizer que a morte de Boganda, um pensador revolucionário, foi o começo de muitos problemas para o país. Desde Boganda, a República Centro-Africana não vê paz e estabilidade, e quase todos os líderes desde aquela época têm sido considerados títeres, corruptos ou ambos. David Dacko veio depois de Boganda, mas foi deposto em 1965, quando Jean-Bedel Bokassa se proclamou imperador da República Centro-Africana. Após 14 anos, o exército francês, trabalhando secretamente, colocou Dacko de volta no poder. A ação de 1979 teve o codinome de Barracuda. Uma vez mais o povo viu a brutalidade de seus próprios líderes e a completa desconsideração pela vida africana quando o exército francês destruiu edificações, palácios e prédios governamentais com uma ferocidade digna de uma horda vândala. Os arquivos nacionais foram atacados, mulheres abusadas e o exército francês controlou a cidade por dois anos, servindo como força policial. O povo da República Centro-Africana nunca aquiesceu ao controle francês e essa é a força de muita animosidade. Ange-Félix Patassé, que ficou em segundo lugar durante essa votação, questionou a eleição de Dacko como presidente. David Dacko buscou a orientação da França e entregou o poder ao chefe do exército, o General Andre Kolingba. Ele se tornou presidente e permaneceu no poder por 12 anos.

A França ajudou na organização de uma eleição em 1993. Kolingba foi derrotado e Ange-Félix Patassé, do Movimento de Libertação do Povo Centro-africano (MLPC) [Mouvement de Liberation du Peuple Centrafricain], assumiu a presidência. Não houve paz na República Centro-Africana sob a liderança do novo presidente, que havia retornado de Cotonou, Benin. Seu governo de dez anos foi repleto de corrupção, intriga política, tensões étnicas, protestos religiosos e assassinatos.

Patassé logo começou a criticar o papel da França no país, especialmente a exploração do petróleo pelas companhias francesas. Após meses de reprovação à exploração francesa dos recursos da República Centro-Africana, a França escolheu outro líder para substituir Patassé. De fato, os franceses basicamente escoltaram François Bozizé do Chade até Paris, onde recebeu a aprovação do governo francês para iniciar uma rebelião contra Bangui em 2003. Bozizé trabalhou com os franceses e as forças armadas, sempre sob sua influência, mas também escolheu fazer um acordo com a China. Aceita-se geralmente que o acordo francês pelo petróleo da República Centro-Africana é 90% para a França e 10% para o país. Os chineses, por outro lado, concordaram com 30% de participação nos lucros e 70% para a República Centro-Africana. Usando uma estratégia diferente, os franceses apoiaram Michel Dotodjiaam Ndroko, cujos amigos incluíam fundamentalistas e jihadistas do Sudão, Mali, Líbia e Nigéria. A rebelião de Ndroko entrou em Bangui uma semana após ter proclamado uma revolução contra o governo. Seus soldados traumatizaram a população e aterrorizaram o povo já brutalizado. Contudo, seu objetivo era proteger os interesses da França. O grupo de Ndroko era referido como Seleka e seu objetivo era criar caos, de modo que o país permanecesse ingovernável. O grupo se mostrou impiedoso com qualquer pessoa no país que não apoiasse sua causa. Os devotos usaram estupros, assassinatos e brutalidade, muitas vezes executados por crianças-soldados, para levar a cabo uma campanha de violência contra a população que é principalmente de cristãos. Houve centenas de estupros, mais de 2 mil cidades foram incendiadas, e dezenas de milhares de pessoas foram assassinadas. Devido ao caos no país durante 2013 e 2014, o povo rural começou a agir para proteger suas famílias e lares. Eles se intitularam a Associação de Camponeses da África Central (Acac) [Association des Paysans de Centrafrique]. A organização busca aumentar a consciência entre o povo realizando vários objetivos:

> – Lutar contra as desigualdades e a crueldade a que os camponeses têm sido sujeitados toda vez que há problema no país, para proteger o povo de ser abusado por agentes políticos;
> – Desenvolver a sinergia entre os múltiplos grupos rurais em todas as regiões da RCA;
> – Educar e sensibilizar os agricultores sobre o desenvolvimento de um senso de comunidade, a fim de aumentar sua produção, com o objetivo de ter o bastante para suas próprias necessidades e depois para exportar seus produtos;
> – Promover a alfabetização entre o povo rural;
> – Educar os camponeses sobre a proteção do meio ambiente (flora, fauna, águas, etc.);
> – Lutar contra pandemias como o HIV/AIDS, malária, fome, etc., que são o resultado do subdesenvolvimento do interior; e
> – Apresentar as massas rurais à transformação industrial e ao desenvolvimento de técnicas agroflorestais (ASSOCIAÇÃO DE CAMPONESES DA ÁFRICA CENTRAL, Comunicação Oficial de 12 de fevereiro de 2014).

A Acac quer criar uma sociedade justa e igualitária enquanto provê acesso livre à assistência médica, ao sistema educacional afrocêntrico e à água potável e energia a todos. Contudo, a tarefa é extremamente desafiadora para os líderes locais, que assumiram o Seleka e os problemas de proteção aos recursos e a rápida industrialização do país. A expectativa de vida na RCA é muito baixa, estimada em cerca de 37 anos. Somente 23% das mulheres e 38% dos homens são capazes de ler e escrever. Em termos da saúde geral do país, há somente seis hospitais, com cerca de 20 leitos cada, e somente 10% da população têm acesso à assistência médica. O acesso à água potável está disponível para apenas 20% da população, e meros 5% têm acesso à eletricidade.

Um atoleiro de política caótica desestabilizou a RCA. Um país tão rico em diamantes e ouro não é mais do que um imã para interesseiros buscando explorar seus minerais. No nordeste do país, paquistaneses têm treinado jovens em procedimentos militares e produção de bombas. O inferno que o país tem experienciado é provocado pela falta de segurança do povo. Acredita-se que existissem cerca de 20 mil soldados sob o comando de Ndroko, 2 mil chadianeses, 3 mil sudaneses, 1.200 franceses e 4 mil soldados da União Africana no país em 2014. Em janeiro daquele ano, mais de 50 pessoas foram mortas enquanto a rebelião próxima a Bangui continuava a perturbar a vida às vésperas da seleção de um presidente interino. Os representantes, em um movimento-surpresa, escolheram Catherine Samba-Panza para a presidência do caótico país. Na verdade, Samba-Panza foi a primeira mulher escolhida para liderar o país. Sua escolha foi saudada com alegria pelo povo, que se cansara de líderes homens, e por vários dias Bangui foi o centro da esperança nacional. Embora sete candidatos tivessem se apresentado, incluindo os filhos de dois ex-presidentes, Samba-Panza foi eleita em menos de cinco horas pelos 120 membros da assembleia. Ela terá de lidar com os Seleka, as milícias muçulmanas e com a Anti-Balaka, a milícia cristã, para que a paz permaneça no país.

A ascensão e queda da democracia no Egito

A África, já agitada pelas guerras, ataques e incidentes violentos no Congo, República Centro-Africana, Mali, Chade, Sudão e oeste do Saara, foi sacudida pela rebelião em 2010-1012, que produziu novas ordens políticas na Tunísia, Líbia e Egito. Chamada por alguns a "Primavera Árabe" e por Bankie e Chinweizu o prelúdio para a "Nova Andaluzia", as rebeliões assumiram o caráter de um movimento religioso na linha do nacionalismo árabe. Em muitos casos, como na Líbia, as rebeliões provocaram tensões entre árabes e negros locais como os Tuargas, Dazas e Toubous e criaram divisões culturais, de classe, raciais e religiosas, como no Egito. Todavia, as rebeliões pareciam politicamente populares, ao menos inicialmente, porque, em alguns casos, as massas de pessoas achavam que os líderes haviam se tornado muito confortáveis como autocratas. Tanto Muammar al-Gaddafi da Líbia como Hosni Mubarak do Egito haviam governado seus países por décadas, sobrecarregando o povo social e politicamente. Os protestos no Egito começaram em 25 de janeiro de 2011, exigindo um fim à corrupção política, privação econômica e injustiças legais. Poderosas manifestações de rua terminaram se tornando um movimento nacionalista ao longo do país, com o foco central no Cairo. Em menos de três semanas as manifestações conseguiram forçar o Presidente Mubarak a abandonar seu posto de 30 anos como líder da nação. O Partido Democrático Nacional (PDN) [National Democratic Party] foi expulso do poder e começou a dança entre diferentes elementos da nação. O movimento de influência urbana centrado na Praça Tahrir sofreu uma repressão crescente da polícia e do exército. Mubarak fez alguns gestos para conciliação, mas o exército terminou se recusando a lutar contra os manifestantes, e isso selou o destino do presidente. O governo havia tentado derrubar a internet e o serviço de telefonia móvel do país, acreditando que o furor tivesse sido criado e sustentado pela mídia social. Dada a energia e o entusiasmo das massas pela democracia, Mubarak disse aos egípcios que não concorreria novamente para presidente e não colocaria seu filho, Gamal, na disputa. Nesse momento, a era de Mubarak havia terminado. No "Dia da Partida", em 11 de fevereiro de 2011, Mubarak foi forçado a renunciar, e o Conselho Supremo das Forças Armadas, chefiado por Tantawi, assumiu o controle do governo, dissolveu a legislatura e suspendeu a constituição. Os eventos se sucederam rapidamente com a aprovação, em março de 2011, de uma reforma constitucional que pavimentava o caminho para novas eleições. No mês seguinte, as forças armadas prenderam o Presidente Mubarak e seus filhos, Ala e Gamal, e os acusaram de corrupção resultante de arranjos e transações financeiras. Contudo, os protestos continuaram porque essas massas revolucionárias queriam ainda mais liberdade e não sairiam das ruas, na verdade da Praça Tahrir, até que atingissem seus objetivos. Contudo, os eventos começaram a mudar rapidamente em agosto, quando os manifestantes foram finalmente dispersos e os islâmicos se tornaram mais diretos e enérgicos, definindo os objetivos das massas, e confrontando as forças que haviam se reunido em torno de uma agenda progressista que incluía direitos para as mulheres, a proteção da minoria cristã e reformas sociais. Em agosto, o julgamento de Mubarak ocupou a cena principal, quando foi levado à corte em seu leito por estar doente. Ele foi acusado de ordenar a morte de manifestantes durante os primeiros dias de protestos. Embora tenha ido a julgamento por seus alegados crimes, os crescentes confrontos entre membros da Irmandade Islâmica, um partido político banido durante seu governo, e os cristãos cópticos mostraram sinais de perigo na revolução popular. A sede por mais democracia e a fome por uma mudança mais rápida levaram mais manifestantes à Praça Tahrir, em novembro. A violência se espalhou entre manifestantes e o exército, e o primeiro-ministro, Essam Sharaf, que fora apontado pelo governo militar, renunciou diante dos protestos. Eleições parlamentares foram organizadas, e um governo de unidade nacional, liderado por um novo primeiro-ministro, Kamal al-Ganzouri, assumiu o poder. Em dezembro de 2011, estava claro que os islâmicos haviam obtido a vantagem nas eleições parlamentares, a despeito do fato de os progressistas terem liderado as manifestações contra Mubarak. O cenário estava montado para a eleição presidencial em maio de 2012. Com o primeiro turno de votação, Mohammad Morsi, o candidato da Irmandade Muçulmana, liderou as pesquisas. Ele derrotou Ahmed Shafiq por muito pouco. Em junho, Morsi foi eleito no terceiro turno da eleição presidencial. Os líderes militares suspenderam o estado de emergência do país, que havia durado desde o assassinato de Anwar al-Sadat em 1981. O governo de Morsi era repleto de problemas políticos. Ele enfrentava problemas com as massas e o exército. Argumentou que as eleições parlamentares haviam sido inválidas após ele ter ordenado que o parlamento se reunisse desafiando sua dissolução pelos militares em junho. O Presidente Mohammed Morsi foi deposto pelo exército, sob pressão dos protestos de rua, um ano após assumir o poder. Ele havia dispensado o ministro de defesa e o chefe da equipe e impedido o exército de participar na redação de uma nova constituição. Também havia decretado que o judiciário não tivesse o direito de questionar sua decisão. Foi forçado a rescindir essa decisão por protestos populares de egípcios seculares. Contudo, a assembleia constituinte aprovou a redação da constituição que empoderava o Islã na governança do Estado pela restrição da liberdade de expressão e reunião. Grupos de mulheres protestaram contra a redação da constituição, porque sentiam que representava um movimento regressivo para a igualdade. Morsi prosseguiu com a agenda islâmica que incluía indicar líderes regionais em 13 posições de governo do Egito. Talvez seu ato mais ousado tenha sido apontar como governador um islâmico que estava ligado ao massacre de turistas em Luxor em 1997. Irrupções de protestos levaram o governo a renunciar. Em agosto de 2013, centenas de apoiadores de Morsi foram mortos quando forças de segurança invadiram os campos de protestos no Cairo, cujos grupos, nessa época, haviam se tornado de apoiadores islâmicos de Morsi, que estava cada vez mais isolado por líderes militares e de opinião progressistas. A Irmandade Muçulmana passou à clandestinidade devido aos conflitos com o exército. Apoiadores de Morsi destruíram 40 igrejas cópticas. A massiva rejeição popular a Morsi levou o exército a depô-lo e assumir o controle do governo. Assim, o primeiro presidente democraticamente eleito do Egito foi deposto após apenas um ano no posto. Dizia-se que havia se tornado autoritário e imposto ao povo leis e princípio islâmicos que restringiam a marcha na direção da democracia genuína. A liderança militar, sob o comando do General el-Sisi, prendeu Morsi e indicou novos líderes de governo. Os eventos no Egito ainda vão evoluir, e está claro que o futuro do governo no país dependerá de uma geração de pessoas comprometidas com uma democracia representativa.

A vida e morte de Nelson Rolihlahla Mandela

A morte de Nelson Mandela, em 5 de dezembro de 2013, encerrou uma das vidas mais notáveis de um estadista na história. Ele nasceu em 18 de julho de 1918, próximo a Qunu, na Região do Cabo Oriental da África do Sul, em uma família aristocrática. Ele cresceu em uma África do Sul que se encaminhava cada vez mais para o governo completo de uma maioria branca e, na época em que tinha 30 anos, um grupo minoritário de brancos usurpou o poder governamental do país e basicamente declarou que a maioria estaria fora da cidadania completa.

Mandela foi um dos vários líderes do Congresso Nacional Africano que emergiram como figuras icônicas, em virtude de sua coragem e compromisso com a luta pela libertação das massas. Não podemos falar da libertação da África do Sul sem mencionar Oliver Tambo, Winnie Mandela, Govan Mbeki, Thabo Mbeki, Joe Modise, Dullah Omar, Walter Sisulu, Alfred Nzo, Joe Slovo, Mac Maharaj e Jacob Zuma do CNA, ou os nomes de Mangaliso Sobukwe, Bantu Steve Biko ou Chris Hani do Congresso Pan--africanista, do Movimento de Consciência Negra e do Partido Comunista Sul-africano. Contudo, a luta na África do Sul eletrificou o mundo e mobilizou suas melhores energias morais em apoio à libertação sul-africana.

Na morte de Nelson Mandela, vários presidentes, dirigentes, dignitários e membros de estados escreveram tributos à sua grandeza. O Presidente Barack Obama, dos Estados Unidos, disse famosamente que agora "Mandela se eterniza"; o Presidente Robert Mugabe, do Zimbábue disse: "Ele não foi apenas grande defensor da emancipação dos oprimidos, mas também um líder humilde e compreensivo que mostrou dedicação altruísta a serviço de seu povo"; o Presidente Vladimir Putin, da Rússia disse: "Mandela foi um dos maiores políticos na história moderna"; o Primeiro-ministro David Cameron, do Reino Unido disse: "Nelson Mandela foi uma figura imponente de nossa época; uma lenda na vida e agora, na morte, um verdadeiro herói global"; e o Presidente Goodluck Johnathan, da Nigéria disse: "Mandela é um dos maiores filhos da África". Na verdade, os tributos gerais a Nelson Mandela pelas massas e elites políticas concordavam que ele foi uma das estrelas mais brilhantes em um firmamento povoado por um número cada vez maior de homens e mulheres dispostos a abandonarem suas vidas e carreiras para que outros possam ter uma vida melhor.

Mandela se formou como advogado na Universidade de Fort Hare e se juntou ao Congresso Nacionalista Africano durante sua fase não violenta, mas rapidamente viu que o governo de minoria branca continuaria a brutalizar os africanos sempre que quisesse ou a julgá-los por traição, como fizera com ele e outros nos Julgamentos por Traição de 1956-1961. Mandela logo cofundou o movimento militante *antiapartheid* Umkhonto we Sizwe ("Lança da Nação"), para lutar contra o regime minoritário branco. Em 1962 foi preso, condenado por conspiração para depor o governo, e sentenciado à prisão perpétua, no assim chamado Julgamento Rivonia. Ele cumpriu 18 anos da pena na Ilha Robben e os demais anos nas prisões Pollsmoor e Victor Verster.

Figura 15.4 – Elefante e um baobá

Fonte: Foto de Ferdinand Reus/Creative Commons license CC-BY-SA-2.0

Quando Mandela saiu da prisão em 1990, fez imediatamente uma viagem pelo mundo para agradecer àqueles que haviam lutado por sua libertação e pela liberdade dos sul-africanos. Além disso, escreveu sua autobiografia e negociou com o Presidente F.W. de Klerk a abolição das estruturas de *apartheid* e a criação da base para eleições multirraciais. Antes das eleições, Mandela se encontrou com políticos e generais brancos, incluindo P.W. Botha e Constand Viljoen, convencendo alguns deles a trabalharem no sistema democrático. Ele também convenceu Mangosuthu Buthelezi, o líder do Partido Inkatha, de forte influência zulu, a participar nas eleições em vez de buscar a secessão. Mandela levou a CNA ao poder político em 1994 e se tornou o primeiro presidente democraticamente eleito da África do Sul. Ele cumpriu um mandato e se aposentou do posto em 1999. Sua administração combateu o racismo institucionalizado, a pobreza, a falta de educação e a desigualdade salarial. Criticado por não redistribuir as terras às massas, o Congresso Nacional Africano tentou explicar que as condições do país estavam piores do que esperavam quando chegaram ao poder. A nação teve de obter imediatamente um empréstimo do Fundo Monetário Internacional para manter a economia. O regime branco havia hipotecado a riqueza da nação às corporações internacionais e aos governos ocidentais. Isso significava que o governo de Mandela não pôde colocar em prática todas as iniciativas progressistas que havia planejado para as massas.

A despeito dos problemas que seu governo encontrou, o desempenho de Mandela no cenário da história será lembrado muito por sua presença icônica e senso de resistência durante os anos em que sua segunda esposa, Winnie Mandela, apelou por sua libertação. Quando saiu da prisão, solidificou seu lugar na história da luta pela liberdade, junto aos maiores. Africanos na Diáspora Africana o situaram junto a Martin Luther King Jr., Malcolm X, Harriet Tubman, Frederick Douglass, Abdias do Nascimento, Ida B. Wells, Toussaint L'Ouverture e Sojourner Truth, como um símbolo de vitória sobre o racismo e a opressão. No mundo, é comparado às figuras mais reverenciadas na história, e, todavia, as pessoas que melhor o conheceram o viam como a coesão que manteve a África do Sul unida durante a transição de um governo minoritário para um governo da maioria.

Nelson Mandela, o revolucionário *antiapartheid*, político e filantropo, o amado Mandiba, enriqueceu seu povo, o legado da vida africana, e a luta contra a opressão. O presidente da África do Sul, Jacob Zuma, disse que a África do Sul "perdeu seu pai". É por isso que, a despeito das contradições que acompanham a liderança, Mandela foi uma figura que trouxe a maior coesão à sua nação. Nenhum outro líder que havia lutado contra os opressores se tornou tamanho símbolo contemporâneo de compaixão, perdão e possibilidade humana.

Assim, em 5 de dezembro de 2013, nas palavras de um sábio africano: "Um grande elefante caiu e o chão tremeu, mas, no fim, prosseguiremos na direção de sua visão de liberdade humana".

O Egito se inclina na direção de seu continente

Em 2018, a moderna economia do Egito estava lidando com o baixo desempenho, mesmo após um pedido de empréstimo de 12 bilhões de dólares ao Fundo Monetário Internacional. O presidente egípcio Abdel Fattah el-Sisi estava diante de 13% de desemprego, a crise do Estado Islâmico e o pessimismo de muitos jovens egípcios. Quando terroristas assassinaram 25 pessoas em uma catedral cóptica no Cairo, isso abalou a comunidade cristã egípcia. Com a relação fragmentada da Arábia Saudita com o Egito, o Presidente el-Sisi teve de encontrar amigos ao longo do continente africano, o que representa uma nova interface. Na verdade, *The Economist* escreveu sobre a busca do Egito por novos amigos, mas falhou em enfatizar o fato de o Egito se voltar para outras nações africanas. Todavia, está claro que o presidente entende que o Egito é um país africano, e sua cultura fundamental, desde os dias dos *per-aas*, tem sido africana. Mesmo agora com a sobreposição das influências grega, persa, turca e árabe, o Egito permanece historicamente uma nação africana.

Há vários fatos impressionantes sobre a história e cultura egípcias. Primeiro, o país está geograficamente situado no continente africano. Não há continente que seja chamado "Oriente Médio", embora por um tempo o Egito se chamasse uma nação do Oriente Médio. Na realidade, é uma nação na África. Não podemos dizer isso sobre a Arábia Saudita, por exemplo. Segundo, a civilização antiga do Egito apareceu primeiro no sul e desembarcou nos vales do Nilo do Egito e da Núbia. O livro *Gênese negra* mostrou um argumento plausível segundo o qual muitas das práticas que conhecemos do Egito antigo começaram no sul próximo às fronteiras da Líbia e do Níger. Terceiro, o Egito é uma antiga nação africana coberta por um verniz islâmico a partir do século VII. Os *per-aas* não falavam árabe nem cultuavam Alá; falavam a língua do Kemet e nomearam a deidade onipotente Ámon, Rá, Ptah ou Atum.

Como a nação islâmica líder na África, o Egito se desligou do restante do continente como uma entidade separada com a difusão do Islã. Núbia e Sudão resistiram como nações cristãs até o século XVI, mas outras nações e povos sucumbiram ao intenso e agressivo recrutamento dos clérigos islâmicos muito antes da era moderna. Isso afetou o caráter do Egito em relação a outros estados, particularmente aqueles que conquistaram independência das potências coloniais durante a década de 1960.

Contudo, após a ascensão ao poder do Presidente Abdel Fattah el-Sisi em junho de 2014, o Egito começou a se reconectar economica e culturalmente ao resto da África em uma reaproximação possivelmente por razões políticas internacionais. Durante a história política do Egito, da virada do milênio à eleição de el-Sisi, a religião parece ter liderado o caminho na política egípcia. Contudo, desde a administração de el-Sisi, o governo tem se voltado às transações comerciais.

Como estudiosos africanos têm argumentado nos últimos 50 anos, geograficamente, a realidade é que o Egito está no continente da África. Isso é importante tanto histórica como culturalmente. A complicação com os círculos intelectuais do Ocidente pode ter sido criada durante o século XIX, quando europeus e alguns estudiosos americanos promoveram a ideia de que, como o Egito era uma civilização antiga superior, não poderia ter sido um país africano. Convencidos de que os africanos jamais poderiam produzir uma civilização tão magnificente como o Egito antigo, os europeus estavam determinados a tirar o Egito da África.

Georg Wilhelm Friedrich Hegel, o filósofo alemão, estabeleceu a visão da África e sua relação com o Egito em suas "Lições sobre filosofia da história". Hegel pode ser o pensador europeu mais importante da era modera. Foi responsável sob muitos aspectos por inspirar Marx, Lukács, Feuerbach, Adorno e Habermas, e muitos de seus alunos e sucessores. Como o herdeiro do pensamento de Rousseau, Ficht, Shelling, Goethe e Kant, Hegel se destaca como o líder da perspectiva europeia do mundo no século XIX.

Obscurecendo a relação entre Egito e África

A visão hegeliana das civilizações africanas era muito semelhante à de Conrad em *O coração das trevas*. Ambas ideias estavam baseadas em noções de superioridade e inferioridade racial e eram reforçadas por teorias e opiniões que sugeriam a separação do Egito do resto da África. Hegel não podia admitir que a grandeza do Egito fosse africana e achava que tinha de ser creditada à Europa. Na verdade, todo o norte da África tinha de ser retirado do continente negro e entregue à Europa ou a alienígenas na visão de alguns escritores populares. Mas não podemos configurar a geografia da África. O Egito é uma parte do continente. As primeiras civilizações do Vale do Nilo pertencem somente ao mundo africano. Além de um ímpeto racial, o que levaria Hegel a dizer que uma enorme parte do continente africano deveria ser "vinculada à Europa" (HEGEL, 1956). Uma das razões pelas quais Cheikh Anta Diop permanece o intelectual africano mais importante do século XX é o fato de que foi o primeiro a demolir completamente a tese hegeliana em seu livro *A origem africana da civilização*, que foi sua tese na Sorbonne.

Os termos usados para caracterizar a ideia europeia de "África propriamente dita", ou seja, África sem Egito, foi prejudicial ao aprendizado e projetou uma negatividade que marcou quase todo texto importante dos europeus sobre a África. O que era a África senão uma terra fora da história, coberta pelo manto da noite, isolada do mundo civilizado e assim por diante? Não admira que os africanos, incluindo os que vivem no Egito, tenham adotado uma atitude negativa para com o belo e abundante continente. Egípcios modernos, em sua maioria, muitas vezes sustentam uma visão de que o Egito era um país árabe em vez de africano. O país viu muitas conquistas e a mais importante foi a árabe ao longo dos séculos VII ao IX. Contudo, a negritude da civilização antiga não pode ser apagada, e os milhões de descendentes do povo antigo, especialmente os núbios, permanecem guardiões da memória da grandeza de seus ancestrais.

O problema de cor no Egito contemporâneo

A esmagadora maioria dos egípcios modernos descende de árabes que começaram a chegar ao país durante o século VII EC. Contudo, os egípcios antigos, responsáveis pela construção do que conhecemos como Egito monumental, eram "pessoas de pele negra com cabelo lanoso" (HERÓDOTO, 2003). Com certeza, os egípcios antigos, mesmo na época da chegada dos árabes, já tinham experienciado alguma mistura com invasores como assírios, persas e gregos. Com o tempo, e com as crescentes migrações durante a era corrente, pessoas chegavam ao Egito vindas da Albânia, Rússia e Turquia para se juntar aos nativos egípcios, árabes e populações mistas no país. Todavia, a população negra, que reivindica sua história antiga, permanece uma parte importante do país até hoje.

Imogen Lambert e Nada Ramadan escreveram um artigo em 23 de julho de 2015, no qual argumentam que ativistas nas comunidades negras do Egito estão começando a falar abertamente contra a discriminação de cor e a falta de participação dos negros no governo e na mídia. Essa população invisível ao Egito "oficial" foi levada a fazer sua voz ser ouvida por meio de protestos mais vigorosos. O Presidente el-Sisi manifestou alguma consciência sobre o problema do racismo no país.

Muitas vezes, o racismo está ligado à discriminação religiosa, como os ataques aos cópticos mostraram. Os cópticos representam cerca de 10% da população egípcia, e suas origens remontam à época em que o Apóstolo Marcos introduziu o cristianismo no Egito, conforme os ensinamentos da Igreja St. Takla em Alexandria.

A língua usada na Igreja descende do egípcio antigo, o ciKam, por vezes chamado *mdw ntr* ou hieroglífica. A palavra "copta" é similar ao árabe *qibt* e ambas derivam de Aigyptos, o nome dado ao Kemet pelos gregos. O povo que agora é considerado "cóptico" é praticamente de descendentes de gregos e egípcios que se misturaram no caldeirão cultural da antiga Alexandria. A discriminação contra os coptas, contudo parece ser mais religiosa do que racial.

Devemos creditar ao Presidente el-Sisi uma visão mais esclarecida sobre culturas e raça do que a seus predecessores. Ele não apenas agiu para proteger a minoria cristã, como também articulou um forte interesse em proteger o Egito como um país modelo para relações raciais. É irônico que uma nação nascida quando o rei negro Menes veio do Sul e conquistou o Vale do Nilo, para estabelecer a primeira nação, esteja agora lidando com o racismo da era contemporânea. Lambert e Ramadan dizem: "A comunidade negra constitui uma proporção substancial da população egípcia, todavia, muitos egípcios parecem considerá-los uma minoria inferior, sujeitando-os a vários graus de discriminação racial e tratamento degradante" (LAMBERT, 2015).

Durante a segunda metade do século XX, turistas afro-americanos e peregrinos começaram a fazer jornadas anuais ao Egito. Dois eventos estimularam esse desenvolvimento na década de 1970. O primeiro foi a publicação em inglês de *A origem africana da civilização*, de Cheikh Anta Diop, e a segunda foi a aparição de *Black man of the Nile and his family* [O homem negro do Nilo e sua família], de Yosef ben Jochannon. Milhares de negros dos Estados Unidos visitaram o Egito para se reconectar à civilização clássica da África. Em breve, africanos vivendo no Caribe, América do Sul e Europa, especialmente de Londres e Paris, começaram a liderar visitas aos monumentos antigos. Nos Estados Unidos, Ben Jochannon, Asa Hilliard, Anthony Browder, V. Nzingha Gaffin, D. Zizwe Poe, Ashra Kweisi, Runoko Rashidi, Ama Mazama, Charles Finch e Cain Hope Felder foram apenas alguns dos diretores de programas de viagens ao Egito. Essas visitas deixaram poderosas impressões nos egípcios negros, que viram pela primeira vez africanos de classe média, relativamente bem-sucedidos, viajando pelo país. Relações foram estabelecidas, transações comerciais feitas, vias de comunicação abertas, e essas ligações se mostraram canais de conscientização para os negros nativos. Eles viram afro-americanos como irmãos e irmãs e aprenderam a falar a língua da civilização africana, onde antes pareciam ter sido restringidos pela religião.

Sob muitos aspectos, a constituição egípcia é como a dos Estados Unidos da América, na medida em que proíbe qualquer forma de discriminação, incluindo de cor; mas, como a constituição americana, não a criminaliza. Embora os Estados Unidos estejam se movendo nessa direção, não vemos a mesma tendência no Egito, o que significa que, muitas vezes, só resta aos negros acusar racistas de difamação. Em quase todo lugar no Egito podemos encontrar exemplos de negros reclamando de racismo, embora egípcios árabes, usualmente no poder, digam que o racismo não existe porque é condenado pela constituição. Essa não é uma resposta inusual de governos com populações multiétnicas e multirraciais.

Contudo, Abdel Rahman Sherif, comentando o fato de que muitos egípcios se ressentem de ser chamados africanos, diz em uma citação a *al-Araby*: "Há um desprezo surpreendente por tudo que é africano". O que isso significa é que a sociedade não lida com sua origem nem com sua herança negra. É como se os brancos nos Estados Unidos assumissem que os americanos nativos nunca tivessem existido. De fato, a presença do povo negro, especialmente no Alto Egito, no Sul, é muito substancial, a despeito dos múltiplos esquemas de realocação lançados pelo governo ao longo dos últimos cem anos.

Aparentemente, designações negativas para negros como *asa chocalata*, *samara*, e mesmo *zarboon*, "escravizado", podem ser ouvidas entre os árabes, de acordo com *al-Araby*. Em um caso horrendo, o cineasta egípcio negro Nada Zatouna teve atendimento negado em uma farmácia no Cairo, em 28 de abril de 2013, com o farmacêutico dizendo: "Não recebo coisa alguma de pessoas que não são brancas" (ZATOUNA, 2013). Quatro meses depois, em agosto de 2013, a bilionária negra Oprah Winfrey teve atendimento negado para comprar uma bolsa de 38 mil dólares em uma loja na Suíça. O racismo parece mais comum na Europa do que na América, mas o Egito não escapou do problema racial.

O que está claro é que o Presidente el-Sisi desafiou três mitos do Egito. Ele reconhece que o Egito está na África; que o povo negro está no Egito; que o racismo no Egito significa que a nação tem muito para superar. Com certeza, o Presidente el-Sisi chegou ao lugar que marcou a transformação de Gamal Abdel Nasser, um pan-africanista dedicado, acreditando que, a despeito da sobreposição árabe, o país era essencialmente uma nação africana conectada a seus vizinhos não apenas pela religião, mas pela história, línguas antigas, arte monumental, artefatos culturais e costumes. Assim, ao restabelecer essa noção nasserista do Egito na África, o Presidente el-Sisi está se afastando da fascinação de Anwar Sadat e Hosni Mumbarak pelo falso conceito de "Oriente Médio", que não descrevia um lugar nem um vínculo natural. Como um líder da Organização da Unidade Africana, Nasser criou uma sinergia entre ele, Kwame Nkrumah, de Gana, Haile Selassie, da Etiópia e os outros fundadores da organização internacional. O presidente egípcio disse: "Meu país está comprometido com a África e não poupará esforços para estender e fortalecer laços e integração ao longo de todos os países africanos, a fim de ajudar a conduzir seu desenvolvimento econômico e social" (SHARM EL-SHEIKH, 2017). O fato de que a política pública do Egito era olhar para o sul, a fim de superar a divisão entre o Egito e o resto do continente, significou que o Egito possa ter entrado no vácuo deixado pelo ex-líder da Líbia, Muammar Gaddafi.

A afirmação egípcia de seu poder

As contribuições dos membros mais importantes ao orçamento da União Africana, desde 2002, vêm de apenas cinco nações: Egito, África do Sul, Nigéria, Líbia e Argélia. O fato de o Egito prover 12,5% do orçamento significa que tem influência na organização e contribui para operações de manutenção da paz ao longo do continente. Há soldados egípcios no Sudão do Sul, Sudão, Costa do Marfim, Libéria, República Democrática do Congo, Mali e oeste do Saara. Todavia, há alguns espinhos à beira desse caminho.

O Egito tem uma relação tensa com a Etiópia. Como uma das potências militares da África e a nação-sede da União Africana, a Etiópia se afirmou no continente. Como é o lar de uma das nascentes do Rio Nilo, o Nilo Azul, também chamado Rio Abay, a Etiópia é vista como uma das fontes mais importantes de água no Egito. Os etíopes estão construindo a Grande Represa do Renascimento Etíope afim de explorar o interior do país com vistas ao desenvolvimento e à agricultura. No entanto, o Egito quer garantir acesso às águas do Nilo. É possível que essa situação possa ser resolvida sem as duas potências criarem instabilidade na África Oriental.

Os egípcios árabes têm tido de superar a intensa aversão por africanos e por tudo que é negro. Lendo *Black in Egypt blog* [blog Negro no Egito], de Abdel Rahman Sherif, temos a impressão de que há um "desprezo surpreendente por tudo que é africano". Na verdade, Sherif escreve: "Os egípcios inclusive se ofendem se você se refere a eles como africanos". O Presidente el-Sisi e os governos seguintes do Egito serão capazes de contornar esses sentimentos, usando os esforços de um novo e esclarecido quadro de intelectuais, que estejam abertos à diversidade e aos aspectos multidimensionais da história e do presente do Egito.

Observadores africanos há muito buscavam trazer o Egito para a sua órbita correta como uma nação líder no continente.

Lembramos dos trabalhos acadêmicos de Cheikh Anta Diop e Théophile Obenga e das incursões políticas de Nasser, Nkrumah e, mais recentemente, de visionários como o ex-primeiro-ministro do Senegal, Cheikh Tidiane Gadio. Como convencer os grandes líderes políticos no Egito de que a aceitação do passado negro do país não elimina a configuração política atual é a tarefa de tecnocratas e historiadores. Não há dúvida de que o futuro do Egito e do resto do continente está unido pelas antigas rotas comercias transaarianas e pelas mais recentes rotas aéreas de Nairóbi, Harare, Joanesburgo, Lagos e Kano a Cairo e Luxor.

A África recebe comerciantes chineses

A assimetria entre recursos e benefícios tem afligido a África no século XXI. Como lar de um terço das reservas minerais da Terra, a África recebe os benefícios de meramente um décimo do petróleo encontrado no continente. Na verdade, com outros minerais, pedras preciosas e recursos naturais, a situação é ainda pior. Por exemplo, dois terços dos diamantes do mundo são produzidos na África; todavia, o uso de diamantes por africanos é minúsculo. No mais estranho dos algoritmos, o desemprego africano cresce enquanto a mineração de recursos aumenta. A razão para isso é o aumento e a queda dos mercados de *commodities*. A África produz a matéria-prima, mas não controla o preço desses materiais. Em muitos países, os trabalhadores não estão, usualmente, em posição de controlar seu trabalho e, por isso, quando os preços das *commodities* caem, o desemprego aumenta.

Cada vez mais, corporações chinesas estão desafiando os investimentos de companhias europeias e americanas na África. Os chineses continuam a investir profundamente no setor de recursos naturais na África. Enquanto Estados Unidos e a Europa podem ter achado o ambiente africano desfavorável para negócios durante o começo do século XXI, os chineses correram para o setor de extração de recursos para sustentar seu crescimento e desenvolvimento.

Com efeito, essa ação chinesa também inspirou mais diversificação econômica na África e tornou possível às nações africanas fazerem investimentos de capital diretos em indústrias e pessoas. Certamente, as massivas incursões econômicas feitas pela China têm sido acompanhadas pela criação de Institutos Confúcio ao longo do continente africano. Assim, cultura e economia se tornaram os dois pilares do lema chinês do "destino comum" para a África.

A chegada de iniciativas internacionais complementares

Os africanos têm promovido inúmeras ideias de desenvolvimento das condições para o renascimento. Rahel Kassahun, da África Sem Amarras [Africa Unbound], criou uma organização que busca usar a transformação pessoal como a base da ampla mudança continental. Molefi Kete Asante e Ama Mazama organizaram a Afrocentricidade Internacional (AI) [Afrocentricity International] com a ideia de produzir um movimento de base para unir o povo da África. Após participar das Conferências Cheikh Anta Diop, na Filadélfia, e das Conferências Menaibuc, lideradas por Salmon Mezepo em Paris, eles convocaram uma grande conferência em Paris, em 2011, para estimular a consciência de africanos na diáspora da Europa. A primeira conferência de Afrocentricidade Internacional ocorreu em Paris, e muitas pessoas a consideraram uma organização africana localizada na Europa, embora tivesse sido concebida como um grupo mundial, com o objetivo de reunir um quadro vanguardista de jovens que promovessem os interesses do mundo africano. Como Marcus Garvey, os líderes da Afrocentricidade Internacional sustentavam uma visão global de indivíduos comprometidos com o aumento da consciência dos africanos, para atuarem em prol dos melhores interesses políticos, econômicos, espirituais, culturais e sociais do povo africano.

O objetivo era retomar o Movimento Pan-africano como uma conscientização mundial de soluções afrocêntricas para problemas locais e internacionais. Representantes vieram de muitos países na Europa, incluindo Islândia, para capturar o internacionalismo e a unidade prometidos por um movimento unido. Asante e Mazama articularam a crença de que fatos históricos e ideias filosóficas tinham de ser organizados e estruturados para ações vitoriosas; do contrário, permaneceriam fracos, inefetivos e antiafrocêntricos. Posteriormente, Asante e Mazama, com a participação de malis, camarenses, afroamericanos e haitianos, estabeleceram a Afrocentricidade Internacional. Um estudo de um ano, com discussões e debates sobre regulamentos e Constituição para a Unia de Marcus Garvey, ajudou a firmar a AI no espírito de unidade africana mundial e precedeu o estabelecimento da organização.

Ama Mazama, uma importante intelectual afrocentrista e personalidade espiritual, foi eleita a *Peraat* da organização, e Molefi Kete Asante foi nomeado o organizador internacional. Continuando o trabalho de teoria e prática, os dois ativistas começaram uma série de "convenções" para apoiar as seções locais da organização, em várias partes do mundo, e para encorajar líderes de massa a se erguerem e a assumirem o controle da mensagem pan-africana. Após a conferência de Paris, a Afrocentricidade Internacional organizou a Conferência e Convenção da Filadélfia.

A dramática convergência de três elementos importantes na ressurgência do povo africano ocorreu na Filadélfia, em 18-19 de maio de 2013. Em 18 de maio, a Afrocentricidade Internacional, a organização fundamental pan-africana global, sediou sua segunda conferência internacional na Imohotep Institute Charter High School, com a participação de 16 dos intelectuais africanos mais importantes na época. Christine Wiggins, a CEO visionária, fundadora e criadora da Imohotep Institute Charter High School, acolheu os participantes e palestrantes com um enfático apelo à autodeterminação, sugerindo que a AI, o Imohotep Charter Institute e os intelectuais ativistas da AI criassem uma sinergia que reverberasse em torno do mundo africano.

Para esse fim, os organizadores trouxeram 200 pessoas para a conferência sob o tema "Afrocentricidade e a Ressurgência Africana". Contudo, o que foi mais positivo e mais histórico foi a presença de *shenutis*, líderes da AI, de seções já estabelecidas: shenuti Kana Tumaini, da AI Bélgica; shenuti Mentu Bogne, da AI Alemanha; vice-shenuti Tchigankong Noubissié, da AI Alemanha; shenuti Améni Salle N'Gaye, da AI Paris; shenuti Iya Adjua, da AI Filadélfia; vice-shenuti Djehuti, da AI Filadélfia; shenuti Omotunde Asare, da AI Colômbia; shenuti Ama Mizani, da AI Rio de Janeiro; vice-Shenuti Mapenzi Rocha, da AI Rio de Janeiro; shenuti Jeanne Baraka, da AI Kalamazoo; e da Secretária-geral Nubia Fortune, da AI Guadalupe.

Palestrantes e professores da conferência incluíram Adelaide Sanford, Patricia ReidMerritt, Cornel West, Boniface Diarra, Ron Daniels, Marta Moreno Vega, Maulana Karenga, Delvina Bernard, Frederic Bertley, Leonard Jeffries, Pam Africa, Haki Madhubuti, Joyce King e Malick Ndiaye. Embora o Professor Ndiaye tenha perdido a conferência, passou dois dias sucessivos em discussões e consultas com a liderança da Afrocentricidade Internacional após o evento. Ndiaye viajou com Asante e Djibril Niane, o autor de *Sundiata: o épico da antiga Mali, para a Etiópia*, para confrontar a União Africana sobre a questão da Renascença Africana.

A Convenção da Filadélfia começou com Ama Mazama e Molefi Kete Asante acolhendo os participantes na abertura norte-americana da Afrocentricidade Internacional. Cada palestrante, de seu modo único e a partir de seu histórico especial, enfatizou o papel da AI como uma organização internacional, cujo tempo havia chegado e cujo propósito devia ser universal para os africanos. "A unidade é nosso objetivo; a vitória é nosso destino!" Esse foi o grito de batalha no auditório e se tornaria um tema importante da organização.

Foi determinado que haveria convenções ao redor do mundo com o mesmo propósito de aumentar a consciência e produzir ações para transformar as condições africanas. A estratégia era construir seções na África, América do Norte, América do Sul, Caribe e Europa, de modo que a força e determinação da AI motivasse os inexplorados recursos intelectuais e morais de milhões de africanos que quisessem unidade e vitória.

Um dos princípios da Afrocentricidade Internacional, seguindo a orientação de Marcus Garvey, foi o de que todos os líderes devem ser treinados e iniciados. De fato, a *peraat* Ama Mazama começou a conferência apelando aos feitos de Marcus Garvey e elogiando o exemplo da Unia. Ela disse que a Afrocentricidade Internacional tinha articulado sua fundação em uma filosofia baseada na agência africana. Assim, os líderes da organização tinham de ser iniciados no círculo afrocêntrico no qual aprenderiam as técnicas de administração, reciprocidade, liderança, observâncias rituais e respeito pelos ancestrais.

A literatura para a convenção anunciou os ativistas e intelectuais convidados como Ama Mazama, Pam Africa, Molefi Kete Asante, Leonard Jeffries, Delvina Bernard, Frederic Bertley, Ron Daniel, Boniface Diarra, Maulana Karenga, Haki Madhubuti, Joyce King, Malick Ndiaye, Patricia Reid-Merritt, Adelaide Sanford, Marta Moreno Vega e Cornel West, bem como os líderes regionais Shenuti Améni Salle N'Gaye, de Paris, França; Shenuti Mentu Bogne, de Stuttgart, Alemanha; Shenuti Kana Tumaini; de Bruxelas, Bélgica; shenuti Iya Adjua, da Filadélfia, Estados Unidos; Secretária-geral Nubia Fortune, de Guadalupe; shenuti Ama Mizani, do Rio de Janeiro; shenuti Omotunde Asare, de Buenaventura, Colômbia; e shenuti Jeanne Baraka, de Kalamazoo, Estados Unidos. Além desses, três representantes de *shenutis* estiveram presentes aos encontros e receberam treinamento considerável. A lista incluía os vice-shenutis, Djehuti, Mapenzi Rocha e Tchigankong Noubissié, da Filadélfia e Stuttgart, respectivamente.

A conferência atraiu pan-africanistas, nacionalistas africanos e afrocentristas de toda América do Norte. Na verdade, representantes da cidade africana independente, Oyo Tunji, localizada próximo a Charleston, Carolina do Sul, vieram e executaram as danças *egungun* e *guelede* dos ancestrais para a audiência. No fim da noite da convenção, os magnificentes Universal Drum e Dance Ensemble, sob a direção de Camden, Wandra e Rob Dickinson, de Nova Jersey, magnetizaram e eletrificaram os participantes com suas poderosas danças, ritmos africanos ocidentais e invocações aos ancestrais. Havia crianças de 2 anos e adultos de todas as idades que movimentaram a audiência com as danças mais habilidosas, profissionais e autênticas do continente. Como um participante de Mali comentou: "A África está verdadeiramente na Filadélfia". Outros observaram que a razão de os visitantes se sentirem assim se devia ao fato de a África nunca ter deixado os africanos que residem nas Américas.

Visões continentais

Moussa Faki Mahamat, um ex-primeiro-ministro e ministro das Relações Exteriores chadiano, tornou-se presidente da União Africana em 30 de janeiro de 2017, quando venceu Amina Mohamed do Quênia e imediatamente tentou afirmar uma agenda agressiva para a África. A presidência anterior havia sido de Nkosazana Dlamini-Zuma, da África do Sul. Mahamat respondeu ao rápido crescimento da África declarando que é "a população mais jovem do mundo". Anunciando um projeto chamado "Controlando o Dividendo Demográfico por meio de Investimentos na Juventude", ele incitou a União Africana a melhorar as condições dos jovens no continente, mas não havia planos concretos para pôr isso em prática. Era necessária uma visão continental para lidar com o desemprego, a emigração de jovens talentosos para a Europa e Ásia e o acesso insuficiente ao conhecimento e apoio técnicos (MAHAMAT, 2017).

Mapa 15.1 – Algumas das características topográficas importantes do continente

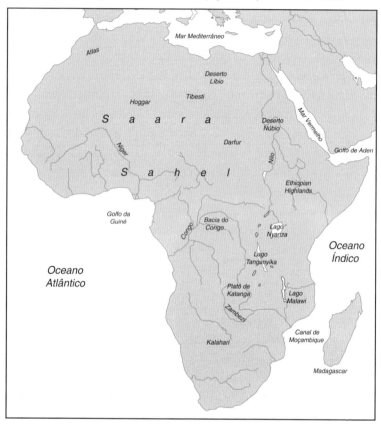

Embora a União Africana tivesse sido criada para trabalhar em prol da unidade do continente africano, esse objetivo parece ter sido excluído de sua agenda fundamental. Na verdade, a concentração de investimento em pessoas, paz e segurança, e a mobilização de investimentos no continente para ajuste estrutural são objetivos excelentes. Contudo, o principal objetivo da União Africana, de criar as condições para a unidade africana, parece ter sido perdido no momento histórico atual. Na verdade, nesta era parece que a União Africana está buscando se ajustar para receber mais apoio de fora do continente, em vez de se desenvolver a partir de dentro, para integrar as economias de vários estados e povos. No entanto, a visão dos pan-africanistas, afrocentristas e patriotas africanos continua sendo o sentimento dominante da juventude demograficamente crescente do continente.

APÊNDICES

1

CRONOLOGIA DA ÁFRICA

35 milhões de anos atrás: placas tectônicas africanas e árabes começaram a se separar, criando o Vale da Grande Fenda.

30 milhões de anos atrás: o *aegytopithecus*, um possível candidato ao ancestral mais antigo dos hominídeos e pongídeos, existe no Oásis de Faium e no Egito.

10 a 4 milhões de anos atrás: os hominídeos se mudam da floresta para as savanas da África Oriental.

8 milhões de anos atrás: os hominídeos e pongídeos se separam.

7 milhões de anos atrás: *sahelanthropus tchadensis* vive no Chade dos dias atuais.

4,5 milhões de anos atrás: o *ardipithecus ramidus* vive na área Awash da Etiópia atual.

3 milhões de anos atrás: o *australopithecus afarensis* vive na Etiópia e no Chade.

3 milhões de anos atrás: o Deserto do Saara é uma terra fértil e rica com árvores altas e pastos verdes.

2 a 3 milhões de anos atrás: o *homo habilis* vive.

2,3 milhões de anos atrás: o *homo erectus* sobrevive na Ásia até 53 mil anos atrás.

250 mil anos atrás: aparição do *homo sapiens*, dotado de linguagem e a habilidade de nomear.

50 mil anos atrás: pinturas rupestres mostram organização de assentamentos e o estabelecimento de vida grupal.

50 mil e 12 mil anos atrás: as glaciações de Wrum/Wisconsin não afetam os africanos diretamente.

38 mil anos atrás: a Caverna de Blombos, na África do Sul, com blocos decorados, ocres e pontas de lança polidas.

26 mil anos atrás: evidências de anzóis, machados e raspadores de pedra na Bacia do Congo.

10000 AEC: pessoas chegam ao Vale do Nilo antes dessa época e introduzem ideias de uso de gramíneas como alimento, e novas religiões e deidades de clãs.

10000 AEC: os africanos aperfeiçoam as técnicas de caça, pesca e coleta, e estão no início da agricultura.

8000 AEC: início do período da cultura Gerzeana.

6000 AEC: o fim da Idade do Gelo Weichsel/Wisconsin/Wurm resulta no deslocamento populacional.

6000 AEC: os africanos começam a viver pelo cultivo planejado e colheita de alimentos.

6000-1000 AEC: o Deserto do Saara se expande.

5000-4000 AEC: surgimento do período da cultura Badariana.

4000-3000 AEC: surgimento de Kush.

3800-3100 AEC: aparecem as tumbas mais antigas em Qustul na Núbia, mostrando evidências da primeira monarquia em Kush.

3400 AEC: unificação do Kemet, que consiste de 42 diferentes grupos étnicos, sob o governo do Per-aa Narner; a unificação dura 3.000 anos.

3400 AEC: a escrita é inventada no Kemet, aparecendo em várias superfícies, principalmente o papiro.

3400-2700 AEC: período tinita, consistindo de duas dinastias.

3400-2600 AEC: período arcaico.

3300-3000 AEC: período protodinástico.

3100 AEC: escrita cuneiforme em tabuletas de barro na Mesopotâmia, Iraque da era moderna.

3100-2890 AEC: I Dinastia do Kemet.

3000 AEC: mudança climática natural: o Saara seca e comunidades inteiras praticamente desaparecem.

3000 AEC: migrações formam os povos Sahelianos no extremo das florestas tropicais e os Amazighs no Norte.

3000 AEC: áreas férteis e de pastagens ricas da região dos Grandes Lagos atraem vários grupos étnicos de pastores e agricultores do norte e do leste.

2920-2575 AEC: início do período dinástico no Kemet.

2890-2686 AEC: II Dinastia no Kemet.

2686-2613 AEC: III Dinastia no Kemet.

2685-2200 AEC: reino antigo no Kemet.

2667-2648 AEC: construção da pirâmide Saqqara como uma pirâmide de degraus, a forma mais antiga de arquitetura.

2613-2494 AEC: IV Dinastia no Kemet, dominada por projetos de construção em Giza.

2560 AEC: pirâmide conhecida como a Grande Pirâmide construída pelo Per-aa Khufu.

2498-2345 AEC: V Dinastia no Kemet.

2414-2345 AEC: Ptahotep, o pai das doutrinas éticas, escreveu o primeiro livro sobre o que significa envelhecer.

2345-2183 AEC: VI Dinastia no Kemet.

2200 AEC: colapso do governo central no Kemet.

2200-2000 AEC: primeiro período intermediário no Kemet.

2183-2160 AEC: VII e VIII Dinastias no Kemet.

2160-2125 AEC: IX e X Dinastias no Kemet.

2125-1985 AEC: XI Dinastia reúne o país.

2061 AEC: o Per-aa Mentuotepe II, o Grande Unificador, chega ao poder e é renomeado Nebhotepre, o filho de Rá, depois, Sematawy, aquele que unifica as Duas Terras.

2040-1785 AEC: reino intermediário no Kemet.

2040-1785 AEC: período clássico da história Kemética, assim nomeada como um resultado das seguintes publicações: os *Textos dos sarcófagos* sobre os sarcófagos de Meseheti e Djefaihapy, *Instruções de Kagemni*, *Máximas de Djedefhor*, *Admoestações*, *Instruções para Merikare*, *Máximas de Ptahhotep*, *Kemyt*, *Sátira das ocupações*, *Instruções ao vizir*, *Profecia de Neferti*, *Instrução do lealista*, *Instruções de um homem a seu filho*, *Instrução de Amenemope I*, *O drama da coroação*, *O drama de Memphite*, *A história de Ísis e Rá*, *A história de Horus e Seth*, *A destruição da humanidade*, *A disputa de um homem com seu Ba*, *Os ensinamentos de Khakheperreseneb*, e outros documentos escritos como cartas, textos administrativos, descrições autobiográficas, observações históricas, tratados médicos e matemáticos, fragmentos veterinários, poesia e rituais sacerdotais.

2040-1785 AEC: o Kemet conquista a Núbia.

1996 AEC: 256 odus de Ioruba compilados ou criados por Agboniregun ou Orunmilá.

1991 AEC: Sehotipibre, um filósofo nacional, argumenta que a lealdade ao rei é a função mais importante de um cidadão.

1991 AEC: Amenemhat, o primeiro filósofo cínico, avisa a seus leitores para desconfiarem daqueles que se dizem amigos.

1991-1802 AEC: XII Dinastia no Kemet.

1991 AEC: Sobekneferu, primeira mulher governante do Kemet.

1990 AEC: Merikare, um filósofo, escreve sobre o valor de falar bem e usar o senso comum nas relações humanas.

1962 AEC: o Per-aa Amenemope é assassinado.

1802 AEC: XIII Dinastia no Kemet.

1800-1600 AEC: segundo período intermediário.

1700-600 AEC: auge do reino de Kush.

1633 AEC: os Hicsos controlam o norte do Kemet.

1570-1085 AEC: novo reino no Kemet fundado por Amósis.

1570 AEC: realeza e nobres recebem grandes enterros rituais similares aos recebidos pelo *per-aa*.

1570 AEC: o Per-aa Amósis chega ao poder aos 10 anos.

1559 AEC: o Kemet envolve os núbios e Hicsos em batalha.

1458 AEC: o reino da Per-aa Hatshepsut (mulher reinando como um rei) termina e o Per-aa Tuthmoses III recupera o trono aos 22 anos.

1400 AEC: Amenhotep, filho de Hapu, sacerdote, vizir, filósofo e mestre dos antigos, é o segundo humano na África a ser deificado.

1378 AEC: o Per-aa Amenhotep IV se torna rei.

1370-1352 AEC: a ascensão do Per-aa Amenhotep, o mais rico e temido de todos os reis, desafia a teocracia governante.

1340 AEC: Duauf, um filósofo educador, valoriza a ideia de aprender e escreve que os jovens devem aprender a apreciar livros.

1318-1316 AEC: o Per-aa Ramsés I reina, começando a construção do massivo salão hipostilo em Karnak.

1318-1298 AEC: o Per-aa Seti I reina, lidando firmemente com nações revoltosas na Ásia, dividindo seus exércitos, constrói o templo de Ausar em Abydos.

1316 AEC: XIX Dinastia no Kemet.

1300 AEC: o Per-aa Aquenaton, nascido Amenhotep IV, acredita que o deus Aten seja o único deus, muda a doutrina religiosa do Kemet e muda a capital.

1298-1232 AEC: o Per-aa Ramsés II, o Grande, reina, um magnífico líder e comandante-chefe, o primeiro a construir um templo para uma mulher.

1277 AEC: o rei hitita envia uma tabuleta de prata a Ramsés, jurando paz eterna; o tratado durou 50 anos.

1200 AEC: o conhecimento da fundição de ferro se espalha a partir da África Oriental para outras regiões da África e do mundo, dando aos africanos autoridade sobre a terra, mas também uma transformação na prática da guerra.

1000 AEC: o Saara está muito seco para sustentar uma população grande.

1000 AEC: Kush conquista toda a Núbia.

1000-900 AEC: Dinastia Napata na Núbia, muitas vezes referida como Kush.

780-760 AEC: o Rei Alara governa a Núbia.

760-747 AEC: o Rei Kashta, nomeado Maatre na coroação, governa a Núbia, estende o reino de Kush à moderna Aswan.

750-590 AEC: reino ressurgente no Kemet.

747 AEC: Piankhy se casa com a filha de Alara e se torna *per-aa*, terminando por governar a Núbia e o Kemet.

730 AEC: Tefnakht tenta desafiar Piankhy.

700-600 AEC: os fenícios se estabelecem em Cartago, na costa norte da África.

690 AEC: o Per-aa Sennacherib é assassinado por seus filhos.

690-664 AEC: Taharka reina como *per-aa*.

671 AEC: Esarhaddon, um assírio, invade o Kemet diretamente e força muitos príncipes do delta a adotarem nomes assírios e a renomearem suas cidades.

666 AEC: Ashurbanipal, rei da Assíria, lidera um exército atacando até Waset, no sul.

620-600 AEC: o Per-aa Anlamani governa a Núbia e o Kemet.

609-594 AEC: o Per-aa Psammetichus I e Neko tentam ampliar as fronteiras do Kemet em direção à Ásia, mas fracassam.

605 AEC: Nabucodonosor, herdeiro do trono da Babilônia, enfrenta as forças do Kemet em Carchemish e as destrói.

600 AEC: Tales de Mileto, filósofo grego, é o primeiro a estudar no Kemet.

600-580 AEC: o Per-aa Aspelta governa a Núbia e o Kemet.

594-588 AEC: o Per-aa Psammetichus II governa a Núbia e o Kemet.

588-568 AEC: o Per-aa Apries governa a Núbia e o Kemet, mas é deposto quando o povo do Kemet fica ultrajado com o fracasso de uma expedição.

525 AEC: a Pérsia invade o Kemet, tornando-se a terceira força a invadir o Vale do Nilo a partir de fora.

518 AEC: Dario I vai da Pérsia ao Kemet devido a uma rebelião que o governo persa não consegue controlar.

510 AEC: Cartago assina um tratado de comércio com Roma.

500 AEC: o camelo substitui o cavalo como a principal forma de transporte.

500 AEC: um número pequeno de agricultores entra na região do Congo.

500-200 AEC: o Império Axumita entra na Era Auroral.

491 AEC: Dario I é derrotado em Maratona.

491 AEC: Xerxes chega ao Kemet.

480 AEC: o exército de Siracusa derrota o exército cartaginense, preservando as cidades-estados sicilianas.

450 AEC: Heródoto vai ao sul, Nilo acima, até Elefantina.

415-413 AEC: Guerra do Peloponeso, atenienses atacam Siracusa.

409 AEC: Aníbal destrói a cidade de Himera e toma Selinus.

406 AEC: o General Himilco destrói Acragas, a Agrigento moderna.

400 AEC-350 EC: Kush mostra poder por meio da arquitetura.

400 AEC-1400 EC: Kush ocupa Jenne-Jeno, uma importante área de comércio transaariana no Rio Níger na antiga Mali.

378-361 AEC: o Per-aa Nectanebo governa o Egito.

361-359 AEC: o Per-aa Teos governa o Egito.

348 AEC: Cartago assina um novo tratado de comércio com Roma.

341 AEC: o Per-aa Nectanebo II é abandonado por mercenários gregos e derrotado pelos persas.

341-338 AEC: o Per-aa Artaxerxes III Othos aterroriza seu povo, o povo do Kemet.

338-335 AEC: o Per-aa Oarses segue os passos de seu pai e aterroriza o povo do Kemet.

335-332 AEC: Bogoas, um eunuco, envenena Artaxerxes e Oarses e oferece o trono a Dario III Codoman, que aceita e força Bogoas a tomar seu próprio veneno.

310-307 AEC: Agathocles, senhor de Siracusa, ameaça Cartago e outras cidades costeiras africanas.

306 AEC: Cartago assina um tratado comercial com Roma.

300 AEC: Gana é formada por um grupo de povos (provavelmente Soninkes), constituindo um reino comercial próximo ao Níger superior.

285-247 AEC: o *per-aa* grego Ptolomeu II Philadelphos constrói o farol em Alexandria e é um patrono da biblioteca.

284-275 AEC: a Rainha Bartare governa a Núbia.

264-241 AEC: Primeira Guerra Púnica, Cartago perde todas as possessões na Sicília.

247-222 AEC: o *per-aa* grego Ptolomeu III Euergetes governa enquanto o Kemet enfrenta a fome.

218-201 AEC: Segunda Guerra Púnica; Cartago é derrotada.

218 AEC: Aníbal começa sua busca pela vitória.

216 AEC: Roma enfrenta Aníbal em batalha.

212 AEC: Asdrúbal derrota o exército de Roma.

210 AEC: P. Cornélio Cipião recupera o que os romanos haviam perdido e toma Cartago Nova.

Figura A.1 – Presidente liberiana Ellen Johnson-Sirleaf

Fonte: Wikimedia Commons/United States Department of State

209-182 AEC: Per-aa Ptolomeu V Epifânio tenta restaurar templos antigos no Kemet.

207 AEC: cartagineses perdem quase todos os domínios na Espanha.

204 AEC: Cipião conquista a Espanha a partir de Cartago.

200 AEC-99 EC: Império Axumita entra na Era Resplandecente.

196 AEC: Aníbal foge de Cartago e se junta a Antíoco em Éfeso.

183 AEC: Aníbal se envenena para evitar a morte pela espada de outro.

177-155 AEC: Rainha Shanadakete reina na Núbia, a primeira governante importante na história mundial.

160 AEC: encontrada, na parede sul da capela funerária da pirâmide N11, em Meroe, uma inscrição da rainha núbia Shanadakete, a pintura mostra seu esposo sentado atrás dela.

149-146 AEC: Terceira Guerra Púnica, resultando na destruição total do poder cartaginês.

122 AEC: nova cidade, Colônia Junônia, fundada onde ficava Cartago.

99-84 AEC: Rainha Amanirenas reina na Núbia, combate o exército de César e mantém a Núbia livre do controle romano.

51 AEC: *per-aa* grego Ptolomeu XIV ascende ao trono com sua esposa/irmão Cleópatra VII Filopates, servindo como títeres sob proteção do senado romano.

45 AEC: Cleópatra manda envenenar Ptolomeu XIV e seu filho Ptolomeu XV é eleito para corregência.

36 AEC: Cleópatra tem um terceiro filho com Marco Antônio, Cleópatra Selene, enquanto ele casa com Otávia.

30 AEC: Marco Antônio perde a batalha da Áccio.

30 AEC: Otaviano reivindica o título de "Imperador Augusto" e introduz o Egito no Império Romano, como uma província.

30 AEC: Cleópatra morre e Roma governa o Egito.

26-20 AEC: a Rainha Amanishakete governa a Núbia.

Primeiro século EC: Plutarco escreve a melhor versão registrada da lenda de Ausar.

25-41 EC: a Rainha Amanitore governa a Núbia.

83-115 EC: a Rainha Amankihatashan governa a Núbia.

99-900 EC: era do Império Esplendoroso do Império Axumita, com Axum profundamente cristã.

100-200 EC: a Núbia é ocupada por Nobatae.

139 EC: registro da sincronização do primeiro dia do ano solar e o surgimento se Sirius.

220 EC: Axum ascende ao poder como um império.

280-300 EC: Heliodoro, um grego, escreve um romance histórico, *Aethiopica*.

290 EC: o Império Axumita derrota a Núbia e se torna o maior império da África da época; começando a usar recursos materiais para propósitos

300 EC: etíopes adotam o cristianismo como religião oficial.

350 EC: Império Axumita derrota Meroe.

421 EC: imperadores romanos destroem o templo cartaginês dedicado a Tanit.

439-533 EC: Cartago se torna a capital dos vândalos.

500-1000 EC: a Europa entra na Era Branca (*White Ages*), quando uma névoa paira sobre o conhecimento e pequenas comunidades de sacerdotes mantêm a alfabetização viva.

528-575 EC: o Império Axumita invade a Arábia e governa a área iemenita.

533 EC: Cartago é recuperada para o Império Bizantino por Belisário, por 150 anos.

610 EC: começa o trabalho de Muhammad como profeta.

622 EC: Era Muçulmana.

622 EC: costa leste da África se torna popular com árabes, persas, indianos, indonésios e chineses e se torna um caldeirão de culturas para aqueles que enfrentam perseguição religiosa em seus países de origem.

622 EC: Heráclio começa uma expedição à Cilícia, para resgatar a Cruz Sagrada e tomar de volta dos persas porções do Império Romano.

622 EC: Muhammad foge de Meca para Medina, para preparar a guerra para conquistar a Arábia e o santuário da Caaba.

629 EC: líderes africanos no Egito convidam o General Al-As para ajudar a expulsar os romanos da África.

631 EC: Ciro, líder da campanha para eliminar a religião cóptica, desembarca em Alexandria, levando o patriarca cóptico, Benjamin, a fugir; começa a perseguição aos coptas (em outubro), enquanto busca por Benjamin.

632 EC: Muhammad convoca a guerra contra o Império Romano.

639 EC: (12 de dezembro) General Amir ibn-As celebra o Dia do Sacrifício no Egito.

640 EC: o exército de Amir se expande com muitos beduínos se unindo à campanha contra os romanos.

651 EC: o reino de Makurra, da Núbia, derrota o exército muçulmano.

698 EC: Cartago é destruída pelos árabes e reconstruída sob estrita influência dos muçulmanos árabes.

700 EC: árabes conseguem tomar toda a África do Norte; africanos que mantêm suas crenças tradicionais são sobrecarregados por seus conquistadores.

700 EC: indonésios migram para a Ilha de Madagascar, onde vive o povo Malagasy.

800 EC: nessa época, na área entre o Rio Níger e Gao, a cidade mais importante era conhecida como Songhay, com sua capital Kukiya.

900 EC: início da formação dos estados em Ioruba.

900 EC: persas de Shiraz se casam com mulheres somalis e desenvolvem a cultura shirazi.

900 EC: Zanj e a Costa Suaíli inteira, é controlado a partir de Sofala.

900 EC: o povo de Zanj usa ornamentação de ferro.

909 EC: xiitas Amazighs, os Fatímidas, reúnem os Amazighs e Tamacheks e tomam de volta dos árabes a África do Norte.

1000 EC: surgimento das cidades-estados Hausas na atual Nigéria.

1000 EC: *mais*, reis de Kanem-Borno, convertem-se ao Islã, com Mai Hume sendo o primeiro a fazer o *hajj* para Meca.

1000 EC: a Eredo de Sungbo é construída na Nigéria.

1000 EC: os Iorubas aperfeiçoam o tipo de governo da cidade.

1000 EC: o Zimbábue é um reino próspero e poderoso durante o século XV, com seu surgimento entre os séculos XI e XIII.

1000-1200 EC: grande parte do leste da África Central, da Zâmbia ao lago Malawi, participa de Luangwa, a cultura posterior da Idade do Ferro.

1054 EC: Almorávidas capturam Audoghast, o centro do poder de Gana.

1056 EC: Almorávidas capturam Sijilmasa, o principal centro comercial para o ouro do oeste africano.

1067 EC: Al-Bakri, um árabe espanhol, escreve sobre Tunka Manin, um ganense.

1076 EC: Almorávidas capturam Kumbi Saleh.

1087 EC: Abu-Bakr é assassinado enquanto tenta suprimir uma revolta.

1100 EC: Al-Idrisi escreve que Manan e Njim no Kanem-Borno são ocupadas.

1100 EC: surgimento de Katsina, uma cidade-Estado importante no comércio transaariano, e Kano se estabelece como a maior cidade no norte da Nigéria, com um centro manufaturador e profissional.

1100 EC: a Benin nigeriana desenvolve um sistema estatal centralizado.

1100 EC: Ife desenvolve o sistema de parentesco.

1134 EC: Sayf bin Dhi Yazan se casa na linhagem dos Mai Kanem e cria a Dinastia Saifawa no Kanem-Borno, que dura até 1846.

1171-1250 EC: período dos Aiúbidas.

1172 EC: os núbios atacam o Egito quando os Aiúbidas chegam ao poder.

1180 EC: soldado Soso depõe a Dinastia Soninke de Wagadu.

1199 EC: os Peuls tomam o controle do reino de Diara, uma importante província de Wagadu.

1200 EC: Alá é o governante supremo no Egito.

1203 EC: Sumanguru se declara rei em Gana, cerca Kumbi Saleh e a destrói.

1240 EC: até essa época, Kumbi Saleh, em Gana, é a maior cidade no oeste da África, afastando inimigos que querem acessar seu comércio lucrativo.

1240 EC: hospedaria erigida no Cairo para estudantes de Kanem-Borno.

1250-1517 EC: período dos mamelucos.

1255 EC: Sundiata Keita, imperador de Mali, morre.

1270-1285 EC: Kebra Nagast, o Livro da Glória dos Reis da Etiópia, criado durante a restauração da linha de reis salomônicos durante o reinado de Yekuno Arnlak.

1294 EC: a instalação do Rei Karanba no trono da Núbia marca a conversão cristã núbia ao Islã.

1300 EC: o Império Mali está em seu auge, enquanto a língua e a escrita árabes se tornam instrumentos da administração, lei e comércio.

1300 EC: o povo Kanem é pressionado pelo povo Bulala, e o Kanem-Borno entra na "Era da Instabilidade".

1300 EC: o Islã conquista as cidades-estados hausas.

1300-1384 EC: o árabe Chihab Addine Abul-Abass Ahmad ben Fadhl al-Umari escreve informações sobre o grande *mansa* Mali Kankan Musa e registra suas entrevistas com ele sobre seu irmão, Abubakari II, o *mansa* anterior, que pode ter chegado às Américas antes de Colombo.

1304 EC: o árabe Arab Abu Abdullah Muhammad ibn Battuta, também conhecido como Shams ad-Din, visita os países de cada governante muçulmano de sua época, viaja pela África e dita suas descrições, que se tornam conhecidas como as "Viagens (Rihala) de Ibn Battuta".

1311 EC: o Imperador Mansa Abubakari II envia mil barcos através do Atlântico; em 312, abandona seu trono e zarpa com outros mil barcos.

1324 EC: o Mansa Kankan Musa, líder do Império Mali, faz a *hajj* para Meca, mas o faz ao estilho de um rei, levando atenção internacional a Mali.

1332-1395 EC: Ibn Khaldun escreve Muqaddimah ou "Prolegômenos", uma análise de eventos históricos que cria e mantém estereótipos, mas estabelece uma lista de governantes em Mali até 1390.

1337 EC: o Mansa Musa morre, deixando o trono ao seu filho, o Mansa Maghan, que permitiu que o império se dissolvesse.

1339 EC: Mali aparece pela primeira vez no "mapa mundial" como um império importante.

1367 EC: O mapa mundial mostra a estrada de Mali através das Montanhas Atlas no oeste do Sudão.

1380 EC: Kintu, o primeiro rei de Baganda, é coroado.

1390 EC: Cheng Ho (Sheng He) da Dinastia Ming visita a Costa Suaíli após as cidades-estados reafirmarem sua independência.

1400 EC: Timbuktu se torna o maior centro de aprendizagem para estudiosos muçulmanos.

1400 EC: Mai Ali Gaji encerra os problemas políticos da Dinastia Seifawa do Kanem-Borno.

1400 EC: o clã Phiri se casa com o clã Nanda e forma os Nyanja.

1400 EC: surge o reino Asante.

1400 EC: a Dinastia Bito ascende ao poder em Baganda e Bunyoro.

1415 EC: Portugal captura Ceuta e força os africanos portugueses a revelarem detalhes sobre o ouro africano.

1420 EC: Nyatsimbe Mutota funda Mutapa na área de Dande, no Vale Mazoe.

1431-1433 EC: os marinheiros de Cheng Ho chegam à costa oeste da África do Sul.

1433 EC: os Tamacheks tomam Timbuktu.

1440 EC: Obá Ewuare reina na Benin nigeriana.

1440 EC: navios portugueses chegam à costa da África Ocidental e levam dezenas de africanos ao rei, em Lisboa.

1450 EC: o lugar do Grande Zimbábue é abandonado.

1453 EC: Constantinopla cai diante dos turcos otomanos.

1456 EC: Mali se dilui no Império Songhay.

1464 EC: Sonni Ali Ber ascende como rei de Songhay.

1466 EC: a batalha por Jenne (que o Império Mali tentou tomar 99 vezes) leva sete anos, sete meses e sete dias para cair diante de Sonni Ali Ber.

1468 EC: Sonni Ali Ber invade Timbuktu.

1472 EC: os portugueses levam um navio ao Golfo de Benin, expondo o povo Benin nigeriano aos europeus pela primeira vez.

1480 EC: o povo Kongo estava desejoso por construir parcerias com os portugueses.

1480 EC: Sonni Ali Ber força Mossi voltar ao sul do Níger.

1482 EC: Diogo Cão, um marinheiro português, visita a nascente do Congo.

1482 EC: os portugueses começam a construir a fortaleza em El Mina, na Gana moderna.

1484 EC: Mossi deixa a cidade de Walata, um ponto ao norte para o Império Mali, em ruínas.

1485 EC: milhares de pessoas são empregadas em Jenne na universidade e nas escolas, nos negócios, no comércio e em empresas.

1485-1554 EC: Leo Africano, também conhecido como Al-Hasan ibn Muhammed el-Wazzan ez-Zayyat, escreve suas jornadas na África em *A história e a descrição da África*, que também inclui uma descrição impressionante da antiga cidade de Timbuktu.

1492 EC: Sonni Ali Ber se afoga no Rio Níger; seu filho, Sonni Bakori Da'as, torna-se rei; a busca por encerrar o massacre islâmico termina, e a África não é unificada.

1492 EC: a Espanha expulsa milhares de africanos e judeus.

1492 EC: Colombo zarpa para as Américas e convence os europeus a arriscarem seu dinheiro e suas vidas para levar africanos para as Américas como escravizados.

1492-1885 EC: o poder continental da Europa é incontestado por qualquer área do mundo.

1493 EC: Sonni Bakori Da'as é deposto por Muhammed Toure, um muçulmano e general-chefe do exército de Gao, e é morto na Batalha de Anfao.

1493 EC: Muhammed Toure assume o nome dinástico askia "Mohammed Toure" e governa o Império Songhay até 1529.

816

1493 EC: primeiro assentamento europeu fundado em Isabella, na costa norte de Hispaniola, próximo ao Puerto Plata.

1495 EC: askia Mohammed faz uma peregrinação a Meca e fortalece o Islã como a tendência religiosa dominante no Império Songhay.

1496 EC: Bartolomeu, irmão de Cristóvão Colombo, descobre ouro no Vale do Rio Ozama e funda a cidade de Santo Domingo.

1498 EC: askia Mohammed declara uma *jihad* contra os Mossis.

1500 EC: a região de Zazzau é fundada, e sua capital, Zaria, torna-se um grande centro para o tráfico de escravizados no século XVII e termina nomeando a região.

1500 EC: cidades-estados hausas controlam as rotas para Akan, Aïr, Gao, Jenne, Kukikya e Borno.

1500 EC: a ascensão do povo Oyo leva ao declínio da dominação Ife.

1500 EC: os portugueses desviam o comércio de ouro de Shona e Suaíli para o Oceano Índico; batalha com os Suaílis.

1500 EC: os estados akans se tornam militares e economicamente fortes.

1500 EC: a Dinastia Mwato Yamvo chega ao poder no Império Lunda-Luba.

1504 EC: queda do reino Alwa na Núbia.

1504 EC: Obá Esaghie chega ao poder na Benin nigeriana.

1504-1526 EC: Mai Idris Katarkambi reina em Kanem-Borno, libertando os Njimis dos Bulalas.

1505 EC: askia Mohammed envia uma segunda expedição à Batalha Mossi e é bem-sucedido.

1505 EC: as Ilhas Maurício são ocupadas pelos portugueses.

1513 EC: as forças armadas de Songhay derrotam os estados Hausas do Rio Níger até o Lago Chade.

1513 EC: Leo Africano escreve uma descrição do Império Songhay.

1520 EC: História de Kilwa escrita em kisuaíli.

1520 EC: Francesco Alvarez, um padre português, visita a Etiópia e declara que ainda têm 150 igrejas em antigos castelos, mas não entre as massas.

1526 EC: Mai Muhammed encerra a revolta dos Bulalas.

1527 EC: Malandela se estabelece na colina Mandawe e tem dois filhos, Qwabe e Sulu, o fundador do clã Zulu.

1529 EC: askia Musa destrona seu pai, askia Mohammed.

1530 EC: os portugueses viajam Rio Zambezi acima e conquistam as cidades comerciais de Sena e Tete e estabelecem ligações com Munhumutapa.

1536-1573 EC: Amina pode ter governado como rainha do povo Zazzau.

1537 EC: Ismail destrona askia Musa e liberta seu pai.

1540 EC: a Dinastia Kalonga funda a Dinastia Lundu entre os Manganjas do Vale Shire e a Dinastia Undi entre os Chewas.

1545 EC: Mai Ali do Kanem-Borno combate o reino de Kebbi em Hausalândia.

1546 EC: Mai Ali morre.

1546-1563 EC: Dunama reina no Janem-Borno.

1549-1582 EC: askia Dawud reina no Império Songhay.

1550 EC: Obá Orhogbua reina na Benin nigeriana.

1551 EC: turcos otomanos ocupam Trípoli.

1553 EC: os britânicos chegam na Benin nigeriana e trocam potes e panelas por grãos de pimenta.

1564-1569 EC: Mai Dala Abdullah reina no Kanem-Borno.

1569 EC: Dala Abdullah morre e a região de Kanem-Borno é tomada por sua irmã, a Rainha Aissa Killi.

1569 EC: Mai Idris Alooma, o maior de todos os mais, reina em Kanem-Borno e estabelece uma reputação de imparcialidade, justiça e austeridade.

1571 EC: os portugueses enviam outro exército ao Vale Zambezi, mas são derrotados pelo povo Tonga.

1574 EC: os portugueses forçam o Rei Uteve a pagar tributos a Sofala, na costa do Oceano Índico.

1578 EC: Obá Ehenguda reina na Benin nigeriana.

1582 EC: as forças de askia Ishaq II são derrotadas pelo exército marroquino de Pasha.

1594 EC: deposição do Império Songhay.

1600 EC: a Benin nigeriana exaure sua exportação de africanos "agitadores" e troca somente recursos naturais por mercadorias estrangeiras com os portugueses.

1600 EC: surgimento do Estado Rozvi de Changamire.

1600 EC: Ganye Hessu reina o Dahomey.

1600 EC: Denkyira, em Gana, controla todos os outros estados ganenses e é uma fonte importante para o comércio de ouro e humanos com os holandeses em El Mina.

1602 EC: O. Dapper, um geógrafo dos Países Baixos, descreve a Benin nigeriana como uma cidade bem-organizada, equilibrada, estruturada e grande.

1603 ou 1617 EC: Mai Idris de Kanem-Borno morre e o Marrocos consolida seu poder sobre Songhay.

1606 EC: Obá Ahuan reina na Benin nigeriana.

1620 EC: Dako Donu reina no Dahomey.

1632 EC: 20 africanos desembarcam em Jamestown, Virginia.

1638 EC: holandeses assumem o controle das Ilhas Maurício.

1645 EC: reino de Abomey conquista o reino vizinho de Dan e chama o novo país "Dahomey", que significa "na barriga de Dan".

1645 EC: Houegbadja reina no Dahomey.

1652 EC: Van Riebeck lidera brancos para a África do Sul no Cabo, introduzindo a ideia de posse privada.

1665 EC: 200 anos de influência portuguesa enfraquece o reino do Congo, que se divide em facções beligerantes.

1677 EC: Nana Obiri Yeboa, do povo Asante, morre.

1680 EC: Osei Tutu I assume o reino de Asante.

1685 EC: Akaba governa o reino de Dahomey.

1700 EC: o povo Asante conquista Denkyra, subjuga outros estados Akans, e controla as jazidas de ouro.

1700 EC: Ilhas Maurício são capturadas pelos franceses.

1708 EC: Tegbessu reina no Dahomey.

1717 EC: Nana Opoku, o rei lutador, governa o povo Asante.

1724 EC: Dahomey conquista Allada, com os reis das duas nações sendo irmãos.

1727 EC: Dahomey conquista Savi e se posiciona como um importante protagonista no tráfico de escravizados.

1740 EC: Tegbessu reina no Dahomey e entra no mercado escravocrata para obter riqueza e influência, trocando humanos por armas, a fim de capturar mais africanos de outros lugares.

1774 EC: Kpingla reina no Dahomey.

1786 EC: Abdul Qadir Kan negocia um acordo com os franceses para evitar a venda de muçulmanos para escravidão como resultado da segunda *jihad* nas cidades-estados Hausas.

1787 EC: Andrianampoinimerina reina em Madagascar.

1787 EC: Senzangakona e Nandi dão à luz Shaka, que ascende à mais elevada posição de autoridade no clã Zulu.

1787 EC: os americanos organizam a Convenção Constitucional.

1787 EC: os britânicos ajudam a libertar 400 africanos dos Estados Unidos, Nova Escócia e Grã-Bretanha para retornarem a Serra Leoa e estabelecerem a "Província da Liberdade", que se tornou Freetown.

1789 EC: Agonglo reina no Dahomey.

1791 EC: os africanos se revoltam contra os franceses em Santo Domingo e escolhem como líder Toussaint L'Ouverture.

1792 EC: Freetown se torna uma das primeiras colônias britânicas.

1797 EC: Adandozan reina no Dahomey.

1798 EC: o exército de Napoleão descobre a Grande Esfinge e os franceses buscam subjugar a maior parte do Sudão fora da esfera britânica, incluindo Níger, Mali, Volta Superior e Chade.

1804 EC: eclode um conflito entre os seguidores de Dan Fodio e o sucessor de Fata, Yunfa, na terceira *jihad* nas cidades-estados Hausas.

1805 EC: nasce Mzilikazi, líder e criador do Estado de Zimbábue.

1805 EC: guerra dos asantes contra os britânicos até 1905.

1807 EC: tráfico europeu de escravizados proibido em altos-mares.

1808 EC: exércitos de Gobir foram derrotados, e Dan Fodio estabelece um novo Estado com a capital em Sokoto.

1810 EC: Radama reina em Madagascar.

1810 EC: Ilhas Maurício são conquistadas pelos britânicos.

1811-1812 EC: Quarta Guerra com os britânicos.

1814 EC: aproximadamente todos os estados Hausas são depostos pelas *jihads* lideradas por Fulani.

1814 EC: *jihads* ajudam a criar o maior Estado africano de seu tipo na época, o Califado Sokoto.

1815 EC: Francisco Felix de Souza, um traficante português de escravizados, ajuda Guezo a tomar o trono de Dahomey de Adandozan.

1816-1840 EC: guerras Mfecanes na África do Sul.

1816-1819 EC: Dingiswayo lidera os Mtetwas contra os Ndwandwe.

1816 EC: a Sociedade de Colonização Africana envia seu primeiro navio, o Elizabeth, à Libéria, com 88 emigrantes, três oficiais brancos e suprimentos, mesmo que os Malinkes já vivessem lá.

1818 EC: Seku Ahmadu Bari ataca as cidades de Segu e Jenne, estabelece o Estado de Massina e se declara o décimo segundo califa.

1818 EC: Guezo reina no Dahomey.

1818-1819 EC: Quinta Guerra contra os britânicos; os britânicos intervêm em dois grupos beligerantes em Xhosa, dividem e conquistam.

1821 EC: Moeshoeshoe, fundador da nação Lesoto, muda a capital para o topo de uma montanha por proteção.

1824 EC: Shaka Zulu exige que todos os soldados permaneçam no serviço até seus 30 anos.

1827 EC: a Fourah Bay College é estabelecida em Serra Leoa e é a principal escola para os africanos falantes do inglês na costa oeste.

1828 EC: Shaka Zulu é assassinado por seus próprios homens, e seu meio-irmão, Dingane, torna-se o rei dos Zulus.

1828-1830 EC: Umar Tal faz a *hajj* para Meca e Media, começa a difundir o Tijani, e se convence a liderar a quarta *jihad*.

1834-1835 EC: Sexta Guerra dos Xhosa com os britânicos.

1838 EC: (16 de setembro) o exército *boer* de Andres Pretorius derrota a nação Zulu no Rio do Sangue.

1840 EC: o irmão de Dingane, Mpande, torna-se rei da nação Zulu e não enfrenta os *boers* por 32 anos.

1840 EC: a França invade a Costa do Marfim.

1841 EC: a Libéria é entregue a Joseph Jenkins Roberts, o primeiro governador de ascendência africana.

1842 EC: a região de Natal se torna uma colônia britânica.

1844 EC: Menelik II, governador da província de Shoa na Etiópia, lidera a campanha de guerra mais bem-sucedida contra um exército colonizador europeu.

1846 EC: escolta militar britânica morta por africanos; britânicos começam a Guerra do Machado.

1847 EC: a Libéria redige uma constituição e se torna uma república independente.

1849 EC: George Washington Williams nasce na Pensilvânia, vindo a se tornar o primeiro afro-americano a protestar contra o tratamento do povo do Congo.

1858 EC: Glele reina no Dahomey.

1858 EC: os europeus Richard Burton e John Speke visitam o reino Buganda e a região dos Grandes Lagos em busca da nascente do Nilo.

1861 EC: Umar Tal ataca e captura o rei de Kaarta, o rei de Segu e toma o Estado de Massina.

1862 EC: Said Pasha encontra uma estela descrevendo a vitória de Piankhy sobre Tefnakht.

1863 EC: os franceses declaram o controle sobre Porto Novo.

1868 EC: a Etiópia é invadida por 5 mil soldados britânicos e indianos.

1868 EC: ascensão de Kassai, o *ras*, ou senhor, do Tigre, uma província etíope.

1870 (década) EC: Kassai submetido a repetidos ataques dos exércitos egípcios de Ismail Pasha.

1870 (década) EC: (fim) Ceteswayo, filho de Mpande, revitaliza a nação Zulu.

1876 EC: (7-9 de março) Batalha de Gura, a Etiópia derrota o exército egípcio, que é liderado por mercenários europeus e americanos.

1878 EC: (dezembro) Ceteswayo rejeita o ultimato britânico para enviar seu *induna* para julgamento nas cortes britânicas.

1879 EC: (10-11 de janeiro) britânicos, sob o comando do General Frederic Thesiger, visconde de Chelmsford, atacam Zululândia.

1879 EC: as forças de Chelmsford tomam Ulundi e reduzem a cidade a cinzas.

1881 EC: os britânicos tentam prender Muhammad Ahmad (*mahdi*), o líder da quinta *jihad*.

1881 EC: a França toma a Tunísia.

1881 EC: Muhammad Ahmad, proclamado o *mahdi*,

1882 e 1883 EC: George Washington Williams escreve *História da raça negra na América de 1619 a 1880: negros e escravizados como soldados e como cidadãos, com uma consideração preliminar sobre a unidade da família e um esboço histórico da África e uma descrição dos governos negros de Serra Leoa e da Libéria.*

1883 EC: os britânicos enviam 10 mil egípcios para atacar os mahdistas no Sudão, mas são derrotados.

1884 EC: o Governador Gordon é enviado a Cartum para supervisionar a evacuação da cidade e decide assumir uma posição.

1884 EC: a Alemanha invade Togo e Camarões, mas o povo se rebela em fevereiro.

1884 EC: revolta Massingina em Niasalândia (Malawi).

1884-1885 EC: (15 de novembro de 1884 a 26 de fevereiro de 1885) Conferência de Berlim, a Europa declara guerra à África, dividindo a África entre as potências europeias.

1884-1914 EC: igrejas africanas prosperam na Etiópia.

1885 EC: os franceses ocupam Madagascar.

1885 EC: Cartum é levada à fome e invadida pelos mahdistas.

1885 EC: criação do Estado mahdista.

1885 EC: Rabih ibn Fadl Allah, o conquistador de Borno, cria seu próprio Estado em Bahr el-Ghazal.

1885 EC: a Itália ocupa Massawa.

1885-1893 EC: "tratados" negociados em Niasalândia, entre a Companhia dos Lagos africana e vários reis de Niasalândia, permitem que os britânicos obtenham fraudulentamente as terras de Niasalândia.

1885-1887 EC: Ahmadu Seku, líder do Império Tucolor, apoia os franceses em sua guerra contra o Estado Futa Bondu de Mahmadu Lamine.

1887 EC: o sultão de Zanzibar pede a Tippu Tip, um caçador de escravizados muçulmano meio-africano meio-árabe, para tomar as províncias ao leste de Zanzibar.

1887 EC: os etíopes derrotam os italianos no "Massacre Dogali".

1888 EC: africanos escravizados se emancipam no Brasil.

1889 EC: o exército francês ataca as forças de Ahmadu Seku.

1889 EC: Gbehanzin reina no Dahomey.

1889 EC: os franceses ocupam Cotonou.

1889 EC: o Império Tucolor, liderado por Ahmadu Seku, tenta agressivamente se estabelecer de Dakar a Bamako.

1889 EC: (maio) a Itália declara um protetorado sobre a Etiópia após o Tratado de Wuchale (Uccialli), que cede uma porção da Etiópia à Itália.

1890 EC: os italianos, com os britânicos e franceses, avançam em direção à cidade de Adowa na Etiópia e a ocupam.

1890 EC: John Dunlop, um irlandês, inventa o pneu de borracha, estimulando a necessidade ocidental de borracha do Congo.

1890 EC: o governo britânico declara um protetorado em Zanzibar.

1890 EC: George Washington Williams parte para a África para escrever sobre a escravidão no Congo durante o governo de Henry Morton Stanley.

1890 EC: William Sheppard, um afro-americano, vai ao Congo como missionário e retorna aos EUA para palestrar sobre as condições dos escravizados do Congo.

1890 EC: os franceses derrotam a cidade de Segu, mas o líder Tucolor não se rende por amor ao seu país.

1890 EC: (fim) a Grã-Bretanha anexa o Sudão em prol do Egito, obtendo controle completo da Bacia do Nilo.

1890-1905 EC: a Rebelião Manjanga no Congo.

1890-1919 EC: dez jornais são fundados em Gana, cinco na Nigéria e um em Uganda.

1891 EC: os franceses invadem o território Mandinka, liderado por Samori Ture, que se retira para os franceses não obterem vantagem alguma.

1891 EC: Baule, da Costa do Marfim, inicia uma resistência que dura até 1902.

1891 EC: Gbehanzin, rei de Dahomey, inicia uma resistência que dura até 1894.

1892 EC: os britânicos invadem Ijebu (Ioruba) e Uganda.

1892 EC: a Benin nigeriana entra em um tratado de "comércio e proteção" com a Grã-Bretanha.

1892 EC: os franceses declaram ao Rei Gbehanzin que assumirão o controle do reino de Dahomey.

1892 EC: William Sheppard entra na capital de Ifuca, em Kuba, e é aceito pelo rei.

1893 EC: o chefe Nzansu de Kasi lidera rebeliões africanas contra a Force Publique de Leopoldo.

1893 EC: os franceses invadem a Guiné e a declaram uma colônia francesa.

1893 EC: a resistência etíope cresce.

1894 EC: Agolio Agbo reina no Dahomey, mas é um títere dos franceses.

1894 EC: autoridades britânicas nomeiam a região de Uganda Protetorado Uganda.

1894 EC: após negociações com Kabeka Mutesa, os britânicos colocam o reino de Buganda em um protetorado seu.

1894-1895 EC: Knut Svensson, um oficial sueco da Force Publique, reúne pessoas que não querem ser escravizadas nas plantações de borracha, em um pátio aberto, sob o pretexto de assinar um tratado ou de recrutar trabalhadores e, então, os mata.

1895 EC: a Grã-Bretanha inclui toda a Uganda, bem como o Quênia, sob o Protetorado Africano Oriental.

1895 EC: Kandolo, um Kuba, lidera uma revolta contra Mathieu Pelzer, um comandante de base da Force Publique, e continua a liderar a região de Lasi, do Congo, por meio ano.

1895-1907 EC: 50 mil africanos no Vale Zambezi fogem para o sul da Rodésia e Niasalândia.

1895-1920 EC: Sayyid Muhammed lidera somalis em revolta.

1896 EC: Menelik II derrota o exército italiano em Adowa e os italianos assinam um Tratado de Adis Abeba, anulando o Tratado de Wuchale.

1897 EC: Kandolo é fatalmente ferido e dois de seus auxiliares de confiança, Yamba e Kimpuki, assumem o controle e continuam a revolta contra a Force Publique até 1908.

1897 EC: Mulamba, um soldado africano que serve junto aos soldados brancos, lidera uma revolta contra a Force Publique.

1898 EC: os britânicos derrotam Abdullah ibn Muhammed.

1898 EC: os franceses derrotam as tropas de Samori, quando sucumbem à fome.

1898 EC: Nehanda e Kaguvi, líderes da Primeira Chimurenga do Zimbábue, são capturados pelos britânicos e são enforcados por lutar contra as leis injustas impostas pela Grã-Bretanha e por Nehanda se recusar a aceitar o cristianismo.

1900 EC: os britânicos declaram o Protetorado do norte da Nigéria.

1900 EC: os sapadores britânicos tomam as terras de Tiv; o povo Tiv resiste à dominação e inicia a primeira batalha Tiv-britânicos, que leva a seis anos de instabilidade.

1900 EC: dois exércitos franceses convergem e se encontram em Borno, derrotando e matando Rabih.

1900 EC: o povo Asante se revolta contra a tributação direta, trabalho forçado e introdução da educação ocidental.

1900 EC: Fadl Allah ibn Rabih assume o controle das forças de Rabih e se retira para o nordeste da Nigéria.

1900 EC: (30 de setembro) Guerra Yaa Asantewaa; o povo Asante é derrotado.

1900 EC: Chilembwe, um nativo da Niasalândia, que estudou na Grã-Bretanha e nos Estados Unidos, funda a Missão Industrial Providência em seu país.

1900, 1902 e 1904 EC: os sudaneses se revoltam contra a ocupação dos egípcios e britânicos.

1900 EC: Conferência Pan-africana em Londres.

1901 EC: os franceses abolem o reino de Dahomey.

1903 EC: rebelião Ekumeku na Nigéria.

1904 EC: o povo Herero do sudoeste da África (Namíbia) protesta contra a ocupação alemã.

1904-1905 EC: revolta em Madagascar.

1905 EC: os alemães atacam o exército Ngoni em seu campo.

1906 EC: rebelião Zulu contra o governo britânico em Natal.

1906 EC: Flora Lugard escreve *Uma dependência tropical*.

1908-1909 EC: revolta Lobi e Dyula, em Mali.

1908-1914 EC: rebeliões Mossis em Kouddigou e Fada N'gourma.

1909 EC: Mulama de Niasalândia lidera um movimento de resistência.

1911 EC: Siofume, uma sacerdotisa, e Kiamba, um jovem, rebelam-se contra os britânicos no Quênia.

1911-1912, 1953 e 1958-1959 EC: agitação política em Niasalândia.

1912 EC: (8 de janeiro) o Congresso Nacional da África é criado na África do Sul.

1913 EC: sete estudantes de Medicina, influenciados por Ravelojaona, um ministro, começam a VVS (Vy Vato Sakelike) em Madagascar, mas são suprimidos pelos franceses.

1913 EC: Onyango Dande tenta derrubar o governo britânico no Quênia.

1913 EC: o Congresso Nacional Africano envia uma delegação à Grã-Bretanha para protestar contra a Lei de Terras de 1913.

1914 EC: o povo Giriama, do Quênia, se revolta contra os britânicos.

1914 EC: Sadiavahe, uma revolta camponesa armada contra os Malagasys de Madagascar.

1914 EC: revoltas contra a Europa diminuem quando a Primeira Guerra Mundial começa.

1915 EC: rebelião Chilembwe contra os britânicos em Niasalândia.

1915 EC: os britânicos combatem os alemães no norte de Niasalândia.

1915-1916 EC: rebelião do povo Gurunsi no Volta Superior (Burkina Faso).

1917 EC: Rembe, um profeta que declara ter o poder de impedir que as balas europeias matem uma pessoa, insurge-se em Uganda.

1919 EC: Primeiro (Segundo) Congresso Pan-Africano, presidido por W.E.B. Du Bois.

1920 EC: escrita mende, em Serra Leoa, concebida por Kisimi Kamala.

1920 EC: Leo Wiener escreve "África e a descoberta da América".

1921 EC: Segundo (Terceiro) Congresso Pan-Africano.

1921 EC: fundação do Congresso Nacional Africano, na América do Sul, e da Associação Nacional para o Avanço das Pessoas de Cor, nos Estados Unidos.

1921 EC: afro-cubanos iniciam o Negrismo, celebrando a música, ritmos, arte, folclore e literatura africanos.

1923 EC: Terceiro (Quarto) Congresso Pan-Africano.

1925 EC: Raymond Dart, um sul-africano, descobre o crânio de uma criatura de 6 anos, em uma caverna de pedra calcária em Taung, África do Sul; a criatura caminhava ereta sobre duas pernas com uma inclinação para a frente e foi nomeada *australopithecus*.

1927 EC: Quarto (Quinto) Congresso Pan-Africano.

1929 EC: Quinto Congresso Pan-Africano convocado, mas negado pelo governo francês e pela Grande Depressão.

1930 EC: escrita silabária "ma-sa-ba" Bamana, concebida por Woyo Couloubayi na região de Kaarta do Mali.

1930 EC: escrita somali desenvolvida por Isman Yusuf, filho do sultão somali Yusuf Ali.

1931 EC: admoestação da Liga das Nações interrompe a prática de trabalho forçado não américo-liberiano na Libéria.

1931 EC: os franceses depõem Njoya, um intelecto original e estudioso brilhante dos séculos XIX e XX, rei de Bamun.

1931 EC: mulheres se afiliam ao Congresso Nacional Africano.

1935 EC: os italianos invadem a Etiópia para ensinar uma lição à única nação que havia derrotado seu exército.

1939 EC: Isaiah Anozie descobre vários objetos de bronze enquanto escavava uma cisterna para conter água no sudeste da Nigéria.

1939 EC: Aimé Césaire publica *Memórias de um retorno ao país natal* e cunha o termo "Negritude".

1943 EC: mulheres se tornam membros efetivos do Congresso Nacional Africano.

1944 EC: Liga Jovem do Congresso Nacional Africano é criada, com Nelson Mandela como membro-fundador.

1944 EC: Félix Houphouët-Boigny, filho de um rei baule, forma o primeiro sindicato agrícola, com o objetivo de garantir melhores condições de trabalho para africanos na Costa do Marfim.

1945 EC: Quinto Congresso Pan-Africano sediado em Manchester, Inglaterra; Federação Pan-Africana organizada por Kwame Nkrumah.

1945 EC: Léopold Sédar Senghor publica *Cantos da sombra*.

1945 EC: Senghor eleito para representar o Senegal nas Assembleias Constituintes Francesas.

1945-1951 EC: a Líbia sob uma administração das Nações Unidas.

830

1947 EC: Congresso Nacional Africano se alia ao Congresso Indiano de Natal e ao Congresso Indiano de Transvaal, para se opor ao governo dos brancos.

1947 EC: Alioune Diop, um intelectual senegalês vivendo em Paris, cria *Présence Africaine*, uma revista cultural.

1947 EC: o Conselho Geral da Associação Central de Kikuyu decide fazer uma campanha contra o uso das terras quenianas pelos brancos.

1948 EC: o grupo político Afrikaner vota a favor do Partido Nacional e cria a política do *apartheid*, e os africanos são restringidos por sua cor pela primeira vez na África.

1948 EC: os britânicos expulsam o povo Kikuyu de suas terras no Quênia.

1948 EC: o Egito luta uma guerra em Israel.

1948 EC: Léopold Sédar Senghor publica *Hóstias negras*.

1949 EC: o Partido Nacional de minoria branca chega ao poder na África do Sul e Eduardo Chivambo Mondlane, o pai da independência moçambicana, e outros estudantes negros, são expulsos da Universidade Witwatersrand.

1950 EC: a ONU argumenta que a Eritreia deveria se tornar parte da Etiópia federada.

1950 EC: Kwame Nkrumah é detido e aprisionado, mas conquista um assento na Assembleia Legislativa sob administração colonial.

1950 e 1960 EC: Cheikh Anta Diop propõe que a África é o berço da civilização.

1951 EC: o povo Malinke recebe o direito de votar na Libéria.

1952 EC: Dr. Alain Bombard parte de Casablanca para Barbados, em uma jangada africana, testando a teoria da descoberta africana das Américas.

1952 EC: Rei Jacob Egharevba escreve sobre a majestade do rei benin nigeriano Obá Ewuare.

1952 EC: o Congresso Nacional Africano se une a outros grupos em uma campanha de oposição ao *apartheid*.

1952 EC: Ben Bella é expulso da Argélia.

1952 EC: oficiais egípcios no Movimento de Oficiais Livres britânico depõe o Rei Farouk I do Egito.

1952-1960 EC: revolta Mau-Mau no Quênia para expulsar os colonos britânicos das terras.

1953 EC: Comitê Central no Quênia se renomeia Conselho de Liberdade.

1953 EC: cristãos africanos liderados por britânicos se tornam a Guarda de Defesa Interna Kikuyu no Quênia.

1953 EC: (26 de março) Mau-Mau visto como sanguinário após matarem 70 pessoas na aldeia de Lari, lar dos apoiadores britânicos; britânicos retaliam e matam 125 nas buscas feitas na floresta Aberdare.

1954 EC: (25 de fevereiro) Gamal Abdel Nasser se torna presidente do Egito e apela às massas com projetos de obras públicas, como a Represa de Aswan.

1954 EC: (26 de outubro) Nasser alvejado por Mahmoud Abd al-Latif, um membro da Irmandade Muçulmana.

1954 EC: (1 de novembro) as guerrilhas da Frente de Libertação Nacional argelina lançam uma série de ataques contra a administração colonial francesa.

1955 EC: Dr. Hannes Lindemann navega por 52 dias em direção à América do Sul, a partir das ilhas do Cabo Verde, demonstrando a possibilidade de africanos terem navegado para lá.

1955 EC: Congresso do Povo, Congresso Nacional Africano lidera o povo a aceitar a Carta da Liberdade, o documento fundamental da luta *antiapartheid*.

1955 EC: uma unidade militar composta de sudaneses do sul se amotina em Torit.

1956 EC: 156 membros do Congresso Nacional Africano são presos por brancos na África do Sul.

1956 EC: Nasser promete libertar a Palestina.

1956 EC: Carta da Liberdade adotada em um Congresso do Povo, em Kliptown, África do Sul.

1957 EC: Costa do Ouro se torna independente e adota o nome Gana.

1957 EC: o General Raoul Salan, o comandante francês na Argélia, desafia a FLN com o sistema de *quadrillage*, dividindo o país em setores para serem policiados permanentemente por tropas de guarnição.

1957 EC: Kwame Nkrumah promove a ideia de uma Federação Africana Ocidental independente e se torna o líder de Gana.

1957-1960 EC: mais de dois milhões de argelinos são removidos de suas aldeias.

1958 EC: Conferência de Estados Independentes presidida por Kwame Nkrumah.

1958 EC: Mangaliso Robert Sobukwe cria o Congresso Pan-Africanista.

1958 EC: Nasser busca uma fusão entre Síria e Egito, chamada República Árabe Unida, que foi dissolvida em 1961.

1959 EC: escavação do sítio de Isaiah Anozie, no sudeste da Nigéria, revela que fora um depósito de objetos rituais.

1960 EC: a República Democrática do Congo estabelece a independência e nomeia Patrice Lumumba primeiro-ministro, um dos líderes nacionalistas mais ardentes da África.

1960 EC: D.T. Niane conta a história de Sundiata Keita no *Épico da antiga Mali*.

1960 EC: Costa do Marfim conquista a independência.

1960 EC: Dahomey reconquista sua independência.

1960 EC: Senghor é eleito primeiro presidente do Senegal.

1960 EC: praticamente toda a África está livre do controle europeu.

1960 EC: protesto pacífico do Congresso Pan-Africano contra as Leis do Passe, 69 pessoas mortas e 180 feridas no massacre de Sharpeville; Sobukwe é preso.

1960 EC: campanha do Primeiro Congresso Nacional Africano contra as Leis do Passe.

1960 EC: Congresso Nacional Africano banido por tentar executar a Carta da Liberdade; Nelson Mandela sugere estabelecer uma ala militar no CNA.

1960 EC: Kwame Nkrumah se torna o primeiro presidente de Gana.

1960 EC: Albert Luthuli, líder do Congresso Nacional Africano, recebe o Prêmio Nobel da Paz.

1960 EC: conferência parlamentar concorda que os quenianos devem ter um governo majoritário baseado no sistema "uma pessoa, um voto".

1960 EC: Nigéria conquista a independência.

1961 EC: o CNA concorda em permitir o uso da violência e cria o Umkhonto we Sizwe (lança da nação).

1961 EC: Patrice Lumumba é assassinado e os africanos do Congo perdem seus direitos.

1961-1974 EC: Angola luta para se libertar de Portugal até os portugueses proporem um acordo de paz.

1961 EC: 40 mil pessoas são desalojadas durante a rebelião em Angola.

1961 EC: Tanganyika conquista a independência e Julius Nyerere se torna primeiro-ministro; Tanganyika, mais tarde, se funde com Zanzibar para se tornar a Tanzânia, e Nyerere é eleito presidente.

1962 EC: Nelson Mandela é preso.

1962 EC: Harold G. Lawrence escreve *Exploradores africanos do Novo Mundo*.

1962 EC: a Eritreia decide terminar a federação e se une à Etiópia.

1962 EC: (1º de julho) Argélia conquista a independência.

1962 EC: a Frente de Libertação de Moçambique (Frelimo) se forma para desafiar o controle português de Moçambique e eleger Mondlane como seu presidente.

1963 EC: Julius Nyerere é um membro-fundador da Organização da Unidade Africana.

1964 EC: Mandela e outros oito membros do CNA são sentenciados à prisão perpétua; Mandela é encarcerado na prisão da Ilha Robben até 1982, quando, então, é transferido para a prisão Pollsmoor.

1964 EC: (24 de outubro) Kenneth David Kaunda se torna presidente e fundador da nova república da Zâmbia.

1964 EC: Nkrumah declara Gana um Estado monopartidário e se declara presidente vitalício.

1965 EC: Sir Abubakar Tafawa Balewa, da Aliança Nacional Nigeriana, vence a eleição na Nigéria, mas a Grande Aliança Progressista Unida acredita que essa foi fraudada.

1966 EC: (24 de fevereiro) o governo de Gana é deposto pelo golpe de Estado apoiado pelos Estados Unidos.

1966 EC: os Hausas e Igbos criam uma aliança política conservadora que governa a Nigéria.

1967 EC: (30 de maio) a região do sudeste da Nigéria se separa como a república independente de Biafra, sob a liderança do Coronel Oumegwo Ojukwu.

1967 EC: Guerra dos Seis Dias no Egito, depois chamado República Árabe Unida.

1967-1970 EC: Guerra Civil Nigeriana.

1968 EC: Ilhas Maurício crioulizadas se tornam um país independente.

1969 EC: o Banto Stephen Biko funda a Organização de Estudantes Sul-Africanos, que promove assistência jurídica e médica para comunidades negras desfavorecidas.

1969 EC: Thor Heyerdahl parte da África para a América em um barco simples, o Rá II.

1969 EC: Sobukwe é libertado, mas banido para Kimberley por cinco anos.

1969 EC: uma bomba é colocada na mesa de Mondlane, na Frelimo, e o mata.

1969-1970 EC: Nasser lidera o Egito em uma guerra.

1970 EC: Anwar Sadat se torna presidente do Egito e constrói relações políticas que permitem aos árabes viverem em paz com os judeus, mas é assassinado após assinar um tratado de paz com Israel.

1972 EC: Richard Leakey encontra o crânio 1470 próximo a Turkana Oriental, no Quênia.

1972 EC: Biko funda a Convenção do Povo Negro para auxiliar o desenvolvimento social e econômico da população negra em torno de Durban; quando ela o elege presidente, é expulso da escola.

1972 EC: rebeldes eritreus formam a Frente de Libertação Eritreia (FLE).

1972 EC: acordo de paz sudanês, os Acordos Adis Abeba, entre os insurgentes sudaneses do Sul, os Anya Nyas e o governo sudanês.

1973 EC: Biko é banido de sua cidade natal, King William no Cabo Oriental.

1974 EC: Dinqnesh, um *australopithecus afarensis*, é encontrado por Maurice Taieb e Donald Johanson na região de Hadar, na Etiópia.

1974 EC: Haile Selassie, o último monarca remanescente na África, na Etiópia, perde o poder.

1974 EC: Sobukwe é banido por cinco anos.

1974 EC: Sexto (Sétimo) Congresso Pan-Africano em Dar es Salaam, na Tanzânia.

1974 EC: portugueses forçados a deixar Moçambique.

1975 EC: Dahomey muda seu nome para Benin.

1975 EC: restos de um grupo australopitecíneo de 13 adultos e crianças são descobertos próximo a Hadar na Etiópia.

1975 EC: Portugal negocia com a Frelimo a independência de Moçambique.

1975 EC: Alexander von Wuthenau escreve *Unexpected faces in ancient America* [Faces inesperadas na América antiga].

1976 EC: pegadas humanas de 3,25 milhões de anos são descobertas perto de um vulcão extinto, próximo a Olduvai.

1976 EC: Hector Pieterson, de apenas 13 anos, é morto em uma rebelião de milhares de estudantes liderados por Tsietsi Mashinini para encerrar as práticas educacionais discriminatórias na África do Sul; o corpo de Hector é carregado por Mbuyisa Makhubo para longe da cena. Sam Nzima tira a foto icônica de Makhubo carregando o corpo de Peterson. Solomon Mahlangu se une ao CNA e é executado pelo governo sul-africano em 6 de abril de 1979.

1976 EC: as forças Eritreias Unidas expulsam todas as forças governamentais da Eritreia, mas Osman rompe com a FLPE e forma a Frente de Liberação Popular-Frente de Liberação Eritreia (FLP-FLP).

1977, 1981 e 1994 EC: Roderick e Susan McIntosh escavam Jenne-Jeno.

1977 EC: o governo britânico se recusa a devolver a máscara da Rainha Idia durante o Festac (Segundo Festival Mundial Artes e Cultura Negra e Africana).

1977 EC: (21 de agosto) Biko é detido pela polícia de segurança do Cabo Oriental, mantido em Porto Elizabeth, e morre de danos cerebrais.

1977 EC: Festival de Países Negros e Africanos em Lagos, na Nigéria.

1978 EC: a Etiópia derrota a Eritreia com a ajuda da União Soviética e Cuba.

1979 EC: Costa do Marfim é o principal produtor mundial de cacau.

1980 EC: Michael Bradley escreve *The black African discovery of America* [A descoberta africana da América].

1980 EC: nigerianos pagam mais de 1.200.000 dólares por quatro peças Benins em um leilão.

1980 EC: reforma e Partido do Povo Unido exigem a renúncia do presidente liberiano William R. Tolbert Jr., instalam o Sargento--chefe Samuel Doe, executam Tolber e a economia afunda.

1983 EC: retomado conflito entre os Anya Nyas e o governo do Sudão, quando o Presidente Nimeiri impõe a lei da xaria, um código islâmico; o conflito leva à morte de mais de 1,5 milhão de sudaneses, em 1997.

1983 EC: é formado o Exército de Libertação do Povo do Sul (Elps).

1989 EC: a oposição da Frente Patriótica Nacional da Libéria se espalha.

1990 EC: tropas de paz do oeste africano conseguem levar as facções em disputa na Libéria a negociações.

1990 EC: revolucionários americanos cruzam o Rio Limpopo na África do Sul para lutar contra o *apartheid*.

1990 EC: conforme registros, a religião que cresce mais rápido nas américas é a ogum, derivada da ioruba.

1990 EC: (18 de fevereiro) Nelson Mandela é libertado da prisão.

1990 EC: F.W. de Klerk suspende o banimento do Congresso Nacional Africano e o Congresso Pan-Africanista.

1991 EC: referendo controlado pela ONU permite aos eritreus declararem independência e afastar o exército etíope.

1991 EC: Mandela é eleito presidente do CNA, com Oliver Tambo nomeado presidente.

1992 EC: a Frelimo subjuga os rebeldes e obtém um tratado de paz.

1993 EC: (24 de maio) os eritreus declaram independência e nomeiam Asmara a capital; a Etiópia é completamente isolada do Mar Vermelho.

1993 EC: (27 de junho) Melchior Ndadaye, da Frente pela Democracia, vence a eleição no Burundi.

1993 EC: (21 de outubro) Ndadaye é assassinado.

1993 EC: Nelson Mandela recebe o Prêmio Nobel da Paz.

1994 EC: Nelson Mandela se torna o primeiro presidente democraticamente eleito da África do Sul.

1994 EC: massacre organizado de aproximadamente um milhão de Tutsis étnicos e seus apoiadores Hutus em Ruanda durante 100 dias; países ocidentais se recusam a intervir; a Frente Patriótica Ruandesa controlada pelos tutsis assume o controle do país.

1996 EC: o vice-governador da província de Kivu do Sul decreta que os Banuamulenges deixem o país ou enfrentem a pena de morte, e as forças anti-Mobutu se unem para formar a Aliança das Forças Democráticas para Libertação do Zaire (AFDL).

1996 EC: governo americano envia 20 milhões de dólares em equipamento militar através dos estados da "linha de frente" da Etiópia, Eritreia e Uganda para ajudar a oposição sudanesa a depor o regime de Cartum.

1996-1997 EC: Primeira Guerra Civil do Congo leva à deposição do Presidente Mobutu Sese Seko e ao retorno do nome da nação para República Democrática do Congo.

1997 EC: (17 de maio) Mobutu sai e Kabila toma o poder em Ruanda.

1997 EC: (25 de maio) o Conselho Revolucionário das Forças Armadas depõe o Presidente Kabbah em Serra Leoa.

1997 EC: Charles Taylor, do Partido Patriótico Nacional, vence a eleição na Libéria, mas a guerra civil eclode.

1998 EC: (março) o Presidente Kabbah é restituído em uma eleição democrática em Serra Leoa.

1998 EC: (2 de agosto) Kabila remove todos os Tutsis étnicos do governo e expulsa todos os funcionários da República Democrática do Congo, resultando na Segunda Guerra Civil do Congo, que dura até 2002 e é referida como a Guerra Mundial da África.

1999 EC: tentativa de depor o governo em Freetown resulta em uma massiva perda de vidas e destruição de propriedades.

1999 EC: (7 de julho) o Presidente Kabbah e o líder da Frente Unida Revolucionária (FUR), Foday Sankoh, assinam o Acordo de Paz Lome, que oferece anistia aos membros da FUR, transformando-a em um partido político.

1999 EC: Serra Leoa declara um estado de emergência.

2000 EC: (8 de maio) a FUR mata 20 manifestantes que protestam contra suas violações do acordo Lome.

2000 EC: (29 de maio) a Guerra Civil Nigeriana é encerrada quando o *The Guardian*, de Lagos, escreve que o Presidente Olusegun Obasanjo converteu em aposentadoria a demissão de todos os militares que lutaram pelo Estado separatista de Biafra.

2001 EC: (julho) A estrutura estratégica da NPDA tem origem em um mandato dado aos cinco chefes de Estado iniciais (Argélia, Egito, Nigéria, Senegal, África do Sul), pela OUA, para desenvolver uma estrutura de desenvolvimento socioeconômico para a África, e que é formalmente adotado pela OUA em sua trigésima sétima cúpula.

2001 EC: (setembro) a Namíbia abre um processo para obter dois bilhões em reparações da Alemanha.

2002 EC: a União Africana substitui a Organização da Unidade Africana.

2002 EC: *sahelanthropus tchadensis*, o fóssil mais antigo conhecido de um hominídeo, datado em sete milhões de anos, é encontrado no Chade.

2002 EC: a Bélgica admite ter cometido o assassinato de Patrice Lumumba.

2002 EC: (julho) a União Africana é discutida na África do Sul na assembleia seminal de Estados Africanos.

2003 EC: o Presidente Gbagbo e líderes rebeldes assinam acordos, criando um governo de unidade nacional na Costa do Marfim.

2003 e 2004 EC: uma série de conferências, iniciada pelo Presidente Adboulaye Wade do Senegal, ocorre para discutir a inclusão de africanos das Américas e Europa na União Africana como uma sexta região.

2004 EC: (agosto) o governo alemão se desculpa pelo genocídio durante a rebelião Herero.

2004 EC: (6-9 de outubro) Primeira Conferência de Intelectuais da África e da Diáspora em Dakar, organizada pela União Africana em colaboração com a República do Senegal.

2004 EC: Thabo Mbeki vence a eleição sul-africana, derrotando o Partido da Liberdade Inkatha e a Aliança Democrática.

2005 EC: cúpula de líderes africanos sob os auspícios da União Africana em Sirte, Líbia.

2005 EC: acordo entre o Movimento de Libertação do Povo do Sul e o governo sudanês termina com o conflito entre esse e os Anya Nyas.

2005 EC: John Garang se torna presidente da República do Sudão, mas morre em julho de 2005 em um acidente de helicóptero.

2006 EC: ex-líder liberiano, Charles Taylor, que havia recebido asilo na Nigéria em 2003, é preso e entregue ao Tribunal de Guerra das Nações Unidas em Serra Leoa.

2006 EC: Ellen Johnson Sirleaf é eleita presidente da Libéria, tornando-se a primeira líder nos tempos modernos a governar uma nação africana.

2006 EC: o paleontólogo etíope Zeresenay Alemseged encontra os restos fósseis de Selam, um hominídeo dos *australopithecus afarensis*, no Vale do Rio Awash da Etiópia, datado de 3,36 milhões de anos.

2006 EC: a África do Sul se torna o primeiro país africano e o quinto do mundo a permitir uniões do mesmo sexo.

2007 EC: eleições presidenciais quenianas concorridas levam atos violentos, nos quais mais de 1.500 pessoas morrem.

2007 EC: o presidente de Gana, John Kufuor, diz que reservas petrolíferas costeiras totalizam três bilhões de barris e que tornará Gana um grande produtor.

2007 EC: o presidente de Madagascar, Ravalomanana, abre um projeto de mineração de níquel-cobalto de 3,3 bilhões em Tamatave; a mina é considerada a maior desse tipo no mundo.

2008 EC: o Presidente Thabo Mbeki da África do Sul renuncia à presidência após servir no posto por mais de nove anos.

2008 EC: Miriam Makeba, cantora internacional, morre.

2008 EC: Es'kia Mphahlele, o grande romancista africano, morre.

2008 EC: após uma longa disputa, chega-se a um acordo e a Nigéria finalmente entrega a Península Bakassi a Camarões.

2008 EC: a Nigéria recebe garantia do Irã de que a ajudará com tecnologia nuclear, de modo que o país possa aumentar sua produção de eletricidade.

2009 EC: centenas morrem no nordeste da Nigéria, após o movimento islâmico Boko Haram lançar uma campanha de violência, em uma tentativa de impor a lei da xaria no país.

2009 EC: o líder da Líbia, Muammar Gaddafi, torna-se o presidente da União Africana e promove sua visão dos "Estados Unidos da África".

2009 EC: islâmicos do Boko Haram lançam uma campanha de terror no Nordeste.

2010 EC: primeiro turno de eleições presidenciais na Costa do Marfim. Laurent Gbagbo fica em primeiro lugar com 38% dos votos, não o bastante para vencer. O ex-primeiro-ministro Alassane Ouattara fica em segundo, com 32% dos votos. Um segundo turno é marcado para novembro, do qual a comissão de eleição declara

Ouattara o vencedor. Gbagbo se recusa a aceitar o resultado, e a disputa entre os dois campos logo se encaminha para violência.

2010 EC: o Presidente Yar'Adua morre, e Goodluck Jonathan se torna presidente da Nigéria.

2010 EC: a África do Sul sedia a Copa do Mundo de futebol.

2010 EC: Wangari Maathai, primeira africana a receber o Prêmio Nobel, morre. Conhecida por sua campanha ambiental, recebe um funeral de Estado.

2011 EC: o assassinato de 34 mineiros em greve na mina de platina em Marikana choca a África do Sul.

2011 EC: o presidente do Egito, Mubarak, renuncia e entrega o poder ao conselho militar.

2011 EC: tropas francesas cercam a residência de Laurent Gbagbo; ele termina sendo capturado e entregue à Corte Criminal Internacional, em Haia, para enfrentar as acusações de crimes contra a humanidade. A ação produz indignação massiva e aumenta a tensão na Costa do Marfim e ao longo do mundo africano.

2012 EC: a ministra do interior da África do Sul, Nkosazana Dlamini-Zuma, torna-se a primeira mulher a ser eleita chefe da Comissão da União Africana.

2012 EC: o presidente do Chade, Idriss Déby, convoca os países vizinhos do norte da Nigéria para formarem uma força militar conjunta, para enfrentar os militantes do Boko Haram, enquanto continuam seus ataques.

2012 EC: mais de 30 pessoas são feridas em um ataque a um *shopping center* em Nairóbi pela milícia islâmica al-Shabab da Somália.

2013 EC: o governo britânico expressa arrependimento pela tortura de milhares de quenianos durante a supressão do Movimento Mau-Mau.

2013 EC: militantes do al-Shabab somali tomam o *shopping center* de Westgate em Nairóbi e matam mais de 50 pessoas.

2013 EC: Uhuru Kenyatta, filho do primeiro presidente do Quênia, vence a eleição presidencial com pouco mais de 50% dos votos. A Corte Criminal Internacional (CCI) retira as acusações contra Francis Muthaura, um coacusado de Kenyatta, sobre a violência das eleições de 2007.

2013 EC: o governo britânico diz estar sinceramente arrependido pela tortura de milhares de quenianos durante a supressão da insurgência Mau-Mau, na década de 1950, e promete 20 milhões de liras em compensações.

2013 EC: Etiópia e Egito concordam em estabelecer conversações para aliviar as tensões sobre a construção de uma represa etíope no Nilo Azul. O Egito se preocupa que a represa possa reduzir o fornecimento vital de água.

2013 EC: De Beers completa sua mudança de Londres para Gaborone em Botsuana, um passo que fará do país um centro de venda de diamantes.

2013 EC: o ex-Presidente Nelson Mandela, o pai da nação africana do sul, morre, aos 95 anos.

2013 EC: o Presidente Kiir dispensa o gabinete inteiro e o vice-presidente, Riek Machar, em um conflito de poder no governo do Movimento de Libertação do Povo do Sul. Centenas de pessoas morrem em confrontos entre fações militares rivais, após o presidente acusar o vice de tramar um golpe. Machar nega a alegação. O conflito exacerba tensões existentes entre os grupos étnicos dos Dinkas e Nuers.

2014 EC: Boko Haram rapta 200 meninas de um internato em Chibok, na Nigéria.

2014 EC: o governo do Sudão do Sul e rebeldes concordam em estabelecer conversações de paz na Etiópia e expressam confiança no sucesso.

2015 EC: estudantes da África do Sul na Universidade de Cape Town exigem a remoção da estátua do colonialista racista Cecil John Rhodes.

2016 EC: um ataque a bomba em uma igreja do Cairo mata 25 pessoas.

2017 EC: Gana e Costa do Marfim estabelecem uma comissão para supervisionar um acordo de fronteira marítima envolvendo campos de petróleo.

2017 EC: a marinha nigeriana envia navios como parte de uma força regional para obrigar o presidente de Gâmbia, Yahya Jammeh, a renunciar após a perda da eleição.

2017 EC: após 37 anos servindo no posto, o Presidente Robert Mugabe renuncia à presidência do Zimbábue.

2018 EC: Winnie Madikizela Mandela morre.

2018 EC: Cyril Ramaphosa se torna presidente da África do Sul.

2018 EC: o Presidente Sisi, do Egito, vence um segundo mandato nas eleições contra um único candidato menor.

2

RESOLUÇÃO DA SITUAÇÃO NO KORDOFAN DO SUL E NO ESTADO DO NILO AZUL

Nós, participantes do 3º Fórum da Sociedade Civil sobre o Sudão e o Sudão do Sul, sediado em Adis Abeba, Etiópia, 20-22 de janeiro de 2014, no contexto da 22ª Sessão Ordinária da Assembleia dos Chefes de Estado e Governo da UA.

Considerando as provisões da Lei Constitutiva da União Africana (UA), a Carta das Nações Unidas (ONU), assim como a Carta Africana sobre Direitos Humanos e dos Povos e outros instrumentos de direitos humanos regionais e internacionais, dos quais o Sudão é um Estado-parte, e, como tal, é legalmente obrigado a implementar completa e efetivamente suas provisões e a respeitar e promover os direitos humanos e liberdades fundamentais neles estabelecidos, sem discriminação de qualquer tipo;

Profundamente preocupados com a catastrófica situação humanitária, insegurança, violência e violações massivas de direitos humanos e liberdades fundamentais, cometidas nos estados do Kordofan do Sul e do Oeste do Nilo Azul;

Ultrajados com os relatos contínuos de graves violações de direitos humanos e do direito humanitário internacional nesses três estados, incluindo o bombardeio aéreo indiscriminado de áreas civis e o deslocamento massivo de populações civis, pilhagem de casas e destruição de propriedades, prisões arbitrárias e detenção ilegal de oponentes políticos manifestos, torturas, assassinatos extrajudiciais e desaparições impostas de civis, especialmente daqueles pertencentes aos grupos étnicos nativos Nuba e Ingasana nessas regiões;

Deplorando a resistência do governo do Sudão em permitir que as agências da ONU e organizações de ajuda internacionais independentes e trabalhadores humanitários acessem as populações afetadas pela guerra, colocando, assim, as vidas de um número crescente de civis nesses três estados, especialmente mulheres e crianças, em elevado risco;

Acolhendo esforços da UA em tratar a situação nos estados do Kordofan do Sul e do Oeste e do Nilo Azul e lembrando a esse respeito o Communiqué PSC/MIN/COMM/3 (CCCXIX), adotado pelo Conselho de Paz e Segurança das UA de 24 de abril de 2012, como endossado pela Resolução UNSC 2046/2012; e que as duas decisões oferecem uma abordagem abrangente que, *inter alia*, estabelece um calendário específico para os governos do Sudão e do Movimento-Norte de Liberação do Povo do Sudão (MNLPS) chegarem a uma solução pacífica para o conflito armado nessas regiões;

Observando que o Communiqué PSC/MIN/COMM/3 (CC-CXIX) apelou para o governo do Sudão aceitar e implementar a Proposta Tripartite como submetida pela UA, a ONU e a Liga de Estados Árabes, para permitir acesso humanitário à população nos estados do Kordofan do Sul e do Nilo Azul, e, até agora, o governo do Sudão se recusou a autorizar a implementação da proposta tripartite; e

Completamente convencidos de que a paz e estabilidade duradouras e sustentáveis no Sudão, assim como um fim durável dos conflitos armados e agitação política no país, necessitam de soluções abrangentes, através de acordos justos e negociados que abordem as causas fundamentais desses conflitos em todas as partes do país.

Convocamos a 22ª Sessão Ordinária da Assembleia de Chefes de Estado e governo da UA a:

1. Insistir na completa implementação da Resolução 2046 do Conselho de Segurança da ONU, tendo em mente a responsabilidade especial da UA sob o Artigo 6 dessa Resolução; e lembrar o governo do Sudão e do Movimento-Norte de Liberação do Povo do Sudão (MNLPS) que a falha de qualquer parte em cumprir a Resolução 2046 do Conselho de Segurança da ONU pode resultar na tomada de medidas mandatórias pelo Conselho sob o Artigo 41 da Carta das Nações Unidas.

2. Enfatizar a necessidade de livre-acesso à população em necessidade nas áreas afetadas pelos conflitos armados do Sudão e garantir a proteção de trabalhadores humanitários, de suas propriedades e a abertura de corredores humanitários para facilitar o influxo de material de ajuda.

3. Condenar o bombardeio aéreo de alvos civis nas áreas afetadas pelos conflitos armados e apelar à UA e à ONU a tomar as medidas necessárias para garantir que o governo do Sudão cesse esses ataques e permita aos civis a liberdade de movimento, notadamente, para acessar áreas de comércio fora das áreas controladas pelo MNLPS.

4. Reconhecer e admitir as dificuldades das pessoas internamente desalojadas nos estados do Kordofan do Sul e do Nilo Azul, que não são atualmente reconhecidos pelo governo do Sudão ou pela comunidade internacional, ou que não estejam recebendo qualquer apoio. Insistimos em que as Nações Unidas e a comunidade humanitária internacional forneçam a assistência necessária a essas pessoas.

5. Garantir a implementação do Acordo Tripartite sem demora; e a adesão completa à Resolução 2046 das Nações Unidas, em particular, permitindo o acesso livre aos civis nos estados do Kordofan do Sul e do Nilo Azul e facilitando campanhas de vacinação e imunização de crianças contra doenças letais e que atualmente são iminentes.

Elaborada em Adis Abeba, Etiópia, em 22 de janeiro de 2014.

3

ALGUNS GRUPOS ÉTNICOS AFRICANOS

Grupo étnico	Número	língua	Localização
Afar	3.000.000	afar	Etiópia, áreas da Eritreia, Djibouti, Somália, o Chifre da África, Vale Awash e as florestas situadas no norte de Djibouti
Akan	20.000.000	grupos akans da língua twi, incluindo akuapem, asante, aowin, baule, akyem, fante	Gana e sudeste da Costa do Marfim
Amhara	7.800.000	amárico	platô central da Etiópia
Anlo-Ewe	2.000.000 a 3.000.000	ewe	canto sudeste da República de Gana
Anyi	100.000	anyi (grupo akan de twi)	sudeste da Costa do Marfim
Babanki	40.000	babanki (macro-bantu)	noroeste de Camarões
Baga	60.000	baga (mel)	costa da Guiné
Bakongo	10.220.000	kikongo	costa atlântica da África de Pointe Noire, Congo (Brazzaville) a Luanda, Angola
Bali	25.000	bali (macro-bantu)	pastagens de Camarões Central
Bamana	2.000.000	bamana (mande)	Mali Central
Bambara	3.315.000	bamana	Mali
Bamileke	8.000.000	bamileke (macro-bantu)	oeste de Camarões
Bamun	100.000	bamum (macro-bantu)	parte sudeste de Camarões

Grupo étnico	Número	língua	Localização
Bangubangu	90.000	kibangu, bangu (bantu)	sudeste do Congo
Bangwa	20.000	banga (macro-bantu)	oeste de Camarões
Baule	2.500.000	baule (grupo akan twi)	Costa do Marfim Central
Beembe	80.000	kibeembe (bantu)	sul do Congo
Bemba	70.000	kibemba/inglês	nordeste da Zâmbia e sudeste do Congo (Zaire)
Berber (Amazigh)	20.000.000	tamazight, rif, kabyle, shawia, tuareg, haratin, shluh, beraber	Marrocos, Argélia, Tunísia, Líbia e Egito
Bidyogo	20.000	bidyogo	Costa da Guiné-Bissau
Bobo	100.000 a 110.000	bobo ou mande	oeste de Burkina Faso e Mali
Bushoongo Bwa	17.000 300.000	bushong (bantu) bwamu (voltaic)	sudeste do Congo (Zaire) Central Burkina Faso e Mali
Bhewa	2.486.070	chichewa, chinyanja, ou banti	Zâmbia, Zimbábue e Malawi
Bhokwe	1.160.000	wuchokwe (bantu)	sudoeste do Congo (Zaire), Angola e Zâmbia
Dan	350.000	dan (mande)	Libéria e Costa do Marfim
Diomande	350.000	diomande (mande)	Costa do Marfim
Dogon	100.000	dogon (voltaic)	sudeste de Mali e Burkina Faso
Eket	1.000.000	eket (bantu)	sudeste da Nigéria
Fang	800.000	bantu equatorial	florestas tropicais equatoriais do Gabão e Camarões
Fon	2.000.000	fon	sul de Benin e Togo
Frafra	30.000	frafra (voltaic)	nordeste de Gana
Fulani (Peul)	5.118.000	fular e fulfulde	Guiné-Conakry, Burkina Faso, Mali, Nigéria, Níger, Camarões e Chade
Hausa	33.000.000	hausa	norte da Nigéria e noroeste do Níger
Hemba	90.000	kihemba (bantu central)	sudeste do Congo (Zaire)
Holoholo	2.000	kiholoholo e kisuaíli	sudeste do Congo (Zaire)
Ibibio	1.000.000	ibibio (kwa)	sudeste da Nigéria

Grupo étnico	Número	língua	Localização
Idoma	250.000	idoma (grupo idoma de kwa)	Nigéria central
Igbo	32.000.000	igbo (kwa)	sudeste da Nigéria
Ijo	200.000	ijo (kwa)	sul da Nigéria
Ioruba	40.000.000	ioruba (kwa)	Nigéria e Benin
Kabre	225.000	kabre (voltaic)	nordeste de Togo
Karagwe	40.000	kikaragwe, kisuaíli	noroeste da Tanzânia entre Ruanda e o Lago Vitória
Kassena	30.000	kassena	norte de Gana
Katana	10.000	chamba	leste da Nigéria e oeste de Camarões
Kikuyu (Gikuyu)	6.500.000	bantu	Quênia
Kom	30.000	kom (macro-bantu)	noroeste de Camarões
Kongo	2.000.000	kikongo (bantu central)	sudoeste do Congo, Angola e Congo
Kota	75.000	kota (bantu equatorial)	leste do Gabão
Kuba	250.000	bakuba (bantu central)	sudeste do Congo
Kusu	60.000	kikusu (bantu central)	sudeste do Congo
Kwahu	65.000	kwahu (grupo akan de twi)	sul de Gana
Kwere	50.000	kikwere (bantu oriental)	leste da Tanzânia Central próximo à costa
Laka	100.000	laka/mboum (niger-congo)	sudoeste do Chade
Lega	250.000	kilega (bantu central)	sudeste do Congo
Lobi	160.000	lobi (voltaic)	Burkina Faso, Costa do Marfim e Gana
Luba	1.000.000	ciluba (bantu central)	sudeste do Congo
Luchazi	15.000	luchazi (bantu)	leste de Angola e oeste da Zâmbia
Luluwa	300.000	kinalulua (bantu)	sudeste do Congo
Lunda	175.000	cilunda e kiluba (bantu)	Congo (Zaire), oeste de Zâmbia e norte de Angola
Luvale	20.000	luvale (bantu)	leste de Angola e oeste de Zâmbia
Lwalwa	20.000	bulwalwa (bantu)	sudeste do Congo

Grupo étnico	Número	língua	Localização
Laasai	350.000	ol maa (nilotic)	Norte central da Tanzânia e sul do Quênia
Lakonde	1.374.000	makonde (bantu)	Tanzânia e Moçambique
Lambila	25.000	mambila (macro-bantu)	noroeste de Camarões e leste da Nigéria
Mandinka	1.300.000	mandinka	África Ocidental: Senegal, Gâmbia, Guiné-Bissau, Burkina Faso, Mali e Costa do Marfim
Mangbetu	40.000	mangbetuti (sudânico central)	norte do Congo
Manja	24.000	manja (bantu equatorial)	norte do Congo
Mbole	150.000	mbole (bantu central)	sudoeste do Congo
Mende	700.000	mende (mande)	sul de Serra Leoa
Mossi	3.500.000	moré (voltaic)	Burkina Faso Central
Mumuye	70.000	mumuya (jukun)	leste da Nigéria
Ngbaka	400.000	gbaya (ubangi)	norte do Congo
Nuna oromo	100.000 25.000.000	nuni oromiffa	sul de Burkina Faso Etiópia
Pende	250.000	kipende (bantu central)	sudoeste do Congo
Pokot	220.000	pokot (nilo-hamitic)	centro-oeste, norte e sudoeste do Quênia
Punu	80.000	punu (bantu)	sul do Gabão e Congo
Samburu	142.000	samburu, a maa language	colinas do Monte Quênia fundindo-se no deserto do norte e levemente ao sul do Lago Turkana no Vale da Grande Fenda, província do Quênia
San	100.000	línguas khoi-san	Botsuana e norte da África do Sul
Senufo	600.000	senufo (voltaic)	Costa do Marfim e Mali
Shambaa	200.000	kishambaa (bantu central)	nordeste da Tanzânia nas montanhas Usambara
shona	9.000.000	shona (bantu)	Zimbábue e sul de Moçambique

Grupo étnico	Número	língua	Localização
small people (Bagyeli, Bambuti, Batwa, Bayaka)	140.000	línguas diferem, usualmente, a língua de seus vizinhos	Centro-oeste da África, na República Democrática do Congo (RDC), Congo (Brazzaville), Camarões, Gabão, República Central da África, Ruanda, Burundi e Uganda
Songo	15.000	wasongo (bantu central)	norte de Angola
Songye	150.000	kisongye (bantu)	sudeste do Congo
Suku	80.000	kiyaka (noroeste de bantu)	sudoeste do Congo
Suaíli	200.000 a 400.000	kisuaíli (bantu)	Costa do Quênia e Tanzânia
Tabwa	200.000	kitabwa (bantu)	sudeste do Congo
Tuareg (Tamaschek)	1.500.000	tamaschek, tamajeq, tamahaq	Níger, Nigéria, Burkina Faso, Senegal e Mali
Urhobo	450.000	edo (kwa)	sul da Nigéria
We	100.000	we (kwa)	Costa do Marfim
Winiama	25.000	winien	Burkina Faso central
Wolof	7.500.000	wolof	Senegal
Wum	12.000	wum (macro-bantu)	noroeste de Camarões
Yaka	300.000	kiyaka (bantu do Noroeste)	sudoeste do Congo e Angola
Yombe	350.000	kiyombe e kikongo	noroeste do Congo
Zaramo	200.000	kizaramo e kisuaíli	leste da Tanzânia Central
Zulu	12.000.000	kwazulu (nguni)	África do Sul

4

GRANDES COMPLEXOS LINGUÍSTICOS

Família de línguas	Subgrupo(s)	Localização geográfica
Afro-asiáticas (essa categoria tem sido questionada por linguistas africanos, notadamente, Obenga e Garba)	Amárico, Arábico, Tingrinya, Amazigh, Chádico (Hausa e Fulani), Oromo	Sudão, Etiópia, Somália, Egito, Líbia, Marrocos, Argélia, Tunísia, Mauritânia, Senegal, Mali
Níger-Congo (mais de 900 línguas nesse grupo são faladas por 75% dos africanos)	Kordofaniano (muitas vezes considerado seu próprio grupo linguístico), Benue-Congo (Bantu, que inclui Zulu, Shona, Xhosa, Makua, Nyanja e Suaíli), Voltaic Mande, Kwa, Adamawa do Leste	Senegal a Cabo da Boa Esperança, Leste, centro e sul da África, Quênia, Tanzânia, Uganda, Ruanda, Zimbábue, Burundi, República Democrática do Congo (leste e norte), Malawi (norte), Moçambique (norte), Zâmbia (norte), República Somali
Nilo-saariano	Songhai, Koman, Nilo--Chari, Saariano	zona do Sahel, do Nilo ao Níger, África Oriental
Khoi-San		Namíbia, África do Sul, Botsuana, Tanzânia (pelos povos san, khoikhoi, hadza, e sandawe)
Malagasy (uma língua Malaio-Polinésia)		Madagascar

5

Os maiores países por população

Nigéria: 210 milhões
Etiópia: 102 milhões
Egito: 98 milhões
Congo (RDC): 83 milhões
Tanzânia: 62 milhões
África do Sul: 57 milhões
Argélia: 42 milhões
Sudão: 40 milhões

Referências

Os tratamentos abrangentes da África são:

AJAYI, J.F.A. (org.). *General history of Africa*: Africa from the nineteenth century until the 1880s. Vol. 6. Unesco, 1989.

BOAHEN, A.A. (org.). *General history of Africa*: Africa under colonial domination, 1880-1935. Vol. 7. Unesco, 1985.

CLARK, D. (org.). *The Cambridge History of Africa*. Vol. 1. Cambridge University Press, 1982.

CROWDER, M. *The Cambridge History of Africa*. Vol. 8. Cambridge University Press, 1984.

FAGE, J. (org.). *The Cambridge History of Africa*. Vol. 2. Cambridge University Press, 1979.

FLINT, J. (org.). *The Cambridge History of Africa*. Vol. 5. Cambridge University Press, 1977.

HRBEK, I. (org.). *General history of Africa*: Africa from the seventh to the eleventh century. Vol. 3. Unesco, 1988.

GRAY, R. (org.). *The Cambridge History of Africa*. Vol 4. Cambridge University Press, 1975.

I-ZERBO, J. (org.). *General history of Africa*: Methodology and African historiography. Vol. 1. Unesco, 1981.

MAŁOWIST, M. (org.). *General history of Africa*: Africa from the sixteenth to the eighteenth century. Vol. 5. Unesco, 1992.

MAZRUI, A.A. (org.). *General history of Africa*: Africa since 1935. Vol. 8. Unesco, 1993.

MOKHTAR, G.E. (org.). *General history of Africa*: Ancient civilizations of Africa. Vol. 2. Unesco, 1981.

NIANE, D.T. (org.). *General history of Africa*: Africa from the twelfth to the sixteenth century. Vol. 4. Unesco, 1984.

OLIVER, R. (org.). *The Cambridge History of Africa*. Vol. 3. Cambridge University Press, 1977.

OLIVER, R.; SANDERSON, G. *The Cambridge History of Africa*. Vol. 6. Cambridge University Press, 1985.

ROBERTS, A. (org.). *The Cambridge History of Africa*. Vol. 7. Cambridge University Press, 1986.

Trabalhos mais específicos e referências usadas neste livro incluem os seguintes:

Abdel-Fattah-el-Sisi wins a second term in Egypt, *The Economist*, 30 mar. 2018.

ABDUL-RAHMAN. *Servants of Allah*: African Muslims enslaved in the Americas. Nova York: New York University Press, 1998.

ABIMBOLA, W. *Ifa will mend our broken world*. Roxbury: P 'aim, 1997.

Abuja Conference on the African Union, Abuja, Nigeria, 12 nov. 2005.

ACHEBE, C. *Things fall apart*. Londres: Heinemann, [1958] 1986.

ADAM, H.; FORD, R. *Mending rips in the sky*: options for Somali communities in the 21st century. Trenton: Africa World, 1997.

ADELEYE, R.A. Hausaland and Bornu, 1600-1800. In: AJAYI, J.F.; CROWDER. M. (orgs.). *History of West Africa*. Vol. 1. Londres: Longman, 1971, p. 485-529.

AGBODEKA, F. *The rise of the nation states*. Londres: Nelson, 1969.

AIDID, M.F.; RUHELA, S.P. *Somalia*: from the dawn of civilization to the modern times. Índia: Vikas, 1993.

AIDOO, A.A. *Anowa*. Englewood: Prentice-Hall, 1970.

AIDOO, A.A. *The Dilemma of a Ghost*. Nova York: Macmillan, 1971.

AJAYI, J.F.A.; CROWDER, M. (orgs.). *History of west Africa*. Vol. 2. Londres: Longman, 1974.

AJAYI, J.F.A.; ESPIE, I. *A thousand years of west African history*. Londres: Nelson, 1966.

ALBERGE, D. UK archaeologist finds cave paintings at 100 New African sites. *The Guardian,* 17 set. 2010.

All Africa, Somalia: premier unveils new cabinet. In: *Garowe Online,* 19 nov. 2010. Disponível em: https://allafrica.com/stories/201011130021.html. Acesso: 5 out. 2018.

AMIN, S. *Neo-colonialism in West Africa.* Londres: Zed Books, 1973.

ANDERSON, D. *Histories of the hanged*: the dirty war in Kenya and the end of empire. Nova York: Norton, 2005.

ANTI, A.A. *Osei Tutu and Okomfo Anokye.* Accra: Gana, 1973.

APPIAH, A.K. *In my father's house.* Nova York: Oxford University Press, 1993.

ARGUE, D.; GROVES, C.; LEE, M.; JUNGERS,W. The affinities of Homo Floresiensis based on phylogenetic analyses of cranial, dental, and postcranial characters. *Journal of Human Evolution*, vol. 107, p. 107-133, 2017.

ARMAH, A.K. *Fragments.* Dakar: Per Ankh, 1971.

ARMAH, A.K. *Osiris Rising.* Dakar: Per Ankh, 1955.

ARMAH, A.K. *The Healers*. Dakar: Per Ankh, 1979.

ARMAH, A.K. *Two thousand seasons.* Dakar: Per Ankh, 1973.

ARMAH, A.K. *Why are we so blest?* Dakar: Per Ankh, 1972.

ASANTE, M.K. *Kemet, Afrocentricity, and Knowledge*. Trenton: Africa World, 1990.

ASANTE, M.K. Arab racism raises its head in Sudan. *Amsterdam News*, 2013a.

ASANTE, M.K. *Cheikh Anta Diop*: an intellectual portrait. Los Angeles: University of Sankore Press, 2007.

ASANTE, M.K. *Classical Africa.* Maywood: Peoples, 1994.

ASANTE, M.K. *Classical Africa.* Saddle Brook: Peoples, 1993.

ASANTE, M.K. Time for a United States of Africa. *Sunday Independent*, 2013b.

ASANTE, M.K.; ABARRY, A. *African intellectual heritage.* Filadélfia: Temple University Press, 1996.

ASSENSOH, A.B. *African political leadership*: Jomo Kenyatta, Kwame Nkrumah, and Julius Nyerere. Malabar: Krieger, 1998.

ASSENSOH, A.B.; ALEX-ASSENSOH, Y.M. *African military history and politics, 1900 – present.* Nova York: Palgrave, 2001.

AWOLOWO, O. *Selected speeches of chief Obafemi Awolowo.* Lagos: Fagbamigbe, 1981.

AZIKIWE, N. *Liberia in world politics.* Londres: Stockwell, 1934.

AZIKIWE, N. *My odyssey.* Nova York: Praeger, 1970.

BABOU, C.A. *Fighting the greater Jihad:* Amadu Bamba and the founding of the Muridiyya of Senegal, 1853-1913. Athens: Ohio University Press, 2007.

BAINES, J.; MÁLEK, J. *Cultural atlas of Ancient Egypt.* York: Facts on File, 2000.

BARKINDO, B. The Early States of the Central Sudan: Kanem, Borno and Some of their Neighbours to c. 1500 AD. In: AJAYI, J.F.A.; CROWDER, M. (orgs.). *History of West Africa.* Vol. 1. 3. ed. Harlow: Longman, 1985.

BARNES, S.T. (org.). *Africa's Ogun: old world and new.* Filadélfia: Oxford University Press, 1997.

BATTUTA, I. *Travels in Asia and Africa, 1325-1354.* Londres: Broadway House, 1929.

BATUTU, I. *Travels in Asia and Africa, 1325-1354.* Nova York: Routledge, 1957.

BAUVAL, R.; BROPHY, T. *Black genesis:* The prehistoric origins of Ancient Egypt. Rochester: Bear, 2011.

BEACH, D.N. *The Shona and Zimbabwe, 900-1850.* Gweru: Mambo, 1980.

BEKERIE, A. *Ethiopic, an African writing system:* Its history and principles. Lawrenceville: Red Sea, 1997.

BELLO, M. *Infaq 'l-Maysuur.* Sudan: Sennar, 2008.

BELLWOOD, P. *First farmers:* The origins of agricultural societies. Nova York: Wiley Blackwell, 2004.

BERNAL, M. *Black Athena:* The Afro-asiatic roots of classical civilization. Vol. 1: The fabrication of Ancient Greece, 1875-1985. New Brunswick: Rutgers University Press, 1987.

BERNAL, M. *Black Athena:* The Afro-asiatic roots of classical civilization. Vol. 2: The archaeological and documentary evidence. New Brunswick: Rutgers University Press, 1991.

BIERFERT, A. *25 Jahre bei den Wadiriku am Okawango.* Windhoek: Oblaten, 1938.

BIRMINGHAM, D. *Portugal and Africa.* Athens: University of Ohio Press, 1999.

BISSELL, R.; RADU, M. *Africa in the Post-decolonization Era.* New Brunswick: Transaction, 1984.

BLACK, J. *The instructions of Amenemope.* Madison: University of Wisconsin Press, 2002.

BLYDEN, E.W. *Christianity, Islam and the negro race.* Edimburgo: Edinburgh University Press, 1967.

BOAHEN, A.A. *African perspectives on colonialism.* Baltimore: Johns Hopkins University Press, 1987.

BOAHEN, A.A. *Britain, the Sahara, and Western Sudan.* Oxford: Clarendon, 1964.

BOAHEN, A.A. *Topics in West African history.* Londres: Longman, 1966.

BONHOMME, B.; BOIVIN, C. *Milestone documents in world history:* 1942-2000. Dallas: Schlager, 2010.

BOTWE-ASAMOAH, K. *Kwame Nkrumah's politico-cultural thought and policies:* an Africancentered paradigm for the second phase of the African Revolution. Nova York: Routledge, 2005.

BOVILL, E.W. *The golden trade of the Moors.* Oxford: Oxford University Press, 1968.

BOYD, J. *The Caliph's sister:* Nana Asma'u 1793-1865: teacher, poet and Islamic leader. Totowa: Frank Cass, 1989.

BRADLEY, M. *Dawn voyage*: The black African discovery of America. Nova York: A&B, 1992.

BRADLEY, M. *The black discovery of America.* Toronto: Personal Library, 1981.

BRIGGS, P. *Somaliland* – Bradt Travel Guides. Londres, 2012.

BRUNTON, G.; CATON-THOMPSON, G. *The Zimbabwe culture.* Londres: Frank Cass, [1931] 1970.

BUTLER, A. *The Arab invasion of Egypt.* Nova York: A&B, 1992.

BUTZER, K.W. *Early hydraulic civilization in Egypt.* Chicago: University of Chicago Press, 1976.

CABRAL, A. *Return to the source*: Selected speeches by Amilcar Cabral. Nova York: Monthly Review, 1973.

CALLAWAY, E. Oldest Homo Sapiens fossil claim rewrites our species' History. *Nature News*, 2017.

CARRUTHERS, J. Review of the cultural unity of black Africa. *Black Books Bulletin*, vol. 5, n. 4, p. 46-48, 1977.

CASELY HAYFORD, J.E. *Gold coast native institutions*. Londres: Frank Cass, 1970.

CAVALLI-SFORZA, L.L. Genes, peoples and languages. *Scientific American*, n. 5, 1991.

CAVALLI-SFORZA, L.L; CAVALLI-SFORZA, F.; THORNE, S. *The great human diasporas*: The history of diversity and evolution reading. S.l.: Addison-Wesley, 1993.

CHAPPEL, T.J.H. The Yoruba cult of twins in historical perspective. *Africa*, vol. 44, n. 3, p. 250-256, 1974.

CHINWEIZU. *The West and the test of us*. Nova York: Vintage, 1975.

CHUKU, G. *Igbo women and economic transformation in South-eastern Nigeria, 1900-1960*. Nova York: Routledge, 2005.

CLARKE, J. Pan-Africanism and the Vision of Africa. *Speech at Miles College*, Birmingham, 1991.

Cleopatra's mother "was African". *BBC News,* 16 mar. 2006. Disponível em: http://news.bbc.co.uk/2/hi/also_in_the_news/7945333.stm

COLEMAN, J.S. *Nigeria*: Background to nationalism. Berkeley: University of California Press, 1958.

CONNAH, G. *African civilizations*: An archaeological perspective. Cambridge: Cambridge University Press, 2001.

COUPLAND, R. *East Africa and its invaders*. Nova York: Russell and Russell, 1965.

CRESSEY, D. Cleopatra: maybe African, maybe not. *Newsblog,* 16 mar. 2009. Disponível em: http://blogs.nature.com/news/2009/03/cleopatra_maybe_african_maybe.html

CROWDER, M. (ed.) *Cambridge history of Africa*. Vol. 8. Cambridge: Cambridge University Press, 1984.

CROWDER, M. *West Africa*: An introduction to its history. Londres: Longman, 1977.

DANNEMANN, M.; KELSO, J. The contribution of Neanderthals to phenotypic variation in modern humans. *American Journal of Human Genetics*, vol. 101. n. 1-12, 2017.

DAPPER, O. *Description of Africa*. Amsterdã, 1968.

DAVID, M.G. *Invisible agents*: Spirits in a central African history. Athens: Ohio University Press, 2012.

DAVIDSON, B. *A guide to African history*. Garden City: Doubleday, 1965.

DAVIDSON, B. *Africa in history*. Londres: Paladin, 1975.

DAVIDSON, B. *Black mother*. Londres: Longman, 1970.

DAVIDSON, B. *Old Africa rediscovered*. Londres: Longman, 1971.

DAVIDSON, B. *The African past*. Nova York: Penguin, 1966.

DAVIDSON, B. *The growth of African civilization*: East and Central Africa to the nineteenth century. Londres: Longman, 1977a.

DAVIDSON, B. *The history of Africa, 1000-1800*. Londres: Longman, 1977b.

DAWOOD, N.J. (org.). *The Muqaddimah*: An introduction to history. Princeton: Princeton University Press, 2015.

DECALO, J. *Historical dictionary of Niger*. Metuchen. Scarecrow, 1979.

DEI, G.S. *Rethinking schooling and education in African contexts*. Trenton: Africa World, 2001.

DELANCEY, M.W.; DELANCEY, M.D. *Historical dictionary of the Republic of Cameroon*. 3. ed. Lanham: The Scarecrow, 2000.

DIAGNE, P. *Cheikh Anta Diop et l'Afrique dans l'histoire du monde*. Paris: Sankore/Harmattan, 1997.

DIAWARA, G. *Abubakari II*. Bamako: Lansman, 1992.

DIJKSTRA, J. Monasticism on the Southern Egyptian frontier in Late Antiquity: towards a new critical edition of the Coptic Life of Aaron. *Journal of the Canadian Society for Coptic Studies*, vol. 5, 2013.

DIOP, C.A. *Civilization or barbarism*: An authentic anthropology. Nova York: Lawrence Hill, 1991.

DIOP, C.A. *The African origin of civilization*: Myth or reality. Nova York: Lawrence Hill, [1974] 1993.

DIOP, C.A. *The cultural unity of black Africa.* Diop: Third World, 1976.

DIOUF, S.A. *Servants of Allah African Muslims enslaved in the Americas.* Nova York University Press, 2013.

DOVE, N. *Afrikan mothers*: Bearers of culture, makers of social change. Albany: Suny, 1998.

DRECHSLER, H. *Let us die fighting: the struggle of the Herero and Nama against German Imperialism (1884-1915).* Londres: Zed, 1980.

DREYER, G. *Das Prädynastische Königsgrab U-j und seine frü Schriftszeugnisse.* Mainz: Philipp von Zabern, 1999.

DRIOTON, E.; VANDIER, J. *Les peuples de l'orient méditerranéen.* Vol. 2: Paris: PUF, 1962.

DU BOIS, W.E.B. *The world and Africa*: An inquiry into the part which Africa has played in world history. Nova York: International, 1990.

DUMONT, R. *False start in Africa.* Londres: André Deutsch, 1966.

DUNN, R. *The adventures of Ibn Battuta*: A Muslim traveler of the fourteenth century. Berkeley: University of California Press, 2004.

DUNN, R. *The adventures of Ibn Battuta*: A Muslim traveler of the fourteenth century. Berkeley: University of California Press, 2005.

EDGERTON, R. *The fall of the Asante Empire*: The hundred-year war for Africa's Gold Coast. Nova York: Free, 1995.

EGHAREVBA, J. *A short history of Benin.* 3. ed. Ibadan: Aguebor, 1952.

EHRET, C. *The civilizations of Africa*: A history to 1800. Charlottesville: University Press of Virginia, 2002.

EHRET, C.; POSNANSKY. M. (orgs.). *The archaeological and linguistic reconstruction of African history.* Los Angeles and Berkeley: University of California Press, 1982.

EL MAHDY, C. *Egypt*: 3000 years of civilization brought to life. Richmond: Raincoast, 2005.

ELFASI, M.; HRBEK, I. *General history of Africa.* Nova York: Unesco, 1988.

ELKINS, C. *Imperial reckoning*: The untold story of Britain's Gulag in Kenya. Nova York: Henry Holt, 2005.

Encyclopaedia Africana: dictionary of African biography. Vol. 1. Accra: Ghana Reference, 1977.

EZENWA-OHAETO. *Chinua Achebe*: A biography. Bloomington: Indiana University Press, 1997.

FAGE, J.D. *History of Africa*. Nova York: Knopf, 1978.

FALOLA, T. (org.). *Tradition and change in Africa*: The essays of J.F. Ade Ajayi. Trenton: Africa World, 2002.

FALOLA, T. *Nationalism and African intellectuals*. Rochester: University of Rochester Press, 2001.

FALOLA, T. *The history of Nigeria*. Nova York: Greenwood, 1999.

FANON, F. *Black skin, white mask*. Paris: Editions de Seuil, 1952.

FANON, F. *The wretched of the earth*. Londres: Penguin, [1961] 1983.

FANON, F. *Toward the African revolution*: Political essays. Nova York: Monthly Review, 1967.

FINCH, C. *Echoes of the old dark land*. Atlanta: Khenti, 1991.

FYFE, C. *A short history of Sierra Leone*. Londres: Longman, 1962.

FYLE, C.M. *Introduction to the history of African civilization*. Lanham: University Press of America, 2001.

FYNN, J.K. *Asante and its neighbours, 1700-1807*. Londres: Longman and Evanston: Northwestern University Press, 1971.

GADZEKPO, S.K. *History of African civilisations*. Accra: Royal Crown, 1999.

GAFFNEY, M. The Astronomers of Nabta Playa. *Atlantis Rising*, 56, p. 42-43, 2006.

GALLAND, M.; VAN GERVEN, D.; VON CRAMON-TAUBADEL, N.; PINHASI, R. 11,000 years of craniofacial and mandibular variation in lower Nubia. *Scientific Reports*, vol. 6, 2016.

GEISS, I. *The Pan-African movement*: A history of Pan-Africanism in America, Europe and Africa. Nova York: Africana, 1974.

GERARD, E.; KUKLICK, B. *Death in the Congo*: Murdering Patrice Lumumba. Cambridge: Harvard University Press, 2015.

GERHART, G. *Black power in South Africa*: The evolution of an ideology. Berkeley: University of California Press, 1979.

GIGLIO, C. Article 17 of the Treaty of Uccialli. *Journal of African History*, vol. 1, n. 2, p. 221-235, 1965.

GILBERT, E.; REYNOLDS, J. *Africa in world history*: From prehistory to the present. Upper Saddle River: Pearson, 2004.

GILBERT, E.; REYNOLDS, J. *Africa in world history*: From prehistory to the present. 3. ed. Nova York: Pearson, 2011.

GOODWIN. *Africa's legacies of urbanization*: Unfolding saga of a continent. Nova York: Lexington Books, 2006.

GRIMAL, N. *The history of Egypt*. Boston: Blackwell, 1992.

HAKLUYT SOCIETY. *The history and description of Africa*. Franklin, [1896] 1963.

HARBESON, J.W.; KIMAMBO, I. (orgs.). *East African expressions of Christianity*. Athens: Ohio University Press, 1999.

HASSAN, F.A. Town and Village in Ancient Egypt. In: SHAW, T.; SINCLAIR, P.; ANDAH, A.; OKPOKO, A. (orgs.). *The archaeology of Africa*. Londres: Routledge, 1993.

HAYNES, J.L.; ZAHN, C. *Nubia*: Ancient kingdoms of Africa. Boston: Museum of Fine Arts, 1994.

HEGEL, F. *Lectures on the philosophy of History*. Philosophy of History. Nova York: Dover, 2010.

HEGEL, G.W.F. *The philosophy of History*. Nova York: Dover, [1837]1956.

HERÓDOTO. *Histories*. Vol. 1. Nova York: Penguin Classics, 2003.

HILLIARD, C. *The intellectual traditions of pre-colonial Africa*. Nova York: McGraw Hill, 1997.

HOCHSCHILD, A. *King Leopold's ghost*. Nova York: Houghton Mifflin, 1998.

HODGKIN, T. (org.). *Nigerian perspectives*. 2. ed. Oxford: Oxford University Press, [1960] 1975.

HOLLOWAY, A. Nabta Playa and the ancient astronomers of the Nubian Desert. *Ancient Origins*, vol. 3, n. 53, 2015.

HOOKER, J.R. The Pan-African conference 1900. *Transition*, vol. 46, 1974.

HOPKINS, J.F.P. *Corpus of early Arabic sources of West African history*. Princeton: Markus Wiener, 2000.

HORST, D. *Let us die fighting*: The Struggle of the Herero and Nama against German Imperialism (1884-1915). Londres: Zed, 1980.

HUNTINGFORD, G.W.B. *The periplus of the Erythraean Sea*: With some extracts from Agatharkhidēs on the Erythraean Sea. Londres: Hayluyt Society, 1980.

IDOWU, B. *African traditional religion*: A definition. Maryknoll: Orbis Books, 1973.

JACKSON, J. *Ages of gold and silver and other short sketches of human history.* TX: American Atheist, 1990.

JACKSON, J.G. *Introduction to African civilizations.* Nova York: Citadel, 2001.

JAMES, G. *Stolen Legacy:* The Greeks were not the authors of Greek philosophy, but the people of North Africa commonly called the Egyptians. Nova York: Philosophical Library, 1954.

JOCHANNON, Y. *Black man of the Nile and his family.* Baltimore: Black Classic Press, 1986.

KALCK, P. *Historical dictionary of the Central African Republic.* Lanham: Scarecrow Press, 2005.

KARADE, B.I. *Imoye*: A definition of the Ifa Tradition. Brooklyn: Athelia Henrietta, 1999.

KARENGA, M. *Maat*: The moral ideal in Ancient Egypt. Nova York: Routledge, 2003.

KARENGA, M. *Odu Ifa*: The ethical teachings. Los Angeles: University of Sankore Press, 1999.

KENRICK, J. *Phoenicia.* Londres: B. Fellowes, 1855.

KENYATTA, J. *Facing Mount Kenya.* Nova York: Vintage, 1962.

KI-ZERBO, J. *Histoire de l'Afrique noire d'hier à demain.* Paris: Hatier, 1972.

KREBS, A. SANORA M. Machel, Man of Charisma. *The New York Times,* outubro de 1986. Disponível em: https://www.nytimes.com/1986/10/21/obituaries/samora-m-machel-man-of-charisma.html – Acesso: out. 2018.

KROPACEK, L. Nubia from the Late Twelfth Century to the Funj Conquest in the Early Sixteenth Century. In: KI-ZERBO, J.; NIANE, D.T. (orgs.). *General history of Africa.* Vol. 4. Africa from the twelfth to the sixteenth century. Nova York: James Currey, Unesco, University of California Press, 1997.

KRZYZANIAK, L. Early farming in the middle Nile basin: recent discoveries at Kadero. *Antiquity*, vol. 65, 1991.

LAM, A.M. *De l'origine égyptienne des Peuls*. Paris and Dakar: Présence Africaine, 1992.

LAM, A.M. L'origine des Peuls: les principales thèses confrontées aux traditions africaines et à l'égyptologie. *Ankh*, p. 12-39, 2003.

LAMBERT, I.; RAMADAN, N. Being black in Egypt. *In*: *The New Arab*, 2015 Disponível em: https://www.alaraby.co.uk/english/features/2015/7/23/being-black-in-egypt. Acesso: out. 2018.

LAUNAY, R. Cheikh Babou: Fighting the Greater Jihad. *Cahiers d'études africaines*, p. 206-207, 2012.

LEO AFRICANUS. *History and description of Africa*. Vol. 3. Londres: Kessinger, 1896.

LEVINE, D.H.; DAWN, N. *Region-building in Africa:* political and economic Challenges. Nova York: Palgrave Macmillan, 2016.

LEVITT, J.I. The African origins of international law: myth or reality. *UCLA Journal of International Law and Foreign Affairs*, vol. 19, n. 311, 2015. Disponível em: https://ssrn.com/abstract=2645865

LEVTZION, N. *Ancient Ghana and Mali*. Nova York: Methuen, 1973.

LICHTHEIM, M. *Ancient Egyptian literature*. Berkeley: University of California Press, 1980.

LIKUWA, K. *Land possession in Namibia*: Tracing the history and modes of dispossession. Windhoek: University of Namibia, 2015.

LÍVIO, T. *The history of Rome*. Livro 21. Londres: J.M. Dent, 1905.

LOUW, D.J. Ubuntu: an African assessment of the Religious Other, *Twentieth World Congress of Philosophy*, 1998.

LUCAS, J.O. *The religion of the Yorubas*. Lagos e Brooklyn: Athelia Henrietta Press, [1948] 2001.

LUGARD, F. (1902). *Annual report of Northern Nigeria*, 1900-1901, Cd. 788-16. Londres: HMSO, 1902.

LUGARD, F.S. *A tropical dependency*. Baltimore: Black Classic Press, [1906] 1995.

LUGARD, F. *The dual mandate in British Tropical Africa*. Edimburgo: Blackwood, 1922.

LUMUMBA, P. *Lumuba speaks*: Jean Paul-Sartrem introduction, Londres: The Book, 1974.

LUMUMBA, P. *Lumumba speaks*: The speeches and writings of Patrice Lumumba, 1958-1961. Nova York: Little, Brown, and Company, 1972.

M'BOKOLO, E. *La continent convoité*: l'Afrique au XXe siècle. Paris/Montreal: Etudes Vivantes, 1980.

M'BOW, B.; EBOHON, O. (orgs.) *Benin*: A kingdom in bronze. Fort Lauderdale: The African American Research and Cultural HeriCenter, 2005.

MACK, B.; BOYD, J. *One woman's Jihad*: Nana Asma'u, scholar and scribe. Bloomington, Indiana: Indiana University Press, 2000.

MAFUNDIKWA, S. *African alphabets*. Nova York: Mark Batty, 2000.

MAHAMAT, M. Statement of the Chairperson of the African Union. *African Union* 2017.

MALLOWS, W. *The mystery of the great Zimbabwe*. Londres: Hale, 1984.

MANDELA, N. In Memory of Samora Machel. *South African Nelson Mandela Papers*, 1999.

MANETHO; WADDELL, W.G. (orgs.). *Aegyptiaca*. Loeb Classical Library. Londres: William Heinemann, 1948.

MAZAMA, A.; ASANTE, M.K.; CHANGA, I. *African foundations*. Filadélfia: AI, 2016.

MAZAMA, A. *The Afrocentric paradigm*. Trenton: Africa World Press, 2003.

MAZRUI, A.A. (org.). *Africa since 1935*: *Unesco General History of Africa*. Berkeley: University of California Press, 1982.

MBEKI, T. (1998). *The African Renaissance, South Africa and the World*. In: Presentation at United Nations University, 9 April 1998. Disponível em: http://archive.unu.edu/unupress/mbeki.html – Acesso: set. 2018.

MBITI, J. *Introduction to African philosophy and religion*. Londres: Heinemann, 1991.

McCOSKEY, D.E. *Race:* Antiquity and its legacy. Londres: I.B. Tauris, 2001.

McDERMOTT, A. 300,000-year-old remains place oldest Homo Sapiens in Morocco. *Ancient origins*, 2017.

McINTOSH, S.K. *Excavations at Jenne-Jeno, Hambarketolo, and Kaniana*: The 1981 season. Berkeley: University of California Publications in Anthropology, 1995.

MEURS, J.V. *Olfert Dapper's nauwkeurige beschrijvinge der Afrikaansche gewesten.* Amsterdam, 1668.

MIRE, S. The discovery of Dhambalin Rock Art Site, Somaliland. *African Archaeological Review*, vol. 2, p. 153-168, 2008.

MONGES, M.M.K.R. *Kush, the Jewel of Nubia*: Reconnecting the root system of African civilization. Trenton: Africa World, 1997.

MORRIS, W. *Hannibal.* Londres: Putman, 1897.

MOTE, F. (org.). *The Cambridge hyistory of China.* Vol. 7: 1368-1644. Cambridge: Cambridge University Press, 1995.

NETANYAHU, P.M. Discurso na Cúpula da CAEAO na Libéria, em 2017. In: *Africa Israel Summit.* Disponível em: https://www.africaisraelsummit.org/single-post/2017/06/05/PM-Netanyahu's-Speech-at-the-ECOWAS-Summit-in-Liberia – Acesso: ago. 2018.

New American, 15 set. 2011.

NGUGI WA THIONG'O. *Homecoming.* Londres: Macmillan, 1978.

NIANE, D. *General History of Africa.* Vol. IV, Abridged edition: Africa from the twelfth to the sixteenth century. Berkeley: University of California Press e Unesco, 1998.

NIANE, D.T. Introduction. *In:* KI-ZERBO, J.; NIANE, D.T. (orgs.). *Unesco general history of Africa*. Vol. 4: Africa from the twelfth to the sixteenth century. Nova York: James Currey, Unesco, University of California Press, 1997.

NIANE, D.T. *Sundiata*: An epic of old Mali. Londres: Longman, 1966.

NKRUMAH, K. *Africa must unite.* Londres: Panaf, 1998.

NKRUMAH, K. *Consciencism.* Nova York: Monthly Review, 1970.

NYAMUBAYA, F. *Dusk of Dawn.* Joplin: College Press, 1995.

NYAMUBAYA, F. *On the road again*: Poems during and after the national liberation of Zimbabwe. Harare: ZPH, 1986.

NYAMUBAYA, F. *Writing still*: New stories from Zimbabwe. Harare: Weaver Press, 2003.

NYERERE, J. *Ujamaa*: Essays on Socialism. Londres: Oxford University Press, 1977.

NZONGOLA-NTALAJA, G. *The Congo from Leopold to Kabila*: A people's history. Londres: Zed, 2002.

OBENGA, T. *Pour une nouvelle histoire*. Paris: Présence Africaine, 1980.

ÖBERG, M. (Coord.). Gambia, in Depth: economic crisis and a leftist coup attempt in 1981. *Uppsala Conflict Data Program*, Sweden: Uppsala University. Disponível em: www.ucdp.uu.se/gpdata base/gpcountry.php?id=60&regionSelect=2—Southern_Africa#— Acesso: 8 jul. 2013.

OBICHERE, B. *West African states and European expansion:* the Dahomey Niger hinterland, 1898. New Haven: Yale University Press, 1971.

O'CONNOR, D. A regional population in Egypt to circa 600 B.C. In: SPOONER, B. (org.). *Population Growth*. Cambridge: Harvard University Press, 1972.

OGOT, B.A. *History and social change in East Africa*. Nairóbi: East African, 1976.

OLIVER, R.; ATMORE, A. *Africa since 1800*. Cambridge: Cambridge University Press, 2005.

O'TOOLE, T. *Political reform in Francophone Africa*. Nova York: Westview Press, 1997.

PALMER, H.R. Sudanese memoirs: being mainly translations of a number of Arabic manuscripts relating to the Central and Western Sudan. *The Geographical Journal*, vol. 74, n. 1, 1929.

PERRY, J. *Arrogant Armies*. Edison: Castlebooks, 2005

PHILLIPS, J. John Phillips to foreign office. Advising the deposition of the Benin King: 17 November: despatches to foreign office from consul-general. *In: Catalogue of the Correspondence and Papers of the Niger Coast Protectorate*, vol. 268, p. 240. Enugu: National Archives of Nigeria, 1896.

POE, D.Z. *Kwame Nkrumah's contribution to Pan-Africanism*. Nova York: Routledge, 2003.

POGRUND, R. *Robert Sobukwe*: How can man die better. Johannesburg: Jonathan Ball, 2006.

PRÜFER, K.; FILIPPO, C.; GROTE, S.; MAFESSONI, F.; KOR-LEVIC, P.; HAJDINJAK, M.; VERNT, B.; SKOV, L.; HSIEH, P.; PÄÄBO, S. A high-coverage Neandertal Genome from Vindija Cave in Croatia. *Science* v. 10, n. 1126, 2017.

PUDLO, A. Population of Nubia up to the 16th Century BC. *Anthropology Review*, vol. 62, p. 57-66, 1999.

RABAKA, R. *Concepts of cabralism*: Amilcar Cabral and Africana critical theory. Nova York: Lexington, 2014.

RADIN, P. *Monotheism among primitive people.* Nova York: Alan and Unwin, 1974.

RANGER, T.O. (org.). *Emerging themes in African history.* Nairóbi: East African, 1968b.

RANGER, T.O. *Aspects of Central African history.* Londres: Heinemann, 1968a.

RICHARD, S. (org.). *Near Eastern archaeology*: A reader. Winona Lake: Eisenbrauns, 2003.

ROBERTSHAW, P. *A History of African archaeology.* Londres: J. Currey, 1990.

RODNEY, W. *How Europe underdeveloped Africa.* Washington: Howard University Press, 1974.

RUBENSON, S. The protectorate paragraph of the Wichale Treaty. *The Journal of African History*, vol. 5, n. 2, p. 243-282, 1964.

RUBIN, S. Israel's African refugees' choice: stay in Limbo or flee to Danger. *USA Today,* 3 nov. 2017.

RUBIN, S. Israel's African refugees' choice: stay in Limbo or flee to Danger. USA Today, 3 nov. 2017.

RYDER, A.F.C. *Benin and the Europeans, 1485-1897.* Nova York: Humanities Press, 1969.

SAI, A. *The history of the Tiv.* Ibadan: MSS, Africana Collection, University of Ibadan Library, 1990.

SANDERS, R. *UC Berkeley News*, p. 1, 11 jun. 2003.

SARBAH, J.M. *Fanti customary laws*: A brief introduction to the principles. Nova York: HardPress, 2012.

SARR, S. *Coup d'Etat by the Gambia national army.* Bloomington: Xlibris, 2007.

SCHOENBRUN, D.L. We are what we eat: ancient agriculture between the Great Lakes. *Journal of African History*, vol. 34, p. 1-31, 1993.

SCHOFF, W.H. *Periplus of the Erythraean Sea*: Travel and trade in the Indian Ocean by a merchant of the first century. Nova Deli: Munshiram Manoharlal, [1912] 1995.

SENGHOR, L.S. *Chants d'ombre*. Paris: Editions de Seuil, 1945.

SENGHOR, L.S. *Hosties noires*. Paris: Éditions du Seuil, 1948.

SETHE, K. *Urkunden des ägyptischen Altertums*. Leipzig: Hinrichs, 1935.

SHARM EL-SHEIKH. A.S. *Think again*: Short on money, and friends, Egypt discovers its African roots. Discurso aos presidentes e líderes empresariais africanos, em fevereiro de 2016. *In*: ISS Africa. Disponível em: https://issafrica.org/iss-today/think-again-short-on-money-and-friends-egypt-discovers-its-african-roots – Acesso: ago. 2018.

SHAW, F. *A tropical dependency*: An outline of the ancient history of the Western Soudan with an account of the modern settlement of Northern Nigeria. Cambridge: Cambridge University Press, 2010.

SHAW, T. Hunters, gatherers, and first farmers in West Africa. In: MEGAW, J.V.S. (org.). *Hunters, gatherers and first farmers beyond Europe*. Leicester: Leicester University Press, 1977.

SHERIF, N.M. Nubia Bbefore Napata. In: MOKTAR, G. (org.). *General history of Africa II*: Ancient civilizations of Africa, Berkeley: University of California Press, 1981.

SHILLINGTON, K. *History of Africa*. Nova York: Palgrave Macmillan, 1994.

SHILLINGTON, K. *History of Africa*. Nova York: St. Martin's Press, 1989.

SMITH, A. Some notes on the history of Zauzau under the Hausa Kings. In: MORTIMORE, M.J. (org.). *Zaria and its region*: A Nigerian savanna city and its environs. Zaria: Ahmadu Bello University, Department of Geography, 1970.

SOUTH AFRICA (GOVERNMENT). *Truth and Reconciliation Commission of South Africa* Report. Londres: Macmillan, 1999.

Soweto Tours – The Hector Pieterson Memorial – part of the struggle tour. (s.d.) – Acesso: out. 2018. http://www.soweto.co.za/html/p_hector.htm.

SOYINKA, W. *The lion and the Jewel*. Londres: Alexander Street Press, 1959.

SOYINKA, W. *The swamp Dwellers*. Ibadan: Mbari, 1958.

SPAR, I. *The origins of writing*. Estrabão, *Geographica*, vol. XVII, Loeb Classical, 2004.

STOLL, M.; STOLL, G. *Ibeji*: Twin figures of the Yoruba. Gert und Mareidi Stol: Maunehen, 1980.

SUBRAHMANYAM, S. *The career and legend of Vasco Da Gama*. Cambridge: Cambridge University Press, 1998.

SULLIVAN, J. The Question of a National Literature for Nigeria. *Research in African Literatures*, vol. 32, n. 3, p. 71-85, 2001.

There Is a Staggering Contempt of Everything African. *Al-Araby*, julho de 2015. Disponível em: www.alaraby.co.uk/english/features/2015/7/23/being-black-in-egypt.

THORNTON, J. *Africa and Africans in the making of the Atlantic World, 1400-1680*. Cambridge: Cambridge University Press, 1992.

UDOFIA, O.E. Nigerian political parties: their role in modernizing the political system, 1920-1966. *Journal of Black Studies*, vol. 11, n. 4, p. 435-447, 1981.

VAN SERTIMA, I. *The African presence in Ancient America*: They came before Columbus. Nova York: Random House, 1976.

VANSINA, J. *Paths in the rain forest*: Towards a history of political tradition in Equatorial Africa. Madison: University of Wisconsin Press, 1990.

VOGEL, J.O. (org.). *Encyclopedia of precolonial Africa*: Archaeology, history, languages. Walnut Creek: Altamira, 1997.

VOLTZ, T.M. *Words of the Batswana, letters of Mohoko a Becwana, 1883-1896*. Cape Town: Van Riebieck Society, 2006.

WALKER, E.A. *A History of Southern Africa*. Londres: Longman, 1957.

WANDE, A. *Ifa will mend our broken world*. Boston: Roxbury, 1997.

WARMINGTON, E.H. *The commerce between the Roman Empire and India*. Londres: Curzon, 1974.

WATSON, E.; BAUER, K.; AMAN, R.; WEISS, G.; VON HAESELER, A.; PÄÄBO, S. mtDNA Sequences Diversity in Africa. *American Journal of Genetics*, vol. 59, p. 437-454, 1996.

WENDORF, F.; SCHILD, R. Nabta Playa and its role in North-eastern African prehistory. *Journal of Anthropological Archaeology*, vol. 17, p. 97-123, 1998.

WHITE, J.E.M. *Ancient Egypt*: Its culture and history. Nova York: Dover, 1970.

WIENER, L. *Africa and the discovery of America*. Nova York: A&B, 1992.

WIENER, L. *Africa and the discovery of America*. Nova York: EWorld, 2011.

WILKS, I.G. *Asante in the Nineteenth Century*. Cambridge: Cambridge University Press, 1975.

WILLIAMS, R. Effects of Neanderthal DNA on modern humans, *The Scientist*, 2017.

WILLIS, A.J. *An introduction to the history of Central Africa*. Londres: Oxford University Press, 1964.

YUSHA'U, M.J. Nana Asma'u tradition: an intellectual movement and a symbol of women rights in Islam during the 19th Century dan Fodio's Islamic Reform. In: Conferência sobre a Jihad Sokoto, Kano, Biblioteca Murtala Muhammad, 7-8 de junho, 2004.

ZATOUNA, N. The Nada Zatouna incident: the strange case of the racist Egyptian pharmacist that came out of Nowhere!! *The Strange and the Marvelous*, 2013.

ZIVIE, A. The saga of Aper-el's funerary treasure. In: D'AURIA, S. (org.). *Offerings to the Discerning Eye*. Leiden: Brill, [1976] 2010.

ZIVIE, A. The saga of Aper-el's funerary treasure. In: D'AURIA, S. (org.). *Offerings to the Discerning Eye*. Leiden: Brill, [1976] 2010.

ÍNDICE

Aakheperure Amenhotep II 130

Aamu 118

Abay, Rio 82, 184, 212, 767, 789

Abertura da Boca 103

Abimbola, Wande 317

Abiodun, Adigun Ade 747, 751

Abiola, Doyin 669

Abiola, M.K.O. 669

Abisha/Hicsos 115

Abissínia 61, 216-217, 389, 455

Abomey 333, 451, 819

Abu el-Fida 280

Abu Simbel 52, 146

Abydos 92, 102, 106

Achebe, Chinua 566-571, 579, 669

Achet/Akhet 83

Acheuliano 48

Acragas/Agrigento 223

Adalitas 63

Adandozan 335

Adis Abeba (Tratado de) 461

Admoestações 116, 400, 804

Adulis 207-218

Aegyptopithecus 37

Aethiopica 212, 810

África Alalakh 131

África do Sul 682, 683, 684-685, 695, 697, 699-700, 716

África e a descoberta da América 259

África negra pré-colonial 730

Agência africana 794

Agricultura 51, 67, 69, 308, 594, 802

Aiúbidas 345, 813

Alara 156, 806

Al-As (General Amir Ibn al-as) 390, 395, 396

Al-Bakri 239-241, 284, 813

Alberge, Dalya 60

Alexandre (o Macedônio) 60, 165, 168, 361

Alexandria (Rhacostas) 165, 216, 220, 388, 389, 391, 393, 394, 413, 522, 621, 785, 808

Ali Ber, Sonni 269-273, 291, 403, 815

Ali Gaji (Mai) 281, 815

Aliança das forças democráticas para libertação do Zaire 676, 839

Aliança Nacional Nigeriana 663, 835

Alice Lakwena 478, 760

Al-Idrisi 280, 813

Allada 333, 820

Alladahanu 333, 334

Al-Masudi 343

Almeida, Manuel 462

Almorávidas/al-Murabethin 243, 813

Al-Sahili 265

Alvarez, Francisco 462

Alwa 206, 345, 346, 817

Al-Yaqubi 217

Al-Zubayr, Rabih 608

Amadu Bamba Mbacke 517-519

Amanikhatashan (Rainha) 205

Amanirensis (Rainha) 225

Amanishakete (Rainha) 205, 810

Amanitore (Rainha) 205, 810

Amarna, Período 137, 143, 145

Amasis 162

Amazighs 57, 232, 238, 242

Amazulus 361

Amen/Amen-Rá 130, 139, 140

Amenemhat 99, 804

Amenemope 113, 115, 804

Amenhotep I, II, III, IV 86, 120-121, 124, 129-137, 805

Amenhotep, filho de Hapu 99, 805

Amida (Rei) 215

Amin, Idi 639

Amin, Samir 751

Aminatu/Amina 288-291

Amsa (Rainha) 283

Amun Puymre (segundo profeta) 131

Ancestrais 248, 256

Andrônico 391

Anfao 273, 816

Ange-Félix Patassé 772

Angola 176, 187, 189, 384, 447, 486-487, 489, 590, 594-600, 677, 694, 697, 731, 834, 849, 850, 851, 853

Angra Pequena 695

Aníbal 204, 222-231, 361, 461, 807, 808

Ankhesenpaaten 144

Anlamani 160, 806

Anti 350, 354, 356

Anti-Balaka 774

Antinoe 129

Antíoco (Rei) 230, 809

Antônio, Marco 166, 169, 810

Anya Nya 701, 702, 836, 838, 841

Aouzou, Faixa de 671

Apa Macedônio 93

Apedemak 196

Apiru 171

Ápis, Touro de 107, 134, 137

Apries 162, 807

Arábia/arábico 61, 210, 257, 265, 337, 398, 403, 522, 608, 767, 782

Arca judaica da aliança 218

Arcaico, Período 81, 802

Ardata 127

Ardipithecus ramidus 38, 801

Área de comércio preferencial 739

Argélia/sul da Argélia 52, 450, 452, 490, 522

Ário/arianismo 216

Aristóteles 198, 218

Armah, Ayi Kwei 579

Arquitetura 95, 109, 209, 213, 214, 320, 803, 807

Arsinoe 169, 170

Artaxerxes III Okhos 164

Artigo XVII 459

Árvore dos céus 87

As coisas desmoronam 566, 568, 669

Asante 347-359, 450, 474, 489, 815, 820, 821, 827, 849

Asante, Molefi Kete 751, 791, 792, 793, 794

Asantehene 357, 358, 474

Asclépio 109

Asdrúbal 226, 228, 808

Asherah 220

Ashur 148, 158

Ashurbanipal 160, 806

Ashuruballit II 161

Ashwood, Amy 515

Askia 269, 273

Aspelta 160, 807

Assíria (ns) 159, 160, 806

Associação Central Kikuyu 557

Associação Nacional das Organizações de Jovens (Anoj) 548

Associação Nacional para o Avanço das Pessoas de Cor 510, 829

Assur 128, 133

Astar 216

Aswan 106, 156

Aswan, grande represa de 217, 622, 625, 628, 832

Asyut 66

Atbara, Rio 82, 184

Atenas/atenienses 222, 807

Ati (Rainha) 61

Atílio 228

Aton/Aten 99, 135-144

Atum 81, 86

Audoghast 240, 812

Augusto 166, 204, 232

Auroral, Era 210

Ausar/Osíris 77, 84, 101

Auset/Ísis 84, 86, 93, 101, 102, 204

Australopitecíneos 37, 837

Australopithecus aethiopicus, afarensis, africanus, anamensis, bosei, garbi, robustus 36-40, 801, 829, 836, 840

Avaris 118

Awash 38, 801, 841, 849

Axum 198, 206, 207-218, 810

Azikiwe, Nnamdi 331, 503, 720

Baal 220

Baal Hammon 220

Babilônia (babilônios) 60, 126, 130, 161, 162, 165, 806

Babou, Cheikh 517-519

Babu, Mohammed 638

Badariana, cultura 66-68, 802

Baganda/Muganda 378-382, 815

Bakongo 384, 486, 597, 849

Bakori Da'as 273, 816

Balafo 252

Balewa, Abubakar Tafawa 331, 664, 720, 835

Balla Fasseké 250-252

Bamana 182, 277, 830, 849

Bamun 493, 494, 830

Banda, H. Kamuzu 604

Banjo (coronel) 665

Banqueta de Ouro 357, 474

Barbosa, Duarte 63

Barca, Hamílcar 222, 225

Bari, Seku Ahmadu 294, 821

Bashir, Omar 703

Batalha de Adowa 459, 520, 825

Batalha de Kirina 253

Batalha de Wayna Daga 63

Batalha de Wofla 63

Battuta, Ibn 234

Baule 706-709, 826

Bauval, Robert 53

Bayajidda 286

Bebi 112

Bédié, Henri Konan 711

Behdet/Edfu 185

Beher 216

Beja 212, 216-218

Bekerie, Ayele 89

Belisário 232, 811

Bella, Ben 586, 587, 730, 832

Bello, Mohammed 293

Bemba, Jean-Pierre 611

Ben Jochannon, Yosef 786

Beni Hassan 129, 292

Benin 176, 319-331, 332, 337

Berbere 57, 62

Berlim, Conferência de 326, 411-417

Bernal, Martin 33

Biafra 567, 573, 663, 665-668, 835

Biga, Ilha de 102

Biko, Steve Bantu 545, 547-550

Bilikisu Sungbo (Rainha) 310

Bilolo, Mubabinge 90

Bimbia 417-418

Biram/Garun 286

Birao, Acordo de Paz de 612

Bisa 302

Bismarck, Otto Von 411, 695

Bissandugu 449

Bitínia 231

Bizantino/bizâncio 92

Blêmios 92, 206

Bloco democrático senegalês 641

Blombos, Caverna de 28, 52, 802

Bloncourt, Max 729

Blyden, Edward Wilmot 728

Boahen, Adu 486, 487, 488

Bocchoris 157

Boganda, Barthelemy 610, 771

Bogoas (eunuco) 164, 808

Bokassa, Jean-Bedel 610, 771

Boko Haram 408-409, 766-767, 842, 843, 844

Bornu 282, 283, 406

Börrisson, C.N. 434

Botsuana 695, 744, 844

Botwe-Asamoah, Kwame 350, 516

Bouar, megálitos de 608

Bradley, Michael 235, 259, 838

Brasil 259, 305, 336, 487, 636, 752, 825

Brophy, Thomas 53

Browder, Anthony 786

Budja 428, 431, 432-433

Buhen 114, 129

Bulawayo 299

Bundu 187

Bunyoro 379-381, 815

Burkina Faso 403, 407, 565

Burton, Richard 381, 823

Burullus, Lago 185

Burundi 677

Butler, Alfred 388

Butzer, K.W. 58

Bw-Heru/lugar de Heru 96

Cabo Verde 590-595, 747

Cabral, Amilcar Lopes da Costa 591

Caça 50, 60, 67, 69, 71, 128, 131, 211, 269, 300, 429, 706, 802

Cairo 626

Caixão, textos de 115

Camarões 330, 408, 420, 824

Cambises 163

Campos de Iaru/campos Elíseos 104

Camus, Albert 641

Canadá 196, 630

Canae 228

Candace 204

Candomblé 314

Canópicos, jarros 102

Cantos da sombra 640-641, 830

Cão, Diogo 179, 695, 816

Capadócia 131

Capítulos 207

Carbono-14 34-35

Caribe 305, 402, 418

Carta da liberdade 533, 536-540

Cartago 218-233, 806, 807, 808, 809, 811

Casa Piramidal 151

Casablanca, Grupo 563, 565

Cassita 126

Castro, Fidel 593, 599

Catarata(s) 144, 118, 128, 149, 156, 177, 184, 195

Católico 157, 237

Caton-Thompson 298

Caucasoide 56

Cavalli-Sforza, L.L. 40, 305

Caytou (aldeia) 729

Celeiros de José 98

Césaire, Aimé 640, 681, 830

César, Júlio 166, 170

Ceteswayo 369-375, 823

Chade 37, 671

Chade, Lago 260, 274, 278, 285, 817

Chama Cha Mapinduzi (CCM) Movimento Revolucionário Popular 638

Cheng Ho (Sheng He) 341, 815

Chewa 302, 486, 818, 850

Chilembwe, John 480, 484, 828

Chimurenga 472, 683, 685, 689, 691

China 64, 693, 736

Chinweizu 669, 775

Chiwenga, General Costantino 688

Choiak 84

Chokwe 431

Chuku, Gloria 176

Ciaxares 161

Cipião Africano Maior 225-253

Cipião, Cornélio, cf. Cipião Africano Maior

Ciro 163

Civilização 33, 47, 50, 66

Clarke, John Henrik 47, 635

Clássico, Período 117

Clemente de Alexandria 91

Cleópatra V, VII 165, 166, 167-170

Cloete, Jan 698

Coimbra 595

Coker, Adeniyi 669

Coleta, processo de 50

Colômbia 524, 710

Colombo 272

Colônia Junônia 232, 809

Comitê de Implementação de Chefes de Estado e de Governo (Cice) 745

Commoner 438

Companhia Real do Níger 327

Comunidade Africana Oriental 739

Comunidade Econômica Africana Ocidental (Ceaco) 739

Comunidade Econômica dos Estados Africanos Ocidentais (Ceeao) 739, 754

Comunidade Econômica e Monetária da África Central (Cemac) 739

Conde Pietro Antonelli 459

Conferência de Coordenação do Desenvolvimento Sul-africano 739

Congo, Rio 13, 176-180

Congresso Nacional Africano da Zâmbia (CNAZ) 604

Connah 203

Conrad, Joseph 429, 567, 569

Conselho Nacional da Nigéria e de Camarões (CNNC) 330

Constantinopla 264, 390, 815

Constituição do Estado Federativo Africano/Estados Unidos da África 752-753

Convenção da Costa do Ouro Unida (CCOU) 525, 631

Convenção do Povo Negro (CPN) 548

Cooper, Anna Julia 503, 505

Copta/cóptico(s) 93, 95, 347, 389, 391-394, 786

Coração das trevas, O 429, 567, 784

Coroa Branca/Vermelha do Kemet alto e baixo 75, 112

Costa do Marfim (Côte d'Ivoire) 706-710, 712, 728

Costa do Ouro 358, 401, 488, 513, 525, 631, 833

Couloubayi, Woyo 479, 830

Cravos, Revolução dos 594, 598

Crispi, Francesco 459, 464

Cristã, Era/Cristianismo 397-398, 461, 810

Cristóvão da Gama 63

Crowder 321

Cruzados 346

Cuba 470, 493, 593, 599, 829, 837

Cuneiforme 91, 803

Cusae 129

Dacko, David 610, 771

Dagi 112

Dahomey 306, 319, 332-337

Daily Dispatch 552

Daima 203

Dallaire, Roméo (general) 674

Damara 695

Damas, Léon 640, 681

Damasco 232, 391

Dandi, Sonni Sulayman 269

Dankaran, Touman 249-253

Danquah, Joseph B. 631

Dapper, Olfert 322, 409, 819

Darfur 609, 704, 705, 769

Dario 130, 163, 164, 807

Dart, Raymond 36, 38, 829

Daura 286, 287

Davi I, Imperador 62

Davidson, Basil 33, 307, 323

De Sacy, Silvestre 95

Deir el-Bahri 123, 124

Delta (região) 66

Demótico 205

Denkyira 352-354, 357, 358

Dependência tropical, uma 271

Descoberta negra da América, A 259, 838

Dessalines 461

Destruição da humanidade 117

Dia Assibia 269

Diagne, Blaise 511, 640, 723

Diagne, Suleymane Bachir 751

Dias, Bartolomeu 695

Diáspora 738, 745-479

Dido de Tiro (Rainha) 43, 220

Dilema de um fantasma, O 581

Dingane 360, 368, 369, 822

Dingiswayo 360, 364, 821

Dinqnesh/Lucy 38

Diop, Alioune 641, 722, 831

Diop, Cheikh Anta 33, 420, 422, 681, 722, 723-729

Diouf, Mamadou 751

Djahy 127

Djehuty 130, 145

Djer 107

Djeserkare 86

Djinn 57

Djoser, cf. Zoser

Djotodia, Michel 612

Dju-Wa'ab 69

Dlamini-Zuma, Nkosazana 795, 843

Dodekaschoenus 110

Doiana 59

Dongola 114

Doutrina de Heliópolis 86

Doutrina de Hermópolis 87

Doutrina de Mênfis 87

Drama da coroação 117, 804

Dreyer, Gunter 88

Drioton 107

Du Bois, W.E.B. 438, 503, 505, 506, 509, 510, 512, 514-517, 524, 630, 631, 829

Duas mil estações 580

Duas Terras 69, 82

Duauf 99, 805

Dube, John 532

Dunkula 345

Dunlop, John 427, 825

Dyula 262, 276, 291, 347, 475, 828

Ebers, calendário de/papiro 86, 100

Ebi (sistema) 312-313

Edésio 215

Edgerton 475

Edku, Lago 185

Edo (Império) 319-328

Éfeso 169

Effiong, Philip 667

Egharevba, Jacob (Rei) 323, 831

Egito alto/baixo 74-77

Egito, um país africano 74, 77

Ehret, Christopher 54, 74

Ejagham 498

Ekum'a Makundu 419

Ekumeku 475, 828

El-Badari 66

Elefantina 75, 129, 156, 185

Elegbá/Exu 315

Eles chegaram antes de Colombo 259

Elissa (Rainha) (Dido) 43, 170

El-Mina (Elmina) 179

El-Sisi, Presidente Abdel Fattah 782, 783

Encontro de intelectuais africanos de Dakar 746, 747, 748, 752

Encyclopedia Africana 632

Ensinamentos de Khakheperreseneb 117, 804

Epiphi 84

Equatorial, Corpo 701

Ere 409

Eritreia 446, 454, 455, 456, 457, 458, 703, 745, 831, 834, 836

Esaghie, Obá 324, 817

Esarhaddon 159, 806

Escorpião I (Rei) 89

Escrita 34, 88-97

Esfinge, a Grande 96-97, 110, 131, 821

Esparta 162-163

Es-Saadi, Abderrahman 238

Estágio esplendoroso 210, 211

Estágio resplandecente 210

Estela 52, 103, 121, 154, 156, 160, 208, 214, 695

Estêvão da Gama 63

Etiópia/etíopes 62, 65, 198

Etruscos 222, 224

Euba, Akin 669

Eufrates, Rio 120, 127, 130, 147

Eumenes (Rei) 231

Eurocêntrico 79

Ewe 417, 849

Ewuare 322, 323, 324, 815

Exército de Libertação do Povo do Sul (Elps) 701, 702, 703, 838

Exército de Libertação Nacional (ELN) 588

Exército Terra e Liberdade 560, 561

Expedição punitiva 325, 328, 346, 432

Ezana 206, 215-216, 225

Fadl Allah Ibn Rabih 285

Fage, J.D. 56

Faium, Oásis de 37, 66, 111, 801

Fall, Ibra 519

Fanon, Frantz 582-585

Faras 129, 206

Farouk 621-622, 832

Fatímida(s) 232, 345, 812

Federação Africana Ocidental 516

Fekya 211

Felder, Cain Hope 786

Fenícia 43, 60, 118, 127, 142, 162, 170-171, 219, 220, 222, 224, 232, 806,

File (Pa-Jrk) 91-93

Filosofia 9, 19, 21, 98, 235, 278, 315, 361, 408, 445, 455, 519, 532, 543, 546, 548, 582, 630, 643, 724, 783, 794

Finch, Charles 786

Flamínio 227

Fon (reino) 332-333, 335, 337, 420

Forças aliadas sudanesas 703

Forças de defesa zimbabuanas 688

Force Publique 427, 429-432, 435-437, 441, 656, 826

França 344, 412-414, 447, 586-588, 609, 707-709, 712

François Bozizé, General 606, 611, 772

Frente de Libertação de Moçambique (Frelimo) 600, 835

Frente de Libertação Nacional Argelina (FLN) 585, 833

Frente Patriótica Ruandesa 674

Frente Pela Democracia no Burundi 677

Frere, Sir Henry Bartle 372

Frumêncio 215-216

Gabão 450, 563, 565

Gaddafi, Muammar al- 611, 670-673, 735, 748, 750

Gadio, Cheikh Tidiane 733, 746, 790

Gadzekpo, Seth Kordzo 342

Gaffin, V. Nzingha 786

Galland, Manson 69

Gama, Vasco da 63, 362

Gambaga 247

Gâmbia 448, 620, 621

Gana (Império) 237

Gana 49

Gandhi, Mahatma 517, 533, 604

Gao 183, 255, 812, 816

Garang, John 701-704

Garvey, Marcus 503-504, 514, 525, 729, 791

Gauleses 226, 227, 228, 231

Gaulle, Charles de 589, 618

Gawis 39

Gaza 126, 170

Gbagbo, Laurent 712-714, 841

Gbehanzin 334, 337, 825-826

Geb 86, 101

Gebel Barkal 128, 154-155, 203

Gelon (Rei) 222

Gênese negra 53, 782

Gengis Khan 361

Geometria 45, 100, 298

Gide, André 641

Giza/platô/pirâmides 97, 110

Glele 333, 451-452, 823

Gobabis 695

Gobir 286-287, 292-293, 821

Gobo-Fench 211

Gona/Projeto de pesquisa paleoantropológica 39

Goodwin, Stefan 63

Gowon, Yakubu 664-667

Grande Aliança Progressista Unida 663, 835

Grande Represa do Renascimento Etíope 789

Grandes pirâmides 58, 97

Grécia 96, 218

Grega, Dinastia 165, 168

Gregoriano, calendário 108

Grimal, Nicolas 131

Grupo de Ação 331

Guardian of Lagos 667, 840

Guéï, Robert 712

Guerra Mundial, Primeira, Segunda 329, 640, 670, 677, 707

Guerras de Fronteira 376

Gueye, Lamine 641

Guezo 334-336, 821

Guiana 640, 681

Guiné 180, 247, 323, 443, 592, 707

Gukuruhundi 687

Gurunsi 475, 829

Gwembe, Vale 189

Gwisho, fontes de 51

Hadar 37, 39, 836, 837

Haile Selassie 195, 466

Haiti 461, 493, 681, 792

Hammarskjöld, Dag 641, 648-649, 662

Hammurabi (Rei) 126

Hanno 221, 224-225

Haoulti-Melazo 210

Hapi 185

Hapuseneb 123

Hargeisana 59

Harlem, Renascença 640

Harmachis-Khepri-Rá-Atum 132

Hat-Heru/Hathor 124

Hatnub 115

Hatshepsut 60-61, 121-125, 127-219, 133, 168, 204, 805

Hatti 79, 148

Hattushilish III 148

Hausa 245, 274, 281-282, 286-278, 288-289

Hebreus 75, 131

Hekaw-Khasut 118

Heliodoro 212, 810

Heliópolis (On)/ Heliopolitana(Oniana) 86-87, 135, 139

Heliópolis Onomástica 117

Hemiunu 110

Her 139-142

Heráclio 388-390, 392, 395, 811

Herakleopólis 95, 149

Herenkeru 126

Herero 476, 695, 828

Heriu Renpet 85

Hermópolis 86, 87, 129, 149-150

Heródoto 43, 72, 100, 170, 197, 807

Heru/Horus 78, 86-87, 93

Heru-em-Akt/Heru do Horizonte 96

Hieróglifos (hieroglíficos) 91, 94-95, 205, 786

Hikuptah 74

Hilliard, Asa 786

Hilliard, Constance B. 319

Himera 222-223, 807

Himilco 223, 807

Hinos da realeza 117

História da Etiópia 462

História de Horus e Seth 117, 804

História de Isis e Rá 117, 804

Historia de las cosas de Etiopia 462

História eclesiástica 215

Hititas 131, 147, 805

HIV/Aids, crise do 744-745

Hochschild, Adam 441

Homero 130, 218

Hominíneo/hominídeo 36

Homo erectus 38-42, 801

Homo habilis 35, 38, 801

Homo neanderthalensis 40

Homo sapiens 10, 24, 38-43, 48

Horapolo 94

Horemhab 120, 144

Horus, cf. Heru

Hóstias negras 640, 831

Houegbadja 334, 819

Houphouet-Boigny, Felix 708-712, 830

Hume (Mai) 281, 812

Hutu 673-675, 677-678, 680, 759, 762, 764-765, 839

Ibibio 666, 850

Ibn Said 280

Idia (Rainha) 328

I Dinastia 80

Idris Alooma (Mai) 282-284, 818

Idris Katarkambi (Mai) 282, 817

Iemanjá 315

Iêmen 62, 133, 210, 214, 217, 389, 625, 811

Ifá 315-318

Igbo/Igbo-Ukwu 176, 288, 305, 309, 323, 331, 332, 410, 566-570, 663, 668, 718, 835, 851

Igodomigodo 409

III Dinastia 75, 95, 108

Ijaw 176, 666

Ile-Ife 305-307, 317

Ilíada 130

Imhotep 78, 95, 98-99, 109, 349

Imouthes 109

Imperador Marcião 92

Imperador Teodósio II 92

Império Antigo 81, 85, 103, 108-110

Império Intermediário 111-118, 803

Império Ressurgente 81, 149, 161, 806

Índia 206, 215, 218, 341-343, 479

Índias Orientais Holandesas 618

Índice de Desenvolvimento Humano 606

Indicopleutes, Cosmas 217

Indonésia 28, 41, 61, 338, 343, 649, 888

Indra 135

Inebni 124

Inene de Amun 121

Inglaterra 54, 330, 525, 571

Instituto Alemão de Arqueologia no Cairo 88

Instituto Nacional do Patrimônio da Tunísia 42

Instrução do lealista 116

Intefe III 111, 113, 131

Interahamwe 675, 762

Ioruba 113, 288, 290, 305-320, 331-333, 408

Ipet Isut 142, 156, 163

Ipet Sul 69

Ipy 112

Irã 338, 703, 842

Iraque 88, 468, 803

Ironsi, Aguyi (general) 664

Is'mail 275

Isaiah Anozie 309, 830, 833

Isandlwana (Batalha de) 372-375

Ishaq II 276, 819

Ishongee 383

Ishtar 135, 140

Isis, cf. Auset

Islã 57, 61, 182, 232, 237, 238, 239, 243, 248, 399, 425, 443, 517

Israel 462, 621, 625-626, 831, 836

Itália 226, 228-229, 413-414, 669-670, 824-825

Iteru 185

Itote, Waruhiu (general China) 562

Itsekeri 326, 328

Ituri 383, 763, 765

IV Dinastia 97, 109

Iyoba Idia (Rainha) 410-411

Jackson, John 388

Janjaweed 705

Jenne-Jeno 181, 202, 807, 837

Jerusalém 142, 218, 390, 391, 395, 400

Jihad 62, 273

Johanson, Donald 38, 836

Johnson, Martha 747

Jones, Anna 505

Joppa/Jaffa 130-131

Jordan, Richard 473

Josias (Rei) 161

Juba 166, 703, 758

Judar Pasha 275

Judeu/judaico 162, 272, 393, 836

Juliano, calendário 108

Juzay 234

Kabalega 381

Kabila, Laurent-Desiré 675-676

Kadesh 126-128, 130, 142, 147

Kaemheryibsen 132

Kafue, Vale 51

Kagame, Paul 674, 676

Kalahari 186, 698

Kalonga (Dinastia) 302, 818

Kamala, Kisimi 496, 829

Kamoa, machado de mão 48

Kamose 118

Kandolo 435-436, 827

Kanem-Borno 278-279, 281-284, 812, 813, 814, 815, 817-819

Kangaba 246

Kankan Musa 235, 259, 262, 814

Kano 274, 281, 286-287, 290, 293, 406-408, 790, 813

Kano, crônica 289

Kanuri 281

Karade 316

Karamoko Alfa Barry 292

Karenga, Maulana 9, 104, 317, 636, 793-794

Karinhegane 60

Karkarichinkat 203

Karnak 69, 96, 124, 126, 134, 139, 142, 144, 148, 150, 155, 191, 805

Kasavubu, Joseph 645, 647-648

Kashta 156, 806

Kassai 463, 823

Katanga 645, 647, 650-651, 660-661

Katonda 380-381

Katsina 282, 286-287, 290, 407, 813

Kaunda, Kenneth 603-604, 605, 835

Kebra Nagast, ou o livro da glória dos reis 462-463, 814

Kemet 60, 71, 74, 75, 204, 257, 349, 397, 803, 804, 805, 806

Kenamun 132

Kennedy, John 731

Kenyatta, Jomo 503, 515, 559-560, 619

Khaldun, Ibn 234-236, 814

Khami 302

Khart Haddas (Cartago) 43, 219

Khasekhemwy 108

Kheruef 140

Khety 113, 116

Khider, Mohammed 586

Khnemhotep 115

Khnum 129, 156

Khoi-San 361, 363, 377, 852, 854

Khonsu 86, 150

Khumalo 366, 368

Kikuyu 489, 557, 558, 560, 562, 831, 851

Kilimanjaro 742

Kilwa 300, 339, 340-343, 530, 817

Kimathi, Dedan 562

King, Martin Luther 517, 547, 551, 560, 604, 662, 781

Kinjikitile, Ngwale 477

Kinnaird, James Bruce 462

Kinshasa 176, 383, 510, 522, 523

Kintu 379, 815

Kirina, Batalha de 253

891

Ki-Zerbo, Joseph 681

Konaré, Alpha Oumar 746, 747-748

Konate, Nare Maghan Kon Fatta 248

Kongo (Bakongo) 384, 486, 523, 597, 849

Koptos 115

Kotowbere 350

Kpingla 334, 820

Kropacek 346, 347

Krzyzaniak 51

Kuba 383, 428, 826, 827

Kukiya 268, 272, 276, 288, 812

Kumasi 353, 356, 357, 474

Kumbi Saleh 239, 241, 244, 246, 813

Ku-omboka, cerimônia 191

Kush 79, 114, 124, 150, 155, 156

Kuti, Fela Anikulapo 669

Kwararafa 287

Kweisi, Ashra 786

Laas Geel 60

Lago Chade 202, 260, 274, 278, 285, 294, 405, 606, 766, 817

Lago Nyanza 184, 190, 378, 380-381

Lagos Daily News 330

Lagos, colônia de 326

Lam, Aboubacry Moussa 203

Lambert, Imogen 785-786

La Révue du Monde Noir 681

La Révue Indigene 681

Latif, Mahmoud Abd al 624, 832

Lawrence, Harold G. 259, 834

Leakey, Louis 37

Leakey, Richard 37

Leão X (Papa) 236

Légitime Defense 681

Lemaire, Charles 430

Leopoldo (rei da Bélgica) 382, 384, 412, 424-427, 429, 431, 609, 651, 759

Lesoto 186, 367, 490, 680, 744, 822

L'Etudiant Noir 681

Levitt, Jeremy I. 78

Libéria 438, 444, 450, 495, 513, 521, 563, 709, 713, 728, 754, 789, 821, 822, 824, 830, 831, 838, 839, 841

Líbia 611, 670, 678, 735

Lichtheim 150, 152, 153, 154

Liga Africana 513

Liga das Nações 507, 521, 699, 830

Liga Universal de Defesa da Raça Negra 729

Likuwa, Kletus 696

Li'Lay-Addi 211

Litani, Rio 113

Literatura de sabedoria 116

Livingstone, David 177, 188, 202, 381, 424

Lívio, M. 229

Lo, Adama 729

Lobi 475, 708, 709, 828, 851

Louw 543

Lozi 191, 303

Luangwa 301

Luba 301, 302

Luderitz, Adolf 695

Lugard, Flora 271, 828

Lukunga, Pântano 189

Lumumba, Patrice 503, 527, 619, 643-662, 675, 833

Luo 378

Luthuli, Albert 532, 534, 834

Maat 104, 122, 142, 146, 213, 517

Macaulay, Herbert 330

Machel, Samora 503, 594, 600, 602, 715-717

Macumba 314

Madagascar/Malagasy 343, 344, 476, 565, 812, 828, 842

Madubuike, Ihechukwu 669

Mafundikwa, Saki 492

Maghan, Kaya 238

Maghan, Nare 248

Mago 222, 223

Mahamat, Moussa Faki 795

Maharero, General Samuel 698

Mahdia 232

Mahrem 216

Maji Maji 477, 478, 530

Makurra 114, 811

Malandela 359, 818

Malawi 189, 301, 302, 447

Malcolm X 643, 781

Malebo, Cataratas de 177

Mali 243, 252, 254, 261, 266, 280

Mallows, Edwin Wilfrid 298

Mamadou Kouyaté 248, 258

Mamdani, Mahmood 751

Mamelucos 235, 345, 813

Mandala 481, 482

Mande/Mandinka/Mandingo 248

Mandela, Nelson 10, 503, 533-535, 537, 541, 554-555, 605, 715, 733, 778, 779, 780, 830, 834, 835, 838, 839, 844

Mandela, Winnie 10, 541-542, 556, 778, 781, 845

Maneto 81, 106, 119

Mani/maniqueísmo 207

Manjanga 475, 825

Mankala/Oware/Ayo 218, 219

Mansa 235, 255

Mansur 275, 284

Manzala, Lago 185

Mapungubwe 25, 187, 300

Maran, René 729

Maratona 160, 163, 807

Mari 131

Marrocos 40, 41, 57, 62, 225, 231, 234, 236, 244, 265, 274, 275, 284, 292, 443, 444, 522, 565, 595, 609, 649, 672, 755, 819, 850, 854

Martin, Tony 751

Masalik al-Absar 258

Masinissa 229

Massawa 63, 456, 463, 464, 824

Massingina 447, 824

Mastaba 97

Matabele 366, 471, 686

Matara 208, 211

Matemática 87, 100, 275, 279, 408, 519, 565, 728, 854

Mathenge, Stanley 562

Matope 303, 482

Mau-Mau 557-560, 562, 575, 832, 843

Mauritânia 166, 231, 245

Máximas de Ptahhotep 116, 804

Mazama, Ama 9-10, 453, 474, 688, 786, 791-794

Mazrui, Ali 547

M'backe, Cheikh 724, 726

Mbeki, Thabo 553-556, 733, 749, 750, 778, 841

M'obokolo, Elikia 751

McDermott, Alicia 40

McIntosh, Roderick e Susan 202

Medju netjer (ciKam) 90

Meca 61, 257, 262, 265, 273, 278, 281, 295, 387, 389, 390, 724, 811, 812, 814, 817

Mechir 84

Medes 161-163

Medinet Habu 144

Megido 126, 142

Mêmnon, Colosso de 134

Memórias de um retorno ao país natal 681, 830

Memphite, drama de 117, 804

Menelik I 218

Menelik II 455-460, 465-467, 520, 521, 822, 827

Mênfis (Memphis) 86, 107, 108, 112, 118

Menor, Cipião Africano 232

Mentjiu 113, 118

Mentuotepe II (Great Unifier) 112, 804

Mercado Comum para a África Oriental e do Sul (Comesa) 739

Merikare 99, 804

Meroe 72, 195, 197, 199, 200, 204-207, 213, 216, 217, 608, 809, 810

Mesopotâmia/Iraque 88, 803

Mesore 84

Microlítica, cultura 51

Ming (Dinastia) 64, 341, 815

Miquerinos/pirâmide 97, 110

Mitani 126-130, 137, 148

Mkandawire, Thandika 751

Mnangagwa, Emmerson 688

Mobutu, Joseph 599, 648-650, 661, 675, 839

Modelo de origem poligenética 40

Mogadíscio 62-65, 72, 338, 340, 341

Mohammed, Askia 273, 274, 817

Moir, John W. 481-483

Mondlane, Eduardo 503

Mongo 383, 658

Monogenética, origem 40

Monróvia, Grupo 563-565

Monte Camarão 418

Montu 129

Moor, Ralph 327

Moscou 510, 579

Moshoeshoe 367, 680

Mossi 57, 247, 248, 266-268, 271

Mouros 236

Movimento das Novas Religiões 679

Movimento de Consciência Negra 545, 547-551

Movimento de Estudantes Sul-africanos (Mesa) 548

Movimento de Justiça e Igualdade 704

Movimento de Libertação do Povo do Sul (MLPS) 701, 844

Movimento de Oficiais Livres 621, 832

Movimento Nacional Congolês 644

Movimento pela Libertação Africana 682

Movimento pela Mudança Democrática (MMD) 687, 692

Movimento Popular de Libertação de Angola (MPLA) 594-600

Mphoko, Phelekezeia (Vice-presidente) 688

Muçulmana, Irmandade 622, 624, 777, 832

Mugabe, Grace 688

Mugabe, Robert 20, 503, 688, 691, 693-694, 779, 845

Muhammad (Ahmad/Mohdi) 296, 297, 446, 823

Muhammad (profeta) 244, 292, 387-391, 395, 811

Mulamba 436, 827

Mulheres igbo e transformação econômica no sudeste da Nigéria, 1900-1960 176

Mulume, Niama 431-432

Mumificação 102-104

Muqurra/Mukurra 345, 346

Museveni, Yoweri 646, 749, 751, 760

Mussolini, Benito 467, 521, 618

Mut (Asheru) 134

Mutota, Nyatsimbe 303, 815

Mwenemutapa/Monomotapa 105, 303

Myal 314

Mzilikazi 366-368, 821

Nabonido 162-163

Nabopolassar 161

Nabta Playa 27, 52-55

Nabucodonosor 162, 806

Na Fata 292

Nama 695, 697, 698

Namíbia 28, 186, 412, 476, 598, 600, 605, 677, 680, 694-699, 828, 840, 854

Nana Asma'u bint Shehu Usman dan Fodio 21, 293

Napata 69, 130, 149, 155, 156, 157, 158-159, 163, 199-200, 205-206, 806

Napoleão Bonaparte 96, 98, 361, 821

Naqada, cultura 66-67

Narmer/Menes 75, 82, 107, 111

Nascimento, Abdias 636, 781

Nasser, Gamal 565, 619, 621-628, 730, 736, 788, 790, 832

Natakamani 205

Ncube, Welshman 687

Ndadaye, Melchior 677-678

Ndebele/Matabele 366-367, 376, 450, 687

Ndiaye, Sar Djim 729

Ndwandwe 360, 363, 364, 366

Neanderthal, grupo 56

Nebhepetre Mentuhotep II 124

Nebhet 86, 101, 102

Nebhotepre 111, 804

Nectanebo II 164, 807

Nedega 247

Nefertari 120, 146, 168, 410

Nefertiti 120, 137, 141, 142-143, 410

Negritude 572, 582, 640, 643, 681-682, 830

Nehanda 401, 471-474, 683, 827

Nehesi 124

Neith 152

Neithhotep 107

Neko 159, 161-163, 806

Neófitos 47

Nero, C. Cláudio 229

Nesut-Tawy 69

Netjerykhet 109

Neto, Agostinho 594-595, 598-599

New York Evening Globe 507

New York Herald 424, 508

Ngugi wa Thiong'o 567, 569, 571

Nguni/Ngoni 359-360, 362, 367

Ngwane 363, 367

Niane, D.T. 104, 183, 248, 279

Nigéria 13, 80, 176, 180, 271, 285, 286, 287, 295, 305, 309, 311, 320, 326, 330, 331, 332, 398, 399, 406, 409, 410, 417, 451, 475, 488, 490, 498, 513, 521, 522, 566-575, 607, 636, 662

Nilômetro 83

Nimmatapis 108

Njimi 280, 281, 282, 817

Njoya, Ibrahim 493, 830

Nkrumah, Kwame 503, 515-516, 524-527, 563, 565, 619, 629, 630-634, 644, 647, 730, 770, 788, 830, 831

Nlend, Henry Hogbe 751

Nobatae 206, 810

Noites árabes 130

Nok 306, 309

Nomear 49-50

Nova Parceria para o Desenvolvimento da África (NPDA) 741-743, 745-748, 840

Novo Império 63, 71, 80, 81, 103, 114, 118-145

Núbia 69-72, 670, 678, 704

Nujoma, Sam Shafishuna 700

Nun 100

Nuri 160

Nwadiora, Emeka 669

Nyamubaya, Freedom 689-690

Nyanaw 354, 355

Nyangana de Vagciriku (Rei) 696

Nyanza/Lago Victória 184, 190, 378, 380

Nyerere, Julius 503, 531, 532, 563, 619, 637-639, 643

Nzansu 433-435, 826

Nzingha 225

Obá Esigie 411

Obá Ozolua 410

Obasanjo, Olusegun 667-668, 693, 734, 840

Obatalá 315

Obenga, Théophile 33, 102, 747, 751, 790

Obichere, Boniface 14

Obote, Milton 730-732

Ocidente e o resto de nós O 669

Odu Ifá 316, 317

Oduduwa 314, 320, 409

Ogum 314, 315

897

Ogundipe, Molara 669

Oito/Ogdoad 87

Ojukwu, Oumegwu 665, 835

Okai, Atukwei 579

Okavango, Pântano 189

Okomfo Anokye 349-351, 354-357

Oldovan, utensílios 35, 37

Olduvail, Garganta de 35, 37

Olodumarê 305, 315

Olorun 306

Omo Kibish 41

Omo, vale do Rio 37

On, cf. Heliópolis Onomástica

Onyango Dande 479, 828

Oorlams 695, 697

Orange, Rio 185-187

Oranmiyan 320

Organização da Unidade Africana (OUA) 730

Organização Popular do Sudoeste da África (Opsoa) 700

Oromo 218, 852, 854

Orontes, Rio 127, 131, 147, 158

Orunmilá 316, 804

Oryx 115

Osagie, Eghosa 669

Osei Tutu I 175, 349, 354, 355, 356-358, 820

Osíris, cf. Ausar

Otaviano 167, 810

Otomano, Império 283, 284, 296, 458

Ouagadougou 266

Ouattara, Alassane 712-714, 842

Ouidah 333, 335-337

Ovambo 486, 695, 696, 700

Ovonramwen (Obá) 327, 329

Oxóssi 315

Oxum 315

Oyo 290, 305, 306, 307, 312, 354, 408, 717, 817

Oyo Mesi 408

Padmore, George 503, 515, 524-526, 631

Pakhet 129

Pakhonsu 84

Palatinus Graecus 221

Palestina 115, 118, 144, 146, 147, 158-159, 563, 625, 755, 833

Pan-africanismo 503, 515, 527, 532, 544, 546, 563, 564, 565, 630, 632, 726, 747, 748

Papiro 88, 100-101, 130, 260, 491, 802

Parahu (Rei) 61

Partido da Convenção do Povo (PCP) 526, 527, 632

Partido da Liberdade Inkatha 553, 780

Pasha, Ismail 413, 446, 463, 819

Pasha, Said 154, 413, 823

Passagem Intermediária 402

Paulo, L. Emílio 228

Payni 84

Peftjauawybastet 150

Peloponeso, Guerra do 162, 222

Pentágono 703

Pequena África 419

Per-aa/faraó 69, 75, 77-86, 95-96, 98, 106, 108-109, 111, 112, 120, 122, 127, 130,132, 139, 140-141, 146, 152-153, 154, 156, 158-159, 162-163, 165, 257, 782, 802, 803, 804, 805

Peret 84, 108

Pérgamo 231

Périplo dos eritreus 217-218

Persépolis 165

Pérsia 43, 119, 162, 163-164, 165, 170, 212, 218, 274, 298, 338, 339, 341, 389, 391, 393, 394, 397, 461, 782, 785, 807, 811

Pesca 50-51, 67-68, 71, 130, 175, 183, 185-187, 211, 260, 592, 706

Peul (Fulani) 182, 203, 245, 246, 277, 291, 293, 331, 398, 406, 407, 419, 420, 443, 450, 489, 607, 639, 640, 813, 821, 850, 854

Phamenoth 84

Phaophi 84

Pharmuthi 84

Philadelphos, Ptolomeu II 165-166, 808

Phillips, James 327

Phiri 302, 815

Physiognomonica 198, 218

Piankhy 149-158, 199, 225, 806, 823

Pictográficos 89

Pieterson, Hector 549, 837

Pigments 681

Pirâmide de degraus 95, 97, 109, 802

Pirâmides 26, 58, 60, 75, 95, 97, 98, 103, 109, 110, 160, 200, 204, 298, 310, 393, 803, 809

Pires, Duarte 324

Pires, Pedro 749

Plaatje, Sol 532

Plano de Ação de Lagos 740

Plínio 221

Plutarco 101, 166, 810

Poe, D. Zizwe 786

Pohamba, Hifikepunye 700

Políbio 226, 228, 231

Pompeu 166

Pompidou, Georges 640

Portugal 325, 338, 414, 462, 520, 590, 592, 593, 594, 595, 596, 598, 715, 815, 834, 837

Pré-dinásticas, culturas 66

Presbiterianas/igrejas 440

Presence Africaine 585, 641, 722, 831

Prester John 63, 462

Primeira Grande Guerra Europeia Internacional 520

Primeiro Período Intermediário 81, 111

Príncipe Henrique de Portugal 264

Produção de ferro 200, 287

Profecia de Neferti 114, 804

Programa de Trabalhadores Negros (BWP) 548

Protetorado da Costa do Níger/Níger 326

Prúsias 231

Psammetichus 161-163, 806

Ptah 86-87, 101, 109, 132, 146, 782

Ptahhotep 99, 116, 803

Ptolomeu I-XV 81, 165-169, 808

Púnicas, Guerras 219, 224-225, 229, 808

Punte 43, 59-61, 113, 115, 124, 127, 153, 214, 218, 476

Quéfren /*Per-aa*/pirâmide 13, 96, 97, 110

Quênia 13, 37, 38, 42, 185, 479

Quéops /pirâmide

Qurna 123

Qustul 196, 802

Rá (Rá-Atum) 81, 86, 101

Rabemananjara, Jacques 681

Rabih Ibn Fadl Allah 285, 824

Raças da África 56

Radama 344, 821

Ramadan, Nada 785

Ramessida, Dinastia 145-149

Ramsés I, II 145-149

Rano 286

Ras Makonnen 466

Rashidi, Runoko 786

Rei supremo 77, 148, 237, 246, 256, 300, 366, 411, 420, 431, 420, 431, 475, 476

Reis do céu (Ogiso) 409

Reis pastores 119

Rekhmire 129

Resistência Nacional de Moçambique (Renamo) 602, 603, 716

Retjenu 118, 126

Rhind, Papiro de 100

Rhodes, Cecil John 56, 404, 480-483, 682, 689, 844

900

Ribat, cf. Almorávidas

Richard, Suzanne 61

Richter, Daniel 41

Roberto, Holden 597

Robertshaw, Peter 60

Rodésia 56, 480, 486, 505, 602, 603, 683, 685, 686, 689, 716, 731, 827

Rodney, Walter 635

Rodrigo de Lima 63

Roscoe, William 402

Roseta, Pedra de 95

Rosetta/Rashid 185

Rotimi, Ola 669

Roumain, Jacques 681

Ruanda 383, 673

Ruandês, genocídio 673-676

Ruliano, Quinto Fábio Máximo 225

Rússia 234, 242, 346

Saba 211-212, 216

Sabá (rainha de) 218, 310

Sadat, Anwar 628, 777, 788, 836

Sahel (Iano) 71, 203

Shelanthropus tchadensis 37, 801, 840

Saifawa, Dinastia 278, 279, 813

Sais/Saítas 149, 159, 161

Salitis 118

Sall, Alioune 747

Salomão (Rei) 218

Samkange, Stanlake 543

Samori Ture 447-450, 706, 826

Samos 163

San 361, 854

Sanbu 346

Sanders, Robert 41

Santeria 314

Santos, José Eduardo dos 599

Saqqara 95, 109, 134, 137, 803

Sa Rá 122

Sarbah, Mensah 479

Sartre, Jean Paul 585, 641, 662

Sassoum, Maguette Diop Massamba 723

Satamen 133

Sátira das ocupações 116, 123, 804

Savimbi, Jonas Malheiro 597

Savi-Ouidah 333

Sawba 206

Sayf Bin Dhi Yazan 278, 279, 813

Sebayet 116

Sed, festival 107, 140

Segerseni 113

Segesta 222

Sekhmet 86, 134

Selassie, Haile 195, 466, 469, 503, 521, 563, 730

Seligman, C.G. 56

901

Selinus 222, 807

Sellassie, Guebre 460

Selous, Escoteiros de 472

Semaw, Seleshi 39

Semprônio 227

Senegal 240, 243, 255, 408,
    621, 639, 641, 728, 733, 734,
    840, 841, 852, 853, 854

Senemut 122-124

Senga 39

Senghor, Léopold Sédar
    572-573, 619, 639-643,
    681, 722, 830, 831, 833

Senhor do Além-mundo 102

Seni (vice-rei) 124

Senimen 122

Sennacherib 158, 806

Sennar 212, 217

Sennefer 132

Senufo 706, 708-709, 852

Senurset/Sesostris 113, 114-
    115, 119, 225, 396

Sepdet/Sothis/Sirius 83, 84, 85

Serapeum 134, 137

Sereno, Paul 405

Serer/Serere 239

Serra Leoa 221, 438, 449, 450,
    496

Sertima, Ivan Van 235, 259

Servílio 227, 228

Seshat 87

Seth 84, 101, 102, 146, 147-148

Seti 145-147, 805

Severo, Sétimo 135

Shabaka 156

Shaka 225, 360-370, 401, 820

Shanadakete 204-206, 809

Shango 290

Sharpeville, Massacre de 534,
    545, 546, 834

Sharuhen 118

Sheikh Abd-el Qurna 123

Shenu 132

Shepseskaf 110

Shesep Ankh 110

Shillington, Kevin 270, 287,
    358, 449-450

Shirazi 338, 638, 812

Shona 297, 300, 303, 316,
    473, 489

Shosu 131

Sicília 222-224, 227, 808

Sículo, Diodoro 197, 218

Sinai 107, 113, 627

Sinuhe 114, 123

Sionismo 679

Siqueira, Ruy de 323

Sisulu, Walter 533, 778

Sjöblom, E.V. 429

Smenkhara 142-143

SMS Nautilus 696

Sneferu 109

Sobek 107

Sobre a origem egípcia dos peuls 203

Sobukwe, Mangaliso Robert 534, 544, 545-548, 778, 833,

Sofala 304, 340-341, 343, 812, 819

Sokar 107

Sokoto 293, 295

Sokoto, Califado 21, 293-294

Soleb 140, 144, 398-400, 407-408, 821

Somali(s) 61-64, 338, 827, 830

Songhay 181, 182, 195, 234, 225, 268-277, 282, 812, 815, 816, 817

Soninke 237-238, 243, 245, 246, 256, 808, 813

Sori, Ibrahima 292

Sorko 268

Soter I 165

Sótico, Período 108

Soto 186, 359, 376

Sourang, Mor 726

Souza, Francisco Felix de 336, 337, 821

Soweto 545, 549

Soyinka, Wole 568, 569, 570, 571, 636, 669

Speke, John 190, 381, 823

Sri Lanka 61, 218, 234

Stanley, Henry Morton 381, 424, 425, 426, 427, 431, 440, 442, 523, 656, 825

Stonehenge 27, 53

Suaíli 64, 300, 303, 304, 337-343, 378, 529, 812, 815, 817, 850

Sudão 184, 199, 264, 273, 279, 285, 293, 296, 694, 700-705

Suez, Canal de 413, 446, 522, 625, 626

Sumanguru Kante 246, 251

Sundiata Keita 104, 225, 248-258, 267, 793, 813, 833

Sungbo, Eredo de 309, 310, 812

Sunita 232

Suti 139, 140, 141

Swanson, Maynard 298

Swazi/Swazilândia 359, 490, 540, 717, 744

Tadese, Zen 747

Tado 333

Tadukhipa 137

Taghaza 239, 266, 275

Taharka 158-160, 225, 806

Taieb, Maurice 38, 836

Takaki, Ronald 14

Tal, al-Hajj Umar 295, 296, 822, 823

Tales de Mileto 100, 807

Tamaschek 57, 181, 182, 267, 270, 277

Tambo, Oliver 533, 541, 542, 778, 838

Ta Mery 82

Tanganyika 378, 477, 531, 637, 638, 834

Tanzânia 185, 219, 337, 527, 532, 579, 600, 635, 677

Tarikh as-Sudan 238

Taung 36, 38, 829

Tebana 131

Tefnakht 149-154, 157, 806, 823

Tegbessu 334, 335, 820

Tehuti/Thoth/Hermes 45, 87, 88, 90, 100

Tekezze, Rio 207

Tekken 123, 124, 208

Tempo de caos 362

Tenere (Saara) 404

Teodoro 397

Teos 164, 808

Teotihuacan 53

Tewodros 463

The Guardian (Lagos) 667, 840

Thesiger, Frederic 372, 823

Thiam, Doudou 726

Thiam, Iba Der 747

Tijani 295, 296, 822

Tijaniyya, irmandade sufista 295

Timbuktu 180, 181, 183, 237, 238, 255, 262, 264-265, 267, 270-276, 278, 443, 816

Tinis 106, 112

Tinita 106-108, 802

Tippu Tip 425, 426, 658, 825

Tiro 43, 126, 162, 219-220

Tiv 373

Tiye (Rainha) 133, 135, 137, 141, 144

Torwa 302

Toure, Amadou Toumani 749

Toure, Sekou 503, 516, 565, 634

Toussaint L'Ouverture 461, 781, 821

Tovalou, Kodjo 729

Tratado de Fez 609

Tratado de Wuchale 455-461, 465

Tshombe, Moise 647, 650, 660

Tsvangirai, Morgan 687

Tswana 631, 366

Tunka, Manim 239, 240, 241, 813

Turim, Papiro de 107, 109

Tutankhamen 35, 120, 133, 144

Tuthmoses I, II, III, IV 120-134, 148, 155, 158, 161, 225, 291, 461, 805

Twa 383

Uganda 75, 82-83, 378, 380

Ugorji 669

Ullaza 127

Umar, Abubakar Bin 244

Um épico do antigo Mali, Sundiata 258, 793

União Africana Nacional de Moçambique Independente (Unami) 601

União de Estudantes Africanos Ocidentais de Londres 515, 630

União Democrática Nacional de Moçambique (Udenamo) 601

União Econômica e Aduaneira da África Central 739

União Econômica e Monetária da África Ocidental (Uemoa) 739

União Nacional Africana Moçambicana 601

União Nacional para a Independência total de Angola (Unita) 597

União pelo Progresso Nacional 678

Unidade Cultural da África Negra, A 422, 730

Unificação 75, 329, 802

Universal Drum e Dance Ensemble 795

Useramen 124

Userhat 132

Usman dan Fodio 21, 292, 293, 398, 406, 407, 408, 607

Vale da Grande Fenda 37, 40, 42, 189, 461, 801

Vale das Rainhas 96-97, 125

Vale do Nilo 25, 53, 60, 66-67, 69, 75, 82, 85, 100, 111, 118, 149, 151, 153, 155, 156, 157, 159, 163, 164, 196, 197, 199, 214-215, 286, 307, 378, 782, 784, 786, 802, 807

Vale dos Reis 13, 96, 143

Van Riebeck 361, 819

Vândalos 219, 232

Vandier 107

Varrão, C. Terêncio 228

Vasco da Gama 63, 362

Vatopedinus 221

Vida de Aarão 93

Vitória, Cataratas 188

Vitória (Rainha) 458, 465, 505

Vodu 314

Vogelsang, Heinrich 695

Von Trotha 698

Wad Ban Naga, Templo 205, 207

Wade, Abdoulaye 503, 681, 682, 733-735, 746, 748

Wadi Hammamat 115

Wagadu 238-240, 242-247, 255, 813

Wakar gewaye 399

Walata 243, 244, 246, 255, 262, 265, 267, 816

Walker, Sheila 752

Walvis, Baía de 696, 698, 700

Wangara 255, 262, 266, 348

Warmington, Eric Herbert 61

Waset/Thebes/Luxor 69, 86, 96, 111, 112-113, 118

Weichsel/Wisconsin Wurm, Era do Gelo 40, 802

White, J.E. Manchip 120, 162

Wiener, Leo 235, 259, 829

Wilks, Ivor G. 349

Williams, George Washington 437-438, 440, 823, 824, 825

Williams, Henry Sylvester 503, 504, 505, 506

Witbooi, General Hendrik 698

Wolof/Wolof, império de 238, 245, 493, 518, 519, 726, 853

Woods, Donald 552

Wuchale, Tratado de 455-461, 465, 825, 827

Wurthenau, Alexander von 259

Xerxes 163, 807

Xhosa 359, 361, 362, 376, 488, 542, 822, 854

Xiitas 232, 812

XI Dinastia 111, 113, 115, 124, 803

XII Dinastia 113, 115, 161, 804

XIII Dinastia 118, 804

XIX Dinastia 145, 149, 805

XVIII Dinastia 118-120, 132-136, 139-145, 148, 204

XXV Dinastia 149, 161, 199, 219

Yaa Asantewaa (Rainha-mãe) 401, 474-475, 828

Yaka 316, 431, 853

Yanoam 126

Yaqut 279

Yasin, Abdullah ibn 243-244

Yatenga 105

Yeha 208, 210, 211

Yekuno Arnlak 463, 814

Yenenga 11, 225, 247-248, 291

Young, Thomas 95

Yusuf, Isman 500, 830

Yuya 133, 137

Zama 229

Zambezi, Rio 176, 187-190, 301, 302, 304, 818

Zanzibar 218, 339, 340, 381, 382, 425, 638, 825, 834

Zaribas 608

Zazzau 286, 287, 288, 289, 291, 817

Zeilá 61, 62, 64

Zimbábue 13, 20, 25, 27, 297,
300, 366, 682, 683-693, 694,
716, 815, 821, 827, 845

Zimbabwe Broadcasting
Corporation 688

Zinder 406

Zivie 132

Zoser 95

Zulu 19, 359-376, 450, 475,
478, 489, 542, 680, 780, 818,
820, 822, 823, 828, 853

Zumba Ganga 487

Zumbi 401, 487

Coleção África e os Africanos

– *No centro da etnia – Etnias, tribalismo e Estado na África*
 Jean-Loup Amselle e Elikia M'Bokolo (orgs.)

– *Escravidão e etnias africanas nas Américas – Restaurando os elos*
 Gwendolyn Midlo Hall

– *Atlas das escravidões – Da Antiguidade até nossos dias*
 Marcel Dorigny e Bernard Gainot

– *Sair da grande noite – Ensaio sobre a África descolonizada*
 Achille Mbembe

– *África Bantu – de 3500 a.C. até o presente*
 Catherine Cymone Fourshey, Rhonda M. Gonzales e Christine Saidi

– *A invenção da África – Gnose, filosofia e a ordem do conhecimento*
 V.Y. Mudimbe

– *O poder das culturas africanas*
 Toyin Falola

– *A ideia de África*
 V.Y. Mudimbe

– *A história da África*
 Molefi Kete Asante

– *Religiões africanas - Uma brevíssima introdução*
 Jacob K. Olupona

– *Mulheres africanas e feminismo – Reflexões sobre a política da sororidade*
 Editado por Oyèrónkẹ́ Oyěwùmí

– *A Diáspora Iorubá no Mundo Atlântico*
 Toyin Falola, Matt D. Childs (orgs.)

Conecte-se conosco:

facebook.com/editoravozes

@editoravozes

@editora_vozes

youtube.com/editoravozes

+55 24 2233-9033

www.vozes.com.br

Conheça nossas lojas:

www.livrariavozes.com.br

Belo Horizonte – Brasília – Campinas – Cuiabá – Curitiba
Fortaleza – Juiz de Fora – Petrópolis – Recife – São Paulo

  Vozes de Bolso

EDITORA VOZES LTDA.
Rua Frei Luís, 100 – Centro – Cep 25689-900 – Petrópolis, RJ
Tel.: (24) 2233-9000 – E-mail: vendas@vozes.com.br